朝鮮後期 郷村支配政策 研究

朝鮮後期 鄕村支配政策 硏究

오영교 지음

혜안

서 문

올해로 사학과를 지원하여 역사공부를 시작한 지 25년이 되었다. 그 동안 전문적인 역사연구에만 몰두한 것은 아니지만 언제나 내 스스로 역사학도로서의 의식에서 자유로웠던 적은 없었다. 그래서 주변 사람들과 한담을 나누다가도 문득 '역사학자'나 '역사의식'이라는 말을 들으면 그때마다 자신을 추스리고 바짝 긴장하게 된다.

현대사의 질곡에서 저질러진 잘못된 역사사건에 대해 이제 법정의 시효를 넘어 역사의 심판이 이루어지고 있다. 그러나 그 '정치성'을 둘러싼 시비는 팽팽히 맞서고 있고, 그토록 역사의 당위로서 열망해 온 민족통일 또한 냉전시대에 형성된 보수·진보의 참혹한 대결이 또 다른 모습으로 연출되면서 지지부진한 채다. 역사는 변화·발전한다고 굳게 믿고 가르치며 남북학계의 정통성을 담지한 '한국통사'의 출현을 염원하는 한 역사학자로서 오늘날의 현실은 지극히 서글프지 않을 수 없다.

유신 말기부터 1980년대 변혁의 시기를 주로 학교에서 보낸 필자로서는 여느 소장·신진학자들과 마찬가지로 사회문제에 대해 몹시 예민할 수밖에 없었다. 역사학 공동연구에도 참여하고 진보적인 학술단체에도 가입하여 활동하면서 1862년 농민항쟁('삼남민란')을 주제로 몇 편의 글을 쓰고 관계 사료를 접하였다. 당시 필자가 주로 관심을 가진 것은 19세기 중엽을 중심으로 농민들이 목숨을 걸고 쟁취하려 한 것이 무엇이고 또한 농민들이 대항한 국가권력과 지배체계는 어떤 것이었는지에 대해서였는데, 이는 특히 이론적인 천착을 필요로 하는 주제이기도 했다. 이후 농민의 1차적인 생활의 장이 향촌이고 이 향촌과 민을 지배하기 위한 공적 사회제도가 존재하였으며 이 제도를 통해 국가권력이 체현된다는 데에 생각이 미치게 되었다.

그런데 조선후기의 공적 사회제도는 兩亂 이후인 17세기에 새롭게 추진 · 성립되었으며, 이는 당시기 경세론으로서 國家再造論과 관련되어 있다. 따라서 17세기에 새로운 향촌제도가 성립하게 된 사상적 기저는 무엇이며, 구체적으로 다른 시기와 달리 面里制 - 五家作統制가 강조된 이유, 그 구조 및 전개과정을 나름대로 정리할 필요성을 느끼게 되었다. 아울러 향촌조직과 단위를 기반으로 하는 재지세력의 실체와 이에 대한 국가의 대응책은 무엇인지에 관심이 쏠렸다. 그리고 이것이 곧 필자의 박사학위 연구주제가 되었다.

1980년대 이후 새롭게 정립된 조선후기 사회사에서 많은 연구자들이 사회구조와 변동에 대한 체계적 규명을 목표로 하여 그에 걸맞는 방법론을 찾고자 많은 노력을 기울였다. 최근에는 史學史에 한 획을 그을 만한 사회사 연구성과들이 신자료와 방법론의 보완을 거쳐 속속 저서로 발간되고 있다.

향촌사회와 민에 대한 지배에서 재지사족과 국가권력의 대응을 보고, 이를 통해 조선후기 향촌사회상을 명확하게 드러내 보고자 했던 필자의 연구는, 그러나 이후 오랫동안 다음 연구를 제대로 진척시키지 못하였다. 연구성과를 묶어내는 일도 전적으로 필자의 게으름과 판단착오 때문에 늦어졌다.

1994년 이래 필자는 연세대학교 원주캠퍼스 사학과에 근무하면서 지역사회의 구성원으로서 지역과 대학당국의 많은 요구를 외면할 수 없었다. 인적자원이 빈약한 지역의 여건상 '문화전문가'라는 이름으로 마침 활성화된 지방사 · 지역사 연구에 몰두하였다. 특히 인근지역 자료에 대한 수집과 탐사작업의 일환으로 동족마을에 대한 연구를 진행하여 일정하게 성과도 거두었다. 이 성과를 바탕으로 동족마을에 대한 본격적인 연구서를 조만간 발간할 예정이다.

본서에는 향촌지배정책에 관한 논문 4편과 附篇으로 「17世紀 守令制의 운영과 整備論의 대두」(『동방학지』 92, 1996)와 「朝鮮後期 地方官廳 財政과 殖利活動」(『학림』 8, 1986), 그리고 「19세기 사회변동과 五家作統制의 전개」(『학림』 12·13, 1991)를 수록하였다. 가능하면 연구사적 의미를 감안하여 발표 연도를 기준으로 하여 작성된 본문의 각주는 수정하지 않았다. 최근의 연구성과들은 본서 뒤의 참고문헌에 수록하였다.

필자는 오늘날까지 참으로 좋은 스승과 선배·동학들을 만나서 많은 것을 배울 수 있었다. 커다란 학문적 업적으로 필자가 學海에 빠지도록 이끌어 주시고 학자로서의 엄격한 자세를 몸소 보여주신 김용섭 선생님, 고비마다 필자의 진로를 걱정해 주시고 따뜻한 사랑을 베풀어 주신 하현강 선생님, 첫 직장을 알선해 주시고 교수방법은 물론 자신의 경험과 시행착오를 소상히 설명해 주시던 이희덕 선생님, 연구자로서 지녀야 할 통찰력과 연구방법론을 일깨워 주신 정창렬 선생님, 학부 때부터 지금까지 흐트러짐이 없는 한결같은 모습으로 학풍과 전통을 강조하며 필자를 격려하고 많은 문제를 조언해 주신 김준석 선생님, 이분들과의 만남은 너무나 큰 행운이었다. 거저 받기만 했던 이 學恩을 어떻게 보답해야 할지 항상 걱정이 앞선다.

또한 많은 선배·동학들이 필자의 삶의 자세와 학문적 시각을 넓히는데 커다란 도움을 주었다. 선배로서 부족한 필자를 항상 너그럽게 지켜봐 주신 신영우 선생님, 임병훈 선생님, 김무진 선생님, 방기중 선생님, 김도형 선생님, 최원규 선생님, 백승철 선생님, 주진오 선생님, 홍성찬 선생님, 조성윤 선생님, 김선경 선생님께 감사드린다. 같은 과에 근무하면서 많은 배려를 해 주신 지배선 선생님과 이인재 선생님께도 깊이 감사드린다. 그리고 동학으로서 학문과 현실문제를 껴안고 같이 고민해 준 하일식·왕현종·김성보·도현철·정호훈·장규식 박사께 이 글을 통해 고마움을 전하고 싶다.

최근 출판계의 불황 속에서 별로 인기도 없는 인문학 서적을 흔쾌히 출간해 주신 혜안출판사의 오일주 사장님과 교정·교열에 애써 주신 김현숙·박광연 선생님께 크게 감사드린다.

　필자가 밤을 세워 논문을 작성할 때 같이 앉아 기다려 주시던, 하늘나라에 가실 때까지도 필자를 걱정하시던 아버님의 모습이 떠오른다. 끝까지 자식을 기대해 주시는 어머님이 하루 빨리 완쾌되시기를 빈다. 두 분의 사랑에 대해 보답은 고사하고 감사하다는 말씀도 제대로 못하였다. 늘 든든하게 후원해 주신 장모님께도 머리숙여 감사드린다. 별탈없이 잘 자라준 두 아이 상원과 승일, 그리고 필자를 위해 자기를 희생하며 온갖 노력을 다해 준 아내 황미화에게 사랑을 전하고 발간의 기쁨을 나누고 싶다.

2001년 10월

오 영 교 謹識

차 례

서 론

전근대 조선사회는 하부구조의 생산관계의 경우 小經營의 自立的 再生産을 보증하는 여러 사회적 조건이 창출되고 있었다는 점에서 전형적인 서구적 규범과의 상호 유사성이 지적된다. 그러나 상부구조의 경우는 성격이나 형태에서 다소 이질적인 모습이 드러난다. 특히 조선은 郡縣단위까지 지방관이 파견되어 외견상 전통적인 중앙집권적 관료제 국가형태를 지녔으나 그 이하의 촌락은 재지세력과 생산자 농민이 결합된 內在的 秩序에 의해 운영되고 있었다. 조선사회 특유의 독자적 지배체제가 형성 운영되었던 것이다.

壬亂 이후 17세기를 경과하면서 국가권력과 재지세력은 民과 鄕村社會의 지배를 둘러싸고 끊임없이 갈등관계를 드러내었다. 증대된 생산력의 독점 여부, 촌락구조의 변화와 사회변동에 조응하는 鄕權의 장악을 둘러싼 갈등이었다. 이 같은 국가권력과 향촌내 사회·경제적 위상을 확보하고 있던 재지세력 간의 지배와 대응 과정에서 향촌문제가 발생하였다. 특히 중앙집권적 관료체제를 구현하고자 한 국가의 입장과 士族中心의 향촌질서를 유지하려 한 재지세력 간의 이해 차이에 따라, 각각 그에 대응하는 사회제도·조직이 나타났다. 이 같은 향촌지배의 실상과 지방제도에 관한 연구는 조선사회의 성격 규명과도 관련하여 조선후기 정치·사회사의 주요 과제가 되었다.

조선사회의 성격 규명에서 중앙집권이라는 형태에 집착할 때, 대체로 정치사적 관점에서 중앙집권 관료제의 역사적 역할을 상대적으로 강조하게 된다. 이와 달리 1980년대에 집중 제기된 사회사에서는 '朝鮮社會 性格 再

論'을 통하여 역사발전의 변수를 다양화하고 그 主動力을 향촌·지방으로 돌려 보다 역동적인 社會像을 구명함으로써 사회구성체의 해명을 도모하였다. 이를 위해 중앙집권적 국가 내에서 기본적으로 지방분권성을 띠는 封建性을 구명하고, 나아가 地主-佃戶관계와 領主-農奴관계 간에 동질성을 찾아 '在地士族의 鄕村支配體制'를 주된 연구분야로 설정하였다. 또한 이러한 사회구조를 재편하는 과정이자 심화된 사회모순을 극복하고자 한 사회변혁운동에 대해, 중세사회의 신분제도에 내재되어 있는 계급구조와 계급관계의 분석을 통해 그 해명을 시도하였다.[1]

鄕村組織·地方制度史에 대한 연구경향을 살펴보면, 먼저 공적 사회제도로서의 面里制는 조선전기에 촌락민에 대한 在地 土豪세력의 사적 지배와 수탈을 배제하고 통치질서를 확립하며 중앙집권적 촌락지배를 강화하기 위해 실시되었으나[2] 위로부터의 외형적인 정비에 급급했던 사정이 설명되었으며, 自然村의 발달과 통치단위로서의 단위성이 제고된 조선후기에 와서 본격적으로 확립되는 사실이 밝혀졌다. 이와 관련하여 조선후기 面里의 지역편제와 변동, 그리고 面里任의 기능 및 사회변동에 따른 선출구조의 변화과정이 개략적으로 설명되었고[3] 향촌내 조세수취에 관련된 면리제의 기능 및 면리 담당자가 수행한 역할에 대한 연구가 이루어졌다.[4] 이상의 연구는 조선후기 면리제의 조직과 운영의 실체를 파악하는 데 일정하게 기여하였으나 제도 시행의 또 하나의 주체인 국가 및 국가의 향촌정책이라는 측면과의 상호 연관성이 본격적으로 조감되지 못한 한계를 안고 있다.

다음으로 조선전기 中小地主의 신분을 지닌 在地士族들이 留鄕所 또는

1) 조선후기 사회사 분야의 연구사 및 논쟁점의 정리에 대해서는 近代史硏究會 편, 『韓國中世社會 解體期의 諸問題(下)-朝鮮後期史 硏究의 現況과 課題-』, 1987 ; 金俊亨, 「朝鮮後期史問題·鄕村秩序의 硏究現況과 『國史』敎科書의 內容分析」, 『歷史敎育』39, 1986 참조.
2) 朴鎭愚, 「朝鮮前期 面里制와 村落支配의 强化」, 『韓國史論』20, 1988, 64쪽 ; 金武鎭, 『朝鮮初期 鄕村支配體制 硏究』, 연세대학교 박사학위논문, 1991.
3) 金俊亨, 「朝鮮後期 面里制의 性格」, 서울대학교 석사학위논문, 1982.
4) 金仙卿, 「朝鮮後期의 租稅收取와 面里運營」, 연세대학교 석사학위논문, 1984.

별도의 鄕約 실시를 통해 향촌사회 내에서 새로운 성리학적 지배질서를
수립하고자 했고[5] 점차 이들이 鄕案과 鄕規를 모체로 하고 留鄕所(鄕所)
를 통해 官權과 협조하면서 민과 향촌사회에 대한 지배를 수행하였다는
사실이 지적되었다.[6] 즉 16~17세기 향촌지배구조에 대해, 재지사족들이
官權과의 일정한 타협 위에 郡縣단위 및 촌락사회에서 그들의 향촌지배를
관철시킬 수 있는 지배기구를 장악하고 吏民을 통제한 '士族支配體制'였
음이 강조되었다.[7] 한편 이 같은 향촌지배는 차후 임란과 당쟁으로 인한
사족들의 기반 약화와 신분제의 변화 속에서 유향소의 자치적 기능이 변
질되고[8] 사족지배로부터의 이탈현상이 나타나고 또한 새롭게 상승하는 계
층이 鄕任·面任에 참여함에 따라 점차 와해되어 갔으며, 18세기 중엽 이
후에는 官權의 비호를 받는 신흥세력과 재지사족 사이에 鄕戰이 전개된다
는 사실이 지적되었다.[9] 이와 달리 17세기 후반 이후 사족중심의 향촌질서
가 붕괴됨에 따라 향약은 그 자치력을 상실하고 점차 수령의 하부기구로
변한다는 논리도 제기되었다.[10] 이상의 여러 연구들은, 16~17세기 초 사
족중심의 향촌질서의 형성을 전제로 하여 시기적 차이는 있으나 점차 이
러한 질서가 동요 변질되어 갔고, 이것을 기존 중세적 질서의 붕괴와 새로
운 사회로의 전환을 예고하는 것으로 설명하고 있다.

그런데 조선후기 사회·경제 변동에 대응한 정치체계와 권력구조의 변
동을 총체적으로 파악하여 조선후기 전환기의 사정을 해명하기 위해서는
사회사의 몇 가지 부분에서 그 보완이 요구되고 있다. 우선 연구의 관심이

5) 李泰鎭,「朝鮮前期의 鄕村秩序」,『東亞文化』13, 1976.
6) 田川孝三,「鄕案について」,『山本博士還曆紀念 東洋史論叢』, 1973 ;「李朝の鄕
   規」(1·2·3),『朝鮮學報』76·78·81, 1975·1976 ; 金仁杰,「朝鮮後期 鄕案의
   性格變化와 在地士族」,『金哲埈博士華甲紀念史學論叢』, 1983 ; 鄭震英,「16, 17
   世紀 在地士族의 鄕村支配와 그 性格」,『歷史와 現實』3, 1990 ; 金龍德,「鄕規硏
   究」,『韓國史硏究』54, 1986.
7) 金仁杰,『朝鮮後期 鄕村社會變動에 관한 硏究-18, 19世紀 '鄕權'擔當層의 變化
   를 中心으로-』, 서울대학교 박사학위논문, 1991.
8) 金龍德,『鄕廳硏究』, 韓國硏究院, 1978.
9) 金仁杰, 앞의 논문, 1991.
10) 韓相權,「16,7世紀 鄕約의 構造와 性格」,『震檀學報』58, 1984.

향촌내 특수집단인 사족중심의 향촌지배체제의 성립과 붕괴에 집중되고 있는데, 향촌에 대한 자치적 지배의 내용과 지배를 수행하는 집단의 향촌 장악력의 실상 등 향촌지배의 본질에 관한 해명이 이루어져야 한다는 점이다.

다음으로 鄕約·洞契 등 하부 사회조직의 연구에서 자료적 한계 때문에 一回性, 局地性, 全國的인 一貫性의 결여라는 문제가 드러나고 있다. 여기에서는 무엇보다도 국가와 재지사족을 기층민에 대한 지배라는 측면에서 無媒介的으로 등치시킨 데 따른 문제점을 지적하지 않을 수 없다. 다시 말해 사족지배체제의 성립 과정과 지배 과정에서 국가권력의 위상을 지극히 상대화시키고, 그럼으로써 국가에 의한 일관된 對民·對鄕村支配의 모습을 제한적으로만 파악하여, 농민항쟁 과정에서 民의 저항대상인 국가권력의 모습을 분명히 하지 못하였다. 이상의 문제는 사회사가 포괄하는 다양한 영역 가운데 동시적으로 그리고 의연히 존재하고 있던 통치조직, 공적 사회제도를 考究의 대상으로 적극 수용하지 않은 채 향촌지배체제의 문제를 사족중심의 입장에서만 단선적으로 파악한 데서 기인한 것이다.11)

본래 향촌통치조직은 당해 단계의 객관적·총체적 제 조건에 의해 규정될 뿐 아니라 하부구조의 변화에 대응한 국가의 정책에 따라 끊임없이 변화할 수 있다. 조선후기 특히 17세기에 전통적인 향촌지배질서의 변용을 강요한 기저 요인으로는 임란 이후의 지속적인 사회·경제상의 변화, 즉 생산력의 발달, 광범한 지주제의 전개, 신분제의 변동이 상승적으로 이루어진 점을 들 수 있다. 한편 전통적으로 국가는 정치·군사 내지 경제적 기반인 향촌을 장악하기 위해 대대적인 노력을 기울여 왔다. 국가는 향촌이 生成的으로 담지한 자율적 질서와 이에 부수된 재지세력의 계급적 지배, 즉 私的 토지소유 및 人身的 지배를 바탕으로 한 지배관계를 어떻게

---

11) 사회사의 주요 부문으로서 社會制度란 사회구성체 내에서 자연적 결합형태로 나타난 사회의 단위와 조직들을 국가 차원에서 지배의 논리에 적합하게 재편한 것으로, 국가의 민에 대한 지배양식을 표현한다. 따라서 制度는 지배와 통제를 통하여 구조를 재생산하는 기제라고 볼 수 있으며, 각종 사회 단위와 조직을 인위적으로 形象化한 것이다(近代史硏究會 편, 앞의 책, 1987, 190쪽).

그리고 어떠한 체제에 담아 내느냐에 관심을 기울였다. 조선왕조는 前期의 군현제적 체제정비와 後期 면리제의 확립 과정을 통해 향촌사회를 일정한 戶數와 面積단위에 따라 편의적으로 분할하고 그것을 統 - 里(洞) - 面(坊·社·鄕)으로 단계적으로 편성하여 최후로 지방행정조직인 郡縣에 결부시켰다.

특히 17세기의 국내외 상황과 관련하여 정부가 임란의 복구를 위해 국가재건책을 강력히 추진한 사실이 주목된다. 17세기에 중국·일본·조선의 동아시아 삼국 중 중국과 일본은 王朝交替와 幕藩體制로의 변화라는 대변혁을 겪었다. 임란 당시 실질적인 전장터가 되었던 조선에서도 농업생산체계와 대민지배체제가 전면 붕괴하고 왕조교체가 예견되었다. 정부는 사회경제구조의 이러한 전반적인 동요 속에서 체제를 유지하기 위한 國家再造 방략을 강구하고[12] 이를 지속적으로 수행하기 위한 제도적·법적 장치로서 생산·조세수취·통치의 기반이 되는 향촌조직을 새로이 정비하고자 했다. 17세기 정부의 향촌지배정책은 재지세력에 의한 향촌 장악을 배제하고 집권체제의 정비를 도모하는 國家再造의 목적에 따라 강화되었다. 이는 17세기 초 일본과 중국이 十人組·五人組制度,[13] 保甲制의 시행을 통해 향촌을 장악하고 국가권력을 강화시키려 한 사실과도 비견된다.

이러한 점들을 염두에 두고 본서는 17세기의 지방제도를 사회변동에 대응한 국가의 향촌지배정책과 그 실현이라는 관점에서 접근하여 다양한 기

12) '國家再造論'은 17세기 이후 조선사회의 극심한 위기상황을 극복하기 위해 당시 정론가(官人, 儒者)들이 사회·정치·경제·사상적인 제 영역에 걸쳐 제기한 改革論·時務論·現實對應論理를 일컫는다. 조선전기 이래의 '經國大典的' 체제의 극복 방안과 새롭게 구성될 사회국가체제에 대해서 黨色과 學緣 그리고 현실인식에 따라 상이한 견해가 제시되었다. 가령 중세적 질서의 두 축인 사회신분제와 토지제를 전면 개혁하려 한 변법적 논리가 그 上限이라면, 기존 체제의 유지를 전제로 부분 개선에 그치는 소극적 개량론이 그 下限을 이룬다고 보겠다. 이 시기 '국가조론', '국가재조기'의 개념과 사상적 의미에 대해서는 다음의 연구를 통해 파악할 수 있다. 金容燮, 『朝鮮後期 農學史 硏究』, 1988, 111~113 ; 金駿錫, 『朝鮮後期 國家再造論의 擡頭와 그 展開』, 연세대학교 박사학위논문, 1991.
13) 箭內亘夫, 「寬永期における五人組制の確立」, 『幕藩制國家成立過程の硏究』, 1978 ; 「十人組の成立」, 『近世支配體制と社會構造』, 1983 참조.

능과 역사적 성격을 살펴보고, 이를 조선국가의 支配構造像을 구성하는 전제로 삼고자 한다. 본서에서는 첫째, 임란 이후의 향촌 사정과 향촌사회의 운영실태를 적시하고, 이에 대한 정부의 향촌정책에 주목하고자 한다. 즉 정부의 향촌정책은 기존의 郡縣制·守令制 중심에서 面里制·五家統制와 같은 하부통치조직의 정비 쪽으로 초점이 바뀌고, 이를 통해 재지세력을 통제하고 동시에 향촌과 민에 대해 보다 직접적인 지배체제를 확립하려 한 사실이 나타나는데, 그것이 지니는 정치·사회적 의미가 무엇인지를 살펴보고자 한다.

둘째, 17세기의 새로운 향촌정책은 집권층 및 정론가 내부에서 어떠한 논의과정을 거치고 채택되고, 그 내용과 기저의 사상체계는 기존의 것과 어떠한 차별성을 갖는지 검토하고자 한다. 당시 鄕政論(五家統·戶牌法·鄕約法·戶布論)을 둘러싸고 벌어진 치열한 논의·시행 과정에서 찬반론자들은 '封建制 再行論', '順天心', '得民心' 그리고 '養民', '制民'에 대한 인식과 구체적인 관철방안에서 차별성을 드러내고 있다. 본서에서는 黨色·學緣·現實認識에 따라 상이하게 표출된 국가재조방략과도 관련하여 각각의 향정론, 지방제도개혁론에 보이는 논리구조를 비교해 보고, 집권층 내부의 합일을 통해 국가정책으로 채택되는 과정을 살펴보고자 한다.

셋째, 孝宗·顯宗·肅宗 연간에 걸친 수많은 논의를 통해 채택·시행된 지방제도의 운영실태와 그 기능을 구체적인 사례를 통해 살펴보고자 한다. 본서에서 고구하는 대상은 일정 공간을 법제적으로 조직화하고 재지세력·기층민을 편제시킨 공적 사회제도에 관한 것이다.[14] 즉 정부가 자연촌의

---

14) 조선후기의 지방제도는 公的 사회제도로서 郡縣制－面里制－五家統制가 있고 私的 사회조직으로서 군현단위의 鄕會(의결기구), 鄕約·洞契(집행기구)를 들 수 있다. 전자의 경우 우선 군현단위의 職任·機構로서 행정실무자인 吏屬들이 편제된 作廳, 물리력인 軍官이 편제되는 將廳, 재지기구로서 수령의 통치를 보좌하는 鄕所의 鄕廳이 있었다. 그리고 예하 面里制 운영직임인 面任(都尹·面尹·風憲) 里任(洞任)과 오가통제의 統首, 최하 생산단위의 직임인 戶首를 들 수 있다(『牧民大方』吏典之屬 6條). 한편 선출구조와 기능에 따라 吏卒과 任掌으로 구별된다. 任掌은 재지출신자 가운데에서 선발되며 상급직임인 鄕所부터 面里任 그리고 統首·戶首가 포함된다(『政要』三 7條). 이들의 선출은 士大夫·鄕品, 中·庶民

성장으로 인해 변동된 촌락구조와 그 질서를 용인하여 새롭게 편제한 面里制와 하부조직으로서 五家統制, 그리고 郡縣單位의 鄕所가 이에 해당된다. 그런데 임란 직후 혼란한 사회상황으로 미루어 17세기에 수립된 이 새로운 향촌지배체제와 사회제도에는, 하부구조의 변동 정도와 국가지배에 대한 재지세력의 대응 정도, 그리고 국가권력과 재지세력 상호간의 조화와 타협 여부가 입체적으로 반영되어 있다. 따라서 17세기 면리제 - 오가통제 - 향소의 확립 과정과 변화를 살펴보는 것은 조선후기 향촌체제의 원형과 권력구조의 변동을 밝히는 데 유효한 방법이 될 것이다.

넷째, 본서는 국가의 강화된 향촌지배정책에 대한 기존 재지사족의 동향에 주목하려 한다. 17세기 이후 정부는 營將制와 書院濫設禁止 조치 등을 통해 재지사족의 토지·인민에 대한 사적 지배에 통제를 가하고 있다. 아울러 기존 재지세력의 결집체인 鄕所의 성격을 전변시켜 집권적 체제에 복무하는 기구로 만들고자 했다. 이들 사족이 국가에 대한 編制戶의 給付와 反對給付만 강조된 새로운 향촌정책의 시행 과정에서 어떻게 자신들의 이해를 관철시키며 대응해 나가는지의 문제를 검토하고자 한다.

17세기 국가는 향촌정책을 통해 기존의 재지사족뿐 아니라 농민, 신흥세력의 이해관계를 나름대로 조정하려는 노력을 기울이고 있다. 따라서 향촌정책에 관한 연구는 계층구조가 변동하고 있는 상황 하의 향촌지배의 실상을 파악하는 데 유효한 하나의 시각이 될 것이다. 또한 국가의 향촌정책과 사회제도의 성립에 관한 연구는 차후 봉건해체기 향촌지배구조의 변화가 개별 군현, 촌락이라는 한정된 공간을 벗어난 규모로 전개된다는 점에서 전체적·전국적 관점의 확립이라는 문제제기와도 관련된다.

이상 鄕所 - 面里制 - 五家統制로 나타나는 17세기 국가의 향촌정책에 대한 연구는 17~19세기에 걸친 지속적인 고구와 관련 연구성과와 충실히 접맥될 때 조선국가의 지배구조의 실상을 포착하는 시각의 형성에 기여할 수 있을 것이다.

에 이르기까지 다양한 신분으로 대응된다.

제1장 兩亂 이후 향촌사회의 운영실태

1. 향촌의 사회·경제 상황과 정부의 대책

1) 壬亂 직후의 향촌 상황

조선사회는 1592년부터 7년간 전개된 壬辰倭亂·丁酉再亂으로 三南을 중심으로 전 국토의 전장화라는 상황을 겪었다. 전쟁 과정에서 거듭된 패배는 각종 폐해를 낳고 이는 일차적으로 생산자 농민에게 전가되었다. 가시적인 사안으로 경작농지가 황폐해진 것은 물론 농민들의 流離·死亡으로 인해 인구가 급격히 감소되었다. 이와 같이 사회의 재생산 기반이 되는 농업생산력 및 경작지의 감소, 농가경제의 파탄은 조선왕조는 물론 체제를 붕괴의 위기로 내몰았다.

당시 농민과 향촌의 실태는 "난리를 치른 백성들이 모두 생활터전을 잃어 풀을 깔고 살며 이삭을 주워 목숨을 유지한다. …… 더구나 列邑이 텅 비고 사망한 자가 반이나 되어 평소에 100호가 되던 마을이면 10에서 한둘도 남아 있는 곳이 드물다"[1]라고 묘사되고 "인가가 거의 다 毁撤되어 비

---

1) 『宣祖實錄』卷93, 宣祖 30年 10月 丁丑, 23책 320쪽, "壬亂之民 擧失恒産 結草依生 加以列邑空處 死亡相半 平居百室之村 什罕一二之存". 尹斗壽는 "亂後遺民 不奠居 敢將官地占無餘 誰知雲錦成群處 變作炊煙接里爐 民入上林 聞漢苑災浮 洪水蕩坤 輿臨風忽起如傷 念默默思之計又虛 …… 國場自兵亂爲民入耕 已成村落 今來見之 不忍驅散 姑許一年仍居"라고 하여 공권력이 무너진 상황에서 전쟁으로 거처를 잃은 농민들이 왕궁의 산림에 들어가 생활하는 모습과 울창한 산림이 훼손되고 있음에도 피난민들을 쫓아낼 수 없는 안타까움을 표현하고 있다(『梧陰遺稿』卷2, 郊遊賞次一松韻).

록 돌아오고자 해도 거처할 곳이 없으며 閭閻의 民家에 禾黍로 가득하여 보기에도 참담하다"고 지적되었다.[2]

난을 겪은 후의 향촌 상황은 咸陽의 경우 "吾鄕雖僻在海隅 百年樂土 民物盛居 姑以吾山翼一里言之 當時戶口見錄者 八百五十有餘 而今無一人還土者 一隅如此 四境可知,"[3] 그리고 河東의 경우 "一縣之人 殆不滿數十 一洞之居 亦不過數三"[4]이라는 지적을 통해 짐작할 수 있다. 인구 850여 호의 大村이었던 咸安 山翼里가 전쟁의 와중에 소멸되어 버린 상황은 상상을 넘는 전쟁의 피해와 그에 따른 새로운 동향을 엿보게 한다.

晉州 代村里의 경우 "琴山之與代村合一者 兵火之餘 人烟蕭瑟 十室九空 故竝二爲一也 月牙一曲 境界相連 猶藤之間於齊楚 故又合爲一而摠名之曰琴山"[5]으로서 임란 직후 금산리로 통합되고 있는데, 이는 향촌사회의 제반 조직 자체가 무너진 예라고 할 수 있다. 16세기 이래 자연촌의 성장에 따른 촌락구조의 변동은 강력한 파괴력을 동반한 전쟁을 통해 더욱 촉진되었고, 이에 따라 향촌편제를 정비할 필요성이 대두하였다.

조선의 기간산업인 농업은 농업노동력의 감소, 경작지의 황폐화로 생산체계가 크게 붕괴되었다. 임란 직전 151만여 결에 이르렀던 전국의 총 결수[6]는 전쟁 직후 경작지는 30여만 결에 불과하였다.[7] 경작지의 황폐화는 軍國之需의 주요 징수 대상지인 전라도·경상도에서 보다 극명하였다. 난 이후 전라도의 경우, 평시의 경작면적인 44만 결 가운데 6만 결만 경작되

---

2) 『宣祖實錄』 卷73, 宣祖 29年 3月 丁亥. 난리 뒤 도성 백성들이 겨우 집을 지었으나 재차 사대부들에게 빼앗기고, 이에 항의하면 도리어 사족 능욕죄로 공격당하는 실정이 보고되었다(『光海君日記』 卷56, 光海君 4年 8月 戊寅).
3) 『咸州誌』 吳澐 謹書 于漢城之寓舍.
4) 『樂齋集』 徐思遠 河東里社契約序.
5) 『晉陽誌』 卷1, 各里條.
6) 『增補文獻備考』 卷141, 田賦考1 ; 『磻溪隨錄』 田制 攷說 下 125~126쪽. 이 시기 농지의 감소 실태와 향촌 사정에 대해서는 金容燮, 『朝鮮後期 農學史研究』, 1988, 111쪽 참조.
7) 『宣祖修正實錄』 卷142, 宣祖 34年 8月 丙寅, 25책 682쪽, "亂後 八道田結 僅三十餘萬結 則不及平時全羅道矣 其何以爲國乎". 이는 토지결수 자체보다 時起結數의 감소로 볼 수 있다.

었고[8] 임란시 최대 격전지였던 경상도지역은 종전 43만 결에서 7만 결로 감소되었다.[9]

전쟁중이던 1594년(宣祖 27) 吳希文은 "전라도 臨陂縣 이하 新倉津으로부터 金堤郡 북쪽까지 넓고 기름진 들이 모두 아직 개간하지 않아서 거치른 풀만 눈에 가득하다. 거기 사는 사람들에게 물었더니 대답하기를 비단 이곳만이 아니라 이 아래 여러 고을들도 모두 그렇지 않은 곳이 없단다. 혹은 종자가 없고, 혹은 人力이 없으며 또는 徭役이 번다해서 거의 다 도망하고 흩어졌기 때문에 천리나 되는 기름진 들이 모두 더러운 쑥대밭이 되었으니 비단 민생이 애석할 뿐 아니라 국가에서 의뢰하는 바가 오직 이 한 道뿐인데 이 道가 이와 같으니 달리 무엇을 믿으리오"라고 하여 직접 목격한 실태를 소상히 설명하고 있다.[10]

구체적으로 민들 사이에 난후 문적[田案]이 사라진 틈을 타서 奸民들이 경작면적을 숨기므로 田役이 고르지 못하다거나[11] 爭訟시 판결근거가 없는 실태가 지적되었다.[12] 이 시기의 경작지 감소, 생산력체계의 붕괴 실태는 역으로 전후 엄청난 규모로 전개된 陳田開發事業에서 가늠해 볼 수 있다.[13]

---

8) 위와 같음.
9) 『增補文獻備考』 卷148, 田賦考8 光海君 3年(1611). 이는 전후의 황폐화된 실정을 반영한 時起結數의 추정으로 보인다.
10) 『瑣尾錄』 卷3, 甲午(1594) 5月 27日. 대구부사 鄭經世 역시 전란으로 모든 것이 망가져 백성들의 휴식이 없음을 강조하면서, 전야가 개간되지 않아 교외에 나가면 곳곳이 끝없는 쑥대와 가시나무로 뒤덮여 있는 실정을 보고하고 있다. 그는 토지에서 생산되는 곡식과 마사가 평소의 100분의 1도 안 된다고 하였다(『光海君日記』 卷5, 光海君 卽位年 5月 丁亥).
11) 『仁祖實錄』 卷44, 仁祖 21年 6月 25 丁亥. 남양부사 趙挺의 상소에 따르면 임자년 개간 이후 3천 결 토지 중 거의 반수가 5~6등급에 이르며, 난리를 겪은 후 백성들은 흩어지고 전답은 묵은 채 버려져 전성기의 10분의 2~3에 불과하다고 하고 있다(『宣祖實錄』 卷208, 宣祖 40年 2月 丁亥).
12) 掌隸院에서는 빈궁한 농민의 토지매매가 어렵고, 본주의 토지매매시 즉시 입안해 주는 것이 곤란하다 하여 대신에게 논의하여 일정한 규례를 정하도록 건의하고 있다(『宣祖實錄』 卷73, 宣祖 29年 3月 壬申).
13) 인조 연간 호조의 계에 따르면 을해년 양전 이후 삼남지방의 전결 수가 51만 4,976결이며(『仁祖實錄』 卷39, 仁祖 17年 12月 壬辰), 삼남지역의 경우 양전 이후

　농업노동력이자 부세담당층인 농민들의 유리 또한 심각한 문제였다. 宣祖 26년(1593) 4월 상대적으로 왜적의 피해가 덜했던 호남과 호서지역에서 "民生은 徭役에 괴롭힘을 당하고, 창을 메고 적의 경계에서 보루를 지키며 혹 양식을 져다가 여러 陣營에 나누어주는 모습이 곳곳에서 목격되고 있다. 여기에 調度하는 御使가 두 해의 貢物을 재촉하여 받고 督運御使는 중국 군사의 양곡을 재촉하여 운송하며, 여러 고을의 창고가 바닥이 나서 해마다 주는 환자(還上)도 주지 않으니 생민들이 어찌 곤궁하여 유리하지 않겠는가"라는 실태가 지적되고 있다.[14] 또한 "流民들은 이미 본업을 잃고 뿔뿔이 흩어져 산골짜기로 들어온 처지여서, 수령들이 비록 쇄환을 하고 싶어도 上司衙門의 슈이라도 시행이 안 된다"는 실정과 유민들 몫의 역이 고을의 남은 백성에게 부과되는 데 따른 폐단도 지적되었다.[15]

　이 같은 상황에 대해 崔晛은 "經兵亂之後 或有數百里無烟火者 或有數十戶爲一縣者 爲守令者徒持空器 無爲成形"[16]이라 하여 향촌사회가 파괴되고 민들이 유리된 상황에서 정상적인 수령제의 운영이 불가능함을 설명

　　10만 결이나 늘어났다(『仁祖實錄』 卷40, 仁祖 18年 9月 24日 壬寅).
14) 『瑣尾錄』 卷2, 癸巳 4月 8日. 吳希文은 이어서 "우리나라 백성이 모두 적의 칼날에 죽은데다 또 굶주림의 환란을 만나 쑥대머리에 때묻은 얼굴로, 남자는 지고 여자는 이고 늙은이를 부축하고 어린이를 이끌고서 유리하면서 괴로움을 겪는 자가 길에 서로 이어 있어 장차 남는 자가 없는 데 이르겠으니, 목민의 책임을 맡은 자가 그 책임을 면할 수 있으랴"라고 한탄하고 있다(『瑣尾錄』 卷3, 甲午 2月 14日). 또한 당시 향촌의 실태에 대해 "국가의 扶持는 인심을 굳게 맺는 것인데 전쟁이 여러 해 계속되어 요역이 과중하고 책사가 왔을 때 지대와 공궤를 모두 백성에게 취하며, 성을 쌓고 군사 뽑는 일로 시달리므로 농삿일을 폐하고 유리하게 되고 巨家·勢族들까지 옮겨가고 있다. 이로 인해 외적이 움직이기 전에 방본이 먼저 동요하게 된다"고 지적되었다(『宣祖實錄』 卷86, 宣祖 30年 3月 12 壬寅).
15) 『宣祖實錄』 卷81, 宣祖 29年 10月 5 戊辰 都體察使 李元翼의 啓. 吳希文에 따르면 "비가 오자 유리하고 빌어먹는 자가 士族이나 常民을 가릴 것 없이 서로 이끌고 지팡이를 짚고서 날마다 피난지의 남의 집 문간에 서 있는 자가 적어도 15, 16인에 이른다"고 하여 流離民들의 어려움을 보여주고 있다(『瑣尾錄』 卷2, 癸巳 4月 1日).
16) 『訒齋集』 卷2, 陳時務九條疏. 西涯 柳成龍은 전쟁 직후 향촌사회의 실태에 대해 "今日亂離之余 各於民居稍闊 或數里而一家"라고 설명하였다. 柳成龍, 『軍門謄錄』 丙申 宣祖 29年(1596) 正月 3日.

하고 있다. 郡縣制·守令制의 일대 위기였다.

또한 전쟁 과정에서 드러난 정부·지배층의 무책임한 행동과 무능은 차후 민들로부터 짙은 불신을 유발하였다. 국왕과 집권관료들이 왜군의 침입에 도성을 버리고 도망간 후 민들은 관아에 불을 지르고 문서를 소각하며 항의하였고, 전쟁중 병력을 확보하기 위해 실시된 募兵에도 제대로 참여하지 않았다.17) 특히 "삼남지방 전역이 왜군의 지배 하에 들지 않고 강원과 함경지역이 아직 무사한 상황"에서 국왕 일행이 왜군을 피해 遼東으로 가려 한 데 대해, 민들은 병란도 병란이지만 오히려 국왕의 이러한 행위에 더욱 망연자실하였다는 사실이 지적되고 있다.18) 전후에도 민들은 전쟁재발에 대한 두려움과 訛言에 크게 동요하였고19) 공적 통치체계에 대한 저항을 멈추지 않았다. 가령 지역 내의 공적 권위의 상징이라 할 수령은 물론 觀察使와 體察使에 대한 멸시풍조는 중앙정부가 문제로 삼을 정도로 악화되었다.20) 심지어 국가권위의 강제수단이었던 刑杖制度조차 전쟁 후에 추락하고 문란해졌으며 정부 스스로 官威가 떨어졌다고 판단하는 실정이었다.21)

이제 정부는 국가 전 체제의 복원을 위하여 적극적인 노력을 강구해야

---

17) 吳希文에 따르면 영남인은 물론 전라도 지역의 인심도 흉흉하여 모집한 군사가 모이기도 전에 흩어질 생각부터 하고 있음을 전하고 있다. 宣祖 25년(1592) 完山 通判 李聖任이 牛朱倉에 주둔시킨 군사들은 하루아침에 무너져 흩어졌으며, 前僉使 白光彦이 金溝縣에서 통솔하고 있던 군사들 또한 모두 도망쳤다는 것이다 (『瑣尾錄』卷1, 壬辰南行日記 1592年 5月 3日).

18) 『梧陰遺稿』卷3, 壬辰年(宣祖 25, 1592) 龍灣 啓辭. 피난지 전라도 장수 땅에서 吳希文은 1592년 4월 그믐날 국왕의 파천 소문이 들리자 "만일 주상께서 굳게 도성을 지키고 장수에게 명하여 방비하여 막고서, 강을 끼고 위아래에 목책을 많이 만들고 沈船으로 하여금 그 길을 끊었으면 적이 아무리 강하고 예리해도 어찌 능히 날아서 건너오겠는가. 계교가 여기에 벗어나지 않는데 먼저 스스로 물러나 도망하다니 몹시 애석한 일이다"라고 하며 국왕을 원망하고 있다(『瑣尾錄』壬辰南行日記).

19) 『訒齋集』卷4, 三箚 癸丑(光海君 5) ; 『宣祖實錄』卷142, 宣祖 34年 10月 乙酉, 24책 306~307쪽.

20) 『宣祖實錄』卷142, 宣祖 34年 10月 己丑, 24책 307~308쪽.

21) 『仁祖實錄』卷49, 仁祖 26年 11月 丙寅, 35책 338쪽.

했다. 특히 농업노동력이자 부세담당층인 농민의 복귀를 위한 대책이 시급
하였다. 인적·물적 토대인 戶口와 田結의 확보는 곧 민의 생존조건 회복
과 국가재정의 확보라는 民利·國計의 목표를 동시에 이룰 수 있는 전제
조건이었기 때문이다.

2) 정부의 대책

임란 이후 중국과 일본에서 왕조와 정권이 改替되는 변화가 있었음을
볼 때 전쟁의 패배 및 그로 인한 모든 혼란의 책임은 전적으로 정부·지배
층에 있었다. 그러나 조선정부는 당면한 체제붕괴의 위기를 모면하기 위해
우선적으로 綱常의 확립 차원에서 문제에 접근하였다. 즉 통치이념인 성리
학적 사회윤리를 강화하여 민심을 수습하고 무너진 통치질서를 복원하려
한 것이다. 이를 위해 첫째, 忠臣·孝子·烈女 등의 사례를 도서로 출판하
여 보급하였다.『小學』과『三綱行實圖』에 담긴 유교 윤리의식을 재차 강
조하여 봉건기강의 확립을 도모하였다.[22] 둘째, 이 시기 통치이데올로기를
교육하는 학교제도를 강화하고자 했다. 이에 따라 成均館을 중건하고 동
시에 四學의 재건을 꾀하였다. 한편 지방에서는 재지사족에 의한 鄕校의
復設작업이 활발히 전개되었다.[23] 본질은 지방에서 士族의 지위를 강화시
키는 것이었으나 피지배층을 대상으로 한 유교 이데올로기의 습득이라는
점에서 당시 정부의 이해와 그 방향이 일치하는 것이었다.

정부는 사상적인 방안 외에 국가재조를 위한 보다 적극적인 개혁안을
제기하고 실시하였다. 첫째 인적·물적 토대의 확립을 위한 여러 사회·경
제적 방안을 제기하고, 둘째 생산·조세수취·통치의 기반인 향촌사회와

---

22) 宣祖 39年 5月의『三綱行實』『二倫行實』(『宣祖實錄』卷199, 宣祖 39年 5月 辛
    卯, 25책 20쪽),『小學』(同 卷200, 宣祖 39年 6月 丙午, 25책 206쪽),『東國新續三
    綱行實』(『光海君日記』太白山本 卷113, 光海君 9年 3月 丙子, 29책 163쪽) 발간.
    이들 서적은 諺文을 병기하여 일반 민에 대한 효율적인 교화수단으로 기능하였
    다.
23) 鄭弘俊,「壬辰倭亂 직후 統治體制의 整備過程 - 性理學的 秩序의 强化를 中心으
    로 - 」,『奎章閣』11, 1988, 45~47쪽.

민을 지속적으로 지배하고 재지사족의 사적 지배를 제어하기 위한 방안으로 공적 사회제도에 대한 정비를 모색하였다. 이하에서는 전자를 중심으로 당시의 향촌 상황과 이에 관련하여 정부의 대응책을 살펴보겠다.

(1) 良民 確保政策

17세기 정부는 戶籍 작성을 중심으로 號牌(紙牌)法을 시행하여 良役民을 확보함은 물론 軍籍 파악작업을 병행하였으며 그 일환으로 奴婢推刷事業을 대대적으로 전개하였다. 전통적으로 국가는 호적을 정비하여 壯丁의 총수와 그 거처를 확실하게 파악함으로써 국가재정의 근간을 이루는 賦役의 원천을 확정하고 그 역을 균일하게 부과하려는 노력을 거듭하였다.

당 시기 농민들은 전쟁으로 인한 생산기반의 붕괴에다 16세기 이래 내포되어 있던 토지소유관계 및 부세제도의 모순이라는 이중고를 안고 있었다. 이로 인해 농업노동력인 농민이 流離하는 현상이 가속화되었고, 그 결과 정부 역시 租稅源이자 賦役資源이 감소함으로써 財政과 賦役體系의 운영에서 마찬가지의 어려움에 처하게 되었다. 한편 전란 과정에서 滅失된 호적이 곧바로 복원되지 못하였기 때문에 호적을 정비할 필요성도 크게 대두되었다.[24] 그런데 전쟁 직후 여러 대신들이 국가경영에서 戶籍・軍籍 작성을 통한 민의 단속보다는 민심을 얻는 것이 급선무라고 강력히 주장하고, 농민의 流離와 倒産이라는 향촌의 현지 사정으로 인해 철저한 호구조사가 이루어지지 못하였다. 이러한 호적의 不備는 조세원으로서의 호구 파악을 어렵게 하였고 국방상의 軍兵闕額이라는 軍籍(軍案)의 문란을 가져왔다.

인조 3년 5월 司憲府 啓는 民戶減縮의 실정을 다음과 같이 표현하였다. "亂離를 겪은 이후로는 民戶가 감축되어 열 집에 아홉이 빈 참혹한 지경입니다. 따라서 한 사람이 백 사람의 賦役에 응해야 할 판입니다. 그러니 마땅히 여유가 있는 편의 役을 감하여 부족한 役을 보충하고 賦役을 고루

---

24) 『戶口總數』英宗祖 10年 雍正 甲寅 11月 初2日, "本府草記內 壬辰兵火以前 帳冊無一見存 萬曆丙午以後 餘存之冊 多不完帙 崇德己卯以後 始爲俱存".

배정하여 그 勞苦를 나누어야 합니다."25) 또한 인조 4년 윤6월 領議政 李
元翼은 "난을 치른 후 백성의 수가 평시의 6분의 1이나 7분의 1에도 미치
지 못하는데 오늘날의 軍政은 평시와 크게 다르기 때문에 조치를 하는 데
계책을 세우기 매우 어렵다"라고 하여 民戶減少로 인한 軍政 운영의 난맥
상을 설명하였다.26)

  仁祖·孝宗 연간에는 외침에 대비한 군비확장의 필요성과 北伐論이 적
극 대두되면서 軍丁 확보가 국가의 존망에 필수사항이 되었다. 엄격히 말
해 養兵을 위해 제기된 것은 군적사업이며, 호패(지패)법은 良丁의 수와
有·無役의 현황 파악 및 균등한 부역을 위한 것으로 호적제도를 보완하
는 성격을 지닌 것이었다. 광해군 2년과 인조 4년에 걸쳐 실시된 것은 호
패법이었고, 인조 2~3년과 효종대에 실시된 것은 북벌군의 형성 계획에
따른 군적사업이었다. 숙종 원년에는 紙牌法과 짝하여 戶의 누락을 막기
위한 五家統制가 동시에 실시되었으며, 숙종 2년과 3년에는 良役查覈 및

---

25) 『仁祖實錄』 卷9, 仁祖 3年 5月 壬戌, 34책 8쪽. 앞서 인용한 『戶口總數』의 지적처
   럼 『世宗實錄』 地理誌의 통계 이후 仁祖 17년(1639)에 이르는 200여 년간의 인구
   통계는 두 차례의 전란으로 소실되어 인구 추이를 가늠하기 어렵게 한다. 더 나아
   가 당시 향촌통치조직의 이완으로 호구조사가 제대로 이행되지 못했음을 감안할
   때 도산자나 隱漏者·冒錄者가 많았던 사정을 짐작하게 한다.
26) 『仁祖實錄』 卷13, 仁祖 4年 閏6月 丁未, 34책 113쪽. 가령 仁祖 18년 12월 己卯
   式年 戶籍作成時 兵曹 都案에 따르면, 8道 編伍軍 101,914人 武士 10,717人, 諸
   邑軍 299,476人인데 兵亂 이래 失亡이 심히 많음에도 아직 충정하지 못하고 있고
   (『仁祖實錄』 卷41, 仁祖 18년 12월 丁未, 35책 104쪽), 仁祖 26년 9월 備局의 啓
   에 의하면, 京中 5部를 포함한 전국 8道의 甲兵 闕額數는 251,623명이나 되는데
   그 充員數는 고작 2,000여 명으로 125분의 1에 불과하였다(『仁祖實錄』 卷49, 仁
   祖 26年 9月 己卯, 35책 134쪽). 한편 이 시기 流來人의 실태는 仁祖 3년 12월 號
   牌廳이 보고한 각 지방 『號牌成冊』에서 잘 드러난다. 慶尙道 淸道의 경우 原居
   人은 水軍이 99명에 正兵이 157명이었는데 다른 고을에 安付된 流來人은 水軍이
   113명에 正兵이 170명이나 되었다는 것이다. 따라서 이들은 본 고을에서 逃故 대
   상에 들어갔으므로 일시에 본고장으로 刷還할 수 없고 또 다른 고을에 살면서 예
   전에 치르던 부역에 응하게 할 수도 없는 상태였다. 이에 따라 號牌廳에서는 먼저
   각 郡縣의 改案을 가지고 현재 살고 있는 고을의 부역에 응하게 하고 군사는 우
   선 현재의 實數대로 自願에 따라 戶를 다시 만들고 그 밖의 逃故는 없애도록 조
   치했다(『仁祖實錄』 卷10, 仁祖 3年 12月 丙戌, 34책 52쪽).

號牌法이 각각 시행되었다. 이처럼 良役 농민을 적절히 확보하는 일은 당시 국가적 사업의 시행과 제도의 변통을 위한 전제가 되는 것이었고, 17세기 정부는 黨色을 불문하고 이를 달성하기 위해 대대적인 노력을 경주하였다.

당시 정부는 현안과도 관련하여 거듭 호패법의 시행을 모색하였다.[27] 號牌의 운영 방침은 牌를 지급할 때 호구를 成籍하는 것으로서, 패를 지닌 자는 隱漏 民丁이 아님을 증명하며 無牌者는 戶口成籍에 참가하지 않은 자이므로 법에 따라 엄격히 처단하게 된다. 따라서 해당 백성은 모두 號牌를 차게 되고 그렇게 되면 자연히 호구성적이 이루어지는 것이다.

호란 이후 각 정권은 對淸 강경노선을 취하였고 이를 뒷받침하기 위한 군액 확보를 국가적 목표로 설정하고 있었다. 따라서 정부가 호패법을 실시한 직접적인 계기의 하나는 외적의 침략에 대응한 군액의 비축, 즉 軍籍을 충실히 확보하는 데 있었다. 본래 군적이란 호적을 바탕으로 별도의 군역대상자를 抄丁하여 만든 것으로, 外方의 경우는 節度使의 관장 아래 6년마다 작성되었다.[28] 그러나 호적과 군적을 각각 3년, 6년마다 작성한다는 이 규정은 제대로 지켜지지 않았다. 특히 임란을 전후하여 군적은 明宗 8년(1553), 宣祖 8년(1575), 宣祖 28년(1595), 仁祖 1년(1630)에만 실시되었을 뿐이다.[29] 이때도 정부는 임란을 겪은 민의 반발과 소요를 염려하여 노골적인 軍籍 정비보다는 보다 포괄적이고 유화적인 시행목표를 내걸었다.

인조 초기 정부는 量田과 軍籍 그리고 大同法의 실시방안 등 國家再造를 위한 현안과 대책을 집중적으로 숙의하는 가운데 軍額과 良役을 보충하기 위해 호패법의 시행방안도 논의하였다. 이 과정에서 양민 확보와 부역 경감을 위한 조치가 동시적으로 시행되어야 하며, 전란 이후 流離에 의

---

27) 17세기 號牌法의 시행 과정에 대해서는 李光麟, 「號牌考 - 그 實施 變遷을 中心으로 - 」, 『白樂濬博士 華甲紀念國學論叢』, 1955 참조.

28) 『經國大典』卷4, 兵典 成籍.

29) 『光海君日記』卷82, 光海君 6年 9月 乙丑, 28책 314쪽. 당시 정부의 軍額 확보 노력에 관해서는 金鍾洙, 「17世紀 軍役制의 推移와 改革論」, 『韓國史論』 22, 1990, 158쪽 참조.

해 사라진 絶戶의 逋欠分을 隣族과 餘他戶에 분담시켜 징수하는 폐단을 제거해야 한다는 주장이 제기되었다.[30] 수많은 논의를 거친 끝에 정부는 민의 소요를 막기 위해 군적 정비에 앞서 호패법의 시행이 필요하다는 데에 의견을 같이하고 이를 大同法·量田事業과 함께 추진하고자 하였다. 호패법의 타당성이 적극 강조되는 가운데 국왕 인조는 "호패법은 오로지 폐단을 줄이고 賦役을 균등히 하는 데 목적이 있다"는 견해를 보였고[31] 형조참판 崔鳴吉은 "호패에 관한 일은 누락된 장정을 단속하고 도망치거나 죽은 자로 인한 결원을 보충함으로써 약한 백성이나 隣役을 괴롭히는 폐단을 제지하고자 한 것이다"[32]라고 하였다. 이어서 號牌廳은 호패법의 실시 목적이 "대체로 民丁 총수와 有役無役을 파악해서 훗날 변통하고"[33] "祖宗朝 이백 년 동안 폐지되었던 법을 거행하여 우리나라의 흩어진 100여 만의 백성을 결속시키려는"[34] 데 있다고 그 목표를 밝히고 있다. 이와 같이 호패법은 양민 확보와 閑良의 군역 편입, 流離民의 처리 및 거처확정 등을 위해 시행되었다.

인조 3년 7월에 실시된 호패법은 광해군 때의 미약한 호패법과는 전혀 달랐다. 우선 절목의 규정에 따라 시행 과정이 엄하였고 시행의 효율성을 제고시키기 위한 보조장치로서 五家統制를 접목시켰다. 오가통제와 관련된 사항으로서 호패 대상자의 移居에 따른 統法의 적용방침을 별도로 규정하였다.[35] 한편 移來者가 호패를 차지 않으면 효수형에 처하고 統內의

---

30)『仁祖實錄』卷6, 仁祖 2年 5月 甲戌, 34책 619쪽 ;『仁祖實錄』卷8, 仁祖 3年 3月 壬子, 33책 685쪽 ;『仁祖實錄』卷9, 仁祖 3年 5月 壬戌, 34책 8쪽 ;『仁祖實錄』卷9, 仁祖 3年 6月 己亥, 34책 15쪽 ;『仁祖實錄』卷9, 仁祖 3年 7月 庚申, 34책 19쪽 ;『仁祖實錄』卷9, 仁祖 3年 7月 丁巳, 34책 18쪽.
31)『仁祖實錄』卷13, 仁祖 4年 閏6月 辛丑, 24책 111쪽.
32)『仁祖實錄』卷14, 仁祖 4年 8月 丁巳, 34책 132쪽.
33)『仁祖實錄』卷14, 仁祖 4年 12月 癸亥, 34책 154쪽.
34)『仁祖實錄』卷13, 仁祖 4年 閏6月 丁未, 34책 113쪽.
35) 가령 地方民 가운데 서울에 와서 벼슬하는 자는 거주지를 서울로 입적해야 하는 데 장부를 정리한 뒤에 옮기는 자가 있으면 統主에게 말하여 관청에 올리고, 가는 곳의 統에 입적한 다음 본래 입적했던 統에서 지우도록 했다. 또한 한 統의 인원이 다 차면 새로 입적할 사람은 별도로 하나의 문적을 만들어 다섯이 찬 다음에

容接者도 아울러 治罪한다는 강력한 규제조치가 뒤따랐다.36) 이는 광해군 2년의 「號牌節目」에서조차 酷法으로 규정된 조항이었다. 아울러 호패를 차지 않은 자가 적발되면 당사자는 물론 監督官, 色吏, 統主, 有事 등을 동시에 治罪하도록 했다.37) 또한 호패를 분실한 자는 杖 70을 때리는 조항을 규정하고 기한이 지나도록 「外方成冊」을 보고하지 않는 감사에 대한 처벌을 강화하였다.38)

이처럼 호패법은 시행 과정에서 엄격성을 유지하여 이른바 상하가 通行되었다고 할 만큼 강력히 시행되었다. 그 결과 인조 4년 6월 호패청의 성책에 따르면, 추가된 男丁의 총수는 123만여 명으로 그 전에 기록된 103만여 명까지 합쳐 총 226만여 명에 이르게 되었다.39) 인조 4년 12월 호패청은 "금년에 부정하게 私賤으로 투숙한 자들이 앞다투어 자수하였는데 原州 11명, 平山 14명 등 여럿이다"라고 보고하였다.40) 심지어 인조 4년 12월 號牌令 이후 落講 儒生에 대한 軍保 充丁과 收布措置를 염려한 지방의 유생들이 곳곳에서 학문에 전념한다는 사실까지 보고되고 있다.41) 이러한 엄격한 추진에 힘입어 호패법의 실시는 거의 성공을 거두고 있었다. 정부는 이렇게 확보된 男丁을 우선 원래의 軍丁을 채우고 나머지는 餘丁을 삼아 丁當 年 1匹의 布를 餘布로 거두어 필요한 군사를 雇立한다42)는 계획을 세웠다. 인조 4년 윤6월 호패청에서는 호패법이 대략적으로 완결되어 牌用하지 않은 자는 소수에 불과하다면서, 일단 牌用한 후에는 명부에 기록된 대로 대조하여 役을 결정하고 부족한 액수를 보충하기로 결말을 지

한 統으로 만들도록 하였다(『仁祖實錄』卷10, 仁祖 3年 9月 己酉, 34책 28쪽).
36) 『仁祖實錄』卷10, 仁祖 3年 12月 癸巳, 34책 52~53쪽.
37) 『仁祖實錄』卷14, 仁祖 4年 8月 戊申, 34책 130쪽.
38) 『仁祖實錄』卷10, 仁祖 3年 9月 己酉, 34책 28쪽. 號牌廳에서 外方의 成冊이 기한이 지나도록 도착되지 않자 全羅監司 閔聖徽, 慶尙監司 元鐸, 咸鏡監司 南以恭에 대해 推考한 사실이 보인다.
39) 『仁祖實錄』卷13, 仁祖 4年 6月 丙子, 34책 105쪽.
40) 『仁祖實錄』卷14, 仁祖 4年 12月 己酉, 34책 152쪽.
41) 『仁祖實錄』卷14, 仁祖 4年 12月 乙卯, 34책 153쪽.
42) 『仁祖實錄』卷9, 仁祖 3年 7月 壬子, 34책 17쪽.

었다.[43] 그러나 거의 완성단계에 이르렀던 이 호패법은 정묘호란의 발발로 중지되었고, 국왕이 江島로 피난하면서 그 節目을 漢江邊에서 소각해 버렸다.[44]

호패법의 폐지는 외형상 정묘호란으로 인한 민심의 동요를 막는다는 것이었으나 사실은 제도 자체의 모순과 운영상의 미비에서 기인한 것이었다. 인조 4년 9월 金長生의 疏에는 閑丁이 호패법으로 인해 입적하자마자 즉시 移居하거나 公私賤으로 투속한다는 사실이 지적되고 있다.[45] 이와 관련하여 "祖宗朝에서는 백성이 일정한 산업이 있어서 그 토지에서 편히 살고 옮겨가는 것을 어렵게 여겼다. 그런데 지금은 백성이 일정한 산업이 없으므로 도망하여 흩어지기가 매우 쉽다. 하물며 號牌의 법은 극히 가혹하고 엄밀하여 시행 초기에 사람을 죽이는 일이 반드시 많을 것이니 지금 인심이 정해지지 못한 시기에 소요를 일으킬까 염려된다"라는 인조의 지적으로 알 수 있듯이,[46] 호패법은 시행절차도 까다롭고 농민의 거처가 불안정하였던 당시의 실정에 비추어 그 成敗는 쉽게 가늠하기 어려운 것이었다. 따라서 위의 지적은 국가제도가 성공을 거두기 위해서는 농민의 생산체계를 보장해주는 물적 급부가 반드시 수반되어야 함을 강조한 것이기도 하다.

차후 숙종 24년 司諫 鄭澔의 疏에서는 "號牌의 弊는 당초 이 법을 설치할 때 時宜를 헤아리지 않고 民願을 不恤하고 오직 設行에만 힘썼기 때문에 민간의 소요와 煩費의 弊가 낭자했다"라고 지적하고 있다.[47] 즉 호패법은 아직 뿌리내리지 못하고 불안정한 상태에 있던 소농경제의 상황 아래에서는 제한적인 성과를 거둘 수밖에 없었고, 따라서 엄격한 처벌규정에도 불구하고 成冊에의 등록을 거부하는 농민들을 필연적으로 倒産과 投託으

---

43) 『仁祖實錄』 卷13, 仁祖 4年 閏6月 丁未, 34책 113쪽.
44) 『仁祖實錄』 卷15, 仁祖 5年 正月 庚寅, 34책 163쪽 ; 『增補文獻備考』 卷162, 戶口考2 895쪽.
45) 『仁祖實錄』 卷13, 仁祖 4年 9月 庚午, 34책 137쪽.
46) 『仁祖實錄』 卷9, 仁祖 3年 7月 戊午, 34책 18쪽.
47) 『增補文獻備考』 卷162, 戶口考2 號牌 847쪽.

로 이끌었다.48) 이 밖에 落講 儒生들의 充丁·收布 조치에 대한 명분상의
문제와 운영담당자들의 농간도 폐해로서 지적되었다.49)

호패법의 폐지에 대해 병조판서 徐渻은 백성에 대한 국가권위의 상실을
지적하였고,50) 인조 5년 11월 兵曹의 啓에서는 "근래 外方의 文報를 보면,
수령으로서 마음을 다해 봉공하면 軍士 및 匠人 등이 모두 현존해 있습니
다만, 혹 용렬하고 사리에 눈이 어두워 사람에게 속임을 당하거나 자상하
여 지나치게 백성을 비호하는 자는 허물을 號牌의 혁파로 돌려 모든 境內
의 백성이 도망하고 이사갔다고 칭하니 매우 온당치 못합니다"라고 하여
국가적 사업으로 실시되던 호패법이 중단되면서 그 후유증이 군현 통치로
까지 파급되고 있음을 지적하였다.51)

이렇게 인조 초기의 호패법이 혁파됨에 따라 良役確保와 軍額充丁이라
는 과제가 집권층에게 재차 제시되었다. 이와 관련하여 국가가 전 인구를
파악하기 위해 京外 民人의 거주를 정하고 그 以來以去를 파악하기 위한
五家統의 필요성이 대두되었다.52) 또한 점진적으로 軍額을 지역에 할당하여
充丁하는 방안인 歲抄의 형태가 軍額 확보방안의 하나로서 나타났다.53)

숙종 원년 南人政權이 들어서자 尹鑴의 주도 하에 전반적인 제도개혁론
이 강구되었고 良役 문제의 해결을 목적으로 五家統·紙牌制가 동시에
실시되었다. 숙종 원년 9월 「備邊司五家統事目」에서는 7개 조에 달하는
紙牌·戶籍 관련 조항이 제정되었다.54) 이후 숙종 2년 5월 領議政 許積은

---

48) 號牌法 시행 이후 兩西 兩南지역의 良役民과 유리한 노비들의 土豪家 投托 사실
   에 대해 沈悅(宣祖 2年 1569~仁祖 4年 1646)은 다음과 같이 지적하고 있다. 『南
   坡相公集』 卷2, 代人請停號牌疏, "兩西兩南 無役之民 依接於土豪之籬底者 不可
   勝數 而經亂之後 遠方私賤 流離他道 失其本主 死生存歿 漠然不相聞者 其麗不
   億 一自此令[號牌法:인용자]之下 置身無所 從其附近 盡投於豪右之家 良民永爲私賤
   他奴認爲已奴 以號牌爲經官文券 而欲與故主爭訟 則未知朝廷何以處之".
49) 『仁祖實錄』 卷14, 仁祖 4年 8月 己酉, 34책 130쪽 ; 『仁祖實錄』 卷14, 仁祖 4年
   10月 壬寅, 34책 144쪽.
50) 『仁祖實錄』 卷15, 仁祖 5年 3月 己卯, 34책 183쪽.
51) 『仁祖實錄』 卷17, 仁祖 5年 11月 戊子, 34책 240쪽.
52) 『備邊司謄錄』 13冊, 孝宗 即位年 12月 8日, 2책 86쪽.
53) 金鍾洙, 앞의 논문, 1990, 161쪽.

다음 式年을 통해 紙牌를 나무로 교체하되 朝官은 牙角牌를 차게 하고 出
身과 雜職人은 원하는 대로 패용할 것을 건의하여 숙종의 동의를 얻었고,
인조 4년 호패 시행시 講定한「號牌事目」을 印出하여 책자로 만들어 반포
하였다.[55] 3년 동안 실시된 統牌의 효과를 강조한 尹鑴와 민심의 동요를
내세운 睦來善・金錫胄의 반대가 있었지만 숙종 3년 정월 영의정 許積은
재차 호패법으로의 개정을 주장하였다. 허적은 紙牌가 常漢 統首 이름 하
에 宰相・卿士가 기재되어 일률적으로 발급되므로 體統과 관계된다는 문
제점을 지적하였다.

숙종 6년(1680) 庚申換局으로 西人이 집권하게 되자 남인정권 하에서
시행된 제반 개혁책을 배제하는 가운데 紙牌制에 대해 '民心의 困苦'를 제
거한다는 명분 하에 폐지를 추진하였다.[56] 그러나 지패제가 백성의 수를
파악하고 獄訟 및 文書差發에 필수적이라는 사실이 지적되었고[57] 다음 해
숙종 7년 당파적 차원에서 폐지를 주장하였던 대신들이 오히려 찬성 쪽으
로 돌아섰다. 가령 領敦寧 金萬基는 "지패제는 시행한 지 몇 해가 되었으
므로 그대로 두고 재차 節目을 講定하여 煩苦를 제거하고 민으로 하여금
怨苦에 이르지 않도록 하자"고 하였고, 우의정 李尙眞은 "五家統・紙牌法
이 있어야만 호적 또한 착실히 작성될 수 있으므로 節目을 面里에 반포하
고 面里任을 통해 실시하자"는 보다 적극적인 견해를 제시하였다.[58] 이와
같은 호패법은 17세기 이래 軍制가 立役을 전제로 한 府兵制가 아닌 綿布
납부로 전변됨에 따라 그 성격이 다소 변하였다. 종전의 호패법은 현안에
따라 軍丁 抄出에 목적이 있었는데, 이제는 단지 그 본령인 호적제도를 보
완하는 장치로서 기능하게 되었던 것이다.

한편 숙종 2년 6월에 隣徵・族徵의 폐단을 시정하기 위하여 都案廳이
설치되고 兵曹가 啓達한「良丁査覈事目」10條가 시행되었다. 이 사목은

---

54)『備邊司謄錄』31冊, 肅宗 元年 9月 26日, 3책 196쪽.
55)『肅宗實錄』卷4, 肅宗 2年 5月 丙午, 38책 329쪽.
56)『肅宗實錄』卷9, 肅宗 6年 5月 癸丑, 38책 454쪽.
57)『肅宗實錄』卷9, 肅宗 6年 6月 庚申, 38책 456쪽.
58)『增補文獻備考』卷161, 戶口考.

閑丁을 추출한다는 명목 하에 中·庶 자제는 물론 廢疾·遊窮者라도 無役者인 경우 무조건 군역에 편입시킨다는 것이었다.[59] 그러나 閑丁을 조사하고 闕額을 충당하여 현안을 해결한다는 의지가 앞서고 절목에서 '遵奉人吏의 處罰 科罪 조항'만 지나치게 강조함으로써 다소 무리가 노출되었다. 숙종 3년 1월 右參贊 洪宇遠은 본 사목에 대해 庶孼과 納粟免講校生 및 納粟保官者의 군역 편입에 따른 문제점을 국가의 信義와 관련시켜 제기하며 그 시행에 반대하였다.[60] 또한 사목을 엄격히 시행하는 과정에서 호서지역의 경우 10세 이상 14세 미만의 兒弱에게 11세 규정을 적용하는 것은 현실적으로 무리이므로 14세까지 기다렸다가 充丁할 것을 재차 지시하는 등 혼란이 빚어졌다.[61]

한편 윤휴는 "逃故·兒弱에 대한 폐단은 각 도로 하여금 物故·逃亡을 조사하여 즉시 제명하고, 그 수를 兵曹에 알려서 身布를 면제하게 하며 이후 몇 년 동안 기한을 정해 代丁하지 않도록 할 것, 그리고 州縣으로 하여금 流浪하는 백성으로서 本郡에 公文이 없는 자는 즉시 罰布를 거두어서 도망한 자의 결손을 보충하도록 할 것" 등 민에게 실질적으로 혜택이 돌아갈 수 있는 법적 조치를 강구하고자 했다.[62]

이와 관련하여 戶布法 역시 軍布 부담의 편중성을 덜기 위한 방안으로서 제시되었는데, 이는 17세기 역대 정권의 최대 논쟁점으로 부각하였다. 호포법은 실제로 시행되지도 못한 채 모든 신분을 징수대상으로 삼는 데 대한 사족들의 반발로 격렬한 논쟁만 유발하였다.[63] 이와 같이 軍制變通

---

59) 洪宇遠은 각종 冒錄 및 閑丁 중 15세가 아닌 11세 이상으로써 役을 정할 것, 出身과 中庶 및 有蔭의 자손들도 有廳軍(三衛)에 예속시켜 布를 받도록 할 것, 각 고을에 冒錄한 校生과 役이 없는 匠人에게 役을 정하고 布 2필을 거두게 할 것, 본조[兵曹 : 인용자] 소속의 각종 군병의 逃故로 인한 궐액은 모두 그 수를 充丁한 뒤 歲抄를 기다리지 말고 즉시 軍案에 기입하고 나머지 수는 별도의 대장을 만들어 우선 布를 거두어 올려보내게 하며 本郡의 軍兵 가운데 부족한 숫자에 따라 役을 정하도록 할 것 등을 명시하였다(『肅宗實錄』 卷5, 肅宗 2年 6月 丙寅, 38책 345쪽).
60) 『肅宗實錄』 卷6, 肅宗 3年 1月 己亥, 38책 345쪽 ; 『南坡集』 卷7, 論五事疏.
61) 『肅宗實錄』 卷6, 肅宗 3年 5月 壬辰, 38책 357쪽.
62) 『肅宗實錄』 卷6, 肅宗 3年 9月 庚子, 38책 368쪽.

과 관련하여 볼 때 향촌사회 내에서는 단지 閑丁을 찾아내어 부족한 軍額을 보충한다는 소극적인 차원의 방안만 시행되었다.

다음으로 17세기 정부가 良役 확보와 신분제 유지책으로서 강구한 정책 중 하나가 奴婢推刷事業이었다. 정부는 임란을 계기로 양역 인구의 감소가 가져온 국방상의 문제점을 깨닫고 노비신분자의 軍役入屬을 허가하였다. 그리하여 전쟁중에 설치된 訓練都監과 束伍軍에 노비가 일부 구성되어 良賤 간의 신분차별이 일부 완화되는 듯한 인상을 주었다. 그러나 奴를 중심으로 한 束伍軍 운영은, 奴의 입장에서 보면 身貢과 군사훈련이라는 一身兩役의 부담이었고 따라서 奴들의 불만을 증가시키는 요인이 되었다. 또한 노비들은 여자라도 身貢을 내야 했으므로 평민에 비해 부담이 적지 않았다. 이러한 이유 등으로 인해 임란 이후 노비의 도망이 대대적으로 나타났고 결국 중세 봉건신분제의 골격을 동요시키게 된다. 정부는 노비 도망에 따른 국가재정의 감소와 기강문란을 방지하기 위해 효종 6년 推刷都監을 설치하여 推刷御使를 파견하고 「奴婢推刷都監事目」을 작성하여 추쇄사업을 실시하였다.[64] 효종 연간의 추쇄사업으로 29만의 各司奴婢가 확보되었으나 奴婢身貢의 과중한 부담으로 유망은 계속 증가하였다. 숙종 원년 漢城府 啓辭에 의하면 "長水縣 호적인구의 都數가 5,587口라고 기록되어 있는데, 本府에서 추산해 보니 부족자가 1,141口에 이르며 그 중 公私賤 逃亡奴婢는 913口이므로 228口가 추가 기록되어 있습니다"라고 하여 거듭된 도망노비의 실태를 엿볼 수 있다.[65]

이에 대해 정부는 결국 奴婢身貢을 반감시키고 나아가 합법적인 신분상승의 통로를 확대시키기 위해 "公私賤良妻所生 一從母役"을 정식화하였다.[66] 기존에는 良賤間에 혼인을 하게 되면 그 자녀는 천민신분을 따라 노

---

63) 顯宗末 肅宗初 戶布法의 시행에 대한 黨色別 견해와 논의 과정에 대해서는 池斗煥, 「朝鮮後期 戶布制의 論議」, 『韓國史論』 19, 1988 참조.

64) 奴婢推刷에 대해서는 다음의 연구가 참조된다. 平木實, 『朝鮮後期奴婢制硏究』, 지식산업사, 1982, 93쪽 ; 金安淑, 「孝宗朝 各司奴婢推刷都監設置의 背景과 性格 -17世紀初 民亂과 관련하여 -」, 영남대학교 석사학위논문, 1984, 67~74쪽.

65) 『備邊司謄錄』 31冊, 肅宗 元年 11月 23日, 3책 211쪽.

66) 『顯宗實錄』 卷16, 顯宗 10年 正月 甲辰, 36책 607쪽.

비가 되어야 했다. 그러나 후대에 이를수록 양천 간의 신분 차이가 사실상
그 의의를 상실하면서 양 계층 간의 혼인을 통한 결합이 잦아지고 있었고,
이러한 현상은 결과적으로 양인신분의 감축을 가져왔다. 그러므로 정부는
국가재정과 관계가 깊은 良役에의 입속 인구를 확보하기 위해 良妻所生의
奴는 母役에 따르게 하였다.67) 이렇게 良妻所生 노비를 良役에 입속시키
게 되자 기존 양반들의 노비 가운데 그 해당자가 많이 나타나고 奴主 사이
에는 詞訟이 야기되는 등 운영상의 문제가 거듭 야기되었다. 그러나 정부
는 고정화된 신분세습제 아래서 良役의 부담에서 제외되어 있던 노비신분
층을 양인신분으로 상승시킬 기회를 부여함으로써 궁극적으로 양역인구의
증가를 도모하는 이 정책을 거듭 추진하였다.

이상 17세기 정부는 전쟁으로 인해 농업노동력이자 부세원인 농민의 流
離 현상이 극심해지자 그 대응책으로 호적작성, 호패법, 군적사업 및 노비
추쇄사업을 추진하였다. 그 결과 부분적으로 호구 파악과 양역민의 확보가
이루어졌다. 그러나 국가 차원에서 농민이 향촌에 뿌리 내리도록 할 수 있
는 物的給付는 병행하지 않은 채 제도만을 강제하는 데 따른 데 문제가
있었다. 더불어 이상의 제도가 시행되는 場이 향촌사회이고 정책의 시혜대
상이 농민이라는 점에서 향촌조직의 정비가 적극 요청되었다.

(2) 生産力 復元對策

향촌의 경제적 상황과 관련한 정부정책은 생산기반의 회복과 전결 수의
원상복구에 두어졌다. 당시 생산력체계를 복구하기 위해 시급한 것은 陳荒

67) 이 법은 실시 과정에서 많은 우여곡절을 겪고 英祖 7년에야 영구히 하나의 고정
된 법령으로 제도화되었다. 법전에 보이는 바와 같이 그것은 顯宗 10년 1월에 처
음 실시되었다가 肅宗 원년에 換賤, 辛酉年에는 從良, 己巳年에 다시 換賤되었다
가 영조 7년에 이르러서 從良의 규정이 고정되었다(『顯宗實錄』 卷16, 顯宗 10年
正月 甲辰, 36책 607쪽 ;『增補文獻備考』 卷161, 戶口考 ; 平木實, 앞의 책, 1982,
138쪽). 顯宗 10년에 從母從良法이 처음 실시된 것은 宋時烈의 주장에 따른 것인
데, 이에 앞서 李珥가 "從母之法 不用於良女 而良民盡化爲私賤 由今之道 無變
今之政 雖堯舜在上 亦將無以爲始矣"라고 하여 從母從良法의 실시를 주장한 바
가 있다(『栗谷全書』 卷15, 東湖問答).

田의 개간과 토지에서 流離한 농업노동력의 신속한 복귀였다. 그 중 농지
개간사업은 新田開墾과 함께 전란으로 인해 각지에 산적한 陳田의 개간에
주안점이 두어졌다. 당시의 陳田으로는 자연재해에 대한 보상으로 중앙에
서 급여된 토지와 오랫동안 황폐해진 토지가 있었으나, 전쟁중에 경작자
농민의 戰歿·流散으로 인한 사례가 많았다.

전란 이후 광범위한 無主陳田이 존속하여 정부는 지방 수령의 치적을
가늠하는 기준으로서 개간지의 多少를 상정하였다. 陳田開墾의 경우 海澤
개간지의 예에 따라 3년간의 면세특혜를 부여, 해당 토지의 부담을 경감시
켰다. 이로 인해 농지개간이 활발히 진행되어 인조 24년 8월에는 "田野之
闢 如壬辰以前 幾乎相同"[68]라고 하여 그 동안 황폐해진 토지가 전쟁 전
의 수준으로까지 거의 회복되었다는 보고가 있었다. 나아가 肅宗 14년 4월
에는 "山峽之間 海澤之濱 村土尺地 皆已起耕 實無一畝閑曠之地"[69]라
하여 陳田은 물론 閑曠地마저 거의 개간되었다는 보고가 나올 정도였다.
외견상 농지개간의 문제는 국가와 민들의 노력으로 재건 정비되었다.

그러나 정부는 개간지의 소유권 확인과 면세조치 외에는 별다른 조치를
취하지 않았다. 즉 경작면적에 대한 地稅만 징수하여 봉건왕조의 재정 확
보를 기하는 선에서 만족하고 그 선상에서만 농지개간을 권장하였다. 실제
로 진전개간과 면세조치라는 사회적 계기는 일반 농민보다 재지세력의 토
지집적을 한층 강화시켰다. 이와 관련하여 宮房田이 국왕의 비호 아래 급
속히 증대되었고 각급 관아의 官屯田 역시 軍粮不足, 財政窮乏의 해결이
라는 명분 하에 크게 늘어났다.[70] 당시 각종 둔전의 설치는 부분적으로는

---

68) 『仁祖實錄』 卷47, 仁祖 24年 8月 己丑, 35책 282쪽.
69) 『備邊司謄錄』 42冊, 肅宗 14年 4月 15日, 4책 133쪽. 이때의 농지개간 완료 보고
   는 진전개간을 통해 戰前 수준으로 회복되었음을 지적한 것으로, 이 자료는 이 개
   간에 다양한 주체(지방유력자, 宮房, 官衙)가 참여했음을 알려준다.
70) 17세기 屯田의 운영과 성격에 관해서는 다음 연구가 참조된다. 鄭昌烈, 「朝鮮後
   期의 屯田에 대하여」, 『李海南博士華甲紀念史學論叢』, 1970 ; 李景植, 「16世紀
   屯田經營의 變動」, 『韓國史硏究』 24, 1979 ; 「17世紀 土地折受制와 職田復舊論」,
   『東方學志』 54·55·56合輯, 1987 ; 朴準成, 「17·8世紀 宮房田의 擴大와 所有形
   態의 變化」, 『韓國史論』 11, 1984 ; 宋讚燮, 「17·8世紀 新田開墾의 擴大와 經營

농지개간이라는 효과와 募民開墾에 따른 農民安集의 성과를 거둘 수 있었다. 그러나 宮家·官衙가 스스로 無主地를 査出하여 해당 기관에 신고한 후 立案을 折給받는 과정을 거치게 함으로써 봉건지배층과 지방유력자들이 개간사업을 매개로 하여 합법적으로 토지를 집적할 수 있었다.[71]

이상 적극적인 농지개간의 결과 量田을 통해 알 수 있듯이 토지결수는 일정하게 증가되었다. 그러나 소유관계를 포함한 실질적인 내용을 보면, 17세기 국가재조의 선상에서 절실히 요청되었던 국가주도 하의 소농경제의 확대·강화의 방향과는 불일치되는 면이 있었다.

농지개간과 함께 勸農政策의 일환으로 농업생산을 증진시키기 위한 농업기술의 교육과 계몽이 전개되고, 농업기술의 발달을 위한 農書가 보급되었다. 특히 효종 6년(1655)에 간행한 申洬의 『農家集成』은 국가정책으로 보급된 후 그 내용과 이념이 당시기 朝鮮農政의 지침이 되었다. 본 농서에는 조선전기의 농서인 『農事直說』을 증보 수록하고, 세종의 「勸農教文」, 朱子의 「勸農文」 및 『衿陽雜錄』, 『四時纂要抄』를 수록하였다. 『농가집성』의 농업이념은 주자 「권농문」의 이념인 지주·전호의 分이 강조된 것으로 地主·大農 중심의 농법을 지향하였다. 양란 이후 정부의 농업재건책은 소농경제의 안정을 표방한 것과는 달리 실제적으로는 16세기 이래 형성된 지주제를 인정하고 이를 토대로 농업생산력을 증대시킨다는 봉건적 사회경제질서의 재건을 염두에 둔 것이었다. 정부가 정책적으로 『농가집성』의 보급에 노력한 이면을 가늠할 수 있게 한다.[72] 다른 한편 정부는 국가 차원에서 수요증대를 통한 상공업 발전을 촉진하여 이 시기 기저적인 생산력의 발전과 상품화폐경제의 발전에 조응하기도 했다.[73]

17세기 정부는 전술한 정책의 연장으로서 부세제도의 개혁을 추진하여

形態」, 『韓國史論』 12, 1985 ; 姜祥澤, 「朝鮮後期 有土屯田과 無土屯田의 擴大와 그 改革論議에 대하여」, 『釜大史學』 10, 1986.

71) 金容燮, 「朝鮮後期 土地改革論의 推移」, 『東方學志』 62, 1989, 82쪽 ; 李景植, 「17세기 農地開墾과 地主制의 展開」, 『韓國史硏究』 9, 1973, 101~104쪽.

72) 金容燮, 앞의 책, 1988, 150~151쪽.

73) 白承哲, 『朝鮮後期 商業論과 商業政策 - 17世紀 國家再造方略과 관련하여 - 』, 연세대학교 박사학위논문, 1996 참조.

농민에 대한 과도한 수탈을 억제하고 농민경제를 안정시키려 했다. 물론 제도의 개혁이 곧바로 부세의 경감과 운영상의 공정을 보장해 주는 것은 아니었으나 담세자 농민들의 처지개선과 국가 재정체계의 확립 차원에서 절실한 방안이었다.

조선전기의 賦稅制度는 租・庸・調 三稅를 근간으로 이루어졌다. 이러한 부세제도는 중세국가의 향촌지배・농민지배의 경제적 표현으로서 중세 각 시기의 지방제도 및 그 내부의 사회적 소유관계・농업생산력의 발전 정도를 전제로 한 것이었다. 따라서 각 시기에 이러한 전제조건에 변동이 생기면 부세제도에도 변화가 야기된다.[74]

임란 이후 조선사회는 토대상의 변화와 함께 전쟁으로 인해 土地・人丁・戶口 등에 대한 정확한 파악이 곤란해지고 이에 따라 부세행정의 운영이 점점 더 어려워지며 혼란이 거듭되었다. 부세징수의 不均과 그에 따른 담세자 농민의 저항이 나타났던 것이다. 이제 농민들은 전쟁을 경과한 이후 변화된 사회의식을 바탕으로 토지에 대한 공적이고 보편적인 지배와 합리적인 조세 부과를 요구하고 있었다. 따라서 정부는 부세제도의 釐正을 통해 향촌 내의 현실적인 문제들을 조정하려 했다. 그런데 부세제도에는 사회계층 간의 경제적 이해관계가 얽혀 있기 때문에 그 釐正이 그렇게 쉬운 것은 아니었다. 그러나 임란 직후 집권세력인 서인정권은 지배층・지주층 중심의 國家再造論과도 관련하여 근본적인 토지개혁을 전제하지 않는 한 부세제도의 개혁만큼은 적극 추진하려 했다. 당시 지배층은 토지제도의 개혁에 대해서는 부정하는 입장을 취했으나, 동시에 자신들이 바라는 지주제국가의 유지를 위해서는 일정 정도 소농경제의 안정이 수반되어야 한다는 것을 인식하고 있었다. 이렇게 해서 그들이 적극 수용한 개량책이 부세제도 개혁안이었다. 이 시기 많은 政論家들이 제시한 논의들은 정부에 의해 大同法, 戶布論 그리고 均役法에 이르는 몇 차례의 軍役制 釐正의 방안으로 수용되었다.

---

74) 金容燮,「朝鮮後期 賦稅制度 釐正策」,『增補版 韓國近代農業史硏究(上)』, 1984, 202쪽.

그런데 부세제도를 개혁하기 위해서는 먼저 과세대상인 토지를 파악하는 일이 무엇보다 중요했다. 또한 현실적인 문제로서 전란 과정에서 田案이 소실되면서 농민의 개별적 소유권 주장이 어려워지고 土豪・宮家・大地主에 의한 民田의 私占化 현상이 심화되었다. 이에 따라 田案에 근거한 국가의 조세수입이 격감하였다. 이에 정부는 농민경제의 붕괴와 국가재정의 위기를 극복하기 위한 방안을 강구하여 그 선행사업으로서 量田을 실시하였다. 당시 量田의 필요성은, 궁극적으로 재정확보라는 국가적인 목표 외에도 田案이 허실・문란해져 부세를 위한 근거로서 가치를 상실하고 이에 연유하여 '賦稅不均', '賦稅錯亂'의 폐단이 제기되었기 때문이다.75)

선조 32년(1604) 京畿・黃海・咸境・江原・平安道 등 전국에 걸쳐 양전사업이 전개되었고, 광해군 4년(1612)과 인조 12년(1634)에 三南을 비롯한 諸道의 양전, 현종 4년(1663)과 10년 숙종 27년(1701)에 이르는 지역별 부분 양전이 실시되었다. 당시 양전사업은 『經國大典』 戶典 量田條에 의거하여 실시하고 御使와 별도의 均田使를 파견하여 이를 관장하게 했

75) 田案 분실로 인해 과세대상 토지의 확보가 어려워지자 국가재정을 위한 양전사업이 초미의 관심사로 대두되었다. 가령 '經亂以後 田籍蕩失 民多漏伏'(『仁祖實錄』 卷47, 仁祖 24年 8月 己丑, 35책 282쪽)이라거나 亂中 田案 분실로 인해 근거가 없어지자 堤堰을 私占하거나 牧場開墾 海曲堰田 등이 나타나고 冒稱하여 民田을 탈취하는 일이 많이 발생하였다(『仁祖實錄』 卷19, 仁祖 6年 10月 戊申, 34책 301쪽). 또한 '畿甸지역은 兵亂 이후 모든 田案을 잃었는데 奸民太牛이 所耕을 숨기므로 균등한 田役의 시행이 안 되고 경비 또한 令絕하니 量田이 필요하다"고 지적되었다(『仁祖實錄』 卷44, 仁祖 21年 6月 丁亥, 35책 158쪽). 그런데 전쟁이라는 요인과 상관없이 현실적으로 국가운영의 기축이 되는 농민들의 생산체계가 흔들릴 뿐 아니라 地主・宮家・土豪에 의한 경작지 및 제반 생산수단의 점유가 급격히 늘어나고 있었다. 16세기 이래 소유권 집적을 통한 地主制의 확대 발전과 소경영 농민층의 몰락이 이미 진행되고 있었다. 이러한 경제적 변화에 대처하는 양상의 하나로서 지주 양반층들이 토지집적을 통해 우월한 경제적 기반을 확보해 나갔다. 결국 양반은 16세기 이래 진행되던 지주제의 확대와 변동을 추진시키는 작용을 했던 것이다(李景植, 앞의 논문, 1973, 101~104쪽). 이 때문에 농민들의 생산력 복원도 문제였으나 생산물의 중간 누수를 막기 위한 국가 차원의 재정체계 확립이 절실하였다. 정부는 근본적으로 전쟁 과정에서 소실된 田案의 재정비가 절실함을 느끼고 국가적 사업으로서 대대적인 量田을 실시하였다.

다.[76] 이 양전사업의 결과, "改量一事 可以少紓窮民數年之急"[77]이라는 지적으로 알 수 있듯이 감축된 전결이 상당 부분을 복원되고 각 도 牧場 등의 토지에서 冒耕者를 적발하는 등 실질적인 효과를 올릴 수 있었다.[78] 거듭된 양전사업으로 인조 13년(1635) 元帳附上의 결수는 133만 7천여 결에 달했고, 이어 陳田·新墾田 개발이 거듭되어 경지면적은 효종 4년(1653)이 되면 거의 임란 이전 수준으로 회복되고 있음이 보고되었다.[79]

이와 같이 정부는 막대한 비용과 역량을 소요하여 양전사업을 추진하였고 時起結의 확보를 통한 국가 조세수입의 증대와 農地의 '定經界'라는 일정한 효과를 거두었다. 그러나 운영과정 상의 모순으로 인해 이해당사자인 백성들의 불만이 축적되었고 후기로 내려오면서는 문제가 야기된 일부 지역에서만 부분적인 양전이 실시되었다. 양전의 시행 과정에서 드러난 문제점은, 가령 선조 36년 2월 양전비용의 과다로 민의 피해가 속출하자 양전의 일시 중지를 요구한 司憲府의 啓,[80] 현종 6년 3월 咸鏡道의 양전 이후 田土의 척박성을 고려하지 않은 田等 규정으로 인해 전일보다 徭役과 賦稅의 부담이 늘어났다[81]는 지적을 통해 알 수 있다.

---

76) 『宣祖實錄』 卷169, 宣祖 36年 12月 辛丑, 24책 554쪽 ; 『顯宗實錄』 卷15, 顯宗 9年 11月 甲寅, 36책 599쪽.
77) 『南坡集』 卷4, 應旨封事 任禮安時 辛卯.
78) 『宣祖實錄』 卷169, 宣祖 36年 12月 辛丑, 24책 554쪽.
79) 그러나 이는 어디까지나 장부상의 변동에 지나지 않은 것으로, 전란으로 인한 토지의 소유관계와 운영은 이전과는 크게 차이가 있었다.
80) 『宣祖實錄』 卷159, 宣祖 36年 2月 己亥, 24책 447쪽.
81) 『顯宗實錄』 卷10, 顯宗 6年 3月 丁未. 이와 동일한 사안으로 宣祖 32年(1604)의 경상도 지역 양전 과정에서 "左道則太歇右道則太峻甚是不均"하다는 지적이 제시되었고(『訒齋集』 卷10, 答權監司仲明問嶺南弊瘼十二條) 禮安에서는 乙亥(仁祖 13년, 1635)量田으로 인해 읍내 토지가 고가의 수세지로 변경된 데 따른 문제가 邑弊로 지적되고 있다. 禮安의 水陸之田은 오래 전부터 下下등급으로 收租되던 곳이었다. 그런데 광해군 8년(1616) 災傷覆審 당시 경상좌도 일대의 몇몇 읍과 더불어 예안의 780여 결이 下中 등급으로 판정되었다. 게다가 인조 13년 乙亥量田에서는 打量監官의 판정에 따라 下中之稅가 감등된 것이 아니라 오히려 예안의 여타 토지의 등급이 높아져 이전보다 고가가 되었다. 예안의 토지는 대개 돌이 많고 메말랐기 때문에 5~6等之田이 많았는데 양전 이후 3~4등 내지 1~2등 토

한편 17세기의 대표적인 부세제도 개혁론 중 하나인 大同法이 전국적으로 실시된다.[82]

대동법은 첫째 양란 이후 극도로 파괴된 국가재정을 재건하고 군사비를 조달하기 위해, 즉 직접적으로는 조세징수의 안정적 확보를 목적으로 하여 실시되었다. 둘째 '稅輕貢重'의 표현으로 알 수 있듯이 직접생산자인 농민의 저항을 받은 貢物制度를 개혁하기 위한 것이었다. 民戶에 대한 貢賦 및 徭役은 戶口와 所耕 田結數를 고려하여 부과하는 것이 원칙이었으나 상세한 명문과 시행세칙이 없었고 관속들의 임의에 따라 방치되는 경향이 강하였다. 이로 인해 大小民 사이의 貢賦 부담이 극히 不均하였다. 仁祖 연간 趙翼은 당시 최대의 '病民之事'를 열거하면서 "大邑小邑 豪民小民 所出不均 寡弱偏苦之害也 田結輕重不均 巧而强者 田多而役少 拙而弱者

___

지로 판정된 곳이 많았다. 이로 인해 禮安縣의 下下·下中之稅 토지가 指徵無處가 되고 240여 결의 세를 一境의 토지에 分定하여 납부하게 하였다. 인조 27년 (1649) 당시 수령인 洪宇遠은 양전으로 인한 고가의 賦稅 때문에 예안민들이 官羅과 私債로 연명하며 유리·도산자가 많다며 下中之稅의 감면과 虛結 징세의 중지를 요구하고 있다(『南坡集』 卷4, 疏17 陳民弊疏 任禮安時 己丑).

82) 大同法은 1608년(光海君 즉위년)에 경기도에 시행된 후 양전문제가 해결되면서 1세기에 걸쳐 강원(1623, 1754년에 詳定法으로 개정), 충청(1651), 전라(1658, 1662), 함경(1666 詳定法), 경상(1677), 황해(1708 詳定法) 등 여러 도로 확장 실시되어 갑오개혁(1895) 때 地稅로 통합 폐지되기까지 존속한 조선왕조 후기의 기간적인 재정제도였다. 이는 戶役으로서의 각종 貢納과 雜役을 田稅化하고 量出定入의 원칙 아래 京外의 재정체계를 개편한 것이다. 다시 말해 조선왕조 전기 財用의 주축을 이룬 각종 進上, 貢納과 地方 官需 및 雜役들을 戶役으로 課收하지 않는 대신 그 物·役을 조달 고용할 수 있는 양의 미곡(또는 布·木·錢)을 收租案의 田結에서 定率(대체로 1결당 米 12斗)로 課收하여 京外 各官의 재정자금을 민간(주로 貢·市人)에서 貿用 雇立하는 것을 기본 골자로 하였다. 大同法에 관해서는 다음 논저가 참조된다. 鄭亨愚,「大同法에 대한 一 研究」,『史學研究』 2, 1958 ; 韓榮國,「湖西에 실시된 大同法」上·下,『歷史學報』 13·14, 1960·1961 ;「湖南에 실시된 大同法」 1~4,『歷史學報』 15·20·21·24, 1961~1964 ; 金潤坤,「大同法의 施行을 둘러싼 贊反兩論과 그 背景」,『大同文化研究』 8, 1971 ; 金玉根, 『朝鮮後期經濟史研究』, 서문당, 1977 ;『朝鮮王朝財政史研究』, 일조각, 1984 ; 安達義博,「18~19世紀前半의 大同米·木·布·錢의 徵收支出과 國家財政」,『朝鮮史研究會論文集』 13, 1976 ; 鄭昌烈,「收取制度」,『韓國史論(4) 朝鮮後期篇』, 1976.

地少而役重之害也"[83]라 하여 防納人들이 均賦를 내세우지만 豪勢家는
응하지 않고 상대적으로 小民에게 공물 부과가 편중되어 있음을 지적하고
있다. 또한 防納・代納 현상으로 인해 많은 폐단이 야기되었다.[84] 이들 폐
단은 주로 貢物分定에서 '任土作貢'의 원칙에 따른 不産貢物의 납부와 방
만한 수세체계 과정에서 발생한 것이었다. 이러한 공납제의 모순이 낳은
부담은 일반 농민에게 전가되어 도산・유망 농민들이 속출하였다. 특히 防
納의 폐해는 심각하여, 이로 인한 여러 가지 사회불안의 해결이 시급한 과
제로 부상하여 각종 개혁안이 지속적으로 제기되었다.

임란 직후 대동법이 실시될 수 있었던 배경으로는 첫째, 貢物의 田結로
의 집결현상을 들 수 있다. 이는 앞서 선조 2년(1569) 李珥가 公案의 개정
을 통해 不産貢物의 分定에 따른 폐단을 시정하고 그 일부를 토지에 부과
하는 부분 개정의 방법으로서 실시한 收米法에서 그 전례를 찾아볼 수 있
다.[85] 둘째, 임란 이후 대규모로 실시된 양전사업을 들 수 있다. 정부 입장
에서는 재정난을 타개하기 위한 기본수단으로서 가능하면 많은 租稅 부과
대상이 되는 田結을 찾아내어 이를 기초로 하여 結단위로 收米하는 것이
훨씬 유리했던 것이다. 따라서 대동법은 양전사업의 진행과 함께 보조를
맞추어 전개되었다. 인조 2년 5월 同知事 崔鳴吉이 "大同의 일은 각 도의
田結이 얼마나 되는지 먼저 알아야 허술해질 걱정이 없는 것인데 田案이
변란중에 거의 분실되었으니 더욱 염려스럽다"라고 하여 확실한 양전사업
이야말로 대동법의 성패를 가름하는 전제임을 지적하고 있다.[86]

그런데 대동법이 시행될 경우 국가재정은 그만큼 호전되고 동시에 소농
민의 貢賦 부담은 감소되지만, 대신 대토지소유자인 양반지주층의 부담은
크게 늘어난다. 또한 防納을 통한 謀利行爲로 富를 축적한 수령 및 各司
의 서리, 상인 및 여기에 참여하고 있던 일부 양반지주도 타격을 받는다.

---

83) 『浦渚集』 卷2, 因求言論時事疏.
84) 이지원, 「16・17世紀 前半 貢物防納의 構造와 流通經濟的 性格」, 『李載龒博士還
   曆紀念韓國史學論叢』, 1990.
85) 『栗谷全書』 卷15, 雜著2 「東湖問答」.
86) 『仁祖實錄』 卷6, 仁祖 2年 5月 壬午, 33책 621쪽.

따라서 이들의 이해를 대변하는 대동법 실시에 대한 반대의견은 아주 강력하였다. 그러나 방납의 폐단에 따른 私大同 형식의 각종 收米法이 이미 전국적으로 널리 행해지고 있었고, 지주제의 확대에 따라 농민의 몰락이 심화되는 추세였으므로 정부지배층으로서는 대동법을 수용하지 않을 수 없었다. 이는 지주층의 약간의 양보를 필요로 하는 부세개혁에 대해서는 일정하게 지지 의사를 표방한 서인집권층의 국가재조방략과도 궤를 같이 하는 것이었다.

(3) 國家財政 擴充對策

농민의 사회경제적 처지의 불안정은 곧바로 국가재정의 위기로 직결되었다. 양란 이후 17세기 국가의 재정상태에 대해서는 많은 정론가들이 언급하고 있다. 尹斗壽는 "畿邑自經壬辰大亂之後 官儲處處無斗粟之餘 甲午春臣在兩湖之間 募得富民之租二萬石 貨船上送分置各邑 以爲種子之用"이라 하여 官儲의 부족으로 경기지역 농민들이 種子穀조차 마련하지 못하는 실정을 지적하였다.[87] 또한 金瑬는 "國家財用有裕 則此實度支之責 而壬辰以後 國儲蕩竭 萬無辨出之路 前後體任之臣 如柳成龍李恒福等 亦皆有措辦之事 盖出於不得已也 前體臣張晩累年經營之物 盡失於胡變之日 臣受 命於板蕩之後 計無所生因循舊例"[88]라 하여 임란 이후의 심각한 재정난과 역대 體臣들의 회복 노력, 그리고 축적된 재정이 호란으로 인해 재차 소진되어 버린 실정을 지적하고 있다.

본래 국가재정을 안정적으로 확보하는 방안과 민심을 수습(농업생산력 복원 및 소농경제의 안정)하기 위한 조세감면책은 서로 상치되는 정책이다. 담세자인 농민에 대한 부세수취를 둘러싸고 이해를 달리하는 양쪽의 입장을 동시에 충족시키기란 쉬운 일이 아니었고, 향촌사회에서는 상반되

---

87) 『梧陰遺稿』 卷3, 時弊箚字.
88) 『北渚集』 同年(丁卯年, 仁祖 5年) 秋因筵臣啓解待罪疏. 韓泰東은 "祖宗之規 而行之旣久 弊隨而生 累經兵火版籍蕩失 以致貧富不均 賦斂無法 下有轉死之患 國無儲蓄之資 旣慮生理之窮 宜謀變通之道"라고 하여 거듭된 전쟁으로 17세기 내내 국가재정이 어려운 처지에 있었음을 지적하고 있다(『是窩遺稿』 卷7, 科體).

는 이 두 정책이 동시에 시행되는 데 따른 문제점들이 많이 나타났다. 그러나 국가정책 가운데 감세조치는 농민에게 즉각적이고 실질적인 혜택을 주는 것으로 무너진 생산기반을 회복하는 데 도움이 된다. 인조 원년 3月 영의정 李元翼은 묵은 田地의 結賦와 빠진 軍額을 호조·병조와 함께 의논하고 原結의 숫자를 줄이거나 혹은 隣族의 폐단을 제거해야 한다고 하여 농민을 안정시키기 위한 조세감면정책을 강조하였다.[89] 당시 정부는 전례가 없을 정도의 대대적인 감세조치를 취하였다.[90]

이와 함께 정부는 守令에 대한 考課의 강화 및 滯納者 처벌을 통해 조세징수를 강제하는 한편, 별도의 정책을 통해 국가재정의 확보라는 현안을 해결하려고 했다. 예를 들면 국가 입장에서 16세기 이래 기저적인 유통경제의 발달이라는 현실을 수용하면서 채택한 對商工業政策과 별도의 토지 설정(官屯田) 및 納粟策 등을 통해 각 관아의 재정을 확보하려 했다.

먼저 정부의 입장에서 화폐경제의 발달이라는 현실을 어떻게 수용하고, 국가재정을 확보하기 위해 어떤 정책을 강구하였는지를 살펴보고자 한다. 조선전기의 상업계는 전통적인 士農工商의 직업관과 '務本抑末'의 정책 하에서 官主導의 입장을 고수하며 진행되었다. 그러나 직접생산자의 이해에 기초한 유통경제구조가 국가에 의해 일방적으로 규제되지는 않았고, 여러 부문의 변화와 함께 전기 상업계도 구조상의 전변이 일어났다. 임란 이후 조선 후기사회는 상품화폐경제의 진전과 함께 특권상인의 확대, 場市의 발달, 私商의 등장, 관영수공업의 쇠퇴와 자유수공업의 발달이라는 특성을 갖고 변화 발전되었다. 이러한 하부구조의 변화에 대응하여 정부의 대상공업정책은 동요되었으나, 기존의 官주도 상업을 크게 진흥시키고 화폐제도의 신속한 시행을 통해 국가재정을 확보한다는 근본적인 목표는 변하지 않았다.

우선 상업에서는 특권상인을 육성하고 富商大賈에 의존하면서 유통기구를 지배하고 이를 통해 국가재정의 충실을 기하고자 하였다. 17세기의

89)『仁祖實錄』卷1, 仁祖 元年 3月 癸丑, 33책 514쪽.
90)『宣祖實錄』卷131, 宣祖 33年 11月 丁卯, 24책 155쪽.

禁亂廛權은 商利를 독점하고자 한 市廛商人들의 이해와 재정을 확보하려
는 국가적 이해가 결합된 것이었다. 정부의 입장에서 보면 금난전권은 첫
째, 전쟁으로 인한 재정위기를 타개하기 위해 國役이라는 명목으로 六矣
廛에 대해 일종의 특별세를 징수한 것이다. 둘째, 淸에게 보낼 貢物을 조
달할 필요에서 시행되었다. 즉 병자호란 이후 종래의 상업세보다 훨씬 부
담이 무거운 국역을 부과하고 그것을 담당하는 市廛에 대해 독점상업권을
부여한 것이다.[91)]

양란 이후 정부는 파탄에 직면한 국가경제를 재건하기 위한 정책의 일
환으로 銅錢을 法貨로 鑄造·流通시키고자 하였다. 즉 부족한 국가재정과
구호비 조달의 급박성에 비추어 최단기간에 최대량의 재화를 마련하는 데
는 동전의 주조·유통에 의존하는 것이 최선의 방책으로 여겨졌던 것이다.
화폐 주조는 거기에 소요되는 원료비와 노력비 등 저렴한 생산비에 대해
화폐의 명목가치를 높임으로써 막대한 이윤을 낼 수 있는 것이었다. 선조
36년 5월 特進官 成泳이 啓를 통해 "난후 재정파탄으로 군사비와 進獻方
物費를 조달할 방법이 없으므로 중국의 行貨之法을 참조하여 錢幣를 試
用하자"[92)]고 건의한 이래 여러 논자에 의해 鑄造의 필요성이 거듭 제기되
었다. 당시 정부는 전란으로 인한 농촌경제의 파탄과 그에 따른 조세수입
의 감소, 그리고 군사비 증가로 심각화된 재정궁핍을 보완하는 데 동전유
통의 직접적인 동기를 두고 있었다.[93)] 이에 인조 3년에 동전이 발행되었으
나 정묘호란으로 중단되고, 재차 1633년에 주조가 이루어졌다.[94)] 화폐주조

---

91) 姜萬吉, 『朝鮮後期 商業資本의 發達』, 고려대학교출판부, 1973, 156~157쪽.
92) 『宣祖實錄』 卷162, 宣祖 36年 5月 己巳, 24책 479쪽.
93) 元裕漢, 『朝鮮後期 貨幣史硏究』, 韓國硏究院, 1975.
94) 17세기 전반기에 동전의 주조·유통이 여러 차례 시도되었으나 오래 전부터 화폐
   가 사용된 漢城府과 開城府를 제외한 기타 지역에서는 큰 성과를 거두지 못하였
   다(『增補文獻備考』 卷159, 財用考6 錢貨). 정부는 金堉 등의 적극적인 건의에 따
   라 1678년에 비로소 금속화폐를 전국적으로 유통시키기로 결정하고 戶曹, 常平
   廳, 賑恤廳, 禦營廳, 司僕寺, 訓練都監 등에서 常平通寶로 일제히 주조하여 동전
   400문을 은 1냥의 비율로 환산하게 되었다(『肅宗實錄』 卷7, 肅宗 4年 正月 乙未,
   38책 379쪽).

는 17세기 후반에 이르러 화폐유통에 대한 사회적 요구, 대동법 실시 등 전 부문에 걸친 여건의 변화에 따라 재차 주목되었다.

한편 이와 관련된 또 하나의 대책으로 銀鑛業에 관한 것이 있다. 임란 후 전란으로 인한 재정적 위기의 극복, 燕行使節의 경비조달, 開市와 後市를 통한 對淸貿易의 발달과 支勅費를 위해 銀需要가 증대됨에 따라 국가적 대책이 수립되고 있었다. 沈喜壽는 '用銀貿遷之利'가 무궁함을 강조하고 임란 후 대중국 교역과 錢荒으로 인한 곡가폭등 방지책으로 銅錢과 함께 銀貨 유통의 필요성을 강조하였다.[95] 이러한 상황에서 정부는 設店收稅制를 실시하여 은광업에 부상대고를 유치하고 民의 採銀을 허가하기에 이르렀다.[96]

다음에는 국가재정의 확보방안으로 제기된 官屯田의 확대문제를 살펴보겠다. 16세기 이래 각 관청의 재정은 收租權的 토지분급을 통한 제도적인 재정 보장책이 상실되고 장기간의 전쟁으로 생산체계가 붕괴하면서 더욱 열악해졌다. 국가기구의 물질적 토대의 확립은 절실한 문제였고, 이에 따라 정부는 전쟁 이후 늘어난 無主地를 지급하였다. 無主地의 折受를 통해 각급 관청의 재정을 충당하고 동시에 황폐한 농지의 개간을 통해 농업생산력체계의 복원이라는 두 가지 목표를 달성하려 한 것이다. 토지절수는 관아 스스로 無主地를 査出하여 관에 신고하는 절차를 밟았는데, 해당 관에서 그 타당성 여부를 조사한 후 立案을 발급해 주었다. 이로 인해 각급 관청에서는 난후 流民들의 陳荒田과 民田을 官屯田으로 설정해 버리는 사례가 많았다. 또한 임란 직후부터 훈련도감을 비롯한 5軍營이 설치되면서 각 營에서도 둔전을 설치하여 경비에 충당하고 있었다.[97]

한편 정부는 전란이 가져온 군사적·재정적 긴급사태를 해결하기 위해 軍功受職, 納粟策 등을 취하였는데, 이는 종래의 엄격한 신분질서를 이완시키는 계기가 되었다. 정부는 庶孼許通과 業儒·業武 등에 대해 幼學으

---

95) 『一松集』 卷7, 議.
96) 『增補文獻備考』 卷160, 財用考7 金銀銅 878쪽.
97) 『宣祖實錄』 卷128, 宣祖 33年 8月 庚寅, 24책 114쪽, "壬辰以後 新設訓局 軍儲難辨 故募入民田 俾免貢賦 屬於公田".

로의 신분상승을 인정한 외에 대대적인 納粟策을 시행하였다. 그 중 納贖
은 임란 때 국가재정의 고갈과 군량미의 부족을 보충하기 위해 시작한 것
으로 임시조치로서 행해진 제도였다. 따라서 임란기의 신분변동은 전쟁 수
행을 위한 특수 사정에서 야기된 변동이었다고 할 수 있다. 그러나 이 제
도는 임란이 종결된 후에도 계속되어, 국가의 營繕事業이나 賑恤事業 등
재정곤란을 겪을 때마다 수시로 실시되었다. 두 차례의 전란으로 인한 경
제적 피해와 사회적 혼란을 극복하고 전후 확장된 국가기구를 유지하기
위해 막대한 재정을 필요로 했던 정부는 納粟의 대가로서 官職授與・免役
・免賤・免罪 등을 허락하여 주었다. 따라서 納粟受職이란 재정난의 타개
구조를 官職賣買에서 발견한 것으로, 국가에 의한 납속수직정책은 하나의
관례가 되어 納粟에 의한 受職者가 계속 늘어 갔다.[98]

　양란 이후 17세기는 사회신분제가 전반적으로 동요한 일대 혼란기였다.
이 시기 신분변동의 추이는 양반신분의 격증, 양민신분의 감소, 노비신분
의 격감으로 나타난다. 이는 노비의 도망을 통한 免賤・免役, 양인의 納粟
收職과 冒錄을 통한 免役, 이에 따른 양반신분의 분화로 요약할 수 있다.
정부는 전란시 호적의 상실과 인구감소로 인해 봉건적 신분제가 불안정해
진 사실을 인정하면서도 재정 확보방안으로 納粟과 軍功에 의한 합법적인
신분상승의 길을 적극 추진하였다.

　이상에서 살펴본 것처럼 양란 이후 정부는 체제붕괴의 위기의식 속에서
다각도로 국가재조 방안을 모색하였다. 사상적으로는 성리학적 규범을 강
화하여 공적 질서를 회복하고 거듭된 패전으로 인해 실추된 권위를 만회
하고자 하였다. 그러나 조선사회는 농업을 기반으로 하는 사회로서, 이 점
에서 농경지의 황폐화, 인구의 유리・감소라는 인적・물적 토대의 상실은
커다란 문제가 되었다. 이에 따라 기저부터 흔들리는 조선사회를 복원하기

---

98) 임란 후 맨 처음 納粟政策은 宣祖 26년에 있었는데, 이때의 「納粟事目」에서는 농
　　민들의 避役을 막기 위해 鄕會・士族・庶孼 등에게만 납속이 허용되었다. 그러
　　나 17세기 이후 국가와 농민이 적극적으로 새로운 농업기술의 도입과 경작지 확
　　보에 힘을 기울이고 생산력이 발달된 결과 경제적 富力에 의한 일반 민들의 신분
　　상승이 가능해졌다(金容燮, 『朝鮮後期農業史研究Ⅱ』, 1971, 411~412쪽).

위해 국가적인 노력을 경주하였다. 생산력 복원책으로서 陳田과 新田 개
간, 대대적인 減稅·免稅 조치를 시행하고, 농업노동력이자 부세담지자인
양민을 확보하기 위해 戶籍作成·號牌(紙牌)·軍籍事業, 奴婢推刷 및 奴
婢從良法 등을 시행하였다. 또한 부세제도 개혁의 일환으로 양전사업과
대동법을 전국적으로 실시하였다. 이어 별도의 국가재정 확보방안으로서
둔전 확대, 納粟策 추진, 기저의 유통경제의 발달에 대응한 對商工業政策,
화폐주조사업 등을 시행하였다. 정책의 우선순위와 시행방법은 정권담당
층의 黨色과 현실인식에 따라 다소 상이했지만, 17세기 전 기간을 통해 분
절적으로 제기되고 시행되었다. 그런데 이러한 정책들이 시행되는 場은 향
촌사회고 시혜 당사자는 농민들이다. 따라서 이러한 정책이 지속적이고 효
율적으로 시행되기 위해서는 통치와 수취의 하부단위인 향촌사회의 제도
적 정비가 수반되어야 했다. 이에 따라 정부는 국가재조를 위한 法制의 완
성으로서 지방제도의 정비에 적극적이었다. 향촌 현실에 대한 국가정책의
지속적인 수행을 보장해주는 제도적·법적 장치는 곧 지방제도였기 때문
이다.

2. 향촌조직의 실태와 재지세력의 동향

전근대사회에서 국가권력은 향촌지배체제의 조직구조 속에 직접 반영되
어 있으며, 그 운영 과정을 통해 집약적으로 발현된다. 따라서 국가는 對民
·對鄕村 직접지배체제의 수립 의지를 관철하기 위해 통치조직을 정비하
고 官治體制를 확립하고자 한다. 그러나 이러한 국가적 목표는 향촌사회
의 성장에 의해 규정되고 생성적인 향촌 본래의 자치 기능과 상호 길항관
계를 형성하게 된다. 조선왕조 역시 이 범주에서 크게 벗어나지 않았으며
郡縣制的 질서 및 面里制의 시행을 통해 향촌을 장악하려는 노력을 거듭
하였다.

15~16세기 조선왕조는 거리의 遠近이나 호구·전결의 다소, 사무상의
便否를 감안하여 郡縣區劃을 개편·병합하고 屬縣·鄕·所·部曲 등 任

內의 直村化, 越境地·犬牙相入處의 整理 등을 포함하는 郡縣制 정비를 시행하였다.[99] 이 시기 농업기술상의 발전을 수반한 사회변동 과정에서 자연촌이 성장하고 이러한 촌락의 발달을 배경으로 面里制가 성립되기에 이른다. 任內의 直村化와 面里制의 전개는 군현제 정비의 완결을 의미하는 것이었다. 정부는 수령 및 향리의 官司體系를 중심으로 方位面의 형태를 지닌 하부조직으로서 面里制를 확립하고자 했다. 당연히 各官의 영역 보강을 위한 부분적인 面里分給과 함께 田稅·貢物·軍役·徭役의 數를 조정하는 작업이 병행되었다. 면리제 운영 직임에는 재지세력인 品官의 임명을 원칙으로 하여 향촌지배의 효율성을 높이려 했다. 즉 정부는 촌락민에 대한 재지 토호세력의 사적 지배와 수탈을 배제시키고 통치질서를 확립하여 조세 및 국역 부담계층을 확보함으로써 중앙집권적 촌락지배를 강화하고자 하였다.[100] 촌락에 대한 국가의 직접지배의 실현 여부는 이러한 새로운 향촌지배구조인 면리제가 어떻게 운영되는가에 따라 달려 있었다.

15세기 중엽에 이르러 정부는 면리제를 비롯한 새로운 향촌운영의 원리를 통해 지방제도의 정비를 모색했다. 그러나 이러한 지방사회 운영체제는 주로 행정적·권력적 측면에 의존하는 것으로서 외형적 질서의 확립이라는 의미가 컸다. 따라서 정부가 의도하는 목표 즉, 국가권력이 최하층 민에게까지 침투하고 향촌에 대한 일원적인 지배체제를 확립한다는 목표를 실질적으로 달성하는 데는 어려움이 있었다. 그 이유는 첫째, 당시 촌락의 발달 정도나 구조 그리고 분포상태를 보건대 비록 任內의 直村化 정도가 보다 진행되기는 하였으나, 84개 任內가 여전히 존재하고 재지세력의 이해관계를 반영한 越境地·犬牙相入處가 부분적으로 온존되고 있었기 때문이다.[101] 이는 면리제 시행에 필요한 전제조건, 즉 촌락 정비의 미흡성을 보여준다.

둘째, 정부는 면리제를 통해 郡縣 하부의 향촌에 이르기까지 공적 지배

99) 李樹健, 『朝鮮時代 地方行政史』, 民音社, 1989, 25쪽 ; 李存熙, 「朝鮮朝 郡縣의 構造」, 『素軒南都泳博士華甲紀念史學論叢』, 1984.
100) 朴鎭愚, 「朝鮮後期 面里制와 村落支配의 强化」, 『韓國史論』 20, 1988, 64쪽.
101) 李樹健, 앞의 책, 1989, 24쪽.

력을 관철시키고 鄕吏·土豪를 비롯한 재지세력의 향촌장악을 배제하고
자 하였다. 따라서 정부는 守令 - 官司體系의 하부조직인 面里기구를 운영
하는 데 향촌사정에 정통한 留鄕品官層을 참여시키려 하였다. 그러나 15
세기 후반 이후 面里기구가 향촌 내의 공적 사회제도의 정형으로 정착되
지 못한 사정과도 관련하여, 이들이 참여를 거부하였고 그 대신 庶民·吏
隸의 참가가 두드러졌다. 이처럼 면리제의 운영 과정에서 재지세력의 지원
을 제대로 이끌어 내지 못함으로써 생산공동체로서 향촌이 지닌 재래적·
자생적 질서와의 내적 연관성이 미흡하였고, 따라서 民과의 결합도에서 취
약성을 드러내었다. 그 결과 공적인 향촌기구로서의 위상 정립이 어려웠
다. 다시 말해 경직된 면리제 체제로는 15세기 이래의 사회변동과 자연촌
락의 성장 및 하부구조 내의 활발한 변화 양상을 제대로 담아낼 수 없었던
것이다.

　이상에서 볼 때 조선전기의 공적인 향촌지배체제는 守令 - 吏胥의 官司
體系와 하부기구인 面里制로 구성되었지만, 자연촌 발달의 미흡과 통치단
위로서의 단위성이 제고되지 않은 채 위로부터의 외형적인 정비에만 급급
했던 사정이 드러났다. 결국 面里制를 주축으로 한 향촌사회·민에 대한
일원적인 지배체제를 구축하기는 어려운 실정이었다.

　우선 面里기구의 운영 직임으로 포섭되지 않은 재지세력은 별도의 조직
체를 형성하여 자신들의 위상을 확보하고 있었다. 그 하나가 중앙의 京在
所[102]와 일정한 연계를 지니면서 在地品官層이 郡縣을 단위로 조직한 留
鄕所(조선후기 鄕所)이다. 조선왕조가 중앙집권적 통치체제를 수립하기
위해 제반 정책을 적극 시행한 결과 鄕吏를 비롯한 기존 지방세력은 점차
약화되었다. 이에 비해 留鄕所를 중심으로 한 재지품관층은 점차 성장하
여 새롭게 향촌지배질서를 구축해 가면서 수령에 대해 영향력을 행사하고
있었다.

---

102) 京在所에 관한 연구로는 다음의 논문이 참조된다. 周藤吉之,「鮮初における京在
　　所と留鄕所とについて」,『加藤博士還曆記念東洋史集說』, 1941 ; 旗田巍,「高麗
　　の事審官」,『朝鮮中世史の硏究』, 1972 ; 金聲均,「京在所의 性格에 對한 一考」,
　　『亞細亞學報』1, 1965 ; 金龍德,『鄕廳硏究』, 韓國硏究院, 1978.

먼저 京在所는 "州府郡縣 各有土姓 其在京從士者 謂之京在所 京在所 擇其居鄕土姓剛明品官 爲留鄕所有司 奸吏所犯 互相糾察 維持風俗 其來 已矣"[103]라 하여 서울에서 벼슬하는 土姓 출신의 官員으로 구성되며 鄕所 와 함께 향리의 犯過를 규찰하고 풍속을 유지하는 기구였다. 구체적인 기 능은 "國初之制 每一邑擇邑人之仕于京者 名曰京所 凡其邑之事 句管調 護 又擇邑人之有才望者 名曰鄕所 使之在鄕輔政",[104] 즉 각 邑事의 관장 업무와 鄕政의 보조업무의 수행이었다. 경재소와 향소는 구성원·소재지· 기능 면에서 볼 때 별도의 기구로 여겨지지만 향소를 '分京在所'[105] '京所 之對稱也'[106]라고 표현한 것으로 보아 상호 동반적이며 상하관계를 유지 하고 있었다.

경재소는 유향소와 함께 고려시기의 事審官制에서 분화·발전한 것이 다. 事審官은 민을 지배하고 신분을 분간하며 부역을 균평히 하고 풍속을 바르게 하는 것을 그 직분으로 하였다.[107] 고려시기의 군현제에는 재지세 력의 여하에 따라 成層的으로 구성된 향촌조직이 강고하게 존재했으며, 이 때문에 중앙에서 파견한 수령만으로 향촌사회를 적절히 통제할 수 없었다. 이에 따라 해당 군현과 연고를 가진 중앙관료들을 사심관으로 임명하여 그 지역의 租稅, 力役 수취와 人物調用에 협력하게 했다. 따라서 사심관제 도는 고려왕조에 대해 지방의 권익을 대표하는 측면과 집권체제의 강화를 위한 국가공권력의 在地 확산을 도모한다는 양 측면을 지니고 있었다.[108] 사심관제도는 충숙왕 5년(1318)에 혁파된 후에도 일부 중앙관료들이 거듭 사심관을 자임하며 존재하였다. 조선왕조가 건국된 이후 나타난 京在所는 이러한 사심관의 기능을 계승한 것으로, 在京事審官과 在鄕事審官이 조선

---

103) 『成宗實錄』 卷137, 成宗 13年 正月 辛卯, 10책 292쪽.
104) 『與猶堂全書』 1集 24卷, 雅言覺非 510쪽.
105) 『成宗實錄』 卷173, 成宗 15年 12月 甲戌, 10책 658쪽.
106) 『與猶堂全書』 1集 24卷, 雅言覺非.
107) 『高麗史』 卷84, 刑法志1 職制 忠肅王 5年 5月, "本爲宗主人民 甄別流品 均平賦 役 表正風俗".
108) 旗田巍, 「高麗の事審官」, 『朝鮮中世社會史の研究』, 法政大學出版局, 1972, 105쪽 ; 河 炫綱, 『韓國中世史研究』, 一潮閣, 1988, 196쪽.

초기 京在所·留鄕所 관계의 단서를 보여준다.109)

앞서 살펴본 바와 같이 조선 초기는 아직 명실상부한 중앙집권체제가
확립되지 않은 상태였다. 정부가 경재소·유향소의 존재를 용인하고 그 운
영을 허락한 것은 향촌 내에 공고한 기반을 갖고 있던 이들의 협력 없이는
사실상의 통치가 어려웠다는 사정에 기인한 것이었다.

세종 17년 9월 京在所의 조직체계가 정비 보강되었다. 이에 따르면 각
郡縣의 경재소의 職任에는 연고가 있는 朝官 중에서 座首 1명, 參上別監
2명, 參外別監 2명을 두었다. 이들은 鄕中의 公務를 관장하되 本邑 수령의
治政에는 간섭해서는 안 되며 이를 위반하는 京在所는 司憲府의 규찰을
받게 하였다.110) 조선 초기의 경재소는 品階에 따라 최다 8鄕에서 최소 2
鄕까지의 군현을 관장하였고, 이러한 점에서 1~3향에 머물렀던 고려시기
의 사심관에 비해 兼務의 범위는 훨씬 넓어졌다고 할 수 있다.111) 이는 사
심관제가 경재소에 비해 해당 지방을 실질적으로 대표하는 측면이 강했기
때문일 것이다.112)

경재소는 각기 소관 군현의 留鄕所와 긴밀한 종적 유대를 가지고 유향
소 임원의 任免權, 鄕吏糾察, 鄕中人士의 薦擧와 보증, 鄕風敎化, 貢賦·
進上의 독촉, 貢物上納에의 관여 등 광범한 활동을 하였다. 또한 경재소
규칙에 따르면 수령의 治政에 관여할 수 없게 되어 있으나 군현의 移屬·

---

109) 金龍德, 앞의 책, 1978, 152~153쪽. 물론 京在所·留鄕所制度를 事審官制度의
    부활재건이라고 단순 치환시킬 수는 없다. 우선 고려왕조와 조선왕조의 권력구조
    에 차이가 있고 지방통치정책에 상이점이 존재한다. 또한 사심관으로는 고려왕조
    권력의 중핵을 형성한 호족적 관료가 임용된 데 비해, 京在所·留鄕所는 土姓土
    族이 중심이었다는 차이가 있었다.
110) 『世宗實錄』卷69, 世宗 17年 9月 己巳, 3책 649쪽. 이에 따르면 연고범위는 2품
    이상은 8鄕, 즉 八祖戶口法에 따라 父의 內外鄕, 母의 內外鄕, 祖의 外鄕, 曾祖의
    外鄕, 妻의 內外鄕이고, 6품 이상은 妻의 內外鄕을 제외한 6鄕이며, 參外는 曾祖·
    祖의 外鄕까지를 제외한 4鄕이고, 無職衣冠子弟는 父母의 內鄕인 2鄕이었다.
111) 事審官 규정에 따르면 宰樞가 內外鄕·妻鄕·祖·曾祖·妻鄕 등 5鄕內 3鄕을
    겸할 수 있었고, 上將軍 이하 3품 이상은 2鄕, 4품 이하는 1鄕의 사심관이 될 수
    있었다(『高麗史』卷75, 選擧3 事審官 仁宗 12年).
112) 金龍德, 앞의 책, 1978, 132쪽.

幷合과 같은 갖가지 현안에 적극 개입한 것으로 보인다. 한편 경재소가 연고지에 근거하여 조직되었다는 점에서, 在京官人들은 이를 통해 서울에 살면서도 지방에 산재한 토지와 노비를 지배하여 그들로부터 租稅와 奴婢身貢을 거둘 수 있었다. 재경관인들은 각 경재소를 발판으로 하여 該邑 수령과 유향소에 직·간접으로 영향력을 행사하여 연고지의 지방행정은 물론 자기들의 경제적 기반을 부식시켜 나갔던 것이다. 京在所는 在京勢力 또는 官權 주도의 향촌통치체제를 구축하려 한 조선전기에 중요한 존재였다. 잘 알려진 것처럼 재지세력을 중심으로 조직된 留鄕所는 15세기에 수차에 걸쳐 置廢를 거듭하였다. 이는 중앙집권체제를 강화하기 위해 분권적인 요소에 제한을 가했다는 성격이 짙다. 반면 중앙관료로 구성된 京在所의 경우는 임란 전까지 그러한 과정을 밟지 않았다.

유향소는 조선 초기 서울의 경재소 조직과 상응하여 각 군현별로 설치되었다. 설치 시기와 역할의 정도는 해당 군현의 鄕權의 추이와 재지세력의 동향에 따라 상이했다. 당시 유향소를 구성하는 在地品官들은 土姓品官·留鄕品官 등으로 불렸다.113) 조선왕조는 향촌을 효율적으로 통제하기 위해 지방의 유력층인 留鄕品官을 面里制 운영기구에 가담시키고자 하였다. 무엇보다 이들이 향촌사정에 정통한 존재라는 점을 높이 평가하였다.114) 그러나 品官들은 기존의 토착적인 특권과 계급지배의 지속적인 실

---

113) 品官이란 원래 품계만 있고 職事가 없는 자, 散階만 있는 자를 지칭한다. 고려말 잦은 紅巾賊·倭寇의 침입으로 軍功에 의해 남설된 添設職·檢校職을 중심으로 품관이 대량으로 배출되었다. 이들은 조선왕조의 권력체계 내에 적극 참가하지 못한 채 재지세력으로 존재하였다. 조선왕조는 중앙군을 보강하고 재지세력을 견제하기 위한 정치적 목적에 따라 5~10결의 軍田을 품관층에게 주는 대신 居京侍衛를 요구하였다. 그러나 居京侍衛의 어려움으로 인해 폐단이 드러나고 차츰 왕권이 안정됨에 따라 세종조 중반 이후 거경시위의 의무가 해제되었다. 이에 따라 품관들은 향촌에 머무르게 되어 留鄕品官化되었다. 이들은 신분상 관인이 될 수 있는 자격을 갖고 있었으나 향촌에 머물러 있다는 현실적인 처지 때문에 중앙권력으로부터 배제되었고 이에 따라 자연스레 留鄕所와 같은 재지조직을 통해 자신들의 자치 성향을 드러내게 되었다(李泰鎭, 「朝鮮前期의 鄕村秩序」, 『東亞文化』 13, 1976, 157쪽).

114) 『世宗實錄』 卷84, 世宗 21年 2月 辛酉, 4책 187쪽. 그들 가운데 前衛品官層의 경

현을 위해 郡縣制 정비 과정에서 수령의 직접적인 예하에 편제되는 데 대해 부정적인 반응을 보였으며, 面任에의 참여도 거부하는 경향을 드러냈다. 조선왕조의 의도와는 달리 留鄕品官들은 오히려 재지적 경향을 지니면서 별도의 유향소를 조직하고 面단위 이상 郡縣단위에서 자치제 확보를 위해 이를 적극 활용하려 하였다. 결국 조선왕조는 태종 6년 6월 留鄕所 品官들이 守令權을 詆毀하고 백성을 侵漁한다는 이유로 자치적이고 재지적 성향이 농후한 유향소를 전국적으로 혁파해 버렸다.115)

그런데 집권적 체계의 확립과 군현제의 정비가 완전히 이루어지지 않은 상황에서 향촌 지배는 현실적으로 留鄕品官層에 의거하는 바가 많았다. 향촌 사정에 밝다는 점 때문에 田稅의 수취 과정에서 踏驗의 委官으로 관여하기도 하고116) 軍丁抄定의 임무를 담당하기도 하였다. 다시 말해 조선왕조는 품관층이 비록 완전한 수령권 행사에 방해되는 존재라 하더라도 원활한 향촌지배를 위해서는 향촌 사정에 정통한 이들을 동원할 수밖에 없었던 것이다. 이에 따라 세종 10년 6월 수령을 보좌하고 元惡鄕史를 규제하며 鄕風을 바르게 한다는 명목으로 留鄕所를 復設하기에 이르렀다. 단 분권적이고 자치적 성향이 강한 유향소를 官權 하에 장악하기 위해 경재소와 수령·관찰사의 통제기능을 강화하는 규제조항을 첨가시켰다.117)

이와 같이 조선왕조는 집권적 체제의 확산을 위해 品官層을 面里기구의 운영담당자로 差定하거나 유향소 자체를 관치보조기구로 고정시켜 공적 지배질서를 확립하고자 했고, 품관층은 유향소 조직을 통해 자신들의 지위를 확보하고 계급적 이해를 관철시키고자 하는 등 상호 길항관계를 형성

우 조선개국 후 수령제 정비 과정에서 수령이 파출되었을 때 수령권을 대행하고 실적이 있으면 등용된 사례가 있다(『太祖實錄』卷1, 太祖 元年 8月 辛亥, 1책 26 쪽 ;『太宗實錄』卷5, 太宗 3年 6月 己酉, 1책 265쪽). 또한 태종대에는 律文에 어두운 外方 守令이 刑罰을 남용하여 人命을 상하게 하는 일이 많았기 때문에 外方 品官으로 하여금 律文을 습득하여 수령의 형벌적용을 보조하게 하였다(『太宗實錄』卷8, 太宗 4年 10月 丙申, 1책 314쪽).

115) 『太宗實錄』卷11, 太宗 6年 6月 丁卯, 1책 360쪽.
116) 『世宗實錄』卷47, 世宗 12年 3月 乙巳, 3책 224쪽.
117) 『鄕憲』卷1, 留鄕所節目條.

하였다. 세조 이후에도 대체로 재지세력들은 유향소를 발판으로 삼아 향촌 내에서 정치·사회적 지위를 향상시켜 나갔다. 그러나 세조 13년 유향소 품관들의 咸鏡道 李施愛亂 내용과 忠州 留鄕所의 百姓侵虐 사건을 계기로 다시 폐지되었다.[118] 조선왕조의 중앙집권체제 확립정책에 걸림돌이 된다는 이유에서였다.

그러다 향촌에 기반을 둔 士林이 중앙정계에 활발히 진출하면서 성종 13년부터 復設에 대한 논의가 반복되었고 마침내 동왕 19년(1488) 6월에 재차 復立되었다.[119] 당시 사림파에 의한 유향소 復立運動은 정치적으로 勳舊派의 향촌지배정책에 대응한 방안이었다. 즉 勳舊派는 중앙에서 정치권력을 장악하여 막대한 토지와 노비를 소유하고 있었고 유향소를 이용하여 집권체제를 지방지배에 관철시키고자 하였다. 반면 자신들의 사회경제적 기반을 향촌에 두었던 사림은 중앙정부와 관권의 지나친 통제나 간섭에서 벗어나 향촌사회의 독자성과 개별성을 유지하려 하였다. 이에 따라 사림파는 유향소의 존재를 중시하여 복립운동에 몰두하였다.[120]

한편으로 향촌의 지배세력이 순수 在地士族과 品官層으로 분화되었던 향촌 내부의 사정을 염두에 둘 때, 사림파가 유향소를 확실히 장악함으로써 품관층을 견제하고 향촌사회의 주도권 확립을 도모하는 측면도 있었다. 그런데 재경관료인 훈구파 역시 유향소를 경재소의 分所로 생각하여 복립을 주장하였고, 이후 세력관계에 따라 복립된 유향소는 경재소의 영향 하에 놓이게 되었다. 그렇게 되자 사림파는 오히려 그 혁파를 건의하기에 이르고 별도의 司馬所를 설치하기도 했다. 즉 완전한 士林政權이 확립되기 이전까지 유향소를 둘러싸고 각 정파의 이해관계가 치열하게 전개되었던

---

118) 『成宗實錄』 卷216, 成宗 19年 5月 乙亥, 11책 335쪽 ; 『成宗實錄』 卷137, 成宗 13年 正月 辛卯, 10책 291~292쪽.

119) 『鄕憲』 留鄕所復設節目.

120) 이때의 留鄕所는 猾吏·姦人을 규제하고 중앙집권체제의 보조적 기구로서의 소임보다 鄕事例·鄕飮酒禮를 실시하는 기구로서 또한 향촌 내의 不孝·不弟·不睦·不嫺·不任恤한 자 등 향촌질서의 파괴자들을 통제하여 향촌교화의 목적을 달성하는 데 중점을 두었다. 士林派 독자의 성리학적 향촌질서를 확립하는 데 목표를 두었던 것이다(李泰鎭, 『韓國社會史研究』, 知識産業社, 1986, 157~158쪽).

것이다.

조선전기의 유향소는 두 차례에 걸쳐 置廢가 반복되었는데, 거기에서는 중앙집권적 체제의 구현이라는 국가 이해가 중시되었다. 치폐 과정에서 유향소는 향리규제와 향풍교화라는 본래의 자치적 기능이 내세워지기도 했으나 각종 賦稅收取와 軍役差拔과 같은 수령의 郡縣統治의 보조임무가 부여되는 예가 많았다. 따라서 품관층은 官權에 의한 전면적인 혁파와 복설 과정에서 재지사족과 점차 준별되고 수령권에 경사되는 경향이 나타났다. 더불어 유향소가 복설될 때마다 주요 公務의 결정권과 임원 임면권을 장악한 경재소의 통제기능이 강화되었다. 따라서 유향소가 독자적이고 완결적인 기구로서 분권성과 자치성향을 관철하는 데에는 많은 어려움이 뒤따랐다.

조선전기 정부는 군현제의 정비 및 하부조직으로서 面里制를 활성화하고 이를 통해 일원적인 지배체제를 확립하고자 하였다. 그러나 면리제 실시의 조직적 기반이 되는 촌락의 발달이 여의치 않았고, 면리제 운영기구 내에 품관층의 포섭이 제대로 이루어지지 못하였다. 오히려 재지기구의 하나인 유향소를 거듭 복립시켜 향촌통치체계상의 존재를 인정하고 군현 통치를 위한 각종 행정적 기능을 부과시켰다. 이는 군현제·면리제를 통해 향촌사회와 민에 대한 직접지배를 추구한 중앙집권의 의도가 실질적으로 관철되지 못했던 모습을 보여준다. 따라서 당시의 군현 통치는 군현제·면리제와 같은 공적 사회제도와 함께 재지적 성향의 발로이자 재지세력의 한 결집체였던 유향소 조직 등이 상호 보완하는 형태로 이루어졌다고 할 수 있다.[121]

이와 같이 임란 이전의 조선왕조는 집권체제의 확립을 목표로 고유한 위상과 운동논리를 가진 향촌 내의 여러 사회조직에 주목하고 이를 정비·

---

121) 李泰鎭, 「鄕村과 鄕約」, 『韓國史硏究入門』, 1981, 309~310쪽. 이에 따르면 留鄕 所와 守令의 官權, 그리고 京在所제도로 짜인 지방통제의 구조는 그 직임자들이 다같은 양반신분으로서 지방사회에 대한 지배의 권익을 분배 또는 분산시킨 형태 라고 규정했다. 그리고 중앙집권체제의 확립을 도모했던 조선왕조가 유향소의 존 재를 공인한 사실에 대해 집권화와 자치적 성향의 상호 절충으로 설명하고 있다.

활용하려 했음을 볼 수 있다. 국가권력과 대응되는 재지사족들도 여러 사회조직을 활용하여 향촌사회의 운영에 깊이 관여하고 자신들의 계급지배를 관철하려 했다. 재지사족은 鄕案을 모체로 한 鄕會를 통해 유향소를 장악하고 그 지역의 부세운영과 인사권을 통해 吏·民 통제를 수행하였다. 이외에도 鄕校·書院을 장악하여 鄕論을 주도하고 각 洞里별로 생산공동체의 질서유지를 위한 洞契를 하부조직으로 갖추고 있었다. 이는 수령권과 일정한 타협 아래 형성시킨 체제였다.[122] 재지사족의 민에 대한 지배는 무엇보다 차별적인 물적 기반과 신분제에 의거한 제반 특권에서 비롯되고 있었다. 이들은 농법 개량을 비롯한 경영상의 노력으로 지주로서의 사적 토지소유를 확립하고 노동수단으로 私奴婢를 구사하고 있었다. 이와 함께 생산관계에 유교 이데올로기로서의 分數論을 투영하여 佃戶인 民을 지배하려 했다.

다음에는 임란 전후 향촌사회의 운영 과정에 재지사족이 어떠한 조직체와 방식으로 관여하며 기존 유향소와의 내적 연관성 및 수령권과의 관계는 어떠한 양상으로 설정되는지, 그리고 이러한 향촌사회에 대응하여 정부가 추진한 정책은 어떠한 형태로 제기되었는지에 관해 살펴보겠다.

16세기 중엽 이후 재지사족의 전형적인 조직으로는 鄕約과 鄕會를 들 수 있다. 사회조직인 향약과 향회는 그 조직원리와 기능에서 공적 사회제도와는 일단 준별된다. 본래 향약은 一鄕內 생산관계와 밀접하며 조직상으로 재지사족이 시행 주체로 등장한다. 따라서 재지사족의 향촌 장악력 여부에 따라서는 자율적인 기구로서의 면모를 지닌 것이었다. 본래 중국의 향약이 본격적으로 수용되기 전에 조선의 향촌에서는 이미 독자적인 香徒會·鄕規·洞契가 관행으로 성립되어 있었다. 이후 16세기 이래 사림세력의 성장과 함께 향촌질서의 새로운 기준으로서 朱子學的 禮俗을 도입하려는 노력이 강화되면서 「朱子增損呂氏鄕約」이 우리 향촌의 전통적인 규약들을 모두 총괄하는 향촌사회의 규약으로 대표되다시피 하였다.

---

122) 韓相權, 앞의 논문, 1984, 66쪽 ; 金武鎭, 「朝鮮中期 士族層의 動向과 鄕約의 性格」, 『韓國史研究』 55, 1986, 14~27쪽.

16세기 중엽 이후 향촌 내에 향약이 본격 보급된 것은 일단 사회·경제
적 변동에 기인한다. 우선 移秧法의 발달을 포함한 농법·농업기술의 발
전, 소농경영의 집약화, 안정성·생산성 제고 그리고 촌락구조의 변동으로
인해 농민들의 사회의식이 성장하였고, 이에 따라 생산관계와 추상화된 主
分의 논리에 의한 개별적인 지배가 점차 어려워지게 되었다. 특히 국가의
불법적인 부세수취와 지주의 토지집적에 대한 民들의 저항이 증가되고 私
奴婢들이 개인적 예속상태에서 벗어나려는 움직임이 나타났다. 이에 대응
하여 재지사족들은 주자학적 가치관에 입각한 향촌사회의 질서확립이라는
이데올로기의 실천, 배타적인 신분적 지배의 강화, 당해 경제구조의 유지
를 통한 지주로서의 계급적 이익의 추구라는 성격을 지닌 향약을 적극 도
입하고자 했다. 재지사족들은 향약에 의해 결집한 후 집단의 힘으로 이질
적 원리를 배제하고 거듭 자신들을 중심으로 하는 지배질서를 유지하고자
했다. 무엇보다 재지사족이 지방사회에서 하나의 사회계층을 형성하고 士
族 간의 이해조정이 필요하게 되었을 때 그리고 수령권에 대해 그 자신들
의 이익을 대표할 만한 기구를 만들어 그 의지를 반영시키려는 필요성에
따라 향약기구가 출현하였던 것이다. 이는 상대적으로 유향소와 같은 기존
조직체가 재지세력의 이해관계를 즉자적이고 일원적으로 대변하지 못하게
되었음을 보여준다.

한편 사상적 기반의 문제로서 16세기는 14~15세기와 달리 朱子學에 대
한 체계적인 이해가 심화된 사실을 들 수 있다. 14~15세기 조선의 儒學은
고전주석학이나 구체적인 政策論의 도입에 역점이 두어지는 등 '治人之學'
으로서의 성향이 컸으며, 방대한 주자학체계에 대한 연구축적의 미비는 물
론 經書를 제대로 이해한 연구자조차 드물었다. 반면 16세기에 이르면 '修
己之學'이라 불릴 만큼 理氣論에 대한 본격적 접근이 이루어지고 민들의
의식세계에 이르기까지 그 이념이 침투되었다.123)

문제는 향촌조직의 하나인 이 鄕約制에 대해 조선왕조와 재지세력이 각

---

123) 宮嶋博史, 「朝鮮社會と儒敎 - 朝鮮儒敎思想史の一解釋 - 」, 『思想』 750, 1986,
    61~63쪽 ; 金恒洙, 「16世紀 士林의 性理學 理解」 『韓國史論』 7, 1981.

각 중앙집권체제의 확립방안과 독자적인 이해실현의 방안으로서 이용하려 했다는 점이다.124) 중종 연간 국가공권력의 지원 아래 공적 기구화를 모색하면서 전국적으로 실시된 향약보급운동이 전자의 대표적인 예라 할 수 있다.

中宗代에 사림파에 의한 향약 실시는 己卯士禍로 무산되기까지 불과 3~4년에 걸친 것이었으나 下三道는 물론 경성으로까지 확산되는 결과를 낳았다. 그 방법은 사림파 관찰사들의 행정적 지원 아래「朱子增損呂氏鄕約」을 諺解하여 반포하는 형식이었다. 당시 사림파는 주자의 권위를 假借하여 향약에 대한 절대적 권위를 확립시킨 후 향약 보급을 통하여 향촌을 장악하고 豪强에 대한 制御를 모색하며 점차 향약의 전국적인 조직화를 시도하였다.125) 이어 중종 14년 5월에는 漢城府에서의 향약 실시를 둘러싸고 격렬한 논쟁이 전개되었다. 실시를 반대하는 측의 견해는 "본래 呂氏가 私的인 約束으로서 約이라 명명하였는데 漢城府를 포함한 전국적 실시는 본래의 의미에 反한다"는 것이었다. 또한 한성부에는 領·左·右議政을 비롯한 관료가 있어 刑政을 담당하며 善惡行을 다스림에 있어서도 엄연한 국가의 법령이 존재한다는 점을 지적하였다.126)

당시 향약기구는 자체 처벌권으로서 善惡籍을 운영하였는데 지역에 따라서는 惡籍人에 대한 형벌이 가혹하여 수령의 통제를 넘어서는 경향이 있었고, 이로 인해 人心이 橫逆했던 사실이 지적되기도 했다.127) 또한 향약을 추진한 監司들은 一鄕에서 추대받은 사족들을 都約正·副約正의 직임에 임용시켰으며128) 심지어 贊成과 같은 高官이 都約正에 취임하는 사례도 있었다.129) 이로 말미암아 향약의 전국적 조직화에 반대하는 측은 향

124) 본래 鄕約이란 국가공권력과 무관할 때 그리고 최소한 재지세력에 의한 강력한 지원이 없을 때는 자기 운동성을 확보하지 못한 채 단지 명문상의 규약이나 미약한 사적 조직에 불과한 것이다.
125) 韓相權, 앞의 논문, 1984, 26쪽.
126)『中宗實錄』卷36, 中宗 14年 5月 壬子, 15책 583쪽.
127)『中宗實錄』卷38, 中宗 15年 正月 癸巳, 15책 608쪽.
128)『中宗實錄』卷33, 中宗 13年 6月 丁亥, 15책 455쪽.
129)『中宗實錄』卷36, 中宗 14年 5月 甲午, 15책 534쪽.

약기구가 都·副約正을 중심으로 수령권을 위협하는 것 자체를 국가 권력
체계로부터의 일탈로 여기고 있었다. 당시 국왕 중종은 이 한성부에서의
향약 실시 건의에 대해 "然京城鄕約不可設法行之 亦不可禁止也"[130]라
하여 공식적으로 법제화하지 않으나 금지도 하지 않는 傳令을 내린다. 이
는 국왕 자신이 풍속교화라는 향약의 효과를 인정하면서도 향약기구가 지
니는 자율성과 국가의 법체계와의 충돌을 고려하여 분명한 입장 표명을
유보시킨 것이었다.

이와 같이 공식적으로 법제화되지 않은 향약기구가 행정적 지원 하에
그 역할을 확대하자 기존 재지세력의 결집체인 유향소와의 사이에 갈등이
나타났다. 「朱子增損呂氏鄕約諺解」를 분급하는 데 漢城府는 各洞의 約正
을, 지방은 유향소 조직을 활용하였다.[131] 그런데 당시 유향소는 경재소와
연결되어 중앙 權臣들의 비호 아래 토호들의 불법적인 향촌지배를 담보해
주는 일면을 갖고 있었고, 유향소를 중심으로 저질러지는 현상적인 폐해가
크게 지적되고 있었다. 이에 따라 향약기구의 직임자로 하여금 鄕風을 糾
檢시키고 유향소·경재소는 혁파하자는 견해가 제시되기도 했다.[132] 물론
공적기구인 유향소가 지닌 敎化와 政令 수행에 관한 기능들이 사적조직체
에 불과한 향약기구에 의해 전적으로 담보될 수는 없었다. 향약의 실시를
둘러싸고, 사림파는 적극적으로 추진의 움직임을 보인 데 대해 훈구파는
다양한 형태로 부정하는 형국이 거듭되었다. 그러다 기묘사화를 계기로 사
림파의 향약보급운동은 철저히 탄압을 받고 전면적으로 폐지되기에 이르
렀다.[133]

한편 당시 각 군현에는 政令에 의한 전국적·강제적 실시가 아닌, 개별
적인 향약이 실시되고 자체 조직으로 鄕會가 구성되었다. 적극적인 의미에
서 향약은 지배이데올로기의 실천기구이자 재지사족의 세력기반으로 상정
된다. 그런데 향약적 지배질서의 실현이란 단순히 이념의 확산에 그치는

---

130)『中宗實錄』卷36, 中宗 14年 6月 庚午, 15책 543쪽.
131)『中宗實錄』卷36, 中宗 14年 7月 己酉, 15책 556~557쪽.
132)『中宗實錄』卷36, 中宗 14年 6月 己亥, 15책 544쪽.
133)『中宗實錄』卷38, 中宗 15年 正月 癸巳, 15책 608쪽.

것이 아니라 그 이념이 실천되는 향촌사회의 구체적 사정이 동시에 대응
된다. 그 사정이란 생산관계, 신분제 및 수령에 의해 집행되는 국가 공권력
의 정도 등을 말한다. 향약의 실현은 당시 향약 주도세력의 실질적인 鄕權
의 장악 정도와 밀접히 관련되어 있으며, 그 모습은 議決機構로서 표징화
된 향회의 운영 실태를 통해 일부 추출해 낼 수 있다.

이 시기 鄕會는 향약의 실시와 궤를 같이하며 존재하였다. 재지사족의
입장에서 볼 때 향회는 사족중심으로 一鄕支配를 실현하는 기구로서 규정
할 수 있다. 일단 鄕籍(鄕案)에 오른 鄕員들이 향회를 주도하고 그들 중에
서 鄕任을 선출하여 유향소(鄕所)를 장악함으로써 자신들의 의사를 지방
사회의 통치에 반영하고자 했다. 향소의 기능이 활발했던 安東의 경우는
기존 향소(유향소)가 사족들의 이해를 대변하고 향회 기능을 실질적으로
수행하고 있다. 반면 海州를 비롯한 畿湖·湖南지역의 경우 별도의 향회
와 향약기구의 직임자가 존재하였다. 따라서 향회는 향소와 분리되어 독자
적인 자치기구로 설정되어 있었다. 鄕先生·鄕老·鄕長·鄕有司 등 鄕執
綱으로 호칭되는 임원은 내외혈통 규제를 엄격히 한 顯族의 鄕員 가운데
에서 선출하였고, 鄕規·立議·完議·約束 등의 규제조항 아래 士族의 결
속도모, 吏民의 대한 지배의 실현, 공평한 賦役體制를 유지하고자 했다.
향회의 주요 의결사항은 鄕案 수정과 鄕員의 자격심사 그리고 鄕任薦望
과 같은 鄕論 결정에 관한 것이었다.[134]

향회와 통치기구의 중핵인 수령권 그리고 기존 재지기구의 하나인 향소
와의 관계는 다음과 같이 설정된다. 우선 향회가 鄕案을 근거로 향회를 구
성한 후 이른바 公論을 통하여 향소의 任員으로 선출한다. 이는 향촌내 재
지사족의 결집체인 향회나 準公的 지배기구인 향소에 대해 인사권을 행사
하는 것으로서, 사안에 따라 두 기구의 긴밀한 협조관계를 추측할 수 있게
한다. 율곡의 「海州一鄕約束」에 의하면 缺員된 향소의 직임자는 모든 鄕
員이 참석한 향회에서 결정하여 경재소에 望報하게 하였다. 대체로 50세

---

134) 金仁杰, 앞의 논문, 1983 ; 全炯澤, 「17世紀 潭陽의 鄕會와 鄕所」, 『韓國史硏究』
64, 1988 참조.

이상의 향원은 座首를, 30세 이상은 別監을 추천하게 하며 四寸까지는 相避制를 적용하였다.[135] 또한 17세기의 사례에서 흔히 볼 수 있듯이, 향소의 座首・別監은 향약기구의 당연직으로 편제시켜 양 기구의 관계를 일체화시키고 현안에 대한 재지세력의 議論을 한 갈래로 모으고자 했다. 즉 향회의 구성원인 향원만이 향소의 직임에 취임할 수 있는데다 이들을 향회에서 薦望하고 있었기 때문에 양자는 상호 밀접할 수밖에 없었고, 향회는 향소를 매개로 官과 연결되어 운영에 필요한 제반 사항을 지원받았다.

향회에서는 鄕吏가 폐단을 야기하거나 品官을 능멸하는 사례가 발생할 경우 鄕吏督察의 책임을 물어 향소에 대한 징계를 시행하였다. 이때 수령이 향소의 말을 신임하지 않고 吏胥의 죄가 무거우면 一鄕의 향원을 동원하여 官庭에서 시위를 하여 처벌을 요구하게 하였다.[136] 이 경우 수령은 지방세력과의 조화라는 관점에서 대개 양보를 했을 것으로 보인다.

그런데 향소와 향회는 반드시 상하 예속관계를 형성하고 있었던 것은 아니다. 무엇보다 향소는 수령의 군현통치를 보조하는 공인된 기구였으므로 행정・부세수취・향풍교화 등 政令과 敎化의 여러 면에서 일정한 기능을 수행하였고, 선출구조에서 향회 규정과는 달리 대체로 品官을 중심으로 구성되어 있었다. 그러나 전통적으로 재지세력의 이해관계를 대변하는 측면이 강하였음은 분명하다. 반면 향회는 공적기구로서의 실행력을 지니지 못했기 때문에 조직력을 지닌 향소로 하여금 모임을 개최할 때 각 面里에 대한 回文을 반포하게 하였고 鋪陳器皿을 마련하는 등의 잡무를 처리하게 하였다. 또한 지역에 따라 모임 장소로서 鄕廳이 제공되는 경우가 있었다. 그리고 향풍교화와 관련하여 鄕案에 불참한 자들이 小民・山僧을 侵漁하고, 鄕吏・書員・官屬 등의 민간에 대한 作弊와 品官에 대한 凌辱 등의 행위를 향소로 하여금 告官 治罪하도록 했다.

16세기 중엽 이후 재지사족은 향회・향약기구를 통해 향촌사회의 장악과 향약적 질서를 관철하는 데 노력하였고 지역에 따라 향촌사회의 운영

135) 『栗谷全書』 卷16, 雜著3 海州一鄕約束.
136) 『栗谷全書』 위와 같음.

과정에서 상당한 영향력을 발휘하였다. 당시 향회의 구성원인 재지사족들은 계급적으로 지주로서 차별적인 신분제의 지원 아래 민에 대해 人身的·經濟的 지배를 행하였다. 그러나 이들이 생산관계에 조응한 일차적이고 본질적인 지배를 수행하고 있었다 하더라도 사회제도와 기구에 의한 공적인 지배와는 분명한 차이가 존재하였다.137) 결국 통치의 객체인 향촌사회·향촌민을 대상으로 크게는 수령권을 중심으로 한 공적 사회제도·기구와 향약기구(鄕會)와의 대립, 그리고 수령권에 경사된 일부 品官層과 거듭 독자적인 세력화를 모색한 사족의 대립 등 재지세력 내의 갈등이 온존되었고, 재지사족의 향촌 지배체제의 내용을 규정하고 있었다. 이 같은 재지사족의 토지와 민에 대한 지배는 향촌과 민에 대한 직접지배를 도모한 국가의 목적 수행에는 커다란 제한을 가하는 것이며, 특히 임란 이후 정부가 국가재조를 모색하는 과정에서 적극적인 향촌정책을 실시하는 배경으로 삼았던 것이다.

임란 이후 정부는 여러 부문에서 체제유지 내지 보완정책을 수행하고자 했고 그것은 바로 郡縣의 과제로 부여되었다. 전술한 바와 같이 정부는 사회·경제·재정적 측면에서 갖가지 정책을 실시하였는데 이는 대체로 한시적인 성격을 지니고 있었다. 반면 이들 정책을 지속적으로 수행해 나가기 위해서는 제도적·법제적 장치로서 지방제도의 정비가 요청되었다.

17세기 정부는 향촌 사정과도 관련하여 우선 향촌지배정책의 한 축을 군현제 정비와 수령제 대책에 맞추고자 했다.138) 당시 집권세력은 향촌제

---

137) 가령 재지사족의 결집체인 鄕會의 경우, 조직 자체의 강력한 실행력을 담보하지 못했기 때문에 사안이 발생할 때마다 鄕所를 매개로 守令과의 협조 하에 처리하고 있다. 객관적으로 볼 때 이러한 상황은 鄕風敎化의 차원에서 지원하는 鄕所 본래의 업무이며, 나아가 鄕會(향약기구)가 자체 실행력을 지니지 못한 데서 당연히 초래될 수 있는 것이다. 대체로 향회는 鄕所를 매개로 관권과 관련을 갖고 비호를 받으려 한 것이다. 따라서 향회가 향소의 인사권을 장악한 사실을 근거로 향소가 지닌 賦稅收取·鄕吏糾察 등의 기능을 향회의 그것과 동일시하는 견해는 특수한 지역의 사례를 제외하면 일반화시킬 수 없다고 본다. 한편 面단위로 구성된 향약기구의 직임자들은 민들에 대한 일차적인 爭訟辦決權과 處罰權을 행사한 것으로 보인다. 그러나 이 역시 重罰의 경우 '告官治罪'하도록 규정되어 있어서 향약기구가 보유한 자치력의 한계를 여실히 보여준다.

도를 전면적으로 개혁하기보다 단기적이고 가시화된 성과의 도출을 희망
하여, 우선 전통적인 향촌정책인 수령제 대책에 초점을 맞추려 했다. 이는
전쟁으로 붕괴된 향촌사회의 안정을 도모하고 궁극적인 국가재조를 모색
하고 있던 각 정파의 일치된 의견이기도 하였다.

　그런데 이러한 대책은 당시 변화하는 향촌사회의 상황을 적절히 그리고
적극적으로 수용하지 않은 것임은 물론이다. 일부 적극적인 개혁론자들은
수령제 대책에 대해 어디까지나 지배층의 원망을 반영한 구래제도의 반복
에 지나지 않는다 하여 커다란 무게를 실지 않았다. 17세기 향촌사회가 당
시기 객관적·총체적 변동에 기인하며 변화하였던 점을 염두에 두면, 향촌
지배체제의 확립과정 중 개개인의 賢能을 전제로 한 수령제의 법제적 강
화가 갖는 한계는 쉽게 예견될 수 있다. 예컨대 하부구조의 변동을 구조적
으로 반영한 제도의 정비가 동시에 뒷받침되어야 하는 것이다. 군현조직,
수령제는 최하부 생산단위인 사회조직과 연계하여 직접생산자인 민과 유
기적인 결합을 이루어 내지 못하는 한, 누층적 지배구조 위에 떠 있는 하
나의 권력기구에 불과하기 때문이다.

　다음으로 17세기 정부는 대민지배와 향촌통치체제의 확립방안을 다각도
로 모색하는 가운데 향촌내 풍속과 교화를 완성하기 위한 방안으로 사회
조직으로서의 향약제를 국가차원에서 실시 보급하고, 그것의 통치기구화
방안을 논의하였다. 전쟁 직후 향약은 붕괴된 성리학적 위계질서를 복원하
기 위해 사상적 대응책의 일환으로 그리고 향촌지배정책의 일환으로 號牌
法·五家作統制와 함께 제기되어 재차 전국적인 조직화가 모색되었던 것
이다.[139]

---

138) 17세기 守令制의 郡縣支配에 대해서는 김무진,『조선초기 향촌지배체제연구』, 연
　　세대학교 박사학위논문, 1991 ; 본서 附篇「17세기 守令制의 운영과 整備論의 대
　　두」참조.

139) 먼저 仁祖 2년 5월 禮曹判書 李廷龜와 仁祖 4년 6월 副護軍 張顯光이 그 실시를
　　거듭 건의하였다(『仁祖實錄』卷6, 仁祖 2年 5月 己巳, 33책 618쪽 ;『仁祖實錄』
　　卷13, 仁祖 4年 6月 癸酉, 34책 104쪽). 다음으로 孝宗 연간에 영의정 李景奭을
　　중심으로 "京城의 경우 禮曹·漢城府가, 外方은 監司·守令의 관장 하에 매달
　　各洞·各面에 令을 내려 風俗을 糾正하되 오랫동안 지키고 행하면 그 효과가 있

　정부는 향약이 化民導俗의 방법임을 인정하면서도 조직의 활성화는 곧 재지사족의 자율권 증대와 연결되고 더불어 국가의 법체계와 마찰을 불러온다는 점을 들어 "不可한 것은 아니나 施行은 유보하라"는 애매한 태도로 일관하고 있다. 이는 중종 14년, 현종 5년, 숙종 19년 및 30년에 걸친 향약의 논의과정에서 거듭 나타난다.140) 정부로서는 민에 대한 단속이라는

　　을 것이다"라고 하고 「鄕約事目」의 반포와 함께 전국적 시행을 모색하였다. 이 案은 앞선 효종 즉위년에 제기되었으나 李景奭의 去官으로 중단되었다가 재차 건의된 것이었다(『孝宗實錄』 卷18, 孝宗 8年 3月 乙卯). 한편 顯宗 연간 국왕과 제 대신은 당시 최대 현안인 良役의 확보문제를 해결하기 위한 방안으로서 五家統·戶牌法·鄕約을 들고 그 시행 여부를 둘러싸고 격렬한 논의를 전개하였다. 논의의 발단은 李惟泰가 제시한 2만여 자의 疏였다. 李惟泰는 현종 즉위년 12월에 民數 파악을 위한 방안으로서 향약의 시행을 주장한 이래 현종 원년 5월에도 疏를 통해 당시의 현안을 치유하기 위해 '正風俗'의 방안으로 五家統制·社倉制와 함께 鄕約制의 실시를 주장하였다. 疏에서 李惟泰는 國制와 禮刑之制에서 鄕約節目이 綱領으로 준비되지 않았음을 지적하고 「朱子增損呂氏鄕約」을 취하여 時宜를 참작하여 시행한다면 "敎成俗美 民知親上死長之義"를 떨칠 수 있다고 밝히고 별도의 鄕約冊子를 成冊하였다(『顯宗改修實錄』 卷3, 顯宗 元年 5月 癸亥, 37책 169쪽). 이후 鄕約의 전국적 조직화의 문제는 조정의 본격적 논의에서 제외되고, 일부 정론가들에 의해 단편적으로 제기되었다. 鄕約制 논의는 향촌조직이 비교적 정비되어 가던 시기인 肅宗 19년에 재개되었다. 같은 해 6월에 이르러 이 조판서 李玄逸의 疏에 의해 향약의 전국적 시행이 논의되었고, 節目 작성과 함께 각 지역에서 실시되기에 이르렀다. 李玄逸은 앞선 肅宗 4년 3月에 條陳五事를 통해 향약의 시행과 選士法을 제시하였는데(『葛庵先生文集』 卷5, 箚論進正俗育才箚 元日 召對時) 숙종 19년에 재차 자신의 논지를 주장하였다. 그는 "治道에서 풍속을 바르게 하고 賢才를 얻는 일이 우선인데 풍속을 바르게 하는 일은 사람들로 하여금 善·不善을 알게 하는 일이다"라고 전제하였다. 그리고 「朱子所增損呂氏鄕約」의 序를 통해 옛법을 상기하고 조목을 詳備하면 실시할 수 있다고 주장하고 전 대신의 논의를 촉구하였다. 이어 서울은 5부로 하여금 各洞 尊位에게 명하여 科條에 의거하여 차차 시행토록 하고, 지방은 各道 各官으로 하여금 왕의 명에 의거하여 約正·直月 등의 직임자를 택정하여 시행토록 하였는데, 이를 착실히 거행하면 民의 敎化와 風俗교정을 이루어낼 수 있다고 보았다(『備邊司謄錄』 47冊, 肅宗 19年 6月 21日, 4책 524~525쪽). 동년 12월 禮曹는 6月 20일자 차기에 따라 鄕約法이 京外에 분부되어 착실히 거행되었음을 보고하였다.

140) 가령 肅宗 19년 국왕은 "향약의 법은 진실로 좋다. 그런데 宣祖朝 역시 행하기 어려운 점과 정지할 바를 염려하였다. 지금 만약 행한다면 재차 還罷之弊가 있을 것이니 처음부터 실시하지 않음보다 못하다. 지금 장기간 서서히 논의하여 처리하

국가적 목표를 수행하는 데 있어서 향약의 조직구성이 느슨하고 시행주체
가 모호하다는 점을 들어 효과가 크지 않다는 입장을 분명히 한 셈이다.
결국 17세기 향약제는 공적 사회제도로서 채택되지는 않았으나 각 지방에
서는 향약 설립이 활성화되었고 재지 유력사족 혹은 수령의 주도 하에 활
발히 구성되었다.141)

　이와 같이 17세기 정부는 향촌정책의 일환으로 전통적인 郡縣對策으로
서 수령제의 정비와 운영강화를 모색하고, 재지세력에 대한 대책으로서 사
석조직인 향약에 주목하여 이를 통치기구에 편제시키려는 조치를 취하고
있다.

　라"고 하여 宣祖 1년 柳希春의 주도로 향약이 시행되었다가 곧 중지된 예를 들어
　전국적 시행의 어려움을 말하였다(『備邊司謄錄』47冊, 肅宗 19年 12月 12日, 4책
　564쪽 ;『眉巖日記草』柳希春 宣祖 1年 3月 18日, 同年 4年 12日 14日). 이와 같
　이 국왕을 비롯한 제 대신들이 향약 실시의 불가함을 말하자 숙종 20년 7월 左議
　政 朴世采가 大典에 禁制만 수록되어 있고 敎導的 기능의 조항은 결여되어 있음
　을 지적하고 敎令과 禁令 중 행하기에 적절한 條規를 뽑아 시행할 것을 말하였다
　(『備邊司謄錄』48冊, 肅宗 20年 7月 24日, 4책 619쪽). 이는 앞선 현종 연간의 李
　惟泰의 案과 유사하다. 이후 숙종 30년 6월 禮曹判書 閔鎭厚의 疏에 따르면, 辛
　巳年(肅宗 27年) 生員 李翊良이 진서하여 향약의 실행을 청하였던바 舊規를 준
　방하여 該司에서 兩件의 節目을 만들어 中外에 반포하고 시행하고자 하였는데
　節目의 반포단계까지 이르렀으나 막상 시행단계에서는 강력한 異見이 제기되고
　있음을 볼 수 있다(『備邊司謄錄』55冊, 肅宗 30年 6月 27日, 5책 332쪽).
141) 이 가운데 수령 주도의 향약 시행은 郡縣에서 鄕所의 지위약화, 재지사족의 鄕權
　상실이라는 상황의 전개와 상대적으로 강력한 정부의 향촌지배체제 정비와 맞물
　려 나타난 것이다. 수령의 업무 가운데 敎化는 조선왕조의 통치이념이자 현 사회
　체제의 유지를 위한 중요한 과제였다. 17세기에 들어와 수령들은 단지 교화업무의
　필요성 외에도 향촌의 실질적 장악을 위해 향약을 적극 활용하고자 했다. 향약은
　향촌내 생산관계와 신분질서의 체계를 입체적으로 반영하였기 때문이다. 17세기
　수령 주도의 향약과 그 이전 향약과의 사이에서 보이는 내용상의 가장 큰 차이는
　향약기구와 수령권과의 관계. 향약 시행을 가능하게 하는 강제력의 부분, 즉 처
　벌권 자체를 관에서 장악한 것을 비롯하여 施罰을 官에 의존하고 있다. 또한 國家
　對 民의 직접적 지배관계를 확립하고자 한 조선왕조의 의지와도 관련해서 재지세
　력에 대한 규제를 명문화하였다. 즉 재지사족의 관아에 대한 간섭의 중지는 물론
　이고 이들의 향촌민에 대한 侵虐을 금하고 있다(金武鎭, 앞의 논문, 1991, 317~
　324쪽).

극심한 전란을 겪은 후 정부가 시행한 여러 개혁책은 체제붕괴에 대한 위기의식에서 발로되었다. 주목되는 사실은 17세기 국가재조와 관련하여 향촌지배정책의 전환이 나타나는 것인데, 전통적인 군현제 정비 및 수령제 강화정책에서 한 걸음 더 나아가 보다 구체적인 정책을 수립하고 이를 시행하고자 하였다. 즉 전란의 어려움을 일정하게 극복한 효종·현종·숙종 연간에 조선왕조는 생산현장이자 통치의 객체인 향촌사회·민에 대한 통치조직을 정비하고 운영직임을 확정하는 데 노력을 기울이고 있다. 공적 사회제도로서 面里制·五家統制를 수립하고 향촌에 대한 체계적이고 지속적인 지배를 도모한 것이다. 이는 이는 17세기 정부의 향촌지배정책 가운데 가장 구체성을 띤 정책이었다. 동시에 재지사족에 대한 통제책도 적극 시행하였다. 營將制의 실시, 書院濫設 금지조처 등과 함께 재지세력의 전통적인 권력기구인 향소 기능을 국가가 장악하려 한 것이다.

그렇다면 17세기 국가재조론과 관련하여 이 시기 향촌정책은 집권층 및 정론가 내부에서 어떠한 논의 과정을 거치며, 내용과 기저의 사상체계에서 기존의 제도와 어떠한 차별성이 있는지 살펴보기로 하겠다.

제2장 17세기 새로운 鄕政論의 전개

17세기 조선사회는 극심한 변동과 혼란을 겪고 있었다. 이미 16세기부터 발달하고 있던 地主佃戸制는 양란 이후 사실상 지주층에게 방임된 농지개간과 상품화폐경제의 영향으로 그 모순이 더욱 확대되고 농민층의 저항도 나타났다. 國家財政·賦稅制度·軍事制度의 모순도 이에 편승하여 심화되고 있었다. 양란 이후 조선사회는 그 사회구성·소유관계·농업생산력·상품화폐경제의 여러 부문에서 커다란 변동이 일어나는 가운데 체제에 대한 전면적 개혁을 요구받고 있었다.

한편 당시 지배층 내부는 정권획득을 둘러싼 갈등과 함께 전반적인 體制改革論·國家再造論에서 대립을 보이고 있었다. 논자들은 각각 자신의 정치적·사회경제적 입장과 현실문제에 대한 인식 정도에 따라 개혁방법도 달리 제시하고 있었다. 이러한 흐름은 한 걸음 더 나아가 國定敎學이자 봉건체제의 유일한 가치규범인 주자학적 가치에 대한 회의로 발전하기에 이르렀다.

국가재조론의 연장선상에서 제기된 鄕政論은 民과 鄕村에 대한 법제적 정비라는 의미를 갖는 것으로, 그 내용은 역시 논자에 따라 큰 차이를 보였다. 그 첫 번째 흐름은 白湖 尹鑴와 그에 동조한 현종 말 숙종 초의 남인정권의 정론가, 남인의 당색을 지닌 재야학자 磻溪 柳馨遠의 견해를 들 수 있다. 두 번째 흐름은 息庵 金錫冑, 文谷 金壽恒 및 退憂堂 金壽興 등 대체로 西人·老論의 당색을 지닌 정론가들의 논의를 들 수 있다.

당시 鄕政論(五家統·號牌法·鄕約·戸布論)을 둘러싸고 전개된 치열한 논의·시행 과정에서 찬반론자들은 '封建制 再行論', '順天心', '得民心',

'養民', '制民'에 대해 인식의 상이성과 구체적인 관철방안의 차별성을 드러
내었다.

본 장에서는 당색·학연·현실인식에 따라 상이하게 표출된 국가재조방
략과도 관련하여 양 계열의 향정론이 지닌 사상적 기저와 현실인식의 상
이점을 상호 대비하고, 차후 집권층 내부의 합의를 통해 국가정책으로 채
택되는 과정에 대해 고찰하고자 한다.[1]

1. 面里制(鄕里制)·五家統制 개혁론의 대두

1) 白湖 尹鑴의 향정론

尹鑴는 현종 말년(1674) 甲寅禮訟에서 승리한 이후 숙종 초(庚申換局
이전)까지 정권을 담당한 南人계열의 정론가로서 그의 개혁론은 許積과
權大運 등의 지지를 받았다.[2]

---

1) 여기에서는 孝宗·顯宗 연간의 오랜 논의를 거쳐 비교적 鄕政論에 대한 여러 정
책이 시행되었던 顯宗末 肅宗初의 南人政權과 庚申換局 직후 西人·老論政權의
논의 과정을 중심으로 살펴보고자 한다.
2) 白湖 尹鑴의 政治·經濟·兵政에 관한 개혁론의 大系에 관해서는 韓沽劤,「白湖
尹鑴硏究 - 특히 經世論을 중심으로 -」(1·2·3),『歷史學報』15, 16, 19집, 1961,
1962 참조. 17세기 정치의 주된 쟁점은 禮論·北伐과 같은 명분적인 것이었다. 왕
실의 典禮문제를 둘러싸고 벌어진 禮訟은 '守朱子', '脫朱子學'이라는 성리학 이
념에 대한 이해 차이에서 비롯된 것이며, 한편으로는 王權論과 臣權論 등 정치·
경제 개혁의 주도권을 둘러싼 현실문제를 포함하고 있었다(金駿錫,『朝鮮後期 國
家再造論의 擡頭와 그 展開』, 연세대학교 박사학위논문, 1991, 6~8쪽). 조선왕조
는 禮學의 발전을 기반으로 하고 宗法을 중심으로 한 禮治의 정치형태를 띠고 있
었다. 이와 같은 정치구도 속에서 禮의 儀則에 의해 정치기강을 세우고 사회통제
의 실행을 크게 강조한다. 특히 왕실의 典禮문제는 왕위계승의 정통성 및 君權,
君主의 실세를 부각시킬 이론적 근거가 되므로 거국적인 쟁점으로 비화될 수밖에
없다. 한편 집권 西人 내에서는 大同法 실시를 둘러싸고 漢黨과 山黨으로 분열되
고 顯宗이 즉위하자 金堉의 아들인 金佑明·佐明 형제는 집권당인 山黨의 宋時
烈派와 대항하기 위해 許積·許穆·尹鑴·吳挺一 등과 결탁하기에 이른다. 1674
년 慈懿大妃의 服喪問題가 대두되었는데 孝宗을 장자로 보면 朞年服을 입어야 -

당시 중국대륙에서는 淸의 지배가 점차 확립되어 가는 가운데 漢族復興을 내세운 '吳三桂의 亂'이 발생하였고, 국내에서는 明 神宗의 국가재조의 은혜를 상기시키며 尊華思想의 義理論을 내세운 '復讐雪恥'의 주장이 재강조되었다. 효종 이후 북벌론이 크게 대두되었다. 이는 패전의 책임으로부터 벗어나 국가의 정체성을 확보하고 혼란을 수습하는 수단으로 삼으려한 지배층의 염원이 담겨져 있었다. 숙종 연간 역시 효종대와 비교해 볼 때 정도가 다소 약하고 갖가지 수식어로 분식되기는 했으나, 윤휴를 비롯한 신료들에 의해 親明排金政策이 거듭 표명되었다.

이 시기 정부의 최대 현안은 良役弊의 시정과 良役의 확보 문제였다. 남인정권의 良役에 관한 논의는 앞선 현종대의 戶布論議가 실패로 끝난 데 영향 받아 兒弱·白骨徵布의 폐단에 대한 진단과 대책에서부터 재출발하고 있었다.[3] 남인정권 역시 기본적으로는 종전 서인정권의 군비확장정책의 연장선상에서 良役變通問題에 접근하였다. 아울러 白骨·兒弱徵布·隣徵·族徵과 같은 良役弊가 일차적으로 良丁 부족에서 초래되었다고 규정하고 양정 확보를 위한 방안을 모색하였다. 양역문제에 대한 變通案은 17세기 당시 민과 향촌의 현실을 어떻게 인식하느냐에 따라 달리 제기되었고, 향촌 내에서의 구체적인 징수방안도 상이했다.

하나 次子로 보면 大功服(9개월)을 입어야 했다. 그 해 8월 顯宗이 승하하고 肅宗이 즉위하면서 『儀禮注疏』에 "次長子가 承重한즉 長子라 한다"는 입장을 적극 지지하는 許積이 院相이 되어 朞年說을 확증하였다. 西人의 경우 宋時烈·金壽恒계열의 山黨이 '天下同禮'의 원칙 하에 仁宣王大妃를 次子婦로 규정하고 大功服을 주장하였으나 戚臣으로 위세를 떨치던 金錫冑가 南人의 朞年說에 적극 동의하면서 대립하게 된다. 제2차 甲寅禮訟(1674년)은 기본적으로 학파를 중심으로 한 사상적 차이가 禮訟을 통해 나타난 성리학 이념논쟁으로, 전개과정 속에서 정권장악을 위한 각 당파 내의 분열과 이합집산이 동시에 이루어졌다. 그 결과 許積·許穆·尹鑴 등 南人이 西人 漢黨의 金錫冑, 福昌君 형제와 연합하여 宋時烈·金壽恒계열의 西人 山黨을 제거하고 정권을 장악한다(李建昌, 『黨議通略』 顯宗朝 ; 姜周鎭, 『李朝黨爭史硏究』, 서울대학교출판부, 1971, 303~313쪽).

3) 국왕 顯宗과 제 대신들이 國論으로서 결정한 戶布論이 시행 직전에 좌절된 사정에 대해서는 池斗煥, 「朝鮮後期 戶布制의 論議」, 『韓國史論』 19, 1988, 303~305쪽 참조.

五家統・紙牌制로 상징되는 윤휴의 향정론은 양역변통과 관련되어 제기되었으나, 단지 부세수취의 차원이 아니라 민과 향촌사회에 대한 항상적인 통치조직으로 정립하고자 한 데 특징이 있다. 즉 윤휴는 이 제도의 운영을 통해 국가적 목적 하에 일과적으로 수행되는 避役者의 索出, 良丁搜括策의 방법을 지양하고 부세수취 대상인 민과 향촌에 대한 지속적이고 법제적인 지배를 지향하였다. 윤휴는 오가통제를 하부구조로 하는 면리제에 주목하고 향촌내 사회조직과 기구를 포괄하여 공적 사회제도로서 정비하고자 하였다. 아울러 군현내 공적통치조직 외에 '相親愛 相救恤 篤人倫 敦信義'라는 내적 윤리의식을 확보하기 위해 별도의 향약조직을 설정하고 洞規 아래 契조직을 하부기구로 두어 향촌민에 대한 지배에 활용하고자 했다.4)

(1) 개혁론의 사상적 기저

윤휴가 지방제도개혁론의 근거로 삼은 것은 三代의 정치제도이며 핵심적인 개혁사안의 하나로 든 것이 鄕政制다. 그는 "大志를 세워 聖學에 힘쓰고 인재를 모아 天職을 함께 하며 民弊를 바로잡아 邦本을 굳히고 軍務에 충실하여 외적을 방비하며 鄕政을 닦아 積弊를 없애고 禮를 완결하여 조정을 안정시키며 大系를 결정하여 天時에 따라야 한다"고 하여 자신의 개혁론의 대체를 밝히고 있다.5)

그렇다면 尹鑴가 따르고자 한 先王의 제도는 무엇인가. 이는 周代 封建制에 대한 이해를 통해 설명될 수 있다. 모든 儒者들이 숭상하는 삼대, 즉 禹・湯・文・武의 聖賢이 창제한 왕조인 夏・殷・周 시대에 가장 전형적으로 시행된 기본적 政制가 바로 봉건제였다. 주지하듯 주대 봉건제는 안으로 宗法制度와 長子相續制로써 사회질서를 수립하고 밖으로는 이를 확대시킨 혈연적 봉건제도를 지배기구로 하였다. 즉 天子를 정점으로 누층적 종법질서를 내외적으로 확립하여 종족내 및 종족간의 질서를 禮로써 내면

---

4) 『白湖全書』 卷31, 雜著 鄕約條目 1301쪽.
5) 『肅宗實錄』 卷2, 肅宗 元年 正月 戊辰, 38책 233쪽.

화하고 도덕으로 규범화한 지배양식이다. 이러한 政制의 경제적 기반은 井田制였다. 반면 郡縣制는 春秋戰國時代의 변혁기를 거쳐 秦漢에 이르러 형성된 것으로, 주대의 혈연에 의한 종법질서를 대신하여 국가질서로서 군주 한 사람으로부터 벽지 말단의 양민에 이르기까지 국가권력이 미칠 수 있는 작위적 질서를 기간으로 하였다. 또한 당시 광범위하게 전개된 소농민층을 권력기반으로 장악하고 그 지배수단으로 관료기구를 창안하여, 비혈연적·법제적·작제적 국가질서를 통해 지배권력을 관철시키는 지배양식이었다.6) 그런데 전통적으로 많은 儒者들은 봉건제를 부정한 秦朝의 國祚가 단명하고 법가적 통제정치가 행해졌다는 사실로 인해 漢 이래로 秦은 失德棄義한 왕조이며 폭악한 왕조라고 지적하고, 거듭 봉건제를 稱揚하며 그 復活 再行을 주장하였다.7)

윤휴는 宋代 胡宏의 封建制支持論을 적극 추종하였다. "胡氏之論曰 封建者 先王公天下之大端大本 郡縣者百世暴主之私 一身之大孼大殘"이라 하여 봉건제는 公天下의 大端·大本이라는 규범적 가치에 합당하나 군현제는 私的으로 一身의 人欲을 좇은 것이라면서8) "方分天下之地 以爲萬國 而擧賢才共焉 聖王之公心也 樹侯王君公建侯甸男衛 大小强弱之相維 而不可動 則天下之大勢也"라 하여 봉건제는 천하의 賢才에게 分地한다고 하였다.9) 여기에서는 주대 봉건제의 종법제도가 강조한 同姓封建은 문제가 되고 있지 않다. 특히 分地의 대상을 萬國으로 표현하고 많은 수의 賢才에게 천하를 나누어 함께 다스리는 것을 公(心)의 요소라고 하고 있다. 이에 따라 1인에 의한 천하지배나 同姓藩屛, 소수의 왕실[大宗]에 대한 小宗으로서의 제후의 존재를 무시하는 公天下論이 성립될 수 있는 것이다. 덧붙여 왕실과 제후 사이에 大小强權에 따른 相維가 있는 것이 천하

---

6) 李春植,「郡縣制 發生에 관한 硏究 ―考察 - 法術思想을 中心으로 -」,『史叢』10, 1965 ; 池斗煥,『朝鮮前期 國家儀禮硏究 - 朱子學 受用過程과 관련하여 -』, 서울대학교 박사학위논문, 1990.

7) 閔斗基,『中國近代史硏究』, 一潮閣, 1973, 225~227쪽.

8)『白湖全書』卷27, 雜著 漫筆(上) 1118쪽.

9) 위와 같음.

의 대세임을 강조하였다. 따라서 봉건제가 이루어졌다면 藩鎭을 통한 오랑
캐의 방비가 가능하므로 亂華하지도 않고 聖賢 이후라도 진멸 상태에 이
르지 않았을 것이며 生民이 번잡해지지도 않고 왕조가 祚命하여 不仁者가
천하를 얻지 못했을 것이라고 하였다. 그리고 군현제 실시에 따른 모순과
혼란을 사례로 들어 국가의 잘잘못은 봉건제라는 완벽한 법제의 시행 여
부에 달려 있다고 말하였다. 또한 후대의 君子들이 이와 같은 聖賢의 제도
를 제대로 審察하지 않은 채 봉건제의 시행이 불가능하다고 하는 것은 잘
못된 것임을 강조하였다.

이상 宋代의 적극적 봉건론자인 胡宏의 설을 지지함과 동시에 별도로
자신이 안찰한 사례를 통해 봉건제를 적시하고 있다. 윤휴는 "三代 이상은
봉건제가 실시되어 萬千의 국가를 세우고 상하가 서로 안정되어 천 가지
일 모두 하나같이 편안하였으나 秦 군현제는 2대에 망했다. 뿌리가 깊으면
뽑기 어렵고 근본이 얕으면 쓰러지기 쉽다. 漢晉 이래 혼란하고 나라를 이
루어 安强의 대세를 유지하기가 불가능했다. 어찌 古制가 천하에 행함이
없었는가" 또한 "先王이 나라를 건립하고 士를 인도하며 天道를 받들고
諸侯 王公君을 세우고 大夫 師長 百官庶府를 잇게 하니 禮義가 있고 大
小에 序가 있으며 상하에 倫이 있어 國勢를 형성하고 天險을 굳세게 했
다"고 지적하였다. 아울러 『周禮』에는 "九稅之利 九禮之親 九牧之維 九
禁之難 九戎之威"가 있는데 후세에는 이와 같은 제도가 수립되지 않아서
갖가지 혼란이 야기되었음을 말하였다.[10] 이와 함께 周의 건국과정과 혼란
과정을 상세히 설명하고 "寧我者 所以厚蒼生者 固深得周公之心 而古先
王之爲後世慮 至深遠有如此者"하여 유교에서 숭상하는 有德者인 周公의
후세를 염려하는 마음을 깊이 살피는 것이 蒼生을 厚하게 하는 것이라 하
였다.[11]

그러나 윤휴는 봉건제에 대해 다음과 같은 개별적인 해석을 덧붙이고
있다. 즉 "愚者曰封建以前 爲一天下也 郡縣以後 爲一天下也 天欲廢之

---

10) 『白湖全書』卷27, 雜著 漫筆(上) 1118~1119쪽.
11) 『白湖全書』卷27, 雜著 漫筆(上) 1120쪽.

必有所自始 天將興之 亦將有所自始"[12]라 하여 先周代 특히 삼대를 탁월한 것으로, 秦 이후는 배격해야 되는 것으로 여기는 전통적인 중국사의 二分法을 그대로 따르고 있으나 胡宏과 동일한 封建制再行說을 극력 주장하지 않았다. 그는 艱難의 시기에 봉건제가 政制로서 적합하다고 인정하면서도 봉건 부활을 말하지 못하는 것은 "法不必古 而治可復古者"이기 때문이라고 하고 있다. 즉 중국과 조선이라는 역사무대의 차이를 염두에 두고 아울러 오로지 時流의 변화를 의식하여 聖制로서의 의의만을 考究하고 현재에 되살린다는 논리다.[13]

여기에서 윤휴는 봉건제든 군현제든 천하의 興敗는 하늘에 달려 있다는 지적을 덧붙이고 있다. "孟子有言 得天下有道 得民心而已 失天下有道 失民心而已 故曰天明威 自我民明威 天聰明 自我民聰明 三代以上秦漢以下 皆有是道也"라고 했듯이 그에게 있어서 天이란 인간의지의 强權者로서의 의미가 강하다고 할 수 있다.[14] 즉 세계의 법칙을 발견하고 이를 따르려 하는 것이 畏天之心이며 그것이 天命인바, 小人은 이를 무시하고 망령되이 행한다는 것이다.[15]

이상 윤휴는 봉건제의 타당성을 인정하면서도 時宜에 따라 다소 전변된 논리로서 이를 재해석하고 정치현실에 적응시키고자 했다.

본래 儒家는 周代 봉건제도를 시인한 위에 성립된 학설이고 전통적인 宗法制的 문화의 정신을 토대로 형성된 사상이다. 따라서 舊制의 회복과 그 질서인 전통적인 道德과 禮的 질서에 學理的 근거를 두고 있다. 유교

12) 『白湖全書』 卷27, 雜著 漫筆(上) 1118쪽. 尹鑴는 三代 이상과 秦漢 이후를 구별하여 道德・學問・紀綱・秩序의 차이가 분명했음을 밝히고 있다. 『白湖全書』 卷30, 雜著 製進 公孤職掌圖說(下) 1266쪽, "臣按三代以上 一天下也 秦漢以後 亦一天下也 何三代以上有道之長 秦漢以後治日之短 而亂日之多也 從古聖神繼天立極 修道設法 其所以維持防範 立君臣之義 惇父子有親 正夫婦之位 辨華夷之分 嚴君子小人之際者 禮亦備矣 逮德下衰 經千載之衰周 而紀綱文章蕩然繼暴秦之豕視 而淺減掃除之無餘 此秦漢以後 君臣父子夫婦之位 莫不顚倒失序".
13) 『白湖全書』 卷27, 雜著 漫筆(上) 1118쪽.
14) 『白湖全書』 卷27, 雜著 漫筆(上) 1115쪽.
15) 『白湖全書』 中用 ; 韓㳓劤, 앞의 논문(1), 1961.

정신의 도덕적 구현을 모색하는 유자는 古法에의 지향을 통해 時務論의
객관적 근거를 확보하게 되는 것이며, 논리전개의 시발점으로 삼게 되는
것이다. 윤휴 또한 17세기 당시 조선사회를 개혁하기 위한 時務論의 근거
를 先王의 法制에서 인출하고 있었다. 그는 孔子의 말에 따라 "人主不務
襲迹於往古 而求所以安在於後者 是猶却行 而求及前人也 豈不然乎"라고
하여 先王의 經理하는 예를 따르려고 하였다.16) 더불어 古法을 지금 쓸
수 없는 것은, 지금의 법을 과거에 적용할 수 없는 것과 같은 것으로, 時變
으로 인해 古法의 전면적 부활은 불가능하나 그 이념은 그대로 실천 부활
할 수 있다고 하였다.

이에 따라 후대의 봉건제 지지론자로서 윤휴는 첫째, 국가재조의 입장에
서 五家統制·紙牌法·戶布法의 전면 개혁을 주장하고 그 실시를 주도하
였다. 그는 이러한 여러 개혁을 추진하는 데 있어서 법제개혁의 근본 주체
를 군주로 규정하였고, 따라서 개혁의 성패 여부는 궁극적으로 君主의 결
단에 달려 있다고 보았다. 숙종 3년 12월 윤휴가 物故·兒弱에 대한 徵布
減免論과 戶布法의 실시를 주장한 데 대해 許積·吳始壽·金錫胄 등이
반대하였다. 이에 대해 尹鑴는 "이는 대신과 여러 재상들이 의논은 하되
聖上께서 결단하시면 시행할 수 있읍니다"라고 하여 군주가 강력한 의지
로 추진하면 민들은 지지하게 되며 일을 성취할 수 있다고 하였다.17)

국가재조의 방안이 모색된 17세기에는 일부 畿湖 남인계열 정론가들에
의해 막강한 군주권의 확립과 君主의 全權을 보증하기 위해 사대부층 일
반의 治者로서의 의무와 각성을 촉구하는 견해가 보다 강력히 제기되고
있었다.18) 윤휴는 극단적인 君權強化政策의 지지자였다. 그는 唐代 韓愈
의 「原道」를 인용하여 "군주는 令을 내리고 신하는 따르는 존재다. 대개
군주는 令을 내리는 자고 신하는 군주의 令을 받들어 행하는 자다. 그러므

---

16) 『白湖全書』 卷27, 雜著 漫筆(上) 1115쪽.
17) 『肅宗實錄』 卷6, 肅宗 3年 12月 癸丑, 38책 275쪽.
18) 이 같은 견해는 眉叟 許穆의 君主論에서 발견되는데 한편으로 "君臣은 尊卑上下
　의 차등이 규정되는 관계이나 그 직분 역할에서는 相互·相濟관계이다"라고 규정한
　尤庵 宋時烈의 君主觀과는 일정하게 대비된다(金駿錫, 앞의 논문, 1991, 478쪽).

로 하늘이 존귀하고 땅이 낮으며 君은 强하고 臣은 柔함이 천지의 大經이다. 이로 말미암아 상하가 그 지위를 얻으며 국가가 편안히 다스려진다"라고 하여 철저한 '尊君卑臣論'의 입장에서 君臣 간의 차별성을 강조하였다.[19] 여기에서 군신 간의 관계는 종실과 제후 사이에 예로써 규범화되었던 주대 봉건제의 政制에서 그 틀을 원용하고 있음이 보인다.

둘째, 윤휴가 북벌과 외침에 대비하여 수립한 여러 대책의 기저사상에는 굳건한 藩屛을 통해 오랑캐의 침략을 방지할 수 있다는 봉건제의 논리가 전제되어 있으며 이는 後金의 존재에 시달렸던 현종말 숙종초의 국제정세와 무관하지 않다. 즉 17세기 정부는 丁卯·丙子胡亂 이후 계속적인 '夷狄'의 침략에 대비해야 했다. 특히 임란시 국가재조의 은혜를 베풀었던 明을 받들고 호란 이후 淸에 대한 '復讐雪恥'의 의지를 달성하고자 했다. 이와 같은 '尊明排淸'의 기풍은 북벌론에 반영되었고, 反正 이후 仁祖계열의 정통성 확립의 필요와 서인의 장기집권을 위한 이론적 기반이 되었다. 차후 중국에서는 '三藩의 亂'이 발발했으나 조선의 경우 북벌론 자체가 현실화되지 못하고 대의명분에 입각한 논의로 끝나고 있었다. 그러나 현종·숙종 연간에도 집권층은 당시 정국의 주도권을 장악해 나가는 과정에서 이를 거듭 제기하였다. 숙종조 남인정권 하에서도 윤휴의 10만양병설과 兵車製造說이 제기되었고 軍籍을 위한 전단계 사업으로서 紙牌法의 실시와 「良丁査覈事目」의 반포(숙종 2년 6월, 전문 10조)가 행해지기도 하였다. 윤휴는 특히 '三藩의 亂'에 고무되어 犬羊에게 굽혀서 절할 수 없다고 하여 군사적 보복을 위해 兵車를 제조하고 鄭錦과의 외교관계를 도모할 것[20]과 10만 명을 精兵하여 兩西人들로 하여금 심양을 치고 關內로 진격할 것을 주장하였다.[21] 그는 "생각컨대 華夷의 구분과 君臣의 義理는 이것이 있으면 보존하고 이것이 없으면 망하는 것인데, 오늘날 中華의 冠冕을 찢어버리고 오랑캐 풍속인 머리를 풀어헤치고 옷깃을 왼쪽으로 하는

19) 『白湖全書』卷11, 疏箚 5月 19日 429쪽, "君者出令者 臣者行君之令而致民者也 君不出令 則失其所以爲君 臣不行君之令而致之民 則失其小以爲臣".
20) 『肅宗實錄』卷2, 肅宗 元年 正月 丁亥, 38책 242쪽.
21) 『肅宗實錄』卷2, 肅宗 元年 2月 丁酉, 38책 244쪽.

것을 스스로 편안하게 여기는 것이 반드시 나라를 보존하고 스스로 편안
한 꾀가 되는지 알지 못하겠읍니다"라고 하여 排淸논리를 강력히 주장하
였다.22)

셋째, 윤휴는 봉건제야말로 長祚(왕조 보존의 장속화)에 유리한 제도임
을 밝혔다. 한 걸음 더나아가 擧賢(私親 아닌 功德者)의 존재를 강조하였
다. 이는 제도 자체가 완벽한 法治論인 봉건제를 지지하면서도 그 운영을
담당할 賢者의 존재가 필요함을 역설한 人治論의 성격에 동의한 측면을
보여주는 것으로, 한편으로는 擧賢을 무시할 수 없게 된 시대적 변화에도
영향을 받은 것이라 본다. 이에 따라 윤휴는 科擧에 의한 전형 없이 향촌
에서 賢才를 천거하는 貢擧制를 주장하고 수령의 임기철폐와 중앙관과의
순환을 통해 중앙과 향촌 간의 上下通行의 필요성을 강조하였다.

이상에서 볼 때 윤휴는 17세기 조선사회에서 봉건제가 전면 시행되리라
고 여기지 않았으나, 이를 古法에 의한 개혁론의 이념적 근거로 삼고 天의
권위를 빌려 그 절대성을 보증하고자 했다. 이와 함께 법제는 古法이 아니
라도 정치는 古制의 정신을 따를 수 있다고 하여 군주를 중심으로 古法制
를 시행하도록 개혁에 나설 것을 주장하였다. 윤휴는 초시간적이요 초역사
적인 가치로서의 개념일 수밖에 없는 尙古를 현실에 대한 개혁방향, 時務
論의 지향점으로 삼고 있었다.23)

先王의 政制인 봉건제 가운데 윤휴가 17세기 조선사회의 개혁안에 크게
참조한 것은 鄕政에 관한 것이었다. 그는 "先王의 정치는 鄕遂에서 시작되
어 조정에 이르고 천하에 미쳤는데 秦의 商鞅이 古制를 변화시키고 聖賢
의 學을 멸함에 따라 소략하고 간단한 정치로 전변되었고 그 근간이 되는
鄕政이 먼저 붕괴되었다. 漢唐의 흥기는 일시적으로 君相이 世道를 정돈
하는 데 유의한 것이었으나 '反本修古의 道'가 향정에 本이 있음을 역시
알지 못하였다. 이로 인해 인륜이 파괴되고 백성이 곤궁하였으므로 뛰어난
인재가 흥하지 못하고 先古의 정치를 마침내 천하에서 다시는 볼 수 없게

---

22) 『肅宗實錄』卷5, 肅宗 2年 6月 壬申, 38책 331쪽.
23) 閔斗基, 앞의 책, 1973, 221쪽.

되었다"라고 하였다.24) 윤휴가 강조한 오가통제는 양란 이후 향촌사회를 수습하고 소농민에 대한 항상적인 생산기반을 마련하는 데 목적이 있었는 데 그 기본 골격은 일정한 戶數에 의해 영역을 구분하는 鄕遂制에서 비롯된 것이었다.

또한 윤휴는 周의 鄕政用人의 중요성과 이를 계승한 漢·唐·宋代 직임의 장점을 설명하고 그 시행 여부를 조심스럽게 타진하였다. 우선 "周의 鄕政에서 인재를 중용할 때 직임이 심히 중요하였는데 대개 조정의 신료들을 鄕에서 직위를 받아오게 하거나 혹은 鄕의 풍부한 인재들 가운데 재주있는 자를 조정에서 선발하였으니 이것이 바로 外方에 나가면 고을의 長이 되고 들어오면 治者가 된다는 것이다"라고 하여 貢擧制에 의한 인재 선발과 중앙관직과 지방관의 상호 순환이 필요함을 강조하고 鄕政의 직임을 중앙의 官階와 연결된 존재로 부각시켜 그 중요성을 언급하였다. 구체적 운용의 증거로 漢代 향촌에는 郡長·吏椽·佐 등 鄕三老가 있었는데 모두 지극히 높게 서용되어 大僚가 되었음을 말하고 이는 "治自下起 而朝廷多識務之賢也"의 취지에 맞는다는 것이다. 이른바 향촌에서 인재를 추천하고 그를 고위의 중앙관리로 복무하게 하는 것이었다. 윤휴는 숙종 원년 정월에 과거의 設行에 반대하고 薦擧制를 강조했으며, 왕실경비를 위한 總府郎의 경우 과거 대신 사대부 자제를 서얼과 함께 섞어 선발하자는 주장을 강력히 전개하고 있다.25) 윤휴는 과거가 孝廉·實德·修身識務之士를 구하는 길이 아니며 도리어 才器를 갖춘 자들을 '無爲老死'케 하는 것이며 '循私奸僞'의 길을 열어주는 데 지나지 않는다고 주장하였다.26) 그리고 그 대안으로서 周代 鄕黨에서 士를 취하는 제도와 漢代의 薦辟한 제도를 '俊民逸德'하는 인재 선발방법이라 규정하고 이를 전형으로 삼고자 하였다.27) 한편 鄕政의 직임에는 반드시 士의 등용이 필요하다고 강조하

24) 『白湖全書』 卷27, 雜著 漫筆(上) 1114쪽.
25) 『肅宗實錄』 卷2, 肅宗 元年 正月 丁丑, 38책 237쪽 ; 卷2, 肅宗 元年 正月 壬午, 38책 239쪽.
26) 『白湖全書』 卷11, 待罪疏 戊午 9月 25日 443~444쪽.
27) 『白湖全書』 卷27, 雜著 漫筆(上) 1100쪽, "周人取士 養之於鄕黨 賓之以人三物

였다. 그는 江左 이후 縣令의 직임에 士人을 임명하지 않고 唐의 高官 중 武臣이 많고 宋代에는 長吏가 통용됨이 없어 백성이 곤피하고 천하의 난을 야기시켰다고 했다.[28] 이에 따라 그는 面里制 - 五家統制의 운영을 담당할 都尹·副尹을 漢代 鄕三老에 견주고, 철저한 사대부 임용을 주장하였다.[29]

다음으로 그는 古先王의 天下經理에는 建邦·設官·分民·經野·明刑·制君의 여섯 가지가 그 대강인데, 秦代 滅學 이후 이 6者가 붕괴되고 學士·大夫 역시 講明傳習하여 후세에 전하는 사람이 없음을 지적하였다. 따라서 윤휴는 옛 정치의 道는 힘써 살펴 회복해야 된다고 하고『周禮』,『書經』,『蔡傳』[30] 등에서 鄕正의 기초조직을 다양하게 안출하여 그 타당성을 설명함과 동시에 궁극적으로 그의 향정론의 기본 이념과 조직으로 삼고자 했다.[31]

(2) 鄕政論의 구조

인조·효종 연간은 淸의 침략이 거듭되고 '排淸尊明'과 '復讐雪恥' 이념의 실현 여부에 따라 국내문제 또한 결정되고 있었다. 이후 숙종 연간은 淸에 의한 중국 평정이 끝나고 북벌론 또한 정파적 입장에서 형식적으로만 제기되었다. 이 같은 상황에서 숙종 초기에는 앞선 시기의 사회변동과 對民·對鄕村정책의 실시 경험을 기저에 둔 鄕政論에 관심이 집중되었다. 구체적으로 戶籍·良役 문제와 지방통치조직의 문제가 서로 유기적으로 연결되면서 논의가 전개되었고 號牌(紙牌) 역시 군사적 필요성이 소멸되자 軍籍의 보조수단이 아닌 호적제도의 보완장치로서 기능하게 되었다.

蓋本末兼擧也 漢民雖無鄕黨之政 拔之以孝廉 行之以薦辟 天下之俊民逸德 猶可得以官使兼天下 又不無不信之敎 及乎後世 合之以學校 取之以科擧 限之以資格 主之以選部 天下始弊 弊焉日入於衰壞 而有擧 一世無人之嘆矣".

28)『白湖全書』卷27, 雜著 1114~1115쪽.
29)『備邊司謄錄』31冊, 肅宗 元年 9月 26日, 3책 196쪽.
30)『白湖全書』卷27, 雜著 漫筆(上) 1115쪽.
31)『白湖全書』卷28, 製說 1203~1209쪽.

윤휴는 현종대 이래 戶籍制·五家統·紙牌制를 언급하였다. 先王의 古制 중 봉건제의 장점을 적시하고 그 道를 계승하여 정치로서 시행함이 가능하다고 했다. 그는 鄕政의 積弊 제거가 필수의 과제임을 주장하고[32] 그 요체로서 五家統制를 언급하였다. 尹鑴는

　금일 민을 병들게 하는 逃故·兒弱에 대한 징포와 白骨·赤子의 役을 제거하기 위해, 작년 五家統을 실시하여 民數를 파악하고 賦役을 균등히 하여 위급한 과제를 해결하고자 했읍니다. 이러한 위기는 歲抄·歲行으로 인해 민의 數가 고갈되고 上司의 督責이 끊이지 않은 데서 온 것입니다. 物故·逃亡에 대해 親族·隣保에 代丁·代納시킴에 따라 1인의 身役이 3~4인의 役에 달하고 사망자에 대한 吏胥의 농간도 있읍니다. 上司는 帳籍을 살펴 徵納을 득달하고 수령 또한 처벌을 두려워하고 있읍니다.[33]

라고 하였다. 이 시기 백성들이 곤고한 이유로서 身役의 편중과 逃故가 제거되지 않은 점, 상급관청의 독촉 및 수령의 侵虐을 들고 이를 해결하기 위한 방안이 五家統制임을 밝히고 있다.

　윤휴는 五家統·紙牌制의 시행 목적에 대해 "오늘날 국가에서 행하는 오가통제는 祖宗의 聖憲을 준수하고 紙牌는 先王의 遺意를 이어받고자 함이다. 이는 진실로 民의 煩苦를 제거하고 民을 보전하는 戒飭이다"라고 하였다.[34] 이와 함께 "上下之相有 人民之相維 均賦役 除疾苦 勸農桑 止盜賊 詰奸細 禁流徙"의 목표가 있으며 기본 골격은 周代의 井里, 孟氏의 經界, 管子의 內政에서 추출하였음을 밝히고 있다.[35]

　즉 周代 鄕遂制의 조직론과 管仲의 內政(什伍制)에 따른 인보조직을 감안하여 새로운 향촌통치조직을 정비하고자 했다. 오가통제야말로 국가 재조론의 차원에서 윤휴가 제기한 법제개혁론의 귀결점이었다.

　윤휴는 仕路에 들어선 현종 원년부터 戶籍整備와 避役防止對策으로 五

32)『肅宗實錄』卷2, 肅宗 元年 正月 戊辰, 38책 233쪽.
33)『白湖全書』卷10, 辭職兼陳所懷疏 丁巳 9月 25日 386쪽.
34)『白湖全書』卷8, 疏箚 辭大司憲兼陳所懷疏 6月 20日 307쪽.
35)『白湖全書』卷9, 疏箚 論事辭職疏 2月 15日 339~340쪽.

家統制를 언급한 이래 숙종 원년 9월 「五家統節目」의 반포 때 여기에 주도적으로 참여하였다. 同事目은 숙종 3년 11월의 「寬恤節目」을 통해 보완된다.

윤휴는 효종·현종대의 시행 논의와 인조 연간의 호패법 경험을 비추어 볼 때, 실질적인 시혜조치 없이 국가목적만을 앞세워 무리하게 추진하면 결국 실패할 수밖에 없다고 하여 다음의 사항을 강조하였다.

> 還上·逋欠은 蕩減을 통해 民의 痼疾을 해결할 수 있으나 身役·逋欠과 함께 이보다 더 심한 物故·兒弱役이 있습니다. 따라서 民患을 제거하고 균등한 부역을 위해 五家統·紙牌制를 시행한 바 있습니다. 그러나 실시된 지 1년이 지났으나 患候를 제거하고 均賦의 법을 동시에 행하지 않으면 탐관오리의 가렴주구만 돕게 됩니다. 政事를 발휘하고 仁을 베푸는 데 하나를 취하기도 전에 둘을 잃어버리고 시작은 있으나 끝이 없는 셈이 됩니다. 옛 周宣王과 仲山甫가 無故로 민을 잡아 다스림으로써 하늘의 미움을 사고 政事에도 해를 입고 後嗣에도 방해를 받았습니다. 만약 지금 五家統만을 행하여 民數만 조사하고 해를 제거하지 않고 부역을 균등히 하지 않으면 역시 無故로 민을 잡아 다스리는 데 가깝지 않겠습니까.

하였다.36) 앞서 실시된 인조조의 호패법은 소농민의 생산기반 조성이나 流來者의 일정한 거처 확립과 같은 객관적 경제조건의 개선은 수반되지 않은 채 제도만을 강구함으로써 결국 민의 단속만을 위한 酷法으로 인식, 중단된 사실을 지적하였다.37) 또한 "號牌를 紙牌로 바꾼 것은 民數를 살피

---

36) 『白湖全書』 卷12, 疏箚 512쪽.
37) 仁祖 3년 7月 인조 스스로 "祖宗朝 백성이 일정한 산업이 있어 흩어지지 않았는데 지금은 전란으로 그러하지 않아 號牌法이 제대로 시행되지 않을 것이다"(『仁祖實錄』 卷9, 仁祖 3年 7月 戊午, 34책 18쪽)라고 하였고, 11년 11월에는 "京外人民의 거주를 정해야 한다. 民의 다수가 避役으로 인해 移來以居가 극심하므로 일정한 거처의 마련이 필요하다. 그리고 일정한 산업이 없으면 酷法으로 오해받을 수밖에 없다"(『仁祖實錄』 卷28, 仁祖 11年 11月 丙寅)라고 하고 있다. 다시 말해 仁祖朝 戶牌法은 실질적인 시혜 없이 軍籍確保만을 염두에 두었고 구체적인 거처의 마련없이 양역대상자만 단속함으로써 처음부터 실패원인이 내재되어 있었던

고 부역을 균등히 하며 도적을 방지하고 農桑을 권하며 刑政을 공평하게
하고 병력을 기르며 車乘을 색출하기 위함입니다. …… 지금 紙牌와 더불
어 부세균등이 이루어져야 합니다. 왜냐하면 일이 아직 이루어지기 전에
법이 무너져 내리기 때문입니다”라고 하였다.[38] 요컨대 五家統·紙牌制는
‘仁政을 시행하기 위함’인데 오히려 민들의 원망을 받는 것은 정부에서 실
제적인 혜택이 되는 조치는 취하지 않고 단지 제도만 강제한 데서 비롯된
다는 것이다. 결국 모순이 심화되면 민에 대한 단속만이 앞세워지고 제도
의 시행과정에서 탐관오리의 가렴주구만 도울 뿐이라는 것이다.

　　윤휴의 五家統·紙牌制에 관한 주장은 남인정권에 의해 지지되었고 숙
종 또한 동의하였다. 따라서 호적제도의 보완장치로서 시행되었다. 그러나
조정의 일부 대신들은 여전히 시행상의 폐해를 들어 반대 입장을 표명하
였다.[39]

　　이에 대해 제도의 발안자인 윤휴는 “五家統·紙牌制를 시행한 지 반년
이 지났으나 ‘便民除害’의 사례가 있다는 말을 듣지 못하였습니다. 統에 따
르고 牌를 차는 것은 軍丁을 기록하고 民役을 차출하는 데에 있는데, 백성
이 면함을 얻지 못한다거나 장차 변란이 있으면 號牌로 변한다 하니 이는
先王의 遺意를 잃는 일입니다”라고 하였다.[40] 인조 연간 호패법의 시행과

셈이다.
38) 『白湖全書』 卷11, 疏箚 待罪疏 5月 19日 428쪽.
39) 가령 肅宗 원년 12月 李宇鼎은 都案廳의 紙牌와 五家統法은 民怨의 한 단서가
　　된다고 하였고 大司憲 閔點, 持平 沈檀, 寧平正 泗 등은 紙牌의 법은 비록 백성
　　을 학대하는 政事는 아니나 멀리있는 백성이 놀라고 의아하게 여긴다거나 특히
　　嶺南人이 극도로 소란하다는 표현을 빌어 반대견해를 표출하였다(『肅宗實錄』 卷
　　4, 肅宗 元年 12月 辛巳, 38책 317쪽 ; 卷5, 肅宗 2年 2月 庚申, 38책 321쪽 ; 卷5,
　　肅宗 2年 4月 甲子, 38책 327쪽). 숙종 2년 2월 五家統·紙牌制 실시 이후 判決事
　　趙嗣基가 畿邑에서 돌아와 백성이 기뻐한다는 뜻으로써 응지하는 상소를 보내었
　　다. 이에 대해 평소 오가통·지패제의 시행을 반대하던 대신들은 민심을 오도했다
　　는 이유로 탄핵을 요구하였고 숙종은 “趙嗣基가 京畿로부터 돌아와 백성들이 모
　　두 기뻐한다는 말을 글에 나타내어 일이 실상이 없는 데로 돌아가게 했으니 欺瞞
　　에 관계된다”라고 지적한 사례가 있다(『肅宗實錄』 卷5, 肅宗 2年 2月 壬申, 38책
　　323쪽).
40) 『白湖全書』 卷8, 疏箚 辭大司憲兼陳所懷疏 6月 20日 307쪽.

정에서 효과도 적지 않았으며 호패법을 파한 후 폐단이 더욱 속출한 사례가 있었다.[41] 이와 같은 사실을 잘 알고 있는 윤휴는 "紙牌의 설치는 民數를 알기 위함이지 군적 기록이 목적이 아닌데 수령이 거행을 잘못하여 드러난 閑丁들을 보는 대로 定軍하였다. 洪州에서는 軍兵으로 抄出되는 원망이 있어 이로 인해 그 里의 都尹이 射傷된 일이 발생하였다니 놀랄 만하다" 하여 민의 오해가 담당 수령의 경직된 운영에서 비롯되었음을 지적하고 있다.[42]

한편 숙종 3년 3월 영의정 許積에 의해 호패법이 새롭게 추진되었다. 개정 이유는 紙牌의 기록양식에서 卿士·朝士의 이름이 常漢·統首 名下에 기재된다는 명분상의 문제였다.[43] 이에 대해 윤휴는 다음과 같은 이유로 紙牌制를 지지하였다. 첫째, 광해군 2년(1610)과 인조 4년(1626)의 사례에서 보았듯이 호패제는 가혹한 처벌규정과 함께 강제로 시행되었고 이로 인해 軍兵差出을 우려한 민들의 동요가 컸던 사실을 지적하였다. 둘째, 호패와 달리 지패는 겉으로 드러나지 않기 때문에 기재양식을 둘러싸고 차별적 신분제에 의한 제한이 크게 문제 되지 않았다. 특히 이 점은 사대부들의 이해관계를 크게 염두에 두지 않고 小民에 대해 仁政의 완성을 도모한 그의 향정론의 일단을 보여준다. 그는 紙牌法이 2년 여 設行된 사실을 염두에 두고 "統牌가 이미 이루어졌으니 그대로 시행하여 부역이 균등해지고 農桑이 勸勉되면 白骨된 사람이 身役을 담당하는 하는 폐단이 제거되어 백성들이 생활을 즐겁게 여기는 마음이 생기게 될 것입니다"[44]라고 하고, "중도에 그만두면 시작만 있고 끝은 없으며 우물만 파고 물은 먹지 못하는 어리석음을 범하는 것이다"라고 하여 五家統·紙牌의 지속적인 시행을 주장하였다.

다음으로 윤휴는 호포법을 통해 별도의 재정을 마련하고자 했다. 본래 호포론은 公卿大夫에서 庶民에 이르는 모든 신분에 대해 出布시키는 방

---

41) 본서 제1장 2절 참조.
42) 『白湖全書』 卷14, 啓辭 丙辰 正月 21日 574쪽.
43) 『肅宗實錄』 卷6, 肅宗 3年 3月 丁丑, 38책 251쪽.
44) 『白湖全書』 卷11, 疏箚 待罪疏 正月 19日 427쪽.

안으로, 收布 범위를 확대하여 재정수입을 늘리려는 국가의 목표를 전제로
한 것이었다. 호포법의 시행은, 효종 연간 元斗杓와 선조 때 兪棨가 제시
한 이래 현종 15년의 논의에 이르기까지 그 유래가 오래된 것이며 주창자
들의 현실인식과 국가적 목표에 따라 상이한 측면이 존재하였다. 윤휴는

　　戶布의 일로 말할 것 같으면, 白骨이나 兒弱의 살가죽을 벗겨내고 골수
　　를 부수는 가혹한 정치에 얼굴을 찡그리고 가슴을 치는 근심·괴로움과,
　　遊食하는 선비나 운종은 백성처럼 부역을 피하고 스스로 편하게 지내는 자
　　의 원망이 둘 중 어느 것이 더 크겠읍니까. 民心의 向背와 天命의 去就가
　　장차 백성들의 편안하고 편안하지 아니함에 달려 있는 것이 아니라 바로
　　운종은 백성이나 豪右의 편하고 불편함에 달려 있다는 것입니까. 부세를
　　균등하게 하고 徭役을 공평하게 해서 각기 그 힘을 내어 관가에 주고 백성
　　의 불공평한 고통을 없애 주는 것이 결과적으로 先王의 정치에 어긋나고
　　오늘날의 民心에 어긋나는 것이겠읍니까.

라고 말하였다.[45] 즉 兒弱·白骨의 減布에 따른 대체 재원의 확보방안이
었던 것이다. 그는 호포법 반대론자들이 주장하는 민심동요설의 실체가 倖
民·豪右를 대변하는 견해라고 반박하며 收布로 인해 재산조차 없는 帳籍
上의 白骨·兒弱에게 폐해를 주는 경우를 방지해야 한다고 주장하였다.[46]
　그는 이어서 "物故·兒弱에게서 거두는 布를 먼저 탕감해 주고 都監을
설치하여 호포의 법을 시행한다면 軍兵과 公·私賤의 제도를 모두 변통할
수 있을 것입니다"라고 하여 단계적으로 군제와 노비제의 변통까지 이끌
어 낼 수 있음을 시사하였다.[47] 이는 사회에 대한 전 구조적 변동을 도모
한 윤휴의 개혁론의 일면을 드러내 준다. 그러나 윤휴의 주장에 대해 당시
대신들은 "잠시 변통하는 은혜와 계속하기 어려운 방도는 처음부터 하지
않는 것만 못하다"라는 소극론을 견지하였고, 특히 영의정 허적의 경우 호
포법의 필요성은 인정하지만 "지금은 옛법을 준수하고 바꾸지 않으며 백

45)『肅宗實錄』卷6, 肅宗 3年 12月 辛酉, 38책 376쪽.
46)『肅宗實錄』卷3, 肅宗 元年 4月 戊戌, 38책 262쪽.
47)『肅宗實錄』卷6, 肅宗 3年 2月 癸丑, 38책 247쪽.

성과 더불어 휴식이 중요하므로 시행해서는 안 된다"라는 의견을 피력하
였다. 그는 윤휴의 주장을 그대로 시행할 경우 단순히 兒弱·物故의 변통
을 넘어 국가제도 자체가 혼란에 빠질 것이라고 하였다. 이에 대해 윤휴는
"하늘은 백성의 원망을 가지고 추위와 더위를 폐하지 않고, 군자는 小人의
소란을 가지고 그 행동을 바꾸지 않습니다. 백성들의 한때의 원망은 진실
로 조심할 바가 못 됩니다"라고 반박하며 자신의 주장을 내세웠다.[48] 이에
조정에서는 호포법 시행의 타당성 여부를 놓고 격렬한 논쟁을 거듭하였다.
윤휴는 "신이 시행을 간청한 것은 兒弱·白骨에게서 收布하는 것을 減免
하자는 일이었으니, 오늘날의 논의는 먼저 이 일이 적합한지의 여부를 논
의해야 마땅한데 갑자기 戶布를 논하여 시행의 계기를 막고 公事를 파기
하며 스스로 어질지 못한 죄를 초래함은 마땅하지 않습니다"라고 하여 시
행을 유보한 채 명분론쟁에만 빠져 있는 조정의 문제점을 지적하였다.[49]
　이와 같이 윤휴는 良役民의 참상을 들어 국가부역의 불균등을 해결하기
위해서는 冗兵·遊手者·士族의 收布가 불가피하며, 儒士·倖民(豪右)의
사소한 원망에 귀기울일 것이 아니라 兒弱·白骨徵布에 시달리는 良役民
의 처지를 우선해야 한다는 입장을 분명히 하였다.[50] 대체로 효종·현종
연간에 서인정권에 의해 전개된 戶布法 논의가 북벌이라는 국가적 목표
하에 군사재정의 확보에 초점이 두어지고, 庚申換局으로 정권을 장악한
戚臣 金錫胄계열의 戶布法 논의가 군사력 확보를 위한 군사재정의 축적
에 초점이 두어졌던 점과 비교된다.[51] 이와 같은 서인·노론의 호포제 논
의는 적극적 개혁론에 대비되는 지배층 입장의 개량주의에 다름이 아니었
다. 윤휴의 호포론은 우선 사족 중심의 民心動搖說을 앞세운 반대론자와
극렬한 대립을 보이고, 더불어 원칙에는 찬성하지만 時期不適切論을 내세
운 濁南계열의 주장과도 내용을 달리하는 小民 위주의 상대적 개혁론이
다. 이는 17세기 조선사회에 대한 윤휴의 再造方略 특히 대민·대향촌 정

---

48) 『肅宗實錄』 卷6, 肅宗 3年 12月 癸丑, 38책 275쪽.
49) 『肅宗實錄』 卷6, 肅宗 3年 12月 辛酉, 38책 376쪽.
50) 『肅宗實錄』 卷6, 肅宗 3年 12月 癸丑, 38책 375쪽.
51) 鄭萬祚, 「肅宗朝의 良役論議」, 『國史館論叢』 17, 1990, 134쪽.

책과 대비해 보면 그 차별성을 정확히 알 수 있다.

한편 윤휴는 民의 恒産·恒業의 확립방안과 관련하여 생산력을 증대하고 생산관계를 보조할 여러 수단을 지원하고자 했다. 그런데 윤휴는 토지문제에서 井田을 이상적인 것으로 여기기는 했지만52) 그 실현을 위한 구체적 방법을 모색하는 단계로까지는 나아가지 못했다. 자신이 주창한 五家統制의 연원이 周代 鄕遂制와 井田制에 있음을 밝히고 있으나 정작 토지제도개혁론과 결부된 오가통제의 실시를 주장하지는 않았다. 토지분급제를 전제로 한 오가통제는 윤휴가 따르고자 한 古法制의 遺意에 보다 근접한 견해가 되는 것이었다.53)

반면 윤휴는 農政의 기반을 견고히 하기 위해 생산수단으로서 堤堰을 수축하여 水利를 일으키고 경작지의 확보방안으로 陳田起耕을 장려하였다. 그 방안의 하나로서 陳廢田의 起耕地는 2년에 한하여 免稅하는 방안을 제시하여 숙종의 동의를 받아냈다.54) 아울러 둔전의 확보방안으로 전란 이후 발생한 流民들에 의해 시행되는 火田 경작에 대해 山林川澤의 보호 차원에서 강력히 금지시키고자 하였다.55) 윤휴는 水利가 농정의 근본임을 규정하고 그 수축을 강조하였는데, 外方 堤堰의 붕괴처를 수리할 때 賑恤과 더불어 실시하면 많은 인력의 동원이 가능하다고 하였다.56) 또한 농가경제의 향상을 위해 種桑養蠶을 적극 장려하였다. 種桑의 경우 守令의 책임 하에 家戶를 大小로 나누어 株數를 헤아려 심게 하고 법대로 하지 않는 자는 責罰을 가하도록 했다.57)

---

52) 『白湖全書』 卷30, 雜著 製述 公孤職掌圖說(下) 1264쪽, "徹田之制廢 而生民之本務之不壯 自秦廢井田 而同力會作之制不行".
53) 이 같은 시각의 하나로 18세기 들어 英祖 10년 6월 司勇 林秀桂가 上疏에서 五家統과 限田法을 결부시켜 軍政·田政 문제를 해결하고자 하는 방안을 제시하고 있었다(『備邊司謄錄』 95冊, 英祖 10年 6月 26日, 9책 788~789쪽).
54) 『肅宗實錄』 卷5, 肅宗 2年 2月 乙卯, 38책 322쪽.
55) 『白湖全書』 卷11, 辭賞典箚 己未 正月 22日 465쪽 ; 『肅宗實錄』 卷8, 肅宗 5年 正月 己未, 38책 402쪽.
56) 『白湖全書』 卷14, 啓辭 上殿奏事 乙卯 正月 9日 552쪽.
57) 『肅宗實錄』 卷2, 肅宗 元年 2月 甲寅, 38책 246쪽 ; 『備邊司謄錄』 31冊, 肅宗 元年 2月 27日, 3책 147~148쪽.

한편 還穀에 대해 "이 백성을 三代의 바른 길로 가게 하는 방도는 오직 위에서 시키기에 달려 있다. 山城 江都의 곡식을 백성이 恒政처럼 생각하니 어찌 弊法이 아니겠는가"라고 하여 그 逋欠이 백성들의 痛弊가 된다고 하여 잘못된 문권의 소각을 지시하였다.[58] 이와 함께 常平法이 보다 낫다고 주장하였다.[59] 윤휴는

　　우리나라의 大典에는 常平의 제도는 있으나 還上의 법은 없습니다. 還上는 대개 근세에 시작된 것인데 실제 王安石의 靑苗法을 모방하여 때에 따라 거두고 흩어주는 것이므로 鄕縣의 富戶가 長利를 놓는 일이지 본래 임금된 자가 마땅히 행해야 할 바가 아닙니다. 오늘날 官府에 일이 많고 관리가 간사하고 탐욕스러우며 백성들의 근심과 괴로움 그리고 逃戶가 나라의 반이나 되는 것은 이로 말미암은 것입니다.

라고 還上의 폐단을 지적하였다. 그 대책으로

　　常平은 본래 곡식 가운데 남아 있는 것을 백성들에게 매매하도록 허락하여 時價의 값을 감해서 백성들을 이롭게 하는 것입니다. 또 봄에 사들인 쌀이 귀해졌을 때 내어서 내년 가을 사들일 곡식의 자본으로 삼는 것이니 또한 자연스러운 도리가 되는 것이며 還上의 폐단도 조금 줄일 수 있습니다.

라고 하여 전년도의 京倉의 常平穀과 州縣의 餘分穀을 바탕으로 백성을 대상으로 매매할 것을 건의하였다.[60]

---

58) 『肅宗實錄』 卷2, 肅宗 元年 正月 壬午, 38책 240쪽.
59) 『肅宗實錄』 卷3, 肅宗 元年 3月 丙子, 38책 255쪽.
60) 『肅宗實錄』 卷6, 肅宗 3年 11月 甲午, 38책 373~374쪽. 당시 還上에 대해 許積은 蕩減을 주장하고, 金錫胄는 美法임을 강조하였다. 常平에 대해서 尹鑴는 史冊에 美法이라 하므로 시행할 것을 주장한 데 비해, 許積은 백성과 사고파는 것은 나라에 이로우면 백성이 원망하고 백성에게 이로우면 곡식이 줄기 때문에 결코 해서는 안 되나 우선 한 고을에만 시행해 볼 것을 말하였다. 金錫胄는 향촌의 현실적인 상황을 들어 시행이 힘들다는 주장을 하였다(『肅宗實錄』 卷3, 肅宗 元年 3月 丙子, 38책 255쪽).

한편 윤휴는 별도의 향약(洞約)조직을 통해 공적 지배조직을 보완하는
한편 향촌내 내적 질서를 유교규범에 의해 장악하려고 했다. 윤휴의 「鄕約
條目」에 따르면 公事는 公員·所任 및 里中 長老가 심의한 다음 尊位에
게 알려 처리하도록 하였다. 직임을 보면 군현단위의 尊位 아래 各洞 단위
所任으로 公事員(1인)을 두어 의론을 주관하도록 하였고, 有司(2인)는 貨
財·號令, 使令(1인)이 '役使奔走'를 담당하고, 有正法(3人)은 洞規의 違
約者를 糾察하여 尊位 및 公事員에게 알리는 역할을 맡았다. 이들의 주된
기능은 "農桑不勤 公會無禮 人田割耕 任事不治 飮酒橫暴 坊木斫我 禁松
牧場不察"의 행위자에 대한 처벌 등 생산 및 鄕風矯正에 관한 것이었다.
만약 契員들의 범법사항이 무거우면 관에 알려 죄를 다스렸으나 가벼우면
齊會하여 施罰하는 등 기초적인 裁決權을 행사하도록 했다.[61]

그런데 윤휴가 주관하여 작성한 「五家統事目」에는 기존 향약기구의 기
능을 오가통 조직에 포함시키고자 하는 조규가 설정되어 있다.[62] 결국 숙
종 원년 비변사 「五家統事目」에 반영된 윤휴의 향정론은 제반 향리조직을
면리제와 오가통 조직으로 일원화시켜 공적 지배질서를 확립하는 데 주안
점을 둔 것이었다.

윤휴의 향정론은 良役弊의 시정과 양역 확보라는 현안을 해결하기 위한
국가적 필요성 때문에 발의된 것이지만 궁극적으로 국가 대 민의 직접 지
배관계의 확립 및 국가재조를 위한 대민·대향촌 지배체제의 확립에 부합
된 것이었다. 윤휴 자신은 민들의 恒産과 일정 거처가 마련되지 않은 채
법의 강제만 두드러질 때 어떠한 良法美制라도 酷法으로 기능한다는 점을
강조하였다. 따라서 전폭적인 부세의 감면조치와 社倉穀·還上의 逋欠分
을 혁파(결국 상평법으로의 개편)하여 실질적인 民의 물적 기반을 마련해
줄 것을 역설하였다. 이어서 減免分에 대한 대체 재원의 마련과 국가재정
의 확보를 위해 호포제의 실시를 동시에 주장하였다. 윤휴의 향정론은 賦
稅源으로서의 민을 단속하기 위한 制民 차원이 아닌 養民의 논리를 담고

---

61) 『白湖全書』 卷31, 雜著 鄕約條目 1301쪽.
62) 『備邊司謄錄』 31冊, 肅宗 元年 9月 26日, 3책 196~198쪽.

있었다. 이는 토지개혁을 전제하지 않은 상태에서 국가가 추진할 수 있는
최고 수준의 개혁안이었던 셈이다.

그러나 두드러진 그의 상대적 개혁론은 濁南계열인 관료세력들에게 이
용되거나 저지 당하는 처지였으며 외형상 庚申換局이라는 政爭에 의해 일
시적으로 단절된다. 그렇지만 그의 제반 개혁론은 영조 5년의 「五家統法
申明舊制節目」과 정조 15년의 「尊位成冊」의 작성 사실에서 보듯이 18세
기 지방정책에서 거듭 채택되기에 이른다.[63] 숙종 초기 남인정권 하에서
윤휴를 중심으로 구상되었던 향정론은 구조, 사상적 연원, 기능적 측면에
서 17세기 정부 차원에서 취할 수 있는 적극적인 방안의 하나로 여겨지며
차후 대민·대향촌 정책의 기조를 형성하였다고 볼 수 있다.[64]

2) 磻溪 柳馨遠의 향정론

본 절에서는 남인계열의 재야학자인 磻溪 柳馨遠이 제시한 국가 전 체
계에 걸친 재조방략을 고찰하는 가운데 특히 지방제도의 정비, 향정론의
논리를 중점적으로 살피고자 한다. 유형원의 개혁안은 토지제도의 근본적
인 개혁, 소농경영의 확립을 바탕으로 한 財政體系·國防·學校制·貢擧
制(官僚制) 등의 정비가 핵심 사안이다.[65] 따라서 유형원의 대향촌정책,

---

63) 『備邊司謄錄』86冊, 英祖 5年 7月15日, 8책 668~669쪽 ; 『正祖實錄』 卷32, 正祖
    15年 4月 戊申, 46책 213~214쪽.
64) 본래 封建制·郡縣制에 대해 政論家들은 語意 그대로 인식하는 것은 아니다. 이
    를 어떻게 이해하고 정치현실에 어떻게 적용시킬 것인가는 별개의 문제였다. 윤휴
    는 中國觀의 기저사상과 君主權 중심의 정치사회개혁론의 틀을 封建制 규범에서
    원용하고 있다. 또한 賢才를 들어 天下를 다스리는 논리, 時宜에 따른 변화된 논
    리의 적용이 보인다. 그런데 井田論에 대해서는 일정하게 관심을 표명하였지만
    구체적인 분급의 실현을 모색하지는 않았다. 집권층 반열에 있었던 그가 주력한
    것은 민의 질곡을 해소하여 진정한 '國王의 臣民'의 위치를 확보하는 것이었다.
    이 점에서 그의 논리에 보이는 封建制 주장과, 君主權 강화, 그리고 自治문제는
    별개의 사안으로 존재하는 것이 아니다.
65) 磻溪 柳馨遠의 國家再造論에 관련된 연구로는 다음 논고들이 참조된다. 千寬宇,
    「磻溪 柳馨遠 硏究」, 『歷史學報』2·3, 1952·1953 ; 鄭求福, 「磻溪 柳馨遠의 社
    會·經濟思想」, 『歷史學報』45, 1970 ; 金容燮, 「朝鮮後期 土地改革論과 儒者」,

향정론은 이상의 정치제도 개혁론과 구조적으로 연결되어 있었다.[66]

(1) 향정론의 이념과 군현제에 대한 이해

임란 이후 국가재조방략은 정치・경제・사회・사상 등 全部面에 걸쳐 제기되었는데 이 과정에서 前期體制에 대한 근본적인 변혁을 구상하는 儒者들이 나타났다. 반계 유형원은 일찍이 鄕里에 은거하여 양란 이후 농민과 향촌사회의 실상을 몸소 체험하면서 자신의 개혁론을 개진한 재야학자였다.[67]

유형원은 『磻溪隨錄』의 田制・敎選之制와 「補遺」의 郡縣制條를 통해 일정 공간을 법제적으로 조직하고 생산 담당자인 기층민을 편제시킨 향촌제도의 개혁안을 제기하였다. 그는 통치의 객체와 대상이 되는 생산자 농민과 향촌사회에 대한 법제적 정비가 중요하며, 향촌제도의 완성 여부에 따라 조선왕조의 민에 대한 전반적인 지배체제(民의 生養, 敎化, 法令 및

『延世論叢』 21, 1985 ; 金武鎭, 「磻溪 柳馨遠의 郡縣制論」, 『韓國史硏究』 49, 1985 ; 金駿錫, 「柳馨遠의 變法觀과 實理論」, 『東方學志』 75, 1992 ; 「柳馨遠의 政治膏國防體制 改革論」, 『東方學志』 77・78・79합집, 1993.

66) 반계 유형원의 鄕政論은 공간구조에 대한 개혁론으로서 閭里頃・鄕里制 외에 재지세력에 대한 대책으로서 鄕約制・鄕官制 개혁론이 있다. 鄕官制의 경우 본서 5장 鄕村對策과 鄕所의 位相에서 다루기로 한다.

67) 유형원은 封建地主制를 해체시키고 民産을 균등히 하는 한편 신분세습제를 부정하여 소농경제를 중심으로 한 새로운 사회의 건설을 목표로 국가재조론을 주장하였다. 그런데 유형원의 신분제개혁론은 노비제의 혁파를 역설하면서도 군주제나 양반제의 혁파를 주장하지 않는, 즉 봉건적 신분관을 벗어나지 못하는 측면이 있었다. 또한 周의 井田制와 唐의 均田制를 절충하여 전국의 토지를 公田으로 국유화하고 농민에게 재분배함으로써 民産을 균등히 하려는 토지개혁론 역시 신분에 따른 차등적 분배, 즉 신분제를 전제한 위에서의 均田的 土地分給制라는 점에서 완전한 의미의 균전제는 아니다. 이처럼 유형원의 개혁론은 시대적 한계로 인해 봉건적 신분제와 토지제도의 전면부정이라는 단계에 이른 것은 아니었다(鄭求福, 앞의 논문, 1970, 56~57쪽). 그러나 대다수 정부지배층의 개량적인 국가재조론과는 커다란 차별성을 지니고 있었던 것은 분명하다. 따라서 유형원의 鄕政論의 성격 역시 17세기 조선사회에 대한 그의 全再造方略, 특히 토지문제와 신분제에 대한 이해와 연관시켜 그 차별성을 추출했을 때 보다 분명해질 것이다.

風俗을 다스림)가 완성될 수 있다고 전제하였다.[68]

유형원은 古制·先王之道·聖王之制는 모두 天理를 구현하는 것이지만 時勢의 轉變으로 인해 고제를 그대로 적용할 수 없음을 인정하였다.[69] 그러나 道理와 天理는 고금동서의 구분 없이 공통되므로 古道만은 실행할 수 있다고 했다.[70] 그는 先王의 古制인 주대 봉건제의 이념을 도입하고 이에 입각하여 실질적인 향촌 내의 조직체계와 제 직임을 임명하고자 했다. 그는 封建 즉 '設官分土'야말로 天下를 經理하는 '大綱大器'라 말하고[71] 백성으로 하여금 恒産을 누리고 '各得其所'하게 하는 古法制上의 표상이 봉건제라고 규정하고 있다.[72] 유형원은 봉건으로 상징되는 古法의 이념을 현실에 대한 개혁방향의 준거로 삼았다. 즉 자신의 개혁안의 관철을 위한 방법상의 도입단계를 넘어서서 내용 자체를 흡수하고자 했던 것이다. 아울러 개혁의 당위성은 利慾·私心에 대비된 義理·公心의 발로에 근거한 것임을 설파하고 개혁의 추진은 군주의 결단력에 달려 있음을 강조했다.[73]

68) 『磻溪隨錄』卷3, 田制後錄(上) 52쪽.
69) 『磻溪隨錄』卷26, 續篇(下) 奴隸條, "盖後世事異封建 任官制祿 縱不能一如古制 亦必久任而後 治效可責"; 鄭求福, 앞의 논문, 1970, 4~5쪽 참조.
70) 『磻溪隨錄』卷26, 續篇(下) 奴隸條 507쪽, "夫趨利避害 萬古天下之同情 豈有今異於古 東方異於中國之理哉".
71) 『磻溪隨錄』卷17, 職官攷說(上) 17쪽.
72) 위와 같음; 金駿錫, 앞의 논문, 1991, 113쪽.
73) 유형원은 대동법의 시행을 반대하는 조정 관리들을 빗대어 "백성에게서 취함에 일정한 제도가 있게 하자는 것은 원하지 않고 다만 그 정수 없는 것을 원하는 것은, 정신이 혼미하거나 학식이 없거나 한 자가 아니면 불의하여 나라를 저버림이 심함이로다" 또는 "그 뜻이 나라와 生民을 위함에 있는 것인가 私利를 도모하여 제 욕심대로 부림을 위함에 있는 것인가"라고 하며 개혁의 당위성을 논하고 있다. 아울러 "孟子가 井田의 제도를 논하여 말하기를, 諸候는 자기를 害함을 싫어하여 그 문헌을 모두 없애 버렸다 하고, 사나운 임금과 더러운 아전은 반드시 그 經界를 어지럽게 한다 하니 여기에서 義理와 利慾, 公心과 私心의 나뉨이 서로 반대됨을 볼 수 있을 것이다"라고 지적하였다(『磻溪隨錄』卷3, 田制後錄(上) 經費 69쪽). 차후 星湖 李瀷은 "반계의 연구는 근본에까지 미쳐 일제히 개혁함을 王政의 시작으로 보고 있어, 뜻은 진실로 크나 실행할 수 없음이 많다"(『星湖僿說』卷11, 人事門 變法條)고 하고, 토지개혁에 대해서는 "王政은 모두 授田에 귀착된다. 누가 그런 줄 모르겠는가만 다만 행치 못하는 것은 富人의 田을 갑자기 빼앗을 수

　유형원은 향촌의 政制를 기본적으로 復心이 되는 京師에 대응하여 사방을 藩屛으로 설정하고 제후가 천자의 번병을 다스리듯, 조선의 경우 監司가 번병을 감당하도록 했다. 번병을 강고하게 하는 것이 곧 국가를 반석 위에 올려놓는 것이라 하여 주대 봉건제의 "군건한 번병이 외침을 막고 종실을 보호할 수 있다"는 논리를 적극 추종하고 있다.[74]

　군건한 번병의 완성을 위해 첫째 행정구역의 정비로서 郡縣의 倂省을 도모하였다. 유형원은 중국의 宋·元代 史書에서도 지적된 사실로서, 地小邑多 현상으로 인한 小邑의 난립이 심각함을 말하였다. 대체로 군현의 규모는 100리에 해당되는데 우리의 경우 이에 훨씬 미치지 못해 결국 백성에게 많은 폐해를 끼친다고 했다. 그는 고을을 나눔에 있어 길고 짧음이 절도를 잃고, 사방의 경계 끝이 10리 안에 잇대어 있어 정치를 펴고 부역을 부과하는 데 어려움이 많고 편리하지 못함을 지적하였다. 이로 인해 下級郡縣의 경우 그 폐해가 두드러져 제대로 成養되지 않고 농민들이 기탁할 여건이 조성되지 않으므로 民生이 더욱 어렵다는 것이다. 더구나 田結·人口의 多寡 등 정확한 邑勢民情의 기초 없이 각종 조세가 부과됨으로써 담세자인 농민들의 부담이 과중되고 심지어 유리할 수밖에 없는 현상적인 문제점을 지적하였다.

　없기 때문이다"라고 평가하고 있다(『星湖先生文集』 卷25, 論田制). 그러나 유형원은 이미 "行法之初에는 富人은 괴로움을 면치 못할 것이다. 이 같은 일들은 일시 微權에 달린 것이요 …… 聖王의 割制는 …… 天下를 위하여 꾀함이지 一己를 위하여 꾀함이 아니다"라고 하였으며(『磻溪隨錄』 卷2, 田制(下) 46쪽) "옛것에서 변화시키는 것을 어렵게 여기고 잠시 간편하고 구차하게 하려는 것은 모두 정치를 아는 자가 아니다"라고 하여(『磻溪隨錄』 卷10, 敎選之制(下)) 모든 개혁은 군주의 결단에 달려 있음을 강조하였다.

74) 이는 李珥의 "서울은 곧 腹心이요 四方은 곧 울타리니 울타리가 完固한 뒤에야 腹心이 믿는 바가 있어 편안할 것인데 지금 四方 고을은 쇠잔하여 헤어지지 않음이 없고……"(『磻溪隨錄』 卷13, 任官之制 263쪽)라는 논리를 계승한 것이다. 그 밖에 이이는 통치기구를 재편하기 위해 비대화된 통치기구를 축소하자는 '冗官革罷論', 일선에서 對民支配를 담당하는 지방관을 보다 중시하자는 '外任重視論', 책임행정을 구현하기 위해 관직의 재임기간을 충분히 해야 한다는 '官職久任論'을 주장했는데, 그 이념을 유형원이 계승한 것으로 볼 수 있다(李先敏, 「李珥의 更張論」, 『韓國史論』 18, 1988, 266~267쪽).

결국 쇠잔한 縣은 합치고 줄여야 한다고 하여 이를 위해『경국대전』상의 330여 개 郡縣數를 3분의 1 정도로 감축하려 했다. 군현통합의 기준은 산천의 형세와 田野・人民과 수비상의 關防・城池, 교통상의 도로, 군사상의 요해 등의 요소를 참작하되 토지의 개간 여부를 논하지 아니하고 大府・都護府(4만 경), 府(3만 경), 郡(2만 경), 縣(1만 경)의 규모를 설정하고자 했다.[75] 그는 군현의 통합시 반드시 균등한 토지분급과 공평한 요역 부과에 입각해야 한다고 하고 이를 통해 비로소 民力에 여유가 생길 것임을 말하였다. 또한 군현의 통합 이후 규모의 확대로 인해 戶口와 田結이 증대될 것이며 동시에 시행되는 토지제도개혁을 통해 민의 재생산 토대가 확보된다고 하였다. 이는 결국 국가권력에 의한 지방지배의 기틀을 마련하는 방안이 되는 것이다.

둘째는 藩屛의 諸候에 해당하는 監司가 오랫동안 임직을 수행하여 제반 鄕村事의 緩急을 休養시켜야 한다는 점이다. 이의 연장으로 수령에 의한 향촌사회 主宰權의 정립도 강조하고 있다. 그리고 감사・수령의 久任論을 통해 정치에 있어서 인심 즉 민의 신뢰를 얻는 것이 완벽한 제도 시행보다 우선한다는 점을 강조하였다. 유형원은 "옛적 봉건제도는 천자의 京畿 千里 안에 6鄕 6遂가 있고 鄕遂에 각각 大夫를 두며 京畿 밖에는 나라를 封하는데 公候는 田이 百里, 伯은 70里, 子男은 50里니 이른바 爵을 차례함은 다섯이요 땅을 나눔은 셋이다." "鄕遂의 大夫와 公候伯子男은 후세의 州縣 수령이 그 직임이다"라고 하여[76] 봉건제 하에서의 지방통치 논리를 조선의 군현제개혁론에서 관철시키고자 했다. 또한 유형원은 "군자는 爲民이 우선이요 다스리는 데에서 獨理는 불가능하다. 따라서 分土・設宰・總治의 誠은 이러한 의미를 얻으면 스스로 알 수 있게 된다"라고 하였다.[77] 다시 말해 17세기 조선의 감사・수령은 민의 지배에서 봉건제의 본질적인 논리와 그 의미(토지분급, 종법제도, 禮)를 잘 깨달아야 한다는 것이다.

---

75)『磻溪隨錄』卷15, 職官之制(上) 外官職 313쪽 ; 補遺 卷1, 郡縣制 7～10쪽 ; 金武鎭, 앞의 논문, 1985, 63쪽.
76)『磻溪隨錄』卷18, 職官攷說(下) 外官職 22쪽.
77)『磻溪隨錄』補遺 郡縣制條 532쪽.

또한 유형원은 李珥의 주장 중 "監司를 잘 가리어 그 임을 오래 맡겨서 정치가 一道에 나타나고 백성의 信服하는 바가 되게 되면 평시에는 백성을 편하게 기를 수 있고 긴급한 때에는 外害를 막을 수 있다"라는 監司久任制를 적극 수용하여 이를 강조하고 있다.[78]

다음으로 수령제의 개선방안이다. 우선 임기를 법으로 규정하여 官人의 직무상 권한을 보장하고 그에 따른 일정 책임을 수행하게 했다. 수령의 경우 임기 9년, 觀察使·都事의 경우 6년으로 정하도록 했다.[79] 이는 종래 빈번한 관직교체에 따른 폐해 즉 職事는 익힐 겨를이 없고 無事遷職의 요행만 바라는 문제를 지적한 것이었다. 따라서 유형원은 충분한 기간의 정책수행을 통해 지방사회를 장악하게 하고 실적에 대한 책임을 강조하면 그 능력 여부가 드러나며 각기 분발 격려하는 계기가 될 수 있다고 했다.

이와 함께 수령을 거치지 않는 자는 堂上官(정3품)職에 陞遷하지 못하도록 규정하였다.[80] 유형원은 "조정은 정치를 내는 근본이요 州郡은 정치를 이어받아서 행하는 소임인데 우리나라는 外任을 가볍게 여김이 더욱 심하다"라고 하여[81] 外職 기피 풍조를 비판하고 농민에 대한 진정한 장악이야말로 수령제의 요체임을 강조하였다.[82]

아울러 州縣에는 중국의 역대관제를 모방하여 새롭게 長官과 貳官의 2長을 두고자 했다. 즉 "우리의 郡邑에는 다만 한 사람의 官長을 두고 매양 한 번 사고가 있으면 곧 이웃 고을의 수령으로 하여금 임시로 겸임하게 하여 公事와 私事에 소란스럽다"라고 지적하면서 그 대안으로 제시한 것이었다.[83] 그리고 수령의 통치기능을 강화하기 위해 監務官, 營將 등을 폐지하여 그 권한을 수령에게 이관시키고자 했다.

---

78) 『磻溪隨錄』 卷13, 任官之制 263쪽.
79) 『磻溪隨錄』 卷13, 仕官之制 261쪽.
80) 『磻溪隨錄』 卷13, 任官之制 261쪽.
81) 『磻溪隨錄』 卷13, 任官之制 268쪽.
82) 『磻溪隨錄』 卷13, 任官之制 269쪽, "輕郡守縣令 是輕民也 民輕則 天下國家輕矣".
83) 柳馨遠은 蘇綽의 "官司를 줄이고 二長을 두니 정치의 原體를 안다고 한다"라는 견해에 적극 동의하였다(『磻溪隨錄』 卷15, 職官之制(上) 313쪽).

(2) 閭里頃의 설정과 鄕里制 개혁론

유형원의 鄕政論이 지닌 커다란 특징은 전통적인 수령제와 郡縣對策에 머무르지 않고 하부구조인 향리와 생산자 民을 위요한 각종 제도와 직임을 설정, 정비하고자 한 점이다. 유형원이 구상하는 지방제도는 단순한 호구수에 따른 인위적인 등급 결정에 머무르지 않고 생산수단인 토지의 지급과 이를 담당할 생산주체로서의 家戶를 일정 수 배치하는 방안이었다.

그의 향촌제도 조직안은 두 가지 계열로 제시되었다. 집단취락지로서 閭里頃의 설정과 기존 면리제의 정비를 전제로 한 향리제의 시행을 들 수 있다. 전자는「田制」上篇에서 후자는「田制後錄」上篇 및「補遺」郡縣制條에서 각각 언급되었다.

유형원은 제도적 측면에서 鮮初 이래 발달을 거듭해 온 자연촌을 주목하고 이를 새롭게 면리제로 편제시켜 이를 鄕里制라 명하였다. 그리고 예하기구로서 최하 부세수취와 생산단위로서 기능하는 五家統制를 결합시키고자 했다. 유형원은 향리를 획정하는 기준으로 일정한 호수와 생산단위인 土地分給을 전제로 하였다. 바로 향리제는 생산단위와 사회조직을 결부시킨 국가의 공적 사회제도였으며, 이는 토지제와 신분제의 개혁을 강조했던 그의 국가재조론과 궤를 같이하는 것이다. 그러나 유형원의 궁극적인 지향은 토지분급을 전제로 생산에 참여할 소농민층을 직접적인 구성원으로 묶은 집단취락지로서 閭里頃의 설정에 있었던 것으로 보인다.

가. 閭里頃의 설정과 운영

유형원은「田制」上篇을 통해 그의 핵심적인 개혁안인 토지분급제의 전면적인 실시를 주장하였다. 이와 관련하여 생산을 도모할 집단거주지, 즉 閭里頃을 설정하려 했다. 여리경은 20가 단위로 1頃을 定置한 것으로 생산단위를 최하 공적 사회제도에 결부시키고자 했던 것이다. 인조·효종 연간에 정부차원에서 시행된 號牌法·五家統制가 생산수단의 지급이 병행되지 않은 채 행정편의만을 염두에 둔 제도의 강제라는 측면이 두드러졌고, 민에게는 군적 강화의 일환이나 군역을 단속만 하는 酷法으로 인식되고 있었다.[84] 이에 비해 여리경은 토지분급(井田制의 실시)을 전제하였던 周代 鄕遂制의 厚意에 부합한 것이었다. 특히 20가 내의 인보관계와 상호 부조의 원칙이 주목된다. 유형원은 거주지로서 閭里頃, 城邑頃 및 大路沿邊의 站店頃을 두어 경작지인 田野頃과 구분하였다. 이 중 향촌조직과 밀접한 閭里頃의 구성을 살펴보면 다음과 같다.

우선 유형원은 취락구성의 필요성에 대해 "사람은 반드시 모여 산 연후에야 서로 살리고 서로 기르며 풍속을 같이하여 교화를 이룰 수 있다. 후세에 정치가 잘못되어 백성이 여기저기 흩어져 살게 되었고 우리나라가 더욱 심하다. 비록 일제히 잘 정리할 수 없으나 반드시 事宜를 참작하여 제도를 세워 점점 바른 길로 나아가게 해야 한다"라 하고 文中子(隨의 王通)의 말을 인용하여 "땅을 井田으로 나누어주지 않고 사람이 閭里를 지어 살지 않으면 비록 舜이나 禹 같은 聖人이라도 나라를 잘 다스릴 수가 없다"고 하여 봉건제의 遺意를 강조하였다.

아울러 여리경으로 정리되어야 할 당위성에 대해 "鄕里의 家居는 본래 마땅히 그 처소를 일정하게 두어야 하는데, 지금 당연한 事理를 잃고 苟且하도록 放任하는 까닭이다"라고 하여 새로운 田制를 수행해 나갈 주체집단의 거주지 설정이 필요함을 강조하였다.

頃의 구조에 대해서는 다음과 같이 지적하고 있다.

① 1頃은 民戶 20家 단위로 편성하되 이에 이르지 못하는 경우 16家에 1頃을 더 두어 후일 편성되는 家戶를 수용하게 한다.
② 民家가 적고 서로 떨어져 있는 산간 마을(자연촌)의 경우 8家 이상에 半頃을 허락하고 나머지 50畝는 그대로 餘頃으로 한다. 지형상 1頃을 이루지 못한 경우는 50畝 10家처럼 그 비율을 정한다.
③ 비록 여러 頃에 이르더라도 그 지형이 서로 연접할 수 있는 곳이면 사이를 떼지 않도록 한다.
④ 閭里頃내 집터 외에 空地가 있으면 居住人들이 우선 고루 나누어 사용하고 후일에 편성되는 자를 기다린다.

84) 『仁祖實錄』卷28, 仁祖 11年 11月 丙寅 ; 『孝宗實錄』卷21, 孝宗 10年 2月 甲戌.

⑤ 頃의 구분에서 平地는 川字 모양의 세 줄기 길을 만들되 넓이는 5步 정도로 한다. 평탄하지 못한 경우 지형에 따르되 巷道(마을길)는 16畝 정도로 하고 원래 큰길이 있으면 이를 경계로 頃을 만든다.

⑥ 民의 집터는 채소밭을 포함하여 3畝를 단위로 하나 사대부의 경우 품계에 따라 2~3家 혹은 7~8家에 준하며 채소밭 또한 넉넉히 지급하되 2품의 경우 4畝에 달하게 한다.[85]

그런데 閭里頃의 시행은 대대적인 전제개혁과 맞물려 있었다. 즉 지급해야 할 토지와 受田人의 지역적 조정을 목표로 인구가 많은 狹鄕에서 토지가 넓고 사람이 드문 寬鄕으로 옮기도록 유도하고 있다. 특히 본 거주지에서 5백리 밖으로 옮길 경우 稅와 兵役을 5년간 면제하고, 1천리일 경우 8년간의 賦役면제를 규정하였다.[86] 이와 같은 인구분산은 토지 지급시 일어날 수 있는 문제를 사전에 해결하려는 것이며 이를 통해 향촌의 균형적 편제가 가능함을 보여주는 것이다. 이상의 원리가 閭里頃에도 반영되어 다음과 같은 徙民策이 단행되었다.

① 頃을 주무하는 職任으로 中人 이상의 監官을 두는데 頃의 설정시 洞里人들과 형편을 公衆會議하여 결정한다. 만약 민들이 각자 자기 거처지역으로 頃을 설치하려 할 때에는 人家의 많은 쪽을 따른다.

② 閭里頃에 모여 살지 않는 자는 사는 집터(所居家基)가 모두 受田한 頃내에 들어 있으므로 별도로 토지를 타지 못한다. 만약 타인의 경내에 집을 짓고 있으면 자기의 受田 속에서 그 畝地와 맞추어 사사로이 타협하여 서로 바꾼다.

③ 차후 형편상 閭里頃의 이동을 원하는 경우 여러 사람의 신고를 들어 官에서 형편을 잘 살핀 연후에 그 이동을 허락한다. 만일 이해가 상충되면 규모가 큰 쪽의 입장을 따른다.

④ 여러 사람의 신고를 듣고 심의하여 정하되 별도의 洞里를 만들거나 부득이한 경우가 아니면 기존의 閭里에 붙여주고 空閑地가 아니면 그 頃

---

85) 기존 신분제의 존재를 인정하고 토지분급에서 차별성을 두는 유형원의 입장이 나타난다.

86) 『磻溪隨錄』 卷1, 田制(上) 33~34쪽.

을 경작하는 田夫로 하여금 다른 토지를 다시 타게 한다.[87]

한편 인구가 감소하면 頃의 수를 줄이고 절반이 넘으면 그 頃을 감하여 田野頃으로 전환되도록 했다. 즉 1頃이 10家에 차지 못하면 半頃을 감하고 半頃이 5家에 차지 못하면 모두 감한다. 이에 따라 餘田 50畝 이상인 경우 양분하여 처리하고 50畝 이하인 경우 하나로써 처리한다. 가령 餘田이 80畝면 8家인데 이에 차지 못하면 양분한 40畝를 각각 閭里頃과 田野頃으로 삼는다. 이때 4家에 차지 못하면 나머지 40畝를 모두 田野頃으로 한다. 餘田 50畝 이하 40畝의 餘田인 경우 4家에 차지 못하면 곧바로 田野頃으로 삼는다. 이러한 餘田의 취락구성이라면 그 가구수로 보아 집단거주의 뜻을 상실한 것이므로 곧바로 田野頃 처리를 강구하였던 것이다.[88] 또한 人戶가 철거하여 비게 되는 경우 혹은 사람이 적은 곳은 田野頃으로 전환시키고 한 사람의 受田地로 만들도록 조치하게 했다.[89]

---

87) 위에서 언급한 3항이 기본적인 편성원칙에 해당된다. 그렇지만 유형원은 徙民을 전제로 하되 혼란을 최소화하는 방안, 즉 기존 취락지의 존재를 인정하며 다음과 같은 시행원칙을 내세웠다. ① 현재의 촌락을 본위로 하여 해당 마을의 衆人들과 상의한다. ② 事理에 맞지 않는 경우가 있으면 여러 사람이 상의하고 官에 신고하여 추후에 바꾸는 법규가 있다. ③ 閭里頃의 설정으로 인한 철수와 대대적인 혼란에 대해 "비록 頃을 정하여 두더라도 모여 살지 않는 자는 본인의 의사에 맡기되 원래 강제로 모아서 철수하여 옮기게 하는 일은 없다. 다만 閭里에 사는 것이 順理하고 이익에 부합되는 점을 강조해야 한다. 대개 지금 흩어져 사는 것은 백성의 죄가 아니며 토지가 이미 개인의 사유가 되고 있어 事勢가 그렇게 된 것이다"라고 하여 현실을 인정하고 있다. ④ 閭里頃의 설정으로 인한 폐단으로 '16家 1頃'의 원칙을 악용하여 일부 백성들의 과도한 토지점유 경향, 즉 閭里의 家戶는 적어지고 頃이 넘치는 문제에 대해 "사람의 거주지는 각각 그 농토와 가까운 데로 가는 것인데 농토를 멀리 떠나 다른 곳으로 옮겨간다는 것은 사람의 本情이 아니다. 閭里의 빈터는 비록 그 마을 사람에게는 이익이 될지언정 옮겨가는 사람에게는 아무런 이익이 없다. 鄕 내의 토지 頃數와 民戶의 數, 閭里頃 數는 官司에서 상세히 알고 있으므로 백성들이 공모한다 하더라도 官에서 알아차리고 허락하지 않을 것이다"라고 하였다(『磻溪隨錄』 卷1, 田制(上) 19쪽).

88) 金武鎭, 앞의 논문, 1985, 75쪽.

89) 이 같은 餘田의 처리는 하나의 지침이며 대개는 閭里頃으로 처리될 것임을 강조했다. "그러나 閭里頃이 없어지고 田野頃이 되는 것은 오로지 커다란 兵亂 뒤에

이러한 閭里頃의 조세부담에 대해서는 다음과 같이 지적하고 있다.[90]

① 토지등급을 불문하고 1년에 베 3필을 낸다. 삼베 생산지는 삼베로써 代納이 가능하며 명주 한 필은 베 두 필로 간주한다.

② 경내에 사는 家戶는 畝로써 계산하고 합하여 낸다. 만일 그 안의 頃이 1필을 이루지 못하는 경우 모두 부근에 있는 家戶를 합하여 納付케 하며 베와 명주는 몇 升·尺까지 낸다.

③ 흉년시 한 필을 감하고 대흉년시 두 필을 감한다.

④ 이미 受田으로 인해 병역을 내고 있으므로 그 경에는 保布를 면제한다. 만일 京兵이 있는 경우 그 토지는 모두 保布를 내게 하여 京兵의 지급료를 삼게 한다.

⑤ 閭里頃을 이루지 못한 경우 우선 7等田의 예에 따라 田摠 속에 포함시킨 후 쌀이나 콩으로 세를 받고 그 성취함을 기다려 법대로 행하도록 한다.

⑥ 城邑頃의 경우 조세와 병역을 면제하되 다만 2畝半에 人夫 1인을 내어 1년에 하루씩 賦役하고 서울은 半減한다.

이와 같이 유형원의 여리경은 토지분급을 전제로 20家 내의 인보관계와 상호부조의 원칙을 관철시키고자 한 집단취락지의 설정 방안이었다. 즉 여리경은 강력한 토지개혁과 궤를 같이하며 封建制·井田論의 遺意에 부합한 것이었다. 그러나 이 방안은 유형원 스스로 지적하듯 당시의 사세로 보아 실현 가능성이 적었고 그의 개혁안의 최종 지향점을 제시한 것이었다.[91]

백성의 元數가 줄어진 때 있을 수 있는 일이요 평시면 절대로 없는 일이다"라고 하였다(『磻溪隨錄』 卷1, 田制(上) 19쪽).

90) 유형원의 개혁안 가운데 "(公私)경비는 일체 經常한 稅로써 하고 다른 부세가 없다"라고 한 논리가 참조된다(『磻溪隨錄』 卷1, 前提(上) 31쪽 ; 卷3, 田制後錄(上) 59쪽).

91) 유형원 스스로도 현실을 전제로 그 시행을 강권하지 않았다. 우선 "토지가 이미 개인 사유가 되어 민이 흩어져 살게 됨이 事勢로써 파악된다"라고 하였고 특히 田籍式의 작성에서 기존의 토지제도를 인정한 위에 '만일 閭里頃이 있다면……'이라는 표현으로 후퇴하고 있다. 가령 "田籍은 戶曹에서 인찰한 양식대로 하되,

나. 鄕里制 개혁론

유형원의 향리제 개혁안은 조직과 이념의 측면에서 주대 봉건제 및 역대 중국·조선의 행정촌을 따르고 있으나 실제 시행되는 地形의 便宜와 人口의 稠密을 더불어 참작하려 했다. 우선 先王의 제도를 따른다는 점에서 호수에 의한 통치조직의 정비 측면이 크게 강조되었다.[92] 이에 따라 각 읍에 5家1統의 오가통제를 근간으로 하고 10統 정도의 호구를 里로 규정하였다. 유형원은 향리제의 예하조직이자 호수에 따른 조직단위인 오가통제를 통해 실질적으로 민을 管束하려 했으며 여기에 朱子의 「社倉事目」에서 나타나는 隣保機能을 접목시키려 했다.[93] 이때 10통을 채우고 남은 가호는 기계적으로 連村에 분속하는 것을 반대하고 5호가 찰 때까지 기다

天字 第1頃은 方田이니 몇 等이요, 길이 백보 넓이 백보다. 만일 閭里頃이면 第1頃 方田 길이 백보 넓이 백보 境界는 무슨 閭里라고 쓴다. 第2頃 直田이 몇 畝 몇 等, 第3頃 餘田은 몇 畝 몇 等이라고 기록한 후, 每鄕(面) 文簿 말단에 통계를 내어 이상 몇 頃 몇 畝라 하고, 그 안에 閭里頃이 몇 頃 몇 畝라고 쓴다. 만일 각 城邑이 있는 面이면 별도로 城邑頃을 위에 列記한다"(『磻溪隨錄』卷1, 田制(上) 23~24쪽)라고 되어 있다.

92) 鄕遂制의 경우 郊內 鄕은 5家-比-閭-族-黨-州-鄕, 郊外 遂는 5家-隣-里-酇-鄙-縣-遂 이상 12,500家의 戶數를 설정하였다(『磻溪隨錄』卷7, 田制後錄 攷說(上) 鄕黨條 128쪽). 한편 漢末魏初 徐幹의 中論을 예로 들어 "나라의 다스림과 和平은 事功의 일어남에 있고, 모든 事功의 일어남은 使役의 고름에 있고, 使役의 고름은 백성의 수를 周知함에 있는데, 백성의 수를 周知함은 나라를 위하는 근본이다"라고 하였고(위와 같음 戶口條 230쪽) 先王이 六鄕六遂의 법을 제정한 것은 첫째 百姓의 維持와 綱目을 삼고자, 둘째 그 隣比로 하여금 서로 보호하게 한 것임을 강조하였다. 아울러 사람의 수는 모든 政事의 출발점으로서(위와 같음 131쪽) 정치에서 백성의 수를 주지함은 반드시 필요한 사안이라 했다.

93) 유형원은 朱子의 「社倉事目」 가운데 "10人씩 결성하여 한 保를 만들고 서로서로 보증하여 만일 도망자가 있으면 同保의 사람이 공동으로 책임지고 …… 그 民戶들이 본시 서로 약속하고 공로나 범죄를 서로 보증하는 것은 또한 그 綢密함을 알 수가 있으니, 어찌 지금의 우리나라처럼 헝클어져 기강이 없음과 같으리오"라고 하여 隣保組織을 소개하고 있다. 즉 保·社首·隊長 직임의 존재와 운영 상황이 수록된 保簿를 향관에게 보고하는 체계 및 그 민호들이 서로 약속하고 공로와 범죄를 서로 보증하는 사실에 주목하고 있다(『磻溪隨錄』卷3, 田制後錄(上) 鄕里 52쪽).

리도록 하였다. 里의 家戶 배치도 이에 따르도록 했는데, 대체로 10리를 鄕(外坊)·坊(서울)으로 명명하고 최하부 행정단위로 삼도록 하였다.[94]

그런데 유형원은 空間과 人戶를 기계적으로 분류하는 것은 현실적으로 적절하지 않다고 보고 반드시 人戶의 稠密과 地勢의 便宜를 참작할 것을 주장하였다. 가령 外方의 경우 "천지가 생긴 지 이미 오래다. 지금 사람들이 모여 살고 있는 곳은 자연히 지형이 便宜한 곳이다. 사람이 살 수 없는 곳이라면 취락을 이룰 수 없는 것이다"라고 하고[95] "일시적 人口存亡은 時政에 관계되므로 分鄕, 定界의 限에 참작되지 않게 해야 한다"라고 하여[96] 地宜와 人口稠密을 참작한 鄕·坊의 성립을 역설하였다.[97]

그는 鄕里條에서 다음과 같이 지적하였다.

　　鄕은 마땅히 경지 500頃으로 1鄕을 삼으며 토지의 起耕과 廢耕이 항상 일정하지 않으니 마땅히 原籍대로 좇아서 700頃으로 표준을 삼고 반드시 人戶의 稠密을 헤아려 드물면 늘이고 많으면 줄이는데 그 한도는 600頃과 900頃을 넘지 않되 城邑 소재지나 工商이 많이 모이는 곳은 헤아려서 줄이고, 땅이 모두 한 해 건너 묵히는 곳은 헤아려서 늘인다. 또 마땅히 지형의 適宜함을 참작하여 1鄕으로 삼는다.[98]

---

94) 유형원은 鄕의 명칭이 面·里·村으로 불리는데, 黃海·平安道는 坊, 咸鏡道는 社라 하며 漢城府는 국초부터 坊이라 명명했음을 밝히고 그 적절한 명칭은 상호 의논하도록 하였다(『磻溪隨錄』 補遺 郡縣制條 536쪽).

95) 『磻溪隨錄』 卷1, 田制(上) 19쪽.

96) 『磻溪隨錄』 補遺 郡縣制條 536쪽.

97) 이 같은 향촌조직을 염두에 두고 향촌내 選士의 貢擧에서도 選士(150명), 式年文科(33명), 生員·進士(각 100명)를 州·郡·縣에 分定할 때 차등을 두도록 했다. 유형원은 "州縣의 설치가 이미 적당하고 州郡縣도 본래 田丁이 많고 적은 차등에 따라 정한 것이다. 선비를 뽑아올리는 인원의 수는 한결같이 戶口의 多寡에 따른 것이다"라고 하였다(『磻溪隨錄』 卷10, 敎選之制(下) 貢擧事目 189~190쪽).

98) "坊의 경우 대략 500家가 살고 있는 땅으로 정하는데 대체로 지형을 참작하여 편의대로 정하도록 한다. 상고해 보건대 옛적에는 鄕鄙를 비록 家戶의 수로써 정하였으나 본래 땅은 각각 그 자연스러운 分界가 있어 人戶의 多寡로써 구역을 넓히고 줄이지 아니한다. 『論語』에 이른바 '達巷黨' 같은 것이 또한 그 땅의 分界로써 이름을 정한 것이다. 外方의 鄕도 또한 이와 같으니 사전에 말한 '아무 郡 아무 縣 사람'이라는 것으로 알 것이다"라고 하였다(『磻溪隨錄』 卷3, 田制後錄(上) 52쪽).

또한,

　家의 計定은 田耕을 본으로 삼은 연후에 할 것인데 사방의 地勢와 居民
은 같지 않다는 것을 참작해야 한다. 여기에서 人戶의 稠曠을 살핀다는 것
은 예로부터 稠衆之地는 田 또한 반드시 良沃多墾하며 曠稀之處는 그렇
지 못하다는 것이다. 대체로 500家를 넘지 않게 하는 것이 적절한 人口와
田土라고 여겨진다. 일시적 인구증감은 時政에 관계되며 分鄕·定界의 限
에 참작되어서는 안 된다. 지형을 참작한다는 것은 山隔·河界가 다른 지
역과 비교해서 어떠한지 보는 것으로 太過不及이 되지 않도록 한다.

라고 하였다.[99] 이상에서 유형원은 500家 700頃 규모의 鄕(坊)을 생산과
통치단위로 규정하고 이를 재차 50統 10里의 행정체계로 편제하려 했다.
　한편 향리제에는 다음과 같은 직임이 설정되었다. 유형원이 통치의 근간
으로 삼은 행정단위인 鄕에는 鄕正(坊正)-里正-統長을 각 통치단위의
직임자로 임명하였다. 이 가운데 統長·里長은 양민으로 나이가 長成하고
謹愼正直한 자를 선택하고 保布를 면제해 주고자 했다. 특히 통장과 이정
은 떠돌아다니는 유민이나 도망자에 대해 鄕正에게 보고할 의무를 지니며
1호를 숨겼을 때 罰布 2필을 責徵당하였다.[100]
　유형원은 향리제의 핵심직임으로 鄕正을 두어 公事 및 各里에 대한 檢
擧를 시행하고 농사와 양잠 등 농사에 관계된 일체를 주관하게 했다. 특히
토지분급제의 운영과 관련하여 첫째 거짓 土地授受者의 처벌을 담당하였
는데 守令·里正과 함께 토지수수를 검찰하고 문제 발견시 즉시 관에 알
려 조치케 하였다.[101] 둘째 陳田의 보고 임무다. 경작하지 않고 묵은 陳田
은 모두 田夫의 신고를 들어서 鄕正이 친히 심사하되 8월 15일 전에 수령
에게 보고하도록 했다.[102] 셋째 流離民의 통제 업무다. 즉 里中의 流離民
에 대해 이장·통장의 보고를 官에 알려 조치하는 일을 맡도록 했다.[103]

99)『磻溪隨錄』補遺 郡縣制條 536쪽.
100)『磻溪隨錄』卷3, 田制後錄(上) 52쪽.
101)『磻溪隨錄』卷1, 田制(上) 23쪽.
102) 위와 같음 25쪽.

鄕正의 자격은 鄕內 內外舍免番生으로서 '淸平正直者' 혹은 '有蔭有親
之類'며 수령이 향촌내 衆議를 택하여 관찰사에 보고하고 帖을 수여함으
로써 임용하도록 했다. 만약 學生 신분으로 鄕正에 선발되면 學中에라도
公務로 往來해야 하므로 式年에 昇貢시키고 外舍生 鄕正인 경우 未入籍
者라도 해당지역 鄕約・群會에 참석하도록 하였다. 이들의 녹봉은 常祿이
원칙이었으며 「祿制」에 따르면 7천 명의 鄕正을 상정하여 每員 10斛씩 7
천 개 所 7만 斛이 책정되어 있었다.[104]

또한 인적 자원의 지원으로서 별도의 伺侯 6인을 정하여 공적인 일이
생길 때마다 윤번으로 使令에 임하도록 하되 邑內의 面은 4인의 伺侯를
배치하도록 했다. 각 향에는 鄕의 左右를 나누어 勸農의 任으로서 양민 가
운데 선출되는 穡夫 2인을 두어 稅納에 관한 傳諭・期限・督納의 일을
맡게 하고 그 保布를 면제하도록 했다. 한편 인구가 적은 서북지역에는 2
개 향에 正을 설치하여 良戶의 번성을 기약하게 했다.[105]

다음으로 郡縣 官司의 개입을 막기 위해 鄕正과 穡夫에 대해 초기 부임
시와 歲首禮拜 및 所令 稟遣 외에는 별도로 官府에 호출되는 일이 없도록
하였다. 아울러 鄕正 - (穡夫) - 里正 - 統長의 조직체계가 확립되면 기존
都將이 혁파되어야 함을 주장하였다. 즉 향정이 제반 민정을 통괄하고 이
정이 도적의 기찰과 검찰 일을 감당하면 대규모의 賊 挑發시 官令에 따른
幷捕가 가능하기 때문이었다.

유형원이 향리의 직임자인 鄕正 선출의 중요성을 강조하는 데에는 다음
과 같은 考說에 근거했다. 우선 宋代 蘇軾의 견해에 따라 최하 統夫・正
長은 治民의 기초가 되며 이러한 향촌통치조직의 기초가 안정될 때 비로

---

103) 『磻溪隨錄』 卷3, 田制後錄(上) 52쪽.
104) 鄕正 1인당 4盟朔에 2斛 5斗씩 지급하고 文報紙價米로서 5斗를 지급하게 했다
    (『磻溪隨錄』 卷19, 祿制 373・380쪽).
105) 서울의 坊에는 坊正 1인을 두는데 坊 내에 살고 있는 內外舍生의 학교에서 일정
    番에 따라 수학의 의무가 끝난 學生免番生과 有蔭・有親 중에서 淸白公平하며
    正直한 자를 가려서 맡기면 公事가 있으면 各里를 檢察하여 사무를 집행하고 일
    정한 봉급이 있고 수행하는 伺侯 4인을 정하여 주도록 했다(『磻溪隨錄』 卷3, 田
    制後錄(上) 12쪽).

소 조정이 안정된다고 하여 直州郡의 官이 아닌 鄕族·閭里·正長의 직
임은 반드시 一鄕의 선발을 거쳐 審擇할 것을 강조하였다. 그리고 "古人의
정치의 要諦를 아는 자는 반드시 親民의 직임을 중히 여겼으며 민과 더불
어 가장 친한 자는 正長이다"라는 明代 丘濬의 견해를 소개했다.[106] 이처
럼 유형원은 역대 중국 행정촌의 운영사례에서 그 전거를 안출하여 중앙
에서 파견되는 牧民官(수령)이 아닌 순수 향촌의 직임으로서 鄕正의 기능
과 선출의 중요성을 강조하였다.

한편 유형원은 향리제의 성패가 향정의 선출에 있음을 지적하고 이를
위해 반드시 鄕內 士類가 임용되어야 함을 말하였다. 그는 "향정의 직임을
內舍免番生으로 택하면 育士之道를 손상하는 것이 아닌가"라는 질의에
대한 자답으로 "아직까지 俗見을 벗어나지 못한 것"이라고 하여 다음과 같
이 반박하였다.

治民의 官을 輕易하면 鄕黨의 任 역시 천시한다. 그러므로 夫가 그 자리
에 서야 한다. 임금이 신하를 세우는 근본이 백성을 다스리기 위한 것인데
다스림을 내는 근원은 비록 天子로부터 비롯되나 다스림을 펴는 切務는
實로 鄕政에 있다. 이는 천자가 鄕正과 더불어 다스리는 것인바 어찌 가벼
이 여기리오.[107]

---

106) 鄕正의 전형으로 後魏 三長, 隋 文帝시의 鄕正, 唐의 鄕正을 비정하고 있다. 後
魏의 三長은 隣長(5家, 1夫의 부역면제)-里長(5隣, 2夫의 부역면제)-黨長(5里,
3夫의 부역면제)을 일컫는데 3년 동안 과오가 없으면 한 등급을 올려 쓰도록 했
다. 유형원은 "三長을 세우면 세가 떳떳한 표준이 있고 부역이 恒定한 分數가 있
고 蔭附에 숨겨진 호가 나올 것이요 요행을 바라는 사람이 멈춰질 것이니 무엇
때문에 잘 되지 못하리오"라는 攷說을 인용하고 있다. 다음으로 隋 文帝시 保正
(5家)-閭正(5保)-族正(4閭)과 畿外의 里正 黨正의 역할을 소개하고 蘇威의 건
의에 따라 '500家의 鄕正'을 두어 민간의 訟事를 다스리도록 한 예를 들고 있다.
唐代의 사례로는 里正(100家), 鄕正(500家)을 두어 호구검사 및 농사짓기와 뽕나
무심기를 권하고 잘못된 일을 검찰하며 각종 부역을 督促한 일을 예로 들고 있다.
아울러 邑居의 경우 坊을 삼고 1인의 坊正을 두어 坊門의 開閉와 奸惡함을 督察
케 했는데, 이들의 세와 부역을 면제시켜주고 田野의 경우 村을 삼고 1인의 村正
을 두고 100家가 차면 1인을 더 둔 예를 들었다(『磻溪隨錄』 卷3, 田制後錄 攷說
(上) 129쪽).

鄕正의 직임을 다스림에 있어서 天子의 外延으로 여기고 있음을 알 수 있다.

또한 유형원은 임란 이후 점차 鄕正을 賤任視하는 풍조가 전개되어 士類들이 필사적으로 謀避하고 그 대신 '下類不齒之人'이 충원되어 백성을 해치고 갖가지 부정행위가 야기되며 官家 또한 처벌만 행하는 사실을 지적하였다. 이는 17세기 향촌사회의 커다란 문제점으로 등장되고 있었다.

이에 대해 유형원은 우선 周代 500家의 長이 上士였고 漢代 鄕三老가 秩이 있으며 그 아래 亭長 또한 賢才였음을 들어 연원을 볼 때 鄕正의 식임이 천하지 않다고 하였다. 이와 더불어 구체적인 해결책으로서 우선 士秩의 위치를 인정하고 士를 대우하여 昇貢・祿俸의 특전과 伺候를 붙여 주어 향내 사족들의 적극적인 참여를 유도하고자 했다. 또한 이들 士類가 災傷驗報 등의 업무 수행시 관으로부터 받는 刑杖에 대해서도 "수령이 親審한 후 분명히 향정의 잘못이 드러나면 죄 있는 자가 처벌받는 것은 당연하다"고 전제하고 이렇게 되면 政敎가 행해지고 民生이 均等해지며 德이 쉽게 백성에게 전달되어 무리가 각각 나눔을 얻게 된다고 하였다. 더구나 향정은 녹봉을 받고 사령하기 때문에 집에 있는 儒士가 이에 취임하면 무단히 坐食・役民하는 弊習이 사라질 것이라고 하였다. 이는 결국 公私가 각각 그 분수를 얻고 萬事가 바른 길에 돌아가게 하는 방안이라 하였다.[108]

유형원은 전통적인 수령제와 군현대책에 머무르지 않고 생산의 장이자 통치의 객체인 鄕村과 民을 위요한 面里制(鄕里制)에 보다 주목한 정론가였다. 그는 주대 봉건제의 이념을 전제로 한 王室 - 藩屛의 확립과 공적 사회제도로서 향리제・오가통제라는 조직의 정비와 포괄적인 재지세력에 대한 포섭책으로 직임자의 선발과 기능강화를 강조하였다. 500家・700頃 규모로 획정한 향리제 내의 직임으로 鄕正 - 里正 - 統長을 계열화하여 특히 士類의 향정 임명을 강조하고 常祿・伺候를 덧붙여서 공적 지위를 담보해

---

107) 『磻溪隨錄』補遺 郡縣制條 537쪽.

108) 유형원은 이 같은 개혁은 田制가 바르고 奴婢制의 改法이 동시에 이루어져야 함을 말하였다. 이는 그의 개혁론의 입론을 잘 보여주는 표현이다(위와 같음 537쪽).

주고자 하였다. 유형원의 지방제도 개혁안의 핵심은 생산단위와 사회조직
을 결부시켜 국가의 공적 사회제도로서 확립시키고자 했던 향리제였으며,
이는 토지제도의 개혁, 불합리한 명분론·신분제의 타파를 강조했던 그의
국가재조론과 궤를 같이하고 있다.[109]

그는 당시의 사회발전과 자연촌의 성장을 염두에 두어 통치단위·부세
수취단위로서 面里(鄕里)의 단위성을 강조하고 무엇보다 토지분급제와 적
절한 생산단위로서 향촌조직을 재구성하는 방안을 강구했던 것이다. 무엇
보다 통치기반이 面(鄕)단위로 새롭게 확장되는 경향 속에 鄕단위로 설정
된 田籍 및 戶籍制의 제 조항을 대체로 수용하려 했다. 즉 田籍式과 戶籍
式의 제정 과정에서 "만약 閭里頃이 존재한다면"이라는 단서를 통해 閭里
頃을 일부 언급하였을 뿐 군이 여리경의 강제적 실시를 주장하지는 않았
다. 이렇게 보면 유형원의 향리제는 17세기 지방제도 개혁안의 흐름을 잘
드러낸 것이며 또한 비교적 실행 가능한 방안이었다고 평가할 수 있다.

이상 유형원의 향정론은 국가의 향촌지배정책의 강화, 기저의 생산력 발
전에 기인한 자연촌의 성장이라는 향촌 상황을 직시한 논리였다. 무엇보다
토지분급을 전제로 한 향촌제도의 단위 확정과 이를 기반으로 한 貢擧制
·學校制 및 軍士制度의 개혁을 강조하였다. 이 같은 토지분급을 전제로
한 본격적인 향촌제도 개혁안은 정전제를 기반으로 한 고대 봉건제의 遺
意에 가장 적합한 방안이 되는 것이다. 차후 남인정권 하의 향정론이 17세
기 당시 토지제도·신분제 개혁이 없는 상황 하에서 전개된 높은 수준의
개혁안이었다면, 유형원의 주장은 이보다 진일보한 變法的 改革論이었고
이는 그의 독특한 현실인식에 근거했음을 보게 된다. 이러한 전 체제적인
유형원의 개혁안은 즉시 국정에 정책적으로 반영된 것은 아니지만, 차후

109) 유형원은 종래 주자학의 理氣人性論에 대응된 변법개혁론의 철학적 기초로서 實
理論을 수립하였다. 또한 古法·古制를 道體·天理에 근거한 王道政治·封建制
度의 소산으로 규정하고, 이에 의거하여 後世法인 『경국대전』적 질서의 전면적
개편을 도모하였다. 변법을 통해 지향하는 새 사회는 治人者인 君主와 士族(새로
운 貢擧士族)이 정치운영의 주체가 되어 均田·均賦를 실현하고 四民으로 하여
금 恒産이 보증되는 위에서 '各得其分'하도록 이끌어 가는 사회였다(金駿錫, 앞의
논문, 1992, 110~113쪽).

18~19세기 향촌문제를 운위한 정론가들의 개혁방향을 제시한 논거의 하나가 되었다.

2. '得民心論'및 賦稅制度 改善論의 전개

1) 顯宗 연간 및 肅宗 초기(~肅宗 5년)의 논의과정

본 절에서는 西人·老論계열의 향정론을 본격적으로 考究하기에 앞서, 현종 연간에 치열하게 전개된 정론가들의 지방정책 논의과정과 숙종 초기 윤휴계열의 적극적 鄕政論에 반대한 일부 濁南계열(南坡 洪宇遠)의 논리를 살펴보겠다.

윤휴계열의 향정론이 구체화되기 이전인 현종 초기에 정부는 對民·對鄕村策으로 五家統制·號牌法·鄕約制를 들고 그 시행방법을 논의하였다. 현종 원년 정부는 戰後 체제정비의 과제 외에 전국적인 흉년으로 심각하게 피폐해진 농민경제의 수습방안을 강구하였다.

이때 조정의 논의를 활성화시킨 것은 草廬 李惟泰의 疏였다. 李惟泰는 당시 현안을 폭넓게 지적하면서 종합적인 대책을 촉구하였다. 우선 民弊와 國政 동요의 근본요인이 농민의 流離와 토지의 荒廢에 있다고 보고 그 안정책으로서 향약과 오가통제 및 社倉의 실시를 주장하고, 인재를 육성하기 위해 양인 이상 자제의 取役과 15세 이후 능력에 따른 士農工商의 선택을 주장하였다. 救弊策으로는 量田·貢案·賦稅制度·人役制의 변통, 內需司의 혁파 및 免稅田의 폐지를 강조하였다.[110] 이유태는 身役變通을 위해 3匹, 2匹, 1匹의 불균등에서 오는 폐단을 없애고 良役을 균일하게 하기 위

---

110) 『顯宗改修實錄』卷3, 元年 5月 癸亥, 37책 169~171쪽 ;『草廬全集』卷3, 己亥封事. 李惟泰(1607, 宣祖 40~1684, 肅宗 10)는 栗谷계통을 잇고 孝宗 연간에는 宋時烈·宋濬吉·兪棨 등과 함께 華夷論에 입각한 北伐論을 주장하였다. 1674년 甲寅禮訟 때 송시열의 朞年說을 옹호했다는 사실로 인해 남인정권에 의해 탄핵을 받고 유배되었다. 1680년(肅宗 6) 庚申換局으로 죄가 풀려 護軍에 서용되었다. 그러나 肅宗 초부터 사이가 벌어진 宋時烈계열의 政論家들과 대립하는 입장이었다.

해 모두 1필로 통일하고 이에 따른 부족분을 보충하기 위해 양반에게도 똑같이 1필을 부담시키고자 했다. 이는 일종의 兩班收布論에 근거한 양역변통론이었던 셈이다. 이 같은 주장은 현종 12년 11월의 宋時烈과 현종 15년 7월 許積에 의해 부연되었다.[111]

이 가운데 對民·對鄕村政策에 해당되는 것은 鄕約·五家作統制·社倉法의 실시방안이다. 이 疏에 앞서 이유태는 國政에서 民數에 대한 파악이 무엇보다 중요한 일임을 지적하여 향약의 실시를 건의하고 별도의 鄕約冊子를 제출한 일이 있었다.[112] 따라서 이번에도 향약을 節目으로 만들어 시행할 것을 가장 앞세워 주장하였다. 다음으로 그는 일정한 호수에 대한 오가통제의 실시를 건의하였다. 이유태는 周代 鄕遂制의 전형에 따라 5家(統主)·25家(正)·100家(長)·200家(有司) 등 호수단위의 조직과 직임자를 규정하였다. 특히 향약과 서로 밀접하게 연관되도록 하였다.

현종은 熙政堂 筵說에서 이유태의 疏에 대해 행할 만한 것이 많다고 지적하고 大臣과 備局堂上들에게 그 便否의 진단을 지시했다. 현종 원년 6월과 이후 5년 10월의 두 차례에 걸쳐 이유태의 疏를 중심으로 대민·대향촌 정책에 대한 격렬한 논의가 전개되었다. 발안자인 이유태와 領敦寧 李景奭은 향약의 시행을 특히 강조하였다. 반면 영의정 鄭太和를 비롯한 호조판서 許積, 한성판윤 李烷, 이조참판 李應蓍, 좌윤 柳赫然, 부제학 兪棨 등은 戶口와 田結의 수를 파악하기 위해서라면 號牌가 오히려 낫다는 견해를 제시하였다. 특히 우의정 元斗杓는 五家統이 비록 좋으나 落漏의 患이 있고 향약은 落漏의 문제는 해결할 수 있으나 國綱解弛의 문제가 있다고 주장하였다.[113] 반면 현종은 오가통제를 지지하면서 호패법에 비해 民數把握의 기능은 서로 같고 民心을 驚動시키지 않는 점에서 보다 낫다고 주장하였다. 심지어 향약과 오가통은 본래 일체였음을 들어 時宜에 따라

---

111) 『顯宗實錄』卷20, 12年 11月 丁丑, 37책 3쪽 ; 『顯宗改修實錄』卷28, 15年 7月 乙丑, 38책 186쪽.

112) 『顯宗實錄』卷1, 顯宗 即位年 12月 辛卯, 36책 230쪽.

113) 『顯宗實錄』卷3, 顯宗 元年 6月 己亥, 36책 263쪽 ; 『顯宗改修實錄』卷4, 顯宗 元年 7月 丙辰, 37책 181~182쪽.

오가통의 실시가 곧 향약 실시와 그 효과 면에서 동일함을 말하고 있다. 이에 대해 영의정 鄭太和, 예조판서 尹絳이 수긍하고 있다.114) 그러나 이 과정에서도 좌의정 沈之源은 연속적인 흉년으로 자리를 잡지 못한 민과 더불어 생활해야 한다는 점과 이 때문에 新法을 행하는 것은 驚擾의 일임을 강조하였다. 이는 民의 휴식이 時宜에 맞는 것임을 강조하는 소극적인 의견이었다.

이와 같이 현종 연간 제 대신들은 오랜 논의과정에서 상세한 호적을 작성하고 오가통제를 실시함으로써 향촌의 안정을 도모할 수 있다고 보았다. 이 과정에서 「五家統祥定節目」이 제정되는 단계에 이르렀다. 그러나 당시의 사회변동과 대규모 흉년 그리고 송시열·송준길의 입장을 두둔한 執義 李端相을 비롯한 일부 관료들의 반대로 인해 전국적인 시행이 보류되었다.115) 이른바 오가통제도가 민들에게 부담을 준다는 이유로 그 시행에 소극적이었던 서인계열의 견해가 드러나고 있다.

그 중 執義 李端相(인조 9, 1628~현종 10, 1669)은 구체적인 疏를 통해 당시 현종의 오가통제 시행의지를 반대하였다. 당시 이유태는 현종 초기에 자신의 진언이 갖가지 이유로 정책으로 채택되지 않자 이에 실망하여 사직 귀향하였고, 그 뒤에도 吏曹參義·同副承旨·右副承旨·吏曹參判 등이 제수되었지만 취임하지 않았다. 이에 비추어 李端相은 장차 오가통 실시문제로 국왕 현종이 귀향한 이유태를 招置하는 것은 마땅함을 잃은 처사로 규정하였다. 이단상은 '儒術義理之說'로 진언하는 賢士의 반열에 領敦寧 李景奭 외에 이유태를 들고 虞官과 같은 미미한 직임에도 虞人을 부르는 것이 아닌데 하물며 오가통제로 賢士를 초치해서야 되겠는가 반문하였다. 이단상은 당시 논의의 초점이었던 '正風俗'을 위한 오가통제·향약·사창 문제를 하찮은 현안으로 치부하고 賢士의 초치문제를 강조할 뿐이었다. 그는 여러 가지 복잡한 향촌 상황을 감안할 때 오가통제를 실시하는 것은 어려울 뿐 아니라 기껏해야 부분적인 시행만 가능하다고 보았다. 그

114)『顯宗實錄』卷11, 顯宗 5年 10月 甲戌, 36책 433쪽 ;『顯宗改修實錄』卷9, 顯宗 5年 10月 甲戌, 37책 405쪽 ;『顯宗改修實錄』卷3, 顯宗 元年 6月 己亥, 37책 177쪽.
115)『顯宗改修實錄』卷11, 顯宗 5年 10月 丙戌, 37책 409쪽.

는 조정에서조차 겉으로는 이유태의 오가통제를 시행하려는 것처럼 보이나 실제로는 이유태를 구축해 버리려 한다는 극단적인 표현을 통해 오가통제에 대한 자신의 반대입장을 표명하였다.116)

현종 연간 대향촌정책 수립 과정에서 일부 서인계열에서 보여준 소극적인 입장은 숙종초 南坡 洪宇遠의 견해에서 재차 확인된다. 홍우원은 남인으로서 초기에는 윤휴와 입장을 같이했으나 점차 허목에게 동조했던 인물이다. 그는 윤휴에 의해 주도된 숙종 원년의 오가통·지패제에 대해 당시의 사회실정과 민심동요를 내세워 찬성을 유보하는 입장을 표명하였다. 특히『孟子』의 '得民心論'을 통해 자신의 논리를 합리화하였다. 그는 숙종 1년(1675)의 疏를 통해 왕은 민이 아니면 나라를 다스릴 수 없으므로 '以民爲天'의 비유를 잘 헤아려 '失民喪邦의 治'가 아닌 '保民安國의 治'를 얻어야 한다고 주장하였다.117)

홍우원은 당시의 상황이 庚戌年(1670, 현종 11)과 辛亥年(1671)의 대기근 이래 전국의 백성이 굶주리고 있고 民命의 위기와 邦卒의 곤고함이 유례없이 격심하다고 지적하고 앞에 언급한 '民天之義'를 다할 수 있는 '懷保拯濟'의 방법을 모색해야 될 때임을 언급하였다. 그는『孟子』卷7, 離婁章의 "孟子曰 桀紂之失天下也 失其民也 失其民者 失其心也 得天下有道 得其民 斯得天下矣 得其民有道 得其心 斯得民矣 得其心有道 所欲與之聚之 所惡勿施爾也"의 구절을 인용하고 다시 "傳曰民之所好好之 民之所惡惡之 此之謂民之父母 經傳所載聖賢修戒岡 …… 保邦之道 惟在於得民

---

116)『靜觀齋集』卷5, 應旨論時事 疏 執義時, "臣伏聞 頃日以將行五家統之意 下召李惟泰云 未知信否 果若如此 則臣竊恐其失當也 招虞人以旌虞人尙不至 況可以五家而招賢士耶 何不直以更欲相議其疏之意 措辭下諭耶 惟泰之疏 臣未曾詳見 而槪聞其略 則非其創說 多是先賢之語 而然其更張變通亦自有隨時之宜 惟泰亦豈必盡欲行其言耶 其中可行者行之 不可行者不必行 若或羅絡聯屬難於拈出 而行之則說令 皆不得行 亦何可因此有缺於待士之道耶".

117)『南坡集』卷6, 疏 請蕩滌逋欠疏 拜工曹參判時 肅宗 1年(1675), "王者以民爲天 夫王尊尊而在上 民卑卑而居下 以至尊之王 反以至卑之民 爲天何哉 盖覆燾萬物而生成發育者 天也 奉戴元后而爲國根抵者民也 非天則物無以發生 非民則王無與爲國 大哉民天取譬之義也 古之人主能灼知民天之義 以致保民安國之治者 有之 其不知此義 而卒以至於失民喪邦者 亦有之".

而得民之要 惟在於得其心 苟得其心 而不能保其民 保其國者 自古及今
臣未之嘗聞也"라 하여 국가·국왕과 民 사이의 신뢰구축, 민심획득이 구
체적인 제도시행에 앞서 이루어져야 할 최상의 급무임을 표명하였다.

이처럼 전통적인 民惟邦本論을 극력 피력한 홍우원은 구체적으로 민심
수습을 위한 최우선의 일은 虛簿로 인해 쌓여 있는 逋欠의 蕩滌과 같은
실질적이고 경제적인 시혜조치라고 강조하였다.[118] 이와 관련한 홍우원의
鄕政論은 右參贊 직위에 있었던 숙종 3년 1월의 「論五事疏」를 통해 대략
적으로 표방된다. 그는 人心의 得失이야말로 국가홍망의 판단근거가 된다
고 규정하고 경전의 "信而後勞其民 未信則以爲厲已也"라는 자구를 들어
몇 해 이래로 조정의 하는 일에 순서가 없고 합당한 운영이 없었으며 오늘
날 국가의 잘못은 백성에게 신임을 받지 못한 채 오히려 수고롭게 하는 데
있다고 지적하였다.

그의 주장은 다음과 같다. 첫째, 당해 연도 春大同 중에서 陳結의 多少
에 따라 조세액을 감해 주어 백성에게 실속있는 혜택이 미치게 해야 한다.
둘째, 충청도 서얼들에 대한 갑작스런 신역 징수를 연기해야 한다. 즉 국가
에서 군사를 구하는 것만 앞세우지 말고 오직 백성 보호를 시급하게 여겨
그 혜택이 이미 흡족하고 政法이 성공하게 된 후에 거행해야 한다. 셋째,
물건을 바치고 講을 면제받은 校生들에 대해 재차 군역을 정하여 결국 그
들을 기만하는 일이 되었다. 넷째, 곡식을 바치고 관직에 제수된 자들을 모
두 有廳軍으로 차출한 조치를 시정해야 한다. 백성들은 중간에 개재된 수
령에 의한 농간의 실상은 모르고 조정에 대해서만 원망하게 된다. 더구나
이런 일로 크게 신의를 잃으면 사방이 조정에 대해 등을 돌리게 되니 신뢰
야말로 人君의 大寶다. 다섯째, 萬科를 통한 군대조직 과정에서 폐단이 드
러나, 防戍을 면제하는 대신 민이 납부하는 쌀과 軍裝·戰馬費의 징수가
너무 가혹하다.

홍우원은 "書曰 在安民 夫民者可使安之 而不可使擾之也 可使之懷惠
而不可使之蓄怨也"라는 구절을 인용하여 거듭 爲民思想을 표현하였다.

---

118) 『南坡集』 卷6, 위와 같음.

홍우원의 향정론에 대한 시각은 그 연장선상에 있는 것으로, 紙牌·五家統·良役査覈·號牌 등의 조처를 들어 숙종 즉위 이후 4년 동안 1년이라도 擾民之政이 아닌 적이 없었다고 비판하고 다음과 같이 강변하였다.

  五家統과 紙牌의 시행은 또한 어찌 좋은 법이 아니겠습니까마는 다만 먼저 백성을 안정시키는 정책을 시행하지 못하면서 갑자기 신임도 하기 전에 거행하여 어리석은 백성들이 불안하게 여기니, 차라리 부지런히 德 있는 행정을 닦아 백성과 함께 휴식하며 두어 해 동안 믿음성 있는 혜택을 주어 사람들의 마음이 안정되게 해야 합니다. 그런 다음에 백성을 움직여도 놀라지 않을 것이며 수고롭게 해도 원망하지 않게 될 것입니다.[119]

  당시 윤휴를 중심으로 한 남인정권의 향정론에 대해 반대입장을 견지한 관료들은 대체로 홍우원와 유사한 民의 休息論을 주장하고 있다. 서인이었던 大司憲 李塈 역시 "紙牌·五家統·都案廳法에 대한 백성들의 원망이 한없이, 아우성치며 근심하고 한탄하고 있습니다. 사람들의 마음을 잃는 것이 이보다 심한 것이 없습니다. 오늘날의 天災는 혹 이런 것에서 나오게 되었을 것입니다"라고 하여 지패와 오가통 그리고 도안청의 군적사업 및 호패법의 실시에 대해 민심의 동요를 들어 비판을 가하고 있다.[120]

119) 『南坡集』 卷7, 論五事疏 肅宗 3年 ; 『肅宗實錄』 卷6, 肅宗 3年 1月 己亥, 38책 345쪽.
120) 『肅宗實錄』 卷6, 肅宗 3年 3月 甲申, 38책 352쪽. 또한 "五家統·紙牌와 같은 諸條目의 법이 비늘처럼 차례로 생겨나 백성들이 조심하고 원망하는 것이 그치지 않습니다. 經術은 학문이 뛰어난 尹鑴와 같은 儒臣에게 묻고 事務는 廟堂에 물어야 할 것입니다"라고 하여 조선왕조의 대민·대향촌 정책의 시행에 따른 백성들의 불평을 설명하고, 당시 남인정권의 적극적 개혁론자인 윤휴에 대한 불만을 토로하고 있다(『肅宗實錄』 卷6, 肅宗 3年 12月 戊午, 38책 376쪽). 한편 洪宇遠이 추종했던 右議政 許穆은 良役變通의 일환으로 제기된 戶布의 불편을 논하는 가운데 "兒弱·物故에 대해 이웃에서 내는 布는 수량이 있으나 戶마다 布를 내는 것은 끝이 없습니다. 이는 物故·兒弱과 隣族의 수보다 원망이 많은 것입니다. 비록 나라를 부유하게 하고자 해도 백성이 곤란하고 괴로워하는데 누구와 더불어 부유해지겠으며 백성이 유리하여 흩어지는데 누구와 더불어 나라를 다스릴 수 있겠습니까"라고 하여 반대하고 있다(『肅宗實錄』 卷6, 肅宗 3年 12月 丙辰, 38책 375쪽). 사실 윤휴가 주도한 「五家統事目」을 반포하자 윤휴계열에서는 백성이 환

이와 같이 현종·숙종 연간에 정부는 향정론의 일환으로 끊임없이 五家統·紙牌·號牌制를 節目으로 講定하고 이를 시행하고자 했다. 그러나 일부 서인과 濁南 계열의 정론가들은 시기부적절론과 민심동요, 운영과정상의 경직성을 폐단으로 지적하고 국가의 민에 대한 신의 회복이 더 중요하다는 현상적인 이유를 들어 반대 내지 유보 입장을 표명하였다. 이른바 '得民心論'은 정책시행에 앞서 민에 대한 국가의 신의구축을 우선해야 함을 강조한 것으로, 綱常論에 입각한 사상적 접근방안이 되겠다. '休息論' 역시 같은 범주에 속하는 것으로, 정론가들의 민과 향촌현실에 대한 인식의 상이함을 반영한 것이다. 그러나 논의를 구체화해 나감에 따라 이러한 주장은 그 명분과 방법에서 한계를 드러낼 수밖에 없었다. 무엇보다 이들 방안은 적절한 수준의 대체개혁안을 제시하지 못하였고, '新法을 시행해서 문제를 일으키느니 차라리 하지 않음만 못하다'고 하는 지극히 소극적인 현상유지론의 단계에만 머물고 있다.

2) 西人·老論정권의 향정론(肅宗 6년 이후)

서인·노론 계열은 숙종초 남인정권 하에서 윤휴계열의 향정론에 대해 정파적 차원에서 반대 내지 소극적 지지를 표방하였다. 그러나 경신환국으로 정권을 장악하자[121] 金壽興·金壽恒을 앞세워 남인정권의 향정론에 대

영하고 '기뻐하고 춤춘다'라고 여긴 반면, 한편에서는 백성이 飢荒에 괴로운데 주구를 더하고 密束을 더 보태어 '원망이 길에 가득하다'고 하여 五家統을 통한 민의 통제가 야기할 어려움을 예견하기도 하였다(『肅宗實錄』卷6, 肅宗 元年 9月 辛亥, 38책 304쪽).

121) 肅宗 6년(1680) 남인정권이 유악사건과 許堅의 모역사건으로 실각당한 뒤 기존 송시열계열의 서인정권이 재등장하였다. 이때 金錫胄는 許堅의 逆謀를 告變한 功으로 保社功臣 一等으로 淸城府院君에 봉해지고 1682년 右議政으로 扈衛大將을 겸직하면서 송시열계열과 결탁하였다. 1674년 甲寅禮訟에서 서인이 패했을 때 領議政 金壽興이 유배당하고 대신 實弟 金壽恒이 左議政으로 임명되었다. 그 후 金壽恒은 허적과 윤휴를 배척하고 宗室 福昌君 형제에 대해 추문을 들어 처벌을 주장하다 집권파인 남인의 미움을 사서 유배되었다. 1680년 이른바 庚申換局으로 남인이 실각하자 金壽恒·金壽興은 領中樞府事로 복귀하였고, 이후 金壽恒은 영

해 단절을 선언하고 紙牌法 · 五家統制를 백지화하려 했다.

한편으로 金錫冑와 金壽恒은 국방력의 유지와 정부재정의 확보를 위해 부세제도 개혁안의 하나로서 호포론을 관철하고자 하였다. 그런데 이 과정에서 金壽興 · 李端相의 경우 자신들이 남인계열의 향정론을 반대했던 논리의 연장으로 호포론까지 반대하고 있음을 볼 수 있다. 호포론은 토지제 및 신분제의 변동 없이 부세제도의 부분적인 개혁을 통해 당시 현안을 처리하려고 할 때 최선의 방안이 될 수 있었다. 지배층의 입장에서 본다면 일부 사족에게 出布를 강요한 점에서 양보한 측면이 있으나, 이미 보수개량의 범주에서 벗어난 것이 아니었다. 그럼에도 서인 집권층 내부에서도 광범한 반대를 불러일으켜 호포론자 스스로 개혁론자를 자처하는 상황이 초래되었다. 이는 특권신분인 사족의 존재를 인정하면서 그들로부터 出布를 기대한 제도의 구조적 결함에서 비롯한 것이기도 했다.

戚臣이자 서인 漢黨의 당색을 지녔던 息庵 金錫冑(인조 12, 1634~숙종 10, 1684)는 현종조 서인정권과 이를 이은 숙종초 남인정권 하에서 거듭 軍權을 장악한 인물이다. 都承旨 위치에 있던 김석주는 숙종 원년 윤휴의 여러 개혁론에 대해 정파적 차원에서 일관되게 반대하는 입장을 견지했다. 그러나 당시 良役弊端의 시정과 군역확보라는 현안의 해결이 강조되던 상황 하에서 소극적으로나마 윤휴계열에 의해 주도된 제도개혁 논의에 참여하였다. 윤휴와 김석주 계열의 대립상을 보면, 우선 주자 성리학에 대한 이해에서 심각하게 대립되고 있었다. 숙종 원년 정월의 書講에서 윤휴는 주자가 해석한『論語』주는 읽을 것이 없다고 주장한 데 대해 김석주는 주자의 주석은 버릴 것이 없다고 반박하고 있다.122) 또한 윤휴가 還上制度를

의정이 되어 8년 동안 역임하면서 남인을 배척하는 한편 宋時烈 · 朴世采 등을 불러들였다. 한편 宋時烈 문하였던 李端夏의 경우도 西人으로서 甲寅禮訟 때 삭직당하였다가 1680년 경신환국으로 풀려나와 서인정권에 가담하였다(姜周鎭, 앞의 책, 1971 참조).

122) 당시 尹鑴는 朱子 性理學의 관념론을 배제하고 原始儒學을 강조함으로써 송시열과 첨예한 대립관계에 있었고, 朱子 · 程子 經典의 箋註에 대해 출입이동이 많으면 자기의 뜻에 따라 章句를 개정하고자 했다(『肅宗實錄』卷2, 肅宗 元年 正月 丁丑, 38책 237쪽). 尹鑴는 "天下에 허다한 이치를 어찌 주자만 알고 나는 모르겠

파기하고 그 대신 법전에 수록된 상평법을 시행하자고 주장한 데 대해, 김석주는 환자야말로 史冊에 기록된 美法일 뿐 아니라 오히려 상평법은 시행이 불가능한 것이라고 강조하고 있다.[123] 그리고 왕의 시종을 담당하는 군사인 總府郞의 선발에 대해, 윤휴는 科擧를 폐지하고 그 대신 사대부 자제를 庶孼과 庶孼 總府에 덧붙여 실시할 것을 말하면서 "예전부터 폐단 없는 법은 없다. 堯舜의 禪讓과 湯武의 征伐은 후세에 폐단이 되었거니와 어찌 그들이 고생을 싫어하여 아름다운 법을 시행하지 않겠는가" 하며 古先王의 사례를 들어 자기 주장을 관철하고자 했다. 이에 대해 김석주는 다른 제도를 예로 들어 更張에 반대하고 아름다운 법이 있다 하더라도 인재가 없으면 안 된다는 점을 강조하였다.[124]

이와 같이 윤휴와 대립된 政見을 가졌던 김석주는 본격적인 향정론의 하나인 五家統制의 실시에 대해서는, 현안의 해결이라는 측면에서 소극적 시행론의 입장을 표방하였다. 즉 영의정 허적이 오가통제에 대해 "우리나라는 백성의 수를 몰라 허다한 폐단이 있습니다. 嗣服하신 초기에 소란이 있을까 염려하여 아직 겨를이 없었으나 오가통의 법은 본래 먼저 시행해야 마땅합니다. 김석주는 10戶를 1統으로 만들기를 주장하는데 그것이 마땅한지 강구해야 합니다. 올해 호적을 만들며 절목에 함께 넣어 시행해야 합니다"라고 하여 윤휴의 견해를 지지하고 있다.[125] 여기에서 남인정권에 참여하고 있던 김석주 또한 소극적이나마 10家 1統의 견해를 내세우고 있었음이 확인된다. 차후 숙종 원년 9월 備邊司가 「五家統事目」을 제정 반포하면서 "논의가 일치되지 않은 까닭에 오랫동안 完定하지 못하다가 이

제야 비로소 停當하여 別單에 써서 들인다"라고 하며 그 작성자에 대해
"처음에 윤휴가 管子를 모방하여 오가통의 제도를 만들었으나 일을 시행
하기에 어려움이 많았으므로 허적이 金錫胄·柳赫然과 더불어 윤휴의 법
에 따라 加減한 것이다"라고 기록한 사실에서 김석주 역시 직책상 절목 작
성에 가담한 것으로 보인다.126) 특히 윤휴의 오가통제도 시행에 대해 남인
의 영수인 영의정 허적이 적극 찬성하는 상황이 전개되었다.127)

　　그런데 숙종 3년 영의정 허적이 紙牌 기재시 常漢 統首와 양반 사대부
와의 混融으로 인한 명분문제를 제기하고 독립된 호패의 패용을 통해 이
를 해결하고자 했다.128) 이러한 호패법의 실시에 대해 윤휴는 紙牌를 변경
하여 號牌로 하면 "민들이 더욱 난리를 생각하게 된다"고 우려를 표명하며
반드시 호패 한 가지만 아니라 民情에 순응하여 민들이 싫어하는 것을 없
애야 한다고 했다. 그는 숙종 원년 이래 統牌가 이미 이루어졌으니 그대로
시행하면 부역이 균등해지고 農桑이 勸勉되며 白骨徵收의 폐단이 제거될
것이라는 의견을 말하였다.129) 윤휴는 호패법의 취지 자체에 반대하기보다
는 이미 시행된 지패법의 성과도 보기 전에 변통하는 데 따른 민의 동요를
염려한 것이다. 이에 대해 국왕 숙종도 "아직은 紙牌의 효과를 보다가 천
천히 시행하고 싶다"는 입장을 피력하였고 이조판서 睦來善 역시 민간의
소란을 이유로 반대하고 있었다. 다만 남인의 또 다른 실력자였던 병조판
서 權大運은 "號牌와 大軍籍을 아울러 시행하였으므로 혹시 대군적을 하
게 되는 것인가 싶어 소란한 것입니다. 오래지 않아 마땅히 스스로 안정될
것입니다"라고 하여 군적에 대한 백성들의 오해 때문에 호패법 시행이 중
단될 수는 없다고 말하였다.

　　그런데 당시 호패법의 시행 여부를 둘러싸고 2품 이상 고관들의 의견이

---

126) 『肅宗實錄』 卷4, 肅宗 元年 9月 辛亥, 38책 304쪽.
127) 당시 柳命天과 李宇鼎을 비롯한 제 대신들이 都案廳·紙牌와 五家統의 법이 民
　　 怨의 한 단서라고 하자, 許積은 五家統·紙牌法은 결코 폐지될 수 없다는 단호한
　　 입장을 표방하고 숙종 또한 이를 적극 수용했던 당시 조정의 입장에 주목할 필요
　　 가 있다(『肅宗實錄』 卷4, 肅宗 元年 12月 辛巳, 38책 317쪽).
128) 『肅宗實錄』 卷6, 肅宗 3年 3月 丁丑, 38책 351쪽.
129) 『肅宗實錄』 卷6, 肅宗 3年 2月 壬戌, 38책 348쪽.

개진되는 과정에서 오직 김석주만이 그 혁파를 적극 주장한 사실이 기록
되어 있다.[130] 김석주는 「論號牌箚」에서 다음과 같이 반대 이유를 개진하
였다. 우선 그는 나무로 만든 호패는 지패에 비해 그 체제가 長厚하고 법
도가 있으며 改易이 쉽지 않을 뿐 아니라 戶人이 각각 스스로 다스리는
바가 있고 밖으로 牌札함에 따라 隱漏의 염려가 없다는 장점을 인정했다.
그러나 그는 당시의 사회 사정을 "하늘이 노하여 날로 災旱이 더해 가므로
君臣上下 간에 齊心하여 염려해야 하는 상황"이라고 규정하고 송대 蘇軾
의 "凡擧六事 必順天心"이라는 말을 인용하여 天心의 向背를 지금 볼 수
있다고 하였다. 그리고 두 가지 이유를 들어 호패법의 시행에 강력히 반대
하였다. 첫째, 호패법이 비록 좋으나 금일에 반드시 시행하고자 한다면 이
는 天怒의 뜻을 받드는 데 있어서 특별히 어그러짐이 있다. 둘째, 호패 시
행시의 번잡한 사무가 民의 生業에 불편을 준다. 그 근거로서 京城 5부의
경우 街巷·市廛과 官府 사이의 거리가 4~5리나 되며 遠方大邑의 경우
수백 리에 이르기도 한다. 또한 민들이 官庭에 출입할 때마다 갖가지 費目
으로 곡식을 바치게 되고 考覈시 추가징수에 대한 두려움을 지니게 되며
호패를 烙印할 때 담당 관속의 수색 또한 심할 것이므로 그 과정에서 생기
는 원한과 혼란이 극심하다. 김석주는 "農務로 인해 바쁜 때를 맞이하여
廢穡의 위험을 무릅쓰고 모두 호패를 받게 하는 것이 과연 크게 便益한
것인지 잘 알 수 없다"라고 하면서 시행을 정지하는 쪽이 차라리 낫고 그
것이 불가능하다면 앞에 닥친 농삿일을 처리하고 기한을 늦추었다가 겨울
에 頒令하여 다음 해에 차게 할 것을 주장하였다. 또한 김석주는 당시 조
정의 분위기에 대해 "당장 실시하는 것이 옳다는 견해만 있고 반대하면 벌
을 주려 하니 어느 누가 그 죄를 피하지 않겠느냐"고 비판하며 넓게 인심
을 얻어 화기한 길을 맞이하기 위해 재차 집단적인 논의가 필요하다고 주
장하였다.[131]

　엄밀히 말해 인조 연간의 호패법 운영과정에서 보았듯이 전국에 걸쳐

130) 『肅宗實錄』 卷6, 肅宗 3年 3月 丁丑, 38책 351쪽.
131) 『息庵集』 卷13, 論號牌箚.

새로운 제도를 정비하는 과정에서 김석주가 지적하는 정도의 장애요소는 항상 존재하였다. 따라서 그의 의견은 시세를 적극 내세우고 운영과정상의 모순만을 부각시키면서 내심은 호패법 시행을 극력 반대하는 것이었다.

그렇다면 김석주는 민과 향촌에 대한 대책으로 어떤 것을 주장하였을까. 그는 새롭고 구체적인 제도의 강제는 보류하고 그 대신 租稅減免 등 민에 대한 경제적 시혜조치의 필요성만을 강조하였다. 엄밀히 말해 제도의 시행을 병행하는 데에는 반대했던 것이다.

그는 차후 서인계열과 함께 경신환국으로 정권을 장악하자 남인정권의 개혁론을 배제하고 호포론으로 귀결되는 대민·대향정론을 전개하였다. 김석주는 당시의 사정에 대해 "惟我國家 自壬辰以來 非東被島夷之禍 則 必西受山戎之辱 至今六十年間 八路猶爲灰燼 非民尙在塗炭 國之不亡而 僅存者 猶一線耳 …… 凶歲迫於重斂 崩弛蕩析之患"이라 하여 양란으로 인해 초래된 국가적 위기로서 규정하였다.[132] 그는 일찍이 현종 6년(1665) 10월의 疏를 통해 금일 民生의 곤고가 극에 달한 상황에도 불구하고 一身 에 數人의 役, 一戶에 數口의 丁, 一稅에 數年의 稅를 부담시키는 모순을 지적한 바 있다. 특히 국가가 積逋와 退賦의 징수과정에 많은 문제가 있음 에도 불구하고 督徵만을 강조하여 민의 원망이 집중된다고 했다. 김석주는 그 대책으로서 우선 國粟을 풀어 留穀分의 부족문제를 제거하고 虛簿를 감면하는 實惠를 베풀어야 한다고 지적하였다. 그런데 운영과정에서 積逋 를 정확히 조사하라는 令은 중간에 개재된 담당 有司者의 농간을 배제하 지 않을 경우 오히려 폐해가 되며, 특히 풍년시 국가에 의한 積逋分의 징 수가 두드러져 人戶가 유리하는 지경에 이른다고 보았다. 따라서 그는 운 영과정에 대한 감시가 수반될 때만 조세감면정책이 실질적으로 민에게 이 익을 줄 수 있다고 주장하였다.[133] 또한 현종 11년(1670) 6월의 疏에서 民 役을 감면하기 위한 거행조건으로서 당해 연도의 전국 제반 身布의 等差 를 조정하고 實驗田結의 收稅를 舊結의 규정에 따라 시행할 것을 요구하

---

132) 『息庵集』卷21, 策 策本1.
133) 『息庵集』卷10, 因冬雷書進所懷疏 乙巳 十月.

였다. 김석주는 부세감면을 첫째로 꼽히는 '救民活民之擧'라 하였다.[134] 이
와 함께 흉년을 당했을 때 田結稅 징수와 대동법의 시행에서 "法非不善 而行
之失其道者也"라고 하여 운영과정에서 나타나는 폐단을 적극 언급했다.[135]

이와 같이 김석주는 양란 이후의 혼란과 흉년으로 점철된 현종 연간의
사회문제를 해결하기 위해 민에 대한 국가의 조세감면, 조세등급 조정 등
의 방법과 운영과정상의 합리화를 강조하였다.

숙종조에 들어와 김석주는 良役弊端의 문제를 해결하기 위한 대안으로
호포제의 실시를 일관되게 주장하였다. 숙종 3년 12월 윤휴의 호포제 제안
에 대해 허적은 적극 반대론을, 김석주는 소극적 찬성론을 견지하고 있었
다. 당시 윤휴는 逃故・兒弱에게서 거두는 布를 탕감해 주고 都監을 설치
한 후 호포법을 시행하여 백성의 부역을 고르게 하고 나라의 경비를 풍족
하게 할 것을 주장하고, 나아가 차제에 軍兵과 公私賤 제도를 모두 변통할
수 있다고 말하였다.[136] 이에 대해 許積・李始壽와 함께 김석주는 "오늘
날의 논하는 바는 兒弱・物故의 폐단을 변통하는 데 불과한데, 만약 윤휴
의 말과 같이 한다면 국가의 제도가 장차 모두 어지러워질 것이니 결코 시
행할 수 없다"라고 하여 호포법의 제한적 기능에만 의미를 부여하고, 이를
통해 야기될 기존의 군제・신분제의 변화에는 반대하는 입장을 보였다.

그런데 김석주는 良役弊端의 제거라는 명분 때문에 재빨리 탕감을 실시
했다가 호포법 중단이라는 상황이 야기되면 해당 부분의 경비 마련에 커
다란 문제가 야기될 것이라며 다음과 지적하였다.

호포의 법을 정해서 시행하되 사람들의 말에 꺾이지 않을 수 있다면 처
음에는 비록 원망을 초래한다 하더라도 결국에는 반드시 편안해질 것이니
臣은 시행하는 것이 편하리라 생각합니다. 그러나 경비를 계산하지 않고
곧바로 먼저 탕감했다가 호포의 법을 시행할 수 없게 된다면, 收殺하기가

---

134) 『息庵集』 卷11, 請蹲節經費箚 庚戌六月 校理時.
135) 『息庵集』 卷17, 請蕩滌湖西所貸米銀啓 ; 卷21, 策本2.
136) 『肅宗實錄』 卷6, 肅宗 3年 12月 丁未, 38책 374~375쪽 ; 卷6, 肅宗 3年 12月 癸
    丑, 38책 375쪽.

또한 어려울 것입니다. 지금 여기에 큰집이 있어 창과 벽이 떨어져 나가고
기둥의 나무가 기울어졌는데 재력은 생각지 않고 헐어버린 후 수리할 도구
가 없다면 비바람을 가리고 도둑을 막을 수 없게 되어 도리어 전날 지탱하
며 그래도 세월을 보낼 수 있었던 것만 못할 것입니다. 비록 그러하나 성상
께서 만약 말씀하시기를 "白骨·黃口에게 베를 징수하는 것은 실로 어진
사람으로서 차마 하지 못할 바다. 宗社의 供奉과 百官의 녹봉을 비록 그
평상시의 정도에서 감한다 할지라도 이러한 폐단을 제거할 수 없다면 백성
의 부모가 될 수 없으니 特命으로 탕감하되 반드시 폐단을 구제할 방책을
강구해서 시행하도록 하라"고 하신다면 또한 어찌 못할 바이겠습니까.137)

　이는 호포법 논의에만 매달리기보다 즉각 兒弱·物故에 대한 탕감을 먼
저 시행하자고 한 윤휴의 주장에 대한 반론으로 여겨진다.138) 즉 호포법의
기본적인 원칙에 대해서는 윤휴의 입장에 동조하였으나, 국가의 재정확보·
재정운영이라는 측면을 두드러지게 강조했다는 점에서 차이가 존재했다.
　김석주는 守御使를 역임하는 등 군권을 장악하고 군제 운영의 내역을
소상히 파악하고 있었기 때문에, 호포법을 통해 마련된 재원을 기반으로
군제변통을 도모하였다. 윤휴가 지패법·오가통제·호포제를 통해 지방제
도와 군제 및 공사천제도의 변통이라는 포괄적인 役制의 개혁방안을 제시
한 데 대해, 김석주는 충실한 軍制 유지를 위한 국가재정의 확보라는 입장
을 견지하였다. 그는 본격적인 호포론에 앞서 "今日 國儲之虛竭 盖由於軍
案之不條 而今日民情之怨苦 亦莫甚於隣族之侵徵 鬼乘補卒徒積虛簿 而
鬼錄則 日多蠲徭減布未聞實惠 而民害則益滋百歲 不除之役 九族幷徵之
政 此古今天下所未有之事也"라고 규정하고 총괄적으로 변통하여 군제정
비와 군액조정을 통해 국내에서 身役에 응하는 총수를 헤아려 本兵의 闕

---

137)『肅宗實錄』卷6, 肅宗 3年 12月 癸丑, 38책 375쪽. 윤휴의 戶布法 실시 성화에 대
　　해 여러 대신들이 호포의 불편함을 들어 반대할 때 金錫冑는 "시험 삼아 한두 신
　　하로 하여금 그 일을 시행하게 하여 편하면 시행하고 불편하면 정지하는 것이 좋
　　겠습니다"(『肅宗實錄』卷6, 肅宗 3年 12月 丁卯, 38책 377쪽)라고 하여 소극적인
　　시행론의 입장을 거듭 표현하였다.
138)『肅宗實錄』卷6, 肅宗 3年 12月 辛酉, 38책 376쪽.

額分을 보충한 후, 여분의 他役을 積弊 제거에 사용함으로써 민생을 보존하고 軍實을 보완할 수 있다고 보았다.[139] 즉 전란 이후 무질서해진 각 아문의 軍額을 보다 합리적으로 조정하고 기본적으로 良丁不足 현상을 일시에 완화한다는 제한적 범위의 개혁안인 것이다.

김석주의 호포법은 구체적으로 다음과 같은 내용을 담고 있다. 숙종 1년(1675) 乙卯帳籍에 근거하여 兩界지방과 開城·江華·濟州의 3邑을 제외한 京畿·湖西·湖南·嶺南·關東 6道의 호수 96만 8,821호와 이 밖에 紙牌 실시후 드러난 3만~4만 호를 합하여 대략 100만 호를 총수로 파악하였다. 그런데 京外 경비의 총액은 60여만 필인 데 비해 公私賤 등의 명목을 제외한 징포대상 實戶는 불과 40만에 불과하므로 1호가 2필 가량을 부담하는 셈이 된다. 이러한 양역의 폐를 제거하기 위해 古法을 모방하여 8口를 갖춘 完戶는 봄·가을에 1필을, 7口 이하의 弱戶는 가을에만 1필을 徵捧하는 방법을 제시하였다.

그는 호포법 실시를 통해 '良役은 곧 常民'이라는 등식이 깨지며 반상차별론이 무색해진다는 논리에 반박을 가하고, 오히려 호포제를 통해 종전의 호패법 시행에서 최대 모순으로 지적되었던 私賤으로의 투속을 통한 避役을 막게 된다는 주장을 제기하였다. 우선 김석주는 官職者에 대한 收布가 君子·野人의 구별을 없애고 차별론을 붕괴시킨다는 반론에 대해, "身布를 거두면 그 말에 가깝겠으나 民役의 均齊라는 사실에서 볼 때 국가의 대체에 손상을 주는 논리가 될 수 있겠는가"라고 반문하고 덧붙여 "田宅의 家와 田은 본래 차별이 없으며 宰相 田土에 대한 不稅 규정은 없는데 士夫 家戶가 어찌 役에서 빠지며 田稅와 貢物을 납부하지 않는 民이 될 수 있는가"라고 하였다. 그리고 호포법의 가장 편한 점으로 "强族이 감히 홀로 면제되지 않고 下戶가 偏苦에 이르지 않아 진정 均齊平易한 아름다움이 있으며, 호수를 계산하여 징포함으로써 官에서도 代定하는 노력이 필요 없으며 '有家則收布'의 원칙 하에 백성 또한 도피하는 일이 없다"는 것을 들었다.

---

139)『息庵集』卷17, 請修正軍案啓.

그는 사대부에 대해 호를 단위로 하는 부과로 인해 學武를 손상시키지 않을 것이며 居稅(戶稅)로 인해 그 힘을 해치지 않을 것임을 주장하였다. 이른바 身稅(=良人)와 戶稅의 차별성을 강조하면서 호포법은 후자의 성격을 지닌다고 하였다. 이처럼 김석주는 징포대상을 人丁에서 家戶로 옮겨 호포가 身役이 아니라 戶稅임을 강조함으로써 반상차별론을 내세운 사대부들의 불만을 쉽게 잠식시킬 수 있다고 보았다. 또한 호포 징수가 군사력 및 국가재정의 확보라는 목표를 지니고 있음을 지적하여 체제협조자로서 양반의 의무이행을 자극하였다.

다음으로 그는 호포법을 통해 良役을 피하기 위해 私賤으로 투속하는 현상이 시정될 수 있다고 주장하였다. 호포법을 시행하면 1戶內 上下男女가 8口에 이르더라도 1필을 부담하는 데 그치기 때문에 오히려 公私賤의 貢價가 무거울 것이며 결국 투속민들이 良人으로 還出할 것임을 말하였다. 김석주는 호포법을 통해 '貴良賤賤之效'와 '良戶之增'이 있을 것이니 국가의 이익이 된다고 하였다.

한편 김석주는 "이 법이 행해지면 그 기세는 장차 부득불 軍制의 改定에 이르게 될 것이며 戎政에서 재차 유익함이 있을 것이다"라고 하였다. 그는 兵權을 담당했던 경험을 살려 대단히 구체적인 軍額과 兵政을 제시하면서 호포법을 통해 확보될 재정으로 궁극적으로 兵制의 변통이 가능하다고 보았다. 그 중 禦營軍에 대한 개혁방안을 들면 다음과 같다. 어영군 호수 2만여 명의 운영 내역은 수만 명의 保人 가운데 단련된 인원을 선발하는바, 戰卒 2만 6천~7천 명에 대해 每朔 1천 명씩 更番하면 不立番者가 1만 3천이 되고 2삭 立番한즉 不立番者 2만여 명이 된다. 이 중 近峽·沿海 지역에는 출신 軍戶를 그대로 배당해 주고 혹 布와 米를 거두어 軍餉을 보조하게 한즉 支放과 운영이 원활하고 반드시 재정자금에 여유가 생긴다. 또한 호포법이 시행되면 步兵은 혁파하여 점차 騎兵으로서 輪次番上하는 1만 2,128戶를 만들 수 있고, 어영군을 2만 6,880명으로 증가시킬 수 있으며, 別隊 1만 3,440명, 精抄 1만 3,040명으로써 營陣之制를 갖출 수 있게 될 뿐 아니라 궁극적으로 全戶를 減布시켜 군역을 책임지게 할 수

있다.[140]

김석주는 사대부의 명분론에 입각한 반대론에 대해 호포가 身布가 아닌 戶稅임을 강조하여 무마하고, 호포법으로 증액 확보된 재정을 활용하여 군제운영의 변통과 군병력 유지를 도모하고자 했다. 이와 같이 그는 호포법의 목적이 良役 편중의 방지와 균일한 부담에 있음을 강조하였으나, 그 주된 목적은 정권유지와 군사력유지를 위한 재정확보에 있었던 것이다.

김석주계열의 서인정권은 경신환국 직후 영중추 金壽興과 영의정 金壽恒을 통해 王安石의 新法을 전면 폐지한 司馬光의 예와 民心의 慰撫라는 이유를 내세워 紙牌로 대변되는 제반 개혁안의 혁파를 건의하였고 숙종도 이에 적극 동의하였다.[141] 그러나 김석주는 곧 民怨이 전적으로 紙牌에만 있는 것이 아니므로 추세를 관망하여 변통할 것을 말하였다.[142] 이는 淸朝의 안정과 함께 외침의 위협이 사라지고 민들에게도 號牌 · 紙牌는 곧 군사적 사업이라는 오해가 사라지고 점차 호적제도의 보완작업이라는 인식이 확산된 데 따른 것이었다. 따라서 다음 해인 숙종 7년에 지패의 存置 여부를 논의하는 과정에서 김석주는 "지패의 법이 民數를 파악하고 獄訟을 판결하는 데는 필요하다"고 말하고 있다. 결국 국왕도 지패제가 유익한 제도이며 各邑 牒呈과 決訟에 의거할 자료가 된다고 동의하여 그 存置를 명하고 있다.[143]

김석주는 庚申年(숙종 6년) 이후 호포론의 시행을 강력히 주장하였으나 서인정권의 반대론 또한 적지 않았다. 그는 이에 대해 "논의자들이 대개 시행하면 민에게 이익이 되고 시행치 않으면 국가가 점차 약해진다고 하고, 약함에 이르러 망하기를 기다린다면 오히려 그것을 시행하는 것만 같

140)『息庵集』卷17, 議行戶布議.
141)『肅宗實錄』卷9, 肅宗 6年 5月 癸丑, 38책 454쪽 ;『承政院日記』康熙 19年 5月 25日. 주지하듯 王安石은 均輸法, 靑苗法, 市易法, 募役法, 保甲 · 保馬法의 시행 등 사회 전반에 걸친 제 개혁으로 기존 지배층과의 갈등이 야기되고 있었다. 왕안석의 신법은 자주 舊法黨의 주자학에 의해 法家의 覇道主義로서 유교의 이단이라는 비난을 받았다(宮崎市定,『中國史』, 1978).
142)『肅宗實錄』卷9, 肅宗 6年 6月 庚申, 38책 456쪽.
143)『增補文獻備考』卷162, 戶口考2 896쪽.

지 못하고 요행을 기다리는 일이 된다. 국가가 약해질 것은 염려하면서 어찌 民이 怨苦로 인해 망하는 사실은 모르는가"라고 반문하여 자신의 견해에 동의해줄 것을 요청하였다. 한편 김석주는 국가가 '速朽銷鑠'의 환난을 면하고 전쟁의 위기에서 벗어나 재차 강해지고 자연재해를 통한 민의 고통을 면하게 하고 마음을 스스로 안정시키기 위해서는 四術이 필요하다고 강조하였다. 민의 불안과 국가의 不治를 치유하기 위해 제시한 이 방안은 "簡其政令而 勿瑣瑣而虐也 公其賞罰而勿撓撓而偏也 省其征賦 而寧下之 蓄積 毋斂之厚也 節其用度而寧上之菲約 毋費之浮也"로서 간단한 政令, 균등한 償罰, 과중한 賦稅徵收 금지, 경비절약으로 요약할 수 있다.[144] 특히 숙종 8년 10월 우의정 김석주와 영의정 김수항이 강조한 것은 국가경비의 절약이었는데, 이에 대해 김석주는 "현재 강구해야 할 것은 오직 국가경비를 절약하는 데에 있으나 만약 큰 변통이 없다면 끝내 무익해지고 말 것입니다. 각 道의 田稅·大同米·軍布의 실제 수량을 모두 계산하여 14등분으로 나누어 13등분은 13개월간의 소용물자로 사용하고 나머지 1등분은 별도로 두어 규정 외의 소용에 따라 쓰는 물자로 하여 한결같이 철저히 지키도록 해야 합니다"라고 건의하였다.[145] 그러나 당시 史臣도 지적했듯이, 경비절약을 앞세워 문제를 해결하게 했으나 끝내 실효를 거두지 못한 것은 근본적으로 국가의 저축부족에 있다고 하였다. 결국 김석주의 견해는 사회신분제와 지방제도에 대한 구조적이고 적극적인 개혁안을 제시하는 것이 아니라 부세제도 재정운영상의 변통으로 현안을 치유하려는 데 있었으며, 이는 17세기의 사회문제를 해결하는 데 있어서 큰 한계를 지닌 것이었다.

서인의 당색을 지닌 金壽恒[146]은 숙종 원년 최대 현안인 良役弊端의 시

<hr>

144) 『息庵集』 卷21, 策 策本1.
145) 『肅宗實錄』 卷13, 肅宗 8年 10月 辛丑, 38책 606쪽.
146) 文谷 金壽恒(仁祖 7, 1629~肅宗 15, 1689)은 孝宗·顯宗 연간의 서인정권과 숙종 초기의 남인정권 그리고 숙종 6년(庚申年) 이후의 서인·노론정권 하에 거듭 가담한 인물이다. 1674년 甲寅禮訟에서 서인이 패하여 영의정이던 형 金壽興이 쫓겨나자 대신 左議政으로 임명되어 肅宗 초기 남인정권에 참여하게 되었다. 그러나 남인정권의 許積·尹鑴를 거듭 배척하고 福昌君 형제의 추문을 들어 그 처

정과 북벌론과 관련하여 兵車制度를 비롯한 군제정비 문제를 의논할 때, 민심의 疲弊함을 내세워 新法 시행에 대해 반대입장을 표방하였다. 즉,

> 호포와 호패의 법은 臣도 그것을 실행해야 한다고 늘 주장했습니다만 지금의 인심은 결코 실행할 수가 없습니다. …… 서북쪽의 軍政은 城池와 器械가 모두 깨끗이 없어진데다 날은 가물고 백성들은 곧 곤고합니다.[147]

또한 숙종 원년 5월 윤휴가 오가통·지폐법 시행시 임금에게 僧徒를 호적에 넣는 일을 결제 받았는데[148] 김수항은

> 僧徒들로 하여금 항상 한 곳에만 거주하게 하면 반드시 煩憫하게 여길 것이요 그들이 가는 곳을 따라 알리게 한다는 것은 더욱 어렵습니다. 그렇다고 이미 호적을 만든 뒤 그들의 오고감을 그대로 맡겨두고 묻지 않는다면 실효가 없을 것입니다. …… 실시 효과가 없는 일은 처음부터 하지 않는 것만 못합니다.

라고 하여 오가통제에 대한 반대입장을 간접적으로 표현하며 거듭 소극적인 자세를 견지하였다.[149] 특히 그는 서북지역의 軍政과 관련해서 직접 목도한 사실을 바탕으로 민을 '安屯相保'하게 하는 금일의 급선무가 災實·蕩減·停督 조치에 있음을 주장하였다. 또한 民役의 감면을 위해 우선 각 아문의 節用이 반드시 필요하다고 했는데, 재정 절용이 병행되지 않으면 수령은 예에 따라 봉행하기 때문에 減役의 일은 계속될 수 없다고 하였다.[150] 남인정권에 가담한 김수항은 윤휴계열의 적극적인 개혁안에 소극적

벌을 주장하다가 결국 남인의 미움을 받아 1678년(肅宗 4) 유배되었다.

147) 『肅宗實錄』 卷3, 肅宗 元年 4月 己酉, 38책 267쪽.

148) 『肅宗實錄』 卷3, 肅宗 元年 5月 丁卯, 38책 272쪽.

149) 『肅宗實錄』 卷3, 肅宗 元年 5月 辛未, 38책 273쪽.

150) 『文谷集』 卷10, 還自西路陳民瘼及乞遞職疏. 各邑 官需는 耗穀을 활용하여 자금으로 삼는데 常平廳으로 수괄된 후 용도가 倍에 이르러 官家의 재정을 운영할 수 없다고 했다. 근본적인 官需부족으로 관속들의 부정, 용도의 부족이 속출한다고 지적하였다(『文谷集』 卷9, 辭吏曹判書兼陳北路弊瘼疏).

인 입장을 표방하며 그 대안으로서 조세감면 조치와 국가기관의 재정절용을 제시한 것이다.

숙종 6년(경신환국) 이후 영의정에 제수된 김수항은 종전 윤휴계열의 남인정권이 시행한 지패제·오가통제의 중지를 건의하고, 숙종 7년 이후에는 김석주와 함께 호포제의 시행에 진력하였다. 김수항은 民生의 困苦함이 지금보다 더 심한 적이 없었으며 급박한 급무로서 신역편중에 대한 大變通이 필요하다고 역설하였다. 民의 疾苦를 알고도 적절한 대책을 세우거나 구하지 않는 것은 古今에 없는 일로서, 軍兵의 徵布 특히 兒弱·逃故의 類는 諸道에 탕감을 명하고 별도 조치를 강구하여 軍民의 위급함을 구해야 한다고 주장하였다.[151] 그런데 호포 시행을 둘러싸고 大司憲 李端夏와 判中樞 金壽興 및 大司諫 兪櫶 등이 관직을 걸고 반대하고 있다. 반면 호포법에 대해 적극적이었던 김수항은 절목을 講定하여 평안도지방에 대한 우선 실시를 주장하였다.[152] 숙종 8년 2월에 국왕이 호포와 군적 가운데 한 가지 제도를 결정하여 시행할 것을 대신들에게 요구하자, 김수항은

호포는 전에 시행해 보지 않은 것이니 節目을 강구한 뒤에야 편리한지를 알 수 있고 한 지방에 시행하여 보아야 便利와 病幣를 잘 알 수 있을 것인데, 이 밖에 호포보다 나은 다른 방법이 있다면 신이 어찌하여 반드시 잘못된 의견을 굳이 지키겠습니까.

라고 하여 호포도 폐단이 있겠으나 지금의 민폐에 견주면 시행함이 더 낫

---

151) 『文谷集』 卷13, 疏箚. 肅宗 7年 4月 金壽恒은 "兒弱을 軍役에 채운 사례를 조사해 내어 布를 줄이도록 한 일을 지난해 定奪할 때 10세 이하로 한정하고 외방에서 行會하도록 하였는데 兵曹의 事目이 상세하지 못하여 포대기에 싸인 어린아이와 10세가 넘는 자를 함께 그대로 장부와 군적에 둔 채 나이 16세가 되기를 기다려 役에 응하도록 한 일을 啓下하여 반포하였기 때문에 11세 이상은 애초에 査하는 사례에 들어가지 못하여 또한 일체 혜택받지 못하니 억울하다고 합니다. 그러므로 10세를 한정하여 시행한다는 뜻을 다시 거듭 밝히는 것이 마땅합니다"라고 하여 軍役釐正을 거듭 표방하였다(『肅宗實錄』 卷11, 肅宗 7年 4月 戊子, 38책 524쪽).
152) 『肅宗實錄』 卷13, 肅宗 8年 正月 丁巳, 38책 576쪽.

다고 강조하였다.[153] 당시 국왕 숙종은 "백성은 성취한 것을 함께 즐거워
해야 하고 시작을 함께 염려해서는 안 되니 처음에는 비록 驚動하더라도
講定하여 시행해야 한다"고 지적하고[154] 민의 소동을 염려하여 절목은 講
定하되 즉각 전국적인 실시는 유보하는 선에서 호포법 논의를 마무리하고
자 하였다.[155]

김수항은 차후에도 良民들에게 집중적으로 징수되는 軍役의 모순을 제
거하기 위해 業儒·中人·庶孼層과 軍保의 자손 등 儒學을 칭하는 자와
避役을 위해 校籍에 들어가는 자들에 대한 査定을 주장하였다. 또한 箚子
를 통해,

　이제 民力이 다하고 國計가 다하여서 여러 가지로 생각해 보아도 달리
구제할 길이 없고 오직 財用을 아끼고 浮費를 절약하는 것이 급선무가 되
니 무릇 긴요하지 않은 일에 속하는 것은 비용의 많고 적음을 논할 것 없
이 모두 停罷하는 것이 좋습니다.

라고 하고[156] 愛民之心의 표현이 節用에 있다 하여 "人君節損 一分卽 民
被一分之惠"임을 강조하였다.[157] 김수항이 愛民의 표현으로서 주장한 節
用은, 백성에게 지나친 부담이 되지 않도록 나라재정을 조절하자는 것으로
김석주도 강조한 점이다.

물론 이 같은 견해도 백성에 대한 무제한의 착취를 제한하는 데 일정한
작용을 할 수 있으며 객관적으로 백성들의 이해관계를 반영하였다고 할
수 있다. 그러나 이 견해는 어디까지나 장구한 집권세력의 이해를 도모하
려는 입장에 불과하다. 집권 서인·노론계열은 土地制와 身分制 개혁을
통한 봉건제도의 근본적인 변통은 염두에 두지 않은 채 현상적인 착취문
제를 해결하기 위한 재정과 부세제도의 부분적 변통을 도모하고, 이 같은

---

153)『肅宗實錄』卷13, 肅宗 8年 2月 甲申, 38책 581쪽.
154)『肅宗實錄』卷13, 肅宗 8年 正月 丁巳, 38책 576쪽.
155)『肅宗實錄』卷13, 肅宗 8年 2月 甲申, 38책 582쪽.
156)『肅宗實錄』卷15, 肅宗 10年 7月 丁卯, 38책 693쪽.
157)『文谷集』卷13, 疏箚.

소극적인 정치・사회견해조차 제대로 관철하지 못한 사실을 보게 된다.

退憂堂 金壽興(仁祖 4, 1626~肅宗 16, 1690)은 현종 5년 대사간・호조 판서와 영의정을 역임한 후 甲寅禮訟으로 유배되었다가 경신환국으로 서 인이 집권하자 재차 영중추의 관직을 역임한 인물이다. 특히 '順人心'의 논 리를 내세워 윤휴계열이 주도한 남인정권 하의 五家統 - 紙牌制를 배제하 고자 했으며 같은 서인인 김석주・김수항이 강력히 추진한 호포법에 대해 서도 李端夏와 더불어 실시불가론을 폈다. 김수흥의 현실인식과 그 해결 방안으로 제시된 논리를 살펴보겠다. 그는 일찍이 현종 5년(1664)의 疏에 서 小民에 대한 賦役不均의 시정과 監司・守令制의 기강 확립을 다음과 같이 역설하였다.

최근 6~7년간의 재해로 인해 민생이 점차 피폐해지고 국가가 불행하게 되었으며 八路 민들의 사망과 流散이 끊이지 않았습니다. 朝家에서도 강 구한 바가 있었으나 大變通에 이르지 않고 백성을 해롭게 하고 병들게 하 는 정치만 행할 뿐이었습니다. 그것을 제거하려면 구구하게 賑貸와 蠲免의 은혜가 필요한데 무릇 役民의 방법은 반드시 공평 균일하고 조금이라도 편 중되지 않은 연후에 비로소 민들이 心服할 것입니다.

우선 郡縣內 官과 무관한 役이 많아서 정작 수령이 원하는 應役者는 10 에 2~3에 불과하고 끝내 2~3인이 10인의 役을 담당함에 따라 무고한 小 民이 원망하게 된다는 것이다. 다음으로 누차 변란을 겪은 후 아문의 權設 者들이 재정확보를 위해 동시에 徵督하기 때문에 惟正之供 외에 복잡 다 기한 비목이 부가되어 농민의 부담이 증가된 사실을 들었다.

이와 관련하여 국가기강이 점차 무너져 朝廷의 命이 각 지방에서 시행 되지 않고 監司의 슈이 州縣에서 행해지지 않는다고 하였다. 따라서 기강 이 서려면 人主의 心術이 공평정대하고 偏黨이 없어야만 아래로 재상・군 현・향촌에 이르기까지 政슈이 통할 것임을 지적하였다.158) 그의 정치・ 사회적 견해는 관념적인 것으로 국왕의 마음을 움직이면 모든 일이 바로

158) 『退憂堂集』卷4, 疏箚 辭大司諫兼陳所懷疏 甲辰.

잡힌다고 여기고, 향촌문제의 치유에서도 綱維의 확립이라는 사상적인 차원에서 접근하였다. 별도의 箚子에서 "民들의 休戚은 수령에 달려 있는데 조정에서 비록 날마다 恤民의 政事를 강구하더라도 수령이 역할을 제대로 하지 않으면 백성들에게 은택이 미치지 않게 된다"라고 하며 읍마다 적절한 수령의 확보가 어려우나 감사의 수령에 대한 殿最를 강화하고 조정에서 내리는 명이 신중하고 간단해야 함을 지적하였다.[159]

다음으로 軍民의 최급무로서 양역 부족으로 인한 兒弱·逃故의 폐를 들었다. 이로 인해 각 기관의 舊名色이 이미 많은 데 비해 양민은 날마나 축소된다는 것이다. 州縣의 관리는 考課를 두려워하여 式年의 虛位充定을 도모하기 때문에 簽丁 사례가 비일비재하고, 이로 인해 임진년 이래 근 백년 동안 보충되지 않은 虛額의 수는 파악할 수조차 없는 실정임을 지적하였다.[160]

이와 같이 김수흥은 당시의 실정을 대변통이 필요한 위기상황으로 규정하면서, 해결방법으로는 조세감면·진휼정책의 시행과 기강 확립, 수령제 정비라는 전통적인 지배층의 향정론을 견지하고 있다. 더 나아가 그는 상대적으로 적극적 개혁방안이었던 五家統·紙牌 내지 戶布論의 대두에 대해 다음과 같은 시각에서 반대하고 있었다.

> 나라를 다스리는 要諦는 오직 養兵·養民에 있습니다. 民이 不養하면 비록 養兵을 하려 해도 이룰 수 없습니다. 安民 이후 바야흐로 적을 제압하고 本을 유지하는 것입니다. …… 오늘날의 급무는 오직 養民의 政事를 강구하는 데 있습니다. 八路에 전령을 내려 民이 樂生之心을 지닌 연후에 養兵之政을 차제에 거행하는 것이 가할 줄 압니다. 옛 聖賢도 人心에 따른 다음에야 和氣를 맞이할 수 있다고 하였습니다.[161]

민들이 원기를 회복한 이후에야 각종 대민정책이 시행될 수 있다고 본

---

159) 『退憂堂集』卷5, 陳所懷箚 18~19쪽.
160) 『退憂堂集』卷5, 陳所懷箚 18~19쪽.
161) 『退憂堂集』卷6, 所箚 陳所懷箚.

것이다. 그는 숙종 원년 이후 五家統·紙牌制·良役査覈·戶布論에 이르
는 일련의 제도개혁이 養民論보다는 국가의 목적을 위한 養兵論에 치우쳤
음을 다음과 같이 지적하였다.

　　소위 변통할 때는 시기가 가장 중요한데 만약 잘된 변통이 아니면 更張
　하는 것이 무익할 뿐 아니라 오히려 어찌 해로움에 가깝다고 하지 않을 수
　있겠습니까. 臣은 잘된 變通이 아니어 끝내 弊가 있는 것이라면, 차라리 舊
　章을 준수하고, 병을 발견하면 약을 가하며 일에 따라 脩明하는 것이 나을
　것이라고 생각합니다. 제가 듣기에 信義야말로 人君의 大寶라 했습니다.
　그러므로 聖人도 兵과 食은 떠나가더라도 신의만 있으면 이것이 낫다고
　하였습니다. 지금 최대의 환란은 조정의 법령이 민에게 신뢰를 얻지 못하
　는 것입니다. 무릇 立法하여 頒令하는 초기에는 반드시 이후 어떠한 이로
　움과 病幣가 있는지 깊이 살피고 영구히 폐단이 없음을 안 연후에 거행하
　되, 혹 일시 불편한 논의가 있더라도 굳건히 지켜 변경시키지 말아야 합니
　다. 지금은 그렇지 않습니다. 한 가지 법을 행하고 한 가지 令을 내는 데 혹
　1~2인의 의견을 따라 쉽게 바꾸고 거행하여 필경에는 행하기 어려운 병이
　되어 부득불 폐하게 됩니다. 그때마다 民情의 웃음거리를 사서 信義를 잃
　게 되니 어찌 심히 애석한 일이 아니겠습니까. 臣이 바라옵건대 지금 이후
　舊法을 변경하고 新法을 행할 때 반드시 이로써 계율을 삼아 신중하게 하
　면 國體가 존귀해지고 법령이 행해질 수 있을 것입니다. 국가는 이로써 일
　정한 법이 있은즉 君臣의 上下가 고수되고 유지된 연후 紀綱이 설 수 있고
　民志가 정해질 수 있을 것입니다.[162]

　養兵보다 養民을 강조하고, 특히 제도를 개혁할 때는 시기의 문제가 중
요하며 오히려 구제도를 준수하여 사안에 따라 정비하는 쪽이 보다 나은
방안이라는 것이다. 즉 民의 信義 회복을 전제로 한 소극적 현상유지론을
표현하고 있다.
　이 같은 입장을 지닌 김수홍은 경신환국 후 서인정권에 가담하면서 남
인정권 하의 제반 개혁정책을 앞장서서 배제하였으며, 차후 김석주·김수

---

162)『退憂堂集』卷6, 所箚 陳所懷箚.

항 등이 시행 여부에 집착했던 호포법에 대해서도 강력하게 반대입장을
표명하였다. 숙종 6년 5월 김수홍은

> 백성들의 고통이 근래 더욱 심하여 원망의 소리가 길에 널렸는데 紙牌
> 한 가지 일이라도 속히 變通하는 것이 좋겠습니다. 先王朝 때에도 시행하
> 려 했지만 끝내 시행하지 못했습니다. 왕안석의 신법 가운데 어찌 한두 조
> 항이라고 좋은 법규가 없었겠습니까마는 사마광이 다시 들어온 뒤에 모두
> 혁파했던 것은 대개 民心을 위무하기 위함이었습니다.[163]

라고 하였고 숙종 또한 다음 해 봄 式年에 재차 절목을 만들어 혁파하라고
하였다.[164] 그러나 앞서 살펴본 것처럼 紙牌制는 통치상 그 필요성이 크게
인정되었고, 재차 정비되어 존속되었다.

한편 숙종 8년 1월 김수홍은 啓를 통해 당시 서인정권의 현안이었던 호
포법에 대해 적극 반대하고 있다.

> 변란을 누차 겪고 祖宗法制 또한 폐가 아닌 것이 없는데 良民이 거꾸로
> 매달리는 듯한 지금의 폐해 중 급한 것은 실제로 朝夕 간에 보장할 수 없
> 을 정도의 사세입니다. 수십 년 동안 時弊를 말할 때마다 이를 제 일의로
> 삼았으나 救弊策은 아직 방도를 얻지 못하였습니다. 한두 논설자가 내놓은
> 것 또한 破東補西 정도의 계책이거나 目前之歸에 불과한 정도입니다. 戶
> 布 논의는 부득이한 계책에서 나왔으나 진실로 이 법이 충분히 좋고 폐가
> 없는지 살펴보아야 합니다. 先輩 長者가 時務에 유의하여 이 법 외에는 다
> 른 계책이 없음을 거듭 이야기하나 단지 백성의 마음을 바꾸는 것을 꺼리
> 기 때문에 일에서 혼란된 논의가 일고 시종 한 번 시행되는 경우가 없을
> 것입니다. 지금 말하는 자들은 대개 민심의 동요를 염려하나 臣은 民心뿐
> 아니라 오늘날 국사가 진정으로 存亡之秋에 있으니 변통하는 新法이 오로
> 지게 國體를 상하게 할까 염려되어 재차 대신과 호포의 논의를 전개해야
> 한다고 봅니다.[165]

---

163) 『肅宗實錄』卷9, 肅宗 6年 5月 癸丑, 38책 454쪽.
164) 위와 같음.
165) 『退憂堂集』卷5, 陳所懷箚 16~17쪽.

라고 하였다. 이와 관련된 숙종 8년 1월 4일자 箚子에서 김수흥은 "아주 폐단이 없는 좋은 법이라도 고칠 즈음에는 뭇 사람의 뜻에 다 맞을지를 보장하기 어려운데, 하물며 편리할지 불편할지도 확실히 알 수 없는 이 법이야 말할 것이 있겠습니까"라고 하여 호포에 관한 의논을 빨리 그만두기를 청하였다.[166] 동 8년 2월 6일자 논의에서 영의정 김수항이 지금의 民弊 제거를 위해 호포론이 적절한 방책임을 강조하자 김수흥은 戶布와 大軍籍은 모두 시행할 수 없다면서 大司諫 柳櫶의 의견과 같은 減額論을 주장하였다. 유헌은 방만한 軍門을 정리하기 위한 방법으로서 兩都監과 精抄軍의 폐지를 들고, 大軍籍으로 인한 민심의 동요를 방지하기 위해 軍額을 줄여 식량을 덜고 校生의 沙汰를 주장했다.[167]

한편 이에 앞서 숙종 7년 4월 대사헌 李端夏(인조 3, 1626~숙종 15, 1689)는 班常差別論과 事勢論을 들어 호포론에 강력히 반대하였다.[168] 그는 호포론 찬성론자들이 "위로 공경으로부터 아래로 미천한 백성에 이르기까지 한 집도 布를 내지 않은 자가 없을 것이니 이것은 크게 균등한 방법이 될 것이다. 누가 감히 원망할 것인가. 이로 인해 逃故·兒弱·隣族의 폐단도 소제할 수 있을 것이다"라고 주장하는 데 대해,

貴賤을 논하지 않고 모두 호포를 내면 朝紳은 국가의 위태로운 상황을

---

166) 『肅宗實錄』 卷13, 肅宗 8年 正月 壬子, 38책 576쪽. 이때 동년 1월 7일 書講에서 좌의정 閔鼎重은 戶布 반대를 주장하는 金壽興을 나무라며 "국가의 모든 일은 규모를 헤아려 정하고 나서야 시행할 것인지를 결단할 수 있습니다. 의논이 어지럽다 하여 쉽사리 그만둔다면 무슨 일인들 할 수 있겠습니까"라고 하고, 국왕 肅宗도 "비록 좋은 법이 있더라도 번번이 異意가 있거니와 事勢가 이로운지를 살펴야 할 뿐이고 근거없는 의론에 흔들리지 말아야 하니 반드시 익히 강구하여 시행할지를 결정해야 할 것이다"라 하여 적극적인 시행 의지를 표명하였다(『肅宗實錄』 卷13, 肅宗 8年 正月 乙卯, 38책 576쪽).

167) 『肅宗實錄』 卷13, 肅宗 8年 2月 甲申, 38책 581쪽.

168) 애초에 李端夏는 戶布贊成論 쪽에 섰으나 나름대로 향촌의 사정을 파악한 후 적극적 반대론자로 돌아섰다(『肅宗實錄』 卷11, 肅宗 7年 6月 甲辰, 38책 537쪽). 李端夏의 經世論에 대해서는 金駿錫, 「畏齋 李端夏의 時局觀과 社倉論」, 『韓南大 論文集 人文·社會科學篇』 16, 1986 참조.

위하여 비록 꺼리는 바가 없다 하더라도, 士子로 말한다면 평생 동안 고생하며 부지런히 독서만 하는 자가 한 자도 읽지 않는 자와 같이 그 포를 내는 것은 또한 억울하지 않겠습니까. 臣이 생각컨대 이 법은 맹자가 배척한 "큰 신과 작은 신의 값은 똑같다"는 말에 가깝습니다. 크게 軍籍을 하는 데 이르러서는 이것도 진실로 마땅히 시행해야 할 법이나 變亂이 겨우 제거되고 凶荒이 몹시 참혹한 날을 당하여 갑자기 시행하기 어렵습니다.

라고 하여 명분론과 함께 대다수 양반들이 현실적으로 극히 곤란한 생활을 영위하고 있다는 이유 등을 들어 반대하고 있다. 대신 士民으로서 役이 없이 한가하게 노는 자는 軍額에 충당시키자는 방안을 제시하였다. 비록 재상의 자제라도 忠贊衛와 忠順衛에 소속시키고 그 가운데 문·무를 업으로 삼는 자는 太學·四學·鄕校·內禁衛 등의 衛에 귀속시키고, 나머지는 포를 징수하되 入番하면 포를 감면해 주게 하였다. 또한 外方의 군사로 양성하는 데 합당한 자에게는 復戶와 保丁을 주어 緩急의 일에 대비할 수 있게 하였다.[169]

경신환국 이후 등장한 서인정권은 남인정권 하에 시행된 오가통·지패제와 같은 지방제도 개혁론을 민심의 동요라는 명분 하에 적극 배제하고자 했다. 그러나 지패제와 같은 제도는 淸과의 관계가 정리되고 民俗의 파악, 軍丁 차발 및 決訟의 근거자료로서 거듭 존치되고 점차 호적제도의 보완기구로서 기능하게 된다. 서인집권층에서도 숙종 7년의 논의를 통해 그 효능을 인정하였다. 반대자로 분류된 김석주와 김수항도 "紙牌의 법이 커다란 이익이 되는지 알 수 없으나 이미 성립된 제도이므로 破하지 말 것"을 말하면서 民數의 파악과 獄訟 판결에 필요하다고 하였다. 반면 우의정 李尙眞은 별도 事目을 제정하고 면리제를 활용하고 面任들에게 주지시켜

---

169) 『肅宗實錄』 卷11, 肅宗 7年 4月 丙戌. 이에 대해 당시 戶布論 지지자였던 영의정 金壽恒은 "만약 하루아침에 갑자기 재상의 子弟로서 무예를 닦지 않은 자가 입번하면 宿衛를 삼고 入番하지 않으면 布를 징수한다면 外方의 忠贊衛·忠順衛는 모두 有蔭 자손이라 軍役과 다름이 없게 되어 반드시 원망하지 않을 수가 없을 것이니 祖宗의 法은 경솔하게 바꾸어 시행할 수가 없습니다"라고 하여 반대입장을 표명하였다(『肅宗實錄』 卷11, 肅宗 7年 6月 甲辰, 38책 537쪽).

시행할 것을 적극 주장하였다. 결국 숙종은 지패제가 향촌통치에 필요한 제도임을 강조하여 존치를 명하였다.[170]

한편 서인계열의 주장은 事勢論과 민심동요라는 현상적 요인을 내걸어 적극적인 향정개혁의 추진에 반대하고, 부분적인 조세제도·재정체계의 변통을 통해 문제를 해결하고자 했다. 그러한 입장은 호포론으로 귀결되었다. 그러나 제도의 시행을 둘러싸고 보수지배층 내부에서조차 광범한 반대론이 제기되고 호포론 옹호자들이 스스로 개혁론자의 입장을 자처하는 모습을 지니게 된다. 즉 남인인 윤휴계열의 적극적 향정론에 반대한 서인들의 논리가 재차 자신들이 시행하려 한 호포론의 반대견해로 등장되는 사실이 확인된다.

이상 17세기 國家再造論의 일환으로 제기된 鄕政論은 현종대와 숙종 초에 활발한 논의과정을 거쳐 국가 차원에서 적극적인 시행이 모색되었다. 그런데 구체적인 실시단계에서 庚申換局·己巳換局·甲戌獄事 등 정국변화를 거치는 동안 執權 黨色의 이해관계에 따라 그 부침이 거듭되었다. 그러나 숙종 7년의 논의과정에서 보듯 정부의 향촌대책은 정론가들의 현실인식과 당색에 따른 갈등에도 불구하고 향촌지배의 효용성에 대한 집권층 내부의 합의를 거쳐 채택, 시행되었다. 당 시기 지배층은 비록 내부갈등이 온존되었으나 구체적인 향촌정책의 시행과정에서는 민에 대해 동일한 이해관계를 표출한 것으로 보인다.

구체적으로 이 시기에는 면리제·오가통제로 표징되는 공적 사회제도의 정비, 호적제도의 보완장치로 자리잡은 호패제, 그리고 향약조직의 전국적 기구화를 모색하는 과정에서 행해진 재지세력에 대한 견제 등 民과 鄕村을 위요한 포괄적인 통치체제의 정비가 이루어진다.

170) 『增補文獻備考』 卷162, 戶口考2.

제3장 鄕村對策과 面里制의 확립

극심한 전란을 겪은 후 정부가 시행한 제 개혁안은 체제붕괴를 타개한다는 위기의식에서 발로되었다. 그런데 이미 살펴본 여러 정책이 지속적이고 효율적으로 시행되기 위해서는 통치와 수취의 하부단위인 향촌사회의 제도적 정비가 수반되어야만 했다. 지방제도는 향촌 현실에 대한 사회·경제·재정면에 걸친 국가정책이 지속적으로 수행되게 하는 제도적·법적 장치였기 때문이다. 주목되는 점은 17세기 국가재조와 관련하여 정부의 향촌지배정책의 전환이 나타난다는 것이다. 정부는 전통적인 郡縣制 정비 및 守令制 강화정책에서 한 걸음 더 나아가 구체적으로 생산의 현장이자 통치의 객체인 향촌사회·민에 대한 통치조직을 정비하고 운영직임을 확정하는 데 노력을 기울인 사실이 나타난다. 바로 공적 사회제도로서 面里制를 수립하고 향촌에 대한 체계적이고 지속적인 지배를 도모하였다.

1. 17세기 면리제의 확립과정

1) 면리제 성립의 기초

村落은 일정한 주거지와 경작지에 근거를 둔 近隣의 인간집단 조직을 의미하며 거주민들의 생활상의 필요와 재생산의 필요에 따라 형성되었다. 따라서 촌락 내에는 지역의 근접, 생활형태와 감정의 근사성에 기반하여 지닐 수 있는 강한 隣保團結의 기조가 긴밀하게 형성되어 있고 본래의 생성적·자율적인 질서를 지니고 있다.

원론적으로 촌락의 발전은 인구의 증가, 생산력의 발전에 따른 경작지의 확대, 유통경제의 발달에 의한 場市圈의 형성에 의해 영향을 받는다. 또한 인위적 요인으로 촌락의 운영문제나 국가에 대한 부세문제와 관련되어 나타나는 재지 주도세력 간의 갈등 대립, 그리고 향촌을 직접 지배 하에 두고자 하는 외적인 국가적 질서의 확산에 의해 좌우된다. 국가의 입장에서는 향촌의 재래적 자율적 질서와 이에 부수된 재지세력의 계급적 지배, 즉 사적 토지소유 및 人身的 지배를 바탕으로 한 지배관계와 혈연적·지연적 결합의 舊殼을 이떻게 깨뜨리며 어떠한 체제에 의해 이를 담아내느냐의 문제가 항상 관건이 되었다. 따라서 鄕村支配體制·地方制度의 성립이란 국가의 지배와 재지세력의 대응 내지 두 기축 상호 간의 조화와 타협의 산물이었던 셈이다.

촌락은 전근대사회의 기본적인 생산기반이며 국가유지를 위한 부세의 징수, 그리고 정치적인 통치 단위로서 규정된다. 역대 왕조와 마찬가지로 조선왕조는 촌락이 지니는 정치·군사 내지 경제상의 기반으로서 그 가치를 인정하고 이를 장악하기 위해 고립된 촌락을 일정한 질서 하에 통합시키고 관료조직 말단에 긴박·결합시키려는 노력을 경주하였다. 이러한 작업의 일환으로 조선왕조는 자치적인 자연촌락을 일정한 호수를 단위로 편의적으로 분할하여 그것을 統·里(洞)·面(坊)으로 단계적으로 편성시키고, 統首·里正·面任의 운영 직임을 설정한 후 이를 지방행정조직의 최하급인 郡縣에 결부시켰다. 면리제는 인위적 공간과 특정의 整序形式을 전제로 편제된 일종의 행정촌적 성격이 강하였으며, 五家統制는 그 하부 조직이자 국가권력의 개별 民人에 대한 침투통로의 기능을 수행하였다.

말하자면 촌락의 형성과 발전은 사회경제적으로 구체적 역사적인 제 조건에 규정 받으며 진행되면서도, 하부구조의 변동에 대응하여 이를 새롭게 편제하려는 국가의 정책에 따라 그 정도가 규제되기도 한다. 변방지역의 堡의 설치와 徙民政策, 流移民對策의 하나인 屯田·農場의 형성, 정조 13년 水原府와 같은 新邑의 형성을 그 예로 들 수 있다. 이 경우 이주해 온 徙民은 그의 향리에서 집단적으로 전통적 질서를 保持하면서 내왕한 것이

아니고 개별 분산된 이주자의 내왕으로 간주된다. 신이주자가 거주하는 향
리는 잡다한 집합체로 구성되는 동시에 종래 향리에 있었던 族的 결합과
전통적·자율적 질서가 단절된다. 그 중 변방의 新邑이나 둔전의 경우 가
옥·토지 등 생산수단을 국가로부터 분배받게 되는데 이를 계기로 新來住
民의 재생산에 국가권력이 개재하게 된다. 종래의 족적 결합과 전통적 질
서가 단절된 新邑 내의 里制에 국가권력에 의해 作制的·人爲的 질서를
수립하고 동시에 국가는 이를 통해 民에 대한 개별적 지배를 관철시키고
자 하였다.

이와 달리 자연촌의 내부구조에는 재지세력의 계급적 이해를 관철하는
조직과 기층민 사이의 족적 결합이 존재하므로 여기에 새로운 국가적 질
서의 수립, 즉 面里編制를 시도할 때에는 복잡한 갈등 양상이 나타난다.
재지세력에 의한 향촌지배는 본질적으로 토지 및 노비 소유자로서 스스로
의 계급적 기초에 입각하여 지배를 관철하는 것이다. 그런데 국가는 古政
制(周代 鄕遂制)를 모방한 촌락편제를 강행하거나 부세수취의 편의성을
감안한 호수단위의 새로운 조직을 강제하며, 자치체의 분할 내지 병합을
시도하고자 한다. 이때야말로 향촌사회의 주도권을 둘러싸고 국가권력(守
令權) 대 재지세력 간에 갈등이 극대화되는 것이다. 물론 국가는 對民支配
라는 기본적인 틀을 변화시키지 않는 한도 내에서 이들 촌락자치제의 책
임자를 배척하지 않고 오히려 통치의 보조수단으로 이용하고자 한 사실은
거듭 확인된다.

한편 새롭게 五家統·面里制에 편제되는 민들은 조세원이자 부역담당
자로서 의미를 지니며 국가의 직접적 지배대상으로 파악되게 된다. 그러나
이 시기 꾸준한 생산력의 발전, 화폐경제의 발달, 국가의 부세정책의 시행
에 맞물려 생산체계가 개편되면서 촌락사회 또한 분화·발전되며 농민층
분해는 심화된다. 향촌민 내부에는 심각한 계층분화를 통해 地主·佃戶,
主戶·挾戶, 饒戶·富民과 貧農, 雇農의 존재 등 생산관계·신분제에 규
정되는 대립이 항존하였고, 이와 같은 문제가 온존된 채 민들은 오가통·
면리제에 조직·편제되었던 것이다.

따라서 국가의 자기목적 수행을 위해 설정한 17세기 면리제가 그 위치를 확보하기 위해서는 기존의 향촌질서 즉 다양한 사회단위, 생산관계, 사회조직 등을 어떻게 공적 사회제도 하에 통일적으로 결합시키느냐가 관건이었다. 다음으로 단지 향촌사회의 상층농민을 面·里任으로 활용한다는 차원이 아닌 기존 향촌 내 사회조직을 여하히 부세수취와 행정유지와 같은 국가적 지배의 관철에 이용할 수 있느냐의 여부, 그리고 재지세력을 어떻게 향촌통치체제의 직임으로 포섭하느냐 등의 문제가 제기되었다.

15세기 중엽 정부는 "5戶를 1統으로 하여 統主를 두며 5統(25戶)을 1里로 하여 里正을, 그리고 각 面에 勸農官을 두어" 五家統組織과 그것의 확대 편제로서 面里를 설정하고 있다.[1] 정부는 면리제를 통해 소농민층을 기축으로 한 촌락민을 직접 파악함으로써 재지세력(品官·鄕吏·富戶 등 土豪)의 사적 지배 및 수탈을 배제하려 했으며, 통치질서의 확립 및 수취체계의 유지를 위한 기반확보 등 중앙집권적 촌락지배를 강화할 수 있는 계기로 삼으려 했다.

그러나 15세기 후반 들어 조선전기 면리제는 다음과 같은 구조적인 문제와 운영 차원의 문제로 인해 점차 취약성을 드러내고 있었다.

조선 초기에는 자연촌락의 인구집중이 영세하여 몇 개의 촌락을 묶어서 里로 편제하였다. 面은 邑治를 중심으로 사방에 4개 면을 두는 方位面體制였다. 面의 규모가 심한 불균등성을 보이고 있고, 운영상 일관된 체제가 없어서 아직 촌락의 상급단위로서 기능을 수행하지 못하였다. 또한 직촌화되지 않는 任內가 잔존하며 향리와 유향소 조직이 독자적으로 형성되어 民에 대한 통일적 지배관계의 형성이 불가능했다.[2] 한편 운영 차원에서도 면리제를 통한 官權 일변도의 지방사회 운영체제는 행정적·권력적 측면에 주로 의존했기 때문에 향촌내 제반 조직과의 유기적 결합이 부족했다. 이에 따라 儒鄕品官, 鄕吏 등 토호적 세력이 수령권과의 타협 결탁을 통해 향촌내 사적 기반을 확장하고 소농민을 포함한 일반 촌락민에 대한 수탈

---

1) 『經國大典』 卷2, 戶典 戶籍條.
2) 李樹健, 「直村考」, 『大邱史學』 15·16, 1978, 322쪽.

과 지배를 강화해 나갔다. 또한 재지사족들은 새로운 향촌사회의 운영질서를 강구하고 鄕約類의 보급을 통해 면리제와 병행된 향약조직을 형성해 갔다.[3]

임란을 계기로 조선전기의 面里 편제와 재지사족에 의한 향촌 운영질서는 일대 변동하게 된다. 대체로 17세기 이전의 面里는 계통화된 행정편제라기보다 수개의 자연촌락이 大村에 부수된 형태로 廣域의 里가 설정되어 있었다. 그 중 대표되는 洞(本洞)과 里(本里)가 이들 전체 명칭으로 사용되고 있었다.[4]

그런데 이러한 자연촌들은 점차 분화하여 성장하게 된다. 이는 16세기 이후 본격적으로 진행되는 둑과 제방·저수지 개발 등으로 농경지역이 평야 저지대로 확산되면서 급속화되고, 집약농법에 의한 소농경제의 발달에 힘입은 바 컸다. 16세기 말에서 17세기 초 전란으로 인해 자연촌의 발전이 일시 둔화되었으나, 국가와 재지세력들의 民에 대한 적극적 安集策을 바탕으로 현종대, 숙종대에는 다시 회복되는 모습을 보인다. 외침·전란의 피해를 복구하는 과정에서 주로 洑가 많이 보급되었고, 곳곳에서 폐기되어 버린 堤堰조차 복원하는 사업이 진행되었다. 각 촌락은 川防·堰田을 장점이 많은 水利技術로 적극 평가하면서 자체적으로 개발을 주도하는 추세가 현저해졌다. 특히 川防築造에 소요되는 인력은 본래 큰 규모가 아니어서 촌락 자체의 힘으로 쉽게 시행할 수 있었다.[5]

이 과정에서 수개 촌을 묶은 큰 규모의 里가 분해되어 개별적인 자연촌락인 里로 확정되고, 독자적인 생활권을 형성하지 못한 小村은 大村에 흡수되거나 병합되어 里로 편제되어 간다.[6] 비록 임란으로 타격을 받으나 촌락 내의 점진적인 인구증가, 촌락 내외의 전답개간으로 보다 완결된 촌락

---

3) 李泰鎭, 『韓國社會史研究』, 知識産業社, 1986, 217~219쪽 ; 朴鎭愚, 「朝鮮初期 面里制와 村落支配의 强化」, 『韓國史論』 20, 1988, 199~120쪽 참조.
4) 晉州의 경우 各里는 여러 개의 자연촌락적 존재로서 屬坊(洞·村·谷·川) 5~6 개를 관할하는 지역촌이었다(『晉陽誌』 卷1, 各里條). 咸安의 경우 各里마다 평균 8~9개의 屬村坊을 지니고 있었다(『咸州誌』 卷1, 各里條).
5) 李泰鎭, 앞의 책, 1986, 353쪽.
6) 金俊亨, 「朝鮮後期 面里制의 性格」, 서울대학교 석사학위논문, 1982.

으로 성장할 수 있었다. 또한 方位面 밑에 있던 里가 새로운 面으로 등장
하면서 그간에 분리·통합이 나타나거나 또는 方位面이 각각 몇 개 面으
로 세분화되어 나타나며, 지역명칭이 붙은 새로운 面이 나타난다.7)

　이러한 새로운 面里編制로의 이행은 임란 이후에도 일반화되어 현종·
숙종대에는 상당한 정도로 진척되어 있었다. 숙종 연간의 「五家統事目」,
「寬恤事目」, 「良役變通節目」은 이 같은 面里편제에 바탕을 두었는데 이
는 자연촌 중심의 里 기능을 인정하여 국가의 강력한 촌락지배의 의지를
관철하고자 했던 것이다. 다시 말해 새로운 面里制의 정비가 확산되고 있
음을 보여주는 사실이기도 하다.

　문제는 面里의 수적 증가와 함께 그 내부에 지니고 있던 공동체적 기반
과 촌락 주도세력의 변모 등이 상호 밀접히 관련된다는 사실이다. 이와 같
은 촌락구성이 재편되는 과정에서 한 개의 자연촌락이 본래의 소속 里를
따라 새로운 里를 형성하는 경우 徵稅·賦役·鄕任擇定 등의 행정상의
제 문제, 그리고 재지세력 간의 주도권 쟁취나 이해의 상충, 타협과정이 있

---

7) 咸安의 경우 임란을 전후하여 평균 8~9개의 屬坊(洞·谷·村)을 지닌 里가 지역
　촌으로서 존재하는데 차후 18세기에 이르러 里-坊체계가 面-里체계로 확대 정
　비된다.
　　『咸州誌』卷1, 各里條(宣祖 20年 1587, 後代 增補):竝谷里(杜谷·內洞·外洞·
　主吏洞·左中校洞·大峴洞·山村) 上里(栗田村 포함 8개) 下里(靑牛里 포함 13
　개) 比吏谷里(眉山底村 포함 9개) 大谷里(馬項村 포함 14개) 山足里(院北洞 포
　함 9개) 平廣里(長安洞 포함 5개) 竹山里(毛老谷 포함 4개) 安道里(池頭村 포함
　10개) 南山里(長存洞 포함 8개) 牛谷里(舌谷 포함 8개) 白沙里(望慈庵洞 포함 7
　개) 馬輪里(泉寺洞 포함 8개) 大山里(松川 포함 7개) 代山里(沙器所 포함 16개)
　安仁里(內洞 포함 7개) 山翼里(新谷 포함 9개) 이상 17개 里.
　　『輿地圖書』(英祖 33년, 1755):竝谷面(7) 上里(8) 山內(6) 山外(3) 比谷(9) 大谷
　(14) 平廣(3) 山足(7) 安道(6) 南山(8) 牛谷(5) 白沙(5) 馬輪(5) 大山(6) 內代山
　(13) 外代山(6) 安仁(7) 山翼(7) 이상 18개 面.
　　安東의 경우 「永嘉誌」(宣祖 35年 1602, 後代 增補)와 『戶口總數』(正祖 13年
　1789)를 비교하면 安東 읍내의 東部·西部(13개 屬坊)가 府內面(14개 里)으로,
　府東(35개 村)이 東先面·東後面(24개 里)으로, 府南(11村)이 南先面·南後面
　(22개 里)으로, 府西(30개 村)이 西先面·西後面(19개 里)으로, 府北(51개 村)이
　府先面·府後面(23개 里)으로 개편되었고 臨河縣을 포함한 9개 屬縣도 16개의
　面으로 倂合整備되었다.

게 마련이고 이러한 여러 양상들은 바로 향촌질서의 본질적인 변화 요인으로서 작용했을 것이다.[8]

임란 이후 面里편제의 변동은, 자연촌락이 행정 말단의 里로 독립하고 이들 里를 관장하는 面의 기능이 강화되면서 외견상이나마 面을 통한 국가권력의 郡縣 내부로의 침투가 용이해진 사실로 정리할 수 있다. 전통적으로 향촌지배층의 지배근거는 里에 있었는데, 里의 영역이 자연촌락 규모로 축소되고 예전의 里 영역이 面으로 대체되는 상황이 나타난다. 수령은 변화된 面을 감당하는 面任을 임명하여 자신의 관장 하에 두고자 했다. 따라서 面任職은 점차 수령에게 직접적인 부림을 당하는 官任과 동일시되고 재지사족은 이를 회피하려는 움직임을 분명히 하였다. 결국 새로운 面里편제의 전개로 인해 재지세력의 독점적인 鄕權 장악은 위기를 맞게 된다.

16세기의 재지사족은 농법개량 등 경영상의 노력으로 사적 토지소유를 확립하고 노비에 대한 인신적 지배를 행하고 있었다. 또한 鄕約, 洞契의 운영을 통해 촌락민의 재생산구조를 장악하여 자신의 촌락지배를 관철하고, 여기에 상하 신분질서를 문란케 하는 자를 벌칙규정으로 다스림으로써 그 지배를 공고히 할 수 있었다.

그러나 거의 50여 년에 걸친 장기전쟁으로 촌락이 황폐해지고 민이 흩어지면서 촌락지배의 마비 상태가 초래되자 재지사족들은 촌락에서의 자신들의 지위를 복구하기 위해 많은 노력을 기울였다. 가시적인 사실로서 주변 洞里의 촌락민을 포함하여 上下契를 조직하고 자연촌락의 범위를 넘어 광범위한 지역에 거주하는 민 전체에 대해 지배를 확립하고자 했다. 이때의 인간지배는 원리적으로 자기의 토지소유와는 상관 없는 것이었으나, 일반 민을 구성원으로 한다는 점에서 조직 자체의 정당성이 민에 의해 어느 정도 보장되었고, 국가에 의해서도 잠정적이나마 자치제의 협조기능으로 인정되었다.

그런데 17세기 정부는 國家再造의 차원에서 役制를 정비하고 대동법을

8) 李海濬, 「朝鮮後期 洞契·洞約組織과 村落共同體組織의 性格」, 『朝鮮後期 鄕約 研究』, 民音社, 1990, 124~125쪽 참조.

통한 토지의 공적이고 보편적 지배를 확대하고, 面里制・五家統制와 같은
향촌지배기구를 대대적으로 확장시켰다. 전란 이후 농민들은 성장된 사회
의식에 기반하여 국가에 의한 공적 지배 이외의 것은 배제하는 경향이 두
드러졌다.[9] 이에 따라 재지사족의 향촌지배는 새로운 面里 편제의 정착과
자체 물적 토대의 동요・축소 등의 요인이 복합되어 점차 부정・약화되어
가는 형국이 전개되었다. 차후 향촌사회의 운영을 둘러싸고 守令權과 官
司體制를 통한 국가통치질서의 확장과 이에 대응하는 재지사족과 사적인
사회조직, 그리고 성장하는 민들의 저항 문제가 첨예하게 대두된다.

2) 면리제 개혁안의 대두

17세기의 조선사회는 전란으로 인한 생산관계, 사회조직은 물론 조선전
기의 『經國大典』的 體制(役制・統治體制)가 무너져 내리는 상황이 전개
되었다. 이에 따라 지배층 내부에서는 조선사회의 체제붕괴 위기를 극복하
기 위한 國家再造와 收合 방략이 다양하게 제기되고 있었다. 政論家들 가
운데에는 국가재정 확보, 치안・행정체계의 유지 차원을 넘어 근본적으로
향촌사회를 재편성하고 對民支配體制를 확립하려는 견해가 제시되었다.

우선 정부는 기존 守令과 官司體系 중심의 군현제를 유지하는 한편 통
치의 근간조직을 보다 확장시켜 면리제와 그 하부기구인 오가통제를 정비
하여 당시의 향촌문제를 해결하고자 했다. 집권층이나 정론가들은 새로운
鄕政論의 정치이념상의 원형으로 周代 鄕邃制를 비롯한 先王의 政制를

---

9) 임란 이후 奴婢 및 佃戶의 도망이 급격히 늘어나자 재지사족들은 이에 대응하기
   위해 사족 상호간의 결속모색, 上下合契의 조직, 촌락내 농민의 안정을 위한 상호
   구휼의 실시 등을 마련한다(『溫溪洞規』 洞令, "犯者不係奴婢人是去如 洞中論決
   除良 依他告官治罪爲乎乙事"; 鄭震英, 「16, 17世紀 在地士族의 鄕村支配와 그
   性格」, 『역사와 현실』 3, 1991 참조). 이는 재지사족들이 노비 외 일반 농민에 대
   한 통제에 부심하고 결국 노비추쇄를 관권에 의존할 수밖에 없었던 사정을 추측
   케 한다. 한편 국가 차원에서 시행된 대동법 등 새로운 부세제도를 통해 토지에
   대한 공적지배 의식이 확산되었던 사실을 지적할 수 있다(18세기 이후의 설명이
   지만 西田信治, 「李朝後期の朝鮮社會と國家」, 『朝鮮史硏究會論文集』 26, 1989,
   77쪽 참조).

제시하고[10] 역대 중국 행정촌의 시행사례를 참고하려 했다. 그러나 대부분의 경우 조선과 중국의 地宜 및 時宜의 차이를 염두에 두고 다양한 내용을 담고 있었다. 국가권력이 집약적으로 실현되고 있는 향촌사회를 어떻게 개혁·정비할 것인가 하는 문제는 국가권력과 재지세력, 기층민과의 관계를 여하히 설정할 것인가의 문제로 치환되기도 한다. 따라서 향촌개혁안에는 당시 전 사회체제의 정비에 관련된 개혁이념이 적극 반영되어 있다. 여기에서 문제는 향촌사회 내 종횡의 유기적인 관련 속에 존재하는 제반 사회조직·단위들을 여하히 단일 지배체제 속에 혼융시킬 수 있느냐에 관한 것이었다.

당시 개진된 鄕政論은 논자의 입장에 따라 面里制·鄕社制·鄕里論 등 명칭만큼이나 그 내용이 다양하였다. 크게는 토지개혁, 신분제개혁을 포함하여 보다 근본적인 체제변혁을 지향하는 논의의 연장선상에서 제기되었는가 아니면 개량적이고 점진적인 정비론에 그쳤는가에 따라 구분되었다. 물론 어떤 형태의 논의든 궁극적으로 향촌·민에 대한 국가의 단일 지배체제를 확립하려 한 점에서는 일치된다. 내용에서도 군현제의 하부 근간조직으로 面里制를 확정하여 五家統制를 비롯한 하부조직을 장악하고, 面里機構의 담당자들의 선발에 적극 관여하여 재지사족을 그 직임자로 포섭하고자 했다.

17세기 당시 畿湖南人 계열의 정론가들이 적극적으로 鄕政論을 개진하였는데 磻溪 柳馨遠은 그 대표적인 인물이다. 그의 향정론은 주대 봉건제

---

10) 面里制 - 五家作統制의 조직원리와 관련있는 周代의 지방제도는 六鄕六遂制였다. 『周禮』 地官의 기재에 따르면, 중앙에는 500里의 王城(國中)이 있고 그 주위 100里 지역이 鄕이고 6鄕이 위치한다. 그 밖의 주위 100里 지역은 旬이고 여기에 6遂가 위치한다. 1鄕은 12,500家로 이루어져 있으며 家數를 기본으로 比(5家)·閭(5比)·族(4閭)·黨(5族)·州(5黨)·鄕(5州)의 지역단위로 구분된다. 旬에 두어진 6遂의 遂는 隣(5家)·里(5隣)·鄯(4里)·鄙(5鄯)·縣(5鄙)·遂(5현)의 지역단위로 구성되어 있다. 鄕과 遂는 소재지가 王城에 가까운가 또는 그 밖에 있느냐의 차이가 있고, 鄕이 군사기능을 주목적으로 하는 조직인 데 비해, 遂는 본래 농업지역이던 곳에 군사적 능력을 부가시킨 형태였다(『周禮』 卷10, 地官 大司徒 ; 卷11, 地官 小司徒 ; 卷15, 地官 遂人).

의 이념을 전제로 한 王室 - 藩屛의 확립과 郡縣 幷省論을 담고 있으며 구
체적인 향촌조직으로서 鄕里制를 강조하였다. 향리제에 따르면 오가작통
제를 근간으로 하되 10統을 里로 다시 10里를 鄕, 坊으로 명명하여 최하부
행정단위로 삼도록 하였다. 여기에 생산주체로서의 家戶를 일정수 배치하
고자 했다. 따라서 유형원은 500家 700頃 규모의 鄕(坊)을 적절한 생산·
행정단위로 규정하였다. 鄕의 직임으로 鄕正(坊正) - 里正 - 統長을 계열화
하여 특히 士類의 鄕正任命을 강조하고 常祿, 伺侯를 덧붙여서 실질적인
권한을 담보해 주고자 하였다. 또한 재지사족의 향촌운영 참여를 유도하기
위한 보조기구로서 향약의 조직·직임과 洞契 기능을 적극 활용시키고 鄕
官(鄕所)과 같은 기존 재지기구를 보다 활성화시키는 데 목표를 두었다.11)
　白湖 尹鑴는 현종 말년(1674) 이후 숙종 초(경신환국 이전)까지 정권을
담당한 남인계열의 정론가였다. 그는 당면한 현실문제의 치유를 위한 時務
論의 입장에서 古法制인 봉건제의 이념을 적극 수용하여 자신의 개혁론의
전거로 삼았다. 그가 주창한 五家統制는 周代 鄕遂制에 기본 골격을 두고,
이를 통해 소농민에 대한 항상적인 생산기반의 마련과 일정 거처의 확보
를 목표로 하는 '養民'의 방책으로 삼고자 했다. 이어 周代에서 鄕政用人
을 중요시한 사실과 이를 계승한 漢·唐·宋代 鄕官職任의 장점을 설명
하고 조선 현실에서의 시행 여부를 모색하였다. 그는 중앙관과 지방관의
순환을 강조하고 鄕正의 직임을 중앙의 官階와 연결시켜 그 중요성을 언
급하였다. 구체적 운용의 증거로 漢代 향촌에서 郡長·吏椽·佐 등 鄕三
老가 모두 높게 서용되어 大僚가 되었음을 말하고, 향촌에서의 인재추천과
이를 중앙관리에 등용시킬 것을 주장하였다. 그는 숙종 원년 정월 科擧의
시행을 반대하고 薦擧制를 주장하였고 摠府郞의 구성원은 과거 대신 사대
부 자제를 서얼과 함께 섞어 선발하자고 강력히 주장하였다.12) 한편 鄕正
의 직임에는 반드시 사대부의 등용이 필요함을 강조하였다. 이에 따라 그
는 면리제·오가통제의 운영을 담당할 都尹·副尹을 한대 향삼로에 견주

11) 본서 제2장 1절 참조.
12) 『肅宗實錄』元年 1月 18日 丁丑, 38책 237쪽 ; 1月 23日 壬午, 38책 239쪽.

고 철저히 사대부의 임용을 주장하였다.[13]

　다음으로 18세기 중엽의 정론가인 順庵 安鼎福은 향촌통제와 隣保組織의 정비를 목적으로 한 鄕社法을 공적 사회제도로서 제시하였다.[14] 아울러 그는 향촌에 대한 외적 구조에 못지않게 내적 윤리의식의 확립이 절실하다면서 教化가 政事의 要諦임을 들고 교화의 실현은 재지세력을 중심으로 한 鄕約과 洞約의 실시에 있다고 보았다. 안정복은 鄕社法에 대해

　　이 법은 옛적 鄕遂制의 遺意이다. …… 이 제도가 성립한 뒤에야 生養을 이룰 수 있고 教令을 행할 수 있으며 풍속을 동일하게 하고 獄訟을 그치게 할 수 있을 것이다. 또한 도적을 없애고 외적을 방어할 수 있는 것이니 가히 聖王의 정치를 부흥시킬 수 있을 것이다.

라고 의미를 부여하였다. 안정복은 향사법의 이념적 모형이 『周禮』의 鄕遂制에 있음을 강조하면서 동시에 "우리나라의 面이 옛적 鄕과 같은 것인데 古法처럼 人戶로써 설정하지 않고 지역을 구획해서 정하게 되었다. 그렇기 때문에 各面 人戶의 多寡가 같지 않다"라고 하여 호수에 의해 구분되지 않는 조선의 鄕里制度 때문에 古法의 전면적 시행은 불가능함을 지적하였다. 그리고 그의 鄕社法이 時宜에 따라 古法을 모방하여 조목을 갖춘 것이라 했다.

　鄕社法은 조직구성에서 統 - 甲 - 社 - 鄕의 편제를 설정하였다. 5家로 1統을 편성하고 2統을 1甲으로 편성하며 이 밖에 社(10統·社正), 鄕(面·鄕師)을 두어 면리제에 대응하도록 하였다. 邑에는 面단위로 존재하는 風憲이 官令의 奉行과 文書檢察을 맡고, 士族신분의 '齒德俱優者'인 鄕師가

13) 『備邊司謄錄』 35冊, 肅宗 5年 9月 26日, 3책 448~449쪽 ; 『白湖全書』 卷13, 乙未 9月 26日.
14) 鄕社法은 安鼎福이 영조 33년(1757)에 저술한 『臨官政要』의 부록에 실린 것이다. 이는 順庵이 일찍이 27세 되던 영조 14년(1738)에 집필한 『牧民要術』에 保甲法으로 명명되던 것이다. 한편 안정복의 鄕社法은 劉宗周의 保甲說을 참조했음을 밝히고 있다. 宋代 保法은 향촌의 치안유지를 목적으로 한 團結法的 조직이며, 송왕조는 이를 향촌 자위대책으로 삼으려 했다.

敎化·爭訟에 관한 일체의 사무를 맡았다.[15] 鄕社의 기능은 政·敎·禮·養·備·禁으로 구분하여 그 세목을 각각 제시하였다. 이 가운데 도적의 발호에 대해 자체적인 향촌방어조직으로서의 기능을 특히 강조하였다. 鄕社牌式에 따라 統牌·鄕社牌를 사용하여 향촌민의 출입을 통제하고 각 촌의 洞長과 민들에게 巡更 임무를 부여하였다. 안정복의 향사법은 古法의 전통을 계승하고 향촌 자위단적 성격이 강한 宋代 保甲法의 조직체계를 기본으로 한 후 당시 조선의 현실을 감안하여 그 세목을 정리한 향촌통지책이었다. 안정복은 조선의 향리제도가 중국과 달리 호수 기준이 아닌 공간의 분리에 따른 것이라는 차이점을 인정하면서 종전의 面 - 里 - 統 조직 대신 鄕 - 社 - 甲 - 統 조직을 편성, 대비시키고 있다. 무엇보다 賊盜에 대비하기 위해 철저한 隣保組織, 治盜機能을 강조했으며, 구체적으로 무장력을 구비케 함으로써 일차적인 향촌방어기능을 수행할 수 있도록 하였다.[16]

한편 안정복은 중국의 토지제도 개혁안 가운데 '配丁田法'을 時宜에 합당한 개혁안으로 간주하였다. 이 개혁안은 기존의 사적 토지소유권을 인정하는 기반 위에 民産의 균등화(限田論·均田論)를 기도하고 나아가 可耕勞動力을 지닌 자에게만 토지를 소유하게 함으로써(耕者有田) 생산력의 제고를 이루고자 한 것이다. 그러나 이러한 개혁안을 조선의 토지문제로 연결시켜 당시의 토지제도가 지니는 모순을 적극 타개하려는 시도는 하지 않았다. 이는 그가 토지문제에 대하여 1740년 초기의 井田說로부터 지속적인 관심을 갖고 있었음에도 불구하고 이론적·관념적 차원에 머물렀을 뿐 실천적인 단계로까지는 나아가지 못했음을 의미한다.[17]

鄕社法은 국가공권력의 확장과 재지세력의 사적 지배를 제어하여 궁극적으로 國家 對 民의 직접지배관계를 수립하는 데 있었다. 그러나 안정복은 鄕社法의 실시로 民食이 넉넉해질 수 있으나 일시에 실시되기 어려움

---

15) 『順庵 安鼎福全集』 卷3, 臨官政要 任人章에서는 鄕師가 鄕內政事를 총괄하는 존재로 규정되어 있다.
16) 『順庵 安鼎福全集』 卷3, 臨官政要.
17) 韓相權, 「順庵 安鼎福의 社會思想 - 民에 대한 認識을 중심으로」, 『韓國史論』 17, 1988 참조.

을 말하고 藍田 呂氏의 鄕約과 退溪·寒岡·栗谷鄕約의 規約을 참작하여 서로 비교 수행한다면 그 효과가 클 것임을 주장하였다.[18] 즉 공적 사회제도로서 면리제(鄕社法)의 실시만을 전적으로 강조하지는 않았으며, 民의 성장과 도전에 직면하여 士族 중심의 기존 향촌질서를 용인하면서 洞契, 鄕約과 같은 사회조직을 적극 장려하였다.

이상에서 살펴본 유형원과 윤휴 및 안정복의 面里制에 관한 견해는 다음과 같이 정리된다. 첫째, 기존 군현제보다 하부기구인 면리제를 향촌통치의 근간조직으로 설정하고 향촌내 여러 사회조직을 통일적으로 접합시키고자 하였다. 둘째, 재지사족은 사적 토지소유, 노비에 대한 인신적 지배를 통해 그리고 차별적인 신분제 및 국가권력에 의해 보장된 계급적 이해관계를 발현하고 있었던 바, 이들을 공적 사회제도인 면리기구의 제 직임 속에 적극 포섭하고자 노력하였다. 특히 향촌의 직임자는 다스림에 있어서 "天子의 外延이며 親民의 官으로 중시된 사실"[19]을 중국의 역대 사례를 안출하여 입증함으로써 士族 임용의 타당성을 밝히고 있다.

유형원은 鄕正(面任)에 대해 祿俸과 伺候를 붙여주어 그 권위를 인정하고 守令, 吏胥들의 침학을 막아야 한다고 하였다. 한편 유력한 재지사족에 대해서는 전통적인 향약조직의 직임을 부여하고 수령의 보좌기구로서 鄕官의 직임을 공식화하여 임용시키려 했다. 이처럼 재지사족을 面里기구의 운영직임으로 적극 유치하여 효율적인 향촌통치를 꾀한 점에서 공통된 견해를 보이고 있다.

셋째, 윤휴와 안정복이 각각 井田論의 필요성을 인정하고[20] 이 중 안정복의 경우 '配丁田論'까지 표현하는 등 均産·民富를 모색하였으나, 양자 모두 적극적 실현의 단계로는 나아가지 못했다. 윤휴의 경우 그의 향정론 시행의 전제조건으로 국가가 民에 대해 경제적 혜택을 베풀어야 함을 강

---

18) 『順庵 安鼎福全集』 卷3, 臨官政要 附錄 鄕社法序文.
19) 『磻溪隨錄』 補遺 郡縣制條 537쪽.
20) 白湖 尹鑴의 경우 "徹田之制廢 而生民之本 務之不壯 自秦廢井田 而同力合作之制不行"이라 하여 周代 井田制를 이상으로 여기고 있었음을 보여준다(『白湖全書』 卷30, 雜著 製進 公孤職掌圖說(下) 1262쪽).

력히 주장하였다. 반면 유형원은 철저히 토지분급을 전제로 한 향촌조직을 강조하여 생산자·생산단위와 향촌통치조직을 연계시키려 한 점에서 보다 근본적인 변혁을 주장하였다. 이와 같은 정론가들의 향정론이 적극 제기되는 가운데 정부는 국가적 차원에서 對民·對鄕村 지배체제의 확립을 위한 갖가지 제도와 절목을 반포·시행하였다.

한편 17세기의 국제정세와 사회추세를 통찰하였던 집권층은 각종 法制를 재정비하고 농업진흥책의 실시, 부세제도의 釐正을 통해 經國濟民, 富民富國의 정책을 실현하고자 했다. 거듭된 외침과 패전, 그리고 사회혼란의 와중에서 요구된 국가적 과제는 禮治·文治의 달성만이 아니라 무력과 경제력을 갖춘 강고한 국가체제의 확립이었다. 이 과정에서 많은 정치적 경험을 축적한 정론가들은 富國强兵에 기초한 강력한 중앙집권국가의 확립을 목표로 내세웠다. 정부는 우선적으로 농민들의 流離를 방지하고 향촌에 귀속시키는 작업을 전개하였다. 이는 국가유지에 필수적인 담세자이자 군역담당자인 양인의 안정적 확보라는 측면과도 긴밀히 관련되었기 때문이다. 사실 당시기 국가재조론의 방책 가운데 국가재정 확보와 민심수습의 차원에서 전개된 賦稅減免이라는 정책은 서로 상반되는 면이 있었다. 그러나 정부는 전자의 경우, 守令考課의 강화를 통해 후자는 貧民에 대한 還穀·軍役 滯納分의 부분적 감면이라는 조치를 통해 해결하려고 했다. 그런데 良役의 확보문제는 외침에 대비한다는 측면과 재정적 측면에서 우선적으로 고려되어야 할 사안이었으며 궁극적으로 민에게 일정한 산업과 거처가 있을 때 해결이 가능한 것이었다.

이 같은 사안들을 지속적으로 시행하고 국가적 목표를 완성하기 위해 향촌에 대한 제도적 정비가 요청되었다. 조선후기에 들어 인조 연간을 비롯한 효종·현종·숙종 연간은 이를 위한 제도적·법제적 정비과정으로서 호패법의 시행, 향약의 보급, 오가통법의 강화에 대한 논의가 활발히 전개되었다. 특히 숙종 원년과 3년의 「五家統事目」, 「寬恤事目」 숙종 37년의 「良役變通節目」, 영조 5년의 「五家統法 申明舊制節目」 그리고 정조 14년의 「尊位成冊」 등이 당시의 戶牌·紙牌事目과 함께 국가의 對民·對鄕村

策의 일환으로 제기되었다. 이들 사목은 面里편제의 변동을 바탕에 두고 국가의 강력한 촌락지배 의지를 표명한 것이었다.

먼저 숙종 원년의 「五家統事目」은 모두 21개 조로 구성되어 있는데 내용에 따라 五家統의 조직원칙(2개 조), 面·里·統의 조직체계 및 직임에 관한 규정(4개 조), 統牌와 戶籍作成(7개 조), 기능(5개 조), 治盜·流民 및 移住民 대책(3개 조)으로 구별할 수 있다. 여기에서는 面里 및 統組織의 편제형태와 기능 그리고 統首·里正·里有司·都尹·副尹과 같은 面里制 직임자의 출자구조 및 역할을 규정하고 있다.[21] 요컨대 숙종 원년의 「오가통사목」은 정부에서 국가재조에 관한 효종·현종 연간의 제반 논의를 수렴한 것으로, 정부의 입장에서는 각종 부세를 안정적으로 확보하고 병력을 유지하는 기본방법이 되는 것이었고, 궁극적으로는 향촌사회의 안정화와 소농경영의 확립에 기여할 수 있는 측면이 있었다.

이후 庚申換局·己巳換局·甲戌獄事 등 거듭되는 정쟁 속에서 지방제도에 대한 본격적인 논의는 유보되었고, 대개 숙종 초에 정비된 제도가 그대로 유지되었다. 정부가 향촌사회에 대한 제도적 정비를 재차 모색하기 시작한 것은 18세기 초에 이르러서였다. 우선 숙종 37년 12월에 「良役變通節目」이 반포되었는데 여기에서는 행정체계의 말단직임자인 面·里任의 호칭변화와 그 직임의 분화·체계화가 보인다. 尊位는 본래 양반신분이지만 수령이 官任으로 여겨 侵責하기 때문에 '卑微之類'들이 임용되었음을 지적하고 俵著양반을 上尊位로 임명하여 차별화시킴으로써 그 위치를 확고히 하려 했다. 이와 함께 새로운 閑丁搜括法인 里定法이 제기되었다. 이는 逃故와 老除의 경우 里任의 관장 하에 本里가 자체적으로 閑丁을 수괄하되 불가능한 경우에는 인근 里에 代定시킨다는 것이었다.[22] 이와 같이 정부는 양역변통이라는 국가적 현안을 면리제의 기능강화를 통해 해결하려 했다.

정조 15년 4월 국왕 정조는 "五家統法은 祖宗朝의 金石之典이고 앞서

21) 『備邊司謄錄』 31冊, 肅宗 元年 9月 26日, 3책 196~198쪽.
22) 『肅宗實錄』 肅宗 37年 12月 庚辰, 40책 423~424쪽. 里定法에 관해서는 金俊亨, 앞의 논문, 1984 참조.

中外에 事目이 반포되어 모든 지방의 統조직을 관할하고 있다"고 전제하고 조선의 면리제와 군대조직(五衛)이 중국의 古例처럼 호수구분에 따라 임의로 편성되고 지방통치조직과 군대조직의 단위가 상호 일치되는 공통점을 지적하였다.

이와 별도로 漢城府 判尹 尹具翼의 啓에 따라 洞里의 제반 사무를 관장하는 尊位의 선발문제가 현안으로 논의되었다. 존위의 역할은 洞內 里任과 洞長 또는 契의 中任에 의해 파악된 마을내 疾苦·善惡과 坊役 이행 등의 사항을 해당 기관에 보고하고 官의 권위에 의거하여 범법자들을 죄의 輕重에 따라 징치하는 것이었다. 그러나 당시에는 洞中 分契가 극심하고 존위가 그 기능을 제대로 발휘할 수 없는 상황이었다. 윤구익은 이같은 존위제도를 재정비하여 官權을 본격적으로 행사케 하면 하부행정조직이 원활히 운영될 것이라고 말하였다. 이처럼 정조 연간의 정부는 五家統·面里制의 재정비와 그 직임의 기능을 강화하는 방안을 통해 향촌민에 대한 지배를 이루고자 하였다.[23]

이상 17세기 이후 정부는 전통적인 수령제·군현제 대책에서 벗어나 보다 세분화된 향촌조직과 기구의 정비를 모색하고 있었으며, 이를 통해 점차 국가권력의 직접적인 통제 하에 향촌사회를 장악하고자 하였다.

2. 면리제의 전개와 재지세력의 동향

1) 정부의 면리정책의 전개

지방제도는 당해 단계의 생산력 발전, 사회변동에 의해 형성되는 객관적·총체적 조건에 의해 규정될 뿐 아니라 하부구조의 변동에 대응하고 행정적 목적을 수행하기 위한 국가 입장의 정책에 따라 변화되었다. 임란 후 촌락 자체가 분화 발전되는 상황에서 정부의 향촌지배정책이 강화되고 군현제의 하부기구로서 面里制·五家統制가 확립된 사정을 알 수 있다.

---

23) 『正祖實錄』 卷32, 正祖 15年 4月 戊申, 46책 213~215쪽.

17세기 정부는 租稅의 징수단위, 행정·치안상의 기반으로서 면리제의 필요성을 인정한 위에 국가유지에 긴요한 移邑·設邑·復邑 과정에서 面里조정에 적극 간여하고 지방관청의 재정보충을 위해 面里단위의 지역분급을 시행하는 사실이 나타난다. 본 항에서는 구체적으로 국가의 面里調整를 둘러싼 재지사족 및 민의 동향과 地形·事務上의 便否, 賦役納付에 따른 당해 面 사이의 갈등문제를 중심으로 살펴보겠다.

정부가 최하 민을 대상으로 실시하는 대표적인 국가사업으로서 戶籍作成과 賑恤 등을 들 수 있다. 子卯午酉의 式年마다 작성되는 호적은 賦稅·徭役징수 및 民의 실태를 파악하기 위한 근거가 되었다. 농업을 기반으로 하는 사회구조 하에서 재해는 직접생산자인 농민의 재생산의 순환에 타격을 주거나 이 순환을 파기시키며, 생산관계 그 자체의 붕괴뿐 아니라 국가재정의 약화를 초래한다. 따라서 賑恤이란 농민가족을 한 단위로 하는 농업노동력의 재생산을 확보하기 위한 것이다. 본래 향촌에서는 항상적으로 개별적인 地主의 佃戶에 대한 救濟慣行, 즉 지주의 전호에 대한 보호, 전호의 재생산의 보장관행이 시행되고 있었다. 그러나 국가 자체에서도 직접생산자 농민의 보호라는 차원에서 미곡의 급여, 조세감면 등의 조치를 제도적으로 정비하여 국가적 사업으로 실시하였다. 시행원칙은 "荒歲田政 國家重務 莫大於此 面里分等給災 朝家法意"[24]라 하여 반드시 面里단위의 등급구분이 있었다. 이는 부세의 수취단위가 面里였다는 사실과도 관련하여 監司의 감독 하에 각 읍의 재해 정도를 하부 행정단위인 면리로 구별해서 보고해야만 실질적인 혜택이 窮民에게 균등히 돌아간다는 판단에 따른 것이었다.[25] 따라서 지방별로 작성되는 災實分等狀에는 구체적인 邑名과 面里에 따른 재해 정도가 더불어 기재되고 해당 면리에 대한 軍布, 還穀의 감면조치 내용이 수록되어 있다.[26] 이와 같이 정부는 공적 사회제도로서 확정된 면리제를 진휼의 분급대상으로 책정하였던 것이다. 또한 당시

24) 『備邊司謄錄』146冊, 英祖 40年 10月 26日, 14책 235쪽.
25) 『備邊司謄錄』146冊, 英祖 40年 8月 18日, 14책 196쪽.
26) 『備邊司謄錄』208冊, 純祖 19年 8月 28日, 21책 203~205쪽 ; 212冊, 純祖 24年 10月 21日, 21책 604~605쪽.

조세수취는 담세자에 대한 개별적인 파악을 전제로 하면서도 面里단위의 공동책임으로 수행되고 있었다. 면리조직이야말로 재정단위이자 賦稅·徭役의 담당단위이며 邑治의 기반이 되었던 것이다.27)

정부는 郡邑의 재정상황과 邑勢를 파악하고 支放을 위한 面里分給을 시행하고 있다. 즉 정부가 各官의 영역확정을 위해 직접 면조직의 조정에 나서고 이를 통해 그 운용에 간여하는 사실이 나타난다. 面里조정은 "因地形 順民情"에 의거하여 실시하며 이를 통해 부세의 運輸와 道里를 균등케 하고 民의 부담을 고르게 하는 것을 목직으로 하였다.28) 이 밖에 事務上의 便否와 대상 郡邑의 成養 여부 및 연혁을 참작하여 결정하였다. 정부는 面里조정이 실시된 이후 해당 민에게 반드시 이익이 있는지의 여부를 살피고자 하였다. 이때 面里조정을 통해 분급·분할된 面里의 경우 해당 田結·戶口數는 물론이거니와 還穀 일체와 부역 등을 함께 이동하였다.29) 대체로 정부에 의해 割屬의 지시가 떨어지면 해당 面里의 田結·稅納·戶口·軍總 등 여러 명목을 책자로 상세히 작성하고 이를 근거로 관련 守令·道臣들이 왕복 상의한 다음 조치하도록 했다.30) 정부의 거듭된 面里 조정사실은 행정체계상으로 면리제의 정비가 완료되어 감을 보여주는 반증이기도 했다.

임란 후 사회변동이 격심한 가운데 移邑·復邑의 사례가 두드러지게 나타났다. 여기에서는 새로운 군현과 면리편성을 둘러싸고 국가와 재지세력·민 사이에 전개되는 갈등 양상을 살펴보겠다.

慶尙道 順興府는 세조 3년 錦城大君과 府使 李甫欽이 세조를 반대하고 寧越에 유배된 단종을 배알한 후 격문을 썼다는 사실로 인해 혁파되어 예하 面里가 인근 豊基·榮川·奉化에 각각 편입되었던 곳이다. 順興府內 7

27) 金仙卿,「朝鮮後期의 租稅收取와 面里運營」, 연세대학교 석사학위논문, 1984.
28)『備邊司謄錄』195冊, 純祖 4年 9月 26日, 19책 674쪽.
29)『備邊司謄錄』114冊, 英祖 21年 7月 28日, 11책 494쪽의 陰竹縣 栗谷面 사례 ;『純祖實錄』卷23, 純祖 20年 6月 乙巳, 48책 162쪽의 金川 大小二面, 長湍 川西半面 사례 참조.
30)『備邊司謄錄』183冊, 正祖 20年 5月 30日, 18책 446쪽.

개 면의 土地와 民은 豊基에, 榮川에는 馬兒嶺 下水 동쪽의 莘石, 水息, 串川, 破文丹 4개 리가 분속되었고, 奉化에는 臥舟面을 포함한 文殊山城 동쪽 2개 면이 편입되었다.[31] 그 후 200여 년이 지난 숙종 9년 境內 士民 의 陳疏로 인해 이번에는 '義鄕'으로 일컬어지며 復邑되었다. 그런데 順興 府의 復邑으로 인해 두 가지 문제점이 제기되었다. 첫째, 豊基·榮川·奉 化가 200여 년 동안 관장했던 순흥부 소속 면리의 토지를 양도하게 됨에 따라 각자 邑勢가 약해지고 소속 군현의 교체에 따른 해당 面民들의 불편 이 제기되었다. 둘째, 정부에서 復邑에 소요되는 재원을 지급하지 않았기 때문에 營造에 필요한 大小力役이 모두 지역내 小民의 부담으로 전화되 었다.[32]

陳疏를 통해 復邑을 간청한 계층은 文城公 安裕의 후손을 중심으로 한 재지사족이었다.[33] 그러나 이들은 조정에서 復邑의 허락이 떨어지자마자 郡邑 형성에 필요한 허다한 官舍造成事를 모두 小民의 부담으로 전가시 켰다. 이로 인해 小民들이 곤혹해하고 그들을 혐오한다는 보고가 있었다. 또한 新任府使 沈瑋는 官舍之役이 대단히 힘들고 부담스럽기 때문에 大 同米 400~500석을 획급해 줄 것을 요청하였다. 우선 豊基에서 移給된 賦 稅의 양이 극히 적다는 사실과 순흥부의 田稅는 糶糴을 위해 반드시 3년 동안 유치되어야만 하는 사정이 언급되었다. 그리고 豊基 7面, 榮川 4面, 奉化 2面을 割給받았으나, 奉化는 원래 6面 소속의 殘邑으로 2面의 割給 을 통해 支放이 극히 어려워지며 豊基 또한 嶺底 初程이고 邑殘役重한 곳이므로 유지가 곤란하다고 보고하였다. 이에 따라 그 대안으로 大邑인 安東의 屬縣 중 順興에 인접한 乃城縣·春陽縣을 분급해 줄 것을 요청하 였다. 이와 달리 豊基와 順興을 合邑하는 방안도 제기되었으나 寧海와 英

---

31) 『新增東國輿地勝覽』 卷25, 豊基郡 古跡條 ; 『增補文獻備考』 卷17, 輿地考5.
32) 『備邊司謄錄』 38冊, 肅宗 10年 9月 15日, 3책 793~794쪽.
33) 順興府는 高麗 元宗朝에 등제한 후 侍中 벼슬까지 한 文城公 安裕의 후손들의 世居地로서, 고려말 조선초에 고위직을 역임한 자가 많이 나왔다. 특히 이곳은 安 裕의 生家와 畵像이 봉안되어 있어 그 방치를 막으려 한 후손들의 陳疏가 많았다 (『慶尙道邑誌』 183쪽).

陽의 相爭사례가 제시되어 부결되었다. 조정에서는 많은 논의를 거친 후 숙종 10년에 해당 면리의 순흥부 편입을 마무리하였다.[34]

본 사례는 面里移屬에 따라 토지와 함께 民戶·軍役·還穀이 동시에 이동하는 사실과 分屬시 지리상의 기준과 읍의 재정기반이 전제가 되는 사실을 보여준다. 특히 새로운 面里편제가 시도되는 와중에서 재지사족들의 기득권 유지 기도를 확인할 수 있으며, 각종 부역 부과가 小民에게 집중되어 이를 둘러싸고 재지사족과의 갈등이 대두되었음을 보게 된다.

한편 麗水縣은 경종 3년 조정으로부터 順大府와의 分邑을 허락받아 左水營에 소속되었다. 그러나 麗水民들은 分邑 후 鄕校·客舍·營建 및 軍政變通(水軍充丁)·衙料마련 등의 부담으로 인해 영조 2년 順天府로의 還屬을 요구하고 이를 재차 승인받았다.[35] 당시 順天府의 內外 9面 중 外 9面은 麗水 5面과 기타 4面으로 편제되었다. 그런데 麗水 5面의 지역은 順天府까지의 거리가 200리에 가깝고 그 사이에 위치한 바다로 인해 민들이 官家의 徭役기한을 맞추는 데에 어려움이 많았다. 더구나 順天府 및 左水營의 雜役과 還穀을 二重으로 징수당했기 때문에 곤란이 계속되었다. 이때 麗水民들은 順興·英陽·慈仁의 예처럼 還邑시켜 주거나, 喬洞·瓮津처럼 海西水營에 귀속되도록 하여 兩衙門 侵徵의 폐를 받지 않도록 강력히 요청하였고, 결국 후자 입장의 변통이 허락되었다.[36] 그러나 5개 면으로 구성된 麗水縣은 小邑임에도 불구하고 營建의 경비뿐 아니라 지형상 여수현에 집중된 進上物의 마련 등 民役 부담이 煩重해지고, 결국 "당시 分邑의 요청은 民情 모두가 같은 의견이 아니었음"을 내세워 還破되었다.[37]

이와 다른 사례로서 숙종 38년 4월 北漢山城의 均役을 담당하기 위해 산성 부근의 4개 면과 陽州郡 4~5개 면 高陽郡 1~2개 면을 할속하여 1

34) 『備邊司謄錄』 38冊, 肅宗 10年 9月 22日, 3책 794~795쪽.
35) 『備邊司謄錄』 80冊, 英祖 2年 9月 8日, 7책 928쪽.
36) 『備邊司謄錄』 74冊, 景宗 3年 1月 7日, 7책 342쪽.
37) 그러나 정조 8년 順天 儒學 吳錫祖가 재차 麗水의 分邑과 左水營에의 移屬을 요구하는 陳疏를 올린 사례가 있었다(『備邊司謄錄』 166冊, 正祖 8年 2月 24日, 16책 364~365쪽).

邑을 건설하자는 주장이 제기되고 그 대신 陽州 接境 積城의 4개 면을 혁파하고 陽州에 분속하게 했다.[38] 그러나 新邑 건설을 위한 面의 분할 후 陽州와 高陽의 支放이 불가능하다는 판단에서 시행이 유보되는 사례가 보인다.[39] 이처럼 면리제는 군현제의 하부기구이자 재정기반으로서의 기능을 지니고 있었다. 정부는 수세와 재정단위로서 확정된 面里制를 근간으로 그 조정에 직접 개입하여 郡縣의 조직기반을 재편하고 있었다.

다음으로 지방관청의 재정보충을 위해 인접 面里의 분할이 이루어지는 사례를 살펴보겠다. 忠淸道 陰竹縣은 선조 32년에 利川에 분할된 후 다시 復郡된 곳으로 至殘之邑으로 분류되었다.[40] 문제가 된 陰竹縣의 無極面은 본래 大邑인 忠州에 속해 있었다. 그러나 官門으로부터 거리가 80리에 이르고 충주 경내까지 무려 3站이나 떨어져 있다는 문제점으로 인해 인접 陰竹縣에 할급되었다. 본래 음죽현은 邑勢가 부실한 상황인데도 양 대로를 끼고 있어 수십 리를 오가며 使客支待와 迎候等待를 시행했기 때문에 民弊가 적지 않았다.[41] 이에 따라 음죽현에서는 재정보충을 위해 忠州 소속 栗谷面의 획급을 재차 요청하였다. 그러나 율곡면의 이동은 公洪·京畿 양도의 分界문제와도 관련되었기 때문에 감사 이하 관리들의 상호 논의가 전개되어 결국 음죽현에 율곡면이 획급되었다.[42] 본 사례는 出站의 부담을 둘러싼 郡縣 간의 面里 이동사례를 보여준 것이다. 劃面 이후 예에 따라 1천 명에 가까운 栗谷面의 民戶·軍丁이 모두 음죽현에 移屬하였고, 군현 간의 이해관계가 첨예한 還穀의 경우에서도 營報分을 제외한 牟還을 定數대로 이송하였으며, 當該年度 겨울에 받은 환곡은 受還民들이 음죽현에 직접 납부하게 하는 후속조치가 뒤따랐다.[43]

松都는 舊都로서 4留守府의 하나이고 關防의 重地로 꼽히는 곳이다. 그

38) 『備邊司謄錄』 64冊, 肅宗 38年 4月 13日, 6책 282쪽.
39) 『備邊司謄錄』 64冊, 肅宗 38年 5月 8日, 6책 407쪽.
40) 『增補文獻備考』 卷16, 輿地考4.
41) 『備邊司謄錄』 113冊, 英祖 21年 4月 9日, 11책 440쪽.
42) 『備邊司謄錄』 113冊, 英祖 21年 5月 19日, 11책 452~453쪽.
43) 『備邊司謄錄』 114冊, 英祖 21年 7月 28日, 11책 494쪽.

러나 면적이 극히 좁고 생산물이 부족하여 항상적으로 재정마련에 부심하고 있었다.44) 이에 대해 정부는 송도의 만성적인 재정부족을 보충하기 위한 하나의 방법으로 주위의 豊德·金川·長湍의 일부 面里를 여러 차례에 걸쳐 분급하였다. 한편 舊都인 송도의 賦稅가 가벼워서 인접한 타 지역민들의 자발적이고 대대적인 투속이 전개되었다.45) 面里 분급조치의 일환으로 정조 20년 5월 長湍의 沙川 서부지역과 金川의 白峙鎭 및 大小南面이 송도에 이속되었다. 우선 大小南面이 송도에 분할되면 1년 應入이 거의 3천 냥에 이르므로 송도 재정이 호전된다고 평가되었다. 또한 白峙鎭의 경우도 송도에 속하면 "形地之便好 防守之狀"을 이룰 수 있다고 지적되었다. 최종적으로 호조가 세납의 손실문제를 제기하였으나 조정의 지시로 해당 面里가 송도에 이속되었다. 이에 따라 戶口·田結 및 각종 稅納과 賦役이 송도에 이관되었다.46)

---

44) 松都의 1인당 경작지가 극히 협소하여 생산량이 納稅·耕食에도 미치지 못하고, 松都民들이 주변 長湍·金川·豊德지역의 토지를 왕래하면서 경작하는 예가 많았다. 『松都志』(仁祖 26年 1648, 留守 金堉撰) 土俗條, "府內之田皆沙石之地 種穀者少而種木綿者多 以糞田勤慢計摘應多少 民多田少一人所耕不過一日少 則朝前午前濟用掌苑司圃公田甚多 故納稅耕食如家業 外村田場稍廣 而府內人參半往作四境之內".

45) 松都의 田結의 役은 가벼웠지만 호구의 역은 부담이 크고 복잡했던 것으로 보인다. 松都民들은 남녀 가릴 것 없이 행상과 소규모 수공업에 종사하는 사실이 보이며 이들 호구를 대상으로 각종 雜役이 징수되고 있었다. 『松都志』, "凡雜役皆出於戶口 田結之役甚歇 而戶口之役頗苦 男踰十歲便業行商 女入土宇終歲結笠".

46) 『備邊司謄錄』183冊, 正祖 20年 5月 30日, 18책 443~446쪽. 이 밖의 사례로서 肅宗 32年 2월에는 永川내 瓦村 1개 면을 河陽에 획급한 사실을 둘러싸고 재차 還復을 요구하는 永川 幼生들의 陳疏가 있었다(『備邊司謄錄』57冊, 肅宗 32年 2月 28日, 5책 521~522쪽). 또한 雲峯縣은 嶺南·湖南 사이에 위치한 곳으로 關防이라는 점에서 邑勢에 비해 대규모의 軍額이 설정된 곳이었다. 이에 따라 南原府의 磻·巖 2개 면을 요구하였다. 정부는 두 면이 雲峯과 접경지역이며 南原府와 멀리 떨어졌다는 점에서 雲峯이속을 허락하였다(『備邊司謄錄』218冊, 純祖 30年 2月 1日, 22책 111쪽). 羅州 竹浦는 戰船舡倉으로 掘浦를 위한 役이 크므로 船滄부근의 侍郞·用文·水多·弟界 등 네 군데 974호를 영구히 船倉에 이속시키고 일체의 烟役을 제거하여 전적으로 掘浦役에만 매달리도록 조처하였다(『備邊司謄錄』119冊, 英祖 25年 3月 22日, 11책 884쪽). 또한 坡州의 新屬 1면을 임진 長山

이와 같이 정부는 지방관청의 운영과 군현체제의 유지를 위해 통치의 기반이자 군역·요역·전세·환곡의 징수단위인 面里의 분급 조정작업을 거듭하였다.

한편 조정의 面里조정에 대해 지방관청에서 나름대로의 대안으로 이를 변경하는 사례가 보인다. 정조 6년 정부는 萬頃郡의 出站 부담을 덜어주기 위해 金堤 2개 면의 획급을 지시하였다. 원래 만경은 咸悅을 경계로 孔路의 근처에 위치하는데 右道水使·虞侯, 濟州 4長吏 및 기타 大小公行이 內浦를 통해 왕래하였던 것이다. 이때 만경에서는 2개 면의 획급으로 金堤郡이 어려워진다는 사실을 들어 그 대신 大小公行이 만경을 거치지 않고 곧바로 金堤로 향하도록 驛路의 변경을 요구하였다. 정부는 복잡한 사정이 개재되는 토지 및 재정의 획급이 아니라는 점에서 이를 쉽게 허락하였다.[47]

다음으로 長串의 경우 재정유지를 위해 숙종 21년에 1개 리를 획급받았으나 이 땅이 石山과 大海로 막힌 不食之地여서 支用을 얻지 못한다고 하였다. 이에 따라 숙종 30년 동남지방 面里를 계산하여 지급해 줄 것을 요구하였고 그 변경을 허락받았다.[48] 또 다른 사례로서 江原道 春川의 기린면은 香炭山을 끼고 있어 本縣의 각종 進上 物種과 京外公用之需를 담당하는 곳이었다. 그런데 弘陵이 香炭山 내에 還寢함에 따라 절수되는 조치가 있었다. 이에 대해 春川民들은 이곳이 關防大邑이고 동북지역의 요충일 뿐 아니라 관내 많은 面里가 절수되어 支用이 불가하다고 하여 그 변경을 허락받았다.[49] 정부는 이 같은 면리조정을 통해 예하 군현의 재정기반을 확립시킬 수 있고 중앙에 대한 조세수입의 감소 또한 없었기 때문에 대체로 쉽게 허락하는 사실이 보인다.[50]

鎭에 이속시켜 闕額을 充丁하고 本面내 이전의 군역은 良私를 물론하고 兩鎭의 軍役遠居者와 교체하도록 했다(『備邊司謄錄』 145冊, 英祖 40年 5月 15日, 14책 158~159쪽).

47) 『備邊司謄錄』 164冊, 正祖 6年 2月 5日, 16책 144쪽.
48) 『備邊司謄錄』 55冊, 肅宗 30年 9月 2日, 5책 357쪽.
49) 『備邊司謄錄』 134冊, 英祖 34年 2月 4日, 13책 61쪽.
50) 肅宗 37년 長湍의 松西面을 松都에 할급하는 문제를 둘러싸고 제기된 주장도 이

그런데 면리편제가 監·兵營, 府·牧과 같은 상급행정기관의 이해관계에 의해 자의로 이루어져 민의 폐해를 극대화시킨 사례도 보인다. 이는 面里가 곧바로 해당 기관의 부역동원, 재정확보와 직결된다는 사실과 관련되어 있다. 全州府에 예속된 陽良所面의 존재를 둘러싸고 전라도 高山縣에서 제기된 문제가 그 예를 잘 보여준다. 陽良所面은 전주부에서 무려 100리나 떨어진 남서쪽에 소재하고 있었다. 일찍이 태종 9년 觀察使 윤향의 陳言에 따라 전주에 예속된 陽良所는 陽村鐵所가 소재했던 곳이며 산맥을 따라 전주부와 연결되어 있었다.[51] 전주부에서는 이곳을 屬面으로 삼고 주위 10여 리를 관장케 하였으며 각종 부역을 징수하였다. 특히 陽良所面은 태조의 영정을 봉안한 慶基殿의 隸契防이어서 일부 요역을 면제받는 대신 다량의 柴·油를 납부해야 했다. 그런데 陽良所面에는 民戶 수백에 약간의 토지만 있었을 뿐이고, 일부 토호 및 鄕品들이 마치 봉건영주처럼 지대수취를 강요하며 사적 권력을 행사하고 있었다. 당시의 부세제도가 철저히 차별적인 중세신분제에 입각해서 실시되었다고 볼 때 陽良所面의 일반 농민들이 져야 할 부담은 대단히 컸다. 문제는 토호 및 향품세력을 제외한 陽良所面내 대부분의 농민들이 전주부가 아닌 고산현에 소속되기를 희망하였다는 사실에 있다.[52] 경제적인 이해관계 때문이었다. 이 고산현 사례는 상급행정기관이나 재지세력과 같은 봉건지배층의 이해관계에 따라 일반 농민의 희생만이 강요되었던 측면을 보여준다.

이처럼 정부는 17세기 이래 면리편제를 관할하여 조직체계를 확립하고

러한 유형에 속한다. 송도는 본래 이 지역을 개간하고 操場으로 활용할 계획을 수립하였다(『備邊司謄錄』 61冊, 肅宗 37年 1月 初5日, 6책 73쪽). 그런데 水川을 경계로 長湍의 일부를 松都에 할속하는 것이 국왕의 허락으로 시행될 즈음 長湍民들의 반대가 제기되었다. 그 이유로 내세운 것은 水川으로 경계하면 松西면뿐 아니라 松南面도 삽입되고, 長湍 역시 松都에 못지않게 四輔 重地라는 것이었다. 長湍民들은 그 대안으로 華藏山 中·西南 계곡에서 口井峴加山을 할속하면 '地勢順便'하고 兩邑 사이에 커다란 손해가 없다고 주장하여 이를 관철하였다(『備邊司謄錄』 64冊, 肅宗 38年 4月 23日, 6책 389쪽).

51) 『新增東國輿地勝覽』 全羅道 全州府 古跡.

52) 『日省錄』 哲宗 13年 6月 1日 全羅右道 暗行御使 趙秉式 別單.

군현제의 원활한 운영을 위해 면리조정에 적극 개입하였다. 정부가 面里분급을 시행할 수 있었던 것은 면리를 단위로 한 호구·전결 및 각종 부역·환곡이 확정되는 등 면리제의 단위성이 제고되었고 면리제 정비가 그만큼 진행되어 있었다는 조건을 배경으로 한다. 정부는 이 같은 정책의 시행과정에서 郡縣制-面里制-五家統制에 이르는 향촌통치체제를 확정하고 국가공권력에 의한 민과 향촌의 장악을 모색하였던 것이다.

2) 面里 編制와 支配를 둘러싼 갈등 양상

조선전기의 面里制는 구조와 운영 면에서 취약성을 드러내 이를 통한 일원적인 향촌지배가 어렵다는 상황이 지적되었다. 지역에 따라 다소 차이가 있으나, 16세기 향촌사회에서는 국가의 집권체제 확립의 의지와 재지사족의 대응으로 인해 단선적인 지배체제의 형성은 원리적으로 불가능했다. 재지세력들은 토지의 사적 소유와 사노비에 대한 인신적 지배를 바탕으로 그리고 제한된 유통경제와 생산규모 하에서 소작료 징수와 고리대 활용을 통해 예하 민을 장악하였으며, 사회적인 측면에서 차별적인 신분제를 내세우고 사회조직으로서 鄕約·洞契의 확립을 도모했다. 재지사족들은 유력 姓氏集團의 宗家的·血緣的·族的 秩序와 그 토착화를 강조하며 향촌민을 지배하였다. 당시의 국가권력은 일면 재지사족의 계급적 이해를 관철시키는 기구로서의 성격을 지님과 동시에 재지사족과의 타협과 조화를 통해 민과 향촌에 대한 지배를 관철하고 있었다.

그러나 17세기 조선사회는 거듭된 전쟁과 외침으로 인해 국가의 재조와 체제 복원이 절실한 상황이었고, 이 과정에서 국가적 목표 하에 향촌지배 정책이 강화되기에 이른다. 그 목표는 왕권강화와 함께 국가권력 대 민의 직접 지배관계를 확립하는 것이었다. 이에 따라 재지사족의 향촌지배는 국가의 공적 지배기능의 수행이라는 한도 내에서, 다시 말해 자치제의 협조 기능의 수준을 넘지 않는 범위에서만 허락되는 것이었고 그 밖의 중간에 개재하는 사적 지배는 점차 배제되기 시작했다. 이는 물론 국가의 토지와 민에 대한 공적·보편적 지배 외에는 일체의 사적 지배를 부정했던 민들의 사회의식의 성장에 기인한 측면도 존재한다.

정부는 향촌사회·민에 대한 지배를 확장하는 과정에서 공적 사회제도로서 面里制와 五家統制를 활용하여 여러 사회조직과 作夫制 같은 생산단위까지 통괄할 수 있는 기능을 수행하고자 했다. 특히 面의 기능을 활성화시켜 국가운영의 기축이 되는 부세징수·생산 및 재생산의 보조 그리고 교화사업 같은 향촌지배에 필요한 제반 업무를 관장하고자 했다. 정부는 면리제를 관장하는 面里任의 선출에 일정 부분 간여하고, 특히 재지사족을 職任으로 포섭하고자 했다. 몇몇 지역에서는 재지 사대부들이 班常差別論을 내세워 적극 회피한 上級 軍任職에 出身과 鄕族·儒業, 士夫를 임명하여 일부 재지세력을 포섭하였다. 馬兵·騎士의 직임에 海西지방의 경우 鄕試 우등자 중 일부를 임용하기도 하고 관서지방에서는 儒業·士夫·中庶·鄕族·將校 가운데에서 임용하여 군역의 명칭을 싫어하는 鄕族에게 권장사항으로 삼기도 하였다. 그 밖에 把總·哨官 등의 軍任에 出身과 鄕族을 적극 임용하는 사례도 보인다.[53]

임란 이후 향촌과 민의 지배를 둘러싼 국가와 재지세력 간의 갈등은 새로운 面里 편제과정에서 나타나고 있었다. 우선 재지세력이 국가질서의 확산에 대응하여 기존 鄕權을 유지하려는 노력은 갖가지 형태로 진행되었다. 임란 후 鄕射堂·鄕案의 重修, 洞契의 실시 등 기존 향촌지배체제의 정비와 書院의 건립 등이 그것이다. 尙州지방에서는 사족 중심의 의병활동을 통해 자기성장의 계기를 마련하고 난 후 향촌질서를 그들 중심으로 재확립하려 했다.[54]

---

53) 영조 47년 5월 海西의 경우 기사는 鄕族으로 차출하는데 더불어 監·兵營에서 매년 치르는 鄕試의 우등자를 뽑아 鄕任 3, 4窠를 鄕族으로 차출하게 했다. 이로 인해 軍額의 지명을 꺼리는 鄕族에게 권장 방법이 될 것이라 하였다(『備邊司謄錄』 155冊, 英祖 47年 5月 15日, 15책 80쪽 ; 6月 1日, 15책 88쪽). 또한 把總·哨官 등 軍任에 出身과 鄕族을 임명하되 土豪家內 忠義·儒學冒錄者, 富民 및 額外院生을 대상으로 하나하나 사정하여 闕額을 보충하도록 했다(『備邊司謄錄』 163冊, 英祖 51年 1月 17日, 15책 291쪽). 관서지역에서도 馬兵의 경우 鄕將 任窠로 別武士를 점차 임용하게 했는데 儒業·士夫·中庶·鄕族·將校의 類를 대상으로 선발하도록 했다(『備邊司謄錄』 163冊, 正祖 5年 9月 20日, 16책 42쪽).

특히 재지사족들은 면리의 지배권을 장악하기 위해 새로운 面里 편제과
정에서 자신들이 世居하는 촌락을 중심으로 里가 편제되게 하여 기존 鄕
權을 계속 유지하려 하였다. 구체적으로 17세기 晉州지방의 里坊 재편과
정에서 드러난 사족들의 영향력 행사의 사례를 볼 수 있다. 진주는 임란이
가져온 막대한 人命의 사망, 田畓의 손실 등으로 사회경제적 혼란을 겪고
한시적이나마 촌락이 황폐화되는 상황이 초래되었다. 이로 인해 소규모 자
연촌이 大村을 중심으로 통합되는 상황이 나타난다. 가령 琴山里와 代村
里가 합쳐서 琴山으로 불리는 사실이 나타난다. 그 결과 임란 전 方位面에
112개 리가 존속하였으나 난 후에는 63개 리로 편성되었다. 里數는 이처럼
대폭 감소하지만 종전 谷・洞 등으로 호칭되던 전체 屬坊의 수에는 커다
란 차이가 없었다.55) 그러나 일부 里의 경우 본래 士族이 있었는데 당시에
는 거주하지 않는다는 기록을 통해, 기존 재지세력들의 이동・소멸 현상을
엿볼 수 있고 동시에 촌락 운영질서의 변화를 추론할 수 있겠다.

한편 임란 후 里坊 재편시 各里가 존속・폐합되는 일 요인으로서 그 里
에 유력 사족이 존재하는가의 여부는 여전히 중시되었다. 이는 난 후의 진
주지방 사족들의 향촌지배에 대한 영향력의 한 사례로 볼 수 있다.56) 따라
서 새로운 향촌편제가 이루어질 때마다 재지사족들은 계급적 이해의 관철
의지를 적극 표명하였고, 결국 국가의 정책과 민의 동향이 상호 맞물리면
서 대립과 갈등을 야기시켰다.

이 시기 移邑・置邑・復邑의 과정에서 面里편제의 문제가 제기되는데,
國家・在地士族・民이 設邑의 비용부담과 국가에 대한 부세납부를 둘러
싸고 첨예한 대립을 보였다.

영조 10년 6월 甲山 儒生 金淑鳴은 惠山과 雲寵 사이에 1邑을 설치해
달라는 陳疏를 올렸다. 三水・甲山은 숙종 36년 絶北에 위치하므로 6鎭과
다름없다고 하여 府로 승격된 곳이었다.57) 정부는 金淑鳴의 소에 대해, 본

54) 鄭震英,「壬亂前後 尙州地方 士族의 動向」,『民族文化論叢』8, 1987, 133쪽.
55)『晉陽誌』卷1, 各里條.
56) 李海濬,「17世紀初 晉州地方의 里坊再編과 士族」,『奎章閣』6, 1982 참조.
57)『增補文獻備考』卷16, 輿地考.

래 삼갑 민호의 수가 적은데 兩邑이 분리될 경우 支放이 곤란해질 것이라
고 지적하고 이를 읍민의 自請이 아닌 鄉任들의 계급적 입장을 대변하는
것이라고 판단하였다.58) 또한 영조 10년 당시 陽德의 100里內 移邑문제와
順天·麗水의 分邑문제를 포함한 三南諸道의 設邑 疏請에 대해서도 대개
유생 鄉任者의 所爲로 규정하고 반드시 간폐가 있다고 하여 일체 불허하
였다.59)

다음으로 安邊의 관할 하에 있는 永豊의 復邑을 위해 金鳳儀 등 거주민
들이 擊錚을 벌여 형조가 이를 조사한 사실이 있다. 永豊은 고려 穆宗 때
鎭이 설치된 곳이며, 이후 서쪽 110리 지역이 안변에 속하게 되었다. 이에
정부는 關防의 重地이거나 沿路排站으로 부득이한 지역을 復邑의 요건으
로 내세우며 關門이 멀다는 이유는 거기에 해당되지 않는다고 설명하였다.
또한 永豊社의 지형이 初境에서 終境까지 100여 리에 걸쳐 협소한 골짜기
가 전개되고 開野處가 없으며 居民 元戶가 519호에 불과하다는 사실을 지
적하였다. 따라서 궁핍한 小民이 각종 부역을 담당한다면 흩어져 버릴 것
이라고 하여, 이를 단순히 향권장악을 위한 몇몇 토호의 견해로 치부하고
있다.60)

앞서 언급한 숙종 10년 9월 경상도 順興府의 復邑과정에서 官舍造役의
부담을 둘러싸고 일어난 갈등도 이와 유사한 사례다. 당시 郡邑의 大小 官
舍之役을 위한 제반 비용과 관노비·이서의 還上 지급분 등의 비용 부담
이 모두 해당 邑民에게 돌아갔다. 문제는 民情을 내세워 처음부터 복읍을
요청하고 陳疏를 제출한 계층은 고을의 文成公 安裕의 후손을 비롯한 재
지사족들이었는데, 정작 復邑이 허락된 이후 소요되는 제반 경비는 전적으
로 小民이 떠맡게 되었다는 점이다. 결국 이 문제는 정부의 간섭으로 他邑
소속 面里의 조정을 통해 해결되었다.61)

---

58) 『備邊司謄錄』 95冊, 英祖 10年 6月 4日, 9책 819~820쪽.
59) 『備邊司謄錄』 95冊, 英祖 10年 6月 4日, 9책 820쪽.
60) 「公移占錄」 卷2, 論永豊事狀.
61) 『備邊司謄錄』 38冊, 肅宗 10年 9月 15日, 3책 793~794쪽 ; 9月 22日, 3책 794~
795쪽 ; 『慶尙道邑誌』(1832년).

이상의 사례는 재지사족들이 사적 지배의 기반을 확립하고 향촌을 장악하기 위해 별도의 郡邑 설치에 적극 나서지만 구체적인 부역 부담은 예하 小民에게 전가해 버리는 등 이해관계에 철저했던 면모를 드러낸다. 정부도 이 같은 재지사족의 의도를 파악하여, 본래 민에게 도움이 되어야 할 새로운 面里조정이 실제로는 鄕任者·재지세력의 이익에만 부합되는 경우를 우려하고 있다.[62]

한편 정부가 주도한 合邑·合面 과정에서는 향촌주도권의 상실을 우려하는 재지사족의 저항 모습이 나타난다. 정조 20년 5월 金川의 白峙鎭과 大小南面이 송도에 割屬되는데, 당시 開城留守 趙鎭寬은 "大小南面 내에는 班戶가 극소수고 小民들은 송도의 稅가 가볍기 때문에 대개 移屬을 원하지만, 金川 境內의 대다수 사족들은 분속 사실을 심히 편치 않게 여기며 松民이 되기를 원치 않았다"는 사실을 지적하였다.[63]

영조 2년 豊德府의 경우 민들이 軍田의 役이 가벼운 송도로 대거 투속한 결과 良戶 700명에 비해 良役總數는 무려 2700여 명에 달하는 상황이 지적되었다.[64] 이후 정부의 지시에 따라 대대적인 刷還작업이 벌어지나 송도로의 이적기간이 오래되었다는 구실을 내세우는 민들의 저항으로 실패로 돌아가게 된다.[65] 또한 豊德 서북면의 비옥한 토지가 대부분 송도 富民의 소유로 변하고 송도 경내에 避役한 豊德民들이 이곳에 와서 경작하는 문제가 발생하였다. 정부는 他關民 往來耕作의 금지조치를 취했으나 이 또한 별 효과를 거두지 못하였다.[66] 결국 이 같은 과정을 거쳐 豊德府는 송도에 합속된다. 이에 舊豊德의 士民들이 校宮 復設을 주장하며 무리지어 난을 일으키자 정부는 "一邑之不容有二校 猶一家之不容二廟"[67]라

---

62) 『備邊司謄錄』 38冊, 肅宗 10年 9月 22日, 3책 794~795쪽.

63) 『備邊司謄錄』 183冊, 正祖 20年 5月 30日, 18책 445쪽.

64) 『備邊司謄錄』 79冊, 英祖 2年 4月 13日, 7책 876쪽.

65) 『備邊司謄錄』 80冊, 英祖 2年 8月 8日, 7책 913쪽 ; 106冊, 英祖 16年 3月 22日, 10책 878쪽 ; 135冊, 英祖 34年 8月 26日, 13책 138~139쪽.

66) 『備邊司謄錄』 148冊, 英祖 41年 8月 13日, 14책 373쪽.

67) 『備邊司謄錄』 212冊, 純祖 24年 4月 4日, 21책 557~558쪽 ; 213冊, 純祖 25年 4月 20日, 21책 653쪽.

고 하며 이들을 진압하였다. 본 사례는 合邑으로 인해 원천적으로 향권을 상실한 재지사족들이 관에 적극적으로 저항하는 모습을 보여준다.

한편 정조 연간 水原에 新邑을 건설하는 대대적인 役事가 다년간 전개되었다. 新邑의 주민은 元居住民과 廣州府 移屬民, 그리고 타지역에서 모여든 徙民들로 구성되었는데, 정부는 대대적인 구휼과 조세감면을 통해 邑治의 정착을 모색하였다.[68] 이에 따라 수원 내의 面里는 종래의 족적 결합과 전통적 질서가 단절된 곳에 국가권력에 의해 인위적 신질서가 수립되고, 정부는 이 작제적 질서를 통하여 민에 대한 직접적인 지배를 관철시키고자 했다. 그런데 원거주민 및 儒武任에의 참여를 위해 자원하여 집결한 士族·儒生에 대한 支待문제와 水原府의 재정보충문제, 그리고 面里편제를 위해 廣州府에서 이속된 面里의 운영을 둘러싸고 국가권력과 재지사족·민 사이의 이해관계가 첨예하게 대립되었다. 이는 특히 국가의 의도와 달리 재지사족이 기존 지배질서를 고수하고자 하면서 야기되었다.

정부는 정조 13년 7월 수원내 신읍 건설의 일환으로 留守營으로 승격시키면서 顯隆園 奉役을 위해 廣州府의 一用面과 함께 大小民人의 의견을 널리 모아 지리상 수원에 가까운 접경지역인 松洞面을 이속하기로 결정하였다.[69] 그리고 다음 해 8월 국왕은 京畿監司·廣州副尹에게 명하여 이속한 兩面의 軍丁 467명과 各樣身米 214石을 탕감해 주었다. 이때 신읍에 부속된 민들에 대해서는 원거주자와 차별된 조치를 통해 정착을 장려하고 동요를 방지하였다. 一·松 兩面이 이속되면서 해당 面民들은 結價를 水原府에 납부해야만 했다. 그러나 정부의 新邑에 대한 結價징수 연기조치가 취해짐에 따라 兩面移屬이 있었음에도 불구하고 수원부는 재정수입이 어려워졌고, 별도로 136結 32負 6束의 權復을 각 면에 분배하여 해당 조세

---

68) 이때 조선왕조는 遷徙한 吏民들에게 10년 기한으로 500結을 지급하고, 10년이 지난 후 水原府에 속하게 하여 해당 結價를 징수케 하는 조치를 취하였다(『華城志』 財用).

69) 『備邊司謄錄』 175冊, 正祖 13年 7月 23日, 17책 373쪽. 이에 따라 一用面의 彌勒堂·琶洞·逸村里·大松竹里·棗園·亭山里·眞木亭 등 7개 洞, 松洞面의 濱汀里·中村·野牧里·玄川·內室·松蘿洞·晩坪里의 7개 洞이 편제되었다(『華城志』 建邑沿革條).

를 징수하였다.[70] 이 같은 과정을 통해 광주부 소속 2개 면의 水原移屬이 외형적으로는 완료되었으나 一用面과 併石里의 내부갈등이 표면화되었다. 이속대상인 一用面과 併石面의 梨木洞·泉川里는 매우 인접해 있었을 뿐 아니라 人戶의 이동이 상호 빈번한 곳이었다. 이때의 문제는 班戶와 民 사이의 조세부담 문제와 향촌지배권의 향방을 둘러싼 갈등이었다. 정조 15년 1월 조정에서는 다음과 같은 논의가 전개되었다.

좌의정 蔡濟恭이 아뢰기를, 一用面은 班戶가 많고 民戶가 적으며 併石里는 民戶가 많고 班戶가 적습니다. 일용면은 반드시 병석리를 合附하고자 하는데 이는 반호가 민호를 사역하려 하는 계략입니다. 兩面 분할이 깊은 관계가 없더라도 아마도 쉽게 허락해서는 안 될 것입니다. 水原 前府使 趙心泰가 아뢰기를, 一用民이 거듭 來訴하며 계속 주장하는 것은 일용면은 戶役結稅를 일체 廣州例로 징수하므로 수원과 비교할 때 대단히 가볍다고 합니다. 병석을 합한 후 1면내 民役으로써 서로 반박하면 이는 大小民 모두 불편합니다. 또한 민호로 보면 불과 130호에 불과하고 그 중 반호가 3분의 2에 이르니 반드시 합하려 하지 않겠습니까. 병석은 민호가 다수 거주합니다. 그러므로 소위 반호가 下契를 첨가하여 전적으로 지휘하려는 의욕을 지닌 것입니다. 일용면에 소속된 자들은 徭役이 가볍고 부세가 헐하며 환곡도 받지 않고 軍丁 또한 일체 침요받지 않습니다. 그런즉 비록 새로 이속하여 수원민이 되더라도 힘들고 가벼움이 어찌 보이지 않겠습니까. 하물며 梨木洞·泉川里는 병석면 가운데 지극히 饒實한 동리입니다. 이 兩里를 빼앗으면 병석 역시 成養이 안 됩니다. 필히 원망이 계속될 것이므로 가볍게 논의해서는 안 됩니다. 수원 암행어사 趙鎭宅이 아뢰기를 일용면과 병석면에 梨本洞·泉川里의 地勢는 지척으로 서로 연결되어 있습니다. 일찍이 廣州府 소속일 때 일용면 70여 호가 먼거리의 納稅를 피하여 兩里에 이사했습니다. 그런즉 지금 일용면의 총 100호내 민호는 겨우 30여 호에 불과하니 一面의 모양이 갖추어지지 않습니다. 저번 充丁 이후 왕왕 通同之役이 이루어지고 있고, 앞으로도 제대로 감당할 수 없는 상황입니다. 兩里는 班少民多하고 一用은 民小班多하니 兩里를 합하여 一面으로 해야 합니다. 본래 광주의 민이고 지금은 모두 수원부에 속하게 되었

---

70)『華城志』財用.

으니 처음에는 이해의 구별이 없을 것이므로 班民相等하고 勞逸이 같을 것입니다. 채제공이 아뢰기를, 모든 일은 반드시 양쪽을 살핀 후 그 情實을 얻게 됩니다. 일용면이 비록 倂石 兩里를 얻기 원한다 해도 만약 병석에 물어보면 합병을 원하지 않을 수도 있습니다. 이 일은 本官에 당부하여 헤아려 처분하되 朝家를 번요케 하지 않도록 하십시오. 임금이 말하기를, 각 조항은 左相의 말에 따라 行會議府함이 가하다.71)

본 논의에서 좌의정 蔡濟恭과 수원 전부사 趙心泰는 일용면의 班戶가 병석면의 兩里를 통합하여 常民들의 下契를 접수하고 궁극적으로 자신들의 향촌지배를 돈독히 하려 하고 있다고 규정하였다. 광주부 소속에서 수원부 소속의 면리로 변경되었으나, 일용면의 재지세력들이 각종 부세의 감면과 군역 면제 같은 기존의 특권을 계속 누리려 하는 의도를 크게 드러내고 있다고 본 것이다. 이에 대해 암행어사 趙鎭宅은 지형과 두 지역의 연혁, 그리고 面里內 담세자의 상황 등 비교적 객관적인 기준을 내세우고 있으나, 일용면 내의 班戶의 입장을 강조하는 듯한 인상이 짙다. 새로이 수원에 편입되면서 기존에 존재했던 계층간의 이해 구별이 없어지고, 班民相等하고 努逸이 같을 것이라는 주장이 그것이다. 민의 입장에서 본다면 이 같은 주장은 전적으로 반대 해석이 가능해진다. 이 논의에서는 국왕 정조의 동의와 좌의정 채제공의 강변으로 전자의 견해가 관철되었다. 이는 新邑의 면리편제에서 재지사족의 지배권 유지와 토착화 경향을 단호히 배제하고 단절시키려 한 정부의 입장을 표명한 것으로 보인다.

이상 정부는 移邑·復邑·新邑의 건설과정에서 확정되는 새로운 面里 편제를 주목하고 재차 향촌을 장악하려는 재지세력의 입장을 배제하여 신질서 위에 국가 대 민의 직접 지배관계를 형성하는 작업을 진행하였다.

이와는 달리 부세운영을 둘러싼 향촌내 여러 계층 사이의 갈등이 첨예화되는 상황에서 차별적 신분제와 불합리한 조세부담에 항의하는 민들의 요구에 따라 分洞·分契도 제기되었다. 조선후기에 가면 부세징수에서 담세자 개개인이 아닌 면리단위의 납부가 시행되는 경우가 많았다. 이는 豊

---

71)『備邊司謄錄』178冊, 正祖 15年 1月 24日, 17책 719~720쪽.

·凶年과 같은 자연재해나 농민이 流離하는 사회문제가 발생하더라도 그것을 향촌 내의 문제로 국한시키고 중앙에 대한 완벽한 수납만을 강제하는 형태다. 정확한 邑勢民情의 기초 위에 징수를 행한 것이 아니라 철저한 收稅者 便宜主義 방법을 이용한 것이다.

이러한 납부방법은 민들의 사회의식의 성장과 더불어 다음과 같은 문제를 야기시켰다. 共同納체제의 운영으로 인해 과거 오랫동안 洞契체제에 묶여 있었으나 경제배경을 달리하는 수개 자연촌 간의 이해관계, 가령 납세액 조정과 부담량의 문제 등 그간 잠재되어 있던 요인들이 현안으로 표출되었다. 신분제적 기반에서 점차 벗어나고자 했던 민들의 처지에서 보면 지배층의 이러한 비현실적 강요를 수용하기 어려웠을 것이고 이에 따라 洞契의 分離나 分洞을 강력히 요구하였다. 이는 재지세력 대 일반민 사이의 부세납부를 둘러싼 갈등이었다. 그 한 사례로 大邱 夫仁洞 洞約을 둘러싼 갈등을 볼 수 있다.

夫仁洞 洞約은 영조 14년 12월 崔興遠이 주자학의 윤리도덕에 의거하여 사회질서를 확립하기 위해 만든 것인데 4개 里가 1개 洞으로 재편성되어 실시되었다. 그런데 본 조직은 공적 사회제도인 面里編制로서 추인되었지만 점차 민들의 반발 속에 1836년에 붕괴되었다. 동약의 파기 명분은 分洞과 二庫(先公庫·恤貧庫)의 운영문제를 중심으로 전개되었다. 二庫의 운영문제란, 일반민들이 公稅(田稅) 납부를 위한 二庫에 양반과 무관한 군역을 전가하려 하자 양반들이 이를 破約 문제로 인식한 것을 말한다. 또한 민들은 洞任·面任와 연결하여 환곡의 미납분까지 二庫에 添徵시키고자 노력하였다. 이를 둘러싸고 사족과 양민이 첨예한 대립을 보이다가 최삼용(崔興遠의 族姪)에 의해 鳳舞村에 새로운 洞約이 설치되고 이로써 부인동의 분리가 이루어졌다. 洞約을 통한 재지사족의 향촌민 지배가 부세의 차등부과에 따른 각 洞里民의 반발로 무너지는 예라 하겠다.[72]

이는 사회변동이 극심한 봉건해체기 상황에서 민들이 성장된 사회의식

72)「夫仁洞洞約」,『嶺南鄕約集成』; 金容燮,「朝鮮後期 大邱夫仁洞洞約과 社會問題」,『東方學志』46·47·48合輯, 1985 참조.

을 바탕으로 사족지배의 불합리성을 인식하고 이에 저항한 데 따른 것이다. 이처럼 재지사족의 面里支配는 국가적 지배질서를 확산하려는 향촌지배정책의 강화, 공적·보편적 지배 외에 사적 지배를 거부하는 민들의 저항, 그리고 자체 물적·권력적 기반의 축소·동요로 인해 점차 붕괴되어 갔다. 이로 인해 상대적으로 향촌지배의 제 권한은 수령을 중심으로 한 官司體系에 집적되었으며, 민의 대두와 함께 국가권력 대 민의 직접적인 대립상황이 점차 준비되고 있었다.

3. 면리제의 조직구성과 面里任

1) 면리임의 선출구조

조선전기 이래 정부의 전통적인 대민·대향촌 지배정책은 우선 가시적으로 국가권력(王命)을 수임받은 수령 개인을 향촌에 파견하여 봉건국왕의 德政體制를 돈독히 하고, 조세수취와 치안유지를 위해 군현제를 정비하는 데 초점이 두어졌다. 그런데 농민들의 생산공동체이자 일차적인 정치의식의 발현의 장이며 실질적인 통치의 본령이 된 것은 향촌사회였다. 따라서 정부가 이 시기 민들의 성장된 사회의식과 제고된 향촌의 자율성을 감안하여 이를 節目의 시행조규에 반영하는 것이야말로 향촌 내의 변화양상에 대한 대응책이기도 했다. 특히 전란으로 인한 폐해의 치유를 도모한 17세기의 집권층과 정론가들은 변화하는 향촌구조에 주목하고 종래 군현제 중심의 대책에서 벗어나 향촌과 민에 대한 실질적인 장악을 목표로 面里制의 편성에 관심을 집중시키고 있었다.

숙종 원년의 「五家統事目」은 양란 이후 인조·효종·현종 연간에 계속 논의되어 온 지방제도개혁론의 총괄적 표현이었다. 본 사목에는 五家統·紙牌制를 비롯하여 그 연장으로서 面里制의 편제와 운영, 직임자의 역할이 규정되어 있다. 특히 호수에 의해 구분된 각 조직단위를 관장하는 직임자가 명백히 확정되었다. 「五家統事目」 제6조에 따르면,

지금 郡邑 가운데 鄕品은 진실로 선택하기가 어렵고 이른바 里正도 매
양 庶孼과 賤類로써 差定하기 때문에 수령이 만일 골라서 정하려고 하면
사람들이 대부분 피하기를 꾀하니, 이 뒤로 里正과 面尹은 반드시 모두 한
고을에서 지위와 名望이 있는 자로써 한다. 비록 일찍이 文武의 陰職을 지
낸 자라도 차임할 수 있으며, 만약 피하기를 꾀하는 자가 있으면 徒配의
律로 논한다.

라고 하여 5家의 거주민 가운데 나이 많고 건장한 사람을 統首로 삼아 統
의 일을 맡게 하고 위로 里에는 里正과 有事 2인을, 面에는 都尹과 副尹
을 두었다.

당시 향촌사회에서는 서얼이나 천류가 里正 직임에 임명되었기 때문에
많은 사람들이 이를 회피하였고, 더구나 鄕品·士大夫 신분은 거의 없는
실정이었다. 이에 대해 각 직임자의 권위를 높이기 위해 里正과 面任은 반
드시 고을에서 지위와 명망이 있는 자로 하였고 비록 일찍이 文武의 蔭職
을 지낸 자라도 차임할 수 있게 하였다. 아울러 사목의 제6조에서는 임명
된 이후 직임을 회피하는 자를 徒配의 律로써 논할 것을 규정하고 있다.
이로써 面里制 하에 面尹 - 里正 - 統首의 감독체계를 확립할 수 있었다.
한편 제21조에는 각 직임자의 임기를 3년으로 규정하고 面尹 가운데 功能
이 있는 자를 관에 추천하도록 했다.[73]

「五家統事目」의 주창자 윤휴는 都尹과 副尹을 漢代 鄕三老에 견주고
사대부로 임명할 것을 주장했으며 그 역할에 대해 "風俗糾正 勸課農桑 團
結隣保 俾無以來以去之弊"[74]라고 하였다. 이는 군현제의 근간이 되는 면
리제 운영과정에 재지세력을 직접 참여시키고 그 역할을 증대시키고자 한
의도를 보여준다. 즉 면리제·오가통제를 실시하여 국가의 행정적 목적을
달성하고, 기존 신분제와 경제력에 기반하여 향촌을 지배하였던 재지세력
의 반발을 무마함으로써 궁극적으로 향촌을 원활하게 장악하고자 했다. 따
라서 수령들이 面里任을 官任으로 여겨 소홀히 대하거나 업무수행시 笞辱

---

73) 『備邊司謄錄』 35冊, 肅宗 元年 9月 26日, 3책 198쪽.
74) 『白湖全書』 卷14, 啓辭 己未 9月 26日 右贊成時 588쪽.

등의 처벌책을 시행하지 않도록 주의를 요망하였다.75) 무엇보다 재지세력을 능동적으로 面里任직에 참여케 하는 명분을 살려주기 위해서였다. 그러나 이러한 의도는 고을 현장의 수령들이 새로운 면리편제와 오가통법의 시행을 빙자하여 이들 조직과 직임자들을 부세징수에 적극 이용함으로써 깨지기 시작한다. 가령 年分 등 田稅 징수와 관련된 업무 수행시 조그마한 착오만 발생해도 직임자들에게 刑杖을 가하는 사례들이 무수히 보고되었다. 따라서 정부 의도와는 달리 향촌사회에서는 面任을 기존의 都任, 里約之輩와 동일하게 취급하고 있었나.

이에 앞서 같은 남인의 당색을 지닌 반계 유형원은 광범위한 지방제도 개혁론을 제기하는 과정에서 鄕正制의 확립을 강조하면서 특히 향정의 직임을 재지사족으로 임용할 것을 적극 주장하였다. 유형원은 역대 중국 행정촌의 운영사례 가운데 宋代 蘇軾과 明代 丘濬의 견해에 의거하여 향정이야말로 중앙에서 파견되는 수령(直州郡之官)과 함께 治民의 기초가 되며 '親民之任'임을 강조하였다. 또한 올바른 鄕正의 선출이, 그의 지방제도 개혁론의 핵심인 향리제의 성패를 좌우한다고 하였다. 무엇보다 鄕正에는 士類(內舍免番生) 신분이 임용되어야 함을 강조하였다. 그는 17세기 향촌사회의 문제점으로 "오늘날 下類 不齒之人이 鄕正에 충원되어 백성에게 해를 주고 뇌물을 징색하며 官家에서도 이들에 대한 처벌만을 행한다"는 사실을 지적하였다.76) 유형원은 그 대책으로서 士族의 위치를 인정하고 昇貢・常祿・伺侯로서 대우하며, 이들 士類가 업무 수행시 받는 刑杖에 대해서는 수령이 親審하여 鄕正의 잘못이 분명한 경우 그 처벌이 정당하다고 했다. 이렇게 되면 政敎가 제대로 시행되고 民生이 균등해지며 다스림에 덕을 추구함이 백성에게 쉽게 전달된다고 하였다. 즉 公私가 각각 그 分을 얻게 되어 만사는 모두 올바른 데로 돌아가게 되고 三代의 興盛함이 스스로 복구될 것이라고 하였다. 古法을 正明함으로써 사대부들이 名分論을 빙자하여 鄕正에의 임용을 거부하는 현상을 타파하고자 한 것이다.

---

75) 위와 같음.
76) 『磻溪隨錄』 卷3, 田制後錄(上).

이와 같이 여러 정론가들은 面里制의 실질적인 운영효과를 제고하기 위해 직임자인 面任(都·副尹, 鄕正)의 精選과 그들에 대한 권위를 인정하고 각종 인적·물적 보조가 필요함을 역설하였다. 그러나 실제의 향촌 현장에서는 극히 저하된 面任의 위상으로 인해 많은 문제가 제기되었다. 정부의 입장은 국가재조의 차원에서 새로이 향촌을 재구성하고 재지세력(士大夫)의 토호적 성향을 억제하여 이들의 일반농민에 대한 사적 수탈이나 지배를 배제해 나가면서 한편으로 이들 중 일부를 면리제의 운영담당층으로 포섭하려 했다. 이에 따라 정부는 재지사족의 동향과 반발에 많은 관심을 기울이고 있었다. 반면 고을 현장의 守令·吏胥들은 면리제를 官司體制의 하부조직으로 규정하고, 面里任을 기존의 官任과 동일시하는 시각을 지니고 있었다.

정부는 운영과정상의 문제와 명분론 문제로 인한 사족들의 謀避현상을 막기 위해 숙종 37년 12월의 「良役變通節目」에서 尊位 직임의 차별화를 시도하였다. 즉 "尊位者는 이전에 모두 양반신분이 임용되었는데, 本官이 官任과 동일하게 보아 侵責를 가하여 厭避가 없지 않았으며 卑賤之類로 귀결되었다. 이로 인해 전연 기강이 없어 마땅히 上·副尊位를 정해 반드시 그 고을의 表著兩班으로 하여금 上尊位로 삼고, 지금 閑丁望報의 업무는 전적으로 副尊位 이하가 담당하고 上尊位는 그것을 檢察, 申飭케 하라"[77]고 하였다. 여기에서 부존위 이하는 상대적으로 中庶나 平民 가운데 差定했음을 추측해 볼 수 있다. 즉 양반층인 상존위는 전체적인 管束만 하고 中庶·平民들로 구성된 副尊位·有司들이 실질적인 업무를 담당하는 방식을 도모했다. 이와 같이 정부는 面任·風憲과 里任을 구별하고 전자의 직임에는 양반층의 편입을 적극 권하고 실질적인 업무를 담당하는 후자의 직임에는 中庶·平民 중 勤幹·識字·解事者를 적극 임명한 것으로 보인다.[78] 이상 17세기 정부 및 정론가들의 입장은 공적 사회제도로서 면리제의 확립을 도모하고 그 운영을 관할하기 위해 조직상의 정비만이 아

---

77) 『備邊司謄錄』 63冊, 肅宗 37年 12月 26日, 6책 322쪽.
78) 金俊亨, 앞의 논문, 1982, 69~70쪽.

니라 실질적인 담당자로서 面里任의 差定을 중시하고 있었다.

17세기 面의 명칭은 外方의 경우 面·鄕, 한성부와 평안도는 坊, 함경도에서는 社라고 하였고[79], 面任의 호칭도 都尹·坊任·社任·面長·面官이라 하고 때로는 風憲으로 불렀다. 그 이하 里·洞의 직임자는 里正(長), 洞任, 副尹, 그리고 副憲, 約正(長)으로 불렀다. 이들 면리제 운영담당층의 직임체계는 촌락의 기능이 활성화되고 面里制의 단위성이 제고됨에 따라 분화되고 이들의 수효도 증가하면서 많은 변화가 나타난다. 「牧民大方」 吏典之屬의 嚴內外條에 따르면, 內는 鄕任·軍校·吏隷 등 군현 소속 鄕所와 官屬을 지칭하며, 外는 面任·里任 외 每統의 統首, 伍長을 규정하고 있다. 官司體系의 吏卒과 구별된 任掌에는 위로 鄕所로부터 面任·里任과 戶首·統首가 속한다고 하였다.[80] 面任은 향촌내 治化를 보좌하여 민에 대해 官令傳達과 民情을 官에 보고하는 上下通行을 담당하는 업무를 맡았다. 이에 따라 面任은 '各社之官'으로 불렀다.[81] 이와 같이 面里任은 공적 직임으로 인정되었으며, "面內諸公事則 依近例擧行 而約正則無所與於其間 …… 只管風敎而已"[82]라 하여 업무상 전적으로 교화를 담당한 향촌내 향약기구의 約正·直月과 명백히 구별되었다.

구체적으로 군현 차원에서 작성된 「節目」과 「傳令」을 보면, 면리제 운영담당층의 기능을 확대하여 향촌과 민에 대한 지배를 강화하려는 官의 의도를 표출하고 있다. 가령 충청도 沃川郡에서 예하 面里에 내린 「11面任處傳令」을 살펴보면 이 같은 사실이 잘 드러난다.

面任의 직위는 중하다. 대개 1읍은 커서 1인으로 萬民을 總察하는 것이 불가능하므로 分割하여 각 면에 面任을 두어 官令을 선포하고 민간에게 董飭하며 民情을 살펴 官에 전달하게 한다. 면임은 눈·귀·팔·다리의 輔翼이 되고 一身을 다하여 官家의 治化를 보좌한다. 이에 따라 면임의 명칭

---

79) 『磻溪隨錄』 補遺 郡縣制條.
80) 「牧民大方」 吏典之屬 6條 ; 「政要」 三 7條.
81) 「公移占錄」 勸諭農民榜.
82) 「密州徵信錄」 卷2, 鄕約 仁祖 戊子(仁祖 26, 1648)節目.

은 面長·面官 혹은 風憲이라 한다. 명칭과 그 직임의 의의를 생각한즉 근래 각 면의 任은 처음부터 적절한 인물을 선택하지 않고 충원하였다. 따라서 官家의 役 가운데 면임으로 하여금 스스로 還穀·田稅를 督徵하고 閑丁을 望報하는 데에만 힘쓰게 하였다. 이 밖에 민속의 선악·節屋의 疫苦 등 교화·인보 기능은 처음부터 염두에 두지 않았다. 그러므로 官令이 아래에 서지 않고 民情이 官에 통하지 않았다. 상하가 막힘이 있고 治化가 興하지 않으니 한심한 일이다. 부임 후 각 면에서 人器可堪者를 深察하여 闕額面任을 次第에 新充하고자 한다. 揀擇 取舍가 得當한 지를 알지 못하나 期望之意는 前 면임에게 비교할 것이 아니다. 이에 각 면임에게 官意를 알리노라.[83]

面任이야말로 향리에서 수령을 대신하여 治化를 보좌하고 官과 民을 매개하는 중요한 직임자라고 규정하고 적절한 인물의 신중한 선택을 말하고 있다. 심지어는 면임에 대해 기존 政令·行政 업무 외에 治化·隣保의 기능을 부과하여 面里내 수령을 대신하는 존재로 삼으려 했던 의도가 보인다. 本 전령의 거행조례에는 다음과 같은 국가 의지가 반영되어 있다.[84]

1. 면임은 風憲을 관장하고 민속을 규찰하는 직임인즉 불가불 먼저 자신의 몸을 바르게 하고 뭇 사람의 표준이 되어야 한다. 사무를 公平廉正하게 하여 面內의 민에게 욕보는 일이 없도록 할 것.
1. 面內 민 가운데 孝弟하지 않고 隣族과 화평치 아니한 자와 그 선악에 대해서는 먼저 公議를 모아 실제에 따라 조사하되 떠다니는 말로 알리지 말 것.
1. 면임이 각 리를 두루 통괄할 때 소송을 좋아하는 것은 薄俗賤行임을 각 洞里任 및 大小民人에게 申飭하도록 하되, 여전히 민들 사이에 쟁송이 빈발하면 洞里任 및 面任이 會坐開論 혹은 笞責을 가할 것.
1. 면내 大小民 가운데 강한 자가 약한 자를 능멸하고 부자가 빈자를 탐하며 年下者가 年上者를 능멸한 자, 악행으로 사람에게 상해를 입힌 자 및 農桑에 힘쓰지 않고 이익만을 좇아 雜技·賭博에 빠지는 자, 그리고 遊

83) 「管城錄」.
84) 위와 같음.

離乞食·盜賊·술주정 하는 무리 등을 廉察하여 보고하되 사안에 따라 洞長도 같이 捉出할 것.

1. 親族간의 相訟은 風化에 크게 관련되는바 頑悍한 무리가 家財를 勒奪하고 田土를 몰래 매매하는 행위를 그 親族이 먼저 묻官하게 되면 면임은 항상 洞, 里任과 함께 면밀히 살펴서 드러나는 대로 보고하여 捉上할 것.

1. 면내 窮民의 飢한 疾苦의 상태, 農形을 살펴 소출량이 감소된 자는 보는 대로 口達하고 水火·盜賊 등 시급한 일이 발생하면 즉시 馳啓할 것.

1. 閑丁의 望報에서 그 家樣(貧富·父子兄弟·身役多少)를 헤아려 均平하게 하되 殘民이 便苦하는 폐가 없도록 할 것.

1. 大小政令·訟理曲直·官家의 裁度에 있어서 전령이 혹 민간에게 올바르지 않아 폐를 끼치는 경우 그리고 마땅한 決訟의 曲直은 일일이 알려 차후 참작할 수 있도록 할 것.

이상의 절목은 면임의 업무 중 賦稅徵收·閑丁搜括·傳令傳達과 같은 기존 행정적 기능보다는 주로 향풍교화와 민간의 형사·민사와 관련한 사소한 사건의 처리 등을 기능이 강조된 것이다. 본 조항을 통해 당시 면임이 향촌 지배과정에서 총괄적인 실무의 담당자였음을 알 수 있다. 또한 江界府의 「面任擇差事傳令」을 보면

官令의 거행, 民心의 面從은 전적으로 坊任을 제대로 擇定하느냐에 좌우된다. 目下의 일로서 積痼還弊가 있는데, 금년은 다행히 고치는 방도를 얻게 되었다. 환곡의 분급방법에서 그 道를 얻은 연후에야 징수에서도 錯亂이 없을 것이다. 이는 전적으로 坊任이 分等할 때 善不善의 여하에 달려있다. 開春 이후 各坊 各戶의 크게 고쳐야 할 사실은 반드시 공평 정직한 坊任을 얻은 연후에 비로소 일을 시작할 수 있을 것이다.

라고 하여 공평하고 정직한 면임의 확보가 군현을 다스리는 요체임을 지적하고 있다.[85] 또한 鄕所와 面任과 같은 任掌의 주된 역할은 "民生에는 조그마한 폐단도 없게 하고 民과 官 사이에 항상 洞然貫徹되게 하는 데

있다"고 지적되었다.[86]

　이상 이 시기 면임은 '官家의 輔翼,' '各社之官'이라는 표현처럼 面里내 수령을 대신하는 존재로서 그리고 民과 官을 직접 매개하는 '親民의 職任'으로 규정되었다.

　다음으로 면임의 구체적인 기능과 출자를 둘러싼 문제를 살펴보겠다. 職掌의 구분에 따르면 面에는 風憲이 있는데 勸農官을 겸하며 鄕品 내지 出身 가운데 선출하도록 하였다.[87] 또한 한성부 내의 尊位는 外方의 土豪와 같은 존재로 비견되기도 했으며[88] '家産稍饒者'의 선발 사실에서 그들의 경제상태를 가늠할 수 있다.[89]

　한편 面任·風憲의 임명 과정을 보면, 江界지방의 경우 후보명단을 나열하고 "이 사람들은 官家에서 이미 그 능력을 시험하여 官托을 不負하고 民에게 侮辱을 받지 않아 一坊의 長으로서 충분하다고 여겨서 薦望하게 되었다. 他坊은 어떤 자가 可用者인지 어느 坊에 거하는지 官家에서 이를 고찰하지 못하였으나 座首 역시 홀로 自薦하지 못하게 하라. 반드시 鄕將 중 老成頭民과 더불어 往復相議하여 반드시 해당 坊의 제1人을 望薦 거행하라"[90]고 강조하였다. 또한 尊位·風憲을 班民 가운데 差出하는 邑에

85)「江州文蹟」面任擇差事傳令 1791年.
86)「政要」三 7條.
87)「什伍相聯之制」,「牧民大方」正祖 2年. 忠淸道 永春 등지에서 將校·監官·面任을 모두 出身과 鄕品으로 추천케 하였다(『備邊司謄錄』159冊, 正祖 2年 1月 16日, 15책 556쪽).
88) 영조 21년의 "작년 西部 洞里의 尊位가 小民을 侵虐한 사실이 있었는데, 近京之地가 이러한데 外方·土豪의 침학 상태는 어떠하겠는가"라는 기사를 통해 洞의 尊位와 外方·土豪의 格이 비교되는 사실을 볼 수 있다(『備邊司謄錄』英祖 25年 9月 16日, 11책 961면). 1758년 충청도 예산의 경우 洞의 尊位는 "自洞中 極擇兩班中 有風力 幹事人差出"이라 하여 양반신분임을 보여주고 있다(「烏山文牒」戊寅 11月 日 傳令 各面).
89) 京畿道 龍仁에서 丁酉年(正祖 21年 1777) 隱結의 상태를 監營에 보고할 때 加執分이 30결이었는데 이후 該面 面任을 '家産稍饒者'로 차출하여 隱結 加執分을 담당하게 하여 蕩敗逃産者가 발생했음을 지적하고 있다(『備邊司謄錄』91冊, 純祖卽位年 12月 12日, 19책 263쪽).
90)「江州文蹟」.

서는 "그 사람이 아니면 민간에 해가 될 때 극력 擇差하라"고 하고 守令과 三鄕所 및 軍老將校가 2~5명의 可堪人을 추천하여 面公議로써 선발하는 경우도 있다.[91] 그리고 면임이 公納을 담당하는 실무자이기 때문에 자원자는 민간에 作弊하고 公貨를 犯用할 개연성이 있다고 하여, 역설적으로 不願者 혹은 謀避者가 오히려 적합하다고 지적되었다.[92]

이상에서 살펴본 것처럼 각 면의 면임·풍헌은 원칙적으로 향품, 재지사족의 신분 가운데 수령과 座首, 그리고 鄕將과 老成頭民의 衆議를 거쳐 선발되는 형태를 취했다.[93]

한편 各邑 사례에는 면임에 대한 廩料의 규정이 있다. 대개는 勳鈴條 명목으로 각 리에서 일정분을 거두어 주거나 조세의 일부를 면제해 주었다. 특히 面里任이 身役을 대신하기 때문에 직임을 수행하면 본인은 물론 자손에 걸쳐서 免役되는 사실을 볼 수 있다.[94]

정부는 양란 이후 면리제가 활성화된 사실을 주목하고 운영주체로서 면리임의 선출과 역할의 중요성을 크게 강조하였다. 무엇보다 면리제는 일정한 지역과 호수의 분할을 전제로 시행된 것이므로 이러한 외적 조직 못지않게 실질적인 운영 직임의 기능이 중요하였다. 따라서 향촌내 기존 질서를 용인하고 그 가운데 재지사족을 통치조직의 직임자로 유입함으로써 면리제의 원활한 운영을 도모하였다. 이 시기 반계 유형원이나 백호 윤휴가 面任職(鄕正·都尹)에 대해 "백성과 가장 절친한 자리이며 治化에서 天子와 共治하는 직임이다"라고 지적하고 周代와 漢代의 사례를 통해 사대부가 임용되어야 할 명분상의 근거를 제시한 것은 바로 이러한 입장의 표현이었다.

이와 같이 면리제는 어디까지나 국가의 공적인 사회제도였고 職制上 守令制, 官司體制의 하부기구였음이 분명히 드러난다. 반면 재지사족들은

91) 「牧綱」 鄕薦差任 141쪽.
92) 「牧綱」 167쪽.
93) 鄕所는 一境의 公論을 취하여 임용하고 公淸勤幹者를 선발하는 원칙이 제시되었다(「百里境」 得人).
94) 『備邊司謄錄』 167冊, 正祖 8年 10月 1日, 16책 491쪽 ; 『江界府事例』.

군현단위의 鄕會, 면단위의 향약과 같은 사회조직에 의해 향촌과 민을 장악하고 일정하게 수령권을 견제했던바, 국가에 의한 향촌지배체제의 강화, 즉 面里編制의 실시 등의 상황을 쉽게 수용하는 입장은 아니었다. 더구나 面任職을 통해 官令傳達과 조세수취 등 官治 보조업무에 복무하기란 쉬운 일이 아니었을 것이다. 따라서 면리제의 운영과 面里任職을 둘러싸고 이들을 적극 포섭하고자 한 정부의 입장과 이에 반발하며 임용을 거부한 재지사족 사이의 갈등이 심화되었고 계속적인 謀避 현상이 나타나고 있다.

당시 향촌에서는 실질적인 面里任職 운영과정에서 謀避로 인한 많은 문제가 발생하고 있었다. 南原縣의 경우 "本縣은 면적은 넓고 物産은 적으며 人心이 험악하다. 面任을 謀避하고 官令을 위반하는 습속이 이미 오래된 폐단이다. 本縣監 도임 후 各坊 面任은 根幹可堪者를 擇差하되 비록 謀避者는 기한 내에 捉現하여 거행케 하라"는 지시를 내리고 있다. 그러나 官令에 따라 面任에 임용된 士民들이 출타를 빙자하여 이를 거부하자 發牌하여 推捉한 사례가 보인다.95)

사족들의 謀避에 대한 정부 차원의 대응책으로는 숙종 원년 「五家統事目」의 功能있는 面任에 대한 論償 규정과, 동 37년의 「良役變通節目」에서 士族 上尊位와 中·庶民 下尊位를 구분하고 각종 실무는 하존위에게 부과하며 상존위는 이를 총괄 감독하게 하여 명분을 살려주는 방안이 제시되었다. 정조 연간 耳溪 洪良浩의 「什伍相聯之制」에서도 勸農官겸 風憲은 제반 업무를 총괄할 뿐 里監·里正이 文敎·風化·禁令·勸農·檢納·差役·推捉을 담당하는 것으로 나타난다.96) 이와 같은 사정으로 인해

95) 「南原縣牒報移文成冊」 1737年 6月 27日 報巡營.
96) 한편 面里기구가 정비되면서 별도의 面里任이 임용되지 않고 風憲 - 約正이라는 기존 향약 조직의 직임자들이 제반 업무를 수행한 곳도 있다. 관서지방의 사례로서 官이 約正을 혁파하고 제반 업무의 수행을 里任(面任)에게 위임할 것을 명하자 본읍의 역대 규례를 내세워 이에 반대하고 있다. 즉 "風憲은 地望稍峻·殆近於坐할 뿐이고 約正이 論道·軍錢·結役 등 일체의 업무수행을 위해 바삐 뛰어다니며 최촉하는 일을 맡고 있다"는 本邑規例를 말하고 특히 지역의 특성상 "衛益·文山 兩社는 大路의 요충지이므로 使价往來와 供役이 번잡한데 만약 約正을 혁파하고 里任에게 위임하면 公納의 董督·易致의 紛擾 및 官廳의 責應도 역

都尹이 모든 官事를 副尹・別任에게 일임하고 자신은 '無事之人'으로 자처하여 일을 두려워하지 않는다는 지적이 제기되기도 했다.97) 그러나 官에 의해 재지사족을 면임으로 임명하려는 시도가 거듭된 만큼이나 이들의 謀避현상 또한 심화되었다. 물론 이는 당시기 대대적인 신분제 변동과 궤를 같이하는 것이었다.

18세기 후반 三南・京畿지방의 경우 수령이 鄕廳의 望報에 의해 양민 가운데 부유한 자를 면임으로 擇出하는 형태가 나타나고 있다.98) 이에 따라 양인 출신 面任들은 여러 가지 역에서 면제되었고 때로는 농민수탈에 가세하여 富를 축적하고 身分을 상승시킬 기회를 갖게 되었다. 가령 영조 22년 3월 陜川의 '軍多民少'의 폐해 가운데 "有裕邑 良民一經面任 其子若侄第與兄 俱能免軍役"이라 하여 양민들의 面任職을 통해 본인은 물론 친・인척의 免役수단으로 이용한 사정이 언급되었다.99)

한편 面任의 하부조직으로서 洞任・里任이 존속하였다. 대체로 社任(面任)은 '各社之官'으로 頭民은 '各洞之長'으로 불렸다.100) 또한 면임이 향족・사족으로 규정된 데 비해 이들은 '富民中根幹者,'101) '庶民中勤幹解事者,'102) '著實解事老漢,'103) '庶民 가운데 나이가 많고 마음이 굳고 행동은 삼가는 자' 등의 표현처럼 中・庶民 신분이 많았다.104)

시 어려우며 많은 約正이 侵漁를 빙자하는 것은 도리어 심할 것이니 그대로 둘 것"을 요구하는 사례가 보인다(「公移占錄」 約正革破事 傳令).

97) 南原의 사례로서, 勸農에 관한 사항 중 陳田開墾, 農牛貸與, 堤堰受理에 필요한 軍丁選拔 등 제반 업무를 소홀히 한 직임에게 처벌을 지시하였던바, 都尹이 아닌 副尹과 別任에게 집중된 점에서 일정한 차별이 있었다(「南原縣牒報移文成冊」 正月 16日 大同事傳令 南原縣勸農節目 各坊).

98) 「烏山文牒」 庚辰 9月 日 報淸州中營.

99) 『備邊司謄錄』 115冊, 英祖 22年 3月 16日, 11책 566쪽. 哲宗 5년 8월 강원도 암행어사에 의해 面任 자손의 冒托 사실이 지적되고 있다(『備邊司謄錄』 241冊, 哲宗 5年 8月 16日, 24책 690쪽).

100) 「公移占錄」 勸諭 農民榜.

101) 「政要抄」 4條.

102) 「什伍相聯之制」, 「牧民大方」.

103) 「治郡要訣」.

104) 『磻溪隨錄』 敎選之制 鄕約事目.

그런데 이 시기 面制가 생산력의 발달과 향촌구조의 변동과 달리 단순한 方位面 체제에서 점차 분화·발전되고 있었고, 面을 단위로 한 부세수취·교화가 이루어지고 있었다. 그러나 농민들의 실질적인 생활공동체는 기존 자연촌락단위의 洞·里였다. 면은 자연촌인 몇 개의 洞·里를 아우르는 상부기구였던 셈이고, 각 里·洞의 직임자는 기존 향촌공동체의 長으로서의 역할 또한 체현하고 있는 존재였다. 이들 직임자는 "面任主張 一面之事 宜無貧富不知之理 里正生長 一里之中 豈有戶口不察之端"이라 하였듯이 항상 향촌민과 더불어 생활할 뿐 아니라 마을 사정을 소상히 알고 있으며 面任과도 구별된 존재로서 표현되었다.[105] 「什伍相聯之制」에 따르면, 기존 鄕所에서 담당했던 文敎·風化·禁令·勸農 업무는 里監이 맡고 租稅徵收, 軍·徭役差拔, 奴婢推刷, 犯法者 摘發 등의 실무는 里正이 맡고 있다.[106]

한편 이들의 임기를 보면 「五家統事目」에는 3년으로 규정하고 있으나, 江界의 경우 매년 舊面任이 교체될 때 가장 중요한 임무인 '新來民 接濟'에 관한 節目을 신참 面任에게 전수할 것을 규정한 것으로 미루어 1년 단위였다.[107] 기록에 따르면, 이들의 임기와 관련하여 다양한 부정사실이 발생하고 있음을 알 수 있다. "무릇 하인과 面任·里任의 제반 出役에서 처음부터 잘 살펴 差出하지 않고 자주 遞易시켜 주지 않으면 중간에 반드시 폐단이 발생한다"[108]고 한 것은 이를 지적한 것이다.

---

105) 「隨錄」農牒 10月 24日 傳令 各面 ;「用中錄」 103條.
106) 「牧民大方」. 한편 조선전기에도 里正長이 업무와 관련하여 作弊者의 위치에 서는 것이 여러 사례에서 확인되지만, 그들 역시 상위자로부터 각종 侵虐을 받고 있는 존재였다. 법전(六典)에 따르면, 본래 수령은 일이 크고 작은 것을 막론하고 마땅히 친히 집무하지만 農務의 감독은 勸農官에게 맡기고 以來以去 生産物故를 考覈하는 일은 里正長이 맡게 되어 있다. 반면 재지세력(鄕員) 역시 差發, 收斂 등의 일을 맡고 있었다(『世宗實錄』 卷89, 世宗 22年 5月 戊午, 4책 287쪽). 즉 실무 책임자인 里正長과 달리 재지세력이 향촌 운영에 간여하고 있었던 것이다. 이렇게 보면 里正長의 경우 향촌지배체제의 최말단에 위치하면서 자연 그 영향의 범위는 일반 농민으로 국한되었고, 때로는 농민의 수탈자로 표현되기도 하였다(金武鎭, 앞의 논문, 1991, 170쪽).
107) 「江州節目」 198.

洞任職 수행에 대한 보수로서는 田畓이나 錢穀이 일부 지급되었는데, 소위 '無賴虛張之類'와 班民者가 각각 신분을 불문하고 圖差하거나 혹은 借名으로 거행하는 폐단이 발생하였다. 이들은 邑內 왕복 비용을 結民에게서 가렴하기도 하는데, 농민들이 計版에 의한 官結 本價의 내용을 몰라 피해를 입을 수밖에 없는 실태가 지적되고 있다.[109] 이와 함께 洞任이 官의 위세로 民에게 잡세를 징수하여 사용한 후 심지어 族徵·洞徵하는 현상도 발생하였다. 이에 대해 官은 봄철 洞任 차출시 主保證人을 두어 만약 해당 洞任이 逋欠하면 그들에게 징납하게 하고 面·洞任을 治罪할 것을 지시한 사례도 있다.[110] 또한 官은 洞任, 里正의 定額을 제한하여 '著實解事者' 외 나머지 無役者의 경우 良役에 充定할 것을 지시하였다.[111]

이와 달리 鄕所의 존재가 주목된다. 향소는 면임의 상급기관이며 면임의 업무수행에 대한 감독기관이었다. 따라서 면임은 倉監·別監 등 下級 鄕所와 함께 官司體系내 鄕廳(鄕所)의 지시를 받은 것으로 나타난다.[112] 또한 향촌의 제반 문제를 처리하는 과정에서 면임과 향소, 관사체계는 상호 유기적으로 연결되었다. 가령 作結에 따른 戶首에 대해서 將校·鄕所·面任이 함께 모여 각 촌의 富實人을 파악한 후 결정했던 사실이 보인다.[113]

2) 면리제의 운영과 면리임의 기능

양란 이후 향촌 현실에서 볼 때 面里任은 상부기구인 鄕所(鄕廳)에 예속되어 견제를 받았고 수령·이서들에 의해 갖가지 형태의 侵虐을 받은 것으로 나타난다. 대체로 이들은 행정실무자의 위치를 점하고 있었다. 이에 연유하여 향품·재지사족들이 班常間의 차별론을 내세워 五家統制의 순환직인 統首와 面任에의 임용을 적극 거부하는 사태가 끊임없이 발생하

---

108) 「治郡要法」135條.
109) 「玉山文牒秒」.
110) 「玉山文牒秒」.
111) 「治郡要訣」40條.
112) 「江州文蹟」別武司螯正新節目 182쪽.
113) 「用中錄」108條.

고 있었다.

당시 정부는 이상의 상황에 대응하고 향촌사회를 원활하게 지배하기 위해 갖가지 조건을 제시하여 재지세력의 面任職 참여를 유도하였다. 무엇보다 당시 변화해 가는 향촌 현실과 새로운 面里편제의 동향을 염두에 둘 때, 기존 수령제의 역할만을 통해 향촌과 민을 장악하기는 불가능한 실정이었다. 당연히 정부는 고을 단위로 面里任의 職制를 강화하여 국가적 목표를 수행하려고 했다. 국가 차원에서 작성된 절목은 이들 직임이 수령의 향촌통치를 보좌하는 존재이며 더 나아가 향풍교화의 업무를 겸하는 존재임을 강조하고 있다. 17세기 당시 정론가들의 견해 역시 都·副尹, 鄕正의 권위를 인정하고 이들이 親民의 직임임을 지적하였다. 정부와 정론가 모두 양반 面任論의 실현을 도모하였다.

조선후기 面里任은 官治補助職任으로서 제반 행정적 기능을 수행하였기 때문에 국가의 입장에서 보면 통치기구의 하부직임으로 여길 수 있다. 그러나 생산현장인 향촌의 長이라는 전통적 역할 또한 체현하고 있었다. 다시 말해 面里任은 자율적·생성적 자치를 영위한 자연촌락 내에서 농민의 생산·재생산을 가능케 하는 勸農 및 공동체의 用益인 생산수단의 관리 기능 등을 지니고 있었다. 이는 역대 자치세력인 鄕官制의 遺意를 보여준다. 또한 이들은 17세기 이후 국가적 목표와 관련하여 재지세력을 견제하고 장악하기 위한 향풍교화 업무를 수행하거나 기초적인 裁決權을 지니고 있었다. 이상의 업무는 군현 단위 직임인 鄕所의 그것과 대체로 일치하나 실질적인 업무수행이 면리 내에서 이루어진다는 점에 차이점이 있다.

(1) 勸農 업무

생산과 관련된 面任의 기능으로 권농 업무를 들 수 있다. 이는 면임이 전래적인 생산공동체의 長으로서의 遺意를 지닌 존재임을 상징하기도 한다.

조선사회는 생산력의 대부분을 농업에 의존하는 사회였다. 권농은 擔稅源이자 통치의 기반이 되는 농민들의 생산체계를 보존한다는 측면에서 정부의 주된 시책으로 전개되었으며 賑恤策과 함께 향촌사회의 유지에 작용

하는 것이었다. 그런데 국가의 입장에서는 향촌사회의 최하 생산관계와 조
직의 실상을 제대로 파악하는 일이 무엇보다 중요했다. 이에 향촌의 실상
과 民情을 구체적으로 파악하고 있는 해당 지역의 실력자를 面任으로 임
명하고 그를 통해 국가적 목표를 달성하고자 하였다. 면임은 불안정한 소
농의 재생산을 위한 권농정책과 국가차원에서 실시되는 진휼정책을 담당
한 실무자였다. 정부에서도 이를 법제적으로 인정하여『經國大典』戸典
戸籍條에 統首, 里正과 달리 面에 설치한 직임을 勸農官이라 규정하고 面
任의 주된 기능이 권농에 있음을 보어주었다.

17세기 이래 반포된 勸農節目에서는 농업생산과 관련된 面任의 기능을
규정하고 있다. 여기에서는 南原縣의 45개 坊의 所任을 대상으로 반포된
「勸農節目」과 「公移占錄」의 勸農條項을 중심으로 살펴보겠다.[114]

첫째, 各社(面)의 官인 社(面)任은 各洞의 長인 頭民과 함께 작황을 살
피기 위해 家力의 貧富, 事勢의 緩急 여부를 조사하고 春夏間 風災와 旱
稻의 성숙 여부를 관에 보고하게 하였다. 둘째, 陳田 개간에 관한 업무를
관장하여 春末에 未移秧畓을 확인하고 재차 陳廢가 발생하지 않도록 하
였다. 즉 2~3년 동안 이앙을 하지 않고 묵히는 토지가 확인되면 無主인
경우 官에 보고한 후 토지가 없는 사람에게 지급해 주고, 만약 주인이 있
으면 陳廢處를 함께 起耕하도록 하였다. 이때 개간 여부에 대해서는 作人
까지 招致하여 경위를 조사하고 그 가운데 餘力이 있음에도 業에 근실하
지 않은 자는 적발하여 笞罰하도록 하고, 근면·나태를 구별하여 기록한
面任成冊을 官에 제출하게 하였다. 이후 재차 陳田이 야기되면 그 감독
책임을 물어 副尹에 대한 엄중한 처벌을 지시하여 직무의 중요성을 상기
시키고, 가을의 結役시 주인이 없는 창고는 副尹이 담당하여 計料하게 하
였다.

셋째, 생산수단으로서 중요한 農牛의 대여와 耕播에 관한 업무를 담당
하였다. 面任의 관장 하에 農牛소유 농민의 성명을 기록하여 犁와 함께 서
로 대여하여 그 혜택이 모든 民人에게 미치도록 하였다. 만약 面任의 지시

---

114)「南原縣牒報移文成冊」7月 19日 報巡營 ;「公移占錄」14條.

에 불복하여 대여하지 않는 자는 官에 알려 처벌하고, 반면 이러한 사실을 감춘 面任 역시 처벌하였다. 이와 관련해서는 별도의 牛結犁統이 조직되기도 했는데,[115] 구체적으로 農牛가 없어서 농사를 해치는 사례가 발생하면 해당 지역 農牛소유자를 治罪하고 고의로 不耕하면 해당 統首를 '不救之罪'로 다스리게 하였다.

넷째, 공동체적 용익인 수리시설의 정비에 필요한 助役의 할당을 담당하였다. 지역 내의 저수지 수리에는 給軍助役이 필요하였는데, 일일이 官에서 軍丁을 지급하기 힘들어 각 洞 단위로 借力修改하는 원칙이 있었다. 그리고 부득이 부족할 때만 인근 洞과 面에 알리게 하고, 大洑이거나 커다란 役이 필요하면 都尹이 親審하여 적간한 후 官에 보고하도록 하였다. 특히 官에서는 貯水堅防의 상태를 강조하고, 이의 위반시 監官·監考 및 諸面 都·副尹에 대한 처벌을 거듭 지시하였다. 한편 막강한 재지세력의 사적인 防川作畓의 役에 洞軍뿐 아니라 인근 洞과 面에 걸쳐 助發하는 사례가 빈번하여 이로 인해 殘民이 자신의 農時를 놓치는 폐단이 야기되었다. 해당 지역의 면임은 隣里間 相備相助 원칙 외에 이러한 민의 사적인 동원을 방지할 책임이 있었다.

이처럼 면임은 생산을 관장하는 전통적인 향촌의 長이라는 遺意를 지니고 있었으며, 17세기 이후 면리제의 정비과정에서도 그 역할이 크게 강조되었다. 官은 都·副尹에 대해 勸農에 관한 제반 기능을 위임하고 그들에 대한 책임을 강조하였다. 즉 勸課農桑에 대한 朝家의 節目이 반포되면 수령은 '農形看審,' '舊陳摘奸' 등의 조항에 대해 各面 都尹에게 반드시 책임을 완수하도록 지시하고, 이를 제대로 이행하지 않을 경우에는 重治할 것을 규정하였다.[116]

한편 17~18세기 수령들의 牧民書와 地方志에는 勸農과 堤堰管理에 관련된 面里任의 임무가 규정되어 있다. 面里任은 민들의 起耕, 付種, 除草 상황을 감독 조사하고 질병과 사고에 연유하여 때를 놓친 경우 切隣, 切族

---

115) 『備邊司謄錄』 36冊, 肅宗 8年 10月 9日, 3책 563~564쪽, "十家之村 鮮有一二耕牛 使之及時勸耕 或令轉相賃借 或令人夫替代 俾不至於全然置之矣".

116) 「義興縣公事」 1700年 3月 11日 傳令境內 都尹副尹.

으로 하여금 도움을 주어 耕作하도록 조치하였다. 이때 無故로 陳廢되는 토지가 발생할 경우 해당 面里任이 처벌을 받았다.117) 한편 소가 없는 빈농의 경우 고을 내의 소를 빌리도록 面任이 주선하고 種子가 없어 파종하지 못한 경우 官家의 還穀을 지급받아 시행하도록 했다.118)

일반적으로 면임이 권농의 업무를 수행하였지만 각 면에 별도의 勸農都監·監官을 두고 農形을 관찰하게 했다. 이들은 일시적으로 頭民 가운데에서 선발되었다.119) 또한 里任·洞任 역시 薪葛 채취와 糞壤 등의 비료확보를 격려 담낭하는 등 권농의 업무를 수행하고 있었다.120) 雇牛借力과 관련하여 면임은 소가 없고 賃錢조차 없는 농민을 조사하여 보증인을 세운 후 庫錢을 빌려주는 일과 여름이 경과한 後 施肥多寡, 力農與否를 面任·尊位·洞長이 직접 다니며 격려 감독하고 不勤者를 指名牒報하여 懲治하도록 했다.121) 한편 洞長·里任의 勸農의 令을 따르지 않는 농민에 대해서는 里中會座를 거친 후 관의 처벌을 받게 하여 그들의 공적 권위가 발휘될 수 있게 하였다.122)

다음으로 水利·堤堰管理에 관한 사항이다. 수전농업에서 더할 나위 없이 중요한 것이 농업용수이며, 이러한 공동체적 용익을 제대로 관리하는 일은 面任의 주요기능이었다. 정부는 수리가 農政의 근본이자 人力으로 천재를 막을 수 있는 대처방안이라 규정하고 초봄 解冬할 때 面단위로 堤堰의 大小, 灌漑의 多寡를 일일이 修補, 成冊하도록 조치하였다.

조선 초기 이래 堤堰과 川防의 新築·修築은 국가적으로 추진된 권농정책이었다. 특히 堤堰의 관리상태는 세종대 이래 지방관 解由書의 기재사항으로, 堤堰修築의 役은 많은 인력이 동원되는 부정기적 徭役에 해당되었다. 이러한 堤堰에 비해 川防은 노동력이 보다 적게 들면서도 灌漑의

---

117)「治郡要訣」56條.
118)「治郡要法」59條.
119)「牧民大方」25條.
120)「治郡要法」58條.
121)「江州節目」勸農事傳令 200쪽.
122)「治郡要法」58條.

實利를 얻을 수 있는 방편으로 여겨져, 川防修築은 堤堰修築과 함께 수령
의 고유 직무가 되었다.[123] 정조 2년 1월의 「堤堰節目」에 따르면 '洑主 →
堰下田夫 및 附近軍丁 → 一·二面의 民力 → 一邑之丁 → 隣郡'의 助役
體系가 설정되어 있다.[124] 이와 같이 면임은 堤堰의 合築, 穿溝의 恒水를
관리하고 이를 위한 徭役 징발을 담당하였고, 제대로 이루어지지 않은 경
우 직임자에 대한 처벌이 가해졌다.[125]

　그리고 面任은 소수의 인력으로 灌漑가 불가능하면 해당 水利를 이용하
는 지역의 장정을 모아 築堤와 穿溝를 시행하도록 했다.[126] 만약 築堤防
洑의 규모가 크고 경작자의 힘만으로 부족할 때 관은 면임의 보고에 의거
하여 부근 人丁을 획급하고 무상이 아닌 還上로써 그 雇價를 지급하였
다.[127] 이때 烟軍에 대한 役價는 절목에 의해 1斗 이상은 절대 加給치 말
도록 했고 고가의 임금을 노리는 浪遊之類를 일일이 指名成冊하도록 했
다.[128] 이처럼 수리에 관한 사안은 기본적으로 풍헌(면임)에게 관장하게
했으나 사안이 큰 경우 수령이 개입하여 처리하였다. 이 시기 爭水와 관련
된 사안은 다음과 같았다. 본래 引水之法은 上水지역에서 이앙을 마치면
下水지역에 轉漑시켜 상하 모든 지역이 두루 이익을 얻도록 하는 것인데,
水源이 되는 上水 경작자가 下水에 轉給치 않아 발생되는 문제가 많았
다.[129] 또한 대체로 富人畓은 이른바 '土沃水裕之處'고 貧民은 '高燥奉天
之地'에 해당되는 경우가 많아서 水力이 注苗之處에 미흡할 때 갈등이 발
생하기도 했다.[130] 면임은 이러한 수리의 이용 실태를 조사하고 향촌민의

---

123) 尹用出, 『17·18世紀 徭役制의 變動과 募立制』, 서울대학교 박사학위논문, 1991,
　　45~46쪽.
124) 『備邊司謄錄』 159冊, 正祖 2年 1月 13日, 15책 553쪽.
125) 「牧民大方」 84條. 原州의 경우 面里任이 제대로 감독하지 않아 沙覆之患이 발생
　　하면 近洑諸民과 不飭한 面里任을 함께 처벌한 사례가 있다(「隨錄」 農牒 6月 8
　　日 傳令 各面).
126) 「治郡要法」.
127) 「義興縣公事」 庚寅(1700年) 4月 初10日 2次 牒報 慶尙道 義興縣.
128) 「義興縣公事」 2月 28日 傳令阿山勸農.
129) 「岐陽文簿」 傳令 各面.
130) 「玉山文牒」 543 傳令 各堤洑所任.

균등한 시혜를 감독하였다.131)

(2) 행정적 기능(1) - 부세수취

역대 향촌운영의 측면에서 볼 때, 정부가 면리제에 기대한 것은 기본적으로 국가운영의 기축이 되는 부세의 안정적인 확보와 치안유지였다.

조선후기 각종 부세의 징수 및 군·요역의 징발은 군현별 총액제에 입각하여 마무리되지만 실질적인 징수는 생산단위 및 생산체계와 대응되는 面里制를 중심으로 이루어진다. 물론 면리제가 부세 징수상의 편의만을 위해 운영되거나 편제된 것은 아니다. 다만 부세의 분급·징수과정이 면리제의 편제와 궤를 같이하고, 향촌내 사회기구가 보조기능을 수행하는 것이었다. 이 과정에서 조세징수에 대한 일체의 책임은 일차적으로 面里任이 지게 되었고 군현제내 조세징수를 총괄하는 守令·吏胥의 감독 역시 이들에게 집중될 수밖에 없었다. 수령은 考課를 염려하여 面里任에게 조세의 납부를 독촉하며 완납을 강제하였다. 惟正之稅라 불리는 田結稅·軍役稅의 闕額이 발생할 경우 수령이 해당 面里任에게 심한 刑杖을 가하는 사례가 속출하였다. 정부는 「五家統事目」과 교서를 통해 都·副尹의 신분을 사대부로 규정하고 기존 鄕任·約正과의 차별성을 강조했으나, 실제 향촌에서는 田結稅의 징수과정에서 책임을 다하지 못한 都·副尹이 刑杖을 받거나 수령·이서들에 의해 侵虐당하는 사례가 만연되었다.132) 일례로 관서지역에서 面任과 해당 洞任에 대해 還上·軍布는 15일 이전에 必納하고 結錢·債錢은 섣달 보름 이전에 필납할 것을 규정하고 이를 지키지 못하면 엄형에 처하는 규정이 보인다.133) 한편 숙종 2년 정월에는 수령의 지시에 따라 閑丁搜括을 담당했던 都尹이 활에 맞아 사망한 사건이 발생하기도 하였다.134)

이상과 같은 조세징수 업무로 인해 면리제의 직임자가 수령·이서의 관

---

131)「治郡要法」59條.
132)『備邊司謄錄』35冊, 肅宗 元年 9月 26日, 3책 196쪽.
133)「公移占錄」二.
134)『白湖全書』卷14, 啓辭 丙辰 正月 21日 574쪽.

사체제의 하부기구로 편제되는 모습을 지니게 되고, 이는 정부의 의도와
달리 재지세력들이 면임에의 임용을 극력 거부하는 한 요인이 되었다. 다
음에는 행정적 측면에서 각종 부세징수와 관련된 面里任의 기능을 몇 가
지 항목으로 나누어 살펴보겠다.

① 災實踏驗 및 農形報告

踏驗은 본격적인 조세징수를 위한 필수작업이었다. 국가의 입장에서도
재정의 안정적 확보라는 커다란 이해가 걸려 있는 사안이었다. 답험은 군
현의 吏胥가 書員으로 향촌에 파견되어 공식적으로 관장하였다. 踏驗定式
에 따르면, 監官·書員·面任과 使喚軍, 각기 田畓主를 제외한 여타 面任
및 閑雜 隨從者가 있으면 監官·書員에 대한 重治를 규정하고 있다.[135]
그런데 답험의 실질적인 운영에는 향촌내 사정(作夫關係)을 파악하고 있
는 面任의 협조가 절실하였다. 평상시 향촌에서 年分 踏驗과 관련하여
元實數의 파악을 위해 面任의 답험이 실시되는 예가 많았는데, 이때 개별
경작자가 면임에게 單子를 제출하면 면임이 검토하고 차후 수령이 친히
摘奸하는 절차가 진행되었다.[136] 또한 수령은 면임과 座首(鄕所)로 하여
금 逐庫踏驗을 실시하여 川反浦落·量陳 등의 실태를 보고하게 했다.[137]
다음 災傷·踏驗의 경우 書員들의 답험이 시작되기 이전에 면임들이 각
田主의 被災傷處·小地名字號負數를 소상하게 기록한 各面災單子를 완
성하는 임무가 부여되어 있었다.[138] 아울러 行審 이전에 各面 風憲·面任
이 各里의 里正과 함께 災處를 親審하여 單子와의 차이가 없도록 지시하
였다.[139] 이러한 실상으로 인해 답험을 둘러싼 面里任들의 부정 사례는 대

---

135) 「牧民攷」 519쪽.
136) 「治郡要法」 56條 ;『備邊司謄錄』 77冊, 英祖 元年 5月 17日, 3책 695쪽.
137) 「牧民攷」 486쪽.
138) 『備邊司謄錄』 31冊, 肅宗 元年 8月 29日, 3책 184쪽 ;『備邊司謄錄』 78冊, 英祖
    元年 7月 25日, 7책 714쪽 ;「公移占錄」.
139) 『備邊司謄錄』 103冊, 英祖 14年 6月 10日, 10책 635쪽 ;「治郡要訣」 21條 ;「治郡
    要法」 23條.

단히 많다.140) 특히 洞任이 書員에 대한 접대에 상응하는 답례를 농민에게
요구하는 폐단이 빈번했는데, 농민들은 자신들의 起耕處를 소상히 알고 있
는 洞任들을 더욱 두려워하여 그 요구에 따를 수밖에 없었다.141)

한편 면임에게는 1차적인 農形報告의 임무가 부여되었다. 면임은 농민
들에게 木花와 田種間 各穀이 立苗된 후 秧種하도록 조치하고 窮殘하여
種子穀이 없는 농민을 파악하여 官에 보고하고 還上를 지급하여 注苗하
도록 했다.142) 農形에 관한 面報에 준하여 수령이 필요한 조처를 강구하였
는데, 江界의 경우 城外 四方道郊는 10리에 한해 府使가 몸소 가서 확인
하고 이외 각 면은 軍官 將校를 파견하는 예가 보인다.143) 또한 면임은 春
夏間 재해를 입은 旱畓의 성숙 여부에 대해 조사 보고하고 大風을 맞을
때 各里 里任을 초치하여 急水禁火에 대한 주의를 환기시키도록 했다.144)
이 밖에 桑木種植의 사안을 제대로 처리하지 못한 里正 · 主戶 등에 대한
治罪규정이 있었다.145)

② 田結稅의 징수와 面里任

田結稅는 田稅, 大同稅를 일컫는 것으로 농업을 주요 생산기반으로 하
는 농민에게 가장 기본적인 조세였다. 이는 作夫(戶首)制와 관련되어 운영
되며 면임은 답험과 함께 면단위의 조세량을 수취하여 관에 납부하게 된
다. 관에서는 吏胥를 통해 面里 단위의 부세총액을 정리하고 납부를 독려

---

140) 가령 考卜과정에서 養戶·虛卜·僞濫·災奪 등의 갖가지 환롱행위가 있었고(「玉
   山文牒秒」442쪽 ;『備邊司謄錄』159冊, 正祖 2年 12月 11日, 15책 665쪽 ;『備邊
   司謄錄』187冊, 正祖 22年 4月 17日, 18책 824쪽) 庚子量田시 진전경작에 대해
   里任이 등급을 높게 책정하여 貧民이 경작하려 해도 多卜을 두려워하고, 농민들
   도 경작을 거부하며 추수 후에도 租稅를 피해 도망하여 隣里에 대한 징수가 이루
   어지는 폐해가 지적되고 있다(『備邊司謄錄』85冊, 英祖 5年 6月 22日, 8책 627쪽).
141)「用中錄」103條. 이에 따라 수령들로 하여금 面里任을 官庭에 불러모아 俵災를
   직접 파악하고 小名成冊을 나누어주어 부정을 막도록 하였다(「玉山文牒秒」442쪽).
142)「義興縣公事」庚申 4月 初10日.
143)「江州文蹟」農形狀.
144)「南原縣牒報移文成冊」7月 19日 報巡營.
145)『備邊司謄錄』31冊, 肅宗 元年 8月 29日, 3책 185쪽.

하는 데 그치기 때문에 실질적인 경작 여부(陳·雜奪田의 존재, 起耕 여부, 實耕作者 확인 등)를 제대로 파악할 수 없었다. 面里制·統組織과 같은 공적인 사회제도와 戶首制와 같은 생산조직과의 단순치환을 推斷할 수 없으나 행정기구의 하부직임인 面里任·統首 등이 戶首制를 아우르며 징수과정에 참여한 것으로 보인다.

官에서 8結 戶首를 정할 때는, 먼저 將校·鄕所·面任을 불러 모임을 가진 후 각 촌의 富實人 가운데 이름을 지적하여 戶首로 정하게 하였다.146) 이때 면임의 관할사항으로 특히 作夫 과정에서 把束의 加出, 川沙浦落·執卜 명목의 부정행위, 관리가 富戶名으로 作夫하거나 貧班이 戶首가 되는 경우, 養戶 및 1戶의 作結이 4결이 넘지 않게 하는 조치 등이 있었다.147) 또한 衿記가 누락된 富實한 병작자의 관리를 지시하고 結卜尺文은 洞任의 관장 하에 반드시 하나씩 踏印하여 이서들의 預先偸犯을 없애도록 하되, 이를 제대로 관장하지 못한 洞任은 처벌받게 하였다.148) 또한 전결세 징수의 기본이 되는 田案大帳과 各年 行審冊에 대해 면임의 摘奸 임무가 부여되었다.149)

面里任은 기한이 지난 結田과 公納의 연체에 대해 전적으로 책임을 지고 있기 때문에150) 일정한 날짜에 尺文을 고하여 만약 巨納戶가 있으면 官差를 기다리지 않고 面里 차원에서 즉시 捉納 檢督할 수 있는 권한을 행사하였다.151) 실제로 정조 24년 윤4월 統制營의 관하에 있는 固城縣의 鄕屯에서 면임이 加耕定稅의 명목으로 민들을 捉上하여 처벌한 사례가 보인다.152)

구체적으로 대동세의 징수와 관련된 사항은 다음과 같다. 南原縣에서는 대동세를 錢木參半의 형식으로 정월 내에 일제히 상납하기로 하였는데,

---

146) 「用中錄」 129條.
147) 「岐陽文簿」 16日 傳令 39쪽.
148) 「亦用」 ― 傳令 各洞頭民及上下所任 7月 18日.
149) 「政要」 ― 86쪽.
150) 「玉山文牒秒」 傳令 鄕廳揭示 各面 大小民人 等 ; 「用中錄」 109條.
151) 「玉山文牒秒」 ; 「用中錄」 109條.
152) 『備邊司謄錄』 190冊, 正祖 24年 閏4月 5日, 19책 182쪽.

各里 別任들은 家座次第에 따라 作夫한 후 捧上計料에 대한 사항을 민간에 주지시키는 사실이 있었다. 이때 官은 各里 別任이 嚴督하지 않은 채 미납되면 이를 관장한 副尹에게 중형을 가하고자 하였다.[153] 더불어 전세·대동세의 징수과정에서 副尹, 別任을 제대로 감독하지 못한 都尹에 대한 처벌도 지시되었다.[154]

이처럼 전결세의 운영에 깊이 관여한 면임들의 부정이 거듭 지적되었다. 남원현의 「各坊田政節目」에 따르면, 면임이 개간할 수 없는 상태의 陳田에 내해 경작을 강행하고 조세를 징수하여 민들에게 白徵이 이루어지는 폐단이 지적되었다. 면임이 田夫와 공모하여 遠起處의 陳田을 反量한 후 실제대로 보고하지 않고 착복하는 사례도 발생하였다.[155] 또한 수령이 大同事目 외의 징수분을 친히 管排하지 않고 面里任에게 일임하므로 作奸이 발생하고 각 읍마다 傳關米와 같은 잡세가 많아진다는 문제점이 지적되었다.[156]

③ 軍·徭役의 징발과 面里任

양란 후 정부가 시행한 대민·대향촌 정책의 주된 목적은 양역의 확보였다. 이를 위해 호구파악과 함께 閑丁단속을 위한 여러 시책이 단행되었다. 軍·徭役은 국가 재정체계의 기축이었고, 面里단위의 差出이 이루어지고 있었다. 당시 「束伍節目」에서 각 향촌에 부과된 束伍軍은 面里任을 책임자로 삼아 편성하되 별도의 統조직을 두어 보조하도록 했다.[157]

南原縣의 경우 각 군역의 物故·流亡者 및 45~60세의 老除者에 대해서는 檢狀 告訴에 따라 처리하고 面任으로 하여금 7일내 各里의 착실한

---

153) 「南原縣牒報移文成冊」正月 初8日 大同事傳令.
154) 「南原縣牒報移文成冊」正月 16日 大同事傳令. 7月 21日字 傳令에 따르면 大同未收分 1천여 냥이 발생한 것에 대해 이를 어긴 各里 別任 및 主戶를 治罪하고 있다.
155) 「南原縣牒報移文成冊」7月 2日 各坊田政節目.
156) 『備邊司謄錄』33冊, 肅宗 3年 9月 13日, 3책 314~315쪽.
157) 『備邊司謄錄』88冊, 英祖 6年 9月 25日, 8책 892~894쪽.

閑丁을 代望하게 했다.158) 숙종 26년 義興縣의 경우 各坊 軍保의 궐액분
은 해당 坊과 統里에서 代望하는데, 都尹이 직접 有實한 閑丁을 望報하도
록 했다.159) 또한 面任·洞任은 향리에서 生長하여 지역내 遊丁의 존재를
잘 알고 있다고 전제하고160) 이들이 隣里에 結冤하지 않고 官家에 免責하
고자 境內 遊焉이나 雇工으로 대납하는 混定之弊의 방지를 지시했다.161)
이처럼 面里任은 군역충정과 관련해 군포징수, 軍丁望報 외 牙兵의 赴把
資裝費 마련, 陸戶·包手의 上番 등 제반 업무를 담당하였다.162)

　　본래 조선전기 이래 閑丁搜括에서는 里定, 面定, 越面定의 방법이 있었
고, 해당 吏胥 및 他面 約正이 서로 告納하여 시행하고 있었다.163) 그런데
조선후기에 오면서 촌락이 성장 재편됨에 따라 里의 단위성이 보다 제고
되었고 이를 바탕으로 숙종대 이후 새로운 閑丁搜括法인 里定法이 등장
하였다. 里定法은 숙종 37년 「良役變通節目」에서 그 大系를 살필 수 있
다. 이에 따르면, 里正은 里內 逃故와 老除의 실태를 관에 보고하고 관은
사실 여부를 철저히 확인한 후 本里로 하여금 자체적으로 閑丁을 수괄하
되 閑丁이 本里 내에 전혀 없는 경우에는 인근 里에 代定시키도록 하였
다.164) 그런데 이정법에 의해 閑丁을 수괄하면 里內 舊丁의 脫漏 사유의
진위를 알 수 있기 때문에 담당 이서나 면리임의 중간 농간을 막을 수 있
다고 하였다.165) 한정수괄시 이정법의 전국적 시행 여부는 불분명하나 영

---

158) 「南原縣牒報移文成冊」 7月 15日.
159) 「義興縣公事」 傳令 各坊都尹.
160) 「隨錄」 丙牒 8月 5日 營關.
161) 「政要」 一 61條. 이에 대해 영조 5년 「五家統申明舊制節目」에 따르면 洞內 閑丁
　　은 里任이 斂錢하여 代定하도록 했고 閑丁이 있으나 속이고 代定하지 않은 里任
　　은 刑推定配하도록 규정하고 있다(『備邊司謄錄』 86冊, 英祖 5年 7月 15日, 8책
　　668쪽 ; 英祖 9年 5月 15日, 9책 603쪽).
162) 「麾事撮要」 傳令 88條.
163) 「居官大要」 137條.
164) 『備邊司謄錄』 63冊, 肅宗 37年 12月 26日, 6책 321~325쪽 ; 「良役變通節目」. 里
　　定法에 관해서는 金俊亨, 「18世紀 里定法의 展開 - 村落의 機能强化와 관련하여
　　-」, 『震檀學報』 58, 1984 참조.
165) 「居官大要」 軍政 138條.

조 5년 6月 "里定之法 比他稍優 此是肅廟朝 定奪之事 今宜申明擧行"이
라는 기사가 보이고, 18세기 이래 작성된 각종 民政資料에서도 이 법이 거
듭 소개되고 있다.[166] 당시 면리제는 分面, 分洞, 分里 경향과 조직구성의
다양한 기능을 표출하고 있었는데, 이정법은 특히 洞里조직의 기능강화와
도 밀접히 관련되어 있었다.

徭役制는 국가권력이 농민으로부터 무상노동력을 징발하는 戶役의 한
형태로, 불특정 民戶를 대상으로 수시로 差役하는 부역노동이었다. 17세기
대동법의 성립과 더불어 요역은 田結稅 형태의 대동법과 각 군현단위의
잡역세 형식으로 物納稅化하였다.[167] 그러나 여전히 일부 종목에 한해서
는 노동력 징발형태인 力役으로 잔존하였다. 특히 각종 부세의 징수가 면
리제를 기반으로 수행되는 추세 속에서 面里任의 徭役 차발 기능이 강조
되었다. 그 중 役事가 있을 때마다 各面 各里의 필요한 役夫가 分定되고
差出되었다. 이 경우 대체로 관내의 여러 面里를 번갈아 사역하는 '循環調
發' 방식이 적용되었다.[168] 요역 차출에서는 役民式 分定體系에 의한 규정
이 있고 田結 出役이나 民戶 혹은 錢으로 雇人하는 방식이 더불어 전개되
었다.[169] 그러나 운영과정이 面里 내부의 불특정 민호로부터 수시로 노동
력을 징발한다는 점에서 상기의 규정은 제한된 성과 이상의 것은 기대할
수 없었고, 面里任이 分定과 差役의 실무를 장악하고 있었다. 이에 따라
요역의 운영과정에서 面里間의 불균형, 신분별 불평등 외에 面里任에 의
한 加分·濫執의 폐단 등이 발생하였다.

요역 징발은 권농과 관련된 堤堰과 川防修築作業 및 橋梁·道路 補修,
河川浚渫시 이루어지고 있었다. 일례로 義興縣 人家位田畓의 보호를 위
해 수해로 유실된 제방의 수축공사가 진행되었다. 그러나 驛底 거주민이
극히 적어 役事를 마무리할 수 없기 때문에 부근 烟軍의 助給이 요구되었

---

166)『備邊司謄錄』85冊, 英祖 5年 6月 11日, 8책 607쪽.
167) 尹用出, 앞의 논문, 1991, 111~112쪽.
168) 正祖 21년 7월 原州영내의 客舍 건립을 위해 1일씩 各面 輪廻 赴役이 지시되고
　　있음을 볼 수 있다(「隨錄」科牒 丁巳 7月 20日 傳令 內 130쪽).
169)『備邊司謄錄』47冊, 肅宗 19年 9月 27日, 4책 548쪽.

다. 이때 樊樹坊에는 1일 赴役으로 50명이 分定되었고 樊樹坊의 면임에게
는 壯實한 인원의 선발 및 인솔 책임이 부과되었다.[170] 경기도 高陽의 경
우 陵行에 대비하여 8面의 민호가 家座次序로서 出役하여 道路·橋梁·
治水사업에 종사하게 했다.[171] 관은 매 7~8월 농한기에 도로·교량에 대
한 수리 명령을 내리고 수일 후 이서를 파견하였는데, 이를 어긴 경우 當
該 田夫뿐 아니라 不飭한 면임을 처벌하고 있다.[172]

　이상에서 面里任은 요역 업무와 관련하여 田結差出과 家戶差出의 운영
방식의 선택, 농번기·흉년·기근시의 요역차출 금지규정, 요역에 대해 稅
米와 일부 신역의 감면 또는 役價의 지급문제 등 일체의 권한을 행사하였
다. 한편 京司 각 아문과 지방관청에서는 관례적이고 혹은 임시적으로 民
戶로부터 각종 잡물을 징수하고 이를 수납하도록 했다. 그 중 氷丁役은 왕
실과 중앙의 양반관료들이 필요로 하는 얼음을 조달하기 위해 인근 경기
지역 농민에게 부과되는 常時 雜役의 하나였다. 납부방법은 민간이 호수
를 계산하여 실시하거나 관에서 自備하여 給價하는 방법, 또는 민이 스스
로 납부하는 것이었는데 해당 지역 里任에게 운영을 관장하게 하였다.[173]

④ 還穀 및 殖利錢의 운영

　환곡의 분급과 징수 방법은 군현마다 상이했다. 대체로 지방관청은 12월
이후에는 빈민 중 원하는 사람에게 환곡을 지급하고, 대부분의 민호가 어
려운 시기인 2월부터 보리추수 이전까지는 統次에 따라 일률적으로 분급
했다. 그러나 18세기 이후 환곡의 부세적 성격이 강화되면서 안정적인 분
급대상과 징수방법이 적극 모색되었다. 바로 면리제의 하부기구인 統조직
을 이용하거나 별도로 조직한 統을 분급단위로 삼는 統還과 기존 田稅 납
부조직을 이용한 結還 방법이 그것이었다. 이 시기 환곡과 관련해서 面里
에 내리는 傳令의 대부분은 그 운영 책임을 面里任에게 부과하고 있다. 江

170)「義興縣公事」2月 30日 傳令 樊樹.
171)「麼事撮要」2條.
172)「公移占錄」.
173)「用中錄」33條.

界의「面任擇差事傳令」에는 환곡의 分等을 善하게 할 수 있는 인물이 면
임에 임용되어야 향촌이 안정될 수 있다고 규정하였다.174) 분급과 징수 과
정에서 統조직이 관련되어 있는 경우 統首에 대한 직접 처벌을 규정하였
으나, 여타 조세징수 과정과 같이 面里任이 예하 統조직과 作夫體系를 관
할하여 군현의 官司體系와 연결시키는 실무를 전담하고 있었다. 統還의
경우 분급에 앞서 面任·統首가「統內所納成冊」을 작성하여 分戶 여부를
조사하고175) 還戶成冊의 修報時 해당 里任의 관장 하에 한 사람이라도 누
락되지 않게 하였다.176)

다음으로 환곡은 정해진 날짜에 實戶에 따라 計料하는데 官은 戶의 누
락이 발생하면 당사자와 인솔 책임을 진 해당 면임을 처벌하였다.177) 還穀
의 징수 역시 面任과 각 면의 約正·里正이 담당하였는데178) 환곡의 운영
이 지방적 차원에서 이루어지고 面里任이 관장한다는 점에서 갖가지 폐단
이 발생하였다.179) 관에서는 운영과정상의 폐단을 막기 위해 환곡의 분급
시 1面의 穀數를 모두 계산하여 面任에게 출급하는 것을 원칙으로 하되
만약 面任이 偸食하고 里任에게 지급하지 않으면 그 양을 계산하여 곧바
로 里任에게 지급하는 조치를 취하기도 하였다. 또한 1인이 2인의 명목으
로 환곡을 받는 경우 面任·里任을 招致하여 이를 기록에 남김으로써 차
후 발생되는 폐해를 예방하고자 했다.180)

한편 재해를 당했을 때 社任이 各穀當納·蕩減·分數磨鍊의 사항을 기
록한「一社都成冊」과「各洞成冊」을 執置하고 納還시에 증빙자료로 삼았

---

174)「江州節目」185 面任擇差事傳令.
175)「政要」一 15條.
176)「隨錄」農牒 戊午 正月 14日 傳令 池內.
177)「隨錄」農牒 3月 15日 傳令.
178)「南原縣牒報移文成冊」正月 16日 大同事傳令 ;「治郡要法」61條.
179) 純祖 18년 廣州 樂生面 面任 申大鈺이 다년간 民還을 冒受하다가 적발되었는데
    그 양은 還案을 통해 밝혀진 結役分만 米 450석에 이르렀다. 이로 인해 3년에 걸
    쳐 隣徵하고 申大鈺을 처벌한 사례가 있었다(『備邊司謄錄』207冊, 純祖 18年 2
    月 10日, 21책 88쪽).
180)「用中錄」24條.

던 사실이 있고, 給災成冊은 면리단위로 작성하되 「今年勸耕還起成冊」과 「各面稍實之次 尤甚面里 區別成冊」 및 「各面災傷 摘奸 監色姓名成冊」을 더불어 갖추도록 하였다.[181]

그리고 진휼의 시행에서 면임이 경내 稍饒之民을 일일이 曉諭하여 그들로 하여금 스스로 각 동리 중 빈민에 대한 진휼을 능력껏 시행하게 하고, 假貸 雇用을 허락하며 接濟하게 했다. 만약 積粟之民이 진휼하지 않아 隣族이 아사하면 面任, 洞長이 즉시 보고하도록 했다.[182] 洞任은 全家 合沒人이 발생하면 身布·還穀의 蕩減을 시행하고 獨戶인 경우 救療하는 책임이 있었다.[183]

당시 상품화폐경제의 발전에 따라 향촌사회 내에 점차 화폐에 의한 고리대가 성행하였다. 특히 관청재정의 확보를 위해 官廳殖利가 전개되었고 면리를 대상으로 殖利錢이 분급·운영되었다.[184] 江州의 경우 各庫債가 26개 면에 대여되었는데 원금과 이자를 회수할 수 없는 指徵無處의 상황이 거듭 발생하자 관에서는 고리대장부를 열납한 후 탕감하는 조치를 펴고자 했다. 구체적으로 各庫內 公用의 應下分을 제외한 일체의 부정명색을 소거하는 조치가 취해졌는데, 각 면임으로 하여금 坊內 大·小民人處에 일일이 탕감 사실을 曉諭하고 집행하도록 했다.[185]

(3) 행정적 기능(2) - 官令전달·호적업무·치안유지·기타

부세수취와 함께 面里任이 행한 행정적 기능으로서 官令傳達·戶籍作成 및 流民防止·治安維持·防犯 및 虎患방지 그리고 소의 屠殺과 貿穀방지 등을 들 수 있다.

이 가운데 정부에서 강조한 面里任의 기능은 첫째, 官令의 전달업무였다. 면임은 "一坊의 首任으로 官令을 奉承하여 민간에 선포하는 자로서

---

181) 「公移占錄」.
182) 「南原縣牒報移文成冊」 各面曉諭傳令草.
183) 『備邊司謄錄』 72冊, 肅宗 45年 正月 25日, 7책 114쪽.
184) 본서 附篇 「조선후기 지방관청 재정과 殖利활동」 참조.
185) 「江州節目」 各庫舊債蕩減事傳令.

家戶마다 다니며 諭說한 연후에야 官事·民事가 모두 막힘이 없을 것이다"186)라고 하였고, 義興縣의 阿山勸農인 都尹에게 내린 인력 동원에 관한 傳令에서 "권농은 본래 민을 위한 것이고 官指의 거행 책임은 都尹에게 있다. 大小官令이 한가하게 취급되어 전달되지 못하는 것을 막고, 官家 節目·官令의 내용을 坊曲의 愚民이 알지 못할까 염려하여 都尹을 두어 公務를 책임지는 의의를 부여하였다"187)라고 하였다. 또한 "관령의 거행, 民心의 面從은 전적으로 坊任의 얻음에 좌우된다"고 하여 면임이야말로 관령 전달을 통해 官과 民을 매개하며 정치와 교화의 興起를 담당하는 주요 직임임을 강조하였다.188) 실제로 대동법의 시행 초기에 淸風에서 各面 約長의 訪問·稟報·面言·面陳을 통해 수령과 민 사이의 의견을 좁히고 관의 政令이 마땅함을 얻었다고 지적하는 사례가 있다.189)

그런데 모든 관령의 주된 처리자가 면임이며 面治의 기능을 이들에게 의존할 수밖에 없었던 당시의 상황에서 "凡傳令知委之事 多有益於民 而害於所任者"190)라 하여 면임들이 傳令의 처리를 회피하는 사례가 많았다. 이로 인해 면임이 전령을 輪示坊曲하지 않아 소송시 문제가 생긴다거나191) 조정에서 對民 감세조치에 따라 전령을 내렸음에도 面任과 戶首가 이를 은폐하여 그대로 加徵하는 폐단이 지적되었다.192) 이에 대해 관은 廉 問하여 범법행위가 드러난 面任을 重治하거나 官庭에 출입하는 민간인을 통해 그 전달 여부를 확인하고 발각된 경우 '官令不爲頒布民間之罪'로 嚴 杖에 처하게 했다.193)

186) 「南原縣牒報移文成冊」 勸農節目.
187) 「義興縣公事」 2月 28日 傳令 阿山勸農.
188) 「江州節目」 面任擇定事傳令.
189) 『靜觀齋集』 卷14, 諭告一邑文 淸風作宰時, "當此新行大同之初 村閭之間 必多有 更議變通之事 各面約長等 若不詳加訪問或稟報或面言則 府使何以知之也 官家 政令亦必多失其宜".
190) 「治郡要訣」 22條 ; 「先覺追錄」 6條.
191) 「居官大要」 31條.
192) 「麾事摠要」 傳令 88條.
193) 「治郡要訣」 傳令 22條.

둘째, 호구파악에 대한 임무다. 양란 이후 인구의 流離·隱匿 현상은 앞선 시기보다 활발히 진행되었다. 정부는 통치질서의 확립과 조세 및 국역 부담자를 안정적으로 확보하기 위해 良役民의 상세한 파악을 국가정책으로 내세웠다. 그 표현이 호구파악의 강화로 나타났다. 정부는 閑丁索出·流離民對策을 비롯한 일련의 호구파악 과정에서 당시 확장·정비되었던 면리제 조직과 기능에 크게 의존하여 구체적인 法典規定과 節目條項을 관철하려 했다. 즉 호구 파악작업은 五家統·紙牌(戶牌)法의 실시와 면리제 운영담당층의 기능이 본격적으로 정비되어 가는 것과 궤를 같이하여 시행되었다.

면임은 호적 작성을 위한 各人 單子를 수취하고 호적에 준하고 統記를 참작하여 面內의 호구수와 경제상태를 수록한 「人口成冊」을 관에 납부하고 호구의 증감상태(生産·物故·流離·去來)는 매월 말 관에 보고하도록 했다.194) 여기에서 면리제의 하부조직인 五家統의 조직구성이 이루어지고 이의 결과인 統記가 面內 「인구성책」의 기본이 되었음을 주목할 필요가 있다. 숙종 원년 「五家統事目」에서 규정된 統牌에는 統內 각 호의 身分·職役·同居人의 실태를 기록하게 했는데 4개월마다 統別로 수정해서 里任을 통해 수령에게 보고하는 방법이 나타난다. 원칙적으로 流寓·移居人의 수를 파악한 후 單丁·挾戶를 막론하고 모두 時居里의 統에 입적시키도록 하였다.195) 또한 紙牌를 분급할 때 각 면의 應給者 수를 미리 계산하여 관에서 인쇄한 후 면임에게 지급함으로써 중간의 폐단을 막을 수 있다고 하였다.196) 이처럼 17~18세기 정부는 面里制·五家統制를 통해 민에 대한 직접파악을 도모하고 유리·은닉의 개연성이 높고 생산기반이 불안정한 소농민의 촌락에의 긴박을 보다 강화시켜 가고자 하였다.

한편 수령은 家座冊을 작성하여 境內 인구수와 家計의 貧富를 조사하고 차후 設賑시 饑民選拔의 문란을 방지하고자 했다. 그러나 수령이 이러

---

194) 「用中錄」 100條.
195) 『備邊司謄錄』 32冊, 肅宗 2年 正月 初8日, 3책 218쪽 ; 『備邊司謄錄』 170冊, 正祖 11年 5月 3日, 16책 873쪽.
196) 『增補文獻備考』 卷161, 戶口考2 肅宗 7年 右議政 李尙眞 所啓.

한 사안을 친히 摘奸할 수는 없었고 또한 작성과정에서 민폐의 발생을 우려하여 대부분의 지방에서는 該面 면임에게 都城의 경우 尊位에게 그 책임을 부여하였다.[197] 이때 각각 班民이 압력을 가하고 富饒人이 토지와 가사의 규모를 줄이며 군역부담을 두려워하는 常漢이 男丁數를 줄이는 폐단을 막기 위해 별도로 이서를 보내 摘奸하려 했다. 주목할 만한 사실은 면임이 재상가 혹은 사대부가의 내역에 대해서도 역량껏 기록하여 보고할 것을 규정한 점이다.[198] 이는 이른바 면리 기구를 통해 전 향촌민을 직접 장악하려는 국가의 입장과 향촌정책의 구체적인 시행과정에서 재지 사대부 문제의 처리시각을 보여준다. 즉 면임으로 하여금 차별적인 신분제의 拘碍 없이 일률적인 호적법의 적용을 강제하도록 규정하고 있는 것이다.

한편 17세기 이래 주요 현안으로 호적의 分戶와 合戶의 문제가 크게 대두되고 담당자인 면임의 동향이 주목되고 있었다. 일반적으로 面任・統首는 統內所納成冊을 작성할 때 分戶 여부를 파악하여 該當戶에 통지하고 烟戶應役에 差發시키는 책임이 있었다.[199] 그런데 17세기 숙종 초기에는 良役 확보와 민들의 거주지 확정을 목표로 국가적 사업으로 五家統制를 확립함과 동시에 分戶 작업이 대대적으로 추진되었다. 이와 관련하여 정부는 호구 증가를 수령의 으뜸 가는 치적으로 꼽고 있다. 이 때문에 향촌에서는 군역을 정할 수 없는 연소자 내지 不立戶를 내세워 호수감축을 막고, 동거하는 一家의 부자・형제에 대해 강제로 別戶를 만드는 일이 거듭 발생하였다.[200]

이에 대해 일부 정론가들은 '父子分居異籍'이란 商鞅의 法이며 朱子의 논리가 아님을 들어 "비록 各居도 合戶해야 되는데 하물며 동거자를 分戶해야 되겠는가" 하였고 이는 부모・조부모를 봉양하는 風化에도 심대한 우려를 야기시킨다는 반박이 제기되었다.[201] 한편 호적의 分合은 수령의

---

197) 「牧綱」 187쪽 ;『備邊司謄錄』 66冊, 正祖 8年 正月 11日, 16책 317쪽.
198) 「政要」 一 22條.
199) 「治郡要訣」 15條.
200) 『備邊司謄錄』 32冊, 肅宗 2年 正月 初8日, 3책 218쪽.
201) 「牧民攷」 429 ;『增補文獻備考』 卷161, 戶口考1 英祖 35年.

廉探에 기인한다는 지적도 있었다. 즉 戶役의 煩重과 經歇에 의해 分戶와 合戶가 반복된다는 것이다.[202] 그런데 문제는 호적에 관한 업무를 수령이 면임에게 전적으로 의뢰하고 있다는 데에 있었다. 즉 면임에 의한 호구파악 업무의 실태로서 "국가에서는 호구의 증가를 가장 중시하는데 수령들이 실제의 査檢 없이 면임에게 일임한다"[203]는 지적이 보인다. 반면 면임은 官令을 두려워하여 勒令으로 分戶를 만들게 되므로 增戶의 令을 내린 수령에 대해 '制書有違律'로 처벌할 것을 말하거나[204] 중앙의 合戶명령에 따른 문제점으로 分里·分面이나 分道·分邑으로 인해 부득이한 경우의 分戶者라도 과연 이를 따라야만 하는지의 여부, 그리고 合戶의 令을 빙자해서 담당자인 면임이 호구를 은닉할 수 있다는 사정이 지적되었다.[205]

다음으로 면임은 良人의 推刷와 還本에 관한 임무를 수행하고 流民과 越坊行乞者 가운데 年壯身建한 자를 체포하여 원적지로 돌려보내는 일을 행하였다.[206] 이와 관련하여 越犯罪人이 거주하는 면리의 직임자는 감독 소홀의 책임을 물어 처벌되는 규정이 있었다.[207]

특히 변방지역에서 면임의 관장 하에 거주민의 屯聚를 위한 많은 대책이 강구되었다. 일례로 江界府는 進上과 蔘貢에 대한 부담으로 民戶의 유리·감축 현상이 나타나자 이로 인한 변방의 약화를 염려하여 募民의 작업을 대대적으로 전개하였다. 江界府는 新舊面任의 교체시 '募民'의 업무를 거듭 당부하고 절목을 통해 風憲·別監·尊位 등이 新來民의 접대를 담당할 것과 관의 廉察시 違越이 발견된 該面 里任에 대한 처벌사항을 규

202) 『備邊司謄錄』160冊, 正祖 3年 10月 26日, 15책 784쪽.
203) 「政要抄」28條.
204) 『備邊司謄錄』146冊, 英祖 40年 9月 8日, 14책 203쪽.
205) 『備邊司謄錄』146冊, 英祖 40年 9月 12日, 14책 204쪽.
206) 『公移占錄』卷1. 특히 관서지역에서 居士 牙堂背가 結幕하여, 誨淫 偸竊하는 경우 社任과 將校가 이들을 철령 이남으로 구축한 후 營門에 보고하도록 하고 관령에 의하지 않은 자에 대해 刑配之典으로 시행하게 했다(「公移占錄」卷1, 驅逐優婆男女榜). 또한 肅宗 34년 1월 廣州의 觀武才에 他境人이 冒籍하고 借名으로 赴試한 데 대해 해당 里任에 대한 처벌이 이루어졌다(『備邊司謄錄』59冊, 肅宗 34年 正月 27日, 5책 759쪽).
207) 『備邊司謄錄』55冊, 肅宗 30年 7月 16日, 5책 338쪽.

정하였다.208) 또한 募民의 작업에서 면임은 頭民·富民의 협력을 요청하
고 이들 중 新來民의 영접에 노력한 자는 보고하여 시상하도록 했다.209)
　셋째, 面里내 治安維持·治盜의 책임자였다. 이는 국가가 향촌지배를
행하는 가운데 부세수납과 함께 커다란 비중을 둔 사항이었다. 당시 농민
항쟁이나 群盜가 발생하면 군현단위의 무장력으로 대처할 수 있었으나 최
하 향촌의 경우에는 단위무장력이 없었다. 따라서 정부는 五家統組織의
인보기능을 통해 상호간에 제어하도록 하는 한편210) 상위 직임인 面里기
구 운영층(面里任)의 책임을 명백히 하여 이를 관할하게 하였다. 이른바
面里任의 기능 중 '民情의 周察'에 해당되는 사항이다. 가령 逃漢의 경우
족친을 보내 身役有無를 살핀 후 立旨題給케 하되 身役人이면 里任 및
里中 著實人에게 査問시키도록 하였다. 또한 他官才人輩를 留接할 때 이
들이 도적일 개연성이 있으므로 尊位, 風憲, 里正이 살펴서 牒報하도록 했
다.211) 다음으로 농산물을 偸竊해 가는 草賊에 대해 존위의 관장 하에 每 朔
望에 上下人員이 한 곳에 모여 密通을 통해 수상한 자를 방지하게 했다.212)
　그 밖에 범인 색출과 추쇄 작업을 담당하였다. 南原縣의 사례로서 범인
색출을 위한 형조의 관문이 도착하면 該里의 里任과 각 면의 所告를 통해
이를 査問케 하고213) 本縣에서 압송하는 죄인에 대해서는 해당 면임의 文
狀을 통해 상급기관에 보고하고 있다.214) 또한 內寺奴婢 物故案을 成給할

---

208) 「江州節目」新來民除役事 傳令及節目.
209) 당시 신임부사들은 중앙에 적극 요구하여 蔘貢의 총액을 줄이고 10년간의 免役을
　조건으로 내세워 대대적인 募民策을 강구하였다. 특히 傳令과 節目을 통해 面任
　들의 기능을 강조한 것은 이 같은 상황에서 기인한 것이다. 이로 인해 1792년 상
　반기에만 900여 호, 4000여 구의 호구가 증가하였다(「江界府新入民戶實數」1792
　~1793년).
210) 19세기의 빈번한 農民抗爭에 대해 정부가 五家統制의 정비 및 기능강화를 통해
　이에 대처하려 한 사실이 나타난다(본서 附篇「19세기 사회변동과 五家作統制의
　전개」참조).
211) 「治郡要訣」17·68條.
212) 「治郡要訣」72條.
213) 「南原縣牒報移文成冊」4月 22日 報巡營.
214) 「南原縣牒報移文成冊」6月 14日 報左營.

때 隣族·里任 등처에 알려 사정을 조사하되 一族이 없으면 三切隣의 조
사 사실을 바탕으로 한 里任의 보고에 따르도록 하였다.[215]

다음으로 주요 생산수단인 소의 도살행위에 대한 처벌과 貿穀행위에 관
한 단속업무가 부여되어 있었다. 규정에 따르면, 風憲과 尊位는 추수후 소
를 도살하고 무곡하는 행위와 南草, 魚鹽 등 物資穀의 유통 사실에 대해
보고하게 되어 있다.[216] 당시 모리배들이 富漢·松商과 손잡고 시장에서
貿穀하여 穀價를 좌우하였는데 그 양이 많은 경우 수백 석에 이르고 적어
도 100여 석에 달하였다고 한다. 이에 따라 시장의 곡가가 상승하는 폐단
이 발생하였다. 이 같은 사안에 대해 각 面里 洞長·尊位가 비록 升斗의
규모라도 매매하는 행위가 발생하지 않도록 관장하게 하고 감독을 소홀히
한 任掌의 처벌을 규정하였다.[217] 또한 소의 경우 土豪頑民이 斃死를 빙
자하여 암도살하는 행위에 대해 우선 面任이 都譏察, 里譏察將과 함께 조
사 처벌하도록 했다.[218] 실제로 斃死로 인한 도살 여부는 해당 面任과 洞
任이 확인하여 관에 알리고 牛疫의 발생시 食肉으로 인한 마을 민들의 중
독을 방지, 감독하게 하였다.[219]

그 밖에 物故檢驗之法에서 飢民의 屍身에 대해서는 친척 三切隣과 戶
籍監考·統首·里正 및 면임이 함께 檢屍하게 하였고[220] 面內 失火에 따
른 피해보고와 구휼업무도 담당하였다.[221] 아울러 마을 민들이 노비문서,
전답문서를 분실한 경우 면임이 조사·확인한 후 面報를 보내면 官에서
재차 발급해 주었다.[222] 특수한 사례로서 남원현내 산간지역에서 號患이
거듭 발생하자 山底 各坊의 면임으로 하여금 민들의 山路·峽裡의 출입
을 금지시키고 포살한 虎皮에 대한 施賞 사실을 알리게 했다. 아울러 坊任

---

215) 『備邊司謄錄』 50冊, 肅宗 25年 8月 2日, 4책 822쪽.
216) 「治郡要訣」 74條.
217) 「岐陽文簿」 10月 16日 傳令各面.
218) 「岐陽文簿」 12月 20日 傳令各面.
219) 「牧綱」 175.
220) 「政要」 一 40條.
221) 「牧民攷」 345쪽.
222) 「治郡要訣」 17條.

들로 하여금 抱虎를 위한 무장력의 비축을 지시하였다.[223]

한편 면임은 訴訟 실무를 관장하고 있었다. 면임이 일상적인 相鬪相爭 訴志와 山訟訴志의 작성은 물론이고 양반과 常漢 사이의 명분문제에 대한 訴志 등을 鄕所·里任들과 함께 상의하여 작성하였다.[224] 면임은 訴志를 작성할 때 訟事를 제기한 民을 설득하는 작업과 함께 문제가 된 전답·호구 등 현장을 조사하여 범법자의 경우 자수를 종용하는 작업을 병행하였다.[225]

(4) 향풍교화 및 기초적 재결권의 행사

앞서 면임의 기능 가운데 권농과 생산에 관련된 향촌의 장의 遺意를 지닌 역할과 官司體制의 하부기구로서 부세수취 및 행정 보조업무의 여러 면모를 살펴보았다. 이 중 租稅源인 良役民과 국가재정의 확보를 목표로 한 집권적 향촌지배정책의 강화와 관련하여 후자의 기능이 강조되고 있었다. 그런데 이는 면임직이 수령권의 지배를 받는 하위직임임을 드러내는 것으로, 임란 후 향촌지배체제 재편과정에서 재지세력이 참여를 거부하는 구실이 되었다.

이 시기 적극적인 지방제도개혁론자들의 견해 또한 면임의 기능이 부세수취를 비롯한 행정실무나 官治 보조기능에 그쳐서는 안 되며, 보다 실제적인 권위를 행사하여 향촌지배에 참여해야 한다는 점을 강조했다. 즉 외형적으로 새로운 面里編制를 비롯한 집권적 향촌지배정책이 시행되더라도 향촌내 내적·자율적 질서의 재편과 지배가 이루어지지 않으면 실질적인 목표가 이루어질 수 없음을 지적하였다.

이를 염두에 둔 수령들은 대응방안의 하나로서 면리기구의 운영담당층에게 鄕風敎化의 업무를 부여하였다. 즉 차별적 신분제와 재지사족의 특권이 보존되고 있던 향촌사회 내에서 기존 향약조직과는 별도로 향풍교화

---

223)「南原縣牒報移文成冊」4月 21日 巡, 兵, 左營.
224)「先覺」26條.
225)「居官大要」28條.

업무를 담당하게 하는 것이었다. 이에 관해 반계 유형원은 面任(鄕正)이
제반 民政을 담당하고 동시에 교화 업무를 兼掌한다면 별도로 향약기구의
約正을 선발할 필요가 없다는 견해를 제시한 바 있다.[226] 이와 아울러 面
里民들의 형사·민사사건에 대한 1차적 재판권과 징벌권을 지니게 하여
그 지위를 강화시킨 점이 특징으로 여겨진다. 또한 면임에게 官司體系의
관속(이서)들이 面里 내에서 행하는 부정을 감시·관찰하게 하고 사대부
의 불법행위에 대해서도 공적 권위로써 대응할 것을 주문하였다. 즉 정부
는 면임에게 신분제적 특권이 전제된 사회에서 재지양반의 견제, 담당 관
속들의 비리에 대한 감시 등의 임무를 부여한 것으로, 이는 상대적으로 면
임에게 향촌통치의 여러 권리를 위임하는 측면이 되는 셈이다.

현종 12년 충청도 連山에서 私婢 順禮가 기근을 당해 5세와 3세의 두
자녀를 살해한 다음 人肉을 먹은 사건이 발생하였다. 이는 風敎가 크게 무
너진 상황과 賑政이 疏漏했음을 보여준 사건이었다. 이때 道에서는 감사
가 수령을 처벌하지 않고 면임만 처벌한 후 사건을 마무리하였다. 차후 조
정에서 진상을 파악한 후 수령과 감사에 대해 治罪하였다.[227] 이 기사는
풍교와 진휼의 말단 실무자가 면임이었음을 잘 보여주고 있다. 본래 면임
은 '風憲을 관장하고 민속을 규찰하는 직임'임이 규정되었고 孝弟·和平하
지 않고 삼강오륜의 질서를 지키지 않는 面內 大小民에 대한 염찰·보고
의무가 부여되었다.[228] 또한 수령이 면임들을 官庭에 불러모아 敎令의 준
행을 당부하는 사실이 보이며[229] 수령이 도임한 후 "邑風을 좋게 하고 本
源의 治에 뜻을 두어 교화를 돈독히, 명분을 바르게 하기 위해" 12조목을
예시하고 이를 月朔讀約시켜 권선징악의 道를 이끌어내도록 했던 예가 있
었다.[230] 그리고 各面 풍헌(면임)의 관장 하에 各里 上下人에게 敎諭하여
射契를 조직하게 하고 바쁜 농사철을 피해 실시하되 매년 10월 面都會射

---

226) 본서 2장 1절 참조.
227) 『顯宗實錄』 卷19, 顯宗 12年 3月 壬申, 36책 691쪽.
228) 「管城錄」.
229) 「政要抄」 3條.
230) 『順庵安鼎福全集』 諭各面結洞文.

를 거행하도록 하였다.[231]

이상의 사실은 수령이 향촌 내에 별도의 향약기구가 존재하는지의 여부와 상관없이 면임에게 교화업무를 부여함으로써 궁극적으로 수령권에 의한 향촌장악을 지향하는 면모를 보여준다. 한편 지역에 따라서는 별도의 儒任을 두는 경우도 있었는데 남원현의 경우 46坊에 儒任을 설치하고 4개 면단위로 都敎長 1인, 그리고 各洞에 洞敎長을 두었다.[232] 영조 연간 함경도의 各邑 各社에 儒訓長·武訓長을 두었는데 그 朔料는 田稅로 획급해 주었으며, 평안도의 경우는 贍學庫를 설치하여 급료를 지급하였다.[233] 그리고 풍화를 교정하기 위한 방안으로 면임의 관장 하에 優老之政을 펼쳤다. 80세 이상의 노인에게 쌀을 지급하는 일은 물론 各坊에서 노인 우대를 위해 양반은 70세 이상, 中·常人은 80세 이상의 노인을 선발하여 官庭의 행사에 참석시키고 있다.[234]

한편 영조 32년에는 禁酒를 위한 국가차원의 대책이 강구되어 오가통 조직에 의해 위반자를 적발하고 '家長之律'로 처벌하라는 하교가 있었다.[235] 남원현에서는 牛·松·酒에 대한 금지사항에 대해 兩班·常人은 물론 私屠·犯松·釀酒者를 論罪하라고 지시하였다.[236] 酒禁의 사항에 대해 면임이 각별하게 申飭하여 村閭 路上, 市中에서 술을 팔고 마시는 자를 일체 엄금하고 당해 所任이 釀酒人을 重棍하여 捉來시킬 것을 명하였다.[237] 재차 발생하는 경우에는 都譏察 및 面任 그리고 里內 所任者를 捉來시키도록 하였다.[238]

한편 양민 중 無賴子弟가 偸錢으로 가산을 탕진하는 데 대해 里內에서는 父兄長老가 管束하고 풍헌은 一坊을 統察 申飭하되, 이후 官의 廉察

---

231)「治郡要法」18條.
232)「南原縣牒報移文成冊」32.
233)『備邊司謄錄』119冊, 英祖 25年 4月 22日, 11책 903쪽.
234)「南原縣牒報移文成冊」4月 4日 傳令.
235)『備邊司謄錄』130冊, 英祖 32年 正月 28日, 12책 756쪽.
236)「南原縣牒報移文成冊」5月 23日 各面 都掌.
237)「南原縣牒報移文成冊」2月 24日 傳令 各坊.
238)「岐陽文簿」18日 酒禁傳令.

시 드러나면 該當 면임과 父兄者에 대한 처벌을 규정하였다. 마을 민의 偸
錢행위에 대해서는 社任·尊位에게 사찰과 처벌권을 부여하였는데, 소규
모일 경우 笞治하고 대규모일 경우에는 捉上토록 하였다.[239] 아울러 風憲
과 執綱의 관장 하에 鄕里內 선행자와 악행자에 대한 시상과 처벌을 시행
하도록 했다.[240]

　당시 官屬들에 의한 村落討食·動鈴의 문제가 크게 대두되었다. 이에
대해 수령은 해당 面里任으로 하여금 이들의 부정행위를 감시하고 보고
및 結縛 捉上을 명하고 있다. 場市가 신설되면 吏校·奴令은 물론 여타
관속들이 모여들어 사례를 요구하거나 계량기구를 확정하기 위한 場監에
서 斗量에 대해 농간을 부리는 폐단이 발생하였다.[241] 또한 監兵營의 營
屬, 鎭營의 出使將羅 및 官令을 받들고 面里를 오가는 面主人들이 官籍
을 내세워 威勢하는 행위가 빈번하였고 심지어 吏奴令의 妻子·兄弟·雇
工의 무리들이 往來 作奸하는 일이 많았다. 이에 대해 우선 各面 下所任
이 面任·風憲에게 "某人 某日 某家 行某事 得其物"이라고 보고하여 처
리하되 대규모의 작폐일 경우 면임이 곧바로 관에 보고 처리토록 하였다.
이때 上下所任이 관속의 私感을 두려워하여 보고하지 않는 경우, 본인뿐
아니라 面·洞任을 처벌하게 하였다.[242] 이와 관련된 사실로서 邑底에 온
面里任을 착취하는 관속에 대해 본인은 물론 各廳의 首任을 처벌하는 규
정이 있었다.[243]

　한편 신분제적 특권을 지니고 전횡하는 재지사족을 견제하기 위해 缸筒
法을 실시하였다. 면임은 양반의 비리기록이 缸筒에 들어가 있으면 즉시
수령에게 보고하고 여타 奸吏·土豪가 用手를 얻지 못하게 하는 임무가
있었다.[244]

---

239) 「公移占錄」.
240) 「政要抄」39條.
241) 「亦用」 一 傳令 唐洞店幕民人等.
242) 「隨錄」刑牒 6月 8日 傳令 ; 「牧綱」344 ; 「亦用」二 傳令 各洞 上下所任 正月 日.
243) 「牧民攷」352~353쪽.
244) 「牧綱」198~199쪽 ; 「政要」二 3條.

이와 같이 면임은 마을내 교화와 풍속교정에 관련되는 업무의 일부를 관장하였고 그에 따른 공적 책임이 부과되었다.

또한 面里任은 面里내 일상적인 민사·형사 사건에 대한 처리 및 징벌권을 보유하고 있었다. 이는 군현내 懲罰·裁決權을 보유하는 수령에 의해 제약, 보장되는 권한으로 공적 임무의 수행에 필요한 부분이었다. "소소한 사건은 대개 尊位·面任이 從實査報하여 決處하고 혹 公議에 따라 結給後 報來하라"[245]라는 규정이 이를 설명해 준다. 가령 爭水와 소소한 쟁두 사안을 처리할 때 農時에 推捉하는 것은 廢農의 위험이 있으므로 洞內 公論에 따라 洞任이 사실을 決處하고 차후 牒報하도록 했으며, 大役인 경우 면임에게 알려 처결하도록 했다.[246] 이때 民에 대한 처벌권을 비롯한 풍헌의 권한이 강해지면 뇌물을 받거나 무단하는 폐가 발생하므로, 官의 廉察이 필요하다고 지적되었다.[247] 또한 각 촌의 洞長은 나태하여 令을 따르지 않는 자에 대해 里中會坐한 곳에서 관의 定式에 따라 撻楚 혹은 때려서 警覺시키도록 하였다.[248] 이처럼 面里任에게 가벼운 體刑을 비롯한 형벌권의 행사 권한을 부여하여 그들의 공적 권위를 보장해 주고 있었다.

4. 17세기 면리제의 성격

지방제도는 촌락구조의 변동, 사회구조의 객관적이고 총체적인 변화에 의해 규정되지만 한편으로 국가의 대민·대향촌 정책의 추이에 의해 영향받기도 한다. 조선후기 면리제는 전기 이래 자연촌의 발전에 따른 촌락구조의 변화를 반영한 것이나, 17세기 정부의 국가재조의 목적 하에 강화된 향촌지배정책의 산물이기도 했다는 점에서 정치·사회적인 의미를 지닌다. 향촌의 기본단위인 촌락을 중심으로 해서 볼 때, 17세기에 생산력의 발

---

245)「牧綱」215쪽.
246)「治郡要訣」13條.
247)「百里境」.
248)「治郡要訣」58條.

달, 자연촌의 보편적 발전, 농민의 자율성과 촌락자치 기능의 제고라는 여러 요인에 의해 새로운 面里編制의 확립이 나타난다. 정부는 향촌구조의 변화와 面里의 단위성 강화에 주목하여 面里制 - 五家統制의 정비와 面任 - 里任(洞任) - 統首의 직임자를 선발하고 이를 중앙정부의 말단기관화하여 촌락통치를 새롭게 강화하고자 했다. 양란 이후 국가재조 방안을 모색하던 정론가들도 鄕政論의 핵심 사안으로 면리제의 정비를 들었다.

그런데 면리제가 그 위치를 확보하기 위해서는 기존의 향촌질서, 즉 다양한 사회단위, 생산관계, 사회조직들을 여하히 공적 사회제도 하에 통일적으로 결합시키느냐 하는 점과, 향촌 내에서 사적인 계급지배를 실현하고 있는 재지세력을 어떻게 향촌통치체제의 직임으로 포섭할 수 있느냐에 달려 있었다. 이에 정론가들은 면리제의 정치이념상의 원형으로 周代 鄕遂制를 비롯한 先王의 政制와 역대 조선왕조 및 중국 행정촌의 시행사례에서 그 전거를 제시하여 立論으로 삼았다. 조직의 원칙은 호수를 분류단위로 한 古法制를 따랐으나, 地宜와 時宜의 차이를 염두에 두어 다양한 구조와 내용을 포괄한 鄕村論을 제기하였다. 무엇보다 당시 성장 발달한 자연촌에 주목하고 이를 기반으로 面里단위를 설정, 국가의 조세수취 및 통치기반으로 삼고자 했다. 또한 직임자인 면임(都尹·鄕正)에 대해서는 역대 鄕官의 사례에서 그 역사적 의미를 추출하고 常祿·伺侯라는 물적·인적 보조와 貢擧制에 의한 중앙관료와의 연계를 강력히 제기하여 공적 권위의 확보 및 사회경제적 여건을 충족시키고자 하였다. 이는 무엇보다 재지사족의 참여를 전제로 설정된 방안이었다.

정론가들의 견해가 적극 제시되는 가운데, 정부는 일련의 戶牌·紙牌事目과 함께 숙종 원년과 3년의 「五家統事目」, 「寬恤事目」, 숙종 37년의 「良役變通節目」, 영조 5년의 「五家統法 申明舊制節目」, 그리고 정조 14년의 「尊位成冊」에 이르는 절목을 거듭 반포하여 향촌지배에 관련된 조직과 직임을 정비했다. 이들 사목은 새로운 面里編制를 시행단위로 삼고 있었다.

17~18세기에 걸쳐 정부는 군현 各官의 영역과 재정체계 확보대책으로서 거듭 面里조정을 행하고 있었다. 정부는 빈번한 設邑·移邑·復邑 과

정에서 군현통치의 기초단위로서 面里를 분급하고 군현의 支放을 위해 대대적인 면리조정을 강구하였다. 面里移屬에 따라 토지·호구·부세가 동시에 이동된다는 사실에서 면리의 단위성이 크게 제고된 상황과 함께 국가가 이를 통해 간접적이나마 면리제 운영에 간여하게 된다는 사실을 알 수 있다.

이 시기 향촌내 집권적 체제를 구현하려 한 정부의 입장과 사족중심의 향촌질서를 유지하려 한 재지세력 간의 이해차이에 따라 향촌사회조직의 이중성이 나타나기도 했다. 즉 면리조직과 향약조직이 동일한 촌락단위 위에 공존하는 현상이 있었다. 그러나 두 조직 사이에는 업무·기능상의 상이점과 함께 공적·사적 조직이라는 본래의 성립배경에서 비롯되는 근본적인 차이가 존재하였다. 그런데 숙종 원년의 「五家統事目」을 비롯해서 군현을 단위로 한 「面任擇差節目」에서는 기존의 교화업무를 면리기구에서 시행할 것을 강력히 규정하고 있다. 아울러 이 시기 정론가들의 견해 역시 面里制에 중점을 두면서도 내적인 자율의식체계의 확립을 위해 또는 사족들의 향촌통치에의 참여를 유도하기 위해 향약의 병행이 필요함을 역설하였다. 정론가들은 국가권력에 의한 향촌지배체제의 장악이란 궁극적으로 농민의 疾苦를 제거하고 강력한 국가체제의 복원이 필수적인 사항임을 강조하였다. 이를 위해 무엇보다 향촌 내에서 이루어지는 대토지소유와 인신적 노비지배라는 전혀 사적인 형태의 지배를 배제하고 공적이고 보편적 지배가 절실하다고 주장하였다. 이렇게 볼 때 17세기 정부와 정론가들이 면리제를 기본적인 생산기반, 국가유지를 위한 부세의 징수단위, 그리고 정치적인 통치의 단위로 확정시키고자 한 주된 이유는 16세기 이래의 촌락구조의 변동에 따른 성과물과 재지세력을 철저히 장악·규제하려는데 있었던 것이다.

면임은 군현내 官司體系의 吏卒과는 구별되며 재지세력 가운데 임용되는 任掌으로 분류되는 직임이었다. 이들 면임에 대해서는 조직상의 수반인 鄕所가 인사권을 행사했으나 후대로 올수록 수령권에 귀속되는 경향이 나타난다. 일단 "取一境之公論 捧鄕所 取一面之公論 捧風憲 必推其公淸勤

幹者 有人望者爲之"[249]라는 지적처럼 군현단위의 향소와는 선출구조상 차이가 존재한다. 아울러 面任과 洞任은 '各社之官,' '各洞之長' 내지 '官家之輔翼' '官家의 手足耳目'이라는 표현처럼 면리에서 수령을 대신하는 존재이자 통치를 보좌하는 직임으로 규정된다. 이로 인해 '京官의 留官' 내지 '亞官'으로 묘사된 향소와는 상호 상하관계의 위계를 보여준다. 그러나 면리제의 기능이 활성화되고 부세수취·행정통치에 관한 일체의 업무가 면리기구를 중심으로 수행된다는 사실로 인해 향소의 面里任에 대한 장악기능은 점차 취약해졌다. 반면 각종 행정업무의 주된 실무자가 군현내 六房官屬이라는 점에서 면임과의 업무연계가 항상적으로 이루어지는 사실이 나타난다. 오히려 상급 감독기관인 향소보다 수령권과 직결된 이서들과의 결합이 보다 두드러졌던 것이다.

　한편 면리제의 설정대상이 향촌사회인 점에서 재지세력의 사적 기구인 향약과 대비되는 측면이 있었다. 원래 향약기구는 '化民成俗'의 업무만 전담하고 面內의 '冗雜事務'는 면임이 담당한다는 기능상의 차이가 전제되어 있었다.[250] 또한 향약기구의 직임인 約正·直月과 面任·洞任과의 사이에도 일정한 차별성이 있었다. 가령 "約正及直月於官家用稟目 官家於約正直月行下帖 以存禮敬而須從簡便 約正直月於面任洞任用牌旨事"라는 기사가 보인다.[251] 이에 따르면 향약기구의 직임이 官에 대해서는 稟目(상관에게 올리는 글 : 인용자 주)을 사용하고, 면리기구의 面任·洞任에게는 牌旨(하급자에게 주는 서신 : 인용자 주)를 사용한다는 것이다. 즉 官-鄕約機構-面里機構라는 위계성을 보여준다. 그러나 이 기사는 향약기구의 입장만을 반영한 鄕約條規라는 사실을 감안하여 볼 때 실질적인 시행 여부는 별도의 문제였다. 오히려 수령 주도의 향약에서는 면리기구의 직임자에게 풍속교정·교화업무를 부과하는 사례가 많았으며 후대로 올수록 면임들에게 보편화된 임무가 되었다.

　조선후기 특히 18세기 이후 생산력의 발전에 따라 면리의 새로운 지역

---

249)「百里境」得人.
250)『恒齋集』卷4, 宜寧縣榜諭文.
251)「密州徵信錄」卷2, 鄕約.

적 편제가 이루어졌으며 그와 동시에 面里任의 직능도 다양화·체계화되었다. 이 과정에서 面里任은 외견상 수령의 전적인 감독과 제재를 받는 직임으로 전변되어 갔다. 따라서 재지사족들의 面里任 회피현상이 심화되었고, 이러한 가운데 경제적으로 부를 축적해 가면서 그것을 신분상의 수단으로 이용하고 있던 새로운 평민계층들이 面里任職에 참여한다. 이들은 호적상 '業武'라는 신분으로 기명되었는데,[252] 이 시기 사회변동 과정에서 부를 축적하였으나 본격적인 정치권력은 향유하지 못했던 經營型富農을 중심으로 한 계층이었다.[253] 평민층은 면리임직을 수행함으로써 여러 가지 역에서 면제되고 개인적으로 더욱 많은 부를 축적할 수 있었다. 새로운 평민 출신 面里任은 면리기구 운영에 적극 참여하고 점차 영향력을 행사하기 시작하였다.

그런데 신분문제는 특정 신분인 양반의 시각에서만 평가할 수는 없고, 전체적인 사회구조와 향촌의 실상을 감안하고 무엇보다 해당 신분에 대한 당시대인들의 인식이 우선되어야 한다. 따라서 面任에 대해 일방적으로 수령의 예속 직임으로 규정하고 賤任視하는 시각에 대해서는 다소 주의가 요구된다. 본래 이들 면임은 전통적인 향촌공동체의 장으로서 자치적 성향의 遺意를 지닌 자들이었다. 때로 마을 공동의 이해관계가 제기될 때 민들과 결합하여 대처하는 예도 빈번했다. 대구 夫仁洞 洞約을 둘러싸고 전개된 사건은 그러한 사례를 보여주는데, 재지유력사족인 崔興遠家의 사적인 洞里機構 운영에 대해 洞任·面任이 민들과 결합하여 강력히 반발하였다. 또한 1862년 咸平농민항쟁에서 14개 면의 훈장과 면임들이 각기 面里名을 내세우고 예하 장정들을 인솔하여 봉기에 적극 가담하는 사례가 보인다.[254] 이때 각 면임들은 장정을 선발하고 식량을 제공하는 등 농민의 조직적 참여에 크게 기여한 면이 있었다. 물론 위의 사례가 봉건사회 해체기인 19세기에 해당되므로 보편적인 면임들의 경향성을 추출하는 데에는 한계가 있다. 우선 면임들은 정치·사회적 신분으로 볼 때 말단 봉건지배층

---

252) 金俊亨, 앞의 논문, 1982, 77쪽.
253) 金容燮, 『增補版 朝鮮後期農業史硏究Ⅱ』, 一潮閣, 1990.
254) 『龍湖閑錄』卷3, 咸平公兄文狀 ; 『壬戌錄』備邊司啓 65~66쪽.

의 일원으로 규정할 수 있다. 그리고 이들 사안이 민들의 성장된 사회의식에 기인하여 제기되었다는 점에서 면임의 가담이 자발적·능동적인 측면보다는 추동된 행위의 일환이었음도 부정할 수 없다. 그러나 이상의 사례는 면임들이 농민과의 굳건한 연대 하에 국가에 대한 대조세투쟁에 가담하고 일부 유력사족에 의한 무단적인 향촌지배에 대항함으로써 고을의 공통적 이해를 관철하고자 한 모습을 동시에 보여준다. 즉 봉건 말단지배층이자 농민의 장이었던 면임의 이중적 성향을 드러내는 사례인 것이다.

제4장 鄕村對策과 五家作統制의 성립

1. 壬亂 이전 오가작통제의 운영

지방제도의 구성 부문 가운데 面里制는 자연촌의 공간 위에 국가권력의 필요에 따라 特定 整序形式으로 편제된 일종의 행정촌적 성격을 지니고 있었다. 五家作統制는 바로 이러한 면리제의 하부조직으로 존재했으며, 국가권력의 개별 민인에 대한 침투통로가 되었다.[1] 또한 오가작통제는 17세기의 최대 현안인 良役確保方案이자 민에 대한 직접적인 장악을 목표로 하는 향촌정책으로 역대 정권에서 논의되었고, 효율적인 기능이 인정되어

---

1) 五家作統制는 일제하 관학자들이 통감부 설치 이후 지방제도 개편의 정당성을 주장하고 기존 조선의 지방제도의 정체적·비효율적인 측면을 강조하려는 목적 아래 개략적으로 언급되었다. 따라서 그 결론은 "隣保團結의 조직인 五家統制가 유교주의의 형식화·인습화·계급화로 인해 오히려 착취 및 가렴주구 기관이 되었다"고 하였다(中村榮孝, 「朝鮮時代地方制度の歷史的考察」, 『朝鮮總覽』 52, 1931, 53쪽). 또한 동시기 일본 五人組制度의 '능동적·선진적 기능'에 대비되는 조직이라는 자의적인 해석이 제기되기도 했다(『朝鮮の聚落 前編』, 조선총독부, 521쪽). 다음으로 70년대에 들어와 襄垣達·李南久의 「農村自治에 관한 一研究」(『안동교대논문집』 6, 1973), 李南久의 「朝鮮王朝後期의 洞里組織에 관한 一研究」(『안동교대논문집』 9, 1976), 申正熙의 「五家作統法小考」(『대구사학』 12·13合輯, 1977) 등의 연구에서 五家作統制가 본격적으로 주목되었다. 前2者의 연구의 경우 향촌사회의 제반 조직체계를 소상히 밝히고자 한 점에서 일정한 의미를 부여할 수 있겠으나 근본적으로 향촌사회의 자율성을 중앙집권화에 부수하는 것으로만 파악하는 한계를 노출하였다. 후자는 조선왕조 前期와 後期 일부에 걸친 五家統制의 사례를 집중 추적한 연구로, 역사적 성격이나 구체적인 상의 제시가 부족한 면이 보인다. 조선후기 지방제도 연구사에 관한 정리로는 高錫珪, 「朝鮮後期 地方制度 研究現況」, 『韓國 中世社會 解體期의 諸問題(下)』, 1987 참조.

거듭 채택되었다. 무엇보다 오가작통제는 古法制의 遺意를 가장 직접적으로 반영하고 조선전기 이래 시행해 본 경험이 있는 제도였다. 그리고 여타 지방제도의 부분과 달리 국가 차원에서 호적업무와 관련하여 강제된 측면이 강한 제도였다.

조선후기 전 시기에 걸쳐 정부는 향촌지배를 위해 오가작통제를 실시하고 그 기능을 적극 활용하고자 했다. 조선후기 오가작통제의 틀은 숙종 원년 9月의 「備邊司五家作統事目」과 3년 11월의 「寬恤事目」에서 비롯되고 있다. 본 작업을 주도한 白湖 尹鑴는 오기작통제의 조직구성이나 체제가 '周家의 井里, 孟氏의 經界, 管子의 內政'과 같은 三代의 제도와 역대 중국의 행정촌의 운영체계를 참조한 점, '大典에 기록되고 祖宗朝의 良法'이라는 점을 지적하고 있다.[2] 여기에서 정부의 對民지배구조가 법적으로 정비되어 가던 임란 이전인 조선전기에도 향촌통치정책의 일환으로 오가작통제가 시행되었으며, 그 개략적인 조직체계는 『經國大典』 戶典 戶籍條에 명시되어 있다.

조선전기 정부는 대대적인 군현제 정비와 병행하여 새로운 戶籍成冊을 작성하고 號牌法을 실시하였다. 정부는 이를 통해 국가운영의 기축이 되는 징세·군역 업무를 효과적으로 수행하려 했다. 그런데 대민지배체제의 확립이란 향촌내 여러 사회조직과 사회단위를 구체적인 제도 하에 편성시킬 때 비로소 가능한 것이다. 정부는 호구, 전결 수의 다과를 기준으로 군현제를 정비하면서 예하 조직으로 面里制를 운영하였다. 본래 자연촌은 향촌민의 공동자영의 필요에 기반을 둔 것으로 스스로의 생활 가운데 생성적인 자율성을 지니고 있었다. 이에 대해 면리제는 국가의 필요에 따라 인위적 공간과 특정 整序形式을 강제한 것이었다. 조선초기 方位面 체제 하의 面은 官舍를 중심으로 邑治를 감안하여 설정된 것이었다. 따라서 촌락지배의 상급단위로서의 공간개념이 박약하였고, 자연촌의 성장을 배경으로 하부단위로 설정된 里와의 단순접합에 지나지 않았다.[3]

---

2) 『白湖全書』 卷9, 疏箚 論事辭職疏 2月 15日 339·340쪽.
3) 朴鎭愚, 「朝鮮前期 面里制研究」, 『韓國史論』 21, 1989.

결국 국가가 원활한 향촌지배를 이루기 위해서는 지역의 근접, 생활형태와 감정의 근사성에 기반한 강력한 隣保團結의 基調가 구성원인 民人 사이에서 형성되지 않으면 안 되었다. 이에 따라 정부는 작위적으로 편성된 面里에 統조직과 같은 강한 인보조직을 접합시켜 민인에 대한 통제와 상호연대에 의한 협조 양식을 강요하였다. 『經國大典』戶典 戶籍條에 따르면 5戶를 1統으로 하여 統主를 두며 5統(25戶)을 1里로 하여 里正을, 그리고 각 면에 勸農官을 두어 統主 - 里正 - 勸農官 - 守令으로 이어지는 면리제의 운영체계를 제도적으로 확립하고자 하였다. 여기에서 우리는 정부가 5가 단위로 통을 조직하여 일정한 공간을 기초단위로 하는 면리제와 유기적으로 연결시킨 사실을 주목하게 된다. 다시 말하면 혈연과 가계질서 그리고 생산관계에 의해 그 존재형태가 규정되는 개별적인 家戶를 기계적으로 5가씩 구분하여 통이라는 조직체로 전환시키려 한 것이다.

오가작통제가 성립하기 위해서는 우선 정확한 호구조사가 전제되어야 한다. 정부는 태조대 이래 세종대에 이르기까지 流離民을 推刷·還本하고 避役者와 절도행위를 단속하기 위한 노력을 경주하였다. 태종 13년 戶籍·軍籍 개정사업의 일환으로 전국에 걸쳐 시행된 호패법은 이와 같은 작업의 구체적인 예가 된다. 호패법을 통해 농민들의 실질적인 생활공간인 里의 호구를 파악할 수 있다면, 나아가 일정한 호수를 기준으로 하는 인보조직이 성립될 수 있었다.

한편 본격적인 오가작통제도가 성립되기 이전부터 일정한 호수단위의 인보조직이 논의되고 있었다. 태종 연간의 鄕舍里長之法, 隣保正長之法이 그 예다. 태종 6년 知平主事 權文毅가 건의한 鄕舍里長之法은 流亡에 따른 호구의 감소를 막기 위해 향촌을 100, 50, 10호 단위로 조직하고 각각 鄕長, 舍長, 里長의 명칭을 지닌 직임자에게 예하 민을 통제케 하는 제도였다.4) 또한 태종 8년 영의정 府事 成石璘이 건의한 隣保正長之法은 매년의 호구증감, 군역자의 長弱 여부, 출생과 사망, 良賤 등에 대한 파악과 流離者에 대한 容隱을 막기 위한 것이었다. 이에 따라 가장 인접한 가호에

4) 『太宗實錄』卷11, 太宗 6年 3月 甲寅, 1책 352쪽.

대해 10호 내지 3~4호를 1隣保로 조직하고 恒産可信者를 正長으로 삼았다. 정장에게는 인보 내의 인구를 기록하고 향촌민의 출입을 파악하여 재난(水災·火災)시 서로 구하고 流離者 발생시 관에 보고케 하는 임무가 주어졌다.5) 이상의 제도가 일정한 호수에 따라 향촌을 조직화 내지 재편성하려 한 것인데, 犯法 사안의 발생시 家座를 중심으로 전후좌우에 인접한 家戶에 연대책임을 지우는 切隣 규정도 유사한 성격을 띠고 있다.

후술하는 바와 같이 오가작통제는 정치적 이념과 틀을 『周禮』의 鄕遂制와 唐의 隣保法에 두고 있다. 세종 10년 윤4월 "乞依周唐之制 五部各坊 五家爲比 置長一人 百家爲里 置正一人 城底各面 三十家爲里 置勸農一人"6)이라는 기사를 보건대, 조선전기 오가작통제의 전형 역시 일정한 호수와 면적을 단위로 구분되는 周·唐의 지방제도에 그 연원을 두었음을 알 수 있다.

『주례』는 西周의 제도가 戰國時代를 통해 사변적으로 확대 정비된 것이었다. 이 가운데 오가작통제와 밀접한 주대의 지방제도는 六鄕六遂制였다. 『周禮』地官의 기재에 따르면, 중앙에는 500里의 王城(國中)이 있고 그 주위 100리의 지역이 郊이고 6鄕이 위치한다. 그 밖의 주위 100리의 지역은 甸이고 여기에 6遂가 위치한다. 1鄕은 12,500家로 이루어져 있으며 家數를 기본으로 比(5家), 閭(5鄙), 族(4閭), 黨(5族), 州(5黨), 鄕(5州)의 지역단위로 구분된다.7) 이러한 지역단위는 伍, 兩, 卒, 族, 師, 軍이라는 각급 군대를 구성하는 단위와 서로 대응하고 있으며 군의 지휘관도 각 지역단위의 지방행정관이 겸하였다.8)

甸에 두어졌던 6遂의 遂는 隣(5家), 里(5隣), 酇(4里), 鄙(5酇), 縣(5鄙),

---

5) 『太宗實錄』卷13, 太宗 7年 正月 甲戌, 1책 383쪽 ; 『太宗實錄』卷14, 太宗 7年 11月 壬子, 1책 421쪽.

6) 『世宗實錄』卷40, 世宗 10年 閏4月 己丑, 3책 128쪽. 조선의 많은 儒者들이 역대 중국 행정촌의 戶數에 의한 편제를 설명하고 있다. 가령 반계 유형원의 경우 齊 管仲 5家(軌)·後魏 5家(隣)·隋 5家(保)·唐 4家(隣)·宋 10家(保)·明 10家(甲)를 그 전형으로 수록하였다(『磻溪隨錄』補遺 郡縣制條 歷代制 537쪽~538쪽).

7) 『周禮』卷10, 地官 大司徒.

8) 『周禮』卷11, 地官 小司徒.

遂(5縣)의 지역단위로 구성되어 있다.9) 鄕과 遂는 소재지가 王城에 가까운가 또는 그 밖에 위치하는가에 따라 구별되었다.10) 그러나『주례』의 鄕에 관한 각급 官의 職文에 보면 농경에 관한 기재는 거의 보이지 않고 軍役·田役 등의 기재가 매우 많다. 이에 비해 遂에서는 役에 대한 기재보다는 稼穡, 즉 농사에 관한 기재가 보인다. 즉 鄕과 遂의 차이는 본질적으로 鄕이 군사를 주목적으로 하는 조직이었던 데 비하여, 遂는 본래 농업지역이었던 곳에 군사적인 능력을 부가시킨 형태였다. 그러한 鄕遂制가 약간 변형되어 西周의 지방제도에 적용되었다.11)

또한 오가작통제에서 주 기능으로 강조되는 인보제도는 기원전 359년 秦 孝公 때 商鞅이 시행한 什伍制에서 기인하였다. 이 법은 일정 지역 내의 남녀 이름을 版籍에 기록한 후 이에 근거해서 什伍를 조직하고 그 내부에서 상호 규찰이 이루어지게 하는 제도였다. 이에 따라 향촌민은 姦人을 사찰·고발하되, 의무를 다하지 못하면 連坐되었다. 什伍의 용례는 춘추시대 齊나라의 제도를 전하는『管子』에 많이 기록되어 있다.12) 이러한 인보제도는 486년 北魏의 三長制와 唐의 隣保法에 계승, 체계화된다.13)

---

9)『周禮』卷15, 地官 遂人.

10) 茶山 丁若鏞은 조선의 실정에 맞추어 六遂란 성밖 峽堡만을, 그리고 六遂 밖의 지역은 郡縣에 붙이는 것이 마땅하다고 서술하였다(『經世遺表』3卷, 天官收制 三班官制).

11) 伊藤道治,『中國古代國家의 支配構造 - 西周封建制와 金文 - 』, 中央公論社, 1987, 157쪽.

12) 가령『管子』立政篇에 "分國以爲五鄕 鄕爲之師 分鄕以爲五州 州爲之長 分州以爲十里 里爲之閭 分里以爲十游 游爲之宗 十家爲什 五家爲伍 什伍皆有長焉" 또한 乘馬篇에 "五家而伍 十家而連 五連而暴 五暴而長 命之曰某鄕 四鄕 命之曰都 邑制也"라 하고, 특히 小匡篇의 예에 따르면 伍의 조직은 유사시 그대로 군대 편성의 기초단위가 될 수 있다고 하였다. 이에 관련된 논문으로 金燁,「商鞅의 什伍連坐制 硏究」,『대구사학』9, 1975 참조.

13) 北魏 孝文帝에 의해 실시된 三長制는 호적의 완전한 작성을 통해 均田法을 시행하고자 한 것으로 기초단위는 隣이었다. 이를 계승한 隋의 경우 保를 두어 5家단위로 長을 임명하였다. 唐의 경우 4家를 隣, 5家를 保로 조직하고 各保에는 長을 두고 있다. 중국 역대 행정촌에서 隣保가 수행하는 기능은 크게 두 가지로 나뉜다. 하나는 동일한 保內에 위법자가 있을 때 다른 保人이 이를 알고도 糾告하지

이상에서 살펴본 것처럼 조선전기의 오가작통제는 유교의 이상적인 제도 개혁론의 상징인『周禮』와『管子』의 정치이념을 따르고, 운영의 틀은 역대 중국의 인보제도에서 모방하고 있다.

조선전기 오가작통제의 기능에 관한 구체적인 사례는 다음과 같다. 첫째, 인보조직으로서의 기능을 수행하였다. 모든 백성을 호패(統牌)에 등록시켜 법의 보호를 받도록 하고 거주지 이동시 統・里를 거쳐 관의 허가를 받게 하며 內歷不明者를 고발하되 이를 태만히 한 統・里는 연좌의 처벌을 받도록 하였다. 그 밖에 不孝・不悌・叛亂・殺人・敗俗・盜賊・不道 등에 대한 고발을 의무사항으로 부과하였다. 이 시기 강・절도의 방지를 위해 5가의 연대책임 하에 상호 보호하도록 했는데 만약 統(5戶) 내에 도적을 숨겨준 행위가 발생하면 統內 全家를 徙邊시킨다는 강력한 연좌법 적용사례가 보인다.14) 특히 농산물을 절취해 가는 草賊을 방지하기 위해 統단위로 擊物巡警 또는 坐更備盜하게 하는 楫盜 기능이 부여되었다.15)

둘째, 각 지역 거주민의 이탈방지책으로 제기되었다. 이는 정부가 오가작통제의 기능에 크게 기대하는 부분이기도 하였다. 당시 流移民의 추쇄와 환본에는 향촌 내의 戶首, 切隣, 統首와 더불어 里正長 등이 모두 동원되었는데, 봄철 농사가 시작되기 전에 시급히 시행케 하였다.16) 평안・함길도의 邊鎭지역에서 作統하여 유리자를 감시 보고토록 하고17) 各官 境

않으면 범인의 刑의 輕重에 비례하여 처벌하는 것이고, 두번째는 同伍內의 출입 즉 他保人의 寄宿 및 同伍人의 他鄕에의 여행 또는 轉出을 상호 파악케 하는 것이었다. 그러나 이 밖에 保內의 逃絶戶를 追訪하고 이에 실패하면 해당 戶의 부세를 친인척에게 부과시키는 등 조세완납을 위한 기능도 행하였다. 연좌 대상이 되는 범죄에 대해서는 초기에 律文으로 자세히 규정했는데, 이후 경제사범인 私鑄・私鹽・私茶 등으로까지 적용 범위가 확대되었다. 결국 이 제도는 위정자의 재량에 의해 갖가지 통치방안으로 활용되었다(松本善海,『中國村落制度』, 岩波書店, 1977, 346・357・394쪽).

14)『端宗實錄』卷13, 端宗 3年 正月 乙丑, 7책 2쪽 ;『世祖實錄』卷2, 世祖 元年 9月 丙戌, 7책 88쪽.
15)『中宗實錄』卷100, 中宗 38年 4月 丙子, 18책 668쪽.
16) 朴鎭愚, 앞의 논문, 1989.
17)『世祖實錄』卷38, 世祖 12年 2月 丙子, 8책 66쪽.

內 인구수를 計錄한 후 5家에 伍長, 5伍에 統長을 두어 출입 여부를 통제케 한 사례가 보인다.[18]

셋째, 還上·賑濟의 집행시 최하 단위조직이 되었다. 이는 오가작통제의 본래 기능이 아니라 지방 내에서 관행으로 이루어지는 일종의 官治 보조기능이었다. 많은 지역에서 오가작통 후 戶의 大·中·小와 統內 인구의 다과, 식량의 유무를 살핀 다음 賑給하여 구휼하는 사례가 보인다.[19]

넷째, 鄕風校正의 기능을 부과하였다. 이는 명분기강의 확립을 위해 정부에서 중점적으로 강조한 사항이었다. 특히 『大典』의 조규에 의거하여 民의 교화를 統主·里正·勸農官에게 申明시켰고 統內 綱常의 죄를 범한 자에 대해서는 관에 보고하여 처벌받도록 하였다.[20]

이와 같이 조선전기 오가작통제는 인보조직으로서의 기능 외에도 賑濟 분급조직과 같은 국가의 대민지배에 필요한 보조기능을 수행하고 있었다.

그러나 조선전기 지방제도의 조직과 기능이 전반적으로 활성화되지 못했던 상황과 관련하여 오가작통제 역시 시행에 많은 어려움이 제기되었다. 우선 오가작통제의 조직체계 및 構成戶의 문제와 함께, 시행 당사자인 지배층에서도 운영방법을 둘러싸고 견해가 단일화되지 못하였다.

첫째, 일정한 공간 개념이 개재된 面里制와는 달리 호수를 단위로 분리하는 데 따른 조직체계상의 문제점이 제기되었다. 성종 21년 윤9월 오가작통제를 실시하는 데 따른 난점을 知事 李崇元은 다음과 같이 지적하고 있다.

서울의 人家는 櫛比하여 이 법을 시행할 수 있으나 지방은 山川이 떨어져 있고 人家도 遼絶하니 오가작통제는 아마도 어려울 것 같습니다.[21]

인구가 조밀하지 않은 지역 가령 외딴 부락의 경우 무원칙하게 존재하

18) 『燕山君日記』卷50, 燕山君 9年 6月 戊午, 13책 567쪽.
19) 『成宗實錄』卷180, 成宗 16年 6月 戊戌, 11책 28쪽.
20) 일례로 『成宗實錄』卷245, 成宗 21年 閏9月 甲申, 11책 647쪽 참조.
21) 위와 같음. 周代 鄕遂制의 경우 六遂의 백성은 왕실 50리 밖에 흩어져 있어, 六鄕에서 지붕이 맞닿고 담이 연달아 빽빽히 모여 사는 것과는 그 법이 다르며, 이 때문에 명칭 또한 다르다고 하였다(『經世遺表』5卷, 地官修制 田制1).

는 가호를 일정 단위로 묶는다는 것 자체가 커다란 문제가 아닐 수 없었다. 아마도 이러한 조직구성상의 문제는 오가작통제를 항례적인 지방제도로서 정착하는 길을 막고 자칫 실시 자체를 어렵게 만드는 주요 요인이 될 수 있었다. 또한 개혁의 이념으로 삼았던 周代의 鄕遂制는 정전제라는 토지분급제를 기반으로 하여 생산단위와 호수에 의한 통치조직이 일치된 제도였다. 따라서 기본적 생산수단의 확충을 전제로 하지 않은 제도의 시행은 자칫 帳籍上의 분류에 그칠 위험이 있었다.

물론 정부는 이상의 문제점에도 불구하고 오가작통제를 강력히 시행하기 위해 다양한 방안을 강구하였다. 예를 들어 인가가 드문 곳이라면 비록 3~4가라도 1통을 조직하게 하였다.22) 이러한 방법은 조선후기의 사례에도 나타난다. 즉 統을 만들 때 5호에 차지 않으면 기계적으로 다른 面里에 移越시키지 말고 남은 家戶로써 添統케 하는 경우라든가23) 일정 수(5·10호)가 찰 때까지 인근 統에 부가시키는 예가 있었다.24) 17세기 이후 대부분의 호적에서 마지막 統의 가호 수가 5호가 넘는 경우가 많은 것은 이 때문이다.

둘째, 정부가 統制를 말단 행정조직으로서 정식 추인하지 않았다는 사실이다. 이로 인해 오가작통제의 장인 統主(統首) 또한 행정체계상의 직임으로 인정하지 않았다. 세종 10년 윤4월 관료들은 한성부내 오가작통제의 실시를 둘러싼 논의과정에서 절목에 따른다면 5部 各坊의 里正 수가 123인 이상이 되고 統主의 수는 더욱 늘어날 것이라고 지적하고 이들 직임자의 선출이 어렵다는 평계 하에 그 실시를 유보시킨 사례가 있었다.25) 또한 성종 16년 6월 구휼을 위한 오가작통제의 시행에서 統主의 숫자가 너무 과다하여 施賞이 어렵기 때문에 5가보다는 20가 혹은 30가를 1통으로 삼게 하고, 統內 허실을 검찰하도록 하였다.26) 다시 말해 정부가 추인하는

22)『成宗實錄』卷245, 成宗 21年 閏9月 甲申, 11책 647쪽.
23)『肅宗實錄』卷4, 肅宗 元年 9月 辛亥, 38책 303쪽.
24)『增補文獻備考』卷161, 戶口考1 893쪽.
25)『世宗實錄』卷40, 世宗 10年 閏4月 己丑, 3책 128쪽.
26)『成宗實錄』卷180, 成宗 16年 6月 庚子, 11책 29쪽.

최하부 행정체계는 里였고 그 직임자가 里長이었다. 따라서 統首는 일시적으로 그리고 조직운영상 필요에 따라 설치되는 직임으로 규정했던 것이다. 통이 하나의 완결적인 조직으로 존속되지 못한 이유가 여기에 있었다.[27]

셋째, 五家統 조직내 구성호의 신분문제를 들 수 있다. 『大典』상의 기록에는 사대부·서민을 모두 家座秩序에 따라 作統할 것을 명시하고 있다. 또한 세종 32년 기사에는 "한성부 4府와 外方의 감사·수령은 기한을 분명히 하여 대소 各戶에게 명하여 재차 什伍制를 정하고 호구법은 5가를 小統으로, 10가를 1統으로 삼을 것"[28]이라 하였다. 이처럼 정부의 입장은 사대부와 서민의 구별없이 모든 民戶를 家座에 따라 작통할 것을 주장하고 있었다. 그런데 조선전기의 사회는 엄연한 현실로서 차별적인 신분제가 존재하였다. 이에 비해 統조직은 모든 호에 대해 균등한 의무규정이 강조되는 것이었다. 統조직에의 편성은 곧 각종 부역과 군역의 징수대상이 된다는 사실을 전제할 때, 명분과 체통을 내세우며 이에 반대하는 사대부와 계급적 이해를 내세우는 富民層의 동향을 미루어 짐작할 수 있다. 따라서 정부는 형해화된 오가통 조직이 아닌 실제적인 운영상의 효율성을 제고시키기 위해 구성호의 班常관계를 비롯한 향촌의 상황을 항상 배려하지 않을 수 없었던 것이다. 이러한 정부의 입장을 반영한 것으로 단종 3년 정월에는 절도방지를 위해 강력한 연좌법을 시행하는 과정에서 儒品, 蔭子弟외 평민만으로 작통한 사례가 나타난다.[29]

조선전기 정부에서 추구했던 지방제도 개혁의 기조는 어디까지나 군현제의 정비였다. 그러나 상부조직에 불과한 군현제적 체제로는 완전한 대민지배를 기대할 수 없었다. 따라서 정부는 자연촌 단위의 수 개 里를 면으

27) 그런데 이 점은 조선시대 儒者들이 五家作統制의 정치이념상의 전거로 삼았던 『周禮』규정에서 그 연원을 적시해 낼 수 있다. 즉 周代 鄕遂制 가운데 鄕의 최하급 比長이 下士인 데 비해 遂에서는 里의 長인 里宰이 下士이며 그 아래 최하급 隣長이 庶人인 점에서 극히 대조적이었다. 이로 보건대 遂에서는 里가 행정상 최하급 단위이며 隣이 행정상의 단위가 아니었음을 알 수 있다(伊藤道治, 앞의 책, 1987, 170쪽).
28) 『世宗實錄』卷127, 世宗 32년 正月 辛卯, 5책 157쪽.
29) 『端宗實錄』卷13, 端宗 3年 正月 乙丑, 7책 2쪽.

로 묶는 면리제를 실시하고 군현의 官司體系를 통해 이를 통괄하고자 하였다. 더 나아가 서울과 지방에 오가작통제와 같은 보다 세분화된 인보조직을 구성하고 統主(統首·統長), 里正, 勸農官의 역할을 강제함으로써 원활한 향촌통치의 구도를 설정하고 있었다. 그런데 정부는 수년에 걸쳐 거듭 절목을 반포하여 오가통 조직을 정비·강화하고 있다. 이는 오가작통제의 실제 시행에 어려움이 많았음을 말해 준다. 그 원인은 우선 오가작통제가 복잡다단한 향촌사회의 변동에 대한 융통성 있는 대응책이 아니라 일정한 호수를 단위로 조직화한 후 민을 통제하는 데에만 주안점을 둔 시책이었기 때문이다.

다음으로 촌락과 민은 혈연·가계질서 및 생산관계와 같은 공고한 공동체적 결합관계에 일차적으로 규정되기 때문에 국가에 대한 의무와 규제를 전제로 하는 강제적인 오가작통제의 조직체계로 묶이기 어려웠다는 사실이었다. 이와 함께 오가작통제는 국가의 필요에 의해 위로부터 그 계기가 주어진 것으로, 촌락의 봉쇄성과 자체적 자율성이 결합된 진정한 인보조직으로서의 성격이 미약했던 점을 들 수 있다. 정부 입장에서도 최하 향촌사회를 장악하는 일원적인 권력체계를 지니지 못하였고, 그 점에서 제도 시행을 강제할 여건을 스스로 창출하지 못하였다. 이에 연유하여 명분을 내세운 재지세력의 저항도 나타났다. 결국 이 같은 여건 때문에 임란 이전 조선전기에 정부가 공적 사회제도인 오가작통제를 통해 향촌민을 직접 지배하려 한 시도는 다소 한계에 부딪혔던 것으로 보인다.

2. 17세기 오가작통제의 성립과 전개

1) 실시배경과 논의과정

양란 이후 조선사회는 농업생산체제가 크게 붕괴되고 군역제·호적제와 같은 대민지배체제가 무너져 내리고 있었다. 전반적으로 사회경제구조가 동요하는 과정에서 정부는 체제유지를 위한 국가재건 방략을 강구하였다.

그 목표는 생산기반의 복원과 양인 확보, 그리고 국가재정의 안정적인 확보였다.

　이 가운데 정부가 진력을 다한 작업은 생산체계 및 전결수를 복원하고, 농민의 流離를 방지하고 향촌에 귀속시키는 것이었다. 이는 농업노동력이자 담세자, 군역담당자인 농민층의 안정적인 확보라는 측면과 긴밀히 관계되어 있었다. 그리고 이러한 사안들은 향촌사회에 대한 제도적 정비를 통해 완성될 수 있었다. 조선후기 들어 인조 연간을 비롯한 효종·현종·숙종 연간은 이를 위한 제도적 정비과정의 시기로서, 호패법의 시행, 향약의 보급, 오가작통법의 강화에 대한 논의가 활발히 전개되었다. 이러한 향촌 정책은 집권담당층과 정론가의 현실인식과 대외 상황에 따라 다양하게 제기된 것으로, 이후 몇 단계의 논의를 거쳐 조선후기의 전형적인 지방제도의 틀이 형성되었다.

　첫째 시기로서 임란이 끝난 인조 연간에는 국가재조를 위한 방책으로서 생산체계의 복원을 위한 量田과 외적의 침략에 대비한 軍籍 그리고 호패법이 제기되었다. 그 중 많은 논쟁을 거쳐 채택된 것이 호패법이었는데, 이는 良民의 확보, 閑良의 軍役에의 편입, 流離民의 처리 및 거처 확정 등 戶口成籍에 관련된 것이었다.[30] 인조 3년 7월부터 호패법이 시행되었고 정부는 그 효과를 제고하기 위해 최하 민인을 조직화시킨 오가통제의 활용이 절실함을 더불어 강조하였다. 이에 따라 호패법에서의 구속력을 보완하기 위해 統法을 엄히 시행하되 統內에 혹시라도 客戶를 허용한 자에 대한 엄벌 규정,[31] 지방에서 서울 이주자의 新統 편입과 통마다 5호를 넘지 않게 하는 규정,[32] 향촌 내에서 無號牌者 자수에 관한 統主의 처벌 조항[33] 등이 제정되었다. 그러나 인조 5년 1월 정묘호란으로 인해 호패의 시행은 중지되었다. 2년 여에 걸친 운영과정에서 너무 많은 사목이 반포되고

30)『仁祖實錄』卷9, 仁祖 3年 5月 壬戌, 34책 8쪽 ;『仁祖實錄』卷14, 仁祖 4年 8月 丁巳, 34책 132·133쪽.
31)『仁祖實錄』卷14, 仁祖 4年 11月 辛卯, 34책 150쪽.
32)『仁祖實錄』卷10, 仁祖 3年 9月 己酉, 34책 28쪽.
33)『仁祖實錄』卷14, 仁祖 4年 8月 戊申, 34책 130쪽.

수령들의 侵虐이 가미되었으며 군대에의 직접 차출을 두려워한 민들의 반발도 컸다.[34] 호패법은 비록 '상하가 통행되었다'라고 평가될 만큼 대대적으로 시행되었지만, 국왕 자신도 언급한 것처럼 "백성들이 일정한 산업과 거처가 없어서 흩어지기 쉬운데" 그에 대한 보장도 마련하지 않은 채 제도만을 강제한 것은 문제를 낳을 수밖에 없었다.[35]

둘째 시기인 효종·현종 연간은 '尊明排淸,' '復讐雪恥'의 논리가 전개되면서 對民政策의 기조를 외침에 대비한 軍役民의 확보에 두었다. 그러나 '三藩의 亂'과 反淸勢力의 진압 이후 淸의 위치가 점차 확고해지면서 현실적인 외침 위협이 사라지고, 정부는 보다 구체적인 지방제도의 수립을 모색하였다. 효종 즉위년 12월 漢城府 啓辭에 의해 민들의 확정된 거처와 避役방지를 위한 오가작통제의 시행이 다음과 같이 건의되어 왕의 허락을 받았다.

그 뜻이 심히 넓으며 오늘날의 상황에 진실로 부합합니다. 이에 의거하여 거행하면 반드시 補益함이 있을 것입니다. 폐해진 지 오래된 부분을 다시 修擧하려면 사목을 엄히 세워 명심해서 거행케 하십시오. 京外 五家作統은 法典上에 기록되어 있으니 별도의 사목은 필요 없을 것입니다. 담당자가 舊制를 修擧하여 순서에 따라 행하도록 한즉, 新法과 다르므로 거의 폐단이 없을 것입니다.[36]

정부는 良役을 확보하기 위해 조선전기 이래 실시되어 온 오가통법을 재차 정비하고 時宜에 맞는 조목을 첨가하여 시행하고자 하였다. 대신들은 오가통제가 담고 있는 정치이념이 적절하며, 생소한 新法과는 달리 이미 법전에 수록되어 시행되었다는 정황을 내세워 당시의 현안을 해결할 수 있는 적절한 대응책이라고 지적하고 있다. 다만 그 시행상의 혼란을 극소화하기 위한 운영방법에 대해 논의를 거듭하였다.

---

34) 『仁祖實錄』 卷14, 仁祖 4年 10月 壬寅, 34책 144쪽.
35) 『仁祖實錄』 卷9, 仁祖 3年 7月 戊午, 34책 18쪽.
36) 『備邊司謄錄』 13冊, 孝宗 卽位年 12月 癸巳, 2책 86~87쪽.

효종 9년 11월 재차 오가통제의 시행을 둘러싸고 대신 및 備局諸臣 사이에 논의가 전개되었다. 먼저 영의정 鄭太和는 "五家統法은 일찍이 講定했던 것인데 거듭된 흉년으로 인해 아직까지 본격적인 시행이 없었다"고 하였고, 이조판서 宋時烈은 "오가통제는 三代의 遺法이고 商鞅이 虐政으로 민의 원망을 받았으나 법 자체가 불량한 것은 아니니 그 道를 밝히고 살펴보면 행할 만하다"고 하여 그 취지에 찬성하였다. 국왕 효종 또한 오가통제의 시행에 찬성하고 다가오는 해에 흉년이 아니면 실행할 것을 명하였다. 특히 효종은 국가가 쇠약한 원인이 田結과 民丁의 多寡를 알지 못한 데서 연유한다고 보고 그 대응책으로서 호패법과 오가통제가 타당하다고 지적하였다. 그 가운데 호패법은 준비과정도 복잡하고 민의 반발도 심하기 때문에 갑자기 시행하기는 어렵다고 판단하여 오가통제의 우선 시행을 지지하였던 것이다.37)

효종 10년 2월 양반에 대한 受布 문제가 논의되면서 정확한 군역 실태를 파악하기 위한 선행사업으로서 오가통제의 필요성이 재차 언급되었다.38) 이어 掌令 金益廉의 상소에서도 그 시행의 필요성이 강조되었다.39) 이와 같이 효종 연간에는 국왕 자신을 포함하여 중앙관료들이 당시의 현안인 군역의 변통과 향촌 안정을 위해 오가통제의 실시가 필요하다는 점을 인식하고 있었다. 오가통제는 古法制에 근거한 제도일 뿐 아니라 조선의 『경국대전』에도 수록되어 실시경험이 있음을 크게 강조하여 이를 깨닫지 못한 사대부들을 책망하기조차 하였다.40) 결국 정부는 오가통제에 대해 수차례 논의를 거친 후 국왕의 허락 하에 절목을 작성하였다. 그러나 거듭된 흉년과 일부 관료의 반대에 부딪혀 전국적인 시행은 보류하였다.41)

현종 원년(1660) 정부는 극심한 흉년으로 피폐해진 농민경제를 수습하기 위한 대응책을 강구하였다. 당시 많은 대신들은 정확한 호적을 작성하

---

37) 『孝宗實錄』 卷20, 孝宗 9年 11月 丙午, 36책 158쪽.
38) 『孝宗實錄』 卷21, 孝宗 10年 2月 甲戌, 36책 175쪽.
39) 『孝宗實錄』 卷21, 孝宗 10年 閏 3月 戊寅, 36책 186쪽.
40) 위와 같음.
41) 『孝宗實錄』 卷20, 孝宗 9年 11月 丙午, 36책 158쪽.

고 이에 기초하여 오가작통제를 수립할 것을 제안하였다. 영의정 鄭太和
는 "式年戶籍을 작성하는 데 필요한 사항은『大典』및 先朝受敎 磨鍊節
目에 대단히 자세하므로 이를 申明하여 착실히 시행하면 자체 내에서 五
家作統의 규칙도 실행될 수 있다"고 하였다. 이에 비해 호조판서 許積을
비롯한 여러 대신들은 "전국적으로 흉년을 당해 居民이 流散하여 거주지
가 불분명하니 식년호적을 작성하되 五家作統은 식년에 상관없이 풍년을
기다려 실시하자"고 건의하였고 현종도 이를 따랐다.[42] 또한 예조참의 尹
鑴는 다음과 같이 당시 상황을 설명하면서 五家統의 규칙을 참조한 정확
한 호적작성이야말로 통치의 근간임을 강조하였다.

　　오늘날 國事 중 가장 긴급한 일이 軍民의 病입니다. 예로부터 나라를 다
　스리는 데는 호적을 중히 여겼습니다. 이로 인해 民數를 상세히 알 수 있
　고 부세를 균등케 하며 政事도 행할 수 있습니다. 특별히 一局을 설치하여
　常規之外를 널리 듣고 모아 이번 식년호적 작성시에는 오가작통의 규칙을
　참조하여 그 括出을 사목으로 정하였습니다. 이번 흉년에는 飢民들이 먹고
　거주하는 것이 일정하지 않아서 籍民만이 지극히 어렵습니다. 이에 풍년을
　기다려 별도의 조목을 세워 확실한 호적작성을 기약해야 할 것입니다.[43]

　예컨대 풍년을 기다려 자연재해로 인한 流·飢民이 적어질 때 호적을
작성하고 오가통제를 확립해야 籍民에게만 갖가지 부담이 전가되는 상황
을 방지할 수 있고 궁극적으로 향촌사회를 안정시킬 수 있다고 본 것이다.
　그러나 정부는 효종 연간 이래 계속된 논의를 마무리하기 위해 오가통
제·호패법·향약의 실시를 둘러싸고 어느 것이 과연 효과적인가에 대해
거듭 상의하였다. 이때 草廬 李惟泰가 2만여 자에 달하는 陳疏를 올려 제
반 현안에 대한 개혁방안을 제시하였다. 이 가운데 正風俗 조항을 통해 향
약의 실시를 강조하며 오가통제의 보완을 주장하였다. 이유태의 향약·오
가통제의 실시 목표는 人丁의 다과와 田結의 실태 파악에 있었다. 특히 오

42)『備邊司謄錄』20冊, 顯宗 元年 1月 4日, 2책 238쪽.
43)『顯宗實錄』卷3, 顯宗 元年 3月 辛未, 36책 238쪽.

가통제는 『주례』와 『대전』의 조항에 따라 5家(統主) - 25家(正) - 100家 (長) - 200家(有司)로 호수단위의 조직과 직임자를 규정하고, 각각 자치제 로서의 향약과 밀접하게 연관되도록 하였다.44)

이후 현종 5년에 이르기까지 大臣과 備局諸臣들은 일원적인 향촌정책 을 수립하기 위해 오가통·호패법·향약의 便否에 대해 논의를 거듭하였 다. 효종 연간 이래 이 논의에 참여했던 領敦寧 李景奭은 국왕의 명에 따 라 오가통·호패법·향약의 便否에 대한 箚子를 올렸다. 그는 이유태와 함께 강상윤리의 확립을 위한 향약 시행을 내심 주장했으나, 호패법이야말 로 비용도 많이 들고 번잡하며 민에게 두려움을 주는 酷法이라고 비난하 면서 오가통의 상대적 장점을 다음과 같이 적시하였다.

  五家統은 三代 遺制여서 聖祖가 행하였고 『대전』에 기록되어 있는데 특 히 大難 이후 다시 修明하지 않았던 것입니다. 이유태의 지적과 같이 오가 통은 경전에서 근거를 따온 것으로 시행이 가능하며, 己丑(효종 즉위년 : 인용자 주)의 논의시 신도 오가통의 시행에 찬성하였습니다. 다만 備局에 서 오가통을 시행할 때 야기될 소란을 우려하여 신이 강하게 주장하지 못 했습니다.45)

국왕 현종은 이처럼 거듭된 논의과정에서 변함없이 오가통제의 실시를 적극 주장하였다. 현종은 오가통제를 실시하면 民數 파악이 용이하고 효과 면에서도 호패법과 거의 동일하며 민들의 원망 또한 없을 것이라고 전제 하면서, 향약 시행이 불가능했던 선조 연간과 당시의 현실을 동일시하고 오가통제와 향약은 본래 일체였다는 사실을 거듭 강조하였다.46) 이와 같이 현종 연간 여러 대신들은 상세한 호적을 작성하고 오가작통제를 실시함으 로써 향촌의 안정을 도모할 수 있다고 보았다. 이 과정에서 「五家統祥定 節目」이 제정되기에 이른다.47)

---

44) 『顯宗改修實錄』卷3, 顯宗 元年 5月 癸亥, 37책 169쪽.
45) 『顯宗改修實錄』卷4, 顯宗 元年 7月 丙辰, 37책 182쪽.
46) 『顯宗實錄』卷11, 顯宗 5年 10月 甲戌, 36책 433쪽 ; 『顯宗改修實錄』卷3, 顯宗 元年 6月 己亥, 37책 177쪽.

이상 효종·현종 연간 정부는 오가통제를 주요 향촌정책으로 채택하여 절목의 講定뿐 아니라 적극적인 시행을 모색했다. 그러나 시행 직전 단계에서 "다만 일이 많은 요즈음 잘못 시행하면 소동이 있을 수도 있으니 서서히 의논하여 처리함이 어떻겠읍니까"48)라는 소극론이 대두되고, 정부도 확고한 향촌조직이 갖춰지지 않은 상태에서 그 성패를 가늠하기 어려웠기 때문에 국왕의 적극적 옹호에도 불구하고 전국적인 시행을 보류하였다.49)

셋째 시기인 숙종 초기는 지방제도 정비를 위한 모색기였던 효종·현종 연간과 달리 남인정권의 주도 하에 구체적인 향촌정책이 채택·시행되는 시기였다. 숙종 원년(1675) 1월 윤휴는 箚子 시무9조 가운데 兒弱·白骨布와 같은 虛額으로 인한 민의 폐해를 방지하고 良民의 확보방안으로서 오가통제의 실시를 적극 주장하였다.

> 이제 오가통제를 다시 申明하여 管氏의 內政처럼 土着과 流民을 불문하고 도성 안팎에서는 한결같이 이 법으로 단속하여 혹시라도 전일처럼 달아나 숨는 폐단이 없게 해야 하겠습니다. 그러면 거의 위아래가 서로 연계되어 백성이 두려워 조심할 줄 알 것이고, 그 후에야 役과 軍士를 차출하는 法이 위에서 하고자 하는 대로 따라서 어지러워지지 않을 것이니 이것은 참으로 백성을 다스리고 군사를 다스리는 큰 근본입니다.50)

즉 윤휴는 토착의 법인 오가작통제의 시행을 통해 인보기능을 강화하여 民의 단속과 각종 役의 차출에 유용하게 하였다. 이에 따라 "逃避·流離者 및 統伍에서 빠져나오는 자가 있으면 서로 규찰하여 統內에서 보충하고 실제로 이전하는 자가 있으면 官에 關文을 보내 알린 후 新統에 편입시킬

---

47) 『顯宗實錄』 卷11, 顯宗 5年 10月 丙戌, 36책 437쪽.
48) 『備邊司謄錄』 13冊, 孝宗 即位年 12月 8日, 2책 87쪽.
49) 五家統制의 시행에 대해서는 조정의 논의뿐 아니라 지방유생들에 의해서도 '逃亡 隣族侵徵之弊'를 방지하는 방안으로서 그 채택을 주장하는 상소가 제기되었다. 顯宗 10년 6월의 定山 忠義衛 趙技의 상소도 한 예다(『顯宗實錄』 卷10, 顯宗 6年 5月 乙未, 36책 464쪽).
50) 『肅宗實錄』 卷2, 肅宗 元年 正月 壬午, 38책 239쪽.

것"51)을 건의하였다. 다시 5월 9일 右尹 윤휴는 다음의 사실을 건의하여 숙종의 허락을 받고 있다.

　금년은 式年이어서 한성부가 바야흐로 호적을 조사하는 해입니다. 오가통은 祖宗朝의 良法인데 지금은 五家로써 統을 삼는 데 상하의 기강이 없습니다. 금번 호적은 五家를 기본으로 삼고 周家의 比閭와 管子의 內政으로 조목을 정하여 시행한다면 무릇 일마다 기강이 있을 것이며 政令도 잘 행해질 것입니다. …… 조정에서 호적을 작성한 후 오가통을 실시하고자 하나 호적의 작성이 끝나면 바꾸지 못하게 하고 오가통은 급한 일이므로 먼저 실시하는 편이 좋을 듯합니다. 오가통이 작성되면 추후 호적 역시 호구가 빠지거나 소멸되는 폐가 없을 것입니다. 廟堂에 명령하여 절목을 작성하고 우선 거행하는 것이 어떻습니까.52)

정부는 5월 9일자로 숙종과 영의정 許積, 좌의정 金壽恒이 추인을 거쳐 「五家統節目」의 작성을 廟堂에 정식으로 명령하였다. 당시 조정 대신들은 오가통이 먼저 시행되면 호적의 누락 폐단을 방지할 수 있다는 데 의견을 같이하였다.

　備邊司에서는 숙종 원년(1675) 9월 「五家統事目」을 제정 반포하면서 그 작성자에 대해 "처음에 윤휴가 管子를 모방하여 오가통 제도를 만들었으나, 일을 시행하기에 어려움이 많았으므로 허적이 金錫冑·柳赫然 등과 더불어 윤휴의 법에 따라 加減한 것이다"53)라고 밝히고 있다. 「五家統事目」은 모두 21개 조로 구성되어 있는데 그 내용에 따라 오가통의 조직원칙 (2개 조), 面·里·統의 조직체계 및 직임에 관한 규정(4개 조), 統牌와 戶

---

51) 『白湖全書』卷6, 疏箚 應旨疏 乙卯 1月 22日 195쪽.

52) 『備邊司謄錄』31冊, 肅宗 元年 5月 9日, 3책 161~162쪽 ; 『肅宗實錄』卷3, 肅宗 元年 5月 丁卯, 38책 272쪽. 이와 함께 윤휴는 僧徒들도 本鄕 戶籍에 수록하여 대략 통할해야 하고 더 나아가 隊伍를 만들고 主將을 정해야 한다고 하였다. 이에 대해 많은 대신들은 僧徒들의 처지를 물고기에 비유하여 통제가 불가능하다고 했으나, 이동 여부를 알 수 있는 근거자료로서 호적이 필요함은 인정하고 있다.

53) 『備邊司謄錄』31冊, 肅宗 元年 9月 26日, 3책 196쪽 ; 『肅宗實錄』卷4, 肅宗 元年 9月 辛亥, 38책 304쪽.

籍 작성(7개 조), 기능(5개 조), 治盜·流民 및 이주민 대책(3개 조)으로 구별할 수 있다.

요컨대 숙종 원년의 「五家統事目」은 국가재조와 향촌안정을 위한 효종·현종 연간의 제반 논의를 국가 차원에서 수렴한 것이었다. 국가적 사업으로 오가통제가 시행될 수 있었던 요인으로는 무엇보다 당시 남인정권에 윤휴처럼 봉건제에 기초한 적극적 향정론을 주장한 정론가들이 포진해 있었고, 오가통제의 실시 기반인 향촌사회 내에 새로운 面里편제가 형성되었던 사실을 들 수 있다. 또한 오가통제는 기능과 효과 면에서 향촌대책으로 동시에 논의된 호패법과 향약제라는 두 제도의 장점을 지니고 있고 현안인 良役 파악에 유리한 제도임이 지적되었다.

「五家統事目」이 제정되고 1년여가 지난 숙종 3년 정월에 다시 새로운 「號牌事目」이 반포되었다. 본 사목의 핵심은 변동된 호구의 실태파악이었고 견고성과 편리함을 감안하여 오가통제와 같이 실시된 紙牌 대신 牙木牌로 환원시킨 것이었다. 또한 役이 없는 良賤에 대해 牌를 지급하는 문제가 제기되고 그 전제작업으로서 정확한 統記의 작성을 지시하였다. 이를 위해 정부는 재차 오가통제의 정비를 명령하게 되었다.

京外의 백성이 흩어져 통이 없고 朝夕으로 옮겨다녀 거주하는 곳이 일정하지 않으므로 정돈해도 그 혼란이 끝이 없다. 따라서 『大典』의 戶統之法을 다시 申明하여 서울은 10가, 지방은 5가로써 1통을 만들어 상호 管束토록 하라. …… 오가작통제가 지금 이미 몇 년을 경과하여 그 후 이거하고 퇴임한 자와 출생, 사망자가 몇 명인지 알 수 없다. 마땅히 戶籍式을 살피고 戶口單子를 받아 정성껏 統籍을 작성하라.54)

그런데 당시 전개된 五家統과 紙牌의 停罷 논의는, 외형상 민들이 청나라 정벌을 위한 軍丁抄出에 목표가 있다고 오해하여 오가통의 실시와 지패 소지를 극력 반대한 데서 비롯되었다.55) 따라서 중앙관료 가운데 이의

54) 『備邊司謄錄』 33冊, 肅宗 3年 正月 8日, 3책 275쪽.
55) 당시 南人政權의 유력자인 兵曹判書 權大運은 "이전에 戶牌와 大軍籍을 아울러

停罷에 찬동하는 쪽은 오가통제와 지패제의 취지와 기능에 반대하는 것이 아니라 소란에 가까운 민들의 반발에 우선적으로 대처하자는 것이었다.[56] 이는 濁南계열인 右參贊 洪宇遠 등에 의해 백성에 대한 '休息論'과 '得民心論'의 논리와 연결되어 강조되었다.[57]

그러나 五家統·紙牌制의 주창자인 윤휴의 경우, 근본적인 문제점은 정부가 민에 대해 실질적인 시혜조치(養民策)를 내세우지 않고 민의 단속이라는 행정적인 목적(制民策)만 내세워 제도를 경직되게 운영한 데 있다고 주장하였다. 따라서 시행 효과를 제고하기 위해 동시에 民患을 제거하고 均賦의 법을 동시에 행해야 하며, 그렇지 않으면 법의 집행을 내세운 탐관오리의 가렴주구만을 돕고 무고하게 민을 잡아 다스리는 데 가까울 것이라고 하였다. 궁극적으로 부세 균등조치를 획기적으로 시행하지 않으면 민에게는 酷法이 될 것이며 일이 아직 이루어지기 전에 법이 무너져내리는 셈이 될 것이라고 우려했다.[58] 이상 숙종 원년의 「五家統事目」은 숙종 3년 11월의 「寬恤事目」에 의해 보완된 다음 차후 19세기 중엽에 이르기까지 향촌 내에서 실시된 조선후기 오가작통제의 기초가 되었다.[59]

한편 18세기에는 面里制가 확립되고 기능이 활성화되면서 운영직임 또한 분화·체계화되었다. 아울러 면리제의 하부기구로서 오가작통제의 역

시행했기 때문에 혹시 大軍籍을 하게 되는 것이 아닌가 하여 소란해진 것이므로 오래지 않아 마땅히 스스로 안정될 것입니다"라고 하여 민심동요설이 오해에서 비롯된 것임을 지적하였다(『肅宗實錄』 卷6, 肅宗 3年 3月 丁丑, 38책 351쪽).

56) 『肅宗實錄』 卷9, 肅宗 6年 5月 癸丑, 38책 454쪽. 당시 號牌法의 시행을 둘러싼 중앙관료들의 견해와 실시 추이에 대해서는 李光麟, 「號牌考 - 그 實施 變遷을 중심으로 - 」, 『白樂濬博士華甲紀念 國學論叢』, 1995 참조.

57) 본서 제2장 2절 참조.

58) 『白湖全書』 卷7, 疏箚 丙辰 1月 29日 511~512쪽, 待罪疏 5月 19日 428쪽.

59) 肅宗 6년의 남인정권 붕괴 이후에도 金錫冑의 주장에 의해 五家統·紙牌制의 시행이 강조된다. 반대론이 제기되는 가운데 대신들은 "五家統·紙牌가 있으므로 호적이 확실히 작성될 수 있습니다. 만약 이것이 없으면 호적은 반드시 헤이해질 것입니다"라고 하여 五家統, 紙牌야말로 호적의 漏落之弊를 방지하기 위한 제도적 장치임을 인식하고 있었다(『肅宗實錄』 卷9, 肅宗 6年 5月 癸丑, 38책 454쪽, 6月 庚申, 38책 456쪽의 金壽興·金錫冑의 주장, 『增補文獻備考』 卷162, 戶口考2 號牌 肅宗 7年 2月 右議政 李尙鎭의 견해가 한 예가 된다).

할이 주목되었다. 영조 5년 6월에 良役의 隣徵문제가 현안으로 크게 대두
되자 정부는 里定法과 五家統制를 대비책으로 내놓았다. 앞선 숙종 37년
의 「良役變通節目」에서 戶籍·良役의 里定에 대해 일정한 조리를 세웠으
나 별반 실효가 없었기 때문에 보다 강도 높은 방안이 강구되었던 것이다.
좌의정 李台佐는 다음과 같이 건의하였다.

  良役의 隣族侵徵에 있어 代定은 里定, 호적법상의 문제입니다. 촌민이
零戶를 다투는 것은 烟役을 편하고자 하는 것이고 官吏任의 경우는 虛戶
로 인해 지게 될 책임을 벗어나고자 하는 것입니다. 統戶次第에서 기록 부
분과 실제 상황이 각각 다릅니다. 금년은 式年인바 호적법을 엄명하여 가
구의 5가를 作統케 한 후 統內 納布軍丁 중 한 사람이라도 도망하는 폐가
있거든 4호가 관가에 알리고 붙잡지 못하면 統內 4호에게 특별히 科罪토
록 해야 할 것입니다. 代丁을 명하되 반드시 本里 閑丁으로 望定할 것을
각별히 엄칙하며 統內에 이주하는 자가 있으면 이주해 온 지역과 身役을
확인하게 하십시오.

  良役의 隣族侵徵 폐해를 근본적으로 막기 위해서는 완벽한 호적에 따른
오가통제도의 확립이 필요하다는 것으로, 궐액 방지와 代定을 위해 오가통
제에 의한 강력한 연대책임제를 강조하고 있다. 이에 대해 副提學 李延濟
는 "良役의 充代는 里定法으로, 軍丁의 逃故는 오가통제의 확립을 통해
해결해야 한다"며 오가통이 지닌 인보조직 기능을 활용하고자 했다. 영조
는 "五家統과 里定法은 이전부터 설치되었던 良法인데 지방의 수령이 잘
못 택하여 시행치 않은 데 문제가 있다. 오가통과 이정법이 표방하는 뜻을
각 道에 알림이 마땅하다"고 말하였다.60) 이상의 논의를 정리하여 비변사
에서는 李台佐의 주도 하에 전문 10조의 「五家統法申明舊制節目」을 반포
하였다.61) 영조 25년 좌의정 趙顯命도 疏에서 정확한 호구파악을 위해 호
적제도를 정비하고 이에 기초하여 오가통제도를 확립하자고 주장하여 왕

---

60) 『英祖實錄』卷22, 英祖 5年 6月 甲申, 42책 134쪽.
61) 『備邊司謄錄』86冊, 英祖 5年 7月 15日, 8책 668~669쪽.

의 허락을 받고 있다.

호적은 나라의 중요한 사업으로서 이를 통해 民數를 상세히 알 수 있습니다. 숙종조에 호적·오가통절목이 반포되었는데, 당시 名臣들은 이 법이 시행되면 그 이익이 무궁하다고 했습니다. 오늘날 오가통의 명목은 있으나 절목에 따라 거행하는 일은 없으니 진실로 개탄할 일입니다. 이는 先朝의 良法입니다. 내년은 식년이므로 先朝節目에 따라 시행케 하십시오. 이 법은 해이해진 지 오래되었으나 신들이 상의하여 재차 조목을 밝혀 하달할 것이니 시행토록 하십시오.[62]

여기에서 조현명은 오가통제도가 전면 붕괴되었다는 점을 강조한 것이 아니라 전국적으로 일사분란하게 실시되지 못해 제대로 기능하지 못하고 있음을 설파하고 있다. 따라서 숙종조에 정비된 오가통제의 틀을 전제로 하고 그 위에 時宜에 따른 조목을 첨가시켜 시행하자는 것이었다.

한편 정조 연간에 들어와 15년 4월 洞과 契 같은 하부행정조직을 장악하고자 尊位제도의 확립 방안을 논의하는 가운데 국왕 정조는 "오가통법은 祖宗朝의 金石之典이고 앞서 事目이 中外에 반포되어 모든 지방의 統조직을 관할하고 있다"고 전제하고 우리의 면리제와 군대조직(五衛)이 戶數에 의거한 古制의 전형을 따른 것이라고 지적하였다. 따라서 중국의 예에 의거하여 우리의 지방제도와 군대조직을 일일이 追復하는 것은 어렵다 하더라도 先祖의 오가통 정식을 申修하여 재차 존위의 활동을 강화하도록 지시하였다. 이와 같이 정조는 「五家統事目」에 기인한 統조직과 면리제를 강화하고 그 직임을 정비하여 향촌과 민에 대한 지배를 이루고자 하였다.[63]

이상에서 살펴본 것처럼 17세기 국가적 차원에서 제기된 향촌대책은 오가작통제 외에 호패법과 향약이 있었다. 그러나 호패법은 군역에의 차출을 두려워한 민들의 반발과 家勢의 노출을 꺼린 사대부들의 반대가 있었고, 후대로 갈수록 외침 위협이 현실적으로 사라지자 호적제도의 보완기능이

---

62) 『備邊司謄錄』 120冊, 英祖 25年 8月 1日, 11책 942쪽.
63) 『正祖實錄』 卷32, 正祖 15年 4月 戊申, 46책 213~215쪽.

라는 본래 영역으로 되돌아갔다. 또한 향약은 선조 연간과 마찬가지로 여건의 불성숙, 제도로서의 강제력 결여가 문제점으로 지적되었다.[64] 특히 향약의 경우 재지세력의 존재를 용인할 수밖에 없다는 점에서 '國綱解弛' 상황이 염려되어 공권력 침투를 도모했던 정부의 입장에서는 매력적인 방안이 아니었다. 이에 비해 오가통제도는 효종 이후 역대 국왕들에 의해 거듭 祖宗朝의 良法임이 강조되고 양역 확보를 비롯한 현안 해결에 유효한 제도임이 지적되었다. 17세기 중엽 이후 전국적으로 작성된 호적대장 상에 오가통의 규정이 확인되며 면리제의 하부조직으로 편제되었음을 알 수 있다. 이러한 변화사항을 반영한 『續大典』戶典 戶籍條에는 사대부와 서민의 구별 없이 家座의 순에 따라 作統하는 규정이 명문화되어 있었다. 이는 숙종 15년 12월 「購捕節目」에서 朝士 및 出身 稱號者들이 統조직에 편성되지 않아 小民들의 폐해가 많음을 지적한 사례라든가,[65] 영조 5년 7월 사대부들이 윤번제로 돌아가는 統首職 임용을 결사적으로 저지한 사례[66]와 비교해 볼 때, 作統할 때 신분제에 의한 제한이 점차 줄어들고 보편적인 인보조직으로 용립되어 갔음을 확인할 수 있다.

17세기 이후 정부는 전통적인 수령제·군현제 대책에서 벗어나 보다 세분화된 향촌조직과 기구의 정비를 모색하였다. 그 중 오가통제는 직접 통제를 통해 향촌사회를 장악하고자 했던 국가 의지에 가장 즉자적으로 대응한 조직이었다고 할 수 있다.

2) 오가작통제의 구성원리

17~18세기의 오가통제는 중앙정부나 지방관이 필요에 따라 관계 조목을 정비하여 실시한 것이었다. 따라서 당시 국가적 목표나 향촌 상황에 따라, 그리고 작성자가 이념적 모델로 삼고 인용한 중국의 제도에 따라 그

64)『備邊司謄錄』47冊, 肅宗 19年 12月 27日, 4책 566쪽 ; 55冊, 肅宗 30年 6月 27日, 5책 332쪽.
65)『備邊司謄錄』43冊, 肅宗 15年 12月 18日, 4책 260쪽.
66)『備邊司謄錄』86冊, 英祖 5年 7月 15日, 8책 668쪽.

구성이 상호 다를 수밖에 없었다. 즉 하나의 고정화된 오가통제의 틀을 설명하는 것이 아니라 편찬자가 파악하는 상황을 염두에 두고 실정에 따라 세부 조규나 운영체계를 상이하게 규정하고 있다. 그 근거는『경국대전』을 비롯한 법전과 숙종 원년 사목으로 규정된 것에 두고,『주례』의 鄕遂制 및 古法制에 나타난 정치이념과 조직체계를 따르고, 상앙의 什伍制, 唐의 인보법 등 중국의 역대 지방제도의 운영사례를 참조하였다.

본 항에서는 숙종 연간 국가적 사업으로 제정된 일련의 오가통절목의 구성원리와 영조 5년 7월 비변사에서 반포한「五家統法申明舊制節目」, 그리고 18세기 들어 수령의 입장에서 對民지배책의 일환으로 작성 시행한 耳溪 洪良浩의 什伍相聯之制 및 順庵 安鼎福의 鄕社法의 구성원리를 오가통제와 관련하여 살펴보겠다.

(1) 숙종 연간의「五家統事目」과「寬恤節目」

남인정권 하의 숙종 초기에는 적극적인 대민·대향촌 정책이 채택되고 개혁안이 모색되었다. 그 중 숙종 원년 9월의「오가통사목」은 효종·현종 연간에 거듭 논의되고 부분적으로 시행을 본 법안을 구체적인 절목으로 정리한 것이다. 이는 전후 국가를 再造하고 향촌을 안정시키려는 정부 의지가 직접 반영된 것으로, 국가적 차원에서 이루어진 작업의 결실이었다. 구체적인 구성은, 윤휴가 앞선 시기의 오가통제를 기본으로 삼아 조목을 만들고 재차 영의정 허적과 김석주·유혁연 등이 몇 개 조항을 가감하여 완성시켰다. 그 후속작업으로서 숙종 3년 11월에「五家統事目」을 보완하는 성격을 지닌「寬恤節目」이 제정되었다.

윤휴는 오가통제의 실시목표를 다음과 같이 제시하였다.

오늘날 국가에서 행하는 오가통제는 祖宗의 成憲을 준수하고, 紙牌는 先王의 遺意를 이어받고자 함이다. 設行한 바는 진실로 平賦均役 務農講武 除民煩苦 保民無彊之計에 있다.[67]

---

67)『白湖全書』卷8, 疏箚 辭大司憲兼陳所懷疏 6月 20日 307쪽.

오가통제가 『경국대전』에 기록되고 조선전기에 실시되었던 제도임을 강조하고 있다. 이와 함께 "上下之相有 人民之相維 均賦役 除疾苦 勸農桑 止盜賊 詰奸細 禁流徙"라는 구체적인 시행목표가 내세워졌는데, 그 기본 골격은 周代의 井里, 孟氏의 經界, 管子의 內政에서 추출한 것이었다.[68] 또한 오가통제는 군현제・면리제 아래 구체적인 호수에 의한 최하 통치조직의 실현이라는 면을 지니고 있었다.

궁극적으로 정부가 오가통제를 통해 달성하고자 한 국가적 목표는 소농경영의 안정과 국가권력의 民에 내한 시배제제의 확립이었다. 여기에서는 먼저 전란과 사회변동으로 초래된 농민경제의 위기를 치유하고자 사목을 통해 제시된 조항을 중심으로 살펴보겠다.

먼저 제2조와 제17조에서 "다섯 집이 모여 살면서 이웃을 만들어 농사를 서로 돕게 하고 병이 있으면 서로 구조하며, 같은 마을 백성은 힘써서 和信을 돈독히 하여 稼穡을 通用하고 호미와 소를 빌어서 서로 돕게 한다"고 규정하였다. 즉 향촌내 제반 생산시설과 用益을 공유하며 주요 생산수단의 상호 대여를 통해 소농경영의 안정을 도모하려 한 것이다. 정부는 재래적인 향촌질서를 오가통제 위에 인위적으로 접합하여 농민들의 토지에의 결속을 보다 강화시키려는 의도를 표출하였다. 앞선 인조 연간의 호패법의 실패에 대해서는 정묘호란이라는 현상적 요인 외에 "안정된 산업이나 일정한 거처가 마련되지 않은 채 避役・流離한 농민들의 실태"라는 보다 근본적인 요인이 지적되었다. 따라서 비록 완벽한 절목이 반포되고 국가 공권력에 의해 제도의 시행이 강제되었다 하더라도 실패의 가능성이 예견되었으며, 시행 주체자였던 인조 스스로도 이 점을 인정하였다.[69] 그런데 숙종 연간의 오가통제 역시 농민경제의 안정을 위한 국가 차원의 물적 급부는 없었으며, 오히려 정부는 共相扶助의 원칙에 의해 향촌 내에서 이를 자치적으로 해결할 것만을 강조하였다. 본 사목에서는 향촌 내의 물적 토대로서 유일하게 社倉을 강조하여 常平의 기능과 糶糴 및 賑貸의 기

68) 『白湖全書』 卷9, 疏箚 論事辭職疏 2月 15日 339쪽.
69) 『仁祖實錄』 卷9, 仁祖 3年 7月 戊午, 38책 18쪽.

능을 수행하게 했으나 사창의 資本穀조차 대개는 各里와 統에서 자체적으로 확보하게 했다.

한편 당시기 최대 현안인 농민의 流離化·流民化 현상에 대해 정부는 일정한 대응책을 강구하지 않을 수 없었다. 조선후기 전 시기를 통해 국가에 의한 부세 징수는 邑勢民情이 반영되지 않은 채 군현단위의 총액제에 따라 경직되게 운영되고 있었다. 이에 농민들이 避役의 수단으로 流離하게 되고, 그 부담은 결국 향촌에 남아 있는 불특정 다수의 농민(籍民)에게 돌아갔다. 따라서 정부로서는 농민의 유리를 막고, 나아가 타지역 출신의 流離民을 적절히 제지하며 유리할 가능성이 높은 계층을 사전에 등록시켜 감시하는 것이 절실했다. 이는 정부로 보면 각종 부세의 안정적인 확보와 병력을 유지하는 기본방법이었고, 궁극적으로는 향촌사회의 안정화와 소농경영의 확립에 기여할 수 있는 것이었다.[70]

「오가통사목」의 제12조와 제16조는 이상의 사실을 염두에 두고 작성된 것이다. 제12조는 流民對策의 하나로서 各業 匠人(水鐵匠·磨造匠·柳器匠)들은 옮기는 것이 일정치 않고 行止의 기한이 없다고 지적하고 이들 중 가계를 이루고 있으면 統을 만들되 반드시 원래 거주하는 가까운 統으로 主統을 삼게 하여 항상 감시가 용이하도록 했다. 또한 統牌 끝에 옮겨온 지역과 현거주지의 거주 연도, 남녀의 인구수를 기록하게 했다. 제16조는 避役民의 무분별한 이동이 향촌에 큰 해를 끼친다고 전제하고 이에 대한 연유와 移居지역을 기록한 後 統 - 里 - 官의 체계로 보고하여 허락을 받게 하고 해당 지방에서도 官許移文書를 본 후 받아들일 것을 규정하였다. 아울러 流民문제의 해결을 위해 官許文書가 없으면 奸民으로 규정하고 이들을 받아들인 자는 '兩界人物 容隱之律'로 처벌한다는 조항을 명시하였다. 이는 조선전기 이래 피역자·유민에 대한 정부의 일관된 정책의 표현이었다.

---

70) 馬淵貞利, 「李朝後期の戶口動態」, 『東京學藝大學紀要』 30, 1979, 173쪽. 이 점에서 오우치(大內武次)가 五家統制의 목적에 대해 '比隣檢察·共同擔保의 隣保團結'만을 규정한 사실과 비교된다(「李朝末期의 農村」, 『朝鮮社會經濟史硏究』, 1933).

다음으로 오가통제는 국가의 대민·대향촌 지배체제를 확립시키는 방안
으로 강구되었다. 즉 오가통제를 단순한 사회조직을 넘어서 면리제의 하부
기구로 결합시키려 한 시도가 있었던 것이다. 제1조에 "민호는 그 이웃에
따라 모으되 가구의 다과와 재산의 貧富를 논하지 아니하고 다섯 집마다
한 統을 만든다"라고 하였고 다시 제2조에 "다섯 집이 모여 살면서 이웃을
만들되 혹시 형세가 불편하여 울타리를 사이에 두고 살지는 못하더라도
반드시 가축의 울음소리가 서로 들리게 하고 부르면 서로 응답하게 하며
전처럼 외딴 집에 떨어져 사는 일이 없도록 한다"고 규정하였다. 여기에서
주목되는 것은 構成民戶가 사회경제적 처지에 규제받지 않는다는 점과 燭
戶離居가 없어야 한다는 사실이다. 이로 미루어 조직구성은 반드시 5家 1
統의 원칙을 고집하기보다 가능한 한 모든 戶를 포괄하는 쪽에 보다 비중
을 둔 것으로 보인다. 일정한 호수를 기준으로 촌락을 자의로 재단한다는
것은 관념의 산물로서 실현 불가능한 일이 될 것이다. 따라서 제3조에서는
"다섯 집마다 1統을 만들되 혹시 남은 호가 있어 다섯 수에 차지 않더라도
다른 面을 넘어서 합칠 필요는 없고, 단지 남은 戶만으로 統을 만들어 붙
인다"라고 하여 현존하는 자연촌락 질서를 파괴하거나 기계적으로 구분하
는 것에 반대하는 원칙을 제시하고 있다.

결국 정부는 자연촌락적 질서를 용인한 위에 형편에 따라 대략 5호를 단
위로 조직화하여 최하 민인에 대한 통제를 강화하려 했다. 이러한 統조직
은 조선전기 이래 정비되어 오던 면리제와 유기적으로 연결되었다. 제5조
에 따르면, 統·里는 面에 속하고 무슨 面 제 몇 里의 편제를 지니며, 각
里가 거느리는 統에 따라 小里(5~10統), 中里(11~20統), 大里(21~30統)
로 구분하고 있다.[71]

한편 이러한 조직단위를 관장하는 직임자도 명백히 확정되었다. 5가 중
나이가 많고 건강한 사람을 統首로 삼아 업무를 담당케 하였으며 里에서

---

71) 戶數에 의해 촌락단위를 구분하는 예는 조선전기의 五家統 조직에도 보인다. 『世
宗實錄』 卷127, 世宗 32年 正月 辛卯, 5책 157쪽, "五家爲小統 十家爲一統";『明
宗實錄』 卷24, 明宗 13年 7月 辛卯, 20책 479쪽, "五家爲一統 五小統爲一中統
二中統爲一大統".

는 里正과 有司 2인을, 그리고 面에는 都尹과 副尹을 두었다.[72] 한편 각
직임자의 권위를 높이기 위해 里正과 面任은 반드시 고을에서 지위와 명
망이 있는 자로 하고 비록 일찍이 文武의 蔭職을 지낸 자라도 차임할 수
있게 하였다. 당시 향촌에서는 서얼이나 賤類가 里正의 직임에 임명되었
기 때문에 많은 사람이 피하였고, 더구나 사대부 신분은 거의 없는 실정이
었다. 이에 따라 제6조에서는 임명을 당하고도 직임을 피하는 자에 대해
'徒配의 律'로 논할 것을 규정하고 있다. 이로써 면리제 하에 面尹 - 里正 -
統首의 감독체계를 확립할 수 있었다. 한편 제21조에는 각 직임자의 임기를
3년으로 정하고 面尹 가운데 功能이 있는 자를 관에 추천하도록 했다.

統里의 기능에 대해 살펴보겠다. 첫째, 인보조직으로서의 성격을 강조하
고 있다. 제15조를 보면 다음과 같다.

統 안에 만약 奸僞하고 偸竊하는 무리와 내력이 불명한 사람이 있으면
또한 즉시 고발하게 하되, 혹시 보고를 빠뜨리거나 속이고 숨겼다가 마침
내 일이 발각되면 統任이 거듭 구명하여 統 안에 連罪하도록 한다. 만약
本統에 관계된 것을 먼저 보고해 알렸는데 里 안에서 사실을 가리어 숨긴
채 고발하지 아니한 자는 모두 制書有違律로 논한다.

이는 管仲의 內政과 이를 따른 秦나라 商鞅의 什伍制 내용을 그대로 수
록한 것이다. 주지하듯이 상앙의 십오제는 자연적·혈연적 질서 하의 향촌
사회를 새로운 행정촌으로 재편하고 保단위로 姦通에 대한 연대처벌을 강
화함으로써 최하 민에 이르기까지 왕권의 침투를 용이하게 만든 제도였다.
차후 이 제도는 역대 중국의 행정촌의 기본이념으로 도입되었다. 본 사목
을 주창한 윤휴는 바로 管子의 內政을 참조하였고 아울러 오가통제의 주
요 기능으로 제시하였다. 정부는 신고체제와 연대책임제라는 인보기능의
확립을 통해 향촌내 민을 장악하려 하였다.

---

72) 事目의 주창자 尹鑴는 都尹과 副尹을 漢代 鄕三老에 견주고 士大夫로써 임명할
    것을 주장했으며, 그 역할에 대해서는 "風俗糾正 勸課農桑 團結隣保 俾無以來以
    去之弊"에 있다고 하였다(『備邊司謄錄』 35冊, 肅宗 5年 9月 26日, 3책 448쪽).

둘째, 統里는 부세수취, 권농 및 요역의 징발단위여야 함을 강조하였다.
즉 제17조에 統里에 대해 農桑을 권장하고 부세를 독려하여 경계를 바르
게 하는 책임이 있다고 하였고, 제18조에 堤防·道路의 수리, 다리 건설시
里나 面단위로 민들을 요역에 동원시켜 작업할 것을 규정하고 있다.

셋째, 統里가 수행하는 주요 기능으로 정확한 호적과 統牌의 작성이 요
구되었다. 본 사목의 많은 부분은 정확한 호구의 파악을 위한 紙牌의 작성
에 관한 설명이었다. 그런데 오가통제는 일정 호수를 단위로 하기 때문에
무엇보다 충실한 호구파악이 전제되어야 한다는 점에서 상호 밀접한 관계
가 있었다. 제7·8·9조는 統牌의 작성에 관한 것이다. 牌式에는 統내 家
戶의 차례에 따라 邑·面·里·統·戶·役을 기록함으로써 輪次를 비교
해 보는 바탕이 되게 하였다. 여기에는 각 호에서 거느리는 男丁의 數와
職役을 기록하게 하고, 賤人은 한 줄 낮추어 쓰도록 하였다. 제13조에 "무
릇 성명을 統牌에 기재하지 아니한 자는 民數에 포함되지 않은 사람이므
로 訟事에 審理를 받지 못하고 죽임을 당하여도 살인죄가 없게 된다"라고
하여 統牌에서 누락되면 국가법률에 의한 최소한의 보호조차 받을 수 없
음을 강조하였다. 또한 제10조에 따르면, 統 안의 사람으로 男丁 16세 이
상인 자는 출입시 반드시 身上戶口를 기록한 紙牌를 지녀야 하고 미소지
자는 '制書有違律'로 논하였다.

이상에서 살펴보았듯이 오가통제는 정확한 호구조사와 統牌의 작성을
전제로 실시될 수 있는 것이었으나, 반대로 호적제도를 지속적으로 유지시
켜 주는 보조장치가 되기도 하였다. 정부는 오가통제와 지패법의 상호보완
적 기능을 적절히 활용하여 민과 향촌에 대한 효율적인 지배를 도모하였다.

마지막으로 정부는 향약의 제 규정을 「五家統事目」에 혼용시켜 기존의
자치적 질서를 유지하게 하였다. 이는 오가통제라는 조직체계를 통해 최하
민인을 통제하려 했던 정부의 의도와 일견 배치된 듯 보인다. 그런데 본래
鄕風敎化 작업은 자연촌락적 질서 속에서 재지 지배세력이 그 주체로 등
장하며, 유교이데올로기의 주입과 함께 민에 대한 효율적인 통치를 가능하
게 하는 수단이 되었다. 제14조와 제19조는 이상의 목표를 달성하는 방법

으로 제시되었다.

　　무릇 統里의 백성은 서로 보호하고 서로 살펴서 婚喪에 서로 돕고 환난
에 서로 구휼하며 착한 일은 서로 勸勉하고 악한 일은 서로 告戒하며 訟事
를 그치고 다툼을 없애며 信義를 강구하고 和睦을 닦아서 선량한 백성이
되도록 힘쓴다. 만약 불효하고 不悌하거나 주인을 배반하고 사람을 죽이거
나 풍속을 손상하고 도적이 되는 등의 일은 반드시 里, 面에 고하여 本縣
에 알려 경중에 따라 징계하고 다스리는 바탕으로 삼는다.

　　무릇 한 면 가운데 반드시 넓은 장소나 혹은 정자, 사찰과 같이 여러 사
람이 모일 수 있는 곳을 골라서 봄・가을에 서로 모여 講信하고 尊卑의 등
급을 나누어 父兄이 된 자는 같은 里의 자제를 훈계하여 申飭하고 자제가
된 자는 같은 里의 父兄을 공경하고 순종하게 한다. 문학을 학습한 자는
혹은 製述을 하고 武藝를 학습한 자는 또한 弓馬를 시험하여 그 지은 글과
劃紙를 취하여 本縣에 올리면 그 才藝를 살펴서 이를 포상한다.

이같이 향약의 운영원리를 오가통제 속에 혼융시키게 된 데에는 17세기
국가재조와 관련하여 또 다른 요인을 들 수 있다. 즉 五家統의 실시 주체
는 어디까지나 국가권력의 체현자인 수령이었고, 이 점은 당시기 재지사족
들의 사적 지배체제를 배제하고 궁극적으로 그 기능을 공적 사회제도인
五家統의 통제 하에 두려는 의도가 강했음을 말해 준다. 이는 임란 이후
국가, 국왕과 민이 직접 대응하는 구도를 도모했던 정부의 의지가 반영된
것이기도 했다.

숙종 3년 11월에 제정된 「寬恤節目」은 '本原'인 「五家統事目」을 보완하
기 위해 작성된 것이었다.[73] 본 절목에서는 당시 良役不均의 실정에 대해
物故・逃亡者의 부분이 代定으로 인해 여타 농민에게 전가됨으로써 해당
농가가 파탄하고 流散者가 속출한다고 진단하고 있다. 따라서 본 절목은
부세의 不均・偏重 현상을 막고 闕額에 대한 徵布의 감축을 규정하고 있다.

---

73) 『白湖全書』卷14, 上 殿奏事 丁巳 11月 579・582쪽.

이를 위해 첫째, 15세 미만 兒弱者의 군적기입을 자제하고 物故者및 오래된 身役逋欠者를 탕척할 것, 그리고 逃亡者와 隱漏者의 색출을 규정하였다. 본 査出業務는 里有司와 都·副尹이 합동으로 시행하도록 했다. 둘째, 移徙者에 대해 각 統主가 里正 및 都·副尹을 통해 官에 보고하여 移去公文을 만들도록 하였다. 셋째, 수령의 侵虐과 안정된 거처가 없어서 도망한 身役은 본관 수령이 분할 징수를 통해 마련하도록 하고 隣族이나 타인에게 징수하지 못하게 했다. 넷째, 里有司의 관장 하에 월 1회의 點閱을 통해 五家統내 신입사의 처리와 시쇄가 없는 사에 대한 罰布징수를 행하도록 했다. 마지막으로 이상의 절목 시행시 서울은 한성부에서, 8道는 監·兵·水使가 조사하되 사목대로 행하지 않아 민원이 발생할 경우 制書有違之律로 논하도록 규정하였다.

이렇게 보면 정부는 기초적인 사회제도로서의 오가통제를 면리제와 유기적으로 연결시키면서 이와 동시에 국가의 통제에서 벗어나지 않는 범위 내에서 기존의 향촌질서를 용인하였다고 할 수 있다.

丹城縣 戊午(숙종 4, 1678)式年 호적대장은 숙종 초기의「五家統事目」과「戶籍事目」의 규정을 비교적 상세히 반영하고 있다. 여기에서는 統조직과 統首에 관련된 사항을 중심으로 살펴보겠다.

북으로 山靑, 동북으로 三嘉, 남과 서로는 晋州와 경계를 접하고 있는 단성현은 다른 현에 비해 과거합격자를 많이 배출하고 양반비율이 높은 곳이었다. 임란 당시 간헐적으로 왜구의 침략을 받았으며 재지사족인 權世春이 향병 500명을 모아 대응하기도 했다.[74] 숙종 4년(1678) 단성현의 면리체제를 보면 8面 60里 432統으로 구성되었다. 즉 元堂面(7里 59統) 縣內面(6里 62統) 北洞(7里 51統) 悟洞(5里 27統) 都山(8里 73統) 生比良(9里 48統) 新燈(7里 48統) 法勿也(11里 64統)이었다. 단성현 역시 자연촌의 성장을 전제로 하여 面制가 형성되었기 때문에 里의 수가 일정하지 않아 里內의 統의 경우도 縣內面 1里의 30統, 元堂面 7里의 18統에서 新燈面 5里의 1統에 이르기까지 다양하였다. 邑司가 위치한 縣內面과 주변 面里의

---

74)『龍蛇日記』李魯, 乙酉文化社, 1974, 59쪽.

統里數의 차이가 두드러지는 것은 散居된 자연촌락의 가호를 기반으로 면리제 - 오가통제가 형성되었기 때문으로 여겨진다. 대부분의 통이 5호로 구성되어 있으나 3~4호 또는 마지막 統의 경우 6~8호까지 구성되어 있다. 이는 숙종 원년 「오가통사목」의 "5호에 차지 않더라도 다른 面에 편제시키지 않는다"는 규정에 따른 것으로, 현존하는 자연촌락의 질서를 용인했던 사정을 보여준다.

한편 統首의 신분을 보면, 양반으로 분류되는 신분이 6명(1.4%)에 불과하고 私奴를 중심으로 한 寺奴·館奴·內奴·西學奴·校奴 등 公私奴가 무려 230명(58.1%)을 차지하고 있다.75) 그런데 統首의 구성신분으로 천민이 많았던 이유로 첫째, 당시 단성현 내의 인구별 구성비를 반영하였다는 점을 들 수 있다. 즉 17세기 중엽 당시 인구별 구성에서 천민은 60% 이상을 점하고 있는데, 이들 중 상당수가 독립가호를 이루며 上典戶의 토지를 경작하는 佃戶 상태로 존재하고 있었다. 둘째, 面·里任과 달리 統首는 1년 임기의 家戶次第에 따른 순환직이며, 「오가통사목」에도 단지 나이가 많고 건강한 사람이라는 규정만 있을 뿐 신분이나 경제상태에 따른 제한이 없었다.

셋째, 통수는 단지 面里任의 지시를 받는 직임으로 부세수취, 관령전달 및 인보기능에 따른 책임 등 의무사항이 많았다. 셋째 이유와 관련하여 常民이나 천민 통수의 이름 밑에 양반이 기재된다는 명분 문제로 인해 紙牌法을 號牌로 改替할 것이 주장되었고76) 영조 5년 「五家統法申明舊制節

<hr/>

75)『慶尙道 丹城縣 戊午式年戶籍大帳』(한국정신문화연구원 영인, 1980) 丁酉式年(肅宗 43년, 1717) 戶籍大帳에도 전체 496統 가운데 儒學에서 武學에 이르는 양반신분의 統首는 19명(3.83%)이고, 公私奴가 204명(41.12%)을 차지하고 있다. 단성현 호적대장 중 丙午式年(宣祖 39年 1606) 戶籍에 관한 연구는 한기범의 「17세기초 丹城縣民의 身分構成 - 戶籍分析을 중심으로 -」(『호서사학』 10, 1982)가 참조되고, 丁酉式年 이후 18세기 戶籍에 관한 연구는 金錫禧·朴容淑의 「18世紀 農村의 社會構造」(『부대사학』 3, 1979)와 박성식의 「18世紀 丹城地方의 社會構造」(『대구사학』 15·6合集, 1978)가 참조된다. 또한 19세기 중엽 이후의 연구로는 武田幸男 編의 『朝鮮後期의 慶尙道丹城縣における社會動態の硏究(1)』(學習院大學東洋文化硏究所, 1991)가 참조된다.

76)『備邊司謄錄』 31冊, 肅宗 3年 正月 8日, 3책 275쪽.

目」에서는 家戶次第에 따라 양반가에서 統首를 맡으면 奴에게 役을 대신하게 하는 조치가 나오기도 했다.[77]

(2) 영조 5년 「五家統法申明舊制節目」

영조 5년 良役의 隣徵문제가 현안으로 부각되면서 앞선 숙종 37년의 「良役變通節目」의 미비점을 보완하는 작업이 진행되었다. 특히 문제의 근원이 호적제도의 문란에 있음이 지적되고, 좌의정 李台佐를 중심으로 오가통법을 재차 申明하여 실시하는 방안이 제시되었다. 숙종 원년의 사목을 舊制라 명하고 이를 근거로 제 조항을 설정하였다. 본 절목은 통수의 출자와 기능(3개 조), 統의 운영(5개 조), 그리고 統조직과 里定法과의 관련 조항(1개 조) 등 오가통의 운영에 관한 사항만 규정하고, 지패제와 지방제도 일반을 운위한 숙종 원년의 사목과는 구성을 달리하였다.

본 절목에 따르면 첫째, 統首는 家戶次第에 의거하여 1년씩 윤회할 것을 규정하였다. 이때 양반가에서 통수를 맡으면 호적법에 따라 奴에게 역을 대신하도록 했다. 그런데 당시에는 兩班·豪悍뿐 아니라 閑散輩조차 통수직을 꺼리고 심지어 멀리 떨어진 한적한 곳으로 거처를 옮기는 사례가 빈발하여 統法이 산란해지는 주요 원인이 되고 있었다. 이에 대해 정부는 家戶次第로 통수를 정하되 위반자에 대해서는 관리 이하 신분의 경우 '漏戶之律'로 처벌하도록 규정하였다. 즉 제도의 효율성을 제고하기 위해 신분의 차별과 명분을 내세우는 재지사족의 반발을 누르고자 했던 것이다.[78] 둘째, 統內 5가가 서로 守望하여 유리·도망을 사전에 막도록 하고 위반시 1통 主戶가 연좌 처벌을 받도록 하는 강력한 인보기능을 부여하였다. 또한 통내 逃故人이 身役者인 경우 本統에서 자체 代定하게 하되 閑丁이 없는 경우 次統·次次統에서 시행하고 本里를 넘지 않도록 했다. 셋째, 통수는 以來者에 대한 公文을 확인한 후 관에 알리고 以去 도망자에

---

77) 『英祖實錄』 卷22, 英祖 5年 6月 甲申, 42책 134쪽.

78) 肅宗 15年 「購捕事目」에서도 "毋論朝士及出身稱號者與常漢 擇其中根幹解事者 定爲統首 使之糾檢統內"라는 규정을 통해 사대부들의 統首職 수행을 지시하였다(『備邊司謄錄』 43冊, 肅宗 15年 12月 18日, 4책 260쪽).

대해서는 당일 내로 면임을 통해 관에 보고하도록 했다. 면임은 面內 현황을 매달 말 관에 보고하는 의무를 지녔다. 최종적으로는 수령의 책임 하에 殘弱者의 充役, 虛名冒入, 黃口混定, 一家內 移役의 폐단이 없도록 하였다. 넷째, 책임을 소홀히 한 統首와 閑丁 代定시 洞內에서 돈을 거두어 걸인으로 充丁하는 里任 등에 대해서는 기만에 관련된 죄로 규정하고 엄격한 刑杖을 부과하도록 했다. 끝으로, 절목의 시행을 강제하기 위해 각 조항을 제대로 준수하지 않은 관원의 파출, 통수·면임의 重究를 규정하고 암행어사의 염찰 보고를 명하고 있다.[79]

요컨대 영조 연간 정부는 농민의 피역으로 인해 발생되는 양역의 隣徵 문제를 해결하기 위해 호적제도의 확립을 도모하고, 이는 기존 향촌통치조직인 오가통제를 강화함으로써 가능하다고 여겼다. 이에 따라 현존하는 신분제의 차별성을 무시한 채 家戶次第에 의한 통법의 철저한 확립을 명하고, 統내 主戶의 연좌법 시행과 統首·里任·面任 등 직임자들에 대한 처벌조항을 명시하였다.

(3)「什伍相聯之制」와「鄕社法」

오가통제는 국가 차원에서 끊임없이 시행절목이 반포되고 사안에 따라 재정비되고 있었으나 수령이 예하 군현의 통치를 위해 자의적으로 조직하여 반포·실시한 사례도 있었다. 지방적 차원에서 실시된 五家統節目은 법전과 숙종조「五家統事目」에서 대체적인 틀을 따오고 時宜에 따라 세부적인 조목을 첨가하여 작성되었다. 따라서 조직원리·체제 등에서 해당 지역 내의 향약조직을 혼용시키는 경우도 있었다.

정조 연간 耳溪 洪良浩가 작성한「什伍相聯之制」는 面·里·統에 이르는 향촌통치조직과 각 직임자들의 소임을 소상히 규정한 지방제도개혁안이다. 洪良浩는『주례』와 管子에 보이는 인보조직으로서의 什伍制를 이념적인 모델로 삼고 가깝게는 明代 王守仁의 十家牌法을 참조하여 오가통제의 조직체계를 구성했다. 왕수인의 십가패법은 父老·豪傑을 비롯한

---

79)『英祖實錄』卷22, 英祖 5年 6月 甲申, 42책 134쪽.

성곽에 거주하는 자를 10가마다 甲으로 편성하여 향촌민 스스로 守望相助
하여 보전하도록 했으며80) 牌式에 따라 각 家戶의 상황을 牌에 자세히 기
록한 후 매일 1가씩 윤번으로 동정을 살피게 하고 상호 연좌제를 통해 치
안을 유지하려 한 제도였다.

　홍양호의 「什伍相聯之制」에 따르면 민호 5家를 1統으로 하고 통수를
두며 다시 2統을 1牌로 삼아 10家內 中·庶 이하의 신분으로 문자에 밝은
자를 牌長으로 선출하도록 하였다. 조직구성에서 家를 계산하여 統을 나
눌 때 남는 호가 1통에 차지 못하면 다른 里에 合統하지 말고 零數로서 스
스로 1統을 만들어 新戶의 追入을 기다릴 것을 규정하였다. 이는 임의의
호수에 따른 제도개편으로, 기존의 향촌질서가 무너지는 것을 방지하기 위
함이었다. 이렇게 보면 홍양호의 오가통제는 조직구성상 숙종 원년의 사목
에서 크게 벗어나지 않는다. 다만 여타 사목에는 없는 牌長의 직임이 나타
나는데, 이는 왕수인의 십가패법의 小甲을 본뜬 것으로 여겨진다.

　통조직과 통수에게 위임된 기능은 다음과 같다. 통수는 5가 내에서 사리
에 밝은 사람을 임명하되 통 내의 출산·사망과 부역자의 도망, 출가 등
기초적인 호구조사 임무를 부여받았다. 또한 기본적으로 인보조직으로서
의 기능이 강조되었다. 즉 통 내에 재난(水·火災)과 도적이 발생하면 이
를 수습하고 패장과 함께 里監·風憲에의 보고절차를 밟아 官府에 알리게
하였던 것이다. 그리고 통수는 牛·松·酒에 대해서는 揭榜을 통해 坊曲
에 효유하되 십가패법을 써서 범법자를 적발하고, 이를 제대로 감당하지
못할 경우에는 통수도 동시에 처벌하는 규정을 명문화하였다. 다음으로 향
촌교화의 기능과 기본 생산단위로서의 기능이 부여되었다. 부모에 대해 불
순종한 행위 및 각종 退俗행위에 대해 통수가 이를 감찰하여 里監에 보고
하고, 風憲과 都約正이 연명하여 관에 보고토록 했다. 특히 생산수단으로
극히 중요한 소의 도살행위에 대해서는 통수는 반드시 里監을 통해 보고
하고 이를 수행하지 않을 경우 1等을 減下하는 처벌을 내렸다.81) 즉 향촌

---

80) 和田淸, 『中國地方自治發達史』, 汲古書院, 1939, 251쪽.
81) 「牧民大方」 94條.

통제를 위해 기존 향약의 향풍교화기능과 조직을 오가통제와 혼융시켜 전반적으로 지방관의 관장 하에 두고, 소의 도살을 철저히 방지하고 생산수단을 공유하게 함으로써 기본 생산단위로서의 統기능이 유지되도록 도모하고 있었다.

이상에서 보듯 「什伍相聯之制」는 洪良浩가 지방관으로 재임시 작성·실시한 방안으로 기존 「五家統事目」의 틀을 따르면서 중국 왕양명의 십가패법의 세목을 추출하여 접목시킨 것이었다. 특히 기존 향약에서 강조되었던 향촌통치상의 여러 기능을 「오가통사목」에 적극 반영시키고 향촌내 제계층을 面·里·統 내의 직임자로 편제시켜 효율적인 향촌통치를 도모한 사실이 나타난다.

한편 順菴 安鼎福은 향촌에 대한 교화가 政事의 요체임을 들어 鄕社法의 실시를 주장하였다.[82] 그는 鄕社法의 시행목적이 향촌통치를 위한 인보조직의 정비에 있다고 보았다. 또한 향사법의 이념적 모형이 『주례』의 鄕遂制에 있음을 강조하면서 동시에 "우리나라의 面이 옛적의 鄕과 같은 것인데 古法처럼 人戶로써 설정하지 않고 지역을 구획해서 정하게 되었다. 그렇기 때문에 각 면 人戶의 다과가 같지 않다"라고 하여 호수가 아닌 지역에 의해 구분되는 우리의 향리제도 때문에 古法의 전면적 시행이 불가함을 말하였다. 따라서 향사법은 지금의 時宜에 맞는 것을 전제로 古法을 모방하여 대략의 條目을 갖춘 것이라 했다.

향사법의 조직은 統-甲-社-鄕으로 구성되었다. 5家로 1統을 편성하고 통 내의 良·賤人 중에서 '年長優産者'를 통수로 삼은 다음 1통의 政事를 총관하고 甲長의 명령을 받게 했다. 그리고 통은 반드시 隣比의 相次別로 편성하되, 零戶는 뒤에 따라 붙이고 戶에는 戶票를 주도록 했다. 다음으로 2통을 甲으로 편성하고 양·천인 중에서 智慮가 있고 勤幹한 자를 갑장으로 삼아 정사를 담당하고 社正의 지시를 받도록 하였다. 이 밖에 社(10統, 社正), 鄕(面, 鄕師)을 두어 면리제에 대응하도록 하였다.

82) 「百里境」;『順菴 安鼎福全集』卷3, 臨官政要 附錄 鄕社法. 序文에 劉宗周의 保甲說을 참조했음을 밝히고 있다.

鄕社의 기능은 政·敎·禮·養·備·禁으로 구분되어 그 세목이 각각 제시되었다. 이 가운데 적극적인 향촌방어조직으로서의 편제와 기능이 특히 강조되었다. 鄕社之禮 항목 중 射禮項에서 鄕師의 책임 아래 매월 2회에 걸쳐 전 향촌민의 활쏘기 조련을 시행하도록 하였다. 또한 備 항목에 따르면, 호마다 弓·槍·銃 중 하나의 병기와 1組의 木棍을 준비하고 統마다 炬·捕繩·麻履·췃발을 비치시켜 도적이 침략할 때 자체 방어할 수 있도록 하였다. 또한 도적토벌을 위한 실질적인 무력으로서 甲마다 건장한 남자 3명(社에는 藝士 2명, 鄕에는 韜略士 1명)을 설정히여 追捕와 譏察을 위임하고 적도가 침략할 때에는 糧米를 지급해 주도록 했다. 더 나아가 鄕마다 지형의 要害地에 城堡를 쌓아 위기 발생시 향민들의 대피처로 삼게 하였다. 鄕·社는 서로 聲援하여 적이 소수일 때는 몰아내고 대규모일 때는 관군이나 節度使, 鎭管에서 병력이 도달할 때까지 城堡에 들어가 대기하도록 했다. 이와 함께 鄕社牌式에 따라 統牌·鄕社牌의 사용을 통해 향촌민의 출입을 통제하려고 했다. 각 호는 鄕長이 분급한 표로써 私記를 사용하고, 각 장은 官票를 사용하도록 했다. 이는 당시 향촌민과 도적이 섞여 분별하기 어렵고 향촌민이라 할지라도 적과 내통하는 일이 있을 것이기 때문에 무엇보다 강력한 통제로써 적과 구별할 필요가 있었기 때문이다. 또한 治盜조직으로서의 기능을 강조하였다. 밤마다 각 촌의 統長과 統內民에게 巡警 임무를 부여하여 췃발을 흔들며 횃불을 밝혀들고 更마다 순찰하게 했다. 만약 警盜를 소홀히 하여 도둑맞는 일이 발생하면 담당자를 각별히 죄로 다스리게 했다.

안정복의 향사법은 古法을 계승한 宋代 保甲法을 기본으로 하고 당시 조선의 현실을 감안하여 그 세목을 정리한 향촌통치책이었다. 즉 안정복은 조선의 향리제도가 중국과 달리 호수가 아닌 공간의 분리에 따른 것이라는 차이점을 인정하면서 종전의 面-里-統조직 대신 鄕-社-甲-統조직을 편성, 대비시키고 있다. 무엇보다 향사법은 철저한 隣保조직, 治盜기능이 강조되었으며, 구체적으로 무장력을 구비하여 일차적인 향촌방어 기능을 수행하도록 했다.[83)]

3) 오가작통제의 기능과 운영

정부는 당시 국가적 현안에 따라 오가통제의 정비·강화를 지시하였다. 즉 인조·효종·현종 연간에는 軍籍을 전제한 號牌法과 더불어 제시되고 숙종 연간에는 面里制의 편성, 紙牌法의 실시와 결부되었고, 영조·정조 연간에는 良役의 폐해방지를 위한 호적제도 강화책으로 제기되었다. 오가통제 역시 여타 제도와 마찬가지로 정권의 부침에 따라 전국적인 또는 일률적인 시행 여부가 커다란 영향을 받았다. 그러나 오가통제는 '국가권력을 매개로 하여 공적인 형태로 지배와 통제를 이루는 사회제도'로서, 그리고 특히 활성화된 면리제의 하부기구로서 항상적인 성격을 띠며 최하 민과 국가권력을 매개하는 역할을 수행하였다. 특히 국가 대 민의 직접 지배관계를 수립하려 한 정부의 입장에서 볼 때 더욱 그러하였다. 이에 따라 정부는 「五家統事目」 외에 각종 號牌(紙牌)法, 「良役變通節目」, 「戶籍事目」 등을 반포하면서 거듭 오가통제의 정비를 지시하였고, 법전 조항과 각종 절목을 통해 그 조직과 직임자의 역할을 각별히 명시하였다.

사실 式年마다 전국적으로 작성되었던 호적에서 으레 오가작통제는 성립되고 있었고, 이와 별도로 지방관은 邑勢民情을 파악하기 위해 統戶次第에 따른 소상한 家座冊을 작성하고 있었다. 그 밖에 향촌내 각종 부세수취와 군·요역의 징발, 농민의 재생산을 보장하는 권농의 시행단위, 향풍교화 및 인보조직의 기능, 심지어 외적의 침입에 대비한 防守조직으로서 오가통제를 활용하고 있었다. 본 절에서는 이상의 항목들을 중심으로 향촌내에서 실시된 오가통제의 기능과 운영에 대해 살펴보고자 한다.

(1) 戶籍, 家座法과 오가작통제

호적은 정부가 부세·요역의 징수 및 民의 실태를 파악하기 위한 근거이며 호구조사사업의 일환으로 작성된 것이다. 이는 式年(子卯午酉)마다 작성되었는데 호적 작성시에는 지방의 각 읍·면의 監官을 사대부에서 임

---

83) 『順菴 安鼎福全集』 卷3, 臨官政要 附錄 鄕社法.

명하여 이들의 관리 하에 각 호의 戶口單子(2부 작성)를 里監, 面任이 모아서 州郡에 보냈다. 州郡에서는 호구단자를 구호적과 비교한 후 1부는 호주에게 되돌려주어 보관케 하고, 나머지 1부는 戶籍改修의 자료로 삼았다. 州郡에서는 호적을 3부 만들어 1부는 州郡에, 1부는 監營에, 1부는 호조에 보관시켰다. 이 호적이 稅貢賦課의 기준이 되었다.

호적은 대개 面단위로 수록하고 사망자와 이주자, 직역별 호구수를 기록하였다. 각 호에는 戶主의 職役·身分과 姓名·나이·生年·本貫·四祖와 外祖의 職役, 동거식구의 이름과 직역·나이, 노비의 소유실태·변동상황 등을 기재하였다. 戶의 편제는 오가통제의 규정에 따르고 있으나, 예외적으로 十家作統을 따르는 지역도 있었다.[84] 숙종 31년 1월에 반포된 호적의 事目에는 家座次第에 따라 作統하여 호구단자를 제출할 것을 규정하였는데[85] 대체로 식년마다 반포된 호적사목에 따르면 우선적으로 監官의 선택과 그 역할, 오가작통 방법, 이와 관련한 통수의 선정과 그 임무에 관한 건을 규정하고 있다.[86] 따라서 호적제도와 오가통제는 보완적인 기능을 통해 상호 유기적으로 연결되어 있는 셈이었다.[87]

이 시기 수령은 독자적으로 정확한 邑勢民情을 파악하기 위해 오가통제를 중심으로 한 家座冊을 작성하였다. 호적작성이 국가적 차원에서 실시된 사업이라면, 家座法은 지방관이 독자적으로 수행하는 것이었다. 가좌법의 중요성에 대해 각종 牧民書에는 "이는 民을 다스리는 요체가 된다. 지역내 인구의 다과, 가계의 빈부를 자세히 살핀 후 작성하면 군역·요역의 징발, 糶糴, 부역 부과시 용이하고 진휼시 實總을 알 수 있어 문란이 없다. 따라서 治要에서 이보다 앞서는 것이 없다,"[88] "民數를 파악하는 것은 政

84) 10戶마다 統首戶를 밝히고 있는 1609년의 「蔚山戶籍大帳」이 대표적이다.
85) 『備邊司謄錄』 56冊, 肅宗 31年 正月 18日, 5책 410쪽.
86) 「戶籍謄關冊」 戶籍事目條件 高宗 9年(1872).
87) 여기에서 호적 작성시 구성되는 五家作統制(또는 十家作統)가 곧바로 하나의 유기적 조직체로서 그리고 面里制의 하부기구로서 완결된 조직 기능을 가졌는가의 여부는 국가권력과 재지세력 사이의 鄕權 장악 정도에 대응되며 지역에 따라 상이하게 나타난다.
88) 「牧綱」, 「居官大要」.

事의 先務다. 하물며 흉년에는 더욱 절급하다. 이를 위해 家座의 작성이 중요하다"라고 강조하고 있다.[89] 작성원칙은 家座次第에 따라 호마다 列錄하고 제1통 제1호부터 매통 5호씩 법에 의거하여 기록하되, 窮部斗屋이라도 남김없이 등재하도록 하였다. 이를 항목별로 세분화시켜 살펴보면 다음과 같다.

우선 官職者, 曾經鄕任者, 座首, 風憲 등의 士族들은 그 직함과 함께 時·散任을 표시하고, 加資者의 경우도 자세히 기록하게 하였다. 이와 달리 常漢은 役名을 기록하고 役名이 없을 때에는 良人·閑良·私奴의 명목을 구분하여 수록하였다. 家座冊의 작성시에는 班常의 차별성을 강조하였다. 즉 統戶次第를 원칙으로 하되 통 내의 班戶를 먼저 쓰고 民戶를 차후에 기록하여 等威가 보존되도록 하였다. 또한 班戶는 入籍名字를 쓰고 常戶는 入役名字를 쓰도록 하였다. 심지어는 이러한 규식을 班戶에게 먼저 輪覽시킨 후 등재하는 배려를 취하기도 하였다.[90] 각 호주는 寡婦·孤兒·幼兒의 경우에도 기록하고, 호주 밑에 모든 친족과 노비 및 率丁을 호적에 따라 쓰도록 했다. 이와 함께 가좌책에는 각 호의 家舍·桑果木·食器·牛馬隻數·田畓斗數를 자세히 기록하여 재산상태를 확실히 파악할 수 있게 하였다. 이러한 가좌책의 작성은 면임에게 일임하되 수령은 문자와 사리에 밝은 吏胥를 파견시켜 이를 감독하였다. 우선적으로 규찰할 내용은 班民이 재산 소유실태를 줄이는 행위나 常漢의 避役 등의 폐단이었다. 따라서 漏戶·漏丁의 폐를 막기 위해 挾戶·率戶를 일체 主戶 아래 기록하고 형제가 同室로 기록되어 역을 피하는 일이 없도록 하였다.

家座成冊과 함께 호적식년에 작성되는 統記(統戶成冊)에서도 統戶次第에 따라 役·姓名·口數·年世를 기록하고 한 칸의 초막이라도 누락이 없게 하였으며,[91] 鰥寡孤獨의 경우도 70세 이상자와 10세 이하자는 統戶次第에 따라 小名을 상세히 기록하도록 했다.[92] 이처럼 수령에 의해 작성되

---

89) 「公移占錄」 修砧基簿榜.
90) 위와 같음.
91) 「延州報牒」.
92) 「烏山文牒」. 廣州의 上道七面 중 分院에 납부하는 家戶米의 경우 戶의 구별없이

는 가좌성책과 統記에 의해 향촌민의 신분, 계급 정도를 분명하게 살필 수 있었다. 무엇보다 호적작성과 함께 이들 成冊의 작성원칙은 철저히 統戶 次第에 의해 매통 5호씩 기록되고 있었던 점을 확인할 수 있다.

그런데 오가작통제의 시행 과정에서 호적제와 관련된 많은 문제점이 나타났다. 먼저 숙종 초기에 「오가통사목」이 시행되는 과정에서 절목 내에서 누락된 조항의 적용 때문에 문제가 야기되었다. 즉 절목에 따르면, 流來人들은 時居里의 統에 편성하는데, 간혹 逃定의 폐가 있으면 통수가 그 이유를 면임을 통해 관에 보고해야 하며 통에 기록되지 않은 유민들의 止接은 봉쇄되었다. 이로 인해 해당 유민들이 도로에 머무르며 出去하지 않고 심지어 항의의 표시로 그 집을 불태우는 일이 발생하였다.93) 또한 「오가통사목」 내에 火田民들의 以來以去에 관한 별도 조항이 없어서 그 처리를 둘러싸고 논란거리가 되기도 했다.94) 한편 숙종 4년 6월 전라도 靈巖에서 漏籍人이 살해되는 사건이 발생하였다. 그런데 시행사목 중 "統牌內 無籍者는 소송조차 들어주지 않으며 죽여도 살인이 아니다"라는 규정이 있었으므로 살인죄 적용 여부를 두고 역시 논란이 일어났다.95)

이상은 호적제도와 오가통제의 상호 보완적인 기능을 보여준다.

(2) 糶糴의 실시와 오가작통제

조선후기에 들어와 面里에 내려지는 많은 전령에서는 환곡 분급시 "一遵定規 從統記 平均受食"할 것을 지시하고 있다.96) 이는 환곡 분급시 누락되는 戶가 발생함으로써 특정 貧殘戶에게 편중 부과되는 것을 방지하기 위한 대책이었다. 대체로 지방관청은 12월 이후에는 빈민 중 원하는 사람

2斗씩 징수함으로써 폐단이 발생하자 戶籍 統記에 따라 大·中·小 殘戶로 나누어 적절히 감봉하여 민폐가 제거되도록 조처하고 있다(『備邊司謄錄』 92冊, 英祖 8年 8月 18日, 9책 394쪽).

93) 『備邊司謄錄』 22冊, 肅宗 2年 1月 8日, 43책 218쪽.
94) 『備邊司謄錄』 34冊, 肅宗 4年 10月 25日, 3책 379쪽 ; 10月 29日, 3책 381쪽.
95) 『備邊司謄錄』 34冊, 肅宗 4年 6月 25日, 3책 363쪽.
96) 「臺山文集 - 公移」 傳令 鄕將吏.

에게 환곡을 분급하고, 대부분의 民戶가 분급을 원하는 시기인 2월부터 보리추수 이전까지는 統次에 따라 지급해 주고 있었다. 지역에 따라 운영형태가 달랐지만 풍년에는 5가통을 단위로 분급하고, 흉년에는 통 내에서 富民을 추려내고 貧戶에게만 口數를 계산하여 지급하였다.[97] 한편 숙종 8년 1월의 「諸道荒政事目」에 따르면, 各邑 還上를 田結단위로 분급하면 無田者가 식량을 얻을 수 없기 때문에 오가통제에 따라 大小戶를 구별 참작하도록 지시하고 있다.[98]

그러나 18세기 이후 환곡의 賦稅的 성격이 강화되면서 분급대상의 확보와 안정적인 징수방법이 적극 모색되었다. 바로 통단위에 부과하는 統還과 기존 田稅납부조직을 이용한 結還의 방법이 그것이었다. 1737년 정월 南原縣에서 內倉·外各倉·山倉·補民廳·賑廳·大同廳의 환곡을 분급할 때 "統戶는 統記가 있고 八結은 結摠이 있으므로 結·統還은 監官이 前例에 따라 冒錄의 폐해가 없도록 할 것"을 지시하고 있다.[99] 이처럼 지방관청은 민에게 대여된 환곡이 운영과정에서 소멸되는 폐해를 막기 위해 향촌내 여러 기구, 즉 오가작통제(統首)와 作夫制(戶首)를 이용하여 납부를 강제하였던 것이다. 여기에서 주목하고자 하는 것은 환곡의 분급, 징수과정에서 統조직이 결합되어 있다는 점이다. 특히 統還의 운영시 나타나는 統 조직과 기존 五家統制는 다음과 같은 상호 연관성을 지니고 있었다. 지역에 따라서는 오가통제가 환곡의 분급단위이자 실질적인 호구파악 단위로서 기능한 사례가 보인다. 영조 49년 12월 江陵府使 李亨達의 上訴에 따르면,

大關嶺에서 橫城에 이르기까지 160리, 남북으로 旌善과 春川 사이의 거

---

97) 「用中錄」, 「百里境」.
98) 『備邊司謄錄』 36冊, 肅宗 8年 1月 24日, 3책 477쪽.
99) 「南原縣牒報移文成冊」 丁巳年(1737) 正月 節目에 따르면 統戶는 統記가 있고 八結은 結摠이 있으니 監官이 하루 전에 들어와서 분급책을 살핀 후 수정하여 冒錄의 폐가 발생하지 않도록 할 것을 지시하고 있으며, 1월 25일자 巡營에의 보고문에 의하면 官의 糶糴은 助民之規가 되는바 結統還上는 전례에 따라 磨鍊할 것임을 수록하고 있다.

리가 백 리에서 수백 리에 이르는바, 그 사이 6개 면에서 창고를 설치하였습니다. 지형은 窮峽하고 인구가 극히 적으며, 漁鹽의 利는 이미 없고 단지 絲麻에 의존하여 살고 있습니다. 6개 면의 受還之民이 300여 統에 불과한데 1통에 5호씩 民戶의 합이 1500여 호에 불과합니다. 그런데 각 倉 소재 곡물의 총수가 5만 3천 2백 석이고 절반을 분급해서 1호가 받는 양이 17석에 이릅니다. 民은 적고 환곡량은 많아 그 困苦를 이길 수가 없습니다.[100]

라고 하여 분급한 환곡량이 많음에 비해 납부대상인 민이 적고 경제력도 열악함을 지적하고 있다. 이는 호구파악을 위한 기존 오가통제가 환곡의 분급단위로 그대로 치환될 수 있음을 보여준다.

그러나 오가통제가 항시적인 하부 행정조직으로서 자기 운동성을 지니지 못한 지역의 경우, 統還의 시행단위로서 기존 오가통제가 그대로 이용되거나 반드시 5가를 1통으로 하는 원칙이 고수될 수 없었다. 원래 還戶의 선정은 '有田·有籍·有根着者'의 원칙과 懸保라고 하는 보증인을 필요로 하는 등 일반적인 민호와는 차별성이 있었다.[101] 그러나 18세기 이후 환곡이 거의 부세화되고 운영과정에서 강제성이 두드러지면서 統還의 체계 속에 들게 되는 민들의 신분과 경제적 차이는 거의 고려되지 않게 되었다. 이 경우 統還에서의 統은 조직구성상 統戶次第에 의한 오가통과 크게 구별되는 성질의 것은 아니었다.

실제 사례에서는 五家作統 외에도 十家作統法이나 울타리가 인접한 家戶를 결집시킨 附近作統法의 형태로 나타난다. 1791년 江界에서는 還民의 貧富에 따라 균등하게 배분하고 10가작통 후 富實勤幹人을 統長으로 삼도록 하였다.[102] 「牧民攷」에 수록된 부근작통법에 따르면, 羈糶에서 統徵之法이야말로 奸吏豪强의 冒受의 폐단을 막을 수 있다고 전제하고 面里 내 인접한 가호끼리 統을 만드는데 10가 혹은 30, 40, 50가를 統으로 삼으며 10호에 미달하면 가장 부근에 있는 통에 넣도록 했다.[103] 조선전기 성

---

100) 『英祖實錄』卷121, 英祖 49年 12月 己酉, 44책 407쪽.
101) 梁晉碩, 「18, 19세기 還穀에 관한 硏究」, 『韓國史論』21, 1989, 257쪽.
102) 「江州文蹟」.
103) 「牧民攷」羈糶法.

종 16년의 사례에서도 오가작통제를 통해 진휼을 시행하였는데 이때 많은
수의 統主에 대한 시상문제가 제기되면서, 20 혹은 30가 단위로 작통해야
된다는 견해가 제기되었다.[104] 그리고 統을 관할하는 통수는 田土를 보유
하고 根着 · 氣力이 있는 자로서 신분적으로 중인이나 평민의 신분을 강조
하였다.[105]

각 民政書에 따르면, 본격적인 환곡의 분급이 시작되기 전에 오가통제
를 정비하고 분급대상자에 대한 확정작업이 전개되었다. 우선 統首에 의해
각 統別로 願受成冊이 작성되었다. 統首는 호적에 입각하여 主戶名 아래
남녀의 수, 大 · 中 · 小 · 殘獨戶字를 맞추어 기록한 후 작성된 願受成冊
을 면임에게 납부하였다. 관에서는 문자와 계산에 능한 吏胥로 하여금 成
冊과 帳籍, 統記 등을 함께 考準시켜 入籍이 되지 않은 자와 分戶者를 적
발하도록 했다. 미입적자는 신상을 조사하여 신뢰할 수 있으면 接主人, 統
首 등의 보증으로 통에 넣어 환곡을 받도록 하였고 身役有無를 상고하여
閑丁에 보충하도록 했다. 分戶의 경우에는 面任, 統首에게 下帖하여 當該
式年부터 煙戶役을 부담하도록 했다. 이와 같이 환곡의 분급 작업과정에
서 통조직이 정비되고, 통수가 增戶 · 簽丁 · 未入籍者 · 分戶의 抄出임무
를 수행하였다.[106]

이후 본격적인 분급작업이 개시되는데 官에서는 「統別願受成冊」, 「戶
籍」, 「統記」를 査準한 후 統首에게 長件記를 지급해 주었다. 長件記에는
巡마다 민들에게 지급할 곡물의 총량이 기록되어 있으며, 통수로 하여금
그 사항을 官家에 알리게 하였다. 지급방법은 遠村遠統의 統首부터 먼저
불러 統內 各戶別로 받도록 하였다. 이어 통수의 통솔 아래 각 민호로 하
여금 호적을 지니고 순서대로 서게 한 후 長件記에 의거하여 환곡을 지급

---

104) 『成宗實錄』卷180, 成宗 16年 6月 戊戌, 11책 28쪽.
105) 「牧民攷」 耀羅法條에 의하면 民統과 구별되는 官吏統이 보인다. 이는 운영 과정
    에서 官屬들의 作奸을 방지하기 위한 하나의 방법이었다. 吏房 · 戶長과 같은 首
    任을 統首로 하고 말단 使令도 부근 官吏統에 넣도록 했다. 한편 노비들은 奴婢
    統을 구성하였다.
106) 「治郡要訣」, 「政要」 — 捧上願受成冊考査戶口大小.

하였다.

統還의 운영과정에서 別還 문제가 제기되었다. 원칙적으로 경내에서 喪葬 외에는 일체 別還을 실시하지 않도록 했다. 統還에 대해서는 통수에게 전적으로 책임을 지울 수 있으나 別還의 경우는 불가능하였기 때문이다. 따라서 상을 당한 민호는 統內 好子나 親人을 내세워 통수에게 호구단자를 맡기고 별환을 지급받게 하였다. 또한 전 가족이 몰사한 경우 지급받은 還上를 탕감받는 데 따른 문제가 있었다. 즉 환곡의 분급은 편의상 田還의 경우 田主名으로, 統還의 경우 統首名으로 지급되기도 했는데 만약 이들이 죽으면 그 아래 경작인이나 여타 統內人이 탕감의 이익을 누리므로 이를 잘 구별하라는 지적이 있었다.107)

다음으로 징수과정과 統조직, 統首와의 관련성을 살펴보겠다.108) 먼저 지방관청은 통수에게 엄격한 징수의 수행을 강조한 다음 1통씩 合斛하여 정해진 기일 내에 납부하도록 통내 민호에게 곡식을 준비시키도록 했다. 수송에 필요한 牛馬는 서로 윤번으로 빌어 쓰게 하여 비용 절감을 도모하였다. 징수과정에서 문제점으로 지적된 것은 貧殘無依者의 처리문제였다. 원칙적으로 準納이 불가능한 자는 통 내의 여러 사람이 회의하여 備納하게 하였다. 그 중 도주가 우려되는 자에 대해서는 器皿을 保授하거나 紫草를 執捉시키고, 혹시 지급받을 傭價가 있으면 傭役主人處에서 곧바로 充納하도록 하였다. 이들 貧殘者에 대해서는 납부기일에 가까울 때 入統시켜 督徵시키는 사례가 없도록 지시하였다.

이러한 제 조항을 통해 升合의 穀이라도 미수분이 있거든 통수를 重治하도록 하였다.109) 이와 같이 농민의 재생산을 보장하는 糶糴의 운영과정

107) 『備邊司謄錄』50冊, 肅宗 25年 7月 6日, 4책 806쪽. 한편 統還의 폐해를 줄이기 위해 存齋 魏伯珪(1727~1798)는 "各一統給五石 則統中自有五等 所差等分食"(『存齋全書』卷19, 政絃新譜 救弊 糶糴條)이라 하여 統마다 5석씩 분급하고 경제 상태에 따라 내부적으로 5단계로 分食하게 하는 견해를 제시하였다.
108) 「牧民攷」, 「治郡要訣」.
109) 「牧民攷」糶糴法條, 「政要」― 還上還捧法條. 「公移占錄」에서도 還穀의 납부시 謀利를 방지하기 위해 統戶首를 분명히 하고 各統內 應納各穀 校量時 직접 詳査하도록 했다.

에서 오가통제를 활용하고 통수의 기능을 강조했던 상황을 확인할 수 있다.

(3) 조세수취와 오가작통제

다음은 국가의 조세수취 과정과 統組織이 관련되는 측면을 살펴보겠다. 숙종 2년 1월 오가통제가 전국적으로 시행되면서 五家統 조직과 統首가 조세수납기구로 활용되는 사례가 있다. 大興山城의 役인 葛稅 징수에서 경기·해서 지역의 수령들이 1결당 200斤을 수취하여 운반·防納함으로써 그 폐해가 田稅보다 심하다는 사실이 지적되었다. 이때 奸吏가 중간에 개재하여 폐해를 야기시킴과 함께 수령들이 오가통 조직의 통수에게 督納을 요구한 것이 문제가 되었다.[110] 즉 오가통이 出役의 단위가 되며 통수가 그 납부 책임을 부여받은 사실이 확인된다. 영조 50년 강계지방에서 軍役과 採蔘으로 인한 逃散을 막기 위해 十家作統으로 相守之法을 시행하는 사례가 보인다.[111] 이와 함께 長城지역에서 田稅를 수납할 때 통단위로 통수가 일괄 수합하며 統의 순서에 따라 관청에 납부한 사례가 보인다.[112] 또한 養戶의 평계 하에 조세납부를 거부하는 폐단을 막기 위해 統戶의 次第에 따라 作夫冊을 기록한 사실이 보이고, 散結의 전세를 납부할 때 戶首의 폐단을 방지하기 위해 1통에 이르는 경우는 스스로 독납하게 하고 1통에 미치지 못하면 수합해서 1결을 만들게 했던 사례가 있다.[113] 이와 관련하여 영조 10년 6월에는 宮房田·官屯田에 成冊田案數와 實戶경작 여부 그리고 田結 隱漏 여부 등에 대해 統首와 統內人이 서로 규찰 적발하여 관에 알릴 것을 명하고 위반한 통수는 重律을, 統內 諸人은 連坐律을 적용받게 된다고 하였다.[114] 바로 조세수취와 통조직과의 관계를 잘 보여주는 사례가 된다.

---

110) 『白湖全書』 卷7, 疏箚 陳所懷箚 丙辰 正月 29日 278쪽.
111) 『備邊司謄錄』 156冊, 英祖 50年 5月 26日, 15책 196쪽.
112) 이는 향촌내 田稅 납부시 관행화된 사실로서, 후대의 사례이나 『鳳南日記』 1906년 10월 28일자, 11월 3일 8일 14일자가 참조된다.
113) 「用中錄」.
114) 『備邊司謄錄』 95冊, 英祖 10年 4月 29日, 9책 788쪽.

한편 存齋 魏伯珪는 戶役부과를 위해 家座次第에 따른 기계적인 작통에 반대하고 각 호의 경제상태를 감안한 6등급 작통을 주장하였다. 이에 따르면 각 통별로 동일하게 부과되는 戶役납부를 위해 上等戶의 통과 달리 下等戶의 통은 수십 가로 구성될 수 있음을 설명하고 있다. 아울러 해마다 각 리의 公議를 거쳐 等戶를 재편성함으로써 통조직의 운영을 탄력적으로 시행하자고 하였다.115)

18세기 전 시기에 걸쳐 각급 지방관청은 준재정적인 수입으로서의 殖利를 적극 채택하고 있었다. 開城府의 營錢, 경상감영의 南倉錢, 統營의 便分錢 등이 防役·救弊·支放 명목으로 운영되었고 東萊府의 倭料·倭供, 兩西地方의 勅需 명목의 식리도 전개되고 있었다. 이 같은 제 식리는 해당 관청의 재정체계와 밀접히 관련되며 各庫廳의 자금을 대여하여 운영하는 형식이 많았다. 정조 18년 관서지방에서는 勅庫債, 民庫債, 防役之債라 불리는 여러 殖利錢을 운영하고 있었다. 특히 식리전을 분급할 때 '五家統之法'을 활용하고자 했다. 그 이유를 보면, 식리전을 結分하면 방법상 편리하지만 착실한 受債之民 외에 완전한 징수가 힘들어 臥債로 쌓이거나 拔本이 어려워지는 경우가 많기 때문이다. 따라서 관서의 각 지방에서는 오가통제를 분급단위로 삼거나 향촌내 자치기구에 의해 안정된 給債處를 물색한 후 戶分하는 방법을 채택하였다.116)

당시 지방관청은 식리전의 용도에 따라 일반 농민에 대해 평균분급을 실시하는 한편 우선적으로 富·饒民, 商人을 주요 차금자로 선택하였다. 이는 식리수입이 지방관청의 독자적 수입이었고 안정된 상환이 보장되어야만 했기 때문에 강구된 사항이었다. 관청식리는 고리대 일반에서와 같이 일정 기간을 대여한 후 이자를 붙여 징수하는 과정에서 무매개적인 자기증식=고율의 이자획득이 가능했다. 그러나 대여된 화폐가 운동과정에서 소멸되는 현상(指徵無處)이 쉽게 나타났다. 이는 관청식리의 운영과정에서, 고리대 일반이 속성으로 지니고 있는 폐단뿐 아니라 일반 부세의 징수

115) 『存齋全書』 卷19, 政弦新譜 救弊 戶帳.
116) 『備邊司謄錄』 182冊, 正祖 18年 7月 23日, 18책 196쪽.

과정에서 나타나는 폐해가 부가되었기 때문이다. 한편 사채의 경우 자금대출자와 차금자 사이의 개별적인 규제에 의해 이자징수가 강제되었던 데 비해, 관청식리는 준재정으로서의 공공성이 부가되어 봉건적 공권력에 의한 이자수탈이 철저히 수행되었다.117) 관에서 오가통제와 같은 향촌통치조직을 통해 민에 대한 이자징수를 강제한 것은 이 때문이다.

(4) 군역·요역의 징발단위로서의 오가작통제

광해군·인조 연간의 號牌制와 숙종 초의 紙牌制의 목표는 외침이라는 위기상황을 타개하기 위한 軍役 확보에 있었다. 그러나 정부는 이 제도의 목적이 단순히 民數파악에 있음을 강변하고, 그 보조수단으로서 오가통제를 제시하였다. 이처럼 국가가 표방하는 목표와 민의 동요로 말미암아 오가통·지패제의 실시를 둘러싸고 향촌사회 내에서는 크고 작은 문제점이 드러났다. 정부는 오가통제를 통해 勢家에 투탁한 良丁과 立作人의 경우 統首와 統內人을 시켜 규찰·적발하게 하고, 有籍者면 充軍하되 이를 위반한 統은 連坐律로 다스리게 조치하고 있다.118) 그러나 수령이 국가적 목적만을 앞세워 향촌 내의 閑丁을 보는 대로 定軍하는 데 따른 문제점이 있었다.119) 이와 관련하여 정부는 오가통 내의 身役者 중 物故·逃亡者를 帳籍에서 제명하여 실질적인 省布의 근거를 삼도록 하고, 立代 책임을 里有司, 都·副尹에게 부과하지 않는 조치를 취하였다.120)

통조직은 家座冊과 戶籍成冊에 의거하여 작성되므로 정확한 男丁數의 파악을 전제로 하는 군역과 요역의 差發에서 기초단위가 되었다. 효종 5년 9월의 「束伍節目」에 따르면, 家座次第로써 作隊하되 통수·면임이 이를 관장하도록 하였다.121) 이에 따라 束伍軍은 20세에서 45세의 健壯着實人을 代定하도록 하고, 근처 민들은 신분상의 차이를 불문하고 가까운 統에

---

117) 본서 附篇 「조선후기 지방관청 재정과 殖利활동」 참조.
118) 『備邊司謄錄』 97冊, 英祖 11年 5月 25日, 10책 44쪽.
119) 『白湖全書』 卷7, 陳所懷箚 丙辰 正月 29日 279쪽.
120) 『白湖全書』 卷10, 疏箚 辭職兼陳所懷疏 9月 25日 385~386쪽.
121) 『備邊司謄錄』 117冊, 孝宗 5年 9月 29日, 2책 450~451쪽.

附錄하여 保授하게 했다. 그러나 특별히 양반들이 거주하는 통은 양반을 尊位로 삼아 統內에서 束伍 1명을 責立하고 통을 통솔하게 하고, 양반이 없는 경우 사리에 밝은 평민을 통수로 정하여 책임을 다하도록 했다.122) 속오군의 點考는 정기적으로 가을에 실시되는데 일률적으로 郡內의 속오군을 관문에 집합시키는 폐해가 크게 문제 되었기 때문에 주로 면단위로 실시되었다. 이때 風約의 주도 하에 면단위의 逃故成冊이 작성되었다. 한편 궐액 부분은 逃故者가 거주하는 통에서 代定케 하고 만약 불가능하면 인접 통에서 充定하도록 했다. 그러나 끝내 代定이 불가능하면 해당 統內에서 어떤 수단을 동원해서라도 반드시 충당하도록 규정하였다.123) 이에 비해 里定法은 제한된 가호를 지닌 통단위로 逃故 束伍의 代丁을 책임지우는 것이 현실적으로 불가능하였기 때문에 제기된 개혁안이었다. 즉 면임의 관장 하에 各里 下有司로 하여금 里內 11세 이상의 閑丁을 확보하여 궐액분을 보충하게 하였다. 그런데 이때도 束伍傍統之法의 원칙처럼 面에 各里를 1, 2, 3, 4의 次第를 붙이고 면과 면 사이에도 統規의 次第로써 순환·연철시키도록 하였다.124) 한편 里定이 시행될 때 반드시 전제되어야 할 사항은 家座次第에 따른 男丁數와 戶籍帳籍이 憑準의 근거가 된다는 점이었다. 이와 같이 속오군의 선별과 充丁의 임무를 수행하는 데 있어서 무엇보다 통조직을 확립하는 것은 중요한 사안이 되었다.125)

조선전기 이래 오가통 조직의 기능 가운데 하나는 인보조직으로서 도적을 방지하는 기능이었다. 정부는 초기부터 강·절도 방지를 위한 5가 연대 책임제를 거듭 강조하였다.126) 특히 봄걷이와 가을추수 이후 횡행하는 草賊의 농산물 偸竊행위를 응징하기 위한 방범기능을 강화하고자 하였다. 즉 통을 근간조직으로 하여 擊物巡警하거나 坐更備盜한 사례는 흔히 볼

---

122) 「牧民攷」糶糴法條,「政要」一.
123) 「先覺」.
124) 「牧民攷」里定草報.
125) 「牧民攷」, "近來國法解弛漏籍者多 常時有難一一摘發 若於里定之時 計基家座次第南丁名數 而憑準帳籍則漏籍者 自露戶籍之法 不期嚴而自嚴矣".
126) 『端宗實錄』卷13, 端宗 3年 正月 乙丑, 7책 2쪽의 기사가 한 예가 된다.

수 있다.[127] 숙종 15년 12월의 「購捕節目」에도 도적을 잡기 위한 오가통 조직의 결성 사례가 보인다.[128] 18세기에 들어와서도 草賊을 방지하기 위해 家座次第에 따라 민호를 오가작통한 후 統內에서 壯丁을 선발하고 매일 輪回上直하도록 한 사례가 많다. 이때 통 내에서 절도사건이 발생하면 해당 上直者를 처벌하도록 했다. 이와 함께 마을 민이 매일 저녁 통내 著套를 기록하여 수중에 지니게 함으로써 憑考의 방법으로 삼을 것이며 매월 朔望에 上下人員이 모여 밀통을 받게 하였다.[129]

다음으로 禁松을 위한 契조직의 결성과 統과의 결합을 볼 수 있는 사례가 있다. 「臨官政要」에 따르면 통단위로 경계를 分定하고 禁松契를 결성한 후 각자 禁養에 힘쓰게 했는데, 이때 巡山人(山直)의 役을 差定하는 일이 하나의 논란거리였다. 結契의 내용 가운데 통조직과 관련되는 항목만을 살펴보면 다음과 같다.[130]

一. 각 里·洞에서 사리에 밝은 사람 2명을 선출, 都有司로 정하되 周年이면 교체하고 家戶의 坐次에 따라 매일 巡山人 2명을 輪定할 것. 分界가 광활하면 1인을 더 정할 일.
一. 山直이란 役은 백성들이 가장 괴롭게 여겨 피하는 바다. 그러니 뇌물을 바치고 免役함으로써 여러 달 동안 한 사람에게 치우치도록 정하는 폐단이 생기게 해서는 안 된다. 契中으로부터 家戶의 坐次에 따라 男丁의 수를 윤번으로 배정하고 서울에서 坐更하는 법과 동일하게 하고 산을 순찰하여 犯松者를 관가에 잡아들이도록 하고 輕重에 따라 죄를 처벌할 것.
一. 各里에서 召史病人을 제외한 모든 家戶는 坐次에 따라 契案을 수정할 것.

이에 따르면 山直人은 鄕里民 가운데 매일 2~3명의 男丁이 맡고 差出

127) 『中宗實錄』 卷100, 中宗 38年 4月 丙子, 18책 668쪽.
128) 『備邊司謄錄』 43冊, 肅宗 15年 12月 18日, 4책 260쪽.
129) 「治郡要訣」 治盜節目.
130) 『順菴 安鼎福全集』 卷3, 臨官政要.

원칙은 한성부의 坐更法과 같이 契中의 家戶座次에 의거하게 했다.

숙종 원년 「오가통사목」에 따르면 향리에 소재한 하천의 준설, 堤堰의 수리, 도로의 보수, 교량의 건설 등의 공사에는 소규모의 경우 1리가 합하여서 시행하고 대규모인 경우에는 면단위로 실시하도록 규정하였다. 이때 동원되는 민들은 오가통제 하의 次第에 따른 것이었다. 즉 고을단위의 요역(잡역) 징발은 통조직의 差第에 의해 이루어졌다.[131] 이는 18세기 合德에서 蓮堤 수리를 위해 役軍이 동원되는 사례에서도 확인된다. 당시 合德에서는 각 면임을 통해 이틀 간의 부역을 명하였고 北 5개 면의 軍丁이 차출되었다. 이때 班戶·常人의 구별없이 統戶次第에 따라 각각 이틀 간의 양곡을 소지한 채 참여하게 했고 각 면단위로 小名都目과 統記 및 굴착장비를 준비시켰다.[132] 또한 1784년 7月 江原監營에서 原州 읍내 13개 면에 내린 전령을 보면, 하루 작업분의 객사수리의 役을 수행하기 위해 각 面里 내 軍丁을 家座에 따라 동원한 사례가 있다.[133]

(5) 권농과 오가작통제

다음으로 권농의 시행단위로 통조직이 관련되는 문제다. 먼저 소경영농민의 재생산을 보장해 주는 주요 생산수단인 牛結犁의 사용을 위해 작통제가 실시되는 사례를 살펴보겠다.

정조 연간 耳溪 洪良浩가 지방관으로 재임시 各坊에 내린 關牒에서 農牛成冊의 작성을 명하고 있다.

농가의 이해는 전적으로 農牛의 유무에 달려 있다. 소가 없는 농민은 비록 良田美土를 가지고 있다고 해도 소를 빌려 借耕하기 때문에 경작시 적절한 시기를 놓쳐 가을의 수확을 기다리기 어렵다. 그러므로 貧民의 농사는 항상 富家의 그것에 미치지 못한다. …… 비록 隣里의 美로서 말하되 같은 마을에 동거하고 같은 밭에서 共食하는데 苦樂이 두드러지니 어찌

131) 面里制 - 五家統制를 근거로 운영된 徭役制에 관해서는 본서 3장 2절 1)항 참조.
132) 『耳溪 洪良浩全書』 合德蓮堤修等役軍排定事 傳令各面.
133) 「隨錄」 科牒(古 5120-163) 7月 20日 傳令內13面.

矜惻之心이 없겠는가. 이에 各里 里任과 該洞執綱을 통해 坊曲에 널리 알려 1리의 農牛數를 통계내어 많은 곳은 8가를 1통으로 그 다음 지역은 6牛를 1統으로 적은 지역은 4牛를 1統으로 삼아 힘을 합쳐 농사짓게 하라. 작통시 餘戶가 8가에 미치지 못하거나 혹 이 고을의 소가 적고 저 고을의 소가 많더라도 부근 里와 함께 연결하여 統을 만든 다음 8가 내에 風力이 있는 자를 統長으로 선출하여 1통의 일을 주관케 하라. 1통 내에 木牌를 만들어 8가를 나열하고 輪回耕作의 순서를 기록함으로써 쟁론이 일거나 不均의 폐가 없도록 하라. 소가 없어서 경작이 늦어지는 폐가 발생하면 해당 통장은 각별히 처벌한다. 各里 作統成冊은 재차 一坊 단위로 수합해서 보고하여 憑考 근거로 남길 것이며 예하 각 통에서 不勤의 일이 발생하면 해당 里任, 執綱, 勸農有司 또한 죄책을 면치 못할 것이다.[134]

여기에서 보이는 통조직은 생산수단인 소의 보유 숫자를 중심으로 대략 8가를 1통으로 삼고 있다. 또한 統長을 선발하여 통 내의 제반 업무를 관장케 하고 里任, 執綱과 유기적으로 연결되도록 하였다. 한편 江州에서도 10가작통을 전제로 한 牛結犁成冊이 작성된 사례가 있다. 여기에서도 소를 보유한 5~6가와 소가 없는 3~4가를 서로 섞어 균등하게 편제시킨 다음 1통을 만들고 風力勤幹人을 통장으로 삼아 牛結犁의 윤회 사용을 감독하게 했다.[135]

이처럼 각 지방에서는 8가 혹은 10가를 1통으로 삼아 牛結犁의 사용문제를 해결하고 원활한 생산을 도모하였다. 이때의 통조직은 모든 민호를 家座의 순서에 따라 5호 단위로 일정하게 묶어내는 오가통제와는 다른 것이다. 특히 소를 보유한 농가는 적어도 중농 이상의 부민이었다는 점에서 기존 「戶籍大帳」, 「統記」, 「家座冊」에 수록된 오가통제와는 외견상 편성원리를 달리한 것으로 여겨진다. 그러나 인근 지역을 생산단위로 묶을 때 인접 생산자가 참여할 수밖에 없었을 것이며, 이때의 統長의 임무 또한 기존의 그것과 별다른 차이는 없었을 것이다.

이와 함께 권농과 관련된 통장의 의무사항이 강조되었다. 통장은 統內

---

134) 『耳溪 洪良浩全書』 勸農事 下帖各坊.
135) 「江州文蹟」 勸農事傳令.

의 빈가가 춘궁기에 種粮의 부족이 없도록 살펴 즉시 坊任과 관에 보고하
여 지급받게 하고,[136) 여름이 지난 후 民들의 力農과 시비 여부를 직접 살
펴서 부실한 자는 관에 알려 처벌하도록 했다.[137) 다음으로 種桑의 시행과
통조직과의 관련성을 볼 수 있다. 남원현내 각 면의 경우 統戶에 따라 各
家의 담장과 東山田壽의 공간에 2월이 지나기 전에 桑木을 심도록 하였고
이 작업의 수행 여부를 파악하기 위해 副尹과 里任의 조사보고를 요구한
사례가 있다.[138)

(6) 鄕風敎化, 防守와 오가작통제

　정부는 향약 시행의 필요성에 항상 공감했으나 적극적인 제도의 강요가
불가능한 점을 인식하고 있었다. 정부는 궁극적으로 민에 대한 완전한 통
제를 목적으로 하였기 때문에 재지세력들이 사회조직으로서의 향약을 통
해 향권을 장악하려는 시도를 거듭 경계하였다. 이에 따라 수령 주도로 실
시되는 오가통제의 세목 내에 향약의 제 기능과 조직체계를 흡수하고 鄕
風敎化를 명시함으로써 집권력을 보다 강화시키려 하였다. 물론 지역에
따라 공적인 사회제도로서의 오가통과 사회조직으로서의 향약이 상존하는
곳이 있었다. 이때 국가권력·재지사족은 민에 대한 지배의 확립이라는 각
자의 이해를 실현하기 위해 오가통제를 상호 접합시켜 이용하려 했다. 그
중 수령에 의해 향권장악이 이루어진 곳에서는 오가통제가 향약을 반포하
고 시행하는 하부조직으로 기능하였다. 예를 들어 玉山의 경우 藍田 呂氏
鄕約을 시행하기 위해 각 면임에게 내린 전령 가운데 朔日마다 통수가 각
기 통 내의 老幼들을 인솔하여 上·副尊位와 合坐하여 향약조목을 강독
한 후 그 뜻을 小民에게 전달하도록 하였다.[139) 여기에서 향촌교화를 위해
統과 統首에게 일정한 의무사항이 부과되었음을 확인할 수 있다. 조선전

---

136)『臺山文集』公移 傳令 鄕將吏.
137)『備邊司謄錄』36冊, 肅宗 8年 正月 23日, 3책 479쪽.
138)「南原縣牒報移文成冊」丁巳(1737)年 正月 下帖各面.
139) 다소 후대인 1849년 10월의 사례이나, 조선후기에 관례화된 사실로 여겨진다(「玉
　　山文牒抄」己酉(1849)年 10月).

기 이래 정부는 통 내에서 綱常의 죄를 범한 자에 대해 『대전』에 의거, 統
主-里任-勸農官-守令에 이르는 계통을 밟아 그 죄를 다스리고 풍속을
바르게 할 것을 거듭 지시하였다.[140] 숙종 15년 11월의 사례에서도 한성부
西江 근처에서 발생한 雜類의 士夫冒稱이라는 풍교 시정과 도적 방지를
위해 五家統規가 제기되었음을 보게 된다.[141] 또한 영조 32년 1월에는 향
촌내 금주단속을 위해 국가 차원에서 오가통법을 활용하기 위한 절목 반
포가 있었다.[142]

한편 민에 대한 管束을 위해 오가통제와 향약의 조규를 혼용하기도 했
다. 정조 18년 10월 도둑과 무뢰배를 막기 위해 오가통의 統長과 향약의
尊位를 두어 상호 규찰하고 행동거지가 수상한 자의 용접을 막도록 하자
는 주장이 있었고 국왕이 이를 허락하였다.[143]

변방의 지역적 특성과 관련해서 오가통제는 군액의 감소를 막기 위한
지역 거주민의 이탈방지책과 청나라 변경민의 약탈에 대비하기 위한 鄕村
防守策으로 채택되었다. 평안·함경도 지역은 군액 확보를 위해 일찍이
조선전기 이래 오가통제의 인보조직을 활용하여 주민의 이동을 통제한 지
역이었다.[144] 숙종 21년 12월 北路에서는 매 5일마다 관에서 五家統成冊
에 따라 點考하였던 사실이 나타난다. 이때 이 지역 유생들이 土卒과 함께
點考하는 데 따른 체통 손상을 핑계로 면제를 요구하였다. 그러나 정부는
邊防重地라는 지역사정을 내세워 이를 단호히 거절하였다.[145] 또한 이곳

---

140) 『成宗實錄』 卷245, 成宗 21年 閏9月 甲申, 11책 647쪽.
141) 『備邊司謄錄』 43冊, 肅宗 15年 12月 15日, 4책 258쪽.
142) 『備邊司謄錄』 130冊, 英祖 32年 正月 28日, 15책 756쪽.
143) 『備邊司謄錄』 82冊, 正祖 18年 10月 16日, 18책 263쪽.
144) 가령 世祖 12年 2月 이 지역 주민의 流離를 막기 위해 里正·守令의 책임하에 五
家統制를 실시하고 監司가 그 내용을 매달 狀啓를 통해 보고한 사실이 있다(『世
祖實錄』 卷38, 世祖 12年 2月 丙子, 8책 6쪽). 또한 연산군 9년 6월에도 軍額 감소
를 막기 위해 各官 境內의 民戶를 계산하여 5家에 伍長, 5伍에 統正의 직임을 설
치하고 그들로 하여금 매월 巡行 檢察하게 하여 死亡·逃散者는 수령에 보고하
고 봄·가을에 戶口의 증감을 계산하여 보고하게 하였다(『燕山君日記』 卷50, 燕
山君 9年 6月 戊午, 13책 576쪽).
145) 『備邊司謄錄』 49冊, 肅宗 21年 12月 21日, 4책 760쪽.

에서 犯越罪人이 발생하면 座首·兵房·軍官과 함께 風約·統首에 이르는 해당 직임자로 하여금 연대책임을 지게 했다.[146]

이와 달리 오가작통제가 鄕村防守策으로 채택되기도 했다. 영조 9년 5월 평안감사 權以鎭이 狀啓를 통해 沿江지역의 村落團聚에 대한 보고를 올렸다. 연강지역의 거주민은 서로 흩어져 있어서 촌락을 형성하지 못해 淸野가 침입하면 항상 약탈을 당한 사실이 있었다. 이에 따라 전 감사 宋眞明은 오가통법을 실시하여 촌락을 취합하고 상호 도우며 지키는 방안으로 삼고자 하였으나, 形單勢弱하여 효과적인 대응책이 될 수 없었다. 따라서 현 감사 권이진은 10호를 1촌으로 삼고 통장을 임명하여 촌 내의 일을 관장하게 하고 民을 강수리 밖으로 이거시켰으며, 이를 통해 1촌이 서로 의지하여 防守할 수 있게 하였다.[147] 이와 같이 정부는 오가통제를 활용하여 人戶의 감소를 방지하고 防守조직으로 적극 활용하는 한편, 항구적인 대책으로 거주민에게 생산기반을 확보할 수 있는 조치를 취하였다. 1791년 강계에서는 新來民에 대한 除役과 安接의 방안이 거듭 지시되었다. 우선 해당 민가에 대해 陳荒田을 起耕하면 3년 동안 조세를 면제해 주고, 風憲·禁監·尊位의 책임 아래 家舍와 田土를 헐가에 구입할 수 있도록 주선해 주었다. 이와 함께 향촌내 頭民과 富民의 협조를 얻어 借耕地를 확보해 주고 農糧·農牛·農器 등 생산수단을 대여해 주도록 조치하고 있다.[148]

3. 17세기 오가작통제의 성격

17세기 정부가 진력을 기울인 사업은 농민들의 流離를 방지하고 향촌에의 귀속을 완료하는 것이었다. 이는 무엇보다 통치의 근간이 되는 담세자이자 군역담당자인 良役農民의 안정적 확보라는 측면과 긴밀히 관련되기

---

146) 『備邊司謄錄』138冊, 英祖 36年 2月 8日, 13책 383쪽 ; 140冊, 37年 12月 5日, 13책 631쪽.
147) 『英祖實錄』卷34, 英祖 9年 5月 乙未, 42책 351쪽.
148) 「江州文蹟」新來民除役事傳令及節目, 新來民安接事.

때문이다. 17세기 오가통제는 이 같은 국가목적의 필요성에 따라 제기된
것이다.

오가통제의 성립과정을 보면 인조 연간 호패법의 시행경험과 효종·현
종 연간의 격렬한 논의과정을 거쳐 숙종 초기에 「五家統事目」으로 법제화
된다. 오가통제는 강력한 국가체제의 정비를 위해 향촌내 사적 권력을 배
제하고 국가권력의 對民침투를 용이하게 하여 궁극적으로 國家 對 民의
직접 지배관계를 확립하고자 하는 國家再造의 一方向에서 성립된 셈이다.
이는 일본에서 17세기초 幕藩體制의 강화 차원에서 勸農과 土地緊迫, 諸
役·治安 일반의 원활한 수행을 위해 十人組·五人組 제도가 출현하여
차후 막번 영주계급 독자의 인민지배조직으로 존속하게 된 사실[149]과 淸
朝가 실질적인 향촌장악과 국가권력의 강화를 위해 전통적인 행정촌의 성
격을 지닌 保甲制의 시행을 강행한 사실과도 비견된다.

17세기에 성립된 五家統制는 호수에 의한 통치조직의 구분, 면리제·군
현제와의 유기적 연결, 그리고 인보법에 의한 상호규찰, 流離民 통제기능
을 수행하려 했던 것이다. 기본 이념은 당시 시무론의 전거였던 周代의 井
里(鄕遂制)와 孟氏의 經界 및 管子의 內政(什伍制)에 따르고, 唐代 隣保
法을 포함한 역대 중국 행정촌의 운영사례를 참조하였다. 이는 조선후기에
三代政治와 法制의 회복을 부르짖은 儒者들의 개혁론을 충실히 반영한
것이었다. 그러나 무엇보다 오가통제가 祖宗朝의 遺法(成憲)이고 『經國大
典』상에 절목으로 남아 있다는 사실, 다시 말해 부분적이나마 조선전기의
오랜 기간 동안 면리제의 하부조직으로 존재하면서 기능하였던 시행 경험
이 時宜에 비추어 중시되었다.

정부는 일방적인 節目의 반포와 제도의 시행을 강제하는 데 머무르지
않고 오가통제를 사회제도로서의 郡縣制·面里制 및 鄕約·作夫制와 같
은 기초 사회조직·사회단위와 유기적으로 연결시키는 작업을 견인해 내
고자 하였다. 이에 따라 오가통제는 단순히 호적제도를 보완한다는 기능

---

149) 煎本增夫, 「寬永期における五人組制の確立」, 北島正元 編, 『幕藩制國家成立過
　　程の研究』, 吉川弘文館, 1978 ; 「十人組の成立」, 『近世の支配體制と社會構造』,
　　吉川弘文館, 1983 참조.

외에도 인보조직의 기능, 군역·요역의 징발조직, 각종 부세 수납기구, 향
풍교화를 위한 향약 하부조직과의 결합, 변방의 防守를 위한 근간조직에
이르기까지 향촌 운영에서 기초단위로 기능하였다. 다시 말해 오가작통제
는 국가의 행정적 목적을 위해 성립된 위로부터 주어진 계기와 함께 농민
의 재생산을 보장하는 향촌 본래의 내재적 질서를 담지하는 사회조직으로
서의 이중성을 체현하는 존재였다.

17세기 정부는 인조 연간의 호패법 시행경험을 통해 농민들이 일정한
산업이 없고 고정된 거처가 없이 流離하는 상황에서 단속만을 위한 제도
의 강제는 아무리 美制良法이라 하더라도 효율성이 떨어질 수밖에 없다는
점에 주목하였다. 이에 따라 17세기 오가통제는 민에 대한 실질적인 시혜
조치, 가령 逋欠의 탕감, 환곡제의 원활한 시행, 군포감면 등과 동시에 시
행되었고 統內 각 호의 경영파탄을 방지하기 위해 농민의 재생산관계를
보장하는 규정을 절목에 반영시켜 시행하고자 하였다.

17세기 오가작통제는 그 시행주체에 따라 국가적 사업인지 혹은 개별
수령의 향촌지배의 필요성에 입각한 것인지가 구별된다. 따라서 그 구성은
국가적 목표나 향촌상황에 따라, 그리고 작성자가 이념적 모델로 중국의
어떤 제도를 인용했는지에 따라 상호 달라질 수밖에 없다. 이에 많은 사례
들은 하나의 고정된 오가작통제의 틀을 설명하는 것이 아니라, 편찬자가
파악하는 상황을 염두에 두고 실정에 맞추어 세부 조규나 운영체계를 상
이하게 규정한 것이다. 「五家統事目」, 「寬恤節目」, 영조 5년의 「五家統法
申明舊制節目」은 전자의 예에 해당되며, 정조 연간 洪良浩의 「什伍相聯
之制」나 安鼎福의 「鄕社法」은 후자의 전형을 보여준다고 할 수 있다. 또
한 오가작통제는 사안에 따라 다양하게 작성되었는데, 기본적인 형태는 호
적법·호패법의 시행시 구성되는 오가통제로 이를 근간으로 하여 각종 조
세수취와 군역·요역의 差發이 이루어지고 있었다. 한편 흉년시 환곡분급
만을 위한 일시적인 작통이나 생산수단인 소의 소유 여부에 따라 牛結犁
의 統, 束伍傍統法의 統조직 등 원리를 같이하면서도 조직구성을 다소 달
리하는 統조직이 존재하였다.

17세기의 오가통제가 節目의 완벽한 구성만큼이나 대민·대향촌 지배의 면에서 효율적인 기능을 다했는지는 쉽게 추단할 수 없다. 이는 첫째, 정치적인 면에서 당시의 대중국관계 및 당색에 따른 상이한 개혁론으로 인해 부침이 심했기 때문이다. 오가통제는 항상적인 사회제도의 하나였지만 국가권력에 의해 지지될 때 비로소 공적인 형태의 지배와 통제를 이룰 수 있었기 때문에, 정부의 확고한 실현의지가 중요한 측면이 된다. 그런데 17세기 두 차례의 호란과 親明排淸論, 북벌론의 전개에 따라 정부가 초미의 현안으로 내세운 것은 軍籍·良役의 확보방안이었고, 오가통제는 사회제도로서의 본래 영역의 실현과는 달리 현안 해결책의 연장선상에서 벗어나지 못하였다. 따라서 극심한 정파의 이해관계에 따라 정책의 단절이 거듭되었던 점을 볼 수 있다. 그렇지만 오가통제는 숙종 초기 남인정권기에 확립된 이후 숙종 7년의 서인·노론정권에서도 제도의 효용성이 인정되어 향촌사회내 통치조직으로 존속하였고, 이로 인해 '舊制申明'이라는 표현하에 각 왕조에서 계기적으로 재등장하였다.

둘째, 일정 호수를 단위로 하여 향촌을 임의로 편성하려 했던 제도 자체의 문제점을 들 수 있다. 이 시기 향촌과 민은 혈연·가계질서와 지역의 근접, 생활형태와 감정의 근사성에 기반한 재래의 공고한 결합관계에 상당부분 규정되었다. 반면 오가통제가 위로부터 성립계기가 주어졌을 뿐 아니라 국가에 대한 급부와 반대급부만을 전제로 하는 측면이 강하다고 할 때 기존 향촌의 제반 질서가 오가통제라는 순연한 조직체계로 묶이기 어려웠던 사정을 헤아릴 수 있다. 이와 관련하여 또 하나의 향촌 현실인 신분제에 의해 규정되는 측면도 있었다. 일률적인 統으로의 편제만을 강요하여 朝士와 出身者가 통조직에 들어가지 않고 심지어 순환되는 統首의 임용을 거부하고 외딴 곳으로 이사하는 사례와 紙牌에서 常漢 統首 아래 이름이 기재되는 것에 반발하는 사대부, 그리고 北路지역에서 오가통제에 따른 點考시 체통을 내세우는 儒生들의 항의 등 재지사족들에 의한 크고 작은 반발이 계속되었다.

셋째, 오가작통제는 토지분급제나 경제적인 시혜조치 없이 제도의 강제만을 모색한 측면이 강했다. 숙종 초기 오가통제를 주창한 남인정권의 윤휴 역시 井田制에 대해 개인적인 이해는 표현했으나 그 실천방안을 강구하지 않았다. 따라서 항상적인 생산수단인 토지의 분급을 전제로 한 지방제도의 실현단계에는 이르지 못했던 것이다. 더불어 운영과정에서 수령·이서의 농간이 개재되어 민들에게는 단속만을 강요하는 酷法으로 규정되기도 하였고, 오가통제의 반대자들에게는 민심의 동요라는 그럴듯한 명분을 제공하는 요인이 되었다. 오가통제의 주창자들이 따르고자 했던 周代의 鄕遂制가 정전법이라는 토지분급제에 기초한 사실이라든가 당시 진보적인 개혁론자인 유형원이 주장한 토지분급과 농민의 생산체계 보장을 전제로 한 향촌론(閭里頃의 설치주장), 五家統·限田法의 연계실시안 등은 이러한 상황에 견주어 볼 때 주목되는 점이다.150)

오가통제는 여러 문제점에도 불구하고 17세기 이래 면리제의 하부조직으로 편제되어 다양한 기능을 수행하였다. 특히 국가재조라는 현안과 관련하여 보다 복잡한 기능이 부과되었다. 이 시기 오가통제에 관한 절목이 거듭 반포된 것은 제도상의 미비와 운영상의 문제에서 기인된 것이지만 무엇보다 국가의 향촌지배가 어려운 위기에 직면했음을 보여주는 일면이기도 하다.

한편 정부는 19세기의 극심한 사회변동 하에서도 공적 사회제도인 오가통제를 보다 강화하여 당면한 위기를 벗어나고 민에 대한 지배를 관철하고자 했다. 먼저 정부는 순조·헌종 연간의 西學침투를 방지하기 위해, 壬戌農民抗爭과 明火賊의 주모자를 색출하는 방안으로 오가통제의 인보기능을 적극 활용하고자 했다. 19세기 후반에 이르러 甲午農民戰爭·活貧黨·英學黨運動 등 농민들의 저항이 치열해짐에 따라 의정부·내무부 및 각급 지방관청 단위로 오가통제의 실시 빈도수가 무척 많아지고 있다. 이때에도 집권층에서는 향약제와 함께 전통적인 統조직의 강화를 통해 저항세

---

150) 英祖 10년 6월 司勇 林秀桂의 상소가 대표적인 예다(『備邊司謄錄』 95冊, 英祖 10年 6月 26日, 9책 788~789쪽). 또한 영조 32년 정월 禮曹左郞 金義采가 극심한 疫疾로 인한 廢農을 막기 위해 8家로 作統하여 '八家同井之法'을 건의한 것도 그 한 예다(『備邊司謄錄』 130冊, 英祖 32年 正月 22日, 12책 747쪽).

력과 일반 민과의 결합을 차단시키고 더 나아가 무장력을 갖춘 방어조직
으로서의 기능을 수행하게 했다. 17~18세기의 오가통제는 효율적인 호적
제도의 유지와 안정적인 人丁의 확보라는 행정적인 목적 외에 향촌의 자
율적 질서를 인정하고 그 위에 소농민의 재생산을 보장하기 위한 조규가
설정되어 있었다. 그러나 19세기 이후 반포되는 오가통제는 농민들의 저항
에 대응하는 방안으로서 향촌사회를 전통적 질서 아래 통제시키는 데 초
점이 있었다. 무엇보다 민심의 이반을 막고 저항세력을 제거하는 데 활용
하고자 했다. 이를 위해 정부는 오가작통절목의 시행 외에도 門戶顯牌, 洞
內出入民成冊, 軍物의 聚會 點考 등의 조치를 면리단위로 시행하였다.[151]

---

151) 본서 附篇「19세기 사회변동과 五家作統制의 전개」, 특히 갑오농민전쟁 당시 경
    북지역을 중심으로 봉기농민군과의 내용 및 동요방지책으로서 시행된 五家作統
    制에 대해서는 申榮祐,『甲午農民戰爭당시 嶺南保守勢力의 對應』, 연세대학교
    박사학위논문, 1991 참조.

제5장 鄕村對策과 鄕所의 위상

1. 壬亂 이후 향촌 정비과정과 향소의 편제

16세기 이래 재지사족의 民에 대한 지배는 토지제도와 신분제도를 중심으로 한 경제적·인신적 지배였다. 그러나 그 기반은 전쟁으로 인해 향촌사회가 파괴되면서 커다란 타격을 받게 되었다. "經亂以後 …… 鄕風之垂敗 至於議論乖離 鄕籍罷廢"이라든가[1] "一邑鄕員 幾盡於兇鋒"[2]이라 하여 많은 수의 鄕案과 鄕廳이 분실되고 鄕員들이 사망하는 등 인적·물적 피해가 컸다. 이로 인해 기존 사족지배체제가 동요, 붕괴되는 현상이 나타났다.

재지사족들은 기존 留鄕所를 중심으로 재결집하거나 鄕籍(鄕案)의 복구·중수를 통해 戰前의 지위를 확보하기 위한 갖가지 노력을 경주하였다. 그런데 영남의 安東·尙州, 호남의 光州처럼 재지사족들이 壬亂 후에도 유향소 운영에 적극 가담한 경우 향안은 재차 차별적인 신분제 및 계급이해의 구현체로서 성격을 지니게 되었으며 향원들 역시 향촌지배자로서의 지위를 어느 정도 유지할 수 있었다. 반면 호남의 南原·全州·羅州·靈光 등지와 같이 전쟁 후 鄕籍이 罷置되어 그 기능이 전혀 발휘되지 않은 경우도 있다.[3] 무엇보다 전쟁을 경과한 민들의 사회의식이 크게 성장함에

1) 「龍城誌」卷2, 公署.
2) 「長城鄕校誌」鄕憲.
3) 金仁杰, 「朝鮮後期 鄕案의 性格變化와 在地士族」, 『金哲埈博士還甲紀念史學論叢』, 1983, 528~530쪽.

따라 국가권력에 의한 공적 지배 외에는 일체의 사적 지배가 부정되는 현상이 곳곳에서 나타났다.

한편 임란 이후 정부는 체제붕괴의 위기를 타개하기 위해 생산기반의 복원, 良役의 확보, 그리고 안정적인 국가재정체계의 수립을 목표로 제반 정책을 강구하였다. 특히 정부는 중앙집권체제의 확립을 목표로 향촌정책을 보다 치밀하게 수행하고자 했다. 이에 따라 공적 사회제도로서 面里制의 확립을 도모하고 효종·현종·숙종 초기에 걸쳐 戶布法·號牌法·五家統法을 거듭 실시하였다. 이와 같은 일련의 제도는 국가에 대한 급부와 반대급부만을 규정한 것으로 기존의 차별적인 신분제가 무시된 채 어디에서나 그리고 누구에게든 일률적으로 적용되는 법제였다. 동 법제와 관련된 제반 법규, 절목, 국왕의 敎旨 등은 조선 전역에서 동일한 방식으로 시행되었다. 엄밀히 말해 전쟁을 경과한 후에도 재지사족들의 재산을 보호해 주던 법체계는 변함이 없었으며 그들의 경제적 지위도 모두 저하된 것은 아니었다. 그럼에도 불구하고 재지사족들은 국가의 강화된 향촌정책과 민들의 반발에 밀려 기존의 사적 지배기구에 의한 통치관행을 점차 상실하게 되었다.

京在所와 유향소(鄕所)는 중앙집권적 체제를 확립하고자 하는 국가의 의지와 재지세력의 자치력 제고의 절충기관으로서 조선전기 이래 京鄕에 존재하며 각각 역사적 소임을 다하고 있었다. 그런데 선조 36년 戰後 국가기구의 정비과정에서 경재소가 혁파되고 分所인 향소의 지위에도 커다란 변화가 나타난다. 본래 경재소는 官權주도의 지방통치체제를 확립하려는 조선왕조의 입장과 출신지 소재 노비와 토지를 관장하려는 在京官人의 개인적 입장에서 각각 중시된 기구였다. 조선전기를 통해서 볼 때 분권적 성향이 엿보이는 유향소는 두 차례에 걸쳐 혁파가 단행되었으나 집권 양반들의 조직이었던 경재소는 임란 전까지 그러한 과정을 밟지 않았다. 그런데 16세기 이후 경재소는 체제적 存置 이유와는 상관없이 각종 폐단의 근원임이 지적되어 혁파 요구가 조심스레 대두되었다. 예를 들어 해당 군현의 鄕吏糾察과 鄕風矯正이라는 본래의 목적과 달리 京邸吏와 邑吏를 괴

롭히고 각종 경제적 이권 확보에만 몰두하는 폐해가 거듭 드러났던 것이
다. 경재소는 중종 12년 12월 正兵 崔淑澄의 혁파건의[4]와 선조 원년 1월
掌令 李憲國의 혁파요구가 제기된 이후[5] 임란을 계기로 완전히 혁파되
었다. 선조 36년 정월 비변사는 경재소의 혁파를 요구하였고,[6] 이에 국왕은
임란 후 民力이 고갈되고 列邑이 모두 탕파되었으며 養兵이 급무로 대두
한 상황을 내세워, "경재소를 칭하여 종전의 폐해를 재연하려는 모순을 없
앤다"고 하며 그 혁파를 명하였다. 차후 광해군 4년 정월 재차 경재소의 복
설문제가 제기되었을 때도 향촌사회에 대한 폐단의 전례를 들어 剩司라
혹평하며 복설에 반대하였다.[7]

경재소의 혁파는 향촌지배체제의 구성에 일대 변화를 가져왔다. 경재소
를 매개로 한 군현의 간접지배 방식, 분권화의 방지시도는 중지되었다. 또
한 경재소와 동반적인 위상을 지녔던 유향소(향소)는 그대로 존속되었으나
경재소의 혁파로 인해 그 비중은 감소될 수밖에 없었다. 무엇보다 조선초
기 이래 경재소에서 擇定하던 유향소 임원은 이제 수령에게 差帖을 받고
그 任免이 좌우되었다. 조선전기에 유향소는 중앙집권을 도모하는 국가의
이해관계에 따라 두 차례에 걸쳐 치폐를 거듭하였다. 더불어 복설될 때마
다 유향소의 분권화 및 자치성향을 제어하는 시책이 병행되었다. 이로 인
해 유향소는 官治 보조임무를 수행하고 수령권 중심의 기구로 斜傾化되는
듯한 외양을 드러내고 있었다. 또한 유향소에 참여한 品官層은 수령의 군
현통치에 깊숙이 관여하면서 부정의 한 축으로 위치하는 경우도 있었다.

4) 『中宗實錄』 卷31, 中宗 12年 12月 戊午, 15책 369쪽.
5) 『眉岩日記草』 戊辰 5月 11日 226쪽.
6) 『宣祖實錄』 卷158, 宣祖 36年 正月 甲申, 24책 443쪽, "經亂之後 民力蕩竭 急用
軍餉 亦難措辦 損不急之官 以養戰士此今日之急務也 …… 且平時各官京在所稱
號者 初欲糾察鄕風 而其流終至於侵虐邑吏之歸 人多苦之 今列邑盡爲蕩破 不成
模樣 而稍稍還稱京在所 以後平日之弊 甚不可也 此亦一切革罷 姑勿還設爲便
傳曰 依允".
7) 『光海君日記』(鼎足山本) 卷49, 光海君 4年 正月 己未, "京在所者 以在京士大夫
提領州縣留鄕所之事 檢察一邑風俗事 有作奸者 報司憲府推治 頑惡鄕吏 亦在擧
彈之中 而或有因事作弊於鄕曲 而枉其是非者 盖剩司也".

다시 말해 유향소는 거듭된 치폐 과정에서 자치기능이 점차 약화되고 있었던 바, 이제 임면권자가 수령으로 바뀌면서 官權에의 예속 역시 쉽게 예견될 수 있었다. "壬亂兵火 이후 부역이 날로 번중하고 時事가 날로 변화되어 갔다. 향소는 差令에 분주하고 應供에 급급하여 자신조차 보전하기 힘든 형편인데 하물며 어느 겨를에 풍속을 독려하고 古義를 회복하겠는가"[8]라 하여 향소가 임란 후 부세수취 및 행정적 기능만을 분주히 수행하고 재지세력의 표징이라 할 수 있는 풍속교정 업무를 제대로 수행하지 못하는 상황이 지적되고 있다. 이 기사는 향소가 군현통치의 보조업무에만 종사하고 수령권에 대응되는 자치기구로서의 면모가 약화되어 감을 보여준다.

한편 향소는 軍役差定을 비롯한 軍務에 종사하고 있었는데, 효종 연간의「營將事目」반포 이후 영장에 의한 향소 처벌이 행해지고 이에 따라 향임의 지위가 더욱 낮아지는 상황이 초래되었다. 양란 이후인 17세기 초 정부의 최대 현안은 국방력 강화 및 良丁 확보였다. 이른바 '復讐雪恥'를 위한 북벌론이 거듭 제기되면서 서인정권에서는 良丁확보에 몰두하였다. 이 과정에서 효종 5년 3월「營將事目」이 실시된다.[9] 인조 5년 이래 작성된「營將事目」은 道마다 鎭管區를 다섯으로 나눈 후 五營을 두고 各營의 營將 1인은 堂上武官으로 임명하여 소속 각 읍을 순력하면서 軍卒의 훈련, 軍器의 정비를 관장하고 유사시에 즉각 병력이 동원하도록 하는 체제였다. 이는 인조 15년 淸에게 패배한 후 중지되었다가 북벌론의 여론이 최고조에 달했던 효종 5년을 전후하여 실시되었다. 일단 경상도(5인)·충청도(3인)·강원도(1인) 등에 무장이 파견되었고, 다른 道는 지방관이 겸임하도록 했다. 효종 5년의 事目 중 향소에 관련된 조목을 보면 우선 營將은 軍務에 관련하여 수령에게 중대한 잘못이 발견되면 국왕에게 啓聞하여 조치하고, 예하 鄕所·邑吏가 저지른 잘못에 대한 杖 80 이하의 처벌은 스스

---

8) 朴壽春,『菊潭集』鄕規序 ; 韓相權, 앞의 논문, 1984 참조.
9) 營將에 관해서는 車文燮,『朝鮮時代軍制硏究』, 단국대출판부, 1973 ; 徐台源,「朝鮮後期 營將의 性格에 관한 硏究 - 兩亂 후의 國家再造와 관련하여 - 」, 연세대학교 석사학위논문, 1990 참조.

로의 권한으로 수행할 수 있었다. 또한 "인물의 번식이 임진 이전과 다르
지 않은데 各邑 束伍는 모두 根着이 없는 疲殘之戶로 充額된다. …… 豪
强之戶가 民丁을 容隱하니 관리가 아무런 조처를 취하지 못한다. 지금부
터는 時任座首 및 實兵房 등이 束伍軍器 등의 일을 專掌해서 束伍는 모
두 根着年壯人으로 抄定하고 軍器는 훼손되는 대로 고쳐서 전과 같은 虛
疏한 폐단이 없게 하라"고 하였다. 아울러 座首·色吏에게 알려 속오군의
용모와 나이 등을 기록한 疤記成冊을 兵使와 營將에게 보내어 避役과 代
定의 폐단을 막도록 하였다.10) 정부는 영장제와 私賤이 편제되는 속오군제
를 통해 재지사족들의 民丁容隱 현상을 제거하고 집권력을 강화하려 했다.

정부는 良丁確保, 閑丁搜括이라는 국가적 목표를 위해 재지세력의 하나
인 향소에게 속오군 差役·抄定·軍器整備·調練·疤記成冊 작성 등 제
반 업무를 담당하게 했다. 향소가 향촌 사정을 자세히 파악하고 있었기 때
문에 이를 座首에게 맡긴 것은 일단 착실한 효과가 있는 것으로 평가되었
다.11) 그러나 향소가 軍務·軍器·犒軍 등의 책임을 지고 있고 잘못되면
처벌되는 사정으로 인해 사족신분의 적임자들은 '抵死回避·有死不爲'12)
라고 할 정도로 座首職을 피하고자 하였다. 반면 '忘生逐利之漢'13)이거나
'無識不齒士類者'14)들이 이를 차지하려 하여 그 결과 종전에는 薦望을 받
을 수 없었던 자나 향안 외의 인물이 좌수로 임명되는 사태가 초래되었
다.15) 남원현의 校理 李尙馨은 "經亂以後鄕宰所廢 士大夫賤惡其執鄕權
凡百論議 全不可否 故無識無恥之徒縱恣妄行 以鄕籍爲發身之私卷 以鄕
任爲起家之大橐 奔競雜亂 因有紀極籍文 再焚鄕任之非人職由於此"16)라
하여 사대부의 對鄕任 시각의 일단을 보여준다. 그렇지만 이러한 표현은
재지사족의 입장을 반영한 것일 뿐, 향임 담당층의 변화는 당시 사회변동·

10) 『備邊司謄錄』17冊, 孝宗 5年 3月 16日, 2책 409쪽.
11) 『承政院日記』144冊, 孝宗 8年 正月 丙寅 柳赫然의 陳言 참조.
12) 『磻溪隨錄』補遺 郡縣制條.
13) 『孤山遺稿』卷4, 書 呈全南方伯書.
14) 『磻溪隨錄』補遺 郡縣制條.
15) 田川孝三,「李朝の鄕規(2)」,『朝鮮學報』78, 1976, 79~82쪽.
16) 「龍城誌」卷2, 公署 李尙馨完議 357쪽.

신분제 변동과 짝하여 나타난 현상이었다. 이제 후대로 올수록 새로운 계층이 鄕任으로 등장하고 이로 인한 기존 재지사족과의 갈등이 현저히 증가되었다.

정부는 해당지역의 유력 사족을 향소의 임원으로 임용하여 그들의 영향력과 식견을 통치과정에서 수렴하기 위한 정치적 의도를 드러냈으며, 반면 재지사족은 향소를 통해 수령과 이서의 권력 남용과 전횡을 견제하고 자신들의 기득권과 이익을 유지하는 데 이용하려 했다. 이처럼 16세기 이래 향소는 재지세력과 국가권력의 이해를 절충하는 중요기구였다.

그러나 임란을 경과하면서 향소의 직무 분장은 종래 향리체계와 별 다름없이 분화 내지 계통화 되어 갔다. 이는 정부의 향촌지배정책이 강화되고 지방통치조직의 규모가 확대된 데 따른 것이다. 특히 생산력 발전의 추이와 민들의 의식성장에 따라 보다 높은 수준의 통치법이 요구되었고, 정부는 이를 면리제와 오가통제와 같은 국가의 공적 사회제도의 시행과 그 통치기능의 활성화를 통해 달성하려 했다. 국가의 통치단위가 세분화된 면리단위로 확정되고, 실질적인 부세·행정·치안·교화 업무가 면리 내부에서 행해졌으며, 면리제의 담당직임인 面里任이 그 실무자로 등장하였다. 面里任의 기능이 활성화되는 가운데 군현단위의 향소는 이들을 형식적으로 감독 관할하고 그 인선에 가담하는 모습을 보인다. 이는 변모해 가는 17세기 향소의 지위를 보여주는 것이다.

2. 17세기 향소의 구조와 기능

1) 향소의 구조

17세기 鄕廳에는 선별절차를 거친 임원으로서 三鄕所(座首 1인, 別監 2인) 외에 大同, 軍器, 戶籍, 倉庫 등 제반 사무를 담당하는 하급 향임자가 편제되어 있었다. 특히 향소 임원의 선출구조와 지위를 살펴보는 것은 향촌지배체제 내에서 향소의 위치를 파악하는 것과 긴밀히 관련되어 있다.

단 17세기를 기점으로 향소의 지위가 전변되었던 전후사정과 여타 사회조직과의 역학적 관계를 상호 유기적으로 관찰하는 것이 전제되어야 하며, 향소의 지위에 관한 조규에만 주목하여 그 지위를 부조화시키는 데에는 주의를 요한다.[17]

磻溪 柳馨遠은 鄕官(座首·鄕所)의 직임은 봉건제의 遺意이며 본래 公侯(族師·黨正)에 비유되었으나 차후 사세가 달라져 군현제 하의 수령이 主治之官이 되었기 때문에 단지 통치의 분담직임으로 전변되었다고 하였다. 따라서 鄕官의 지위는 변했지만 어질고 덕망 높은 사대부가 임용되어 수령과 共治하지 않으면 올바른 교화와 政事가 이루어질 수 없다고 주장하였다. 유형원은 향소의 직무에 대해, 漢代 在地 出身으로 임용되어 書吏를 감독하는 기능을 지녔던 功曹의 직임에 비유하고, 수령이 大小官事를 홀로 총괄할 수 없으므로 이를 府佐하는 직임이라 하였다.[18] 茶山 丁若鏞 역시 "鄕丞者 縣令之輔佐也," "座首者 賓席之首也"라 하여 군현 내에서 수령이 통치를 의논할 최상의 직임으로서 座首를 들었다.[19]

또한 향소(좌수)의 지위에 대해 "爲官心服,"[20] "鄕所者 所以耳目官家 憚壓下吏 則關係不輕"[21]이라 하고, 좌수는 '官家의 亞官'[22] 또는 '朝家의 留官'이라 하여 중앙 京官과 대비되었다.[23] 그 밖에 향소는 一鄕風紀를 糾

---

17) 17세기의 鄕所의 구조와 기능을 살피는 데는 다음의 논고가 참조된다. 管野修一, 「李朝後期の鄕所について－郡縣制的國家支配と地方支配層－」, 『朝鮮史硏究會論文集』 18, 1981 ; 「李朝後期における鄕所の軍事力掌握について－反亂の事例を中心に－」, 『人文論叢』 9, 1981 ; 金龍德, 『鄕廳硏究』, 韓國硏究院, 1978. 원래 鄕所(鄕廳)란 별도의 기구와 건물을 칭하는 것이나 여기에서는 座首를 포함하여 任員으로 대표되는 기구를 동시에 지칭하는 개념으로 사용하고자 한다.

18) 『磻溪隨錄』 補遺 郡縣制條 534~535쪽.

19) 『牧民心書』 吏典 用人條.

20) 『增補文獻備考』 卷235, 職官考22 鄕吏條, "考察己亥和順縣監 金克亨 諭 鄕所里約帖曰 人恒言鄕所爲官心服 里約爲官耳目 鄕所里約得其人則其邑治".

21) 「長城鄕校誌」 一鄕契約文.

22) 「一善鄕約節目」 甲子 9月 16日 鄕社堂 防弊節目.

23) 「等狀」(서울대古文書), "只許別監 不許左座首者 不可以常漢置官家耳目之任 而爲一鄕領袖也 …… 所謂座首 雖云鄕黨之 卽朝家之留官 官家之亞官也".

正하는 즉 '鄉中風憲之規'[24]를 맡아보는 곳, "鄉廳卽一鄉都風憲之所也 鄉
風美惡 都係於此 凡所帶任 各遵古例 俾無鄉法廢弛之弊事,"[25] "各邑之
設置鄉任者 乃所以佐邑長而出治者也"[26]라고 지칭되었다. 이처럼 향소에
대해서는 '一鄉之領袖,' '朝家의 留官,' '鄉宰所'라고 하여 봉건제의 遺意를
가진 기구, '亞官'이라 하여 수령에 버금가는 기구, 그리고 '耳目之任,' '輔
佐之任'이라 하여 수령제 보조기구 등 그 평가가 다양하게 나타난다.

향소는 군현 내의 亞官으로 호칭되듯이 수령 유고시 그 업무를 대신하
기도 하였다. 또한 조선전기 이래 지역사정에 어둡고 태만한 수령들은 '委
政鄉廳'이 예사였으므로, 좌수의 권한은 一邑의 民政을 좌우할 수도 있었
다. 좌수는 군사권 장악이라는 업무로 인해 변란 발생시 종종 여기에 관여
하기도 하고, 평상시에는 수령을 대신하여 환곡징수를 비롯한 부세 수취업
무를 수행하였다.[27] 한편 좌수가 수령 대신 해당 군현을 대표하여 秋操에
참가한 사례를 볼 수 있다. 영조 36년 12월 密陽府使 趙載選, 榮川郡守 李
在가 身病을 칭하여 秋操에 불참하고 좌수를 참여시키자 師臣이 掩置한
일이 있었다. 이에 대해 정부는 양 수령을 함께 파직시키고 각 읍에 처벌
내용을 申飭하고 있다.[28] 이 기사는 수령의 면직이 직무태만에서 비롯된
것임을 지적함과 동시에 정부가 좌수에 대해 수령에 버금 가는 군현의 대
표 직임자로 인정하지 않았음을 보여준다. 뒤집어 보면 이 시기에 좌수가
관행으로 각 군현 내에서 수령의 역할을 대신한 실태를 보여주는 사례라
고 할 수 있다.

앞서 서술한 것처럼 군현통치와 관련하여 재지세력인 향소의 기능과 그
擇任의 중요성이 강조되었다.[29] 향소는 '邑內 公議와 見聞에 밝은 자'로

---

24) 「龍城鄉案立議」.
25) 「龍城誌」 卷2, 公署 癸酉(肅宗 19年, 1693) 完議 361~362쪽.
26) 「商山錄」 英祖 22年(1746).
27) 「用中錄」 65條, "官家有故 使鄉所代坐 還上如凡穀監捧 則一鄉鄉所之親舊 都防
    厥村之穀 而入來 與鄉所代坐 及其點退時 勒把不已 拘於顏情 不敢抗拒矣 鄉所
    代捧時 先飭鄉所 雖至親 旣監國物時 勿爲相對坐之意 洞飭".
28) 『英祖實錄』 卷96, 英祖 36年 12月 己丑, 44책 54쪽.
29) 「牧民攷」 361쪽, "一已聰明 實難獨任百事 鄉所及信實之吏擇任 而信用之使之

규정되어 있었고 이들의 擇任은 "官政之治否 民生之利害 專係於此"라고
할 만큼 중시되었다.[30] 또한 "邑中之事 倘得有識鄕所 則事多有賴 必取一
邑之公論而擇之 鄕所雖不能盡擇 而座首可合 公平操心之人 豫爲聞見 錄
其姓名 以去 到官後 徐徐詳察時任者 不合則好樣易之 有事詢問"[31]이라
하여 향소를 각종 사안에 대해 의뢰할 수 있는 대상으로 규정하여 군현통
치에서 극히 중요한 존재로 인정하였다. 조선후기 각종 民政書에는 도임
날짜가 정해진 수령이 사적으로 향소에 통지하여 吏胥와 軍校의 거주지
및 忠勤과 事理 판별능력 여부를 묻고 차후 직임 선발에 참조하는 사실이
기록되어 있다.[32] 또한 도임 후에는 향소로 하여금 邑弊民瘼을 일일이 書
錄하여 보고하게 했다.[33]

　이와 같이 수령이 군현통치의 업무를 수행할 때 향소에게 전적으로 의
존하였고, 실제 임명시에도 "鄕所尤重於官吏"라 하여 六房官屬에 비해 그
선임을 신중히 하였다는 사실이 나타난다.[34]

　향소의 지위는 조선전기와 후기 특히 임란 직후인 17세기를 기점으로
달라진다. 따라서 향소의 지위를 표현해주는 임원 선출구조의 경우, 조선
전기 상황을 반영한 「海州一鄕約束」으로 대표되는 규정과 17세기 이후 수
령권에 점차 예속되어 가던 시기의 규정이 상호 다르다. 특히 17세기 이후
향소가 점차 官任化 내지 賤視되면서 재지 유력사족은 서원·향교 등을
별도의 세력기반으로 설정하면서 향소 직임에의 참여를 거부하고 상대적
으로 出身이 다른 鄕族 내지 新鄕으로 분류되는 계층이 이에 참여하게 된

　　自盡其心最好矣 吾以誠心待物然後 可以責人之誠治道無大小矣".
30) 「牧綱」 鄕廳差任.
31) 「政要抄」 4條, 「臨官政要」 時措編 任人章. 이때 鄕所에는 궁극적으로 '操心公平
　　人'을 선발하여 一邑의 公論에 따르도록 하였다. 「政要」 三 得人, "博問之術 問
　　於鄕所中 拙直者 或問於外村 操飭者 則彼雖未必知人 自有一鄕公議 習熟見聞
　　不得明者 而知之故也".
32) 「牧綱」 116쪽. 「治郡要法」 10條, "治郡雖小於治國 非得人則亦不可治 而若士大
　　夫則或有盡忠死國之人 若官吏則 皆懷欺官利己之心 故忠勤者 尤難得矣 必須問
　　於鄕所輩 官吏中稍忠勤解事理者 誰耶 又使子姪輩".
33) 「牧綱」 121쪽.
34) 「治郡要法」 10條.

다. 이와 같은 선출구조를 지닌 지역은 종전 재지사족(鄕會)과의 연대 속
에 선발되었던 향소와는 그 성격이 차별화된다.

17세기의 사례를 중심으로 볼 때 대체로 세 가지 형태의 선출구조가 나
타난다. 첫째, 鄕員 가운데 鄕會의 薦望과 경재소의 재가를 거쳐 수령이
差帖하는 전통적인 선출과정이다. 비록 경재소는 혁파되었으나 '鄕會(一鄕
公論)-守令'에 의한 임명절차가 그대로 남아 있는 예다. 둘째, 임란후 향
회가 복구되지 않은 곳을 중심으로 그리고 수령권이 재지세력을 아우를
수 있었던 지역의 경우 반드시 향원이 아니더라도 읍민 가운데 출중한 사
람을 선택하여 수령이 差帖하는 경우다. 셋째, 경제력을 갖춘 향족이 買任
을 통해 鄕任을 획득하는 경우다. 이 경우 전통적인 향소 임원의 선출과는
차이가 크다. 한편 安東을 비롯한 경상도 일부 지역에서는 재지세력들이
임란 후 빠른 시기 내에 향안을 복구하고 유향소를 중심으로 기존의 향권
을 장악하였다. 이와 같은 지역에서는 19세기에 이르기까지 향소의 지위가
일정하게 유지되며, 선출구조 또한 조선전기 이래 방식을 답습하여 유력사
족이 취임하였다. 이처럼 향소 임원의 선출구조는 지역과 시기에 따라 상
호 다르며 혼재된 모습을 보이고 있다.[35]

첫 번째 선출방식을 보여주는 「海州一鄕約束」에 의하면, "鄕所闕望報
時 必一鄕齋會 每員各薦一人"이라 하여 궐원이 발생하면 향회에서 향소
3인을 추천하여 경재소에 望報하도록 규정하였다. 향소의 임기는 2주년으
로 하되 實病이 아니면 사면을 허락하지 않았다. 궐원의 추천에는 1향의
모든 향원이 참여하는데 50세 이상자는 座首를, 30세 이상자는 別監을 각
각 추천하도록 했다.[36] 향소의 지배력이 비교적 강고하고 사회적 권위가

---

35) 鄕所에 대해서는, 수령의 입장에 선 牧民書와 재지사족의 입장에 선 鄕約(鄕會)
  조규에 각각 기록자의 입장을 반영한 차별화된 시각이 나타난다. 따라서 한두 사
  례로써 이 시기 향소의 선출구조를 일반화시킬 수 없으며, 변화 이전과 이후의 상
  황을 염두에 두면서 그 상을 재구성해야 한다. 民政書 내의 동일 조항 가령 「牧
  綱」「政要抄」得人條의 선출구조를 보면, 앞선 기록에는 향소를 중심으로 파악되
  는 경우가 있으나 후대로 갈수록 향소와 首吏를 동일하게 취급하고 있다. 이는 수
  령권의 강화라는 측면과 함께 향소의 지위가 점차 약화된 상황을 반영한 것이다.
36)『栗谷全書』卷16, 雜著3 海州一鄕約束.

높았던 1605년 안동에서는 "鄕中에서 齒德者 1인을 추대하여 좌수를 삼고 操行者 3인을 별감으로 삼는다. 향안에 등록되지 않은 이는 천거하지 않는다. 향임을 차출할 때 한결같이 公論에 따를 것이다"[37]라고 하여 향회에서의 향소 선출원칙을 견지하였다.

조선전기 이래 좌수는 향원들의 모임인 향회에서 圈點하여 다수결로 선출하며, 그 결과를 올리면 경재소 堂上이 임명하였는데 무엇보다 후보자의 문벌·역량이 중시되었다. 향소의 내부직임 가운데 大同有司·監官 등의 鄕任이 별감으로 승진되고 사무에 숙달하면 좌수로 승진하였다. 좌수의 선임방법은 지역에 따라 각각 달라, 鄕先生이 임명하는 곳도 있고 安東府의 경우처럼 임기를 마친 전임 좌수가 후임을 택정하기도 하였다. 후기에는 수령이 임명하는 형식이었으나 儒·鄕 분기와 본격적인 鄕戰이 전개되지 않은 시기에는 수령의 임명장, 즉 差帖이라는 절차만 필요했고 실제로는 향회의 의결에 따라 선출되었다. 향청에는 엄격한 선별절차를 거친 三鄕所 외에 제반 사무를 담당하는 다수의 하급 향임이 있었다. 別監·官監·風憲 등 하급 향임도 형식상 수령의 차첩을 필요로 했으나 실제로는 좌수가 임명하였다.

한편 潭陽의 경우 17세기까지도 유력한 사족 가문이 향임직에 임용되고 있는데, 향임의 향회 薦望은 이전부터 행해지던 규례였다. 1652년의 「鄕中完議」에 의하면, "향소는 1향의 執綱이 公論을 채택하여 천거하는데, 근래에는 鄕綱이 不振하여 향소의 薦望이 한두 사람의 私情에 의해 이루어지고 있어 이로 인해 鄕風이 크게 무너졌다. 이후부터는 이전의 鄕規에 따라 향회에서 薦望한다"[38]라고 하여 경재소 혁파 이후에도 향임의 임명은 향원들이 향회를 통해 적임자를 薦望하고 수령은 천거된 인물 가운데 差定하는 형식으로 이루어졌다. 17세기 이후에도 담양의 재지세력들은 향회·향소를 중심으로 결집되는 모습이 보인다. 16~17세기 담양에서 향임으로 배출된 가문은 洪州 宋氏, 光山 金氏, 新平 宋氏, 南原 尹氏, 草溪 鄭氏인

37) 「永嘉志」卷5, 新定十條 重鄕任.
38) 「壬辰鄕中完議」. 全炯澤, 「17世紀 潭陽의 鄕會와 鄕所」, 『韓國史硏究』64, 1988 참조.

데 역대 다수의 향원을 배출한 유력한 가문이었다.39)

한편「秋城三政古錄」을 통해 향소의 선출구조와 교체과정을 자세히 파악할 수 있다.40) 담양의 향임은 座首·大同鄕所·軍器鄕所·官廳鄕所와 山倉都監·外倉都監 및 戶籍都監으로 구성되어 있다. 우선 좌수직의 임명은 반드시 '鄕中望薦'이라 하여 향회의 추천을 전제로 해야 하며 임기는 대체로 1년이었다. 좌수로 임명되는 자는 前座首·大同鄕所와 軍器鄕所 역임자 가운데 陞差하는 경우가 많았다. 좌수의 교체는 신임 수령의 도임과 함께 새롭게 임용되는 경우가 있고, 가을의 환곡징수에서 虛額 부분이 발생하거나 속오군 付標債를 사사로이 발행하는 등 업무상의 잘못, 그리고 질병 등을 원인으로 하였다. 1857년 당시 宋允楫은 좌수가 되기를 다년간 冤屈하다가 마침내 鄕望으로 인해 大同鄕所에서 陞差된 사실이 나타난다. 따라서 좌수의 임용에는 전 시기와 같이 반드시 향회의 추천을 거쳐야 했음을 알 수 있다. 한편 향소의 직임 중 조세징수와 군무를 감독하는 大同鄕所와 軍器鄕所가 주요 직임이었던 것으로 보인다. 이에 따라 都監에서 본 직임에 임용될 때 陞差라는 표현을 사용하고 있다. 또한 전임 좌수 중 하급직임인 도감에 임용되는 예도 보인다. 그 밖의 직임의 교체 이유로는 향교의 양반이나 민과 갈등을 일으켜 진정을 담은 訴狀으로 인한 경우, 오랫동안 복무했던 자가 스스로 퇴임을 바라는 경우, 당사자의 질병 등이 적시되었다.

18세기 이후 향소의 선출에 대해 一鄕公論에 의거할 것을 규정하는 사례는 거듭 확인된다. 순암 안정복의「百里境」에 의하면, "取一境之公論 捧鄕所 取一面之公論 捧風憲 必推其公淸勤幹者 有人望者爲之鄕所 有日見之禮"41)라 하여 향소는 군현내 公論을, 풍헌은 1면의 공론을 취하여 적절한 인물을 임명하도록 하였다. 정조 16년 윤4월 原州의 경우 一鄕內 在地

---

39) 全炯澤, 위의 논문, 1988, 100~111쪽.
40)「秋城三政古錄」丁巳年(1859) 鄕將吏任 遞易秩. 이는 시기적으로 19세기의 자료지만 앞시기의 古規에 의존한 것임을 밝히고 있어 鄕所의 출자구조를 살피는 데 유용하다.
41)「百里境」得人.

閣者를 鄕都有司라 명하고 향임의 黜陟은 鄕都有司가 官家에 稟하여 薦出하는 방식을 고수하고 있다.[42] 晩覺齋 李東波는 고을의 기강과 官政의 得失이 전적으로 향임의 賢否에 달려 있으므로 신중한 선택이 필요함을 역설하고 각 면의 훈장과 장로가 校堂에 모여 圈點望報하는 규례를 설명하고 있다.[43]

「一善鄕約節目」에 따르면, "座首鄕薦是累百年流來古規 至于今年亦己遵行 而本廳有非鄕薦 不入五字揭析"이라 하여 좌수는 蓮桂所에서 薦出하되 반드시 鄕薦者 가운데 선발할 것을 강조하고 있다.[44] 향소의 출자에서 一鄕公論을 거치는 사례로서 "使貪使愚 賢愚皆有所用 惟在用人手段 至於座首 則探問鄕老 以一邑所推者差出 則民有所恃 官亦有益矣 …… 使三鄕所 各薦有才可用者 二三人 并招見 察其爲人 隨闕收用 可也"[45]라 하여 좌수 선출시 鄕老를 방문하여 물어서 一邑에서 추천한 자를 차출한다는 규정이 있었으며, 鄕所·監官을 一鄕齊會에 위임하여 '曾經解事理者'로서 공론에 따라 備三望하고 그 사람됨과 動心을 살펴 差帖하게 한 경우도 있다.[46]

향소의 선출구조에 관한 둘째 형태는, 향회의 추천을 생략한 채 수령이 필요한 인물을 差牒을 통해 임명하는 경우다. 이는 17세기 이후로 갈수록 늘어난 선출 형태. 향소는 군현단위의 기구로 고정되고 그 지위가 낮아지면서 首吏(作廳)와 동일한 비중으로 취급되는 상황조차 나타난다. 심지어 首吏가 향소의 선출에 가담하는 사실도 있다. 본래 향소가 향리규찰의 임무를 지녔을 뿐 아니라 출신성분이 전혀 다른 존재였다는 점을 감안하면 커다란 변화였다.

가령 「牧民攷」에 따르면, 향임 차출시 鄕廳에 일임하지 말고 時任鄕所와 기타 직임자가 각 읍내에 재능이 있는 자를 추천하여 精選할 수 있게

---

42) 『備邊司謄錄』 180冊, 正祖 16年 閏4月 26日, 18책 15쪽.
43) 『晩覺齋先生文集』 卷3, 鄕約節目.
44) 「一善鄕約節目」 甲子 9月 16日 鄕射堂(當門踏印)完議.
45) 「先覺」 106條.
46) 「牧民攷」 358쪽.

하였다. 또한 曾經鄕任·風憲은 일일이 招見하여 言談·擧止를 살핀 후 그 재임시 능력을 물어 적절한 자는 密書로 작성해 놓았다가 闕額이 생기면 임명하도록 했다.[47] 이는 향회에 의한 향소 차출 규정이 무너진 후대의 사례로서 철저히 수령의 입장에 따라 사무 처리 능력자를 선발한 듯한 인상이 짙다. 더불어 "取衆人之同讚者 若有忠直能解事者 以授三鄕之任"하되 衆人 가운데 鄕所·境下 兩班뿐 아니라 "老熟吏校頭之類"와 같은 吏胥들을 포함시키고 있다.[48] 대체로 향소가 관장하는 하급 향임의 경우 본래 향소가 인사권을 장악하는 것이었으나 三鄕所와 吏戶年老校吏가 함께 참여하여 후보자를 추천하게 하고 改替할 때 각 면의 公議를 따르도록 하였다.[49] 이는 수령이 공론을 내세워 점차 군현단위의 향소뿐 아니라 면임·풍헌에 이르는 직임자의 임면에 관여하는 상황을 보여주는 것이다. 각종 민정자료와 목민서에는 후대로 내려올수록 향소의 선출 과정에 수령의 개입이 보편적으로 이루어지고 있음을 보여준다.

17세기 이후 면리제의 단위성이 제고되면서 각종 政令의 실행과 부세수취 및 교화업무조차 면리제를 매개로 수행하는 상황이 나타난다. 향소 역시 행정적인 업무 수행에서 面里任을 감독하고 향리를 규찰하며 향풍교화의 업무를 관장하고 있었으나 군현단위의 기구라는 규정성 때문에 많은 한계를 노정하고 있었다. 동일한 군현단위의 기구라는 사실로 인해 향소와 首吏 사이의 업무 분장이 명확하지 않게 되었으며 이로 인해 향소의 전통적인 지위의 하락을 급속히 촉진시키는 사태도 야기되었다. 실제로 수령의 입장에서 파악된 민정서에는 향소를 首吏와 동렬화하고 面任과 里任은 하급 이서와 동렬시하는 면이 보인다.

「用中錄」의 기사에 따르면, "鄕所·首吏들이 죄가 있다고 해서 자주 拿

---

47) 「牧民攷」357쪽, "鄕所差出之際 不可一付之於鄕廳 使時任鄕所及其他所任輩 各薦一邑有才堪可用者 勿拘其數 薦記入來後 其中 以不似人應薦者罪之 而薦記更給鄕廳 使之改薦 則入薦於是乎精矣 且以曾經鄕任風憲者 次第一一招見 細問其言談 細察其擧止 且詢其在任時能否 其中可合者 親自密書置 隨闕塡差 則鄕員中有才者可以收攬矣".

48) 「治郡要法」16條, 「牧綱」鄕薦差任.

49) 「牧綱」鄕薦差任.

入해서는 안 된다. 이들을 빈번히 잡아들이면 諸房下人들이 동요하고 결국 상납물에 대한 부정이 야기된다. 한편 무릇 下人과 面任·里任의 제반 差役에서 처음부터 자세히 살펴서 差出하지 않고 중도에 자주 바꾸면 폐단이 발생할 뿐 아니라 민들 또한 그들을 연약한 존재로 볼 것이다. 따라서 出令할 때 그 政事를 바꾸는 것은 좋지 않다"[50]고 하였다. 본 기사는 잘못을 저지른 향소에 대한 처벌의 관례와 정령의 수행담당자가 面·里任임을 보여주고 있다. 그런데 군현내 향소에 대해 선출구조와 신분을 달리하는 吏胥와 동일하게, 그리고 官任視하는 시각이 드러난다.

또한 "每朔望 兩次會計 以知用度 切勿犯用 會計 勿付私人 使座首 吏房主之 盖官財不可自私所以與吏民共之"라는 기사가 있다.[51] 이는 좌수의 회계 관장 사실을 보여주는 것인데 官財의 중요성을 의식하여 좌수·이방이 동시에 수행하도록 규정하고 있다. 여기에서도 좌수를 首吏인 이방과 동렬로 취급하는 사실이 나타난다. 심지어 '束吏' 차원에서 향소의 잘못을 엄히 다스린다거나 부정방지를 위해 향소의 관아 주변 間路의 출입을 삼가도록 지시하는 등 종전의 향소의 지위보다 격하된 모습들이 묘사되기도 한다.[52] 물론 이들 기사가 철저히 수령 중심의 기록이며 향소를 관임시한 것이므로 실상을 파악하는 데에는 주의를 요한다. 그렇지만 조선후기로 올수록 治郡의 동반자이자 재지세력의 상징으로서의 향소의 지위는 점차 약화된 것으로 보인다.

셋째 형태는 기존 재지사족이 아닌 별도의 향족이 買任을 통해 鄕任職에 취임하는 모습이다. 이들의 향임에의 진출은 17세기 후반에 시작되어 18세기에 본격화되며 차후 관권의 비호 아래 기존 사족들과 갈등을 야기하게 된다.[53] 鄕族은 業에 있어서 주로 농업 등 생산활동에 종사하는 존재

50) 「用中錄」 34·35條.
51) 「牧民大方」 17條.
52) 「牧民攷」 臨下, "束吏不可不嚴 而亦不可無平怒之道 然當以嚴爲主 鄕所吏屬雖有信任者 切勿露其辭色 使在下者有所窺竊測";「牧民攷」 358쪽, "鄕所輩出入之時 必使由眠前挾門 而勿許間路 亦禁往來冊房通見衙客之事".
53) 金仁杰, 앞의 논문, 1991, 277쪽.

로서 科·武에 종사하는 사족과 대비되나, 品에서는 양민과 구별되는 존재
였다.54) 대체로 이들은 상품화폐경제의 발달과정에 조응하여 축적한 부를
바탕으로 정치권력을 확보하기 위해 鄕任, 書院·校院의 有司, 심지어 면
임직에의 참여를 도모하였다. 정약용의 "농부나 천한 신분으로 재물을 모
아 부자가 되고 그 자손들이 뇌물을 바쳐서 鄕丞이 된 자라도 행실이 마땅
하고 돈후한 자는 대우할 것"55)이라는 지적을 통해 富民들이 신분상승의
수단으로서 경제력을 이용하고 있음을 알 수 있으며, 구체적으로 향임이
50석 내지 100석을 勸分할 정도의 富饒民임을 지적하기도 했다.56) 이는
17세기 당시 향임에 대해 유형원이 士族의 입장에서 표현한 '無識無恥之
徒'의 모습이기도 했다.57) 18세기 이래 새로운 향임계층에는 재지사족 중
향소에 가담하지 않았던 經營地主, 經營型富農58) 및 庶孼·中人계층이
나타나며, 신분과 계급이 혼재되는 사회변동기의 인적 구성을 포괄적으로
반영하고 있다.

다음에는 향소의 지위계통과 통치체계상의 위치를 살펴보겠다. 「牧民大
方」의 吏典之屬에 따르면, 邑司를 기준으로 내외의 직임을 구별하고 있
다.59) 우선 內職으로는 政令과 風敎를 감독하는 향임(鄕廳), 물리력으로서
軍校(將廳), 행정실무로서 吏隷(作廳)를 규정하고, 外職으로는 面·里任
외 오가통제의 統首와 속오군의 伍長을 두어 정령의 실천기강이 수립될
수 있게 하였다. 특히 향소는 官司體系의 吏卒과 구별되는 任掌의 수반으
로 인정되었는데, 각 任掌들은 민과 관 사이에 조그마한 막힘도 없이 洞然
貫徹시키는 역할이 부과되었다.60)

---

54) 『牧民心書』 戶典 戶籍.
55) 『牧民心書』 禮典 辨等.
56) 『牧民心書』 賑荒 勸分.
57) 『磻溪隨錄』 補遺 郡縣制條.
58) 金容燮, 「조선후기 兩班層의 農業生産」, 『東方學志』 64, 1989, 48~49쪽.
59) 「牧民大房」 吏典之屬 6條, "內而鄕任 軍校 吏隷 各分職掌 各立統屬 不相侵混
責其成功 外則面任里任之外 每統立統首 伍長 俾掌統內事 以立紀綱 以明分數".
60) 「牧民攷」 治民, "去疾若第一嚴飭吏卒任掌(上自鄕所下至戶首統首皆入)俾無毫弊
端 及於民生 民與官之間 恒洞然貫徹 更無介滯其間".

이렇게 보면 향소가 면임(풍헌)뿐 아니라 戶首·統首에 이르는 최하부 생산단위·통치단위 내의 직임자을 계통에 따라 지휘 감독하는 위치에 있었음이 확인된다.[61] 조선전기 이래 향소는 하급 향임에 대한 인사권을 장악하고 필요한 인원을 독자적으로 선발하였다. 그런데 17세기 이후 면리제의 운영이 활성화되면서 면단위 직임의 중요성이 강조되자 수령이 공론 조성을 앞세워 그 인선에 적극 참여하는 경향을 띤다.

한편 향소에는 다수의 監官이 존재했다. 이들은 踏驗·還穀·倉庫管理·賑恤擔當·軍丁抄出·勅需 등 항상적이지 않으나 주요 사안에 대해 吏胥의 실무를 감독하는 직임이었다. 이들은 대체로 향청에서 차출하였고,[62] 따라서 향소는 都監官으로 불리기도 하였다.[63]

極擇鄕人 各面定監色官一人 作災單子規式 招見明加指授 嚴加飭勵[64]

先於各面 極擇每面一人 定查官 招致 授此節目 面加嚴戒 丁寧 申束而出送 其中有士大夫則並稱查正所 皆是鄕品則稱查正官[65]

위의 기사는 면단위로 鄕人·士大夫 가운데 監色官·査定官을 선발하여 災單子規式에 의거한 업무수행을 명한 것이다.

抄飢監官 各面 以曾經鄕所中可信人 成帖差定 監賑色吏以下 吏中可信人差出 而額數則 視面之多少爲差可矣[66]

---

61) 가령 호적 작성을 "傳令于各面風憲 實成籍 而令鄕所督其事務 要安徐有漸 毋致卒遽擾民"이라 하여 향소의 감독 하에 各面의 風憲이 담당한 사실이 보인다(「政要抄」 26條).
62) 「密州徵信錄」 卷2, 鄕約 憲宗 丙申 立議, "各所監官 亦自鄕廳差出 而誤差與冒差者 依元鄕約中 憑公作私條 中罰". 座首·別監 외에 斗末廳監官·官廳監官·軍器監官이 보이고(「昇平誌」(1618) 鄕任條), 「稷山誌」(『忠淸道邑誌』 172쪽)에도 鄕任의 업무 분장에 대해 상세하게 서술되어 있다.
63) 「居官大要」 59條.
64) 「政要」 四 田政 5條.
65) 「政要」 四 田政 12條.

監賑監官 以時任鄕所差定 而若有外倉分賑之擧 則曾經鄕任中 加數差
出[67]

위 기사는 흉년을 맞이하여 時任鄕所 또는 각 面內 曾經鄕任이 飢民의
선발과 外倉의 진휼곡 분급을 포함한 제반 진휼업무를 담당하는 監官으로
차출되는 사실을 보여준다. 또한「軍兵物故者成冊」上送을 위해 有識 양
반을 풍헌 혹은 감관으로 임명하거나[68] 軍丁逃故者에 대한 査正을 위해
量出의 都有司와 같이 해당 읍내 유생 중에서 別尊位를 差定하여 면단위
로 실시한 사례가 있다.[69]

조선후기 勅使의 支待費(勅需) 가운데 일정 부분은 경성에서 義州까지
연로에 위치한 24개 지방에서 자체적으로 마련되었다. 본래 地方留置米의
운용에서 勅使・山陵과 같은 부정기적인 사안에 대한 지급규정은 없었다.
따라서 별도의 정규적인 勅需名目의 稅源이 없는 상황에서 支勅은 빈번
하게 실시되고 있었던 셈이다. 해당 관청은 "西路巨役 莫加於支勅一款 而
不能預爲備"[70]라고 표현할 만큼 이를 큰 부담으로 여기고 있었다. 당시
開城府를 비롯한 兩西의 지방관청에서는 별도의 기구(勅需庫)를 설치하고
식리와 미곡의 取耗收入을 통해 자금을 마련하였다. 또한 使行이 실시될
때마다 향촌내 富民을 대상으로 募民納錢하기도 했다. 勅需庫의 운영을
담당하는 감관에는 재정능력을 보유한 鄕中人이 差任되었다.[71]

17세기 이후 지방관청내 각 기관의 조직규모가 증대하고 분화되었는데,
특히 전국적인 부세제도(대동법・균역법)의 실시, 군제의 변화에 대응하여
새로운 기구가 신설되고 있었다. 각 기구가 분화・증대됨에 따라 구성원인
관속의 額도 현저히 증가하였고 이들에게 지급된 朔料, 役價의 규모도 적

---

66)「居官大要」186條.
67) 「居官大要」157條.
68)『備邊司謄錄』50冊, 肅宗 25年 7月 6日, 4책 806쪽.
69)『備邊司謄錄』101冊, 英祖 13年 2月 6日, 10책 388쪽.
70)『備邊司謄錄』80冊, 英祖 2年 7月 7日, 7책 709쪽.
71)『備邊司謄錄』170冊, 正祖 11年 4月 17日, 16책 868쪽, "支勅時 抄出富民 勒差都
監 擔當責應 而一經勅監 傾家破産".

지 않았다. 조선시기 재정의 중앙집중이라는 일원화된 체계 속에서도 지방
관청의 재정은 독립된 경제단위로 존속하였고 정연한 회계원리 하에 운영
되고 있었다. 그리고 예하 각 기관 역시 독립적인 회계단위로서 재정을 운
영하였다. 당시 事例冊에 의하면, 각 기관은 대동미의 지방유치분, 토지수
입, 鄕貢으로서의 현물수입, 그리고 환곡이자라는 형태를 통해 재원을 확보
하였으며 그 밖에 私募屬·契防 및 殖利에 의한 수입을 물색하고 있었다.

본래 향소는 연혁에서 볼 때 정부에 의한 재정적 보장이 없었다. 향소로
서는 廳舍를 운영하고 각종 직무를 수행하는 데 적절한 재원을 필요로 했
기 때문에 후기로 갈수록 다른 기관과 동일한 방법으로 자체 운영재원을
확보하고 있는 모습이 나타난다. 가령 常祿 명목으로 좌수는 4孟朔에 4斛
5斗, 別監은 3斛을 그리고 향소가 근무하는 鄕所廳에 별도의 米가 지급되
는 규정이 있으며[72] "鄕廳 亦優給廩料 各面風憲 約正之類 亦可矜恤 使
無憂衣食之患耳"[73]라 하여 군현내 관행에 의해 향소에 대한 廩料지급이
시행되었다.

숙종 3년 9월 전라도 각 군현 내에서는 향소가 '計口收捧'의 형태로 독
자적인 재원인 傳關米를 확보하고 있었다.[74] 이 기사는 수령이 大同事目
외에는 所捧之物 일체를 친히 관리하지 않고 鄕任에게 위임하였고 이로
인해 傳關米 같은 잡세의 징수가 쉽게 이루어지는 실태를 보여준다. 傳關
米는 상급기관이 하부 관청에 발송하는 공문서의 전달비용을 마련한다는
명목을 가진 것으로, 농민에게는 규정 외 잡세였다. 또한 향임이 군현에서
免役戶를 자의적으로 설치하고 免役分에 해당하는 각종 생산물을 자기의
수입으로 하였다. 숙종 20년 2월 江西縣에서 戰後 향임들이 鄕井을 무단
으로 점하고 權復을 설치한 예가 있었다.[75] 이와 유사한 방식으로 향소가
私募屬(假鄕所·支供保)과 募入洞(契坊村)을 설정하고 해당 人丁과 洞里
의 부역을 자체 재정원으로 활용한 예를 볼 수 있다.[76] 그리고 屬寺와 僧

---

72) 『磻溪隨錄』卷19, 祿制 鄕所廳 372쪽.
73) 「治郡要法」14條.
74) 『備邊司謄錄』33冊, 肅宗 3年 9月 13日, 3책 314~315쪽.
75) 『肅宗實錄』卷26, 肅宗 20年 2月 庚寅, 39책 292쪽.

徒役을 별도로 확보하여 紙・草圭・油 등을 징수하였다.77)

　이에 비해 영조 21년 함경도의 경우 各邑各社에서 儒・武・訓長에게 朔料로서 田稅를 지급해 주기도 하고78) 1결에 부과되는 조세분에 田稅・身布・畑戶役과 함께 鄕廳과 面吏任의 수렴 부분을 추가 징수하는 예도 있었다.79) 특히 18세기 이후 화폐 사용이 일반화되고 민간고리대가 성행하는 상황 하에서 지방관청이 민을 상대로 補正的 需要를 위한 수입원의 하나로서 殖利錢을 운영하였다. 수령의 예하기구로 정착한 향소도 예외가 아니었고 각 면을 단위로 식리전을 분급하고 면임들의 관장 하에 이자를 징수하여 재정원으로 활용하였다.80)

　참고로 光陽縣내 향소의 재정체계를 살펴보면 다음과 같다.81) 우선 廳畓(3石 7斗落)・田(6斗落)의 수입으로 日用之物과 三鄕所 供饋 비용에 사용하고, 每朔 1石式의 三鄕所 料米는 官需부분에서 지급하였다. 다음으로 禮房別監, 各倉都監의 新差時 元鄕 15兩, 新鄕 30兩의 鄕債錢을 公事別監이 징수하며 各項公用으로 사용하게 했다. 또한 향청의 保直 10명의 부역을 징수하고 燈油保 20명에서 각 保錢 1냥 5전씩을 거두어 등유를 마련하였다. 그리고 陞戶本錢(271兩 9錢 5分)과 汁物錢(100兩)은 年 5할의 이자율로 殖利하여 式年陞戶資粮과 京營門情錢 및 戰船汁物措備로 사용

76) 「用中錄」 78條, "鄕校 書院 鄕廳 將官廳 下吏官奴層 使令廳 各有募入洞 募入所 云者 除畑戶雜役 劃定一洞 每年捧牟租用之 而官捧持者價太縮矣";「先覺追錄」 9條, "或稱願納校生 或稱鄕校假奴 或有鄕廳吏校輩之募入軍等處 皆是閑丁隱避 之藪也 觀其邑俗 略略搜得 可也".

77) 「牧民攷」 傳令 342쪽, "寺利則曰 僧徒役偏重 宜可厘草三寶首僧與事知僧人等 相議雖官納之物 鄕作兩廳之需牽豪强兩班之侵債 無得隱諱一一列書 未納以爲 通變之地 宜當之".

78) 『備邊司謄錄』 119冊, 英祖 25年 4月 22日, 11책 903쪽.

79) 『備邊司謄錄』 213冊, 純祖 25年 11月 21日, 25책 711쪽.

80) 19세기 潭陽의 경우 鄕廳에서 250냥의 殖利錢을 연 4할의 이자율로 各面 面約에 분급한 후 諸般 公用의 비용을 마련하고 있다(「秋城三政古錄」 丁巳年 各樣邑弊 矯捕秩).

81) 「光陽縣各所事例冊」 庚戌 2月 日 ;『光陽縣各房都重記』 己巳年. 본 자료는 각각 1850년, 1869년에 작성된 것으로 19세기의 상황을 충실히 설명하고 있으나 재정체계와 비목에 대한 연원을 밝히고 있어 앞선 시기의 사실을 파악하는 데 유용하다.

하도록 했다. 光陽縣내 향소의 재원은 官需지원, 토지수입, 新入禮錢, 支供保 및 殖利錢의 이자수입을 들 수 있다. 대체로 19세기 말경에 이르면 朔料를 포함한 향소의 모든 재원을 관청에서 화폐로 계량하여 지급하였다.

2) 향소의 기능

17세기 향소의 기능은 크게 자치기능과 행정기능으로 나누어 볼 수 있다. 후자의 경우 조세의 중앙상납, 각종 公穀의 징수·분급시 감독, 호적작성의 책임, 지방군제의 유지를 위한 제 직무 등이 있다. 이러한 실무는 당시 활성화된 面里기구에서 담당하였고, 향소는 대체로 지휘계통상 감독과 관리책임을 맡고 있었다.

(1) 자치기능

향소의 독자적인 기능 가운데 조선전기 이래의 향리규찰과 향풍교정의 업무가 있고, 재판권·처벌권의 행사도 여기에 해당하는 사안이다.

첫째, 자치기구의 遺意로서 전통적 직무인 향리규찰을 볼 수 있다. 「海州一鄕約束」에 따르면, "鄕所專掌糾檢吏民之風俗 若有鄕吏書員輩官屬 汎濫用事 作弊民間及凌辱品官者 則告官治罪 可治罪而不治者 則鄕所有罪 若城主不信鄕所之言 而吏輩官屬之罪關重 則一鄕齊會立庭請罪矣"라고 하여 향소의 향리규찰 업무수행 중 犯法한 吏胥 및 官屬輩의 처벌을 주장해도 수령이 향소의 말을 믿지 않으면 향임 선출에 관계 있는 향원들이 官庭에 가서 시위하도록 한 규정이 보인다.[82]

효종 3년 4월에 전라도 영암의 좌수 崔紳이 敗船한 田稅領吏 金雲에 대해 吏籍을 조작하여 復錄시키고 수령조차 이를 용인했다가 2년 후 발각된 사례가 있었다. 즉 좌수가 향리에 대한 관리를 사실상 위임받은 사실과 자의에 의해 復職의 권한조차 행사한 예를 보여준다.[83] 또한 南原의 경우 鄕

82) 『栗谷全書』 卷16, 雜著3 海州一鄕約束 鄕約章程 鄕約凡例.
83) 『孝宗實錄』 卷8, 孝宗 3年 4月 甲子, 35책 547쪽.

廳都通引이 首吏인 吏房이 되었고 경상도 靈山縣에서 座首改差時에 別監이 首吏인 吏房으로 임용되었다. 安東에서는 독특한 鄕權에 상응하여 戶·吏·刑房 三公兄이 매일 鄕廳에 나와서 지시를 받는 등 鄕廳에서 作廳을 지휘·감독하였고, 이는 향소의 지위가 격하된 19세기까지 이어지는 상황이기도 했다.[84]

아울러 향소에서 作廳 소속 이서들의 일상적인 업무에 관여하고 三鄕所가 六房日記를 분담하여 檢飭했던 사실을 볼 수 있다. 이는 조선후기에 일반화된 향소의 기능으로 보이는데 좌수는 吏·兵房, 上別監은 戶·禮房, 次別監은 工·刑房의 업무를 檢察하게 하였다.[85]

둘째, 향소가 국가의 군현제적 지배에 대응하여 독자적인 향촌 장악력을 행사하는 사례가 나타난다. 특히 이는 군현제 정비가 철저하지 못했던 기존 屬縣 任內지역이나 관서·관북지방의 사례가 많으며 이때 정부는 재지세력 일반을 향소로서 파악하는 경우가 있다. 숙종 9년 晉州의 예로서 行判中樞府使 李尙眞의 疏에 따르면,

> 진주지역의 岳陽·花開 등 古縣은 거리가 진주에서 3日程이며 그 사이가 지리산으로 가로막혀 있어서 本州의 호령이 있어도 미치지 못하며 民間下情 역시 대부분 전달되지 못한 채 막혀 있습니다. 이로 인해 항상 鄕所 下人의 襄囊이 되고 있습니다. 또한 이곳이 호남과 영남의 교통로이므로 인물이 번성한 고로 도적의 무리가 들끓습니다. 이번 연년으로 飢荒의 여지가 있고 哺聚의 어려움이 있으니 실로 염려가 됩니다.

라고 지적하고 그 대비책으로서 英陽·順興처럼 별도로 현 설치가 불가능하다면 부근 河東·求禮縣에 분속시켜 통제할 것을 건의하였고 숙종은 廟堂에서 본도 감사에게 물어 처리하도록 했다.[86] 본 기사는 공권력이 미치

---

84) 『鄕廳事例謄錄』.
85) 「治郡要法」44條.
86) 『備邊司謄錄』37冊, 肅宗 9년 8月 6日, 3책 689쪽. 차후 晉州 소속 속현은 班城縣·永善縣만이 남았고, 河東의 경우 肅宗 28년(1702) 섬진강 일대의 關津 개발지시에 따라 晉州 소속이었던 岳陽·花開와 陳畓인 赤良 4里를 할속받았다(『慶尙

지 못하는 岳陽·花開 등지의 지역에서 향소에 의한 民의 지배가 이루어
졌음을 보여주며 정부는 移邑·分邑조치를 통해 문제를 시정하려 했다.
여기에서 지적된 鄕所下人은 재지세력에 대한 대칭어로 보인다.

한편 양란 후 사회변동과 촌락구조의 재편과정에서 재지사족, 향임들이
자신들의 이해관계가 관철되도록 면리 분할을 추진한 사실을 볼 수 있다.
심지어는 자신들이 관장하는 지역을 중심으로 設邑 또는 移邑을 도모하고
자신들의 향촌내 기득권을 계속 보존하고자 한 경우도 있었다.

영조 10년 6월 甲山유생 金淑鳴이 移邑을 요청하는 陳疏에 대해 조정
에서 논의된 사항은 다음과 같다. 疏의 내용은 惠山과 雲寵 사이에 設邑
해 달라는 요청이었는데 한 해 전에 파견된 어사 또한 民의 희망사항임을
지적하였다. 이에 대해 參贊官 李宗城은 三甲 民戶가 극히 적었기 때문에
만약 다시 1읍을 설치하면 양 읍의 민으로 나뉘는 폐단이 있을 것임을 지
적하였다. 그리고 州郡의 연혁은 지극히 중요한 사항이므로 오직 朝家의
처분만으로 가능한 것인데 邑民이 자청해서는 안 된다고 말하였다. 해당
지역 암행어사를 역임하여 사정을 잘 알고 있던 李鐘聲은 惠山·雲寵 사
이에 郡邑의 설치를 주장하는 자는 반드시 향임이 되고자 도모하는 자라
고 규정하였다. 그는 他道의 사례 가운데 100리 내에서 누차 變易한 陽德
의 移邑, 麗水·順天의 設邑의 일은 모두 향임을 장악하려 하는 자의 소
행이라고 규정하였다. 따라서 조정의 불허방침만이 각 지역 내의 비슷한
姦弊를 막을 수 있다고 하였다. 이에 대해 국왕과 대신들 역시 移邑設置에
반대하는 결론을 내렸다.[87]

본 사례는 조정에서 파악한 것이라 재지세력 일반을 향임으로 규정하고
삼남의 향임과 변방지역의 그것을 동일시하고 있다. 그런데 사대부가 적은
관서·관북지역에서는 향임이 재지의 대표자가 될 수 있다. 반면 삼남의
경우 18세기에 이르러 儒鄕분기가 전개된 사실을 염두에 두어야 하며 향
소(鄕廳) 소속 향임과 재지사족이 구성한 향약기구의 직임자와는 구별해

道邑誌』1832年 晉州·河東 ;『增補文獻備考』卷27, 輿地考15 關防).
87)『備邊司謄錄』95冊, 英祖 10年 6月 4日, 9책 819~820쪽.

서 살펴보아야 한다. 그러나 향촌내 공적 통치체제의 확립이 불분명한 가운데 향소(향임)가 分面・分洞 내지 移邑・設邑을 통해 자신들의 이해관계를 실현하고자 한 점에서 그들의 향촌장악력이 뛰어난 사실을 알 수 있고, 정부에서도 이를 奸弊가 개재된 것으로 규정하여 적극 경계하였던 것이다.

한편 수령과 함께 鄕政을 책임졌던 좌수가 移邑・復邑의 결정과정에 깊이 참여하고, 차후 문제 발생시 수령과 더불어 처벌되는 사실이 있었다. 郭山郡의 경우 燕行使節의 出帖에서 원거리로 인해 어려움이 따르자 영조 33년 移邑하였다. 그런데 新基의 지세가 狹窄하고 井泉이 부족하며 관사와 민가가 山坂에 위치함에 따라 경작에 불편이 따르게 되었다. 이에 영조 43년 재차 疏를 통해 1천여 호를 포용할 수 있고 土沃泉多하며 生利에 좋은 舊基로 還邑시켜 줄 것을 요청하고 있다. 이에 따라 조정 대신의 논의를 거쳐 연행사절의 접대소인 雲興館만 그대로 두고 民願에 따라 還邑을 명하였다. 국왕 영조는 官屬의 支待遠近 때문에 지형이나 민의 편의를 무시하고 移設한 것은 커다란 잘못임을 지적하고, 당시 수령에 대해서는 '不叙之典'으로, 座首・鄕色은 감사로 하여금 처벌할 것을 명하였다.[88] 郭山의 환읍 사례는 治邑에서 燕行과 支勅이 극히 중요한 업무임에는 틀림없지만 郡民의 편의를 무시하고 관의 입장만 반영한 행정의 실시는 잘못된 것임을 보여주었다. 그런데 책임자로서 수령과 함께 좌수가 처벌되고 있는 것으로 보아 移邑・還邑과 같은 중대사에서 향소가 지닌 지위를 가늠해 볼 수 있다.

향소는 재지세력의 자치기구로서 출발하였다. 이 같은 연혁과 더불어 政令수행・향풍교정이라는 향소 본래의 기능에서 볼 때 재판권과 기초적인 처벌권의 행사는 부속된 것이었으며 관에 의해서도 인정되고 있었다. 조선시기 지방 군현 내에서 국가공권력의 대행자인 수령은 민에 대한 최종적인 재판권・처벌권을 지니고 있었다. 만약 수령의 裁決에 불복하는 경우

---

88) 『備邊司謄錄』 150冊, 英祖 43年 7月 20日, 14책 574쪽 ; 『備邊司謄錄』 150冊, 英祖 43年 閏7月 22日, 14책 580~581쪽.

국왕의 親裁에 이르기까지 제2차, 3차에 걸친 상급심의가 규정되어 있었다.[89] 그러나 조선후기 지방민의 범죄에 대한 재판·처벌 혹은 지방민 사이의 분쟁해결에서 "上覽湖南殺獄文案 多疎漏…… 間有外方守令 厭其親審 付之下吏 因緣用奸 任意增減 獄事遷就"[90]라는 것처럼 그 煩瑣를 염려하여 수령이 下吏에게 이를 부여하는 경향이 만연되고 있었다. 아울러 지방민 사이의 분쟁과 소송 중 사소한 것은 향소·면리 기구에 전담시키고 수령은 大訟의 경우에만 親審하는 것이 관례였던 것 같다.

> 農務方歇之時 民人推捉甚難 至於不得已之事 隨到隨決 無或留滯 亦不可多日 因獄 其他少少爭等事 皆尊位面任 或從實査報 而決處 或從公議決給後報來 而至田畓奴婢等大訟 亦不可如此 其間不無挾私左右捧賂操縱之弊 至若官屬之相訟 若有疑眩者 使座首及公兄詳査以稟 或民人之可以查實其委析然后 決處者 亦如之 亦爲有煩之慮 面所任非其人則不可信也[91]

사소한 분쟁은 면리기구 내의 面任·尊位가 공의를 참작하여 처리하지만, 전답·노비와 관련된 大訟은 협잡이나 뇌물에 좌우될 소지가 크므로 수령의 親審을 원칙으로 하였음을 알 수 있다. 그런데 官屬 사이의 분쟁이나 미혹한 소송에 대해서는 座首와 公兄이 상세히 조사하여 裁決에 참작하도록 했다. 또한 面里民의 等狀은 "凡等狀 …… 因所言如出衆論 則隨其事勢 可以許施者 使首鄕及公兄議稟後 許施之"[92]라 하여 원칙적으로 座首·公兄의 議稟을 거친 후 처리되었다.

아울러 "凡臨民聽訟之時 自座首以下敢不助辭 不必詢問於渠輩 無知之民出外 而言曰 官家事 聞某人之言決處云云 傳相誹謗"[93]이라는 기사처

---

89) 『經國大典』卷5, 刑典 訴冤 ; 金仙卿, 「'民狀置簿冊'을 통해서 본 朝鮮時代의 裁判硏究」, 『역사연구』창간호, 1992 참조.
90) 『肅宗實錄』卷24, 肅宗 18年 12月 甲午, 39책 273쪽.
91) 「牧綱」215, 「治郡要訣」13條, 「治郡要法」30條.
92) 「牧綱」面里居等狀 229쪽.
93) 「牧綱」212쪽.

럼 수령의 판결이 좌수를 비롯한 관속의 의견에 좌우된다는 비방을 막을
것을 지적하고 있는데, 이는 決訟 과정에서 좌수가 차지하는 비중을 확인
시켜 준다. 所志 가운데 山訟에 관한 것은 "山訟所志 以圖局內形止 步數
遠近 摘奸牒報 爲題墳諸鄕所或面任可也 而大訟則不可不親自摘奸"[94]이
라는 것처럼 향소와 면임이 실측을 통해 도면을 작성한 후 처결하도록 했
다. 山訟의 처리 역시 士族 상호간의 것이나 大訟인 경우 수령이 親審하
고 士族과 常民 사이의 일은 대개 좌수가 처리하도록 하였다.[95]

이상에서 조선후기 향소의 향임이 지방민에 대한 재판권을 수령 대신
행사하는 사례를 살펴보았다. 이는 전통적으로 향소가 지닌 자치기능 중
하나로 볼 수 있겠다.

한편 좌수가 죄를 범한 民에 대해 독자적으로 笞刑·杖刑의 처벌권을
행사한 사례가 있다. 현종 6년 8월 江陵府에서 綱常과 관련된 부친 살해사
건이 발생하자 향소가 범죄인에 대해 笞刑을 집행하였다. 그런데 강릉부
향소가 군현 降等을 우려하여 자체적으로 처벌한 후 이를 중앙에 보고하
지 않았다가 차후 발각되어 문제가 야기되었다.[96] 또한 경종 3년 5월 황해
도 鳳山에서 군수 李震華가 흉년의 減布分을 사적으로 사용하는 부정을
저질렀다. 이때 수령과 밀착한 좌수 姜沃이 督捧 과정에서 민을 杖殺시킨
사건이 발생했다.[97] 이처럼 좌수의 민에 대한 처벌 행사사실은 쉽게 확인
되며, 정약용은 이들의 처벌권 남용을 우려하여 笞 十度를 넘지 못하게 하
는 규정을 제시하기도 했다.[98]

향소의 자치기능의 하나로서 또한 犯越罪人과 定配된 士族의 감시업무
가 부과되어 있었다. 犯越이 발생하면 죄인의 所居里의 約正·統首뿐 아
니라 風憲·里正이 함께 刑推되고 지휘계통에 따라 최종적으로 향소가 처

94)「牧民攷」336쪽.
95)「牧民心書」卷9, 刑典 聽訟(下).
96)『顯宗實錄』卷10, 顯宗 6年 8月 癸亥, 36책 475쪽.
97)『景宗實錄』卷12, 景宗 3年 5月 戊子, 41책 292쪽, "論鳳山郡守 李震華 減年圖倖
固己可駭 而災邑減布 全數督捧 任自私用 座首姜沃 締結用事 杖殺無辜 請拿問
定罪 上亦從之".
98)『牧民心書』吏典 用人.

벌되었다.[99] 영조 36년 2월 邊方重地인 穩城에서 犯越罪人이 발생하자 穩城府의 座首·兵房·軍官이 鎭의 首士兵 兵房·軍官과 風約·統首 및 禁斷監色에 이르기까지 연대책임을 지게 한 사실이 있었다.[100] 한편 경내에서 定配된 士族에 대해 향소는 刑吏를 대동하고 울타리 밖에서 看閱點考하도록 규정되어 있었다.[101]

향풍교화와 관련된 사실로서 향소는 禁松規定이 준수되도록 巡山하여 폐해를 적발하고 山直을 감시하는 업무를 담당하였다. 조선후기 禁松政策은 公用 목재를 확보하고 풍수해를 방지하기 위해 국가적 사업으로 실시되었으며 군현에 대해 관리를 위탁하는 형식이었다. 각 지역「禁松節目」에 따르면, 1년 임기의 山直과 各洞別로 3년 임기의 監官이 선발되어 巡山을 담당하였다. 군현내 향소는 달마다 한 차례씩 파견되어 이들의 업무를 감시하고 奸弊를 적발하는 책임자로 규정되어 있었다.[102] 앞서 살펴본 바와 같이 향소는 官의 '封標禁山' 조치에 반대하는 山訟이 제기되면 실상을 조사하여 처리하는 임무를 수행하였으며 宮房이나 왕릉 소재 산림에 대한 감시업무를 지니고 있었다. 영조 원년 3월 良才 察訪 李厚가 전라도 咸平縣 新光面 月明山 북변의 선영이 水營의 封標禁斷중에 편입되어 營屬들의 작폐가 있다는 疏狀이 제기되었다. 이에 대해 함평 향소가 儉使와 함께 실상을 조사한 후 오히려 松封標 조치를 위반한 李厚를 처벌한 사례가 있다.[103] 영조 13년 5월 長陵의 齋室 근처의 山에 山直과 僧人이 7, 8두락을 起耕한 사실이 발생하였다. 이에 대해 국왕과 대신들은 절목의 규정에 따라 1년 네 차례의 巡山을 하지 않은 坡州牧使를 파직시키고 달마다 파견되어 摘奸의 책임을 맡았던 향소에 대해 京獄에 拿問하여 重刑에 처하고 있다. 특히 당해 연도 3월에 파주 향소가 자세히 조사하지 않았다

  99)『備邊司謄錄』55冊, 肅宗 30年 7月 16日, 5책 339쪽.
100)『備邊司謄錄』138冊, 英祖 36年 2月 8日, 13책 383쪽.
101)『牧民心書』卷10, 刑典 斷獄.
102)『備邊司謄錄』38冊, 肅宗 10年 11月 26日, 3책 810~811쪽 黃海道沿海禁松節目 ;
   『備邊司謄錄』45冊, 肅宗 17年 8月 24日, 4책 411쪽 邊山禁松節目.
103)『備邊司謄錄』77冊, 英祖 元年 3月 25日, 7책 660쪽.

는 사실이 드러나 엄한 징벌을 받았다.104)

이처럼 정부는 각 지역의 禁松을 위해 3년간의 잡역을 면제해 주는 監官과 '山中凡事'를 검찰하는 禁山尊位 등 별도의 하급 향임을 설정했을 뿐 아니라 군현의 향소에 대해 매달 한 차례 奸弊를 적발하고 山直과 監官의 활동을 감시하는 의무를 부여하고 있었다.

(2) 행정적 기능

17세기의 향소는 자치기구로서 遺意를 지니며 일정 정도의 향촌장악력을 지니고 있었다. 그런데 정부는 각종 절목과 교지를 통해 지방지배를 위한 각종 행정상의 직무를 향소에게 부과하였다. 특히 임란 이후 정부는 향소에 대해 지방행정과 관련된 집중적인 업무를 부과하였다. 정부는 전쟁으로 야기된 동요를 방지하고 국가재정체계의 확보를 위해 일거에 무너진 향촌통치체제를 긴급히 복원하고자 했다. 그러나 전쟁의 와중에서 군현의 官司體制가 전면 붕괴되었기 때문에 기존 실무자인 향리에게 收稅 등의 행정업무를 맡길 수 없는 상황이었고, 그 대신 군현내 재지세력의 결집기구인 향소에게 지방지배를 위한 각종 직무가 부과되었던 것이다. 향소가 조선왕조의 말단 지배기구로서 구조적으로 결합하는 데 대한 당위성은 간단히 논단할 수 없다. 다만 향소가 조선전기 이래 置廢가 거듭되면서 수령권과 밀착하는 경향을 지녔고, 군현에 대한 통치보조업무를 수행했다는 전례가 있으며 한편으로 재지세력이 지니는 향촌장악력을 국가가 크게 인정하고 이에 의존하려 한 사실이 나타나고 있다. 예컨대 국가가 부과한 직무로서 부역징발의 기초가 되는 토지대장과 호적대장의 작성, 수세와 운송을 비롯한 조세의 중앙상납 책임, 환곡의 징수·분급의 감독업무, 각종 帖報·文書의 서명조사 등을 그 예로 들 수 있다.

그런데 향소의 행정적 기능은 실제로는 면리제·오가작통제 등 향촌내 통치기구에서 직임자들이 수행하는 실무를 감독하고 지휘계통상의 책임을 지는 경우가 많았다. 따라서 점차 면리기구가 활성화되고 이서들의 官司體

---

104) 『備邊司謄錄』 101冊, 英祖 13年 5月 26日, 10책 436쪽.

系가 제 기능을 발휘하게 되자 향소의 기능 중 상당 부분이 이들 직임의 업무와 중복되어 점차 업무의 이전이 진행되었다.

우선 田稅를 비롯한 조세징수 과정에서 향소의 역할을 살펴보겠다. 量田과 作付決定 등의 업무는 군현에서 향소가 파견되어 실시되었으나, 구체적인 징수와 災實의 답험은 예하 면리기구에서 담당하고 향소는 그에 대한 감독책임을 지고 있었다. 현종 10년(1669) 公州·忠州 등 충청도 20읍과 黃州·海州 등 황해도 4읍에 量田이 실시되었다.[105] 그런데 忠州 지역의 量田에서 수령이 신임하는 향임에게 일체의 양전을 맡기고, 그 내용에서 향임의 親疎와 恣意에 따라 등급의 고하가 결정된 사실이 지적되었다. 재지세력인 향임에게 量田의 모든 과정을 위임하고 수령은 이를 방치함에 따라 폐단이 발생한 것이다.[106]

또한 「大同事目」외 징수물을 수령이 친히 管排하지 않고 향임에게 위임하여 그 출납이 임의로 운영되고 부정이 개재되는 사실이 지적되었다.[107]

한편 좌수·면임은 기본적인 田政文書를 모두 수취하여 열람하고 면리 내의 토지 상태를 답험·감독하도록 하였다. "田案大帳及各年行審冊 凡係田政文書 一併收聚 …… 各年川浦落 仍陳 舊陳 量陳等處 逐庫踏驗 而四標則以卽今目所見之物書之之意 別定面任 座首 使之眼同摘奸 而間間自檢驗 有差違則鄕所 面任 依事目 各別嚴刑於田頭 以懲他人"[108]이라는 기사에서 볼 수 있는 것처럼, 田案大帳이나 各年行審冊의 기록과 차이가 있으면 事目에 따라 향소·면임을 처벌할 것을 규정하였다.

다음으로 향소가 최하 생산단위의 수세책임자인 戶首의 결정에 관여하는 사실을 볼 수 있다. 즉 각 군현의 향소가 將校 및 각 面里 사정을 잘 아는 면임과 함께 富實人을 중심으로 선발하고 있다.[109]

---

105) 『增補文獻備考』卷141, 田賦考1.

106) 『顯宗實錄』卷18, 顯宗 11年 9月 壬申, 36책 676쪽, "執義申命圭啓曰 量田國家之大事 一有差謬 其害不少 前牧使李泃岳 曾任忠州時 信任鄕任李萬裁 而委之 一任其所爲 萬裁視其親疎 恣意高下 闔境無不痛寃".

107) 『備邊司謄錄』32冊, 肅宗 3年 9月 13日, 3책 314쪽, "守令以大同事目外所徵之物 不可親自管排 委諸鄕任 任其出納 故此層因緣作奸".

108) 「政要」 一 86條.

답험 과정을 보면, 일단 面任이 각인의 단자를 수합한 후 字行에 따라
관에 납부하는 실무를 담당하며 수령은 향소·관속과 함께 직접 田野에
나가 災處를 看審하도록 했다.110) 그러나 대체로는 수령이 답험담당 이서
인 書員과 함께 향소를 파견시켜 奸弊를 적발하였으며, 濫災 여부를 일일
이 災冊에 기록하여 보고하도록 했다. 한편 평상시에는 향소가 각 면을 오
가며 災實 상황을 파악해야 한다고 규정되었다.111) 반면 俵災할 때는 향소
가 각 면리에 傳令을 내려 一野民人이 모인 곳에서 직접 冊子를 개봉하여
里任에게 준 후 里任으로 하여금 경작인의 이름에 따라 분급하도록 하였
다.112) 이처럼 향소는 戶首결정과 踏驗 및 俵災의 시행과정에서 예하 面
任의 실무를 감독하고 수령을 대신하여 명령을 내리며 업무를 관장하였다.
이와 관련하여 향소는 조세징수 과정에서 신분을 내세워 면제받는 모순을
적발하고 담세자의 실상을 파악하는 업무가 규정되어 있었다.113)

다음으로 환곡의 운영에서 구체적인 賑恤대상자의 선발과 인솔을 맡은
것은 面任·統首였지만, 官庭에서 이루어지는 모든 과정을 照管하고 雜亂
不均의 弊를 방지할 임무는 좌수에게 있었다.114) 또한 "還上定日 及凡於政
令少 有違越日則座首以下所管諸人一幷嚴杖 俾無愆期之弊 可也"115)와
같이 분급일의 통지를 비롯한 제반 政令의 전달과 징수의 완납 여부는 좌
수를 지휘계통의 책임자로 하는 예하 면리기구의 직무로 규정되어 있었다.

한편 조세의 운반업무인 漕運에서의 직책부과가 있었다. "領船監官 必
以曾經鄉所者 各別擇送 如有仍前苟充 而號牌考准之時有所現發 則守令
罷黜 座首刑推定配"116)라 하여 각 군현에 대해 효율적인 조운업무의 수행

109)「用中錄」108條, "八結戶首人人不得爲 而每年爲之者爲之 作結定戶首時 先招將
校 鄉所 或面任入邑者 聚會 問其各村富實人作名 定戶首 無防矣".
110)「牧民攷」傳令.
111)「居官大要」59條.
112)「田政考」俵災 30面.
113)「用中錄」51條, "時考價牟租 計民戶收捧 而兩班中庶 必有減除之擧 四季朔 流
亡 孤獨 亦入減除之中 必使座首 吏房詳查".
114)「政要」一 21條.
115)「先覺追錄」20條.

을 위해 專任鄕所로서 임명되는 領船監官을 두고, 이를 위반한 수령의 罷
黜은 물론 좌수에 대한 강력한 처벌을 명시하였다. 각 읍의 좌수는 '稅貢
領納之吏'에 대한 감시와 함께 하급 향임인 감관의 선발을 맡았던 것이다.
　이상 향소가 전세와 환곡 운영의 전 과정을 감독하였음을 알 수 있다.
그런데 향소가 복잡한 징수업무를 위임받고 수행하는 과정에서 吏胥와 함
께 민을 대상으로 자의적인 부정을 행하기도 했다. "田政設施 及其作結
都監官 或鄕所首吏 稱以相救 …… 收捧結卜合取 各面或數結 則抄富戶
捧之"[117]와 같이 향소가 收稅에 관여한 監官·首吏와 함께 '相救'를 빙자
하여 結稅 명목으로 加斂하는 예가 보인다. 또한 향소가 관속과 공모하여
약간의 魚藿을 경내에 분급한 후 추수할 때 租斗와 함께 거두는 행위도
있었다.[118] 숙종 3년 전라도 각 읍에서 징수된 傳關米도 수령이 모든 징수
과정을 향소에게 위임함에 따라 향소가 자신들의 수입을 위해 자체적으로
'計口收捧'이라는 일정한 방식으로 잡세를 징수했던 것이다.[119] 따라서 각
民政書에서 "爲宰者 凡事必親執 不可委諸鄕色"이라 하여 수령이 親檢할
것을 규정하고 있는데[120] 이는 역설적으로 향소의 조세업무 관장 실태를
잘 보여준다. 이와 함께 복잡한 수세과정을 이용하여 향소가 저지르는 부
정을 방지하기 위한 여러 대책들이 제기되었다.[121]
　한편으로 향소는 堤堰管理라든가 水害·火災로 인한 민의 피해 구제에
면리기구의 업무를 감독하였다. "境內洑堰 無論幾處 每年二三月之間 傳
令該面 使其堰洑下 作人一齊約會 指日報來 當日或有官親行或分送鄕將

---

116) 『新補受教輯錄』 戶典 漕轉條.
117) 「用中錄」 80條.
118) 「用中錄」 38條.
119) 『備邊司謄錄』 32冊, 肅宗 3年 9月 13日, 3책 314쪽.
120) 「先覺」 102條.
121) 가령 수령이 부임한 직후 분위기 쇄신을 내세워 鄕廳 作廳의 폐단을 조사하여 시
　　정하고(「治郡要訣」 21條) 各面 面任의 人事가 鄕所에 의해 좌우되지 않도록 수
　　령이 직접 향소 이하 任掌의 기록을 보관하도록 했다(「用中錄」 83條). 아울러 향
　　소에 의한 公穀偸食의 부정을 막기 위해 향소의 집기를 압류하고 父子·兄弟를
　　수색하도록 했다(「用中錄」 61條).

吏 箇箇申飭 務盡完築極其疏鑿以廣蒙利 雖在水旱無潰決之患也"122)라
하여 각 면마다 지정일에 민을 모아 堤堰관리 사항을 지시 감독하되 수령
이 직접하거나 鄕所·將官이 대신 파견되는 사실이 나타난다. 가령 관내
에 雨水로 인한 폐해를 조사하기 위해 특별히 향소 3인이 현지의 形止를
詳審하여 보고하게 하였다.123) 또한 민가에서 實火가 발생하면 各面 面任
(風憲)이 관에 즉각 보고하도록 하였다. 이후 향소는 현장에 나아가 진상
을 확인한 다음 監營에 대해 진휼을 요청하는 보고를 행하고 있다.124) 이
와 같이 향소는 民의 생산·재생산을 보장하는 각종 업무에서 면리기구를
감독 관장하였다. 뿐만 아니라 부역수취의 기초가 되는 호적작성의 감독책
임이 부과되어 있었다. 본래 漏丁·漏戶者의 조사는 主戶-管領·統首·
監考·里正-鄕所·監官·色吏-部官·守令의 지휘체계를 지니고 있었
다. 이 과정에서 면리기구를 관할하는 향소가 직무수행시 태만하고 부정을
행하는 경우 엄히 처벌한다는 규정이 있었다. 가령 漏丁 5口 이상은 杖 一
百, 10口 이상은 杖 一百, 徒 3年형에 처하고, 漏戶의 경우 5호 이상은 杖
一百·徒 3年, 10호 이상은 杖 一百·充軍의 重刑이 명시되어 있었다.125)
　다음으로 향소는 향촌사회 내에서 실무를 행하는 면리기구의 감독기구
로서 그리고 군현내 官司體系 내에서 실무를 행하는 吏胥의 감독업무를
지니고 있었다. 특히 이와 관련하여 군현재정의 회계 업무와 각종 첩보·
문서에 대한 調査·署名의 업무가 부과되었다. 예를 들어 "官廳外 大同及
還上各樣公庫穀物 成置都錄置簿冊及放下置簿冊 分給置簿冊 其文書 不
可只付諸監色而已也 必使三鄕所 三公兄 與本監色眼同會計 同著名 然後
官成貼 可也"126)라는 기사는 각종 公庫의 현황과 그 내용을 기록한 문서
에 대해 監色에게 위임하지 말고 三鄕所가 三公兄과 함께 점검 서명하도

122)「牧綱」勸農桑 161쪽.
123)「摩事摠要」30條, "今因雨水 丘陵變易 處處成川 大小農民呼哭田野 …… 分送事
　　知 鄕所三人 使之 詳審形止以來 則回告".
124)『備邊司謄錄』191冊, 純祖 卽位年 9月 27日, 19책 247쪽.
125)『受敎輯錄』戶典 戶籍 康熙(1666) 丙午事目.
126)「治郡要訣」31條.

록 지시한 내용이다. 또한 公穀의 마련에서 三鄕所·三公兄이 창고의 저
장 여부를 照管하게 하고 만약 탈이 발생하면 이에 대해 처벌받게 하는 규
정이 있었다.127) 또한 "三鄕所 分掌各庫縣司 氷庫會計等事"128)라는 것처
럼 三鄕所가 每 朔望마다 관청 각 기관을 나누어서 그 용도·지출을 會計
·置簿하도록 하였다. 아울러 민에 대한 각종 公納收捧의 傳令은 좌수가
看檢하여 먼저 이름을 명기해서 붙인 다음 분급하도록 했다.129)

좌수의 임무 가운데 전통적인 향리규찰과 관련된 것으로 六房을 나누어
그 업무와 문서를 감독하였다. 특히 作廳의 일상적인 업무에 관한 기록인
「六房日記」, 官廳 所用의 油·果·魚 등 雜物을 적은 「官廳庫直記」, 文
狀書札 왕래 기록인 「通引記」, 수령 재임시 物品·錢·穀의 수납지출부인
「解由重記」 등의 문건은 담당실무인 由吏가 작성하지만 좌수가 감독·
지시하고 서명하도록 되어 있다.130)

17세기 향소는 民政에 관한 제반 기능 외에 邑內 軍事權을 소지하고 있
었다. 조선시기 지방군제는 각 군현이 그대로 지방의 군사거점으로서의 鎭
이 되는 경우가 많았다. 특히 각 鎭軍의 지휘권은 武官職을 겸임한 군현의
수령이 지닌다고 규정되었다. 또한 각 鎭의 군사는 군현민의 差役을 바탕
으로 편성되었다.131) 그런데 17세기 이래 정부에서 반포된 절목에 따르면
"各邑軍務以座首次知"132)라 하여 향소가 포괄적인 軍務에 대한 主裁와
담당자임을 규정하고 있다. 면리에서 이루어지는 閑丁搜括의 감독자133)임

---

127) 「牧民攷」 謹守公穀.
128) 「牧綱」.
129) 「牧綱」 臨下 126쪽.
130) 金龍德, 『鄕廳硏究』, 1978, 98쪽.
131) 車文燮, 앞의 책, 1973, 240~241쪽.
132) 『新補受敎輯錄』 兵典 軍制.
133) 향소는 閑丁搜括 과정에서 物故立案의 작성 책임이 있었다(「政要」 39條 里定節
目). 한편으로 향소는 忠義軍 등으로 모속한 자들에 대한 조사를 담당하고 事目
에 따라 犯法者들을 낱낱이 구별하고 그 처벌을 시행하였다(『備邊司謄錄』 40冊,
肅宗 12年 6月 24日, 3책 965쪽). 그러나 재지세력의 하나인 향소가 자기 휘하에
투탁인을 두어 문제를 야기시키기도 했다. "近來漏戶亦多 三南尤甚 士豪兩班及
執權鄕所戶下 所居成聚而入籍者甚少"라거나(「政要抄」 29條) "鄕任所居籬外 束

은 물론 歲抄,[134] 軍馬의 飼育·管理뿐 아니라[135] 水軍의 교련시 보조업무 등이 지시되었다.[136]

특히 효종 5년 3월 閑丁搜括과 지방군제의 정비 확충을 위한 「營將事目」에는 군무에 관련된 향소의 직책이 규정되어 있다. 가령 時任座首가 實兵房 등과 함께 속오군에 관한 제반 업무를 하되 속오군은 모든 根差年壯人으로 抄定하고 훼손된 軍器는 즉시 고쳐서 전과 같은 虛疎한 폐단이 없도록 하였다. 또한 속오군의 용모와 나이 등을 기록한 책자를 兵使와 營將에게 보내어 避役과 代立의 폐단을 방지하게 했다. 주목되는 것은 이상제 군무의 수행과정에서 향소가 잘못을 범한 경우 營將이 杖 80 이하로 처리하게 한 조항이 보인다.[137]

효종 5년 9월 「慶尙道束伍奉足節目」에서도 "軍兵·軍器는 면리단위 속오군의 지휘관인 將官·旗·隊摠과 좌수가 專掌하라"고 규정하고 새로이 事目이 나오는 경우에는 조항에 따라 좌수의 책임 하에 奉足의 수를 충당하게 하였으며, 잘못하여 騷屑之弊가 발생하면 좌수와 將官을 重律로 다스린다는 사항이 규정되어 있다.[138] 西厓 柳成龍은 "抄軍의 업무를 종전의 관습대로 兵房과 鄕所에게만 일임했기 때문에 將官이나 旗·隊摠이 재주 있는 자를 軍兵으로 선발할 수 없었다"고 하여 당 시기 군무와 관련

伍軍不能侵犯 閑遊者多 此等事 以近屬伶俐 下輩採採搜括充定 爲好矣"(「用中錄」 38條)라는 기록이 그것이다. 향소가 閑丁搜括의 책임자라는 사정과 관련하여 나온 이러한 양상은 "土豪留鄕輩之養戶"(「政要抄」 40條)라고 할 만큼 큰 폐단으로 지적되었다.

134)『受敎輯錄』 兵典 軍制 萬歷 乙巳(1605) 承傳, "歲抄不及期限 守令推考降資 鄕所徒一年 色吏 徒二年充軍".

135)『新補受敎輯錄』 兵典 廐牧.

136) 군사권과 관련하여 지역에 따라서는 座首가 구체적인 武任職을 겸대하거나 대행하는 예도 있다. 瓮津府의 경우 守城將은 座首가 例兼하고 있으며(『瓮津府邑誌』) 평안도의 薪島鎭은 邊方重地라는 지역적 특색에 따라 매년 輪次로써 1명의 中軍이 파견되는데 秋·冬에는 鎭將이 入島하고 春·夏에는 龍川 鄕廳의 前任座首 중 勤實可堪人을 선발하여 入島 看飭케 했다. 그 임무가 '亞於主將'한다 하여 명칭을 亞鄕이라 하였다(『關西邑誌』 薪島誌 亞鄕廳).

137)『備邊司謄錄』 17冊, 孝宗 5年 3月 16日, 2책 409쪽.

138)『備邊司謄錄』 17冊, 孝宗 5年 9月 29日, 2책 451쪽.

된 향소의 역할을 시사해 주고 있다.[139] 孤山 尹善道 역시 향소가 軍務·
軍器·犒軍의 업무에 관해 책임을 지고 있는 사실과 운영을 잘못한 좌수
에 대해 중벌이 가해지는 실태를 지적하였다.[140]

이렇게 보면 향소는 조선후기 민정 일반에 깊숙이 관여한 직책임과 동
시에 지방군제를 행정적·재정적으로 지지하는 직책이었다고 여겨진다.
그러나 향소가 재지세력이자 군사권을 소지한 사실로 인해 많은 문제가
발생하였다. 일례로 향소가 재지사족 및 군현민과의 긴밀한 결속을 바탕으
로 지역의 이해를 지키기 위해 국가공권력과 정면 대응한 사실이 나타난
다. 특히 군현민의 경제상태를 구제하기 위한 대응이나 士族계급의 전면봉
기시 예하 읍의 병력을 동원하여 참여하는 사례가 보인다. 이는 국가의 對
鄕村 및 對民政策에 대해 말단 봉건지배층의 일원인 향소가 적극적인 방
식으로 갈등을 표출시킨 것이라 볼 수 있다. 대체로 향소는 중앙정부의 소
홀한 대우 즉 관직체계상의 공식적인 지위를 인정받지 못한 채 準公的 자
치기구로서 존속할 뿐이었다. 이에 따라 국가공권력과는 다소 느슨한 관계
가 형성되어 있었다. 반면에 軍務와 民政에 대한 제 업무를 관장하고, 지
역에 따라 상이하나 중앙의 지시보다는 재지사족 및 민과의 결합도는 상
대적으로 높았다. 극단적인 형태로서 좌수가 군현민의 곤궁을 구제한다는
명목으로 농민봉기의 지도자로 나서는 경우도 있고 사족들의 대규모 반란
에서도 예하 邑軍을 동원하여 적극 가담하는 사례가 있었다.

첫째의 경우로서 현종 12년 11월 좌수 李光星 등의 지휘 하에 전라도
錦山에서 발생한 무장봉기를 들 수 있다. 금산 농민봉기는 지방의 유력자
이자 향소의 首位者인 좌수 李光星과 그의 형제들 그리고 校生 禹明俊,
將官 金英逸이 주도하고, 山行중인 砲手·僧徒 및 驛卒이 가담하였다. 주
로 경상·전라·충청 3도의 경계지인 덕유산 深谷에 屯處하였는데, 차후
봉기군에는 明火賊 100여 인과 濟原驛卒 300여 인이 직·간접으로 참여하
였다. 봉기의 목적은 농민의 곤궁을 구제하기 위함이었다고 하였고 인근

---

139)『懲毖錄』卷15, 軍門謄錄 移京畿巡察使.
140)『孤山遺稿』卷4, 書 呈全南方伯書.

龍潭縣의 軍器 및 茂朱 赤裳山城 西倉餉穀을 탈취하였다. 봉기 자체는
邑吏 黃兩龍의 밀고로 인해 지도자를 포함한 40여 인이 체포됨으로써 일
단 마감된 것으로 보이나 잔여 세력에 의해 약 반년 동안 계속되었다.[141]
금산봉기는 군현 내에 독자적인 기반을 지닌 좌수의 주도 하에 校生 · 將
官과 같은 재지세력들이 대거 가담함으로써 농민들을 조직적으로 동원할
수 있었다고 여겨진다. 반면 정부는 좌수를 비롯한 재지세력과 농민이 결
합된 형태의 봉기의 출현을 두려워하고 재발을 막기 위한 방책을 강구하
고 있었다.[142]

숙종 원년 10월 玉果 土豪인 鄭昌後 · 鄭演(당시 좌수) 등이 縣監 申汝
拭의 還穀督徵에 항의하여 營將點閱 私操日을 맞이하여 거리에 사람을
보내어 민의 불참을 유도함으로써 훈련을 방해하는 일이 발생하였다. 차후
두 사람은 서울로 拿送되어 중벌을 받게 되었다.[143] 당시 이조판서 윤휴는
조정에서 환곡의 징수를 정지하였고 이 점에서 縣監의 부정이 명확하다
하여 이들의 중벌을 면하여 달라고 요청하였으나 국왕은 軍兵을 沮遏하고
수령을 모함했다는 본래의 죄명으로 처벌을 강행하였다.[144] 즉 군현민의

---

141) 『顯宗實錄』卷20, 顯宗 12年 11月 己未, 37책 1쪽.

142) 錦山봉기는 조정에 커다란 충격을 주었고, 차후 들어선 정권마다 봉기의 내용을
  상기함과 동시에 흉년에 대비한 민심수습과 재지세력의 통제, 營將 기능의 활성
  화라는 과제를 거듭 제기하고 그 해결을 모색하였다. 숙종 13년 2월 영의정 金壽
  恒은 全羅道 錦山 · 茂朱 등지는 山峽의 가운데 위치하고 3道의 접경지이므로 이
  전부터 도적이 많다고 지적하였다. 특히 앞선 辛亥年의 금산봉기에서 鄕校 · 座首
  가 도적의 무리에 가담한 사실을 강조하며 흉년이 거듭되는 당시 상황에서 재차
  농민봉기가 염려된다는 사실을 지적하였다. 그 대비책으로 全州와 인접한 礪山의
  營將을 錦山에 移鎭시켜 도적을 搜捕하도록 건의하였고 국왕도 이에 따르고 있
  다(『備邊司謄錄』41冊, 肅宗 13年 2月 5日, 4책 11쪽). 이에 앞서 숙종 12년 11월
  우의정 李端夏 역시 庚戌(1670년) 이후 계속된 흉년에 따라 민심이 흉흉해져 座
  首가 주도한 辛亥年 봉기와 같은 사건이 재현될 수 있다는 우려를 표명하였다. 李
  端夏는 인조 15년(1637) 丁丑亂 이후 민에 대한 조세감면의 예를 들면서 量入爲
  出의 원칙에 따라 국가재정을 감소할 것을 주장하였다(『肅宗實錄』卷17, 肅宗 12
  年 11月 己酉, 39책 82쪽).

143) 『肅宗實錄』卷4, 肅宗 元年 10月 壬申, 38책 306쪽.

144) 『肅宗實錄』卷4, 肅宗 元年 10月 己亥, 38책 306쪽. 영조 40년 長淵民亂에서 '身

공동 이해관계를 해결하기 위해 좌수가 수령권에 전면 대응한 데 대해 정부는 통치기강의 확립 차원에서 수령을 두둔하는 입장을 표방한 것이다.

둘째의 경우로서 재지사족이 조직력과 무력을 바탕으로 중앙정부에 대해 저항한 봉기과정에서 해당 군현의 좌수가 적극 간여한 사례를 볼 수 있다. 일례로 영조 4년 '戊申亂'에서 李麟佐 등의 주도층은 外方起兵 및 京中內應의 정변을 계획하였다. '무신란'에서는 당시 流民의 증가, 도적의 만연, 제 사회계층의 저항의 만연이라는 사회정세를 배경으로 중앙정부에 대해 대대적인 저항을 일으켰는데, 경상도 일부 지역과 충청도 淸州 등의 지역에서는 이들에 의한 지역적 점령이 이루어졌다. 반군측 세력은 군관층과 향임층의 적극 가담으로 더욱 세력을 확대할 수 있었다.[145]

본고와 관련하여 주목되는 사실은 해당 읍의 향소가 조직적으로 반군의 기간세력으로 참여하였다는 것이다. 가령 무신란이 진행중이던 영조 4년 3월 반군이 淸州營將과 兵使를 제거하고 淸州를 점령하자 近畿·湖西의 남인과 소론계의 士族이 淸州로 赴陳하여 그 수가 200여 인에 이르렀고 淸州의 軍官·鄕任層의 자발적인 참여가 나타났다. 구체적으로 千摠·別將·把摠·哨官·禁衛御營軍官·砲手 등의 歸付가 있었다. 이 와중에서 반군측의 僞守令이 부임하기도 하고 鎭川에서는 鄕校首任을 지낸 자가 좌수가 되고자 그의 두 아들을 반군의 군관으로 참여시킨 사실이 있었다.[146]

경상도의 경우 봉기주도자 鄭希亮·李態輔가 安陰縣 鄕品 50여 호의 협조를 얻어 안음현감을 구축하고 이어 居昌縣도 점령하였다. 陝川縣의 曺聖佐·鼎佐도 향소를 이용하여 합천군을 장악하였다. 즉 좌수 鄭商霖이 聖佐 형제와 상응하여 합천군수 李廷弼을 위협하고 진주의 兵營에 원병을 요청하라고 속여 군수가 병영으로 간 사이 합천을 완전히 장악하였다. 三

爲風憲 名爲鄕品'인 白元兒·白應兒가 發通하여 수백 인을 모아 봉기를 지휘한 사례가 있었다. 이들은 동헌에 상납할 疏狀 작성을 이유로 마을 민을 동원하였다. 이때 조정에서는 暗行御使·安覈使를 파견하고 의정부로 압송하여 親鞫하는 등 대대적으로 대응하였다(『備邊司謄錄』 145冊, 英祖 40年 4月 14日, 14책 143쪽).

145) 李鍾範, 「1728년 戊申亂의 性格」, 『朝鮮時代 政治史의 再照明』, 汎潮社, 1985, 233쪽.

146) 『戊申別謄錄』 3冊, 4月 22日 忠州牧使 金在魯狀啓.

嘉・咸陽 등에서는 수령이 인접 고을의 소식을 접하고 방비를 서둘렀다. 그러나 三嘉座首 愼萬恒 등이 군사권을 장악하여 군수를 구축한 후 반군 측에 가담함으로써 실패하고 말았다. 이처럼 재지사족과 상호 보상적 관계 속에서 郡邑의 군사력을 장악한 향소가 난에 적극 가담한 지역은 不攻과 不恤로써 해당 읍을 석권하였다.[147]

그런데 향소(좌수) 및 향임・군관층의 가담은 적어도 주도층이 목표로 하는 당론과 국왕선택에 따른 권력투쟁과는 무관한 것으로 보인다. 실제로 이들 계층은 賦役不均, 軍役繁重의 경제적 이유만이 아니라 당시의 상황에서 名號를 중시하고 拔身을 이룩하고자 하는 정치사회적 욕구를 가지고 있었고, 또한 실현시키고자 했다. 이들은 목표달성을 위한 계기로서 반군 참여를 적극 활용하고자 했다. 특히 유력 재지사족과는 향권을 둘러싼 상호 보험적 종속관계의 영향도 있었을 것이다. 그러나 대체로는 정치적 급변에 능동적으로 대응하고 현실적 요구를 지향하였다. 무신란에서 이들 계층의 역할은 매우 제한적이었다. 앞서 살펴본 것처럼 근기・충청도 청주 일대와 경상도 일부 지역 등 반군의 점령지역에서의 활동은 있었지만 독자적 세력을 형성하고 있었던 것은 아니다. 더구나 지역적 한계를 극복할 상호연대의 조건은 전혀 갖추어져 있지 않아, 비점령지역에서는 이 계층의 활약을 볼 수 없다.[148]

그러나 군읍의 民政과 軍務를 담당한 향소의 내응이 수령축출, 지역점령의 요체가 되었음은 분명하다. 전술한 바와 같이 향소가 막강한 士族에게 복속된 경우 그 사족의 의향에 따라 官兵을 이끌고 반군에 합류하고 上司인 수령을 추방하는 사실이 보인다. 이와 같은 향소의 지향은, 상황에 따라 반군에 맞서 싸우거나 이들을 토벌하는 데 앞장서는 모습이 동시에 나타난다. 즉 도망한 수령에 대신하여 군현의 官兵을 지휘하여 대적하기도 하고 반군에 의한 官兵의 요청을 거부하는 사례도 있었다.[149] 상반되는 두

147) 『英祖實錄』 卷16, 英祖 4年 3月 丁丑, 42책 31쪽.
148) 李鍾範, 앞의 논문, 1985, 230쪽.
149) 가령 居昌의 座首는 縣監 申正模가 反軍에 의해 함몰되면서 도망가자 邑兵을 興發해 달라는 요구를 묵살하고 최후까지 저항하다 소위 반군의 新法에 의해 살해

가지 예는 모두 향소를 통하지 않고서는 군현의 군병 동원 내지 집단적 군
사행동 자체가 어려웠음을 보여주는 것으로, 상대적으로 향소의 軍務 장악
정도를 살필 수 있게 한다. 향소의 군사권 장악은 본래 관에서 부여받은
기능이었으나, 재지세력이라는 점에서 民 내지 在地士族과의 결합도가 높
았고 이로 인해 상황에 따라 봉기를 직접 주도하거나 예하 병력을 바탕으
로 참여하기도 했다. 이는 향소가 지닌 행정적 기능과 함께 자치적 遺意의
면모, 향촌장악력의 정도를 보여준다. 그러나 17세기 이래 향소의 위상과
관련시켜 볼 때 각 鎭軍에 대한 지휘권의 행사란 어디까지나 국가권력에
의해 일정하게 규제되는 제한된 면모를 지니고 있었다.150)

당한 사실이 나타난다(『英祖實錄』卷16, 英祖 4年 3月 丁丑, 42책 31쪽 ;『英祖實
錄』卷17, 英祖 4年 4月 甲午, 42책 43쪽). 또한 德山座首 鄭東赫이 空官時 軍丁
을 調發하고 軍粮을 다스려서 대적한 사실이 있고(『備邊司謄錄』90冊, 英祖 7年
12月 8日, 9책 183쪽) 陽城座首는 반군의 위세에 놀라 도망한 縣監 韓日運을 대
신하여 官兵을 領率하고 素沙지역으로 진군한 사례도 보인다(『英祖實錄』卷16,
英祖 4年 3月 丁丑, 42책 32쪽). 그리고 槐山座首 李恒龜는 군수와 더불어 군사
를 이끌고 대항하지 않은 채 保身을 위해 산속에 은거한 죄로 차후 定配당하였다
(『備邊司謄錄』89冊, 英祖 7年 4月 28日, 9책 20쪽). 한편 戊申亂 당시 淸安에서
는 鄕所 金遇兒가 同志之人 및 그 奴子 100여 명을 이끌고 倡義를 주장하며 義
兵을 일으키고 그 奴 英男이 반군측 수령 鄭重益을 살해하기도 하였다(『戊申別
謄錄』4冊, 6月 21日 忠淸兵使趙儆狀啓. 李鍾範, 앞의 논문, 1985 참조). 이를 통
해 사회적 성격을 같이하는 鄕所 내에서도 개인적 성향에 따라 상반된 태도를 취
하는 분절된 모습을 볼 수 있다.
150) 이에 대해 간노(菅野修一)는 다음과 같이 지적하였다. "座首는 지방군현에서 군
사지도를 행하는 사례가 많으며 이 좌수야말로 자치기구로서 郡縣의 일반 행정에
깊숙이 관여하고 동시에 '武將'으로서의 성격을 지니고 있었다. 또한 민중반란이
건 사족층 반란이건 상관없이 지방군현의 지도층은 스스로 향소에 취임하는 것과
는 별도로 그 기구를 통해 지방 군현의 官兵 내지 지방 民을 장악하여 이들을 자
신의 配下에 놓고 행동하는 형태를 취했다. 이 경우 중앙에서 파견된 수령은 무력
한 존재로서 유효한 대처수단을 갖지 못했으며, 이는 재지의 유력자와 지방민이
자치기구를 통해 강력히 결합되어 있었음을 보여준다. 郡縣民은 국가가 직접적으
로 상대하는 '隸屬民'으로 볼 수 없고 제일의적으로는 자치기구를 통해 지방유력
자층에게 예속되어 있었다"(菅野修一, 앞의 「李朝後期における鄕所の軍事力掌
握について-反亂の事例を中心に-」, 1981, 70쪽, 74쪽 주 34 참조). 그러나 이는
반란의 사례만을 통해서 본 鄕所의 지배 모습으로, 17세기 중앙정부의 향촌지배

이상 향소의 기능 가운데 수령의 군현통치를 보조하는 행정적 기능을
살펴보았다. 향리나 면리기구 직임자의 입장에서 볼 때 향소는 政令수행에
서 수령을 대신하는 존재로 간주되었다. 그러나 17세기 이후 부세수취를
비롯한 각종 정령의 시행장소가 면리라는 점을 감안할 때, 군현에 소속된
향소의 업무 관장에는 점차 한계가 드러났다.

3. 향소의 위상변화에 대한 개혁론의 전개

1) 17세기 향소의 위상변화 양상

향소는 재지세력의 결집체로서 분명한 자기운동성을 지닌 기구였다. 이
는 선출구조나 직임 규정에서 그 모습이 두드러진다. 즉 향소는 향회·향
약기구와의 내적 관련 하에 재지세력이 자치적 성향을 과시하면서 그 이
해를 대변하는 기구였으며, 政令·敎化로 상징되듯 행정 통치기능과 윤리
의식의 제고라는 기능을 통해 민에 대한 총체적인 지배를 수행하였다.

17세기 정부는 임란 직후 기존 재지기구인 鄕所에 대해 행정적 업무를
포함한 각종 직책을 부과하였다. 그 이유는 첫째, 장기화된 전쟁으로 인해
전반적인 국가의 통치체제가 붕괴되고 군현내 守令-吏胥의 官司體制가
곧바로 복원되지 못했기 때문이다. 둘째, 16세기 이래의 촌락구조의 변동
을 반영하여 국가적 목적을 수행할 수 있는 면리제가 아직 본격적으로 정
착되지 못했기 때문이다. 셋째, 향소는 조선전기 이래 존재했던 조직이므
로 새로운 제도시행을 강제하는 데 따른 혼란이 없었고 재지기구로서 자
치적 성향을 지니고 있어서 향촌과 민에 대한 지배에서 기능을 발휘할 수
있었다. 정부는 임란 직후 향촌장악력을 지닌 향소를 활용하여 민에 대한
통치와 재지세력의 참여를 견인해 냈으며 갖가지 통치업무를 수행하게 하

정책의 강화에 따른 향소 위상의 급격한 저하나 여타 지배기구와의 관련성, 그리
고 국가와 민의 지배관계의 실상을 고려하지 않은 부분적인 사실의 도식화로 보
인다.

었다.

그러나 이 같은 향소는 외적인 여건의 변화와 함께 전통적인 지위가 점
차 격하되었다. 그 계기는 임란으로부터 초래되었다. 첫째, 국가적 목표에
따라 대대적인 향촌통제책이 강화되었다. 당시 시행된 營將制, 書院濫設
금지조처 등은 토지와 민을 사적으로 지배하는 재지사족에 대한 정부의
대응책이었다. 먼저 인조 5년에 창설된 營將制의 가장 주요한 기능은, 임
란중에 조직된 속오군의 훈련과 지휘를 담당하는 것이었다. 그러나 영장은
양역 확보라는 현안과 관련하여 재지세력들이 은닉한 閑丁의 搜括, 奴婢
推刷사업에 간여하며 심지어 이에 반하는 행위에 대해 처벌, 진압하는 권
한을 부여받았다. 영장제는 속오군에 私賤을 편입시킴과 동시에 재지세력
의 사적·인신적 지배를 통제하는 유효한 수단이었던 것이다.

17세기 당시 정권에의 참여가 배제된 士林출신 유학자들은 근거지를 중
심으로 대거 書院을 건립하였다. 이때 재지사족들 역시 국가의 향촌지배정
책에 맞서 面任·鄕任에의 취임을 거부하고 서원과 향교를 중심으로 별도
의 세력근거지를 모색하였다. 문제는 서원이 관장하는 토지와 노비의 규모
가 커지고, 향권을 둘러싸고 점차 수령권과 대립되었다는 점에 있다. 서원
에 일단 귀속된 토지는 대개 면세특권을 누렸고 기진된 노비 또한 면역된
존재가 많았다. 결국 국가입장에서 볼 때 서원의 濫設은 조세원, 국역부담
자의 감소를 의미하였다. 정부는 특히 숙종 연간에 300여 개에 이르는 서
원이 남설된 사실과 관련하여 동 40년 「書院濫設禁止節目」을 통해 이를
제한하고자 했다.[151]

이와 함께 정부는 기존 재지기구의 하나인 향소의 기능을 제한하려 했
다. 정부는 임란 이후 향촌통치체계 내에서 향소의 위치에 상응되는 品階
나 官職을 부여하지 않았다. 다시 말해 정부는 향소의 분권성과 자치성향
을 중앙집권의 입장에서 견제하고 더 나아가 그 지위를 축소시켜 나가고
자 했다.

---

151) 閔丙河, 「朝鮮後期 書院政策考」, 『成大論文集』 15, 1972 ; 李泰鎭, 「士林과 書
　　院」, 『한국사 12』, 국사편찬위원회, 1978, 160쪽.

둘째, 선조 36년(1603) 京在所가 혁파됨에 따라 중앙과의 관련성이 약화되고 京官에의 편입을 지향한 재지세력의 관심이 저하되었다. 이는 경재소·유향소가 지방통치조직상 지녔던 위상의 소멸을 의미하며, 두 기구의 동시적 존재를 필요로 했던 제반 여건 또한 변질될 수밖에 없었음을 말한다.

셋째, 향촌사회가 분화 발전하고 이에 대응한 공적 사회제도로서 面里制·五家統制가 정비되었기 때문이다. 정부는 재정확보와 양역제 개혁을 위해 「良役事目」과 「五家統事目」·「里定節目」·「良役變通節目」을 반포했는데 이의 구체적인 시행기구로서 면리제를 내세우고 있었다. 당시 정부는 면리제를 시행하여 국가의 행정적 목표와 재지질서의 용인이라는 두 가지 상이한 목표를 달성하려 했으며, 그 과정에서 面里任 등 직임자들의 활동 또한 두드러지게 나타났다. 수취와 통치의 단위가 면단위로 고정되면서 面里任들은 각종 실무를 담당하게 되고 이에 따라 군현단위의 기구인 향소는 향청업무의 관장이라는 부차적 기능만을 수행하였다.

넷째, 재지세력의 분화와 관련되었다. 임란 이후 생산체계의 붕괴, 鄕案·鄕社堂의 소실, 향원의 死亡·流散 등으로 인해 향촌 지배질서 자체가 혼란에 빠지게 되었다. 이 과정에서 향소를 중심으로 또는 鄕會를 곧바로 복원시켜 재지세력의 결집을 모색한 곳이 있었으나, 끝내 戰前의 질서를 회복하지 못한 곳도 속출하였다.[152] 더구나 전쟁 이후 민들이 공적·보편적 지배 외에 사적이고 개별적인 지배를 거부하고[153] 민에 대한 직접지배를 목표로 국가 차원에서 실시된 향촌정책이 강화되면서 재지세력의 향촌지배는 심각한 도전을 받게 되었다. 또한 향소와 밀접한 연계를 지녔던 향회·향약기구의 향촌장악력이 점차 약화되고 경제력을 바탕으로 한 鄕族들이 정치기반의 확보를 목표로 향소와 하급 향임직에 꾸준히 참여하는 현

152) 金仁杰, 「朝鮮後期 鄕案의 性格變化와 在地士族」, 『金哲埈博士還甲紀念史學論叢』, 1983, 528~530쪽.
153) 宣祖 39년 6월 복설된 慶尙道 義城의 鄕校가 民에 의해 毁破된 사건(『宣祖實錄』 卷200, 宣祖 39年 6月 辛丑, 25책 205쪽)과 무수한 노비 및 전호의 도망, 그리고 民들의 土賊으로의 전변 사실(『宣祖實錄』 卷59, 宣祖 28年 正月 乙亥, 22책 415쪽) 등에서 재지사족의 지배에 대한 저항의 모습이 나타난다.

상이 나타나고 있었다. 18세기 이후 전개되었던 본격적인 鄕戰 수준은 아니었으나 점차 향소직임에의 진입을 둘러싼 儒鄕 간에 갈등이 거듭되었다. 재지사족들은 기존의 향촌지배권을 계속 유지하기 위해 서원·향교를 통해 독자적인 세력기반을 모색하거나 鄕約·洞契와 같은 구래의 기구를 확대 보완하여 기득권을 확보하고자 노력하였다.154)

이처럼 17세기 재지세력은 정부의 집권적 의지, 향촌지배정책의 강화라는 사실과 자체분화라는 내외적 요인에 맞서 기존 수준의 향권을 향유하기 위한 攻防을 전개하였다.

17세기를 경과하면서 향소의 지위가 점차 약화되고 기능이 축소되는 상황이 나타나자 당시 정론가들은 鄕政論의 하나로서 향소개혁안을 제시하였다. 이 개혁안은 아직 향소의 자치적 기능이 유지되고 있던 17세기적 상황을 반영한 것으로 재지세력을 포섭하여 향촌통치를 활성화시키는 내용으로 이루어졌다.155)

154) 이들은 面里단위까지 장악하려는 국가의 입장에 맞서 사적 조직으로 대응하고자 하였다. 기존 촌락의 운영질서를 기조로 하면서 上下洞民을 결속시켜 사족적 신분질서를 재강화하려는 上下合契의 등장은 이 시기의 상황을 보여주는 사안이다(朴京夏, 「倭亂 직후의 鄕約에 대한 연구-高坪洞 洞契를 중심으로-」, 『中央史論』 5집, 1987 참조). 그런데 재지사족들이 鄕約條規를 통해 차별적 이해관계를 표출하고 民에 대한 1차적 지배를 수행하고 있었지만, 사적 조직으로서의 취약점이 두드러졌다는 점을 지적해야 한다. 즉 재지세력의 民에 대한 지배는 국가공권력에 의해 뒷받침되거나 적어도 양자 간의 이해관계가 일치될 때 이루어질 수 있다. 다시 말해 국가공권력과 배치될 때는 사적 조직만 갖고는 지배를 행하기가 원리적으로 불가능하다. 일례로 賦稅收取와 같이 개별 생산관계를 벗어나는 사안에서 재지사족의 자의적인 수취행위는 비록 鄕論을 내세워 자치적 면모를 과시한다 하더라도 국가의 이해관계와 일치하지 않으면 용납될 수 없는 것이었다.
155) 그러나 18세기에는 향촌을 효율적으로 통치하기 위한 방안이자 자의적인 守令權의 전횡을 견제하는 방안으로서 향소의 위상을 제고시키고자 했다. 개혁안의 공통된 사항은 향소를 말단 관직이나마 중앙관제에 편입시켜 그 권위와 지위를 확고히 하는 것이었다. 이는 향소의 자율권 인정의 측면이 아니라 집권관료제 하에 재지세력을 포섭시키고자 한 대책의 일환이었다.

2) 17세기 磻溪 柳馨遠의 鄕官制

유형원은 공적제도로서 향리제 - 오가통제를 설정하여 政令(務)을 관장 시키려 하는 한편, 별도의 교화업무를 위해 사적 사회조직인 향약기구에 주목하였다.[156] 국가의 목적 하에 편제된 향리제 - 오가통제에 비해 향촌민 의 내적 자율의식을 이끌어내는 데는 전통적인 향약기구의 활용이 절실하 였던 것이다. 유형원은『春秋』公羊傳 何休의 설을 인용하여[157] 古法에서 里內의 高德者를 선발하여 父老라 하고 그 辨護剛健者를 里正이라 하여 민을 다스리는 데 分任者가 있었음을 예로 들고, "옛법에도 역시 일을 나 누어 맡은 자가 있으며 무엇보다 교화를 펴는 것은 곧 인심을 바로잡는 근 본이요 모든 정령이 이것으로 말미암아 이루어진다"고 하여 정령 수행과 별도로 교화를 위한 업무수행기구의 필요성을 강조하였다.[158]

유형원은 군현단위 향약기구의 직임으로 都約正・副約正을 두고 향마 다 約正을 두어 卿・大夫・士 같은 재지세력의 임용을 규정했고, 副約正 은 鄕官(향소)의 겸직으로 규정하였다. 그러나 가능하다면 향약기구의 約 正・里正 업무를 향리제의 鄕正・里正에게 부과시킬 것을 주장하여 전체 적으로 국가공권력에 의해 재지세력과 향촌 제 기구를 장악하려는 의도를 보여주었다.

유형원은 향리제와 향약기구를 지방통치의 兩輪으로 구상하면서 조선 전기 이래 지방기구였던 향관(향소)의 존재에 주목하였다. 유형원 역시 향 관이 鄕正을 비롯한 면리기구 직임자를 관장함과 동시에 향약기구내 兼約 正으로서 임무를 수행하고 있음을 지적하였다. 즉 정령과 교화 양면을 담 당하는 존재로 규정하였다. 실제로 鄕官은 예하 面里任의 인선과 업무감 독을 수행하며 鄕約正 이하의 향약기구와 수령과의 업무연결을 맡고 있을 뿐 아니라 17세기 초반까지는 재지세력을 표징하는 직임으로서 기능하였다.

유형원은 우선 "만일 옛법을 設行하고자 하면 수령이 반드시 먼저 향관

---

156) 拙稿,「磻溪 柳馨遠의 地方制度 改革論 硏究」,『國史館論叢』57, 1994 참조.
157)『春秋』公羊傳16 宣公.
158)『磻溪隨錄』卷9, 敎選之制(上) 鄕約事目 168~169쪽.

을 잘 가리고 또 향약으로 더불어 서로 표리가 된 연후에야 잘 될 수 있다"
라고 하여 鄕官 직임의 중요성을 강조하고 향약을 통치의 보조기구로서
활용할 것을 주장하였다.[159]

그는 향관 직임의 역사적 준거를 예시하며 기능 및 인선의 중요성을 강
조하였다. 우선 鄕官의 전형으로 옛적 封建制下 鄕遂制의 직임인 族師와
黨正을 들고, 이들이 교육·부역징수의 일까지 겸하였으며 각각 上士와
下大夫의 벼슬이었고 모두 어진 덕이 있는 자를 가려 임명한 사실을 적시
하였다. 그러나 후세에 와서 郡과 縣이 천하에 널리고 그 벼슬이 봉건제의
公侯에 비기지 못하여 향을 다스리는 鄕官의 벼슬지위가 더욱 낮아지고
대우하는 예도 가벼워지게 되었다는 것이다.

유형원의 견해에 따르면, 향관(좌수·향소)은 봉건제의 遺意를 지니며
公侯(族師·黨正)에 비유되는 존재이나 事勢가 달라져 군현제 하에서 수
령이 主治之官이 됨에 따라 상대적으로 통치의 분담직임으로 전변되었다
는 것이다. 그러나 治郡·治民에서 어질고 덕망 높은 사대부가 임용되어
수령과 共治하지 않으면 올바른 교화와 政事는 이루어질 수 없다고 주장
했다.[160]

유형원은 향관(향소)의 선출 기능과 그 개선방안에 대해 언급하였다. 즉
각 읍의 향관은 公廉하고 학식이 있는 자 가운데 다수의 추천을 받은 1인
을 좌수로, 그 다음은 별감으로 임명하되 수령이 감사에게 薦報하고 감사
가 差牒을 제수하도록 했다. 향소의 定員에서 좌수는 1인이나 별감의 경우
大府와 都護府 4인, 府 3인, 郡 2인, 縣 1인을 원칙으로 하였다. 또한 유형
원은 구체적으로 漢代 功曹의 직임을 조선의 향소에 비유하고 수령과 더
불어 大小 官事를 총찰하며 보좌하는 직임이라 하였다.[161] 그러나 17세기
당시의 향소 상황에 대해 재지기구인 향약이 점차 약해지고 좌수의 직임
에 염치없는 무리들이 취임하면서 수령이 그들을 吏隷와 동일하게 취급하
여 驅使하기 때문에 많은 문제가 야기된다고 진단하였다.

159)『磻溪隨錄』卷3, 田制後錄(上) 鄕里 52쪽.
160)『磻溪隨錄』卷9, 敎選之制(上) 鄕約事目 170쪽.
161)『磻溪隨錄』補遺 郡縣制條.

유형원은 이 같은 문제를 해결하기 위해 첫째, 좌수에게 官品을 부여하도록 했다. 그는 國制에서 조선초기 土官을 향관과 유사한 직임으로 상정하였다.162) 당시 土官職品階로서 東班은 정5품 通議郎都務에서 종9품 試仕郎攝仕까지 西班은 정5품 健忠隊尉勵直에서 종9품 彈力徒尉副勵勇까지의 관품이 있음을 감안하였다.163) 아울러 기존의 좌수체계는 官名을 삼을 수 없다고 하여 좌수는 종9품의 典正으로 하고 별감은 典檢으로 정하여 임명하게 했다. 그러나 만약 원래 품계가 있는 자는 본래의 품계에 따르도록 하되 選土·營學生 및 內舍生免番者는 典正의 품계를 받을 수 있게 하여 前衡官 7품 이하라도 역시 제수할 수 있게 했다.164)

조선전기 土官職의 경우 前告身은 한 사람이 모두 받되 上京하여 考準 후 제수하였으나 新告身은 모두 下送한 후 觀察使(동반)와 節都使(서반)가 대상자를 호출하여 직접 傳給하였다.165) 유형원은 이러한 土官職의 예와 같이 감사가 吏曹 無祿官例에 따라 향관에게 牒授하게 하였다. 그런데 전국 각지에 걸쳐 향관의 除改에 대한 啓聞이 집중적으로 시행되면 일이 번거롭고 불편하므로 중지하도록 했다. 그 대신 國法에서 이미 6품 이하는

---

162) 조선초기 平安道·咸吉道·濟州의 土官制는 재지의 지배구조를 행정 조직화한 것으로, 知印·六房·主事·鎭撫·令史 등의 下僚를 감독하여 지방행정·군사 업무를 수행하는 실무자로서의 측면과 양민층을 수여대상으로 하여 品階(散職)에 의한 지역적 신분질서체계로서의 측면을 지니고 있다. 이러한 두 가지 측면을 지닌 土官制는 중앙정부의 관료기구·품계체계와 일정한 대응관계를 지니고 있고, 해당 지역에 대한 일종의 우대책으로서 제기된 것이다. 그러나 土官職을 지님으로써 오히려 본격적인 중앙의 권력기구체계로부터는 배제당하는 경향이 강하였다. 본질적으로 土官制는 설치지역에 대한 차별화 정책의 표현이었다. 중앙집권화가 진전되고 북방의 군사적 긴장이 완화됨에 따라 土官制는 15세기 말에 그 정치적·군사적 사명을 거의 끝내고 지배기구로서는 향리에게, 신분질서체계로서는 국가의 그것에 의해 전변되었다(吉田光男,「十五世期朝鮮の土官制」,『朝鮮史硏究會論文集』, 1981, 18~27쪽 ; 李載龒,「朝鮮後期의 土官에 對하여」,『震檀學報』 29·30, 1966).

163)『續大典』卷1, 吏典 土官.

164)『磻溪隨錄』卷1, 田制(上) 18쪽. 典正의 名은 明代 宮正司내 '宮闕의 糾察 戒令 謫罰之事'을 맡은 正7품의 官職에서 나타난다(『明史』卷74, 志50 職官3 1821쪽).

165)『續大典』卷1, 吏典 土官.

교지를 받들 감사에 의해 품계의 제수가 가능하며 兼官 수령과 감사가 啓聞 없이 差定되었던 전거를 들어 시행하게 했다. 즉 유형원은 漢代의 亭長·三老와 조선의 土官制의 사례처럼 鄕官을 조선왕조의 직임체계 속에 편제시킴으로써 그 위상을 제고하려 했다.

둘째, 유형원은 적절한 인물의 擇任이 중요함을 강조하였다. 좌수의 자격은 前職 7품관 이하자, 選士, 營學生 및 內舍生免番者로 하되 本邑에 적절한 인물이 없으면 隣界邑의 인물까지 가능하다고 했다. 이러한 隣邑者를 許通하는 것은 널리 인재를 얻는 방법일 뿐 아니라 좌수 임명대상자 스스로 그 직임을 천대하지 않을 것이며 아울러 豪强의 폐단도 사라져 有益無弊가 된다는 것이다. 단 隣邑 출신이 아닌 경우 선발을 금하며 향관은 반드시 해당 지역의 풍속 및 公私事勢를 잘 아는 자로 선발하되 권속을 거느리고 부임하는 것을 금지시켰다. 다음으로 수령이 邑內 公論에 따라 추대받은 자를 재차 상세히 살펴 추천장을 감사에게 보내고 감사가 替罷與否를 결정하여 牒授하도록 했다. 이때 추천장에는 해당 후보의 行能實跡을 상세히 적어 土狀 형태로 감사에게 보고하면, 감사는 이를 베껴서 官案 중에 보관하도록 했다. 임명 이후 추천 내용과 달리 행동에 문제가 있거나 중죄를 범한 자는 啓聞한 후 擧主와 함께 처벌하고, 반면 賢才를 추천한 자는 薦法에 따라 시상하도록 하였다. 이와 같이 유형원은 鄕官의 선발을 위해 여러 단계의 신중한 절차가 필요함을 강조하여 직임의 중요성을 재차 언급했다.

셋째, 유형원은 鄕官의 임기보장과 우대조건의 확립을 반드시 전제되어야 할 사항으로 제기하였다. 좌수는 常祿이 있었다. 즉 좌수에 대해 4孟朔에 4石 5斗를, 별감의 경우 3석을 각각 집에 지급하도록 했다. 향소가 근무하는 때의 支供하는 쌀은 별도로 그 廳에 지출되었다.[166]

---

166) 廳費는 다음과 같았다(『磻溪隨錄』 卷19, 祿制 鄕所廳 372쪽).
  大府·都護府 : 米 45斛, 黃豆 15斛, 紙地 鋪陳(20斛 상당)
  府 : 米 36斛, 黃豆 12斛, 紙地 鋪陳(16斛 상당)
  郡 : 米 27斛, 黃豆 9斛, 紙地 鋪陳(12斛 상당)
  縣 : 米 18斛, 黃豆 6斛, 紙地 鋪陳(8斛 상당)

또한 鄕廳所定 吏隷外 추가로 伺侯 6인을 붙여 주도록 했다. 伺侯는 읍
내 민으로 充定되는데, 윤번에 따라 매 2인씩 待令케 했다. 또한 漢代 亭
長·三老가 해마다 爵級을 부여받고 조선의 土官도 30朔마다 昇級하는
규정이 존재하였던 점을 들어167) 향관 역시 임기가 차면 昇級시키는 규정
을 적용시키고자 하였다. 좌수의 仕滿은 6周年이며 이후 陞遷하도록 했는
데 별감은 임기가 없으며 좌수에 오른 이후에야 비로소 임기를 계산하도
록 했다. 좌수의 경우 수령이 仕滿을 감사에게 보고하면 감사가 考講하고
재차 移文하여 이조에서 考講케 했다. 재능을 기늠헤서 정7품 이하 종8품
이상 內外官에 제수하되 만약 특이한 재능을 지닌 자는 곧바로 5, 6품관으
로 올리도록 했다. 그런데 前銜官인 경우 원래 품계에 따라 서용하도록 했
다. 유형원은 鄕官을 外官과 京官을 순연시키는 직임으로 확정하여 조선
왕조의 관료기구·품계체계에 편제시키고자 했다. 이를 통해 향촌통치에
서 鄕官의 위치를 공고히 함과 동시에 貢擧에 의한 인재 선발의 중요성을
강조하였던 것이다.

넷째, 유형원은 鄕官의 품계에 상응하는 예우를 통해 현상적인 士族들
의 회피를 해결하려 했다. 그는 당시의 문제로서 향소를 제대로 擇人하지
않고 대우하기를 지극히 賤視하므로 약간이나마 염치를 아는 자는 죽음을
무릅쓰고 직임을 거부하고 '庸鄙無識不齒士類者'만이 취임하는 사실을 들
었다. 이로 인해 수령이 그들을 상접하지 않고 약간의 문제만 발생해도 笞
辱을 가하며 시비를 불문하고 刑을 내리며 권위를 세우려 한다는 것이다.
이는 결국 직책을 맡은 佐治之人(鄕官)을 分憂케 만들며 진심으로 國事에
책임을 다할 수 없게 만든다는 것이다. 유형원은 사대부를 택하여 官品을
정하기를 漢代 辟召와 같이 할 것을 당부하였다. 즉 수령이 威暴을 가하거
나 擅用치 말고 "향소에게 진실로 죄가 있으면 수령이 禁治하고 대소를
무론하고 관에서 해당 律로써 처리함이 마땅하다"고 하고 "待하기를 禮로
써 하고 죄가 있으면 赦해 주지 않는 것은 본래 서로 어그러짐이 아니다"
고 말하였다.168) 이는 예로 대하되 공평한 施罰이 병행되어야 함을 지적한

---

167) 『世宗實錄』 卷84, 世宗 21年 3月 癸酉, 4책 198쪽.

것이다. 아울러 감사가 관례에 따라 講試를 시행하거나 혹은 公事로써 혹은 1년 한 차례씩 만나 民事를 물어보는 자리를 통해 향관의 인품을 겸찰하도록 했다.[169]

앞서 살펴본 鄕里制와 鄕正이 국가적 목적 하에 위로부터 강제된 제도 정비 및 직임자였다고 볼 때, 민과의 결합이나 향촌장악력에서는 한계가 노출된다. 따라서 유형원은 기존 향소(향관)제도를 활성화하고 중앙관직으로 薦選시키는 조건을 통해 재지세력을 적극 참여시키고 전통적인 향약기구·향회를 적극 장려하여 향촌통치질서와 내적 윤리의식을 함양하고자 하였다. 그러나 유형원이 보았을 때 이러한 재지기구의 자율성은 궁극적으로 공적 통치권 내에 포섭되는 것이어야 했다. 즉 그는 재지기구를 집권체제의 정비, 향리제의 확립을 위한 보조수단으로 활용하려는 입장을 표방한 것이다.

3) 18세기 향소 개혁론의 전개

18세기의 조선사회는 생산력 발달을 기저에 둔 사회변동이 진전되었고 신분제의 변화가 야기되고 있었다. 특히 차별적인 중세 신분제 하에서 지배세력으로 분류된 양반층 내부에 경제력을 내세운 새로운 세력의 부상과 편입이 전개되었다. 이에 대응하여 종래의 士族들은 향교와 서원을 중심으로 별도의 세력기반을 확립하고 新鄕의 진출에 적극 대처하고자 하였다. 이른바 儒·鄕 간의 갈등이 도처에서 전개되었다.[170]

---

168) 이에 대해서는 18세기 향소의 위상에 주목한 성호 이익도 지적하였다. 즉 죄는 반드시 監司에게 신고하여 판결을 기다리되 大罪는 竄逐하고 小罪는 贖錢하도록 하여 경솔히 고을에게 매질을 하지 말며(『星湖僿說』卷10, 人事門 郡邑辟召), 문제를 야기한 자에 대해 수령이 自意로 처결하지 말고 반드시 京司에 보고하여 일반 관원과 같이 治罪하면 국가에서 선비를 대우하는 도리에 잘못이 없고 선비된 자 또한 스스로 맡은 직무에 힘쓸 것임을 강조하였다(『藿憂錄』選擧私議).

169) 유형원의 정치제 개혁론의 핵심인 貢擧制와 관련된 사안으로 천거 대상에 州縣의 鄕官을 포함시켜 시험하여 올려 쓰는 자로 삼고 있다(『磻溪隨錄』卷10, 敎選之制 (下) 貢擧事目 187쪽).

170) 金仁杰, 앞의 논문, 1991, 277~279쪽.

신분상승을 도모한 新鄕은 舊士族이 취임을 거부한 향임직에 적극 편제되었다. 面任은 물론 鄕廳의 하급직임에 가담했던 것이다. 이 시기 新鄕은 지방관청에 대한 재정보상을 신분상승의 계기를 삼고 있었다는 점에서 대체로 수령과의 이해관계도 일치되었다. 누대에 걸쳐 재지의 유력가문으로 존재하였던 士族의 시각에서 볼 때 新鄕의 향임직 참여는 우려할 만한 사항이었다. 이들은 新鄕에 대해 염치도 없이 수령권에 예속되는 존재로 비유하였다. 당시 新鄕의 참여에 따른 향소지위의 격하는 이와 같이 제 원인이 서로 결합되어 야기된 것이었다.

18세기 정론가들은 향촌문제의 하나로서 수령권과 재지세력 사이에 官治와 自治를 둘러싼 절충점의 모색과 조정 문제를 고민하고 있었다. 이는 왕도정치가 口頭善만이 아닌 구체적으로 실천되어야 하는 명제라 할 때, 그 실현의 장은 향촌사회였고 향촌문제의 해결이야말로 政事의 요체라는 인식에서 비롯되었다. 따라서 원활한 향촌운영을 위한 제 방안이 대두되는 가운데 기존 재지세력의 향촌지배기구였던 향소를 적시하고 그 활용을 주장하였다. 논의의 목적은 기강의 확립과 官政의 효율성 향상을 위해, 그리고 수령권의 자의적인 행사의 견제와 유력한 재지세력의 참여를 유도하기 위해 향소를 개혁해야 한다는 것이었다. 그 방안은 역대 중국의 鄕官制度에서 유래를 찾아 原意(組織體系, 機能)를 회복함과 동시에 중앙의 관직체계에 편입시켜 공적 지위를 부여하고 공적기구로서 정착시키고자 하였다. 이는 貢擧制에 의한 選人의 중요성을 강조하고 좌수·별감을 종9품의 典正·典檢으로 임용하고자 했던 17세기 반계 유형원의 주장과 궤를 같이한다.

당시 재지세력이 향권을 제대로 장악할 수 없었던 것은 지배세력 내부의 분화로 인해 일원화된 기구를 통한 조직적 대응이 어려웠던 데 한 원인이 있다. 이에 따라 유력 士族이 많지 않은 군현에서는 상대적으로 수령권의 전횡이 커다란 문제가 되었다.

영조 36년 10월 司宰奉事 李存誠은 12개 조의 疏 가운데 "嘗見守令自專一邑 人莫矯非 守令曰可 座首以下皆曰可 守令曰否 座首以下亦皆曰否

之 其可惡而欲殺之 殺之而後已 此無他 下無敢諫之人 惟意所欲故耳 朝
家後雖隨聞重繩 而已殺之人 不可後生 旣誤之政 責之無及 則朝家之不可
不矯弊者"라 하여 수령이 一邑을 自專해도 군현내 좌수 이하 어느 직임자
도 이를 간하여 시정하지 못하고, 조정 역시 적절히 통제하지 못함으로써
심각한 폐단을 야기한다고 지적하였다. 이 같은 향촌문제를 郡의 佐臣인
좌수직의 제도개선을 통해 해결할 것을 주장하였다.171)

첫째, 재지세력이 거부감을 갖는 좌수라는 명칭을 개정하고 수령으로 하
여금 읍 내의 유망한 士族을 선발하여 이조에 보고하고 京官과 같이 3인
의 후보자 중 적임자를 선발하는 '擬望受点'을 통해 조정에서 직접 임명하
게 한다. 둘째, 임기는 60朔으로 하고 수령의 예와 같이 감사가 褒貶을 실
시하며 考課가 높은 자는 京職에 임용한다. 그러나 貢擧選人에 의한 京官
職이 극히 제한되어 300여 읍의 향소를 모두 임용할 수는 없기 때문에 다
수의 유력사족이 거주하는 읍은 그 窠를 윤번제로 하고 나머지 읍은 좌수
직임의 수행이 뛰어난 자를 대상으로 선발하게 한다. 한편 수령이 좌수를
공경히 대하며 政事를 상의하게 하고 監使와 別使도 가볍게 상대하지 않
음으로써 권위가 회복될 수 있다고 하였다. 여기에서 좌수에 임용될 대상
은 반드시 士族 신분일 것을 강조하였다. 사족이야말로 民俗을 잘 알고 있
고 향촌사회에서 존경받기 때문이라는 것이다. 專擅하는 수령을 견제하고
향촌의 효율적인 통치를 위해 좌수의 名位를 重하게 하여 士族을 포진시
킨 후 서로 政事를 상의하게 할 것을 주장한 것이다. 이에 대해 영조는 疏
陳의 내용이 절실하다고 인정하고 현실적으로 전면 개정은 불가능하나 좌
수직의 신중한 임용을 각 道臣에게 명하였다.172)

---

171) 『備邊司謄錄』139冊, 英祖 36年 10月 27日, 13책 474쪽, "臣請各邑座首 改其名號
使守令 擇邑中之閥閱望士 報于銓曹 銓曹擬望受点 一如京職之例 守令盡職 敬
待相議政事 監司別星 毋論侮辱 限以六十朔爲期 而監司褒貶 依守令例 亦書等
第 十考十上者 必使銓曹 起遷京職 而三百邑之郡佐 不可盡爲付職 鄕多士夫之
邑 則定爲應遷之窠 其餘則拔其治續之卓異者 除職似可矣 士人習知民俗 助治不
少 且其坐地尊 而名位不輕 則必與守令 互相可否 規警闕失 不如前日之俛首聽
命 此非但袪守令專擅之弊 亦大有裨於治道矣".
172) 위와 같음, "答曰 十二條陳 其雖今行難便者 意甚切實 …… 雖不能此法 另飭銓

다음으로 영조 35년 魏伯珪가 향촌사회의 폐해를 제거하기 위한 제 개혁안 가운데 향소의 문제점을 다음과 같이 지적하였다.[173] 우선 향소의 직임을 '累族士大夫'가 아닌 '地微逃役者,' '狡猾喜事者,' '貧窮無依者'가 경쟁적으로 독점한다는 사실을 들었다. 이들은 염치도 없고 자질도 부족해서 "爲惡無近罰 爲善無後名"하는 상태이고 한 번 취임하면 자손 대대로 연계된다는 것이다. 따라서 상호 복합적인 요인들이 있으나 이러한 선출구조 상의 문제로 인해 유력 사대부들은 이들과 동렬로 취급받을까 염려하여 취임을 극력 꺼리게 된다는 것이다. 이 때문에 지방통치에서 유력한 재지세력의 포섭은 실패로 돌아가고 향소의 지위는 더욱 격하된다고 하였다.

한편 향소의 지위저하는 신분제 변동과 짝하여 나타난 내부 선출구조상의 문제와 함께 정부의 대향소정책에도 기인한다고 보았다. 즉 "監兵營之牌將軍官 州府之座首別監 皆是任公事者 而不列於官職之數 故人之自好者 皆恥爲之 …… 以是而責盡於公事也 亦難矣"라는 것처럼 향소가 직책상으로 公事를 행하면서도 실질적인 관직을 부여받지 못함에 따라 경시당하고 직무에 책임을 다하여 집행하기 어렵다는 것이다.[174]

이에 따라 "列邑座首別監之號 皆改以丞主簿 爲仕進初階"[175]라 하여 좌수는 丞, 별감은 主簿로 개칭하여 京官에 진출하는 말단 품계를 받게 하자고 하였다. 여기에서 위백규는 문치주의 관료체제의 전형인 宋代의 제도를 모방한 것으로 보인다. 송대에는 入仕하는 데 選士와 京官의 두 가지 위치가 있으며 대부분의 경우 選人으로 관료생활을 시작한다. 그 과정은 選人 7階 중 최하위인 判司·主簿·縣尉로부터 승진하기 시작하여 京官으로 오르게 된다. 이때 選人으로부터 京官이 된다는 것은 단지 품관이 된다는 뜻만이 아니라 관료생활을 하는 데 있어 중앙과 지방관을 포괄할 수

曹 各邑座首 卽漢樣也 而誠若爾疏 其望旣卑 何登政注 自備局申飭諸道 其所一任私意不擇者 令道臣嚴飭".
173) 存齋 魏伯珪(1727~1798)의 학풍과 대체적인 경세론에 관해서는 李海濬, 「存齋 魏伯珪의 社會改善論 - 18世紀末 鄕論의 自律性摸索을 中心으로 - 」, 『韓國史論』 5, 1979 참조.
174) 『存齋全書』 卷19, 政弦新譜 設弊.
175) 上同 救弊.

있으므로 그만큼 활동범위가 넓어짐을 의미한다.[176] 이에 비해 조선왕조는
京·外官이 별도로 정해져 있었고 더구나 수령의 보좌직임인 향소의 경우
관직체계 내에 소속되어 있지 않았기 때문에 단선적인 비교에는 무리가
따른다. 그런데 재지출신의 選人 중 경력상 과오가 없고 행정적인 실적이
뛰어난 자를 직속 상관의 추천에 따라 丞務郎(종9품) 이상의 京官으로 改
官하게 되는 점에서는 유사한 측면이 있다.[177]

　이상으로 보았듯이 좌수를 경관의 예에 따라 임명하자고 주장한 李存誠
과 魏伯珪가 예시한 것은 宋代 選人制이다. 그러나 송대에 選人이 경관으
로 임용되는 예는 수가 극히 제한되어 있어서 비록 충분한 조건을 지녔다
하더라도 현실적으로 임용되는 사례는 드물었다. 말하자면 제도적인 규정
이라는 성격이 강했다. 또한 選人에서는 擧主制度가 있어 대체로 직접 상
관인 지방관이 擧主가 되었다. 그런데 擧主가 추천장을 쓰는 데에는 인원
제한에다 여러 가지 까다로운 格法이 붙어 있어 選人이 擧主의 추천장을
받는 일 자체가 매우 어려웠고, 일단 추천해 준 擧主에 대해서는 그의 門
生으로서 일생 동안 받들게 된다. 이로 미루어 좌수의 중앙에 대한 추천
일체를 수령에게 일임하였다는 사실에서 그들이 얼마나 수령권을 견제하
고 균형된 지위를 확보할 수 있을지에 대해서는 의문이 제기된다. 따라서
앞서 살펴본 향소개혁론의 취지와 현실적인 상황과는 다소 괴리가 있었다.

　한편 18세기말 정약용은『經世遺表』를 통해 군현제의 정비방향과 운영
문제를 언급하고 토지제도 개혁론의 제시를 통해 생산단위와 향촌민들의
구조적 결합을 모색하였다.

　아울러『牧民心書』吏典 用人條에서는 鄕政의 운영방안을 설명하였다.
대체로 기존의 제도를 용인하면서 그 운영의 개선을 주장하였는데, 특별히

---

176) 宮崎市定,「宋代州縣制度の由來とその特色」,『アジア史研究(4)』, 東洋史研究會,
　　　1974, 60~61쪽 ; 申採湜,『宋代官僚制研究』, 三英社, 191~196쪽.
177)『宋史』卷16, 職官志 選人遷京之制. 한편 宋代 관료제 하에서 지방 選人이 나아
　　　갈 수 있는 官位는 종8품에서 정8품의 京官으로 제한되어 있고, 이들에게 주어지
　　　는 관직명도 太常丞·太子中允·著作佐郎·大理寺丞·衛尉寺丞 등 다섯 가지
　　　로 고정되어 있었다.

治郡에서 향소의 중요성을 강조하고 있다.[178] 그는 "鄕丞者 縣令之輔佐也 必擇一鄕之善者 俾居其職," "座首者 賓席之首也 苟不得人 庶事不理"라 하여 향소직임의 중요성을 강조하고, 적임자의 선발이 政事의 요체임을 말하였다.[179] 정약용은 『論語』의 "有澹臺滅明者 行不由徑 非公事 未嘗至於 偃之室"이라는 구절을 인용하여 澹臺를 후세 중국의 主簿와 尉 그리고 元나라의 鄕丞(향소)에 비유하고 鄕政 직책을 맡는 자의 인품과 옳고 그름을 분별하는 준거로 제시하였다. 또한 "大低守令爲職 民命攸係 一夫恋睢 萬命顚連 故監司以察之 都事以督之 擇名士以居鄕所 命大臣以居京所 關通維制 使不得行惡 …… 今京所之法 雖不能復 鄕所之必用名士 宜如安東之法 須有朝令 乃可然也"라고 하여 무엇보다 전횡하는 수령의 통치에 대해 향소와 경재소에 각각 名士와 大臣을 등용하여 서로 연결 통제함으로써 감시하는 것이 중요하다고 지적하였다. 그러나 이미 혁파된 경재소를 염두에 둘 때 고을내 名士를 향소에 등용시키는 것을 현실적인 방안이라고 보았다. 정약용은 古法 이래 鄕任의 선택을 중히 여겼는데, 근년에 와서 점차 가볍게 대한 사실을 지적하고 안동에서 최고의 명사를 좌수에 임명함으로써 재지세력을 장악할 수 있었던 사례와 중국 後漢 때 마을내 豪强을 제압하고 고을의 행정을 맡게 한 功曹의 직임을 예로 들어 좌수 임용의 준거를 제시하였다. 이는 향임직에 新鄕들이 대거 참여하고 점차 수령권에 예속화됨으로써 재지사족들이 임용을 거부한 당시의 상황을 지적한 것이다. 결국 지위회복과 자율성 증대를 통해 향임직이 수령에 의해 官任의 하나로 천시되는 상황을 저지할 수 있고 궁극적으로 재지사족을 결집시켜 보다 완전한 향촌통치를 이룰 수 있다고 본 것이다.

한편 당시 정론가들이 향소에 대해 中央官職 내지 外官職 품계의 부여

---

178) 정약용의 견해는 비록 18세기 말엽 8년간의 사례이나 17세기 및 역대 조선·중국의 제도를 상세히 인용했기 때문에 鄕所制度의 전체상을 파악하는 데 참조된다.

179) 完平府院君 李元翼이 安州牧使에 재직시 政事의 要諦에 대해 "쓸 만한 사람 하나를 얻어 座首로 삼고 모든 일을 그에게 물어서 시행하니 내가 할 일이 무엇이 겠는가 결재만 할 뿐이다"라고 답한 사실을 예로 들어 得人의 중요성을 말하였다 (『牧民心書』 吏典 用人條).

를 주장했듯이 정약용 역시 유사하게 향소의 활성화와 능력주의에 입각한 인재선발의 방법으로 삼고자 했다. 정약용은 좌수를 鄕大丞, 별감을 左右副丞이라 하여 모두 정9품 從士郞의 품계를 부여하자고 했다. 이후 공적을 평가하여 監司나 御使로 하여금 式年에 각각 900명씩을 추천케 하여 그 가운데 3인을 뽑아 京官에 임명하면 그 안에서 분명 명성과 품행있는 사람이 나올 것임을 주장하였다. 이는 이조에서 문관을 임용할 때의 절차를 그대로 적용시킨 것이다.[180] 정약용은 황해도·평안도 五營將의 中軍과 宋 이후 중국의 수령 보좌직임인 丞·尉·主簿도 모두 考課대상이었다는 점을 들어 鄕官도 이에 따를 수 있다고 주장하였다. 향관 임용시 능력주의에 입각한 貢擧制의 적용을 말한 것이다.

정약용은 향청이 지닌 본래의 자치기능을 확대 신장하여 守令-吏胥 중심의 官司體系의 독주를 견제하고, 향촌지배체제의 균형을 확보하고자 했다. 그 중 하나가 邑事를 주무하는 吏胥들의 업무 감시다. 정약용은 향임 6명으로써 六房을 나누어 그 업무를 감독 관찰하도록 했다. 좌수는 吏房을, 首倉監은 戶房을 겸하여 맡고, 左別監이 禮房을, 軍倉監이 兵房을 겸해 맡고, 右別監은 刑房을, 庫監이 工房을 겸해 맡게 하여 직책을 나누어 주고 각각 업무를 살피게 하였다. 육방의 문서는 모두 이들의 서명을 받게 하여, 만약 농간이 발생하면 허물을 서로 나누어 가지게 했다. 이를 통해 체모가 엄정해지면 정사의 처리가 난잡하지 않을 것임을 말하였다. 한편으로 수령이 일에 밝지 못해 軍訟과 賦訴 등의 주요 정사를 향청에 맡겨 운영하는 실태를 적시하였다. 이로 인해 좌수가 吏胥와 더불어 농간을 부려서 뇌물을 받고 부정을 저지르는 일이 많다고 하였다. 이러한 부정을 방지하기 위해 수령은 좌수를 면전에 불러놓고 소송을 제기한 백성의 변명을 직접 들음으로써 그 일을 조사 처리하도록 했다. 향임들의 자율성 제고에

---

180) 『牧民心書』 吏典 用人條/『與猶堂全書』 5集 373쪽. 정약용 역시 18세기의 제 논자와 같이 좌수에 대해 군현내 名士를 중용하되 정9품 文官의 品階 정도를 수여한다는 점에서 그 대우가 다소 격이 떨어진다고 보인다. 그러나 중국 宋代의 選人과 달리 확대 재생산되는 士族에 비해 實職의 수가 적었던 사정을 감안할 때 비교적 현실적인 주장으로 여겨진다.

상응하는 부정방지대책을 동시에 제기한 셈이다. 그리고 좌수의 임면이 수령에 의해 좌우되는 것을 막기 위해 曾經鄕所들이 모여 圈点을 통해 선발하되, 수령은 형식적인 差帖만을 부여하도록 했다. 다만 향소가 추천한 풍헌·약정이 부정을 저지를 경우 수령이 좌수의 差帖을 거두어들이도록 하였다.

한편 정약용은『經世遺表』地官修制 井田議1 田制에서 봉건제를 명백히 지지하였다.[181] 사실 儒者들이 전통적으로 봉건제를 지지한 것은 보다 높은 지방자치와 향촌사회에서의 자신들의 이익을 대변하기 위한 것이었다. 그러나 정약용은 향촌사회의 자치문제를 단순히 양반지배층의 자치권 강화 차원에서 주장한 것이 아니라 民의 입장을 결부시키고 있다. 당시 권력이 점차 중앙집권화되고 수령에게 집중되어 가는 상황에서 民의 자치의 이론적 근거가 될 수 있었던 것이 봉건제였다. 정약용의 봉건제 주장이 民의 입장을 취했다는 점은 토지개혁론의 토대가 되는 井田 주장에서도 알 수 있다.[182]

그러나 정론가들의 봉건제에 대한 인식이 지방자치로 귀결된다는 字意 그대로의 해석에 머물러서는 곤란하다. 정약용이 지향한 국가·사회상은 몇 단계의 전변을 거쳐야만 도달될 수 있었으며, 향촌사회내 전형적인 주민자치의 실현도 예외는 아니었다. 즉 정약용이 민에 의해 구성된 기관에서 지방관을 선출해야 한다고 주장한 점은 생산자 농민에 대한 토지분급을 전제로 한 그의 개혁론과 지향을 같이한다.[183] 그러나 그는 이에 앞서 현존하는 제도의 개혁·개선의 과정 또한 중시하였다. 그는 봉건제 이념 가운데 德政體制로서의 국가와 개혁주체로서의 君主權 확립, 그리고 능력있는 賢者를 들어 관료로 임용하는 방안을 내세우고 있다. 고을 현장에서 守令 - 吏胥의 불법적인 행위는 이러한 덕정체제를 훼손하는 것으로 규정하고 이를 제어할 직임의 필요성을 강조하였다. 이에 따라 종래 향관제도

181)『經世遺表』卷7/『與猶堂全書』5集 135쪽.
182) 趙誠乙,『丁若鏞의 政治經濟 改革思想에 관한 硏究』, 연세대학교 박사학위논문, 1992, 337~339쪽.
183)『尙書古訓』卷1/『與猶堂全書』2集 508쪽.

의 遺意를 재현하고 당대 최대의 명사·재지사족을 포섭하되 차후 향관을
중앙관료로 편제시키려는 방안을 강구하였다. 이를 통해 향촌의 재지세력
을 실질적으로 관속하게 되고, 궁극적으로 군현통치에서 국가·국왕의 권
위가 신장될 수 있다는 사실을 지적하였다. 결국 집권관료체제의 외연을
확정함으로써 향촌내 토호의 사적지배, 守令 - 吏胥의 불법행위를 배제하
여 民의 위상을 제고할 수 있고, 다음 단계로 民의 자치를 모색할 수 있다
는 것이다. 이는 18세기 말의 향촌 상황을 염두에 둔 농민적 입장의 鄕政
論을 보여준다

　이상에서 정약용은 治郡의 중핵으로서 守令 - 吏胥의 관사체계를 상정
하면서도 이들을 견제 감시하고 재지세력을 결집시키는 방안으로서 향소
의 기능을 복구시키고자 하였다. 그는 향임에 新鄕이 대거 진출하고 열악
한 읍 재정으로 인해 향소의 인원 확보가 어려웠던 현실적인 문제점을 동
시에 지적하면서도, 안동의 예와 역대 중국의 鄕官 사례를 적시하면서 재
지 명사의 등용과 그 자율권의 확립을 주장하였다.

4. 17세기 향소의 성격

　조선후기 향촌사회를 봉건사회라고 규정할 때 이는 법·정치·사회·경
제·재정·이데올로기 등 전 영역에 해당되는 평가이다. 그러나 협의의 봉
건제, 법제적 봉건제 규정 등 서구의 史像[184]을 定式으로 내세울 때 역사
상 동시간대에 실제로 존재한 풍부하고도 다양한 사회적 총체성들을 정당
하게 평가할 수 없게 된다. 이에 비해 하부구조적 생산관계의 유사성에 기
인한 봉건제의 보편성을 강조할 때 각 지역의 봉건제는 다양한 외관을 지

---

184) 중세 유럽사회의 전형적인 봉건제는 主權分散과 財政의 부수적 위치 및 전원생
　　활을 예찬하는 귀족적 이데올로기 등으로 이루어진 정치적 틀 안에서, 개인적인
　　권위와 재산을 향유하고 재판에 관한 사적권한 및 법률의 배타적인 독점권을 행
　　사하는 귀족이라는 하나의 사회계급이 농민에 대해 法的 農奴制와 군사적 보호
　　를 시행하는 것이다.

닌 채 생존이 가능한 것이다. 다시 말해 정치적·법적 상부구조는 실제의 봉건적 생산양식 자체를 단독으로 구성하는 경제적 하부구조로부터 분리시켜 보면, 토지재산의 형태와 소유계급의 성격, 국가구조 등은 전체 사회구성의 기저에 있는 공통적인 농촌질서 위에서 매우 다양하게 나타날 수 있다. 특히 중세유럽의 主權分散, 家臣的 位階, 封土體制 등은 어떠한 측면에서 봉건제의 고유한 본질적 특징이 되지 않는다. 이러한 것들이 완전히 결핍되어 있다 할지라도 강제 및 종속의 경제외적 관계에 기반을 두고 있는 농업상의 착취와 농민생산의 결합이 이루어지는 한 봉건적 사회구성은 존립할 수 있는 것이다.

조선사회의 지배체제를 볼 때 상부구조의 경우 그 성격이나 형태에서 서구적 규범으로부터 일탈되는 모습이 드러나면서도, 하부구조의 경우 소경영의 자립적 재생산을 보증하는 여러 사회적 조건이 창출되는 생산관계의 유사성이 동시에 지적되고 있다. 바로 조선사회 특유의 독자적 지배체제가 형성 운영되고 있었던 것이다.

한편 조선전기 이래 국가권력과 재지세력은 民과 향촌사회의 지배를 위요한 끊임없는 갈등관계를 노정하였다. 즉 국가의 지방지배력의 확산과 재지세력의 자치적 대응의 모습이 적극 표출되었다. 事審官制의 조선적 변형으로 여겨지는 京在所 - 留鄕所 제도는 이 시기 국가권력 대 재지세력의 상호관계와 재지세력 내부의 갈등관계를 잘 보여준다. 이 중 유향소(조선후기의 향소)는 중앙권력으로부터 배제된 재지세력이 조직한 기구였다. 조선전기 유향소는 두 차례에 걸쳐 置廢가 반복되었는데 그 기준은 중앙집권적 체제의 구현이라는 국가의 이해가 중시되었다. 그러나 저변에 뿌리깊게 실재하는 재지세력을 포섭하기 위해 향소는 반드시 필요한 존재였다. 중앙집권의 수단으로만 적극 활용된 경재소보다 한말까지 극심한 위상의 부침에도 불구하고 굳건히 존재했던 향소의 향촌통치구조 상의 위치는 자못 중요하다. 향소야말로 중앙정부의 지배에 대응한 지방자치력의 상징이자 두 세력간 이해관계의 절충기구였다.

향소는 향회·향약기구와의 내적 관련 하에 재지세력이 자치적 성향을 과시하면서 그 이해를 대변한 기구였으며, 政令·敎化로 상징되듯 행정 통치기능과 윤리의식의 제고라는 기능을 통해 민에 대한 총체적 지배를 수행하였다. 한편 향소는 향촌지배체제의 직임 가운데 吏卒과 달리 任掌 으로 분류되었다. 任掌이란 위로는 향소로부터 아래로는 戶首·統首에 이 르는 직임자를 일컫는데, 準公的 職任이고 향촌 내에서 차출되는 존재였 다. 관에서는 향소 이하 任掌의 가장 주요한 기능으로서 民과 官 사이를 洞然貫澈하여 중간에 막힘이 없도록 하는 것을 들었다.[185]

향소가 자치기구로서의 위상을 유지하는 데에는 국가권력 내지 재지세 력의 뒷받침이 필요했다. 그러나 17세기 향촌사회내 향소의 위상은 현저히 낮아지고 있었다. 그것은 향소 스스로 자치기구로서의 역량을 확장하는 데 실패했다기보다는 향촌사회의 변동이라는 총체적·객관적 여건과 국가의 향촌정책 강화라는 외적 요인에 의해 강요된 결과이기도 했다.

17세기를 경과하면서 군현단위로 편제된 향소는 지위가 점차 위축되었 다. 政令(政務)의 실무는 面里기구로, 교화의 주된 업무는 면리단위의 향 약기구로 각각 이관되었다. 비록 이때까지 유효한 자치적 기능을 일부 지 니고 있었으나 점차 그 비중은 감소되었다. 이제 향소는 각종 기구의 감독 내지 조정이라는 부차적이고 2차적인 기능을 지닌 기구가 되었다. 향소는 예하 鄕任인 面里任과 監官에 대한 인사권이 있었으나 실질적인 지배와 통제는 업무를 통해 이루어지는 것이므로 그 한계는 예견된 것이었다.

또한 구체적인 행정사안에 대한 군현 내의 실무자가 吏胥였다는 사실에 서 面里任과 吏胥들의 연결이 나타나고, 이 과정에서 역할이 중복되는 향 소들이 首吏와 비교되기도 했다. 행정업무가 세분화·전문화됨에 따라 면 리기구에 대한 吏胥들의 간섭이 많아지고 관사체계의 수반인 수령권 주변 으로 각종 권한이 집중되고 있었다. 외견상 수령제-면리제·오가통제를 중심으로 집권적 향촌통치체계가 정립된 셈이었다. 18세기 이후에는 수령 에 의해 官任視되어 首吏와 동렬로 취급되었고 재지사족에 의해서도 끊임 없이 경원시되었다. 또한 정부에 의해서는 지방분권의 개연성이 있는 일세력으로 의심받아 계속 견제당하였다. 이 결과 17세기 이후 정부는 국가적 목표를 위해 정식 敎旨를 통해 끊임없이 각종 직책을 부과시키면서도 이들에 대한 관직 부여는 끝내 거절하였다. 따라서 이들은 한말 지방제도 개혁 이전까지는 공식기구가 아닌 準公的 기구로 존재했다.[186]

한편 17~18세기 정론가들은 鄕政論의 하나로서 향소 개혁방안을 제시하였다. 즉 좌수·별감의 명칭을 바꾸고 정·종9품의 官職을 부여하고자 했다. 이는 궁극적으로 집권관료제 하에 재지유력사족을 편제시키는 포섭방안이자 能力主義에 입각한 人才선빌방밉이있다. 이들은 鄕所에 대한 개혁론의 근거로서 역대 중국 행정촌의 鄕官과 조선전기의 土官制 등을 제시하였다. 가령 漢代 功曹와 魏의 中正 및 평안도·황해도 五營將의 中軍, 함길도·평안도의 土官制 등이 재지세력의 임용근거와 운영사례로서 지적된 것이다. 특히 중국의 鄕官職이 재지세력에 의해 구성되어 군현의 지방관을 보좌하는 吏胥와 예하 향촌직임을 규찰·감독하고 재지의 人才들을 京官으로 천거하는 기능과 스스로 공적인 관직체계에 편제된 사실을 조선의 향소가 획득해야 할 기준으로 제시하였다.

향소의 성격에 관해서는 古法制(封建制)의 遺意인 '一鄕領袖'로부터 '京官의 留官,' '鄕宰所,' '亞官,' '官家之耳目,' '輔佐之任' 등의 표현이 나타났다. 바로 본래의 자치적 성격에 대한 지적에서부터 위상저하 이후 관임시되는 면까지 다양한 시각이 보인다. 17세기 향소는 면리단위까지 장악하려는 국가의 집권화 의지에 대해 지방세력의 자치화 성향을 표출함과 동시에 자체 분화되면서 부침을 거듭하고 있었다.

---

186) 1896년 8월 지방제도 개혁시 「地方官吏職制」 및 「各府牧判任官以下任免規則」을 통해 新官制가 제정되었다. 종전의 좌수를 鄕長으로 명명하여 한성부를 제외한 各府와 5等郡을 제외한 各郡에 1인씩 임명하고, 月捧 6元을 부여하였다. 출자를 보면 해당 지역내 士民과 吏額을 불구하고 名望과 재주가 있는 자를 해당 지역민들의 회의·투표를 통해 선출하고 郡守가 임명하도록 했다. 향장에게는 새로이 우체사무가 부과되었으며 기존의 公務는 그대로 수행하였다. 조선후기와 달리 鄕長制가 공식 직임화된 사실이 보인다(田川孝三, 「鄕憲と憲目」, 『鈴木先生古稀記念東洋史論叢』, 1975, 273쪽 ; 尹貞愛, 「韓末(1894~1905)地方制度改革의 硏究」, 『歷史學報』 105, 1984 참조).

결 론

지금까지 17세기를 중심으로 새로운 鄕政論의 대두와 전개, 그리고 조선왕조가 향촌지배정책으로 채택한 面里制 - 五家統制의 확립과정 및 鄕所에 대한 통제책을 살펴보았다. 여기에서는 검토·연구된 결과를 요약, 정리하고 그 역사적 의미를 살펴봄으로써 결론을 대신하고자 한다.

17세기 조선은 중국과 일본의 왕조교체를 주시하면서 내적으로 극심한 전쟁의 폐해를 치유해야 하는 이중의 어려움을 겪고 있었다. 임란 이후 중국과 일본에서 왕조와 정권이 改替되는 변화가 있었던 점을 비교하여 볼 때 실질적인 전장이었던 조선에서의 전쟁패배 및 그로 인한 모든 혼란의 책임은 전적으로 정부, 지배층에 있었다. 이에 대해 정부는 체제붕괴의 위기의식 속에서 다각도의 國家再造方案을 모색하게 된다. 우선 통치이념인 성리학적 규범을 강화하여 공적 질서를 회복하려는 綱常의 확립 차원에서 문제에 접근하였다. 그런데 조선사회가 농업을 기반으로 했던 점에서 전쟁으로 인한 농경지의 황폐화, 인구의 流離·減少라는 인적·물적 토대의 상실이 더욱 커다란 문제가 되었다. 따라서 정부는 생산체계 및 농업노동력의 시급한 회복과 복귀를 위해 보다 구체적인 대응책을 강구하지 않을 수 없었다.

戶口와 田結의 확보란 민의 생존조건의 회복과 국가재정체계의 확립이라는 民利·國計의 목표를 동시에 이루어낼 수 있는 전제조건이기 때문이다. 이에 관련된 제반 사회·경제·재정정책은 17세기 전 기간을 통해 집중적으로 제기되는 가운데 정부는 당시 국가적 현안과 향촌사정 그리고 정권담당층의 입장 등을 감안하여 국가정책으로 수렴·확정하였다.

그런데 이상의 제 정책이 시행되는 장은 향촌사회이며 시혜의 당사자는 농민들이었다. 따라서 한시적이고 단편적인 정책이 지속적이고 효율적으로 시행되기 위해서는 생산·조세수취·통치의 기반인 향촌사회의 제도적 정비가 수반되어야만 했다. 이에 따라 정부는 향촌의 기저적인 변화에 대응하고 국가재조를 위한 법제의 완성으로서 지방제도 정비에 적극 나서고 있었다.

한편 17세기에 등장한 국가재조방략의 내용은 정론가들의 현실인식과 당색에 따라 뚜렷하게 대비되는 면을 볼 수 있다. 특히 그 연장선상으로 민과 향촌에 대한 법제적 정비·개혁으로서의 의미가 있었던 鄕政論에서도 커다란 차이가 드러났다. 향촌정책·지방제도 개혁안에 관해 가장 활발한 논의가 전개된 顯宗末·肅宗初의 시기를 중심으로 볼 때 첫째의 흐름은 白湖 尹鑴와 그에 동조했던 남인정권의 정론가와 남인 당색을 지닌 재야학자 磻溪 柳馨遠의 견해를 들 수 있다. 둘째는 이들 남인과 일정하게 대응되는 위치에 있었던 西人(老論)계열로서 金錫冑를 비롯한 金壽恒·金壽興 등의 정견이다.

전자의 경우 현실개혁의 이론적 무기를 주자가 재해석한 四書三經 중심의 성리학이 아닌 직접적인 原始 孔孟哲學인 6經 중심의 체제 속에서 도출해 내고자 했다. 이들은 『尙書』, 『周禮』 등의 고전에 보이는 三代의 기본적인 사회질서 운영원리(古法制)를 당시 조선후기 사회의 모순타개의 방법으로서 제시하였다. 이 계열은 周代 封建制·三代 古法制의 厚意에 충실하게 기초하여 향촌사회의 법제적 정비의 중요성을 강조하고, 이 같은 향촌제도의 완성 여부에 따라 조선왕조의 민에 대한 전반적인 지배체제가 완성될 수 있다고 하였다.[1]

---

1) 白湖 尹鑴는 "先王의 정치는 鄕遂에서 시작되어 朝廷에 이르고 천하에 미쳤는데 秦의 商鞅이 옛 古制를 변화시키고 聖賢의 學을 멸함에 따라 소략하고 간단한 정치로 전변되었고 그 근간이 되는 鄕政이 먼저 붕괴되었다"라고 했고(『白湖全書』 卷27, 雜著 漫筆(上) 1114쪽), 반계 유형원 역시 "鄕黨의 제도를 이룬 후에야 生養하는 일을 완수할 수 있고 敎化와 法令을 행할 수 있으며 風俗을 동일하게 할 수 있는 것이요 그렇지 않으면 비록 聖王이라도 그 政治와 敎化를 이루지 못할 것이다"라고 전제하였다(『磻溪隨錄』 卷3, 田制後錄(上) 52쪽).

이들은 법제개혁을 둘러싸고 당시 집권층 및 정론가 내부에서 다양한 견해가 도출되자 개혁의 성패는 강력한 군주권의 확립과 결단에 의해 좌우된다고 주장하였다. 구체적으로 윤휴는 良役弊의 시정과 良役確保라는 국가적 현안과도 관련하여 五家統・紙牌法의 시행을 주장하였고, 소농민에 대한 항상적인 생산기반(恒産)과 일정 거처의 확보가 그 목표임을 밝히고 있다. 특히 어떠한 良法美制라도 제도의 강제만이 두드러질 때 酷法으로 기능한다고 지적하고 국가에 의한 물적 급부 및 경제적 시혜와 소농민에 대한 재생산 보장조치를 동시에 시행할 것을 주장하였다.

유형원의 경우, 그의 전 체제적인 변법개혁론과도 관련하여 생산수단인 토지의 급부를 전제로 생산단위와 사회조직의 결합을 기초로 하는 鄕政論(鄕里制・閭里頃)을 전개하였다. 이들의 향정론은 농민에 대한 항산・항업의 배려를 전제로 한 '養民' 차원의 논리였다. 이에 따라 향정론의 내용은 재지공간과 향촌민을 面里制(鄕里制) - 五家統制로써 조직화하고 이를 운영하는 직임이자 재지세력의 포섭대책으로 鄕正・面尹의 기능활성화에 주력하였다. 이와 같은 입장에 설 때 지방제도의 개혁이란 기존 수령제 및 군현제 대책에 머무르지 않고 兩亂 후 변화하는 향촌구조와 향촌 현실을 반영한 사회제도로서 면리제를 시행하고, 효율적인 운영을 위한 법제적 장치로서 오가통제 같은 향촌통치조직의 정비, 그리고 재지세력을 그 직임자로 묶어내는 작업에 집중되게 되었다.

이렇게 될 때 향촌과 민에 대한 국가의 공적 지배력이 확고해지고 국왕으로부터 최하민에 이르는 집권적 관료체제의 확립이 예견될 수 있다.

숙종 초기 남인정권 하에서 尹鑴를 중심으로 구상 실시된 향정론은 구조, 사상적 연원, 기능적인 측면에서 17세기 조선왕조가 추진할 수 있는 높은 수준의 방안이었으며 차후 對民・對鄕村 정책의 기조를 형성하였다.

서인・노론의 당색을 지닌 후자의 경우 朱子 性理學의 이념을 강조하고 적극적 개혁론자들의 이론을 주자의 권위(經世論)를 빌어 반박하고 궁극적으로 臣權强化의 논리를 띠면서 서인・노론정권의 유지를 통해 민을 지배해 나가려는 입장을 견지하였다. 특히 이들은 현상의 地主佃戶制의 유지를 전제하고 주자의 土地改革難行說을 적극 주장하면서 大同法·戶布法 등의 부세제도 개선을 통해 당시의 문제를 해결하고자 했다.[2]

서인·노론계열의 정론가들은 封建制·古法制에 대해 儒者로서의 일정한 이해와 원론적인 동의를 표하고 있었다. 그러나 향촌의 혼란과 민심의 동요를 막아 민의 신뢰를 회복한다는 이유를 내세워 구체적인 지방제도, 新法의 시행에는 극히 소극적인 입장을 견지하였다.

이들의 향정론은 민과 향촌에 대한 지배라는 지방제도 본래의 영역이 아닌 부세제도 개선책과 관련하여 언급되었다. 즉 농민의 流離·逃散을 방지하여 징세대상자를 확보, 파악하는 수단으로 五家統制·號牌法·鄕約制를 이용하려 했다. 이는 현존하는 지주전호제를 인정하고 민에 대한 통제인 '制民' 차원에서 鄕政문제에 접근한 주자의 향촌책 및 尤庵 宋時烈의 입장과 궤를 같이하는 것이었다.[3]

이 계열은 '養民' 방안으로서의 恒産·恒業의 보장을 모색하기보다는 賦稅源인 농민에 대한 파악과 통제에 의해, 다시 말해 사회기강의 유지를 우선하는 '制民' 방식을 내세웠다. 따라서 이 계열은 鄕里制·五家統制·紙牌法의 시행에 대해 당시 향촌사회의 실상과 민심동요를 내세워 소극적인 입장을 보였다. 대신 반대의 논리로서『孟子』卷7, 離婁章의 '得民心論'을 통해 "人心의 得失이야말로 국가흥망의 판단근거"라고 규정하고 "부지런히 덕있는 行政을 닦아 백성과 함께 휴식하며 두어 해 동안 믿음성 있는 혜택을 통해 사람들의 마음이 안정되게 해야 한다"라는 民의 休息論을 거듭 강조하였다. 이른바 '得民心論'은 新法 시행에 앞서 민에 대한 국가의 信義구축을 강조한 것으로, 綱常論에 입각한 사상적인 접근방안이 되겠다. 이는 당시 정론가들의 민과 향촌현실에 대한 상이한 인식의 일단을 반영한 것이다. 그러나 이러한 논의가 구체화되면서 점차 그 명분과 방법에서 한계를 드러낼 수밖에 없었다. 무엇보다 신법에 상응하는 적절한 수준의

2) 金容燮,「朱子의 土地論과 朝鮮後期 儒者」,『延世論叢』21, 1985 ;「朝鮮後期 土地改革論의 推移」,『東方學志』62, 1989 참조.
3) 金駿錫, 앞의 논문, 1991, 327쪽 ; 友枝龍太郎,「朱子の治民策 - 南宋村落の階層分裂と國家權力の問題 -」,『東方學』17, 1958.

대체개혁안을 제시하지 못하고 논리의 연장으로 '新法을 시행하여 문제가 야기되느니 차라리 하지 않음만 못하다'라고 하는 지극히 소극적인 현상유지론의 단계까지 나아가게 된다.

대표적인 정론가인 息庵 金錫冑는 호패법 시행에 반대하면서 여타 소극론자의 견해처럼 天心에의 순종을 내세워 민을 노력시키지 않는 것이 중요하다고 강조하였다. 그는 새롭고 구체적인 제도의 강제는 보류할 것을 주장하고 이후 숙종 6년 경신환국 이후 戶布論으로 귀결되는 향정론을 전개하였다. 그는 조세감면이야말로 첫째 가는 '救民活民之擧'라고 하여 조세의 등급조정 등의 방법과 운영과정상의 합리화 및 국가경비의 절약 등을 강조하였다. 退憂堂 金壽興은 특히 '順人心'의 논리를 내세워 윤휴계열이 주도한 남인정권 하의 五家統-紙牌制를 배제하고자 했으며 심지어 같은 서인인 金錫冑·金壽恒이 강력히 추진했던 호포법에 대해서도 畏齋 李端夏와 더불어 실시불가론을 전개하였다. 그는 제도를 개혁할 때 시기상의 문제가 중요하며 오히려 舊制度를 준수하여 사안에 따라 정비하는 쪽이 보다 나은 방안이라고 했다. 즉 民의 신의회복을 전제로 한 소극적 현상유지론을 표현하였다.

물론 이상의 부세제도의 變通論 역시 백성들에 대한 무제한의 수탈을 제한하는 데 일정한 작용을 할 수 있으며 객관적으로 백성들의 이해관계를 반영한 것이었다. 그러나 이는 한편으로 집권세력의 이해를 지속적으로 도모하려는 입장을 강력히 드러낸 것이었다. 다시 말해 이들의 견해는 사회신분제와 지방제도에 대한 구조적이고 적극적인 개혁안이 아니라 부세제도 및 재정운영 상의 변통을 통해 현안을 치유하려 한 방안으로, 17세기의 사회문제를 해결하는 데 있어서 한계를 지닌 것이었다.

이상 17세기 국가재조론의 일환으로 제기된 鄕政論은 활발한 논의를 거쳐 국가 차원에서 적극적인 시행이 모색되었다. 이들 정책은 庚申換局·己巳換局·甲戌獄事 등 정국변화를 거치는 동안 집권 당색의 이해관계에 따라 부침을 거듭하였다. 그러나 17세기 정부의 향촌대책은 정론가들의 현실인식과 당색에 따른 갈등에도 불구하고 집권층 내부의 합의를 거쳐 채

택 시행되었다. 이는 엄밀히 말해 지배층 내부의 갈등일 뿐 구체적인 향촌
정책의 시행과정에서는 민에 대해 동일한 이해관계를 표출한 것으로 보인
다. 이제 면리제・오가통제・지패제 등의 제도는 淸과의 관계정립으로 외
침 위협이 사라지고 전란으로 인한 민심의 동요가 진정됨에 따라 民情把
握, 軍丁差拔 및 決訟의 근거자료로서의 긴요함이 강조되고 점차 사회제
도 본령의 기능을 수행하였다.

   임란 직후 정부는 향촌질서 재건과 통치체계 확립이라는 급박한 목표를
달성하기 위해 전통적인 군현대책으로서 賢能한 수령의 擇差와 그 기능의
강화방안을 모색하였다. 정부는 수령으로 하여금 군현민의 재생산을 직접
적으로 보장하는 위치를 확보하게 하고 이를 통해 발호하는 재지세력을
제어하려 했다. 또한 앞선 선조・중종 연간의 경우처럼 풍속교화 및 재지
세력 포섭책으로서 향약의 통치기구화를 도모하였다.

   그러나 총체적 변동이 진행되는 17세기 향촌사회의 상황 하에서 개개인
의 賢能을 전제로 한 수령제의 강화란 한계가 쉽게 예견되는 것이었다. 다
시 말해 군현조직과 수령제가 최하부 생산단위・사회조직과의 연계를 통
해 직접생산자인 민과 유기적인 결합을 이루어내지 못하는 한, 실질적인
지배는 불가능할 수밖에 없었다. 특히 향약제의 경우 정부는 인조・효종・
현종・숙종 연간에 걸쳐 여러 政論家들의 견해를 수렴하여 절목을 講定하
고 그 시행을 추진하려 하였다. 그러나 향약이 향촌내 생산체계에 즉자적
으로 대응된 사적 조직이고, 재지세력의 자율권 인정은 곧 국가 법체계와
의 마찰을 불러온다는 조직구성상의 문제점으로 인해 마지막 단계에서 거
듭 시행이 유보되었다. 결국 이 같은 정책의 완성을 위해서는 하부구조의
변동을 구조적으로 반영한 구체적인 제도의 정비가 수반되어야 했다.

   17세기 國家再造論과 관련된 정부의 향촌정책 가운데 특기할 만한 점은
기존의 군현제・수령제 중심 대책에서 한 걸음 더 나아가 향촌사회와 민
에 대한 통치조직을 정비하고 운영직임을 확정하는 데 노력을 기울인 사
실이다. 바로 공적 사회제도로서 면리제・오가통제를 수립하고 향촌에 대
한 체계적이고 지속적인 지배를 도모한 것이다. 동시에 정부는 재지사족들

이 鄕會·鄕案과 鄕約·洞契를 매개로 하여, 그리고 대토지소유와 차별적인 신분제에 의해 토지와 민을 사적으로 지배하는 상황을 적극 제어하려 했다. 재지사족의 생산관계에 조응된 지배체제는 향촌에 대한 직접지배를 도모하는 국가의 자기목적 수행에 커다란 제한을 가하는 것으로, 특히 임란 이후 정부의 적극적인 향촌정책의 실시 배경으로 등장되었다. 이를 위해 정부는 營將制 및 束伍軍制의 실시, 書院濫設 금지조치 등과 함께 전통적인 재지세력의 권력기구인 鄕所의 기능을 전변시켜 집권적 체제에 복무하는 기구로 만들고자 하였다.

조선후기 면리제는 조선전기 이래 자연촌의 발전에 따른 촌락구조의 변화를 반영하며, 동시에 자연촌을 새로운 面里編制로 견인하고자 했던 국가의 지배의지를 보여주는 제도이기도 하다. 즉 조선후기 면리제는 17세기 국가재조의 목적 하에 강화된 향촌지배정책의 산물이기도 했다는 점에서 정치·사회적 의미를 지닌다. 17세기 이후 격심한 전쟁을 겪은 민들의 사회의식의 성장과 소농경영의 발전으로 인해 단순한 통치체제나 이데올로기에 의한 지배는 점차 곤란해졌고, 촌락기능의 발달에 따라 守令과 官司體系에 의해 군현영역 내에 존재하는 무수한 생산단위와 각종 사회조직들을 효율적으로 장악할 수 없게 되었다. 따라서 정부는 생산의 장이자 정보전달의 장이며 일차적 정치영역인 村·里에 대응하여 면리제·오가통제를 정비하고 그 기능의 활성화를 도모하였다. 정부는 향촌구조의 변화와 面里의 단위성 강화를 주목하고 면리제·오가통제의 조직체계 하에 面任-里任(洞任)-統首의 직임자를 선발하고 이를 중앙정부의 말단 기관화하여 향촌통치를 새롭게 강화하고자 했다. 국가권력에 의한 향촌의 장악은, 생산력 발전과 민들의 의식 성장에 따라 보다 복잡한 통치방식을 요구받았던 당 시기 향촌사정에 대한 대응방안이기도 했다.

이와 같은 국가정책에 대해 이론적 근거를 제공해 준 것은 새로운 향정론을 강조한 정론가들이었다. 이들은 面里制의 정치이념상의 원형으로 호수단위로 편제된 周代 鄕遂制를 비롯한 先王의 政制를 내세웠다. 그러나 실제로 제기된 것은 地宜와 時宜의 차이를 염두에 둔 변형된 향촌론이었다. 대체로 이들은 16세기 이래 성장 발달된 자연촌을 기반으로 面里의 단위를 설정하였다. 또한 직임자인 面任(都尹·鄕正)의 경우 역대 鄕官의 사례에서 그 역사적 의미를 추출하고 常祿·伺候라는 물적·인적 보조와 貢擧制에 의한 중앙관제와의 연계 가능성을 제시하여 사회경제적 여건의 충족과 공적 권위를 담지하게 하였다. 이는 무엇보다 재지사족을 참여시켜 향촌지배의 효율성을 제고하기 위해 설정된 방안이었다.

17세기 정부는 면리제의 정비와 운영에 개입하였다. 첫째, 일련의 節目을 거듭 반포하여 향촌지배에 관련된 조직과 직임을 정비했다. 이들 절목은 새로운 면리편제를 시행단위로 삼았다. 둘째, 정부는 設邑·移邑·復邑 과정에서 각 관의 영역 보강과 支放을 위해 대대적인 面里 분급을 시행하였다. 정부는 수세와 재정단위로써 확정된 면리제 조정에 직접 개입하여 군현의 조직기반을 재편하였다. 이는 면리제의 단위성 제고로 인해 토지·호구·부세가 面里移屬에 따라 동시에 이동된다는 사실을 말하며, 이를 바탕으로 국가는 부분적이나마 면리제 운영에 간여할 수 있었다.

한편 면리제의 실시 확대과정에서 두 가지 형태의 문제점이 나타났다. 첫째, 徙民이 전제된 사업으로 新邑·屯田의 형성에서 나타나는 面里編制의 문제다. 이 경우 국가는 종래의 족적 결합과 전통적·자율적 질서가 단절되는 상황 하에서 新邑내 里制 위에 새롭게 作制的·人爲的 질서를 수립하고 이를 통해 민에 대한 개별적 지배를 관철시키고자 하였다. 이와 달리 자연촌의 내부구조에는 재지세력의 계급적 이해를 관철하는 조직과 기층민 사이의 족적 결합이 존재하므로 여기에 새로운 국가적 질서의 수립, 즉 面里編制를 시도할 때에는 복잡한 갈등양상이 나타난다. 즉 향촌 내에 집권적 체제를 구현하려 한 정부의 입장과 기존 士族 중심의 향촌질서를 유지하려 한 재지세력 간의 이해차이에 따라 구체적인 면리편제의 단위와 방법, 부세징수의 배분에 이르기까지 대립이 심화되었다. 이때 지역에 따라서는 향촌사회조직의 이중성이 나타난다. 즉 면리조직과 향약조직이 동일한 촌락단위 위에 공존하는 현상이 있었다. 그러나 정부는 점차 전자의 기능을 확장하여 사적 사회조직에 대응하였다. 정부는 숙종 원년의 「五家

統事目」을 비롯하여 군현에서 제정된 「面任擇差節目」을 통해 면리기구의
운영담당층이 제반 민정업무와 함께 교화업무를 겸장하는 것이 바람직하
다고 강조하였다. 또한 일상적인 형사·민사사건의 1차적 재판권과 징벌권
을 부여하여 그 지위를 강화시킨 사실도 나타난다. 특히 수령 주도의 향약
에서는 面里任에게 풍속교정과 교화업무를 부과하는 사례가 많았으며, 이
는 후대로 올수록 보편화되었다.

17세기에는 면리제의 하부조직으로 五家統制가 본격적으로 확립되었다.
오가통제는 향촌내 사적 권력을 배제하고 국가권력의 對民침투를 용이하
게 하여 궁극적으로 國家 對 民의 직접 지배관계를 확립하려 한 조선왕조
의 의지에 비추어 볼 때, 가장 즉자적으로 대응되는 제도였다. 또한 오가통
제는 三代의 政治와 法制의 회복을 부르짖던 조선후기 유자들의 개혁론을
충실히 반영한 것이었다. 오가통제는 최하 家戶를 통치체제 속에 편제시키
는 것으로서, 이의 확립 여부는 집권관료체제의 완성과 관련될 뿐 아니라
국가권력의 위상을 民에게 직접 현시하는 계기가 된다.

정부는 오가통제를 사회제도로서의 郡縣制·面里制 및 鄕約·作夫制
와 같은 기초 사회조직·사회단위와 유기적으로 연결시키는 작업을 견인
해 내고자 하였다. 이에 따라 단순히 호적제도 보완기능 외에도 인보조직
의 기능, 統內 各戶의 경영파탄을 방지하기 위해 농민의 재생산관계를 보
장하는 규정이 오가통제 시행 절목에 반영되었고, 군역·요역 징발조직,
각종 부세 수납기구, 향풍교화를 위한 향약 하부조직과의 결합, 변방의 防
守를 위한 근간조직에 이르기까지 향촌 운영에서 기초단위로 기능하게 하
였다. 다시 말해 오가통제는 국가의 행정적 목적을 위해 성립된 위로부터
주어진 계기와 함께 농민의 재생산을 보장하는 향촌 본래의 내재적 질서
를 담지하는 사회조직으로서의 이중성을 체현하는 존재였다.

그러나 대민·대향촌 지배의 면에서 기능 수행시 여러 제약요인이 존재
했다. 오가통제는 사회제도로서의 본래의 영역과는 달리 17세기 국가적 사
안이었던 軍籍·良役의 원활한 확보를 위한 보조수단으로 이용되었던 점
이 있다. 또한 오가통제는 위로부터 성립의 계기가 주어졌을 뿐 아니라 신

분제와 같은 현실 사항의 고려가 없는 일률적인 편제였다는 점에서 제도 운영에 제약이 많았다. 그러나 오가통제는 호적제도와 동시에 실시되었으며 각 정권은 제도의 효용성을 인정하여 '舊制申明'이라는 형태로써 거듭 이를 정비 · 보완하였다.

이렇게 볼 때 17세기 정부와 정론가들이 면리제 - 오가통제를 내세워 기본적인 생산기반, 국가유지를 위한 부세징수, 그리고 행정상의 통치단위로 확정시키고자 한 주된 이유는 16세기 이래의 촌락구조의 변동에 따른 성과물과 재지세력을 철저히 장악 · 규제하려는 데 있었다고 여겨진다. 그렇지만 이 점은 정부의 궁극적인 목표인 집권 관료제국가의 조직기반을 확보하는 데 있어서 일부 필요조건에 불과했다. 바로 기존 재지세력의 확고한 사적 기반을 管束해야 하는 과제가 더불어 제시되고 있었던 것이다.

조선전기 이래 존재했던 鄕所는 향회 · 향약기구와의 내적 관련 하에 재지세력이 토착하여 지배를 행하는 그리고 자치적 성향을 과시하는 기구로 평가할 수 있다. 향소의 자치적 성격에 관해 古法制(봉건제)의 遺意인 '一鄕領袖' 또는 '鄕宰所,' '京官之留官'이라는 표현을 주목하게 된다.

17세기 들어 민과 향촌사회의 지배를 둘러싸고 국가집권력 대 지방자치적 성향의 攻防이 치열한 가운데 군현단위로 편제된 향소는 지위가 점차 위축되었다. 우선 정부는 선조 36년(1603) 京在所를 혁파하여 기존의 중앙 관료와의 연계 속에서 막강한 권한을 행사한 향소의 지위를 축소시켰다. 또한 정부는 임란 직후 무너진 官司體系 대신 향소를 활용하여 민에 대한 지배와 재지세력의 호응을 견인하고, 국가적 목표를 위해 敎旨를 통해 끊임없이 각종 직책을 부과하면서도 그 직위와 기능에 상응하는 대우와 권위는 인정하지 않았다. 비록 17세기까지 읍내 군사력 관장과 재판 · 징벌권 등 유효한 자치적 기능을 지니고 있었으나 점차 그 비중은 감소되었다.

한편 국가재조를 염두에 둔 정론가들이 鄕政論의 일환으로 座首 · 別監에 대해 정 · 종9품의 品階附與 방안을 제시하였다. 즉 향소를 중앙의 관직체계 속에 포함시켜 공적 지위를 회복시킴과 동시에 국가와 재지세력의 이해를 조정하는 역할을 수행하게 하려 한 것이다. 이는 향촌지배의 효율성 제고를 위한 방안임에는 틀림없으나, 한편으로는 조선전기 이래 전통적인 재지기구인 향소를 말단관직에 포섭하여 집권관료제의 外延을 확장시키는 데 주목적이 있었다. 18세기 이후 향소는 수령에 의해 官任視되어 首吏와 동렬로 취급되었고 재지사족에 의해서도 끊임없이 경원시되었다. 향소의 성격에 관해서 전술한 '一鄕領袖'라는 본래의 자치적 성격에 대한 지적에서부터 '京官의 留官,' '亞官,' 그리고 위상저하 이후 '官家之耳目,' '輔佐之任' 등의 표현이 있었다. 이와 같은 향소의 위상변화는 17세기 이래 국가의 집권화 의지와 지방세력의 자치화 성향의 대립과정에 그대로 대응되는 것이었다.

이상에서 살펴본 바와 같이 임란 이후 격심한 혼란을 겪은 17세기 정부는 국가재조라는 전제 아래 공적 사회제도로서 면리제 - 오가통제의 정비와 향소의 통제책을 통해 재지세력의 사적 지배를 배제하고 향촌과 민에 대한 집권적 지배의 틀을 확립하고자 했다. 이는 정부가 시행한 여러 향촌정책 가운데 가장 구체성을 띤 정책이었으며 이렇게 해서 형성된 집권적 지배질서를 통해 국가권력을 향촌사회에 체현하려 했다.

그런데 이상의 향촌체제는 조선전기인 15~16세기 향촌사회에 대한 정비의 모습이었다. 15세기에는 麗末鮮初의 농업생산력의 발전에 따른 사회변동과 농민층의 성장을 계기로 한 향촌사회의 질서 재편이 나타나고 이와 관련된 국가의 향촌정책이 시행되었다. 당시 정부는 면리제를 시행하여 군현 하부에 이르기까지 지배력을 관철하고자 했다. 이에 따라 군현 차원의 농민지배는 수령의 책임 아래 면리제와 향리 중심의 邑司를 중심으로 이루어지고 있었다. 이때 정부는 재지세력(鄕吏·留鄕品官)이 지닌 麗末 이래의 현실적인 향촌장악력을 일부 용인해 주거나 留鄕品官의 일부를 面任으로 포섭하는 방식으로 민에 대한 지배력을 보완하고자 했다.4) 그러나 국가 차원의 지속적인 향촌통제에도 불구하고 15세기 후반부터 향촌사회 내부의 구조적인 문제점들이 차츰 부각되었다. 무엇보다 촌락 발달의 미비로 인해 면리제의 단위성이 확립되지 못하였고 생산관계의 모순 외에 부

---

4) 金武鎭, 앞의 논문, 1991, 225쪽.

세제도 운영에 의한 폐해가 드러났다. 이처럼 국가의 향촌장악이 약해진 상황 하에서 16세기 중엽 이후 재지사족들은 향회·향약기구와 같은 사적 사회조직을 활용하여 향촌사회의 운영에 깊숙이 관여하면서 자신들의 권위를 실현하고 있었다. 재지사족들은 鄕案을 모체로 한 향회를 통해 유향소를 장악하고 그 지역의 부세운영과 인사권을 통해 吏·民 통제를 수행하였다. 이외에도 향교·서원을 장악하여 鄕論을 주도하고 각 동리별로 생산공동체의 질서유지를 위한 洞契를 하부조직으로 갖추고 있었다. 지역에 따라 官治와 自治를 둘러싼 절충점의 모색과 조정문제로 인해 갈등을 빚기도 하였으나 대체로 수령권과의 일정한 타협을 통해 지배체제를 유지하고자 했다.

17세기 정부는 국가재조라는 시급한 현안을 달성하기 위해 이와 같은 분권적 성향을 지닌 재지사족들의 향촌지배를 管束하고 새롭게 면리제-오가통제를 정비, 시행하여 민과 향촌을 속속들이 지배하고자 하였다. 바로 17세기 정부의 향촌지배정책은 집권관료체제로의 지향을 보여준다. 그러나 집권관료체제의 확립과 개별 민인에 대한 지배라는 정부의 확고한 목표는 일거에 달성될 수 없었다. 이는 무엇보다 조선후기 관료체제가 뿌리를 내릴 수 있을 만큼 사회발전 정도가 미성숙했던 데서 기인한다. 17~18세기를 경과하면서 향촌사회에서는 끊임없는 권력구조의 변화 및 계층변동이 나타난다.[5] 차후 한말에 이르러 鄕長·鄕會의 법제화[6]와 함께 각종 정치·사회제도가 법제적으로 정비되면서 근대 관료제국가로의 지향이 나타나는데, 이는 17세기 이래 성립된 집권적 지배체제가 이행, 전환된 모습이었다.

한편 17세기 이후 지방제도에 관한 절목의 반포가 거듭되었던 것은 국

5) 金仁杰, 앞의 논문, 1991, 283쪽 ; 高錫珪, 『19세기 鄕村支配勢力의 변동과 農民抗爭의 양상』, 서울대학교 박사학위논문, 1991, 51쪽.
6) 『韓末近代法令資料集 I』, 30~31쪽. 이에 관한 연구로는 李相燦, 「1894~5년 地方制度 개혁의 방향-鄕會의 법제화 시도를 중심으로-」, 『震檀學報』 67, 1989 ; 金容燮, 「甲辰·甲午改革期 開化派의 農業論」, 『增補版 韓國近代農業史硏究(下)』, 1984 ; 鄭昌烈, 「韓末變革運動의 정치경제적 지향」, 『韓國民族主義論』(창비신서39), 1984가 참조된다.

가의 향촌지배가 실제로는 어려운 위기에 처해 있었음을 보여준다. 17~18세기를 경과하면서 재지사족의 향촌지배는 점차 취약해지는 반면, 농민들의 성장과 향촌사회의 자율성은 점차 제고되었다. 이제 향촌사회는 민들의 대두와 함께 점차 국가권력 대 민의 직접적 대립이라는 상황을 마련해 가고 있었다. 특히 19세기의 극심한 사회변동 과정에 조응하여 공적 사회제도를 비롯한 제반 사회조직들이 그 위상과 기능을 여하히 유지·발휘하는지의 문제, 그리고 제 직임들의 계급구성과 역할의 변화 문제는 계속 고찰해야 할 과제다.

[附篇]

17세기 守令制의 운영과 整備論의 대두

조선왕조는 전기 이래 330여 郡縣에 대해 "地를 지키고 百姓을 양성하며 王命을 받들어 행하는" 관료로서 府尹(종2품) 이하 縣監(종6품)에 이르는 牧民官(守令)을 파견하였다. 조선 전 시기를 통해 수령은 집권체제의 강화, 지방통치조직의 확립을 운위할 때 가장 중요한 직임으로 간주되었고, 중앙집권적 정치구조와 향촌의 권력구조라는 두 측면에서 동시에 주목되는 대상이었다.[1]

대체로 守令制의 임무는 '農桑盛·賦役均·戶口增·學校興·軍政修·詞訟簡·奸猾息'으로 표현되는 七事를 중심으로 설명할 수 있다.[2] 다시말해 수령의 통치는 농업재생산 지원, 재생산의 기초이자 세원으로서의 인

---

1) 그 동안의 守令制 연구는 대체로 조선전기를 중심으로 교체 실태와 임기 등 법제적 규정을 정리하는 수준에 머무는 경우가 많았다. 그런데 최근의 연구 중 수령의 제반 통치업무 수행시 일정한 한계 내에서 독자성을 띤 수령의 권한과 실태를 밝히는 연구가 진행되기도 했다. 지금까지 이루어진 조선후기 수령제 연구에 관한 논고는 다음과 같다. 李源鈞, 「朝鮮時代의 守令職 交替實態 - 東來府使의 경우 -」, 『釜大史學』 3, 1979 ; 具玩會, 「先生案을 통해 본 朝鮮後期의 守令」, 『慶北史學』 4, 1982 ; 『朝鮮後期의 守令制 운영과 郡縣지배의 성격』, 경북대학교 박사학위논문, 1992 ; 金錫禧, 「朝鮮 中·後期 地方官僚의 任期에 關한 硏究」, 『釜山大論文集』 31, 1981 ; 金東栓, 「朝鮮朝(16C~18C)濟州地方 縣監의 實態分析 - 『濟州·大靜·旌義邑誌』의 先生案條를 중심으로 -」, 『濟州島硏究』 2, 1985 ; 李東熙, 「19世紀 前半 守令의 任用實態」, 『全北史學』 11·12, 1989 ; 尹貞愛, 「朝鮮後期 守令대책과 그 인사실태」, 『國史館論叢』 17, 1990.
2) 「先覺」 添錄/『朝鮮民政資料 牧民編』 249~254쪽.

구 확보, 수취체계의 운영, 체제유지를 위한 지배이데올로기의 확산, 軍政
및 行政의 수행, 재지세력에 대한 견제를 중심 내용으로 한다. 또한 수령은
각종 詞訟의 해결권과 政令의 수행권을 지니며3) 面里制·五家統制 내의
面里任·統首 등 하위 직임자들에 대한 총괄 임무를 부여받고 있었다. 조
선왕조는 일정 군현내 국왕을 대신하는 존재(命吏)로서 수령을 규정하고
그에게 백성에 대한 王化·善導의 책임을 부여하였다.

『經國大典』의 수록 조항에서 보듯 14~15세기에 진행된 지방행정체계
의 법제적 정비는 일단락된다. 그러나 16세기 이후 사회변동에 의해 군현
의 陞降이 거듭되면서 행정구역 편제상의 문제와 수령제 운영상의 모순이
점차 표면화되고 있었다. 이러한 가운데 임란이 발생하고 군현의 지배체제
가 일거에 붕괴되었다. 국왕 선조는 향촌사회의 재건과 통치체계의 확립이
라는 급박한 목표를 달성하기 위해 우선적으로 賢能한 수령의 파견을 대
안으로 내세웠다. 차후 이 문제는 전쟁으로 붕괴된 향촌사회의 안정을 도
모하고 국가재조를 모색하고 있던 각 정파의 공통된 관심사이기도 했다.

17세기 정부는 전후의 심각한 사회·경제적 피폐와 계속되는 기근, 반정
과 같은 정치적 혼란 속에서 복잡한 향촌사를 해결하며4) 궁극적인 국가의
德政體系를 과시하는 등 제반 임무를 수령에게 위임하고자 했다. 17세기
수령제 개혁론은 여타 시기에서 지적되는 행정체계의 문란, 부패상의 시정
에 머무르지 않고 조선왕조의 지배체제를 재건·보완하는 측면이 강했고
이러한 점에서 전 체제적인 개혁론과 밀접히 연계되었다.

본 장에서는 양란 직후 향촌사회의 제반 상황과 수령제 동요 실태, 그리
고 재지세력과 향촌민에 대한 대응책으로서 수령제의 기능이 어떻게 강조
되었는지에 대해 살펴본 후, 정부·국왕 및 당색별 정론가들이 제기한 수

---

3) 『南坡集』 卷4, 疏 陳民弊疏 己丑, "親民之官 莫如守宰 百里休戚 恒實由之 若其
   間詞訟之細 政令之小 守宰之所得自盡 而怠慢抛棄 有修不盡者 斯固守宰之罪也".
4) 李山海(1539~1609)는 "國初除守令者 爲民而擇人 故人皆厭避 今之除守令者 爲
   人而擇邑 故請托紛起 …… 兩亂之後冗雜倍舊"(『鵝溪集』 卷5, 第三箚)라 하여
   兩亂 이후 향촌 상황과 관련된 수령 임무의 번잡함과 이로 인한 수령 선발의 중
   요성을 지적하였다.

령제 정비론·개혁론의 추이를 고찰하고자 한다. 무엇보다 17세기에 이루어진 정부의 대대적인 향촌지배정책의 전개 방향을 염두에 두고[5] 이 시기 수령제에 대한 정치·사회사적 분석을 가하려 한다.

1. 수령제 동요의 실태

임란 이후 조선사회는 체제붕괴의 위기에 직면하여 여러 부문에서 국가재건책을 강구하였다. 군현제와 수령제는 전후 인적 자원의 확보, 물적 토대의 구축, 국가재정의 확보라는 국가의 시급한 과제를 해결하는 데 근간 조직으로서 새삼 주목되지 않을 수 없었다. 이 시기 수령제는 전란기의 절박한 상황과 사회적 조건의 변화와 함께 그 기능이 보다 강화되는 방향으로 진행되었다. 물론 수령에 의한 군현 통치의 내용은 군현에 내재하는 여러 조건에 따라 달리 나타나는 것이었다. 예를 들어 군현내 지배층의 편성 과정(재지세력과의 관계), 호구 및 田結의 사정 등이 이에 해당된다.

수령제의 동요를 야기시킨 요인으로 전시하 행정체계의 전면적 붕괴와 수령제 유지를 위한 물적 기반인 지방관청 재정의 어려움을 들 수 있다. 수령의 잦은 교체에 따른 행정 공백은 과도한 迎送費 문제와 함께 지역민들의 부담을 가중시켰다. 무엇보다 전란을 경과하면서 향촌과 민의 지배권을 둘러싸고 전개되는 재지세력과의 갈등은 수령권의 확보=중앙집권적 체제의 유지라는 과제의 달성에 커다란 거침돌이 되었다.

이러한 대응책 가운데 농민의 정착을 위해 恒産·恒心이 필요하고, 기강 확립을 통해 '方伯-守令'으로 연결되는 政令 전달체계가 원활히 이루어져야 한다는 주장도 강하게 제기되었다.[6] 이 같은 상황에서 수령제의 동

5) 임란 후 宣祖, 光海君, 仁祖, 孝宗, 顯宗, 肅宗 초기에 걸친 17세기에 이루어진 향촌조직정비론, 즉 郡縣制下 面里制-五家統制의 시행, 鄕所대책을 통한 재지세력에 대한 제어책 등이 시행되어 집권관료체제의 수립을 도모한 사실을 들 수 있다.
6) 『宣祖實錄』卷73, 宣祖 29年 3月 己丑 ; 卷81, 宣祖 29年 10月 甲申, "상란을 겪은 후 인심은 정도를 잃었고 세도는 날로 야박해지고 政令이 순리에 어긋나서 조정의 명령이 方伯에게, 方伯의 명령은 守令에게 시행이 안 됩니다. 하물며 관가의

요 실태는 어떠하였는지 살펴보겠다.

1) 전란기 수령제 대책

전란기 왜적의 점령 하에 들어간 지역에서는 기존 조선왕조의 통치체계는 무시된 채 새로운 倭의 지배기구가 만들어졌다. 가령 海南의 경우 附倭 鄕吏 · 座首 · 別監이 마을 민들에게 포악을 행한 사실이 보고되었고7) 경상도지역에서 적장 가토 기요마사(加藤淸正)는 郡縣 父老에게 榜示하여 각 관의 座首 · 邊將 · 境內 色掌 · 有司의 성명을 기록하고 各官 里의 수, 전결수를 詳悉히 파악한 사례가 보인다.8) 적의 지배 하에서 조선왕조의 향촌통치체제 자체가 완전히 붕괴된 것을 볼 수 있다.

전시 하에 수령들의 사망소식이 거듭 알려지고 수령들이 감사 · 목사 및 지역 士民들과 함께 산간이나 해빈으로 피난하거나 隱逃하는 사례도 빈번히 보고되었다.9) 특히 접전지대인 남쪽지역의 수령들은 현지를 고수할 의사가 없고 모두 山谷으로 도망가 피신하니 적이 쳐들어오지 않아도 민심이 동요한다는 지적이 보인다.10) 이에 대해 정부는 '奔鼠逃脫'한 수령에 拿

명령을 따르지 않는 것이 습관이 되어 상하가 서로 통하지 않습니다. 민심은 국가의 근본인데 이를 위해 정당한 과세 외에는 징렴하지 않고 급하지 않는 부역을 일체 제거하며, 수령을 엄선하여 백성을 안집하고 무마하여, 그들에게 恒産 · 恒心이 있도록 하십시오".

7) 『宣祖實錄』卷94, 宣祖 30年 11月 12日 己亥.
8) 『宣祖實錄』卷94, 宣祖 30年 11月 壬寅. 吳希文에 따르면 "왜적이 경계에 들어온 후에 영남 사람들은 그들에게 들어가 길을 인도한 자가 몹시 많아서, 혹은 그들과 붕당을 맺어 왜놈의 말을 하면서 어지러이 민가에 들어가면 사람들이 모두 도망해 흩어지고 재산을 약탈해 간 것이 몹시 많다고 한다. 또한 星山을 점령한 왜적이 스스로 牧을 삼고 우리나라 중들로 判官을 삼아서 관곡을 나누어 주면서 민심을 진무했다"고 기록하고 있다(『瑣尾錄』卷1, 壬辰南行日記).
9) 安陰縣監 郭逡, 前咸陽郡守 趙宗道가 전사하고(『宣祖實錄』卷91, 宣祖 30年 8月 乙亥) 求禮縣監 金應瑞 등이 전사한 사실(『宣祖實錄』卷85, 宣祖 30年 2月 甲戌) 남원 · 전주 패몰 후 수령이 도망하고, 士民이 潰散하며, 監司 · 牧使는 海濱으로 기탁하는 예가 발생하였다(『宣祖實錄』卷92, 宣祖 30年 9月 5日 壬辰).
10) 『宣祖實錄』卷74, 宣祖 29年 4月 20日 戊戌.

鞫治罪, 赴戰立功 및 納贖運糧의 처벌만을 거듭 지시했을 뿐이다.11)

정부는 전시하 수령체제의 유지를 위해 保障策을 강구하였다. 즉 난리가 평정될 때까지 기한으로 州邑내 險要한 곳을 택해 山城을 설치한 후 감사 및 수령이 가솔을 거느리고 들어가 머물면서 보장하도록 하였다. 평일에는 거기에 들어가 대비하지 않다가 위급할 때 村民만 보낼 경우 명령체계가 제대로 서지 않았기 때문이다.12) 아울러 도로의 要害處와 關防의 중요한 곳은 文武才略이 있는 자를 주선하여 수령으로 삼고, 모든 將官과 여러 고을의 수령을 나누어 衛將을 삼고 자기의 성채를 지키면서 事勢를 연락하도록 지시하고 있다.13)

당시 최대의 난제는 시기적 상황과도 관련하여 "안으로 백성을 구활하고 밖으로 적을 치는 방도"였던바, "인재를 얻어 한 마음이 되게 한다면 몽둥이를 만들어 적을 격퇴하는 셈"14)이라 하고 조정에서 하달되는 명령의 원활한 수행을 위해 적임 수령을 얻는 것이 중요하다고 했다.15) 즉 당시기의 문제해결에 수령제의 역할이 막중함을 강조하고 있다.

수령은 전쟁과 직접 관련된 지원업무는 물론 농경권장, 廢殘邑 보강, 도적 방지 등 붕괴된 생산력과 행정체계의 보완을 위한 각종 임무를 수행하여야 했다.16)

11) 逃脫한 8명의 수령을 拿鞫治罪하고(『宣祖實錄』卷93, 宣祖 30年 10月 丙寅, 丁卯, 戊辰, 己巳, 庚午, 丙子) 逃鼠守令 14명은 赴戰立功, 10명은 納贖運糧시킬 것을 지시하고 있다(『宣祖實錄』卷95, 宣祖 30年 12月 壬戌, 乙丑, 丙寅, 戊辰, 乙酉, 丙戌).
12)『宣祖實錄』卷71, 宣祖 29年 正月 甲申 ; 卷88, 宣祖 30年 5月 己未.
13)『宣祖實錄』卷72, 宣祖 29年 2月 癸丑. 또한 李元翼에 의해 淸野策이 제기되었는데, 방방곡곡에 저축한 것을 깨끗이 없앰으로써 적의 진로를 차단시킬 수 있는 유효한 방책임이 지적되었고, 수령으로 하여금 백성에게 직접 이를 지시하여 성사시키도록 하였다(『宣祖實錄』卷82, 宣祖 29年 11月 17日 己酉).
14)『宣祖實錄』卷47, 宣祖 27年 正月 癸巳.
15)『宣祖實錄』卷83, 宣祖 29年 12月 16日 戊寅. 지평 이짐에 따르면, 밖으로 어진 수령이 아니면 민력이 고갈되고 군정이 흩어져 360 고을이 울부짖게 되었다고 한다(『光海君日記』卷92, 光海君 7年 7月 17日 壬戌).
16)『宣祖實錄』卷49, 宣祖 27年 3月 3日 辛巳.

첫째, 전시상황 하에서 군량비축의 책임이 수령에게 모두 일임되어 있었고, 그 비축량에 따라 포상이 실시되었다.17) 또한 각 군현별로 軍器 修理를 강조하고 위급에 대비하려 했으며18) 전쟁물자인 말의 꼴을 『經國大典』 兵典 積芻 조항에 의거하여 차등적으로 마련하게 했다.19)

특히 제 읍의 수령들에게는 援兵인 중국군의 군량을 조달하고 그 지원사업에 총력을 다하라는 지시가 거듭되었는데, 이로 인해 지역내 飢民의 救活사업이 추진되지 못한다는 지적이 나올 정도였다.20) 빈번한 중국사절의 접대로 인한 폐해도 많이 야기되었다. 우선 詔使의 내왕에 필요한 교량과 도로를 새롭게 수리하느라 커다란 소동이 일어났으며21) 각종 예물의 마련과 음식비 지출도 각 지방 수령들의 책임 사항이었다.22) 무엇보다 국가재정이 탕진되어 여력이 없는 가운데 전쟁 이후 백성들의 빈잔한 民力으로 과도한 접대비용을 마련한다는 것이 큰일이었다.23)

둘째, 수령의 주요 기능 가운데 전시상황과도 관련하여 크게 강조된 것이 '軍政修' 기능이었다. 군역을 통해 전반적인 국방 문제는 처리하고 있었으나 개별 군현에서의 군사조련, 군비 마련 및 효율적인 병력동원 지휘체계의 확보 등은 주요 사항이었다. 이를 위해 수령으로 하여금 面村에 현존하는 장정을 일일이 단속하여 '守令 - 哨官 - 旗隊總' 조직을 정비하고 평

---

17) 『宣祖實錄』 卷87, 宣祖 30年 4月 甲申.
18) 『孝宗實錄』 卷12, 孝宗 5年 6月 乙亥 ; 『宣祖實錄』 卷110, 宣祖 32年 3月 庚寅.
19) 『光海君日記』 卷80, 光海君 6年 7月 己巳 ; 『經國大典』 卷4, 兵典 積芻, "제 읍에서 해마다 말의 꼴을 축적하여 변고에 대비하되 큰 고을은 10만 束, 적은 고을은 6만 束, 소고을은 1만 束을 추가하려 했다. 겨울 초에 관리를 파견하여 이를 이행하지 않은 수령을 논하여 파직하고자 했다".
20) 『宣祖實錄』 卷46, 宣祖 26年 12月 癸酉.
21) 『宣祖實錄』 卷190, 宣祖 38年 8月 壬寅.
22) "변방 事大의 예가 지극히 엄중한데, 수령의 완만함이 습성이 되어 중국에 바치는 儀物이 수량에 차지 않는다. 인삼은 중국에 바치는 方物인바 이를 바치지 않은 수령과 色吏를 잡아다가 엄중히 鞫問하고 律에 따라 定罪할 것"을 명하고 있다(『宣祖實錄』 卷202, 宣祖 39年 8月 戊申). 또한 "사신 접대용 음식의 수효를 지난해 이미 줄이도록 정했으나 一路의 수령들이 위세에 겁을 먹어 준수하지 않는다"는 지적도 있다(『光海君日記』 卷27, 光海君 2年 閏3月 己巳).
23) 『宣祖實錄』 卷200, 宣祖 39年 6月 15日 壬子.

시에는 土賊을 방비하는 데 이용하고 유사시에는 긴급 소집이 가능하도록 했다.24) 아울러 수령이 군사훈련을 句管케 하되 잘못하는 자는 杖刑에 처하도록 조치했다.25) 병조에서는 수령이 직접 軍案을 통해 現存者의 나이와 壯弱을 살펴 장실한 자는 戶首로, 빈약한 자는 保率로 구분킬 것26)과 缺員 軍丁을 보충하지 못한 수령에 대해서는 파직을 명하고 있다.27) 아울러 기존 五鎭管의 수령들이 營將을 겸하던 것을 지방 군현의 군사력 강화를 위해 별도의 營將을 설치하였다.28) 모두 전시상황과 관련하여 수령의 군사적 기능이 크게 강조된 예다.

한편 武班 수령의 적극적인 선출을 권하였다. 대체로 변방·도서지역의 경우에는 임금의 敎化가 미치지 못한다는 지역적 사정과 牧民의 임무 외

---

24) 『宣祖實錄』卷73, 宣祖 29年 3月 乙酉.
25) 『宣祖實錄』卷82, 宣祖 29年 11月 癸巳.
26) 『仁祖實錄』卷6, 仁祖 2年 5月 甲子.
27) 『宣祖實錄』卷195, 宣祖 39年 正月 癸酉. 束伍軍의 운영에서, 수의 다과에 따라 수령에게 상벌을 주므로 그 수효를 채우는 데 방법을 가리지 않고 찾아내려 하여, 실제로는 노약자·병자로 충원되는 문제점이 있으므로 자원의 정예화가 필요하다고 하고 있다(『光海君日記』卷59, 光海君 4年 11月 辛卯).
28) 기존에 5鎭管의 수령이 각각 營將을 겸임하던 것이 난리 후 폐지되었는데, 재차 別營將을 너무 많이 보내는 폐단이 제기되었다. 그 대책으로서 진관 중 武臣守令인 영흥·길주·원주·이천 등의 준례에 의거하여 김해·진주 등의 營將은 모두 혁파하고 鎭管의 수령이 營將을 겸임하고 中軍을 거느려 군사를 조련하도록 했다(『仁祖實錄』卷20, 仁祖 7年 正月 癸卯). 또한 營將을 잘 선택하고 다시 節目을 정하여 연습 외에도 무휼을 전담하게 하여 지난날처럼 독촉하고 침해하는 자가 있으면 관찰사가 즉시 査啓하여 죄를 논하게 했다(『孝宗實錄』卷16, 孝宗 7年 3月 甲午). 병조판서 元斗杓는 營將이 여러 고을을 통제하는데 품계가 낮아 명령체계가 없음을 지적하며 3~4품 중에서 중용할 만한 자 20여 인을 선택할 것을 건의하고 있다(『孝宗實錄』卷12, 孝宗 5年 4月 壬申). 한편 평안병사 이세화는 "守令들이 급난을 당해 군병을 조발해 내어 營將에게 넘겨준다면 고을의 장관은 거느릴 것이 없다. 각 고을의 단속된 編伍인 正軍은 營將에 소속시키고, 각양의 한잡한 부류인 民兵은 수령에 속하게 하라. 이 두 가지를 사목으로 만들어 단속한 군사는 언제나 훈련하여 장수가 거느리고 적을 방어하는 수단으로 삼고, 한잡한 백성은 호적에 기록하여 성심으로 잘 보양하여 수령이 스스로 보위하는 바탕으로 삼도록 하자"고 하여 營將과는 별도로 수령 자체 물리력이 필요함을 언급하였다(『肅宗實錄』卷12, 肅宗 7年 11月 丙子).

에 인근 고을을 제압하는 임무를 감안하여 무관보다 문관으로 교체하는 사례가 많았다.29) 또한 일부 문인 수령들이 상급직인 兵使의 命에 복종하지 않고 감사 또한 軍政의 평가를 兵使와 의논하지 않는 실태가 보고되었다.30) 문인 위주의 外官職 운영의 모습이었다. 그러나 전란에 대비하기 위해서라도 무인 수령의 육성은 시급하였다. 이에 따라 武科試에서 兵書에 능숙한 자를 선발하여 六鎭을 비롯한 북방지역의 수령에 임용시켰으며,31) 국왕 선조는 文武 수령 간의 재능을 비교하여 "武弁하면서 牧民하는 재주가 있다면 한갓 名만 따르고 實을 따르지 않을 수 없다"고 하여 武人 수령에 대한 배려를 주장하였다.32)

셋째, 당시 수령은 정부의 향촌정책과 민심동요를 무마하기 위한 정책을 펴는 데 핵심적인 역할을 하였다. 먼저 민의 안집에 긴요한 賑恤·勸農 등 농업 재생산체제의 지원이 있었다. 특히 2~3구 혹은 4~5구씩의 流民을 官家에서 부양하는 사업, 種子穀의 구입과 토지를 가려 지급하는 사업 등33)이 수령의 책임 사안으로 강조되었다.

임란 이후 各道 전결수가 해마다 감축하고34) 호조의 1년 경비 7만 석에 비해 세입은 4만 석에 불과하여 追加收米를 실시하는 상황이 거듭되었다. 또한 量田을 거듭 미룸에 따라 等弟의 高下와 結負의 다과가 모두 실제와 다른 사태가 야기되었다. 우선 1년 세입으로 1년을 유지해야 하는 적정 규모의 재정체계의 확보가 절실하였고35) 追加收米와 양전사업의 시행은 절

---

29) 『仁祖實錄』 卷1, 仁祖 元年 4月 壬申 ; 卷10, 仁祖 3年 9月 己酉.
30) 『肅宗實錄』 卷9, 肅宗 6年 正月 己亥.
31) 반드시 兵書를 가르치고 廉恥를 알게 한 후 將才를 얻을 수 있다고 하였다. 유성룡은 중국 武科試에도 兵書를 강하고 있다고 하여, 明經科의 규칙과 같이 兵書에 능숙한 자를 선발할 것을 건의하고 있다. 鄭經世 역시 송나라 원풍 연간 武經 7서를 講한 예를 들었다(『宣祖實錄』 卷71, 宣祖 29年 正月 乙酉). 備邊司는 북방지역의 급박한 상황을 들어 文·武·蔭官의 구분 없이 오직 합당한 인물인지의 여부가 중요하다고 지적하였다(『光海君日記』 卷80, 光海君 6年 7月 己卯).
32) 『宣祖實錄』 卷212, 宣祖 40年 6月 癸丑.
33) 『宣祖實錄』 卷46, 宣祖 26年 12月 癸酉.
34) 『宣祖實錄』 卷139, 宣祖 34年 7月 乙丑.
35) 『宣祖實錄』 卷200, 宣祖 39年 6月 壬戌.

대적으로 수령에게 맡겨진 임무였다. 따라서 국가재정의 확보는 물론 생산기반의 복구를 위한 新開墾田과 量田事業이 절실했고 세원이자 재생산의 기초인 인적 자원의 확보가 시급히 요청되었다. 그 반영으로 선조 32년 3월에는 勸課農桑을 완성하기 위해 기존 원장부보다 5분의 1을 개간시키면 해당 수령의 작위를 올리고, 3분의 1의 경우 후한 상을 주도록 했으며, 戶口繁殖의 경우 수를 불문하고 일체 論償하려 한 조치를 볼 수 있다.[36]

넷째, 임란 이후 지역적 편차는 존재하나 수령이 차지하는 지방민에 대한 교화업무의 관장 정도가 크게 증대되었다. 기존 지방민에 대한 교화사업의 상당 부분이 재지사족에게 일임되었던 사정에 비춰 볼 때, 수령 주도의 '州縣鄕約'이 대거 등장한 것은 눈여겨볼 만한 사항이다. 즉 기존에는 향교나 서원의 재정적 뒷바침이나 그 구성원인 재지사족을 행정자문으로 활용하였던 반면, 이제 수령이 직접 시행주체가 되고 있다.

군현에서 교화는 충실한 학교교육과 禮俗의 완성으로 나타나야 하는 것인데, 전후 기강확립과도 관련하여 무엇보다 綱常罪人이 생기지 않도록 해야 했다. 당시 정부는 綱常罪人이 발생할 경우 즉시 邑號를 강등시켜 군현민 전체는 물론 수령에게 실질적인 책임을 물었다. 수령의 교화책임이 단순한 표방으로 그치지 않고 구체적인 내용을 담고 있었던 것이다.

당시 州縣鄕約의 반포 이유에 대해, 기강을 진작하고 교화를 도탑게 하며, 上司의 令 및 營門의 令이 수령에게 원활히 시행되도록 하기 위한 것이라 했다.[37] 이를 위해 教化書를 발간하고 수령의 관장 하에 향약을 실시

---

36) 『宣祖實錄』卷110, 宣祖 32年 3月 庚寅. 양전사업과 관련된 수령의 처벌규정은 지속적으로 나타난다. 광해군 초기 원수 중 1/5이 감축된 경우 처벌을 시행하려 했고(『光海君日記』卷34, 光海君 2年 10月 癸酉) 호조에서는 다소 소요스러워지는 폐단과 법이 무너지는 것과 비교할 때 祖宗朝의 입법을 따르는 것이 좋다는 판단 아래 10부 감축 수령을 처벌하기로 했다(『光海君日記』卷34, 光海君 2年 10月 乙未). 仁祖 연간 호조에서는 "災傷시 10부 이상 착오가 난 수령은 파면하고, 監官·色吏는 전부 가족을 변방으로 이주시킨다"는 조항은 많은 혼란을 초래한다 하여, 새로 개간한 전답이 많은 관원은 비록 일부 누락시킨 것이 있다 하더라도 공로와 과오를 상쇄시켜 줄 것과 반드시 啓門하여 본조에서 문서로 증빙자료로 삼을 수 있게 하라는 지시를 내리고 있다(『仁祖實錄』卷27, 仁祖 10年 7月 癸亥).
37) 『宣祖實錄』卷199, 宣祖 39年 5月 戊子 ; 卷200, 宣祖 39年 6月 己亥 ; 『孝宗實

하며, 예하기구로서 有事·約正을 두어 과실을 서로 규정하고 환란을 서로 구제하게 하였다. 또한 스스로 笞罰을 가하게 하고 선행자는 천거하여 조정에 알리고 만약 불미한 일이 있다면 行首와 有事가 治罪하도록 지시하였다.38)

2) 재지세력의 대응과 수령제의 동요실태

전후 가종 사업이 수령에게 집중되고 그 수행에 대한 책임만이 강조되면서 수령제의 동요가 야기되었다. 정부의 입장에서는 "난리를 겪은 후로 마땅히 해야 할 일을 모두 蕩弊라는 두 글자를 내세워 그것으로 책임을 때우는 구실을 삼는다"39)라거나 "兵亂 이후 호조의 文簿가 焚蕩된 고을이 많은데 심지어 전란을 직접 겪지 않은 곳도 이를 핑계삼아 會計의 일을 팽개치고 있다"라고 지적하고 수령의 분발을 촉구하였다.40) 그러나 군현의 분위기는 달랐다. 가령 양전사업이 거듭되면서 각읍 수령들의 책임만을 강조하자 "백성에게 원망을 받는 것보다 차라리 파직되어 돌아가는 편이 낫다"라는 분위기가 감돌았다.41) 무엇보다 지방관청의 재정체계가 빈약하여 정부의 지시사항을 제대로 실행할 수가 없었다. 개성부의 경우 전란으로 인한 물력 부족 때문에 강원 4읍의 장정을 지원받아 支供을 치르므로 노력과 비용이 배나 들어간다는 지적이 있고,42) 畿甸의 263인이 연명으로 정장하여 "난리 후 남은 백성이 열에 두셋인데, 온갖 비용을 모두 民結에 책임지므로 그 참혹함이 극심하다"라는 호소가 보인다.43)

정부는 벼슬을 버리는 守令·察訪들에 대해 准期還除의 율을 적용하거

錄』卷6, 孝宗 2年 4月 乙亥.
38) 『宣祖實錄』卷73, 宣祖 29年 3月 丙子.
39) 『光海君日記』卷156, 光海君 12年 9月 丁丑.
40) 『宣祖實錄』卷49, 宣祖 27年 3月 丙戌. 수령들이 사사로이 민심을 기쁘게 하는 것만 생각하여 토지대장을 下吏에게 위임하는 실태도 언급되었다(『光海君日記』卷111, 光海君 9年 正月 12日 戊寅).
41) 『顯宗改修實錄』卷8, 顯宗 4年 2月 戊午.
42) 『光海君日記』卷15, 光海君 元年 4月 丁卯.
43) 『光海君日記』卷15, 光海君 元年 4月 戊寅.

나44) 邊倅厭避律로 논죄하려 했으나45) 소기의 성과를 기대할 수는 없었다.

당시 수령제의 운영에서 크게 지적된 문제는 재지세력의 발호와 이에 대한 견제였다. 정부는 재지사족에 의한 인신적·경제적 지배와 그 기반의 조성 요인을 배제하고, 수령으로 하여금 군현민의 재생산을 직접 보증하는 위치를 확보하도록 하였다. 이처럼 수령을 지방지배의 중심적인 담당자로 위치시키는 원칙은 17세기의 향촌사정과 관련하여 두드러지게 강조된 사안이었다. 당시 정부는 재지사족들이 지역 및 계급적 이해를 지키기 위해 결속하여 수령권에 대항하는 것이나 혹은 수령 자신이 강력한 재지사족에게 규제되어 자신의 지위를 이용하여 그들의 이익을 도모해 주는 경우를 문제점으로서 제기하였다. 이는 정부가 향촌통치체제를 강화하고 수령권을 확립하는 데 대한 기존 재지세력의 반발 정도를 보여주는 측면이기도 했다.

이 시기 토호들의 실태에 대해 "부역에서 누락되고 자기 집 울타리 안에 1백 호의 가호를 기르며, 兩·賤人 가리지 않고 자기 소유로 한다"46)고 지적되었고 鄕所와 色吏와 호강한 品官을 재지세력으로 규정하기도 했다.47) 특히 각 고을의 鄕所·鄕校·書院 司馬所에 투속자가 많아 500~600에 이르는 閑丁이 존재하므로 방백·수령들이 속오군의 충원조차 불가하다고 호소하기도 했다.48) 재지세력 휘하에 편제된 마을 민들의 실태를 볼 수 있다.

이처럼 인적·물적 기반을 지닌 토호 및 지방유력자가 향촌지배권을 둘러싸고 고을 수령에게 대항하는 사례가 거듭 발생하였다. 선조 40년 괴산군수가 官役 납부를 거부한 토호들을 조사하자, 추동자들을 선동하여 通文한 후 백성·관속을 강제로 이주시키고 결국 고을을 비게 하여 수령을 제

---

44) 『光海君日記』卷156, 光海君 12年 11月 庚寅.
45) 『顯宗改修實錄』卷21, 顯宗 10年 8月 辛巳.
46) 『肅宗實錄』卷12, 肅宗 7年 11月 戊寅.
47) 『肅宗實錄』卷14, 肅宗 9年 3月 丁未.
48) 『仁祖實錄』卷21, 仁祖 7年 7月 丙午. 大司成 金萬重은 "書院의 수가 너무 많아 한 고을에 7~8군데, 한 도에 무려 80~90군데에 이릅니다. 특히 영남 땅에 많습니다. 닐리 田土를 짐유하고 閑丁을 많이 불러모아 놀면서 담소하되 서로 경박한 의논만 일삼습니다"라고 지적하고 있다(『肅宗實錄』卷11, 肅宗 7年 6月 2日 癸未).

거한 뒤에야 이를 중단한 사실이 있다.[49] 광해군 4년 황주에서는 향소가 把摠의 직임을 차지한 후 成文을 위조하여 속오군을 불러모은 후 거사하여 兵使와 判官을 제거하려 한 사건이 발생하였다.[50]

　다음으로 다수의 전토를 소유한 토호들이 조세수취 과정에서 경제적 이해를 내세워 수령권에 대항하고 있었다. 玉果에서는 토호 鄭昌後·鄭演 등이 縣令 申汝棫의 조세수취에 항의하여 마을 민들의 군사 點閱을 방해하고 결국 현령을 파직시킨 사례도 있었다.[51] 固城에서는 농사의 풍흉을 覆審하는 일로 현령 金后夔에게 불만을 품은 토호가 家童을 동원하여 관아 주변을 포위, 위협하였다.[52] 관이 지닌 사법권 행사에 대항하는 사례도 보인다. 남평현에서 살인과 관련된 옥사가 발생했을 때 전라감사 李溟이 이를 엄격히 처리하자, 관련 당사자들이 은밀히 勳臣에게 李溟의 행적을 상소하여 모함한 사건이 있었고,[53] 영남 예안에서 訟事 도중 士族이 사망한 사건에 대해 儒生들이 '山林 속의 行義있는 사람'이라 표현하며 通文을 돌려 경상감사 元鐸을 배척하려 한 사실이 있었다.[54]

　이러한 재지세력을 적절히 제어하기 위해 재지세력·사대부들이 많은 지역에는 명망있는 文官의 파견이 거듭 요청되었다. 토호가 많고 지역이 넓어 다스리기 힘들다는 영천[55]과 고령과의 합속에 따른 토호들의 저항이 드셌던 성주[56]의 사례가 대표적이다. 남원의 경우 역시 사대부의 통치 관

---

49) 조정이 수령의 죄만 다스려서는 안 되며, 충청감사로 하여금 더욱 자세히 조사하여 首惡者를 적발하여 율에 따라 治罪할 것이 지시되었다(『宣祖實錄』卷216, 宣祖 40年 9月 甲寅).

50) 『光海君日記』卷57, 光海君 4年 9月 己酉.

51) 『肅宗實錄』卷4, 肅宗 元年 10月 壬申, 乙亥.

52) 『仁祖實錄』卷30, 仁祖 12年 9月 壬戌.

53) 『仁祖實錄』卷8, 仁祖 3年 2月 丙午.

54) 『仁祖實錄』卷12, 仁祖 4年 5月 己巳. 鄭仁弘의 문객으로 風憲·有事라고 지칭한 자들이 있어 郡守라도 그들의 뜻을 거스리면 사방 이웃을 사주하여 온 도에 通文을 돌려 배척하는 실태가 보고되었다(『仁祖實錄』卷17, 仁祖 5年 11月 丙戌).

55) 『宣祖實錄』宣祖 38年 10月 壬戌. "본군은 土豪가 많은 지역으로 예로부터 다스리기 어려우므로 명망있는 文官을 파견"해 주라는 요구가 거듭되었다(『光海君日記』光海君 6年 12月 癸卯).

여 실태가 극심해 수령들이 자주 교체되는 곳이었다. 이를 수습하기 위해 국왕은 "堂上과 堂下를 막론하고 臺侍의 경력이 있고 剛明하며 풍력이 있는 인물을 선택하여 토호를 엄히 다스리고 폐읍을 수습할 수 있게 하라"57)는 명을 내렸고 순천의 경우 구체적으로 관대함과 위엄이 있고 복잡한 사무를 처결하는 능력이 뛰어난 문관 파견을 요청하는 예가 보인다.58) 이상의 사례는 재지세력의 발호와 수령권에 대한 저항이 강했음을 웅변해 주는 것들이다.

한편 재지세력들이 수령 임용에 관여하거나 관직 여탈권을 행사하는 일도 있었다. 兵亂 이후 안동에서 곤궁한 재정상태를 내세워 判官의 혁파를 요구한 사례가 있었고59) 原州의 元仁得 등이 牧使를 유임시키고자 대궐에 직접 상소하여 물의를 일으킨 예도 보인다.60)

당시 집중적으로 발생된 殿牌 혁파사건 역시 수령과 재지세력 간의 갈등을 극명히 보여주는 것이다. 殿牌의 손상이나 분실이 야기되면 즉각 군현 강등과 수령 파출이 뒤따르게 된다. 이 경우 고을민은 대체로 전패혁파를 통한 수령 파출을 목표로 했던 것으로 보인다. 옥과현에서 고을민들이 수령을 미워하여 파면시키고자 향교에 들어간 후 道國公과 洛國公의 位版을 쪼개 버린 예61)나 保寧縣監 崔振溟이 정사를 엄하게 하자 역시 성묘의 位版을 훔쳐다가 불태운 사건62)은 이를 잘 보여준다. 따라서 殿牌作變의 목적이 주로 재지세력에 의한 수령 파출에 있음을 파악한 정부가 오히려 해당 수령의 파직을 취소하는 것은 물론 오히려 격려·시상하기도 하였다.63)

---

56) 『光海君日記』 卷96, 光海君 7年 10月 丙辰.

57) 『顯宗改修實錄』 卷27, 顯宗 14年 5月 乙酉.

58) 『宣祖實錄』 卷199, 宣祖 39年 5月 戊子.

59) 이에 대해 吏曹에서는 "병란 이후 군민이 모두 곤궁하여 判官을 줄일 수도 있으나 守令 여탈권을 府民의 손에서 나오게 할 수 없다"고 하였고 여러 대신들 역시 반대하였다(『仁祖實錄』 卷16, 仁祖 5年 7月 11日).

60) 『顯宗改修實錄』 卷24, 顯宗 12年 6月 辛巳.

61) 국왕 仁祖는 끝까지 체포하여 범인을 다스리고 현감은 파직하지 말 것을 명하고 있다(『仁祖實錄』 卷36, 仁祖 16年 2月 戊戌).

62) 『仁祖實錄』 卷23, 仁祖 8年 11月 戊戌.

63) 표리를 하사하고 공로를 포상한 경우를 볼 수 있다(『仁祖實錄』 卷23, 仁祖 8年 11

364   朝鮮後期 鄕村支配政策 硏究

이상에서 살펴보듯 향촌지배를 둘러싼 수령과 재지세력 간의 갈등은 현저하였고, 정부의 수령제 지원대책은 거듭되었다. 가령「五家統事目」에 보면 "지금 郡邑 가운데 鄕品은 진실로 선택하기 어렵고 里正 또한 庶孼과 賤類로써 差定하므로 수령이 만일 골라서 정하려 하면 사람들이 대부분 피한다. 里正과 面尹은 반드시 한 고을에서 지위와 명망이 있는 자로써 한다. 비록 일찍이 文武의 蔭職을 지낸 자라도 차임할 수 있으며 만약 피하기를 도모하는 자는 徒配의 율로 논한다"라는 규정이 있는데, 이는 정부가 강력한 재지세력의 존재를 인식하여 이들을 제어하고, 수령의 향촌 장악을 지원하려는 한 표현으로 볼 수 있겠다.[64]

수령제의 동요를 가장 극명하게 보여주는 것이 이 시기 수령의 빈번한 교체와 空官의 실태다. 법전에 규정된 수령의 임기조차 준수되지 못하고 부임된 지역에 대한 실태 파악이 끝나기도 전에 遞職되는 모순이 거듭되었다.[65]

선조 27년 한산군수의 경우 1년 사이에 네 차례나 교체되어 官庫가 탕진했다는 지적이 있었다.[66] 광해군 7년 개천에서는 10년 사이에 12명의 수령이 거쳐감에 따라 人吏와 노비들이 迎送하는 데 다 흩어졌다는 사례가 있고[67] 효종 6년 당시 각 지역 수령 가운데 파직된 자가 60~70읍에 이르러 新·舊官의 迎送행차가 도로에서 교차되어 비록 수령들이 능력이 있다 하여도 일을 해나가기 어려운 형편이라는 지적도 있었다.[68]

日 戊戌). 음성현의 殿牌 도난에 대해 예조에서는 "邑만 혁파하고 수령에게는 죄를 묻지 말아 간악한 백성이 계획적으로 수령을 몰아내는 일이 없도록 하라"고 지시하였다(『顯宗實錄』卷5, 顯宗 3年 2月 丁未).
64) 『肅宗實錄』卷4, 肅宗 元年 9月 辛亥.
65) 수령의 잦은 교체 현상에 대해서는 迎送에 따른 고을 민의 부담, 수령의 지위 불인정 등을 들어 부정적으로 평가하는 것이 일반적이다. 그러나 다른 한편으로는 수령의 잦은 교체가 관료의 인사 소통을 원활히 함으로써 양반사회의 안정적인 지지를 끌어낼 수 있었으며, 민과 국가권력 사이에 충돌이 생겼을 경우 수령교체라는 미봉적인 조치로 위기를 넘길 수 있었다는 점에서 지배체제의 유지에 기여하는 측면이 있기도 했다(具琓會, 앞의 논문, 1992 참조).
66) 『瑣尾錄』卷3, 甲午 12月 23日.
67) 『光海君日記』卷93, 光海君 7年 8月 癸未.

이처럼 수령의 잦은 교체와 관련하여 과도한 刷馬費用과 迎送절차의 번거로움이 문제로 제기되었다. 迎送에 관한 규정은 州·府가 20바리(駄), 군현은 15바리의 규모로 제한하였으나 실질적으로는 원근 "60~70 고을의 人馬 값이 거의 1천 同에 가깝고 노자와 수리 비용이 얼마인지 모르며, 더구나 簿書를 훔치고 관청물건을 도둑질함은 이 안에 들어있지도 않다"는 지적이 제기되었다.69) 또한 개천군수가 임천군수와 교대하게 되자 개천의 관속들이 사수령을 맞이하기 위해 4도나 지나 천리길을 갔다가 人馬가 굶주려 흩어진 비극적인 사례도 보고되었다.70)

이와 함께 수령들이 불법적으로 자신들의 임지를 떠나버리는 '曠官' 현상이 빈번히 발생하였다.71) 그 원인으로는 병을 칭하는 경우,72) 大小差使員으로 정해져 官務에 동원되는 경우,73) 고의로 사단을 일으키는 경우74) 등을 들 수 있다. 이에 정부는 "사유를 핑계대고 수령에 부임하지 않은 자는 準期不敍하고 서용하더라도 다시 外官에 제수한다"75)는 조항을 강조

---

68) 『孝宗實錄』 卷16, 孝宗 7年 3月 丙戌. 1595년(乙未) 2월 임천군수 邊好謙의 경우, 부임한 지 한 달도 못 되어 전임의 일로 司憲府로부터 파직되는 일이 발생했다. 당시 임천민들은 "이 고을은 전부터 어진 태수를 얻으면 오래 가지 못한다"고 한탄하였다고 한다(『瑣尾錄』 卷4, 乙未 2月 25日).

69) 『孝宗實錄』 卷16, 孝宗 7年 3月 丙戌.

70) 『光海君日記』 卷93, 光海君 7年 8月 癸未.

71) 군현 수령들이 관직을 버리고 公務를 비우는 것이 걸핏하면 4~5朔에 이른다는 지적이 보인다(『肅宗實錄』 肅宗 15年 6月 戊寅).

72) 司諫院에서는 병을 핑계삼는 수령은 원칙적으로 啓聞하여 罷黜하도록 했다. 春川府使 李準이 병을 정고한 소지에 의해 江原監司 鄭求에게 단지 遞差되었다는 보고에 대해, 이 길이 한 번 열리면 뒷날 規避하는 조짐을 방지하기 어렵다 하여 허락하지 않은 사례가 보인다(『宣祖實錄』 卷78, 宣祖 29年 8月 戊申).

73) 이에 대해 司諫院에서는 부득이한 일이 아니면 모두 察訪으로 差定할 것을 건의하였다(『宣祖實錄』 卷215, 宣祖 40年 8月 乙酉).

74) 辛丑年(현종 2) 事目에 따라 수령들이 맡은 책임을 다하기 싫어하여 고의로 사단을 일으키는 경우 邊倅厭避律로 논죄하라는 지시가 있었다(『顯宗改修實錄』 卷21, 顯宗 10年 8月 辛巳).

75) 『宣祖實錄』 卷202, 宣祖 39年 8月 癸丑. 傳敎에 의해 守令·察訪들이 벼슬을 버리는 일이 계속되면, 그들에게 法典에 의거 准期還除의 율을 적용하여 후인의 경계를 삼도록 지시하고 있다(『光海君日記』 卷158, 光海君 12年 11月 庚寅;『仁祖

하고 동시에 수령이 담당해야 할 공무를 들어 긴급한 복귀를 희망하였다. 가령 남쪽 진도의 경우 군수 李尙安이 다섯 달 동안 부임하지 않자, 농사가 한창 급하고 변란을 대비해야 하며 定配죄인이 많은 지역적 특징을 들어 신속한 부임을 지시하고 있고,76) 평산은 驛馬의 교체지이고 이천은 적의 진로를 방비해야 하는 요충지이며, 회양은 북쪽 방면의 요충지로서 責應과 防備하는 일이 중요하므로 空官의 폐가 없게 해야 한다는 備邊司의 지적이 보인다.77)

마지막으로 수령제의 동요를 불러일으킨 것은 관정재정의 탕진이었다.

인조 15년 京畿 暗行御史 洪命一의 書啓에 따르면, "각 고을의 官庫는 한결같이 탕진되었는데, 수령 된 자는 빈 관소에 앉아 아침 저녁거리를 대어 갈 것만 꾀하고 마지못하여 부역을 차출하는 일이 있으면 문서를 쓰지 않고 불러모아 타이르나, 백성의 원망이 너무 심하여 일마다 원망합니다"78)라는 지적이 있었다. 또한 선조 28년 8월 평강지방의 사정을 보면, 전군수가 백성의 쇠잔함을 돌보지 않고 포수를 많이 뽑아 170여 명에 이르고, 이로 인해 외롭게 남은 백성은 모두 다 흩어져 딴 곳으로 이주하여 손을 댈 수 없는 형편이라 하였다. 무엇보다 官庫의 재정이 바닥나 있었고 관속의 경우 衙前 20명, 通引 7명, 醫律生 4명, 官妓 13명, 官婢 17명에 이를 정도로 빈약해져 있었다.79) 심지어 강원도 정선에서는 전군수가 중국사신을 支待하는 差使員으로 상경하여 관아가 빈틈을 타서 본군의 首品官들이 요역을 싫어한 나머지 백성들을 이끌고 도피한 사례가 있었다.80) 이는 수령들이 행정체계의 붕괴는 물론 빈약한 재정구조로 인한 이중적 어려움에 직면해 있었음을 보여준다.

實錄』卷1, 仁祖 元年 4月 庚辰).
76) 『光海君日記』卷113, 光海君 9年 3月 甲戌.
77) 『光海君日記』卷138, 光海君 11年 3月 己丑.
78) 『仁祖實錄』卷35, 仁祖 15年 12月 庚申.
79) 『瑣尾錄』第4 乙未 8月 3日, 14日.
80) 『宣祖實錄』卷202, 宣祖 39年 8月 壬子.

2. 정부의 수령제 정비론

임란 이후 조선사회는 체제붕괴의 위기에 직면하여 여러 부문에서 국가
재조 방안을 강구하였다. 당시 시기적 상황과도 관련하여 해결해야 할 과
제는 "안으로 백성을 구활하고 밖으로 적을 치는" 방도의 확보로 규정하고
이를 위해 "一道·一邑을 제재하고 다스릴 수 있는 인재를 얻어 한마음이
되게 한다면 몽둥이를 만들어 적을 격퇴하는 것"이라는 지적이 제기되었
다.[81] 적임 수령을 얻지 못하면 조정에서 하달되는 명령이 수행되지 않으
며[82] 兵火 이후 民力이 고갈되고 軍丁이 사방으로 흩어지며 한 壯丁이 열
명분의 부역을 담당하는 모순을 시정할 수 없다는 지적이 있었다.[83]

따라서 정부에서 군현제 정비와 아울러 수령제 강화를 통해 현실의 어
려움을 극복하려 했다. 당 시기 군현제와 수령제는 조직체계와 운영에서
이전과 크게 달라진 것은 아니나 전후 인적자원의 확보, 물적토대의 구축,
국가재정의 확보라는 국가의 시급한 과제를 해결하기 위한 근간조직으로
서 새삼 주목되지 않을 수 없었다.

수령제의 기능을 극대화하기 위해 정부가 강구한 조치로는, 監司·御使
制 정비, 군현에 내재하는 여러 조건을 감안한 통치단위로서의 군현제 조
정, 任命·解由·考課制의 정비·강화 등을 들 수 있다. 이는 일견 수령제
에 대한 통제로 보이나 수령의 불완전한 군현지배를 보완하고 활성화하기
위한 조치들이었다.

1) 제도정비론 : 監司·御使制의 강화 및 통치단위의 조정

조선왕조는 수령의 원활한 군현지배를 견인하기 위해 갖가지 제도장치
를 강화하고 효과를 제고하고자 했다. 첫째, 수령의 근무를 감독하는 감사
의 임무를 강조하고 둘째, 암행어사의 파견을 통한 정부의 직접 감시를 모

81)『宣祖實錄』卷47, 宣祖 27年 正月 癸巳.
82)『宣祖實錄』卷83, 宣祖 29年 12月 戊寅.
83)『光海君日記』卷92, 光海君 7年 7月 壬戌.

색하였다. 셋째, 통치단위로서의 군현제를 조정하고자 하였다. 이는 군현내 지배층의 편성과정 및 재지세력과의 관계, 호구 및 전결의 사정 등을 감안한 조정이었다.

전쟁기인 선조 29년 "백성을 친애하는 자는 수령 외에 方伯과 御使가 있다. 방백은 감영에만 머무르지 말고 궁벽한 산골이나 멀리 떨어진 지역까지 두루 편력하여 疾苦를 위문하고 폐단을 제거하라. 어사 역시 列邑을 巡歷하여 촌락을 암행하고 소상한 질고까지 살피도록 하라. 實惠가 미치지 못해 민의 원망이 돌지 않도록 하라"[84]고 하여 우선 外官制를 크게 활용하여 소기의 성과를 달성하고자 했다. 監司制의 기능강화와 암행어사의 빈번한 파견을 통해 지방통치를 완벽하게 하려 한 정부의 의지가 담겨 있다.

전란 이후 위급한 지역 실정에 따라 감사의 역할 역시 강조되었다. 선조 29년 司憲府에서 경상감사에 대해 "평시에도 마땅한 사람을 얻기 어려운데 하물며 지금처럼 적과 대치하는 상황에서랴. 한 걸음 헛딛는 사이에 事機가 변동되고 성패가 뒤따르는데, 진실로 재략을 겸비하고 위엄과 덕망이 현저한 자가 아니면 결코 감당하지 못한다"고 하여 그 임무의 중요성을 강조하였다.[85]

監司의 직임은 "안으로 조정의 명을 받들어 밖으로 王化를 펴서 한 道를 다스리고 郡邑을 총괄하여 살피는 것"[86]으로 감사 역시 守令七事와 마찬가지로 監倉・安集・轉輸・勸農・管學・刑獄・兵馬의 일곱 가지 임무가 있었다. "監司摠治軍民"이라는 표현처럼 道內 일반 행정장관으로서의 기능과 감찰관으로서의 기능 및 군사적 기능까지 수행했던 것이다.

이와 같은 다양한 기능 가운데 수령에 대한 殿最權의 행사와 巡歷 임무의 강화는 당시의 시기적 상황과도 관련하여 특히 강조되었다. 감사의 수령감독은 국왕에게 알리는 人事考課 보고인 殿最로 구체화된다. 감사는 도내 각 지역을 돌아다니며 수령의 근무성적을 고과하여 매년 6월 15일과 12월 15일에 비변사를 통해 국왕에게 보고하였다.[87] 당시 국왕은 감사의

---

84) 『宣祖實錄』卷72, 宣祖 29年 2月 壬戌.
85) 『宣祖實錄』卷72, 宣祖 29年 2月 戊午 ; 『宣祖實錄』卷49, 宣祖 27年 3月 乙酉.
86) 『肅宗實錄』卷11, 肅宗 7年 正月 丁巳.

전최권을 강조하며 "조정이 먼저 감사를 督責하고 감사는 이어 수령을 督責하는 것이 바로 체통에 관련있는 것"[88]이라 하고, 洪宇遠 역시 "감사는 수령의 綱이 된다. 대개 감사의 賢否는 조정에 달려 있고 수령의 勤慢은 감사에 달려 있다"[89]라고 강조하였다. 즉 일원화된 지휘체계 하에서 계통을 세워 감사로 하여금 수령을 적절히 통제·감독하게 하여 궁극적으로 백성에 대한 원활한 지배를 모색했던 것이다.[90]

殿最權 행사와 관련하여 감사의 예하 郡邑에 대한 순력이 실시되었다. 역대 국왕들은 "方伯과 留守들은 감영에만 있지 말고 여러 고을을 순력하면서 한편으로 수령과 더불어 모든 것을 面對하여 의논하고, 한편으로 吏民을 만나보고 朝家에서 勤恤하는 뜻과 나의 沖子를 애통히 여기는 마음을 효유하도록 하면 거의 원망을 품고 흩어지는 데에 이르지 않을 것이다"

---

87) 『續大典』 卷1, 吏典 褒貶.
88) 『宣祖實錄』 卷71, 宣祖 29年 正月 辛未.
89) 『南坡集』 卷6, 愼擇方伯守令疏.
90) 이때 수령의 黜陟과 관련하여 監司 - 守令 계통을 중시한 국왕과 그렇지 않은 臺諫들의 입장이 대립되었다. 광해군은 "수령의 잘잘못에 대한 상벌은 오직 方伯에게 맡길 것이다. 근래 수령 탄핵이 많아 전후 교체에 따른 폐해가 속출하고 있다"고 하였고(『光海君日記』 卷80, 光海君 6年 7月 戊辰), 仁祖 역시 "한두 달 사이에 수령이 서너 차례씩 바뀌는 경우가 있고 이로 인해 백성들이 편안하지 않다"고 하면서 대간들의 탄핵에 대한 신빙성을 문제 삼는 등 監司들의 殿最權을 두둔하였다(『仁祖實錄』 卷5, 仁祖 2年 4月 庚子). 반면 대간들은 監司의 수령 평가가 지나치게 후하며, 실제의 監司의 殿最가 냉정한 근무성적에 따른 것이라기보다 현실적인 세력관계에 따라 작성될 수밖에 없는 사정 때문에 상당 부분이 사실과 다르다는 점을 폐단으로 지적하였다(『仁祖實錄』 卷8, 仁祖 3年 正月 辛未;『光海君日記』 卷105, 光海君 8年 7月 庚辰). 또한 監司의 수령 포상이 別造米·善政을 칭하고 있으나 그 숫자가 너무 많고 加資·陞敍·表裏 등 그 정체가 불분명할 뿐 아니라 드러난 성적이 없는 자에게도 혜택이 내려지는 모순을 지적하였다(『宣祖實錄』 卷212, 宣祖 40年 6月 己亥). 사간원에서는 "대간의 풍모가 손실되며 내직은 가벼워지고 外職이 중해지는 폐단"(『光海君日記』 卷102, 光海君 8年 4月 戊申)과 "대간이 수령을 논하면 왕은 본도 監司로 하여금 조사하게 하여 위에서는 아래를 믿지 못하고 아래에서는 말을 다하지 않으므로 벼슬길이 혼탁해진다"(『光海君日記』 卷101, 光海君 8年 3月 癸酉)고 불만을 제기하였으나, 국왕은 軍國의 긴급한 일이 아님을 내세워 수령 탄핵을 거듭 거부하고 있다(『光海君日記』 卷92, 光海君 7年 7月 壬子).

라는 교지를 거듭 반포하였다.[91] 대체로 조선후기에는 춘·추 2회의 순력
이 정식화되고 감사가 留營하면서 수령 규찰을 처리하였다.[92]

여기에서 문제가 된 것은 監司久任論이었다. 선조 辛丑年(1601)에 감사
의 久任을 시행하다가 丁卯年(1607)에 부적격자 많다고 파기시킨 적이 있
었다. 이후 인조 16년 비변사의 계에 따르면, "감사가 관리하는 고을은 60
~70개로 1년 안에 두루 순시도 다 하지 못한 채 임기를 끝내게 되니 성과
가 없습니다. 治道를 말하는 자는 반드시 이를 우선으로 여깁니다. 사람을
선택할 것은 생각하지 않고 久任시킨 데에만 죄를 돌리고 있습니다. 八道
의 감사 중 兩界는 원래 만들어 놓은 규정이 있고 경기와 강원도는 군현이
많지 않고 거리가 가까워 비록 임기가 길지 않아도 괜찮으나 삼남과 황해
도는 함경·평안 감사의 예에 준하여 久任시키도록 하십시오"라는 久任論
이 제기되었다.[93] 감사의 임기는 『經國大典』에 360일로 되어 있으나 17세
기에 들어와 건의가 거듭되면서 2년으로 恒式化된 것으로 보인다.[94] 道內
물정 파악과 수령들에 대한 통제 효과를 드높이기 위해 감사의 임기연장
론이 거듭 제기되었던 것이다.[95]

91) 『肅宗實錄』 卷14, 肅宗 9年 正月 庚申.
92) 監營의 구조는 감사의 임기와 兼牧·率眷 여부에 따라 다르게 나타난다. 조선전
   기에는 초기 평양이나 함흥과 같이 비록 監營은 설치되었다 해도 宣化堂·布政
   門과 같은 감영 전속의 시설이 없는 경우가 많았으며, 이로 인해 감영은 단지 道
   政을 총괄하는 중심지 또는 수합지로 기능하고 임기 동안 끊임없이 巡歷하는 監
   司의 휴식처로서 간주되었다. 조선후기에 들어 강원감영 역시 留營體制로 개편되
   었고 監司의 기능 및 감영 행정체계에 일대 변화가 있었다. 감영건물의 건조 또한
   본격화되었다. 顯宗 6년(1665) 觀察使 李晩榮이 宣化堂 건립을 본격 추진한 이후
   仁祖 12년(1634)에 70칸의 客舍와 英祖 연간에 蓬萊閣·戴恩堂 등이 완성됨에
   따라 도합 16동 280여 칸에 이르렀고, 營庫·雇馬庫 등 10동 194칸의 부속창고
   가 지어져 그 웅장함을 과시하였다(『關東誌』 建置沿革條).
93) 『仁祖實錄』 卷37, 仁祖 16年 7月 乙亥.
94) 『顯宗實錄』 卷16, 顯宗 10年 2月 辛未.
95) 磻溪 柳馨遠은, 감사가 도내 州縣을 순시하여 백성의 풍속과 고락을 살피고 수령
   의 賢否를 정확히 파악하기 위해서는 많은 시일을 필요로 하는데, 大邑은 5~6일
   小邑은 3~4일 동안 체류하면서 직접 학교에 찾아가 講問하기도 하고 풍속의 美
   惡, 民情의 苦樂, 정치와 교화의 得失을 살펴야 한다는 것이다. 따라서 360일의

암행어사는 수령제의 부정방지와 중앙정부의 직접적인 감시임무를 강화하기 위해 시행된 제도였다. 국왕은 의정부 또는 비변사에 암행어사 후보자 명단을 제출케 하여 적임자를 선정한 다음 道단위로 비밀리에 파견하였다. 암행어사로 파견될 수 있는 관직에는 제한이 없었으나 대체로 중앙기관의 郎官급이었다. 그들은 비록 관직은 낮았으나 국왕의 비밀특사이고 검열관이라는 점에서 지방 수령들이 매우 두려워하는 존재였다. 암행어사는 정치적 위기 때마다 지방에 파견되어 백성 원망의 표적이 되는 몇몇 수령을 처벌함으로써 '仁政' 실시의 상징체로 기능하며 국지적 차원의 위기해소를 도모하는 데 이용되었다. 혹 일이 있으면 巡撫·安集·均田·試才·監賑·按覈·監市·督運 등의 어사를 따로 보내기도 하였다.96)
　구체적인 암행어사의 임무를 보면 다음과 같다.

　감사로서 자신을 단속하여 간결하게 하지 않고 黜陟을 공정히 하지 않는 자, 梱帥로서 군졸을 侵虐하여 자신을 살찌게 한 자, 문인·무인으로서 재주가 침체되어 떨치지 못하였거나 일반 여론에 의해 억울하게 처벌되었다고 일컫는 자를 廉問하라. 道內에 윤리를 업신여기고 常道에 어긋나고 민속을 무너뜨리는 자, 訛言을 지어 퍼뜨려 백성을 미혹하고 어지럽히는 자, 위협해서 내몰아 사사로이 民力을 役事시킨 자는 적발하여 가두고 啓聞하라. 수령으로서 인륜의 大罪를 덮어두고 옥사를 성립시키지 아니한 자, 억울한 옥사를 伸理하지 못하게 한 자는 久近과 生死를 논하지 말고 訪問토록 하라. 수년 동안 옥에 갇힌 것을 관리로서 서로 책임을 전가하여 오랫동안 처결하지 않은 자, 토호로서 농장을 넓게 점유하고 전결을 속여 숨겼거나 良女를 겁탈하여 奴妻를 삼았거나 人戶를 불러 울타리 아래 가까이 두고 재물로 사사로이 役事시키는 자, 養戶의 폐단은 삼남이 더욱 심한데 民結을 戶首가 많이 점유하고 그 요역을 헤아려 갑절이나 징수하여 백성들이 견디지 못하면서도 그 위협을 두려워하여 감히 관에 고하지 못한 자, 완악한 향리로서 공관을 속이고 백성을 해롭게 하면서 횡포하여 스스로 방자

임기로는 실제 管下지역을 제대로 살필 수 없으므로 久任해야 함을 강조하였다 (『磻溪隨錄』 卷13, 任官之制).
96)『燃藜室記述』別集 8卷, 官職典故.

한 자, 營吏와 邑吏로서 진상하는 물건을 防納하고 후한 이익을 거두어 들인 자, 州縣의 將官과 色吏로서 군병을 討索한 자도 아울러 엄히 징치하라. 孝行과 淸廉이 뛰어난 사람 가운데 賤人으로서 지극한 행실이 있는 자를 방문하여 旌賞하고 비록 그 사람이 죽었다 하더라도 그 실체의 자취를 드러내도록 하고 鰥寡孤獨으로 가난하고 의지할 곳이 없는 자 및 士民으로서 1백세 이상 된 자를 특별히 방문하라.97)

이 가운데 당시 시기적 상황과 관련하여 정부에서 강조한 것은 수령의 賢否를 파악하는 일이었다.98) 남인 당색을 지닌 洪宇遠은 「論五事疏」 가운데 貪虐한 수령들이 물건을 바치고 講을 면제받은 校生들을 재차 軍役으로 충당한 사실에 대해 순진한 백성들이 수령의 부정임을 알지 못하고 오히려 조정을 원망하고 있다는 사실을 지적하고 있다. 수령이 저지르는 개인 차원의 부정이 궁극적으로 조정에 대한 民의 信義 형성을 방해하고 있다는 점을 문제로 지적한 것이다.99)

당시 어사에 의해 지적된 수령의 부정 유형은 다음과 같다. 우선 貢物 防納을 이용한 부정과 大同儲置米의 和賣 행위,100) 戰船을 사사로이 팔아 그 이익을 챙기는 형태101) 등 전시상황과 상품 화폐관계를 이용한 부정을 들 수 있다. 수령들의 탐욕을 論劾하는 啓辭가 거듭됨에도 서서히 결정하

97) 肅宗 7년 1월 備邊司에서 논의한 규정이다(『肅宗實錄』 卷11, 肅宗 7年 1月 戊辰 ;『南坡集』 卷6, 請勿捧京愼擇方伯守令疏 兼籌司堂上時).
98) 郡縣의 暗行, 수령의 賢否 廉察, 민간의 疾苦를 파악하기 위해 列邑을 암행하고 수령의 賢否 및 衙眷濫率의 폐를 시찰하도록 지시하고 있다(『宣祖實錄』 卷122, 宣祖 33年 2月 丁酉 ; 卷134, 宣祖 34年 正月 己巳).
99)『南坡集』 卷7, 論五事疏 丁巳(肅宗 3年 正月).
100) 司憲府의 啓에 따르면, 水原府使 金穎南은 司䆃寺에 바칠 멥쌀 30말을 사사로이 친지에게 나누어주어 防納케 하고 그 값으로 민간에서 거두어 모은 쌀이 40섬에 이르렀다(『宣祖實錄』 卷75, 宣祖 29年 5月 甲戌). 사사로이 大同貯置米를 내다가 이리저리 和賣하여 그 남은 이익을 私家로 들이는 부정(『肅宗實錄』 卷45, 肅宗 33年 12月 甲午) 및 行護軍 李應獮가 濟州 牧使시의 지역사정을 이용하여 경내 어부들로부터 명주를 확보하고, 제주목·대정·정의의 良馬를 확보한 사례도 보인다(『光海君日記』 卷50, 光海君 4年 2月 庚午).
101)『宣祖實錄』 卷75, 宣祖 29年 5月 己卯.

겠다는 傳敎만 있을 뿐이고 본 도에서 조사한다 해도 몇 달이 걸렸기 때문
에 그 사이를 이용하여 수령들이 官庫의 물건을 실어내거나 行公을 빙자
하여 조세를 추가 징수하는 부정이 저질러지기도 했다.[102]

무엇보다 전시상황에서 유리걸식하는 민들이 늘어가는 가운데 수령들이
자택 가까운 곳에 임용된 후 관청재정으로 친인척을 구휼하는 형태[103] 또
는 재정이 풍요로운 고을 수령을 제수받기 위해 경주하는 사례를 볼 수 있
다.[104] 아울러 任所의 명당이나 山林·川澤을 독점하는 행위[105] 및 외방

---

102) 『光海君日記』卷120, 光海君 9年 10月 戊戌. 가령 관동지역의 벌목하는 고을에서
2결에 대한 정부의 견감조치가 있었는데, 백성들이 이를 모르고 있는 점을 악용하
여 거두어들인 면포를 守令이 개인적으로 취하기도 했다(『光海君日記』卷126, 光
海君 10년 4月 辛丑).

103) 전란기에는 수령들이 가족 및 친인척들을 임지로 거느리고 가서 官財政을 축내는
것이 문제로 지적되었다. 임기가 끝나 후에도 家率을 거느리고 그곳에 눌러앉아
官廩을 소비하고 민간에 폐를 끼치거나(『宣祖實錄』卷73, 宣祖 29年 3月 壬申),
宣祖 27년 2월 함열군수 申應榘가 임천에 피난 온 吳希文의 열 식구 식량을 한
달에 두세 차례씩 官庫의 각종 물산으로 지급해 주는 사례도 보인다(『瑣尾錄』卷
3, 甲午 2月 23日). 이에 "집이 외방에 있는 자들이 인근 고을의 守令 되기를 구하
는데, 수령의 시골 친척들이 끊임없이 왕복하여 폐해가 극심하다. 수령 임명시 자
택이 본 읍에서 1~2일 거리에 있는 자는 일체 차임하지 말라"는 지시가 내려졌다
(『宣祖實錄』卷216, 宣祖 40年 9月 辛亥). 한편 결혼한 자녀를 솔거하거나 지역
士民과 혼인시키며 산업을 경영하는 폐단도 지적되었다(『宣祖實錄』卷73, 宣祖
29年 3月 癸巳).

104) "土地 15결과 奴婢 15명이 있는 고을에는 부임하지 못한다"는 법전의 규정 때문
에, 새로 除授된 수령이 풍요로운 고을과 바꾸기 위해 토지·노비가 있다고 거짓
으로 狀啓를 만들어 회피하거나 만일 풍요로운 고을이면 노비·토지가 실제에 차
더라도 기여코 부임하는 사례가 많다고 지적되었다(『光海君日記』卷120, 光海君
9年 10月 庚戌).

105) 公山判官 정시형의 경우, 풍수쟁이의 말에 따라 긴요한 땅 한 군데를 먼저 구입한
후 시기를 보며 점점 잠식하여 1백 호에 가까운 촌락을 반강제로 차지하고 대대
로 전해 온 양민의 물건을 자기 묘역의 田庄으로 삼았다(『顯宗實錄』卷19, 顯宗
12年 6月 戊子). 도승지 심단의 지적에 따르면, 감사와 수령이 본도 본읍에 산소
를 잡는데 지사가 칭찬한 것이면 田宅을 억지로 사거나 민가를 헐어버리고, 文券
만 먼저 받은 후 사지 않고 차차 빼앗을 생각을 하는 예가 있으며, 고을에 있을 때
壙을 만들고 집을 만들어 두어 뒷날 쉴 곳으로 삼으려 하였다(『肅宗實錄』卷23,
肅宗 17年 7月 己亥).

임기 중 토목공사를 하는 등의 부정행위가 많았다.106) 권세가의 권위에 짓눌려 烟戶를 동원하여 보를 쌓는 행위도 문제점으로 지적되었다.107) 이상의 사실들은 암행어사가 적발해 낸 수령들의 부정행위였다.

　그런데 정부의 직접적인 수령 감시라는 임무를 가진 암행어사의 파견에 대해서는 그 효용성을 둘러싸고 이견이 속출했다. "암행어사는 한두 수령만 잡을 뿐 一道의 인심을 화합할 수 없다"라는 견해108)와 어사가 적발한 수령이 대개는 세력 없는 武臣이라는 언급이 그것이다.109) 또한 수령의 경우 아무리 성적이 뛰어나다 해도 반드시 七事의 수행과 군정의 실적이 두세 번 드러난 연후라야 비로소 논상이 허락되는데, 근래 명기가 가벼워져 어사의 陳啓로 인하여 사소한 공로로 賞加의 命을 받는 모순도 지적되었다.110)

　이에 수령을 감독하기 위한 어사제의 활용방안이 다각도로 모색되었다. 예컨대 인조 3년 參贊官 鄭廣敬은 "近侍를 통해 剛明한 사람을 가리어 8도에 나누어 보내고 안에서 밖으로 밖에서 안으로 들어갔다 한다면 수령들이 자연 두려워하고 꺼리게 될 것이다"111)라고 하고, 經筵중 어사를 하직케 함으로써 출발 전에 소문이 나게 되는 폐해를 막고자 하고112) 廉察할 邑名을 제비로 뽑아 지방 수령들에게 두려움을 갖게 하라는 지시113) 등이 모두 여기에 해당한다.

　지방제도는 당해 단계의 생산력 발전, 사회변동에 의해 형성되는 객관적·총체적 조건에 의해 규정될 뿐 아니라 하부구조의 변동에 대응하고 행정적 목적을 수행하기 위한 국가 입장의 정책에 따라 변화되었다. 조선왕조

---

106) 『宣祖實錄』 卷213, 宣祖 40年 閏 6月 癸酉 ; 卷214, 宣祖 40年 7月 庚戌.
107) 『顯宗改修實錄』 卷6, 顯宗 2年 8月 庚戌.
108) 『宣祖實錄』 卷86, 宣祖 30年 3月 壬寅.
109) 『仁祖實錄』 卷37, 仁祖 16年 7月 庚辰.
110) 『光海君日記』 卷7, 光海君 卽位年 8月 辛未, 癸酉.
111) 『仁祖實錄』 卷8, 仁祖 3年 正月 庚申.
112) 『肅宗實錄』 卷10, 肅宗 6年 10月 乙未. 실제로 宣祖 27년(1592) 1월 11일 암행어사가 내려오고 파면된다는 소문을 미리 듣고 영암군수 金聲憲은 주변 일가 친척과 城안 인가 10여 곳에 투식한 곡식을 숨겨놓은 사실이 발견되기도 했다(『瑣尾錄』 卷3, 甲午 正月 11日).
113) 『仁祖實錄』 卷20, 仁祖 7年 3月 乙亥.

는 국가운영의 기축인 조세 징수, 행정·치안상의 기반을 확보하기 위해 고립된 촌락을 일정한 질서 하에 통합시키고 관료조직의 말단에 긴박, 결합시키는 노력을 거듭하였다.

먼저 조선왕조는 郡邑의 재정상황과 邑勢를 파악하고 지방을 위한 面里分給을 시행하였다. 이는 조세의 運輸와 道里를 균등하게 하며 민의 부담을 고르게 하고자 한 것이다. 이 경우 무엇보다 '因地形 順民情'에 의거하여 조정하되 사무상의 便否와 대상 郡邑의 成養 여부 및 연혁을 참작하여 결정하였다.

여기에서 언급하는 군현병합은 통치단위의 조정이며 수령제의 보완이라는 의미가 있다. 당시 정부에 의한 군현병합이란 綱常의 사건에 따른 降等 조치와 행정상의 필요성에 따른 합병 사례를 말하는데, 본 항에서 주목하는 것은 후자다. 특히 향촌통치의 효율성을 제고하기 위한 併省論의 유도 과정을 살펴보고자 한다.

綱常의 문제로 단행된 군현병합으로는 광해군 7년 星州의 사례를 들 수 있다. 星州는 '昌祿의 凶書사건'으로 고을이 혁파당해 고령현에 소속되었던바[114] 이로 인해 몇 가지 문제점이 야기되었다. 우선 큰 읍을 작은 읍에 편속시킴에 따라 부역의 편중과 통치지역의 남북괴리라는 현상이 이어졌고[115] 성주지역 사대부의 끝임없는 저항이 계속되었다.[116] 이에 邑號를 강등하고 수령을 파직하는 것은 단지 교화를 제대로 하지 못한 데 대한 처벌인데, 이는 법률에도 근거가 없으며 고을강등 10년의 조치도 부당하다는 지적이 제기되었다.[117] 또한 재지세력이 수령을 추출하는 근거로 악용되는 殿牌作變도 마찬가지의 문제가 있었다.[118] 따라서 당시 정부는 변괴와 綱常에 따른 고을혁파 및 수령파직에 대해 일방적인 시행을 자제하라고 명

---

114) 『光海君日記』 卷97, 光海君 7年 11月 甲申.
115) 『光海君日記』 卷98, 光海君 7年 12月 丙午.
116) 『光海君日記』 卷96, 光海君 7年 10月 丙辰, 丁巳, 丁未 ; 卷97, 光海君 7年 11月 甲申.
117) 『光海君日記』 卷7, 光海君 卽位年 8月 戊午 ; 『顯宗改修實錄』 卷8, 顯宗 4年 6月 壬子.
118) 『顯宗改修實錄』 卷10, 顯宗 4年 11月 丁卯.

하였다.119)

다음으로 정부가 통치단위의 조정이라는 입장에서 실시한 군현통합의
사례를 보자. 임란 직후 山城의 역사를 위해 안성과 죽산이 합병된 사례가
있고120) 부역의 어려움을 덜어주기 위해 우봉과 강은 두 고을을 금천역에
합병한 후 郡으로 格을 올리고, 두 고을의 관속 중 이주 희망자에 대해 5
년 동안 부역을 면제시켜 정착시키는 기초로 삼도록 조치하였다.121) 이 밖
에 영해의 屬邑인 영양현에서 부역이 과중하고 관사까지의 거리가 멀다는
이유로 분리를 요구하여 목적을 이루었으며,122) 충청도 폐현인 청양의 민
들이 혁파 8년 만에 진휼할 관원이 없어 어려움을 겪는다는 이유로 정산현
으로부터의 분리를 요청한 사례도 보인다.123) 숙종 10년 감사의 久任을 돕
기 위해 성주 화원의 8坊과 밀양 풍각의 4面을 대구에 갈라 붙여 營中의
용도를 돕게 한 사례가 보인다.124) 반면 정부에 의해 창원과의 분리를 명
받은 진해에서 男丁 800명, 田結 200결, 鄕吏 1인에 불과한 빈약한 邑勢를
내세워 재차 전과 같이 창원에 합병할 것을 요하는 사례도 보인다.125)

당시 정부는 군현제 하에서 面里制의 단위성이 강화되는 가운데 행정편
의에 따른 고을의 합병 결정에서 많은 어려움을 겪고 있었다. 예를 들어
吏曹에서는 군현 병합시의 5대 폐단을 다음과 같이 지적하였다. "民情은
오랜 것을 그리워하고, 郡治의 위치와 四境을 참작하여 적절한 위치를 고
려해야 하며, 본읍의 人吏들이 새로 예속된 고을 사람들을 마구 부리어 요

---

119) 『顯宗改修實錄』 卷14, 顯宗 7年 2月 壬戌.
120) 이후 안성 吏民이 합병 후 직업을 잃고 떠도는 실정이 보고되었고(『光海君日記』
     卷7, 光海君 卽位年 8月 乙丑), 죽산현과 안성은 부로 승격되어 관질이 높은 수령
     이 파견되었다(『光海君日記』 卷7, 光海君 卽位年 8月 乙亥).
121) 『孝宗實錄』 卷7, 孝宗 2年 8月 己巳.
122) 『顯宗改修實錄』 卷11, 顯宗 5年 8月 乙丑. 영해의 속현인 영양의 유학 조책 등이
     상소를 올려 영양과 영해가 너무 떨어져 1백 리 또는 80~90리를 더 가고, 세 번
     이나 준령을 넘는 어려움을 호소하였다. 이에 국왕은 옛 고을의 설치를 허락하였
     다(『肅宗實錄』 肅宗 元年 9月 甲辰).
123) 『顯宗改修實錄』 卷24, 顯宗 12年 4月 戊申.
124) 『肅宗實錄』 卷15, 肅宗 10年 3月 癸未.
125) 『仁祖實錄』 卷20, 仁祖 7年 4月 丙戌.

역이 10배가 되고, 경내 出站시 길이 너무 멀게 되며, 立番시 먼 지역에 거주함으로써 농사에 방해가 된다."[126] 따라서 "고을의 연혁에 관한 중대사는 함부로 결정해서는 안 된다"는 신중론을 고수하였던 것이다.[127]

사실 전란후 정부는 여러 가지 문제점에도 불구하고 적절한 차원에서 군현의 수를 줄이는 '郡縣倂省論'을 유도하려 했다. 특히 선조는 중국 齊나라가 大國이었음에도 70여 개 都城에 불과하였다는 사례를 들며 300여 개에 이르는 군현의 수를 200여 개로 줄이려는 생각을 갖고 있었다.[128] 반계 유형원의 경우 "한 고을은 백 리라고 하였으니, 한 지방이 백 리가 된 것은 郡縣의 통례다. 우리나라는 땅은 작은데 읍이 많아서 헛된 이름의 관직이 많고 州와 府의 경계가 착잡하고 혹 사방의 십리 안이 다른 고을의 경계가 되고, 혹은 두세 고을을 넘어가도 서로 연접하지 않아 政令과 賦役의 폐가 많으며, 그 나머지 작은 고을은 모양을 이루지 못하고 백 가지 일이 의탁할 것이 없어 백성의 사는 것이 시들고 지치니 백성을 위하여 牧民官을 설치한 본의가 아니다. 반드시 고을을 줄이고 병합을 적당히 한 후에 가히 한 관을 이룰 것이니, 대략 한 읍의 사방을 각각 50리로 정해 표준으로 삼아야 할 것이다"[129]라고 하였다. 越境地의 대대적인 정비, 전체 군현수의 대폭적인 축소, 군현 규모의 확대 조정을 강조한 것인데, 이에 따르게 될 경우 『경국대전』에 의거한 329개의 外觀職 수는 1/3 정도로까지 줄게 된다.[130]

이상과 같은 주장이 거듭 제기되면서 통치단위인 군현제가 점차 정비되었고, 이어서 정부는 하부조직인 面里編制에도 나섰다.[131]

---

126) 『宣祖實錄』卷71, 宣祖 27年 正月 丙戌.
127) 『仁祖實錄』卷17, 仁祖 5年 11月 己卯.
128) 『宣祖實錄』권71 宣祖 27年 正月 丙戌 ; 『溪甲日錄』(『練藜室記述』別集 8卷, 官職典故 所收).
129) 『磻溪隨錄』卷1, 郡縣制條.
130) 郡縣의 규모는 元籍을 기준으로 4만 頃을 大府로, 3만 경을 府, 2만 경을 郡, 1만 경을 縣으로 했다(『磻溪隨錄』卷1, 郡縣制條 ; 金武鎭, 「磻溪 柳馨遠의 郡縣制論」, 『韓國史硏究』 49, 1985, 62~63쪽).
131) 본서 3장 참조.

2) 法的制裁論 : 任命 · 解由절차의 정비 및 考課制의 강화

조선왕조의 都目政事는 관료후보 적격자를 선발 임용하고 在職 관료의 성적에 따라 昇任 · 轉任을 결정하는 인사행정으로, 고려시대의 전통을 이은 것이다. 대체로 관료의 재직 연수와 勤務評定에 따라 매년 6월과 12월 두 차례에 걸쳐 王旨를 물어 인사조치를 행하는 것이 관례였다.

그러나 17세기 정부에서 수령 임명의 중요성을 역설한 데에는 단지 인사의 중요성이라는 원론적인 차원에서가 아니가 전란기라는 시기적 상황에 연루한 바가 컸다. "평상시라면 그만이나 난리 때는 더욱 사람을 가려 뽑아야 한다"[132]는 지적이 바로 그것이다. 이에 따라 어느 때보다도 자질이 우수한 수령의 선발이 강조되었다. 정부는 '위로부터의 政令이 번거롭고 賦役이 번잡'하여 360군데의 수령을 모두 善人 君子로 임명할 수 없다는 점을 인정하면서도[133] "임금의 惠政을 받들어 펴고 黜陟을 바르게 하는 자는 傍白을 맡길 만하고 徭役을 고르게 하고 賦稅를 가볍게 하여 백성을 잘 어루만지는 자는 牧民을 맡길 만하다"[134]는 원칙론에 따라 수령을 선발하도록 했다.

무엇보다 수령선발의 원칙을 천명하고 그 엄격한 시행을 강조하였다. 국왕 선조는 '材木'에 걸맞는 직임 부여를 강조하였고 주관 부서인 비변사에서는 文 · 武 · 門蔭을 따지지 말고 吏曹 · 兵曹 및 備邊司에서 회의하여 선출할 것을 건의하고 있다.[135] 이에 따라 注擬시 청탁에 구애되지 말고 인물 본위로 成績 · 儒名 · 廉謹 · 才行이 있는 자의 선발을 명하고[136] 반드시 薦擧者의 성명을 기록케 하여 保證 · 連坐시키도록 조치하고 있다.[137]

광해군 역시 즉위년에 吏曹에 내린 傳敎를 통해 "수령을 가려서 임명하

132) 『宣祖實錄』 卷85, 宣祖 30年 2月 丙戌.
133) 『光海君日記』 卷57, 光海君 4年 9月 庚申.
134) 『孝宗實錄』 卷9, 孝宗 3年 10月 庚申.
135) 『宣祖實錄』 卷72, 宣祖 29年 2月 庚子.
136) 『宣祖實錄』 卷78, 宣祖 29年 8月 戊申 ; 『宣祖實錄』 卷199, 宣祖 39年 5月 辛未 ; 『光海君日記』 光海君 4年 9月 庚申.
137) 『仁祖實錄』 卷42, 仁祖 19年 5月 壬午.

는 일은 곧 하늘의 일을 사람이 대신하는 것이니 반드시 십분 가려서 선발하여 임명할 것"을 명하고 있다.[138] 절차에서도 "첫째, 수령의 자리는 반드시 褒啓의 대상이 되거나 考課에서 最에 해당하는 자를 우선하여 注擬하고 둘째, 처음으로 관직에 나가는 자는 반드시 三曹·義禁府·掌禮院의 郎官·監察을 거친 연후에야 수령으로 注擬하고 셋째, 인재를 注擬하여 발탁할 때 대신은 각기 두 사람을 추천하고 備局堂上·六卿·判尹·三司 長官은 각기 한 사람을 추천하되 반드시 벼슬길을 통하게 하여 이미 실적이 두드러진 자를 추천에 응하게 하라"고 강조하였다.[139]

고을 현장에 부임한 수령의 경우, 초기 활동의 중요성이 지적되었다.

광해군 즉위년 대구부사 鄭經世는 "지금 한 고을의 수령이 다스리는 지역은 백 리에 불과하나 부임 초기에 한 번 관리와 백성을 실망시키면 뒤에 비록 진정시키고 保合하여 훌륭한 정치를 펴고자 부지런히 힘써도 功效가 드러나지 않는다"라고 지적하고 있다.[140] 아울러 처음 벼슬길에 들어온 사람에 대해 널리 묻고 살펴서 격려하는 과정이 반드시 필요하다고 하였다.[141] 이에 따라 국왕이 하직하는 수령을 면대하는 辭朝제도가 새삼 강조되어, 국왕은 하직 수령에 대해 守令七事 원칙의 시행을 주지시키고 있다.[142] 여기에다 파견 수령 중 差使員으로 올라오는 자들을 인견하여 백성의 질고를 묻는 사례도 병행하고 있다.[143]

한편 임용된 수령의 통치능력을 제고하기 위해 法典類 등의 재교육을 강화하였다. 먼저 수령들이 고을 현장에서 治理 능력의 부족으로 재지세력 및 吏胥에게 인정받지 못할 것을 우려하여 『四書』·『一經』·『大明律』·『經國大典』의 '考講'을 시행하였다.[144] 또한 "外方의 郡邑에 법률서적이

---

138) 『光海君日記』 卷6, 光海君 卽位年 7月 庚寅.

139) 『肅宗實錄』 卷31, 肅宗 23年 4月 壬申.

140) 『光海君日記』 卷4, 光海君 卽位年 5月 丁亥.

141) 『光海君日記』 卷18, 光海君 元年 7月 辛巳.

142) 『仁祖實錄』 卷43, 仁祖 20年 正月 癸酉 ; 『孝宗實錄』 卷9, 孝宗 3年 9月 戊子 ; 『顯宗實錄』 卷4, 顯宗 2年 8月 戊申.

143) 『顯宗改修實錄』 卷18, 顯宗 8年 10月 甲申.

144) 『經國大典』 卷1, 吏典 取才. 都目政시 各司의 6품 이상 관원들에게 이조가 大典

갖추어져 있지 않고, 受敎에 이르러서는 더욱 어두워 수령들이 法例를 원용하거나 의거하지 못하여 대부분 억측하고 있다"는 실정이 지적되고,『大典續錄』과 列聖의 受敎들을 모아 인쇄하여 널리 반포하는 조치가 이루어지고 있다.[145]

한편 주요 지역의 수령을 임명할 때는 국가의 중요 사안이나 지역적인 여건이 상당 부분 고려되었던 것으로 보인다.

특히 중국과의 외교관계와 무역·국방상의 주요 요충지였던 서북지역의 수령을 선발할 때는 이 같은 배경을 내세워 적극 관여하는 경우가 나타난다. 가령 의주의 경우, 경계가 중국에 잇닿아 재화가 집중되고 鄕舌人(譯官)이 드나들며, 중국 차관이 왕래하고 資報가 잇따르므로 文武를 겸한 적임자가 필요하다고 거듭 강조되었다.[146] 아울러 홍원·강계 지방의 수령 선발에서는 국방의 요충지인 鎭管 사이에 위치한 지역적 여건이 크게 언급되었다.[147] 특히 중국 詔使의 파견이 잦은 서북지역의 수령은 막대한 勅需비용의 마련이 필요한 자리이므로 청렴하고 재간 있는 자가 임용되어야 함을 주지시키고 있다.[148]

다음으로 수령 교체시 기강 확립을 위해 解由法의 원칙적인 시행이 강조되었다. 해유법이란 관료가 사임할 때 재직중의 會計·財政 또는 現物에 대한 審計 후 책임을 해제받는 절차를 말한다. 중앙의 錢穀衙門官吏의 解由와 함께 특히 지방관의 解由는 엄밀히 하였으며 그 사무는 戶曹管下 算學廳에서 관장하였다. 우선 관직에 종사한 실제 날짜가 10개월 미만인 경우 관장한 문서만 접하고 10개월 이상인 경우 해당 관원이 결점이 없어

을 考講하여 그들의 능력 여부를 시험하게 한다는 것이다. 재차 이를 강화하여 文義에 능통하고 法義를 깨달은 자를 수령에 注擬하도록 했다(『顯宗實錄』卷17, 顯宗 10年 12月 庚辰).

145)『肅宗實錄』卷13, 肅宗 8年 11月 己未.
146)『宣祖實錄』卷204, 宣祖 39年 10月 己亥 ;『宣祖實錄』卷207, 宣祖 40年 正月 甲申 ;『光海君日記』卷101, 光海君 8年 3月 戊子.
147)『宣祖實錄』卷206, 宣祖 39年 12月 乙未 ; 卷207, 宣祖 40年 正月 庚寅 ;『宣祖實錄』卷207, 宣祖 40年 正月 壬辰.
148)『光海君日記』卷82, 光海君 6年 9月 壬子.

야만 解由帳을 내주도록 하는 조항을 반드시 지키도록 하고[149] 조세를 제
대로 수납하지 않은 고을 수령에 대한 감사의 감시를 강화하고 해유장의
지급을 금지하는 조항을 강력히 시행하였다.[150] 이 시기 집중적으로 발표
된 各邑 守令 解由에 관한 정식 가운데 숙종 15년에 작성된 것을 보면, 해
유기간은 360일로 한정하되 부세 관련 서류의 미비 여부, 兩界・北道・濟
州 인물에 대한 未刷還 여부, 환곡징수 여부, 수령 교체시의 동반인원에
관한 규정 등이 자세히 수록되어 있다.[151] 이와 같이 조선왕조는 부족한
국가재정의 확보정책과 민심수습・유민방지를 위한 부세감면이라는 상반
된 정책의 집행을 전적으로 수령에게 일임하고, 解由式을 통해 그 결과에
대한 처벌을 강화하였다.[152]

16세기의『大典後續錄』까지는 법전에 수령을 규제하는 조항이 별도로
설정되지 않았다. 그러나, 17세기에 들어 1698년(肅宗 24)의『受敎輯錄』
吏典에 독립적으로 守令條 13개 조항을 설정하여 수령에 대한 통제를 도
모하였다. 정부는 수령의 위상을 보호하고 재지세력의 발호를 제어하면서
도 동시에 강화된 수령권에 기초한 수령의 사적 貪汚와 폐해를 막고자 하
였던 것이다.

아울러 정부는 법전에 실린 褒貶・考課條의 엄격한 적용을 모색하였다.

---

149)『顯宗改修實錄』卷15, 顯宗 7年 5月 丙戌 ;『顯宗改修實錄』卷15, 顯宗 7年 5月
     戊戌.
150) 호조판서 金壽興은 各道내 조곡을 받지 못한 수령의 解由에서 越等하는 법이 7
     등에서 그치는데, 황해도의 경우 徐必遠이 監司에 제임시 2등을 越等하는 데 해
     유장을 주지 않은 관계로 수령 대부분이 廢錮된 현실을 보고하였다. 또한 아문이
     배로 늘어나고 法網이 날로 치밀해져 수령들이 解由에 구애되는 곳이 많다고 지
     적하였다. 이에 국왕은 이전처럼 7등을 한계로 삼도록 명하였다(『顯宗改修實錄』
     卷18, 顯宗 9年 正月 壬戌).
151)『備邊司謄錄』43冊, 肅宗 15年 1月 24日, 3月 25日.
152) 그러나 解由法의 일방적인 적용도 문제점을 드러냈다. 울진현의 유학 정선 등은
     상소를 올려 "10년 동안 11명의 守令이 바뀌는 현실에서 한 수령을 10년 동안 유
     임시켜 달라"고 요구하고 잔폐한 고을의 세력없는 수령들이 으레 낮은 평가를 받
     는 실정을 고하며 출척시 치적의 고하를 제대로 해줄 것을 요구하였다(『仁祖實
     錄』卷28, 仁祖 11年 10月 丙戌).

『經國大典』 褒貶條에는 "十考에 열 번 居上인 자는 品階를 賞加하되 階窮하면 직급을 올려주고 두 번 居中한 자는 無祿官에 叙用하며 세 번 居中하면 파직시킨다"는 조항이 있다.[153] 즉 5년 동안 실시한 열 번의 考課가 모두 상급인 경우 상으로 1품계를 올려주고 階窮者에게 관직을 올려 준다는 것이다.

전란 직후인 선조 연간과 광해군대에 수령직의 원활한 시행을 위해 "수 령이 個滿하여 체직하여 온 자를 여러 해 동안 散職에 있게 하지 말고 구 례에 따라 일일이 복직시키며 파직당한 자를 복직시킬 때 품계를 올려주 지 말 것"을 명하고[154] 공석중인 지방 수령직을 염려하여 殿最에서 居下 된 수령들 및 前銜官들을 주의해서 차출하여 대대적으로 제수한 사례가 보인다.[155] 아울러 十考十上인 자에게 1품계를 올려주는 조항은 수령의 貪汚와 몰염치를 막는 방안임이 거론되었다.[156]

당시 토지개간은 국가의 물적 토대를 확보하기 위한 중대한 사안이었는 데, 이와 관련해서도 수령의 책무가 심각하게 거론되었다. 규정에 따르면, 300결 이상이나 규모를 5/1로 감축시킨 수령에 대해서는 파직을 명하고, 監官·委官·勸農·書員 등은 公私賤 구분 없이 全家徙邊의 규정 준수를 강조하였다. 아울러 처음에는 경작을 권하지 않다가 覆審할 때에 元結 안 에 첨가시키는 행위, 구체적으로 京官이 내려갈 때 1결을 打量한 案에 5負 또는 10負를 끼워넣는 경우를 祖宗朝의 법을 지키기 위해 엄히 처벌할 것 을 명하고 있다.[157]

모든 수령이나 梱帥에 대해 낮은 평점을 받아 탄핵을 받은 자는 기록해

---

153) 『經國大典』 卷1, 吏傳 褒貶.
154) 『宣祖實錄』 卷216, 宣祖 40年 9月 戊午.
155) 『光海君日記』 卷112, 光海君 9年 2月 壬戌.
156) 『光海君日記』 卷113, 光海君 9年 3月 丁亥.
157) 『光海君日記』 卷34, 光海君 2年 10月 癸巳 ; 卷111, 光海君 9年 正月 戊寅 ; 『光 海君日記』 卷34, 光海君 2年 10月 乙未. 이에 대해 수령들이 죄벌을 면하기 위해 等數만 올려 結負를 늘리는 폐단이 지적되었고(『顯宗實錄』 卷6, 顯宗 4年 2月 戊 午) 병무와 민간행정을 전담하는 수령에게 田地의 일로 決杖 이상의 刑을 가하는 것은 가혹하다는 지적이 거듭되었다(『顯宗實錄』 卷6, 顯宗 4年 2月 癸亥).

두었다가 赦免이 있을 때도 그 오명을 씻지 못하게 하여 영구히 外任에 의망하지 못하게 할 것을 규정하기도 했다.158) 이 같은 규정은 수령제에 대한 통제와 감시만을 목적으로 한 것이 아니라 수령 임무의 중요성을 강조하고 역할을 활성화하기 위한 것이었다.

한편 수령의 임용은 65세를 정년으로 정하였으나 도처에서 70세 이상 자가 임용되어 많은 문제가 제기되었다. 무엇보다 전후의 복잡한 향촌사정 과도 관련하여 "朝野에 일이 많고 세속이 투박하여 다스리기 힘든 것이 옛 날에 비해 몇 배나 된다"159)는 지적이 있었다. 가령 자기 가족만 챙겨 고을 백성은 어려움에 처해 있다거나160) 나이가 들어 정신이 흐려지고161) 결국 에는 고을의 정사를 下吏에게 맡기는 사례도 있었다.162) 이에 따라 나이 65세가 넘은 자는 外職에 임용할 수 없다는 『大典』의 조목을 준수할 것을 명하고 70~80세의 나이로 군현 수령으로 있는 자는 도태시킬 것을 국왕 과 대신들이 결의하는 사실이 보인다.163)

다음으로 수령의 濫刑에 대한 규제를 강화하여 고을 백성들의 동요를 막고 수령들의 欽恤하는 도리를 강조하였다. 이 문제는 감사들이 감시하고 지나친 형벌로 백성을 살해했을 경우에는 영원히 敍用하지 못하게 했다.164)

그런데 당시의 시기적 상황과 인적자원의 고갈이라는 점과 관련하여, 수령에 대한 지속적인 통제만을 강조하는 것은 문제임이 지적되었다. 국왕

---

158) 『肅宗實錄』 卷38, 肅宗 29年 10月 癸巳.
159) 『仁祖實錄』 卷28, 仁祖 11年 7月 4日 甲午.
160) 『光海君日記』 卷120, 光海君 9年 10月 己亥.
161) 『顯宗改修實錄』 顯宗 12年 6月 丁酉.
162) 原州牧使 李詠道가 나이 70이 넘어 下吏에게 政事를 맡긴 사실이 보고되었다 (『仁祖實錄』 卷25, 仁祖 9年 12月 庚辰).
163) 『光海君日記』 卷152, 光海君 12年 5月 己卯 ; 『肅宗實錄』 卷3, 肅宗 元年 3月 丁 丑.
164) 江界府使 李孝源이 지나치게 刑杖하여 사람을 죽인 데 대해 中外에 신측하여 禁 斷할 것과(『肅宗實錄』 肅宗 13年 10月 甲子) 大小 州縣의 관리들이 欽恤하는 도 리를 생각하지 않고 사소한 혐의에 대해 큰 형장을 사용하여 사람목숨을 草芥처 럼 여기는 것을 강력히 규제할 것을 하교하고 있다(『肅宗實錄』 卷24, 肅宗 18年 12月 乙亥).

숙종은 수령의 품성을 파직이유로 내세우는 주장에 대해 "사람이 부족한 때를 당하여 일체 막는다면 허다한 州縣은 형편상 옮기거나 備擬하기가 어려울 것이니 큰 府와 다스리기 어려운 곳 외에는 구애받지 않는 것이 옳을 듯하다"고 하여 국가의 근간조직인 군현통치의 안정을 위해 수령제에 대한 지나친 통제는 배제하려 했다.[165] 숙종 7년 11월 司憲府 箚子에서도 "지금 수령을 논하는 데 있어 능력을 자랑하는 것을 재능 있다고 여기고, 깨끗함을 지키는 것을 무능하다고 여기기 때문에 수령 된 자가 능력 있다는 이름을 얻고자 오로지 속이는 것을 숭상하며 도리에 어긋나는 것으로써 백성들에게 칭찬을 구하며 거짓을 모조리 행하니, 나라의 근본이 날마다 위축되고 원망이 국가에 돌아가는 것이 어찌 괴이하겠읍니까"[166]라고 지적하고 있다. 이는 襃貶·考課條의 강화 등 법제적 조항의 정비만으로는 수령제 평가에 일정한 한계가 있음을 보여주는 것이다.

또한 수령들의 무리한 부세수취는 邑勢民情을 감안하지 않은 상급 관청의 독촉에 의한 것임이 지적되었다.[167] 그리고 조세징수를 위한 기초작업인 災結·新起結 조사와 踏驗 수행시 일부 누락분에 대해 수령만 일방적으로 처벌하는 일은 삼가야 한다는 주장도 제기되었다. 당시 수령들은 邑內 田結數의 실태를 제대로 파악하지 못하여 별도의 監官·書員에게 답험을 일임하였고 災結에서도 수령이 親審하지 않아 面任 등 직임자들의 농간이 개재되는 경우가 많았다.[168] 때문에 事目 규정에 따라 漏田 10부 이상의 수령을 일방적으로 파문해 버린다면 많은 수령이 남아나지 못할 것이며, 수령 파출에 따른 迎送 노력과 空官의 피해 또한 크다는 주장이 제기되었다.[169] 난리 뒤 수습이 안 되어 公田을 제대로 확인할 수 없다는

---

165) 『肅宗實錄』 卷11, 肅宗 7年 1月 戊辰.
166) 『肅宗實錄』 卷12, 肅宗 7年 11月 戊寅.
167) 『仁祖實錄』 卷17, 仁祖 5年 12月 乙卯. 宋時烈의 경우 肅宗 9年 1月 12條目의 箚子를 통해 지방 수령들의 부정행위는 사치가 극도로 달한 상황에서 조정 고관들이 수령에게 구걸하기 때문이라고 하여 구조적인 문제점을 지적하였다(『肅宗實錄』 卷14, 肅宗 9年 1月 庚午).
168) 『肅宗實錄』 卷22, 肅宗 16年 7月 乙未.
169) 韓泰東은 全羅都事時의 체험을 바탕으로 京差官을 加出하여 답험을 분배하고

지적이나 田地測量시 상고할 만한 문서가 부재하다는 지적은 모두 그러한 주장과 관련이 있다.170) 즉 事目에 따라 수령을 처벌하는 것만이 능사가 아니며 제도의 운영실태와 조직 차원의 보완책이 겸비되어야 함을 지적한 것이다.

이상으로 보았듯이 17세기 정부는 군현 내의 재지세력을 제어하고, 집권 체제를 현시하며 인적·물적 자원을 확보한다는 현안을 해결하기 위해 수 령제의 제도적·법제적 정비에 적극 나섰다. 그 목표는 어디까지나 수령의 권한이나 위상을 축소 통제하기보다는, 미비한 수령제의 운영을 보완하고 그 기능을 활성화시키는 데 있었다.

3. 정론가들의 수령제 인식과 개혁론

17세기에 제기된 국가재조론은 조선사회가 당면한 극심한 위기상황을 해결하기 위해 당시 정론가(官人·儒者)들이 사회·정치·경제·사상의 여러 영역에 걸쳐 내놓은 개혁론·時務論·현실대응논리를 일컫는다. 그 연장으로서 鄕政論이 각 黨色別로 제기되는 가운데, 지방제도의 정비 및 재지세력에 대한 관계정립, 그리고 전통적인 군현제·수령제에 대한 정비 방안이 언급되었다. 이 시기 정론가들의 논리는 현실 인식에 따라 다소 차 이는 있으나 크게 守令久任論과 人才推薦論, 外官重視論(內外官循環論) 으로 나뉜다.

수령 논죄의 법을 변통해야 함을 강조하였다. 面의 量田은 답험하여 상세히 알 수 있을 것이므로 그 후 漏復守令은 定罪하되 小邑 1결, 中邑 1결 반, 大邑 2결 이상 의 경우 수령은 決杖하고, 영내 小邑 1결 반 中邑 2결 반 大邑 3결 이상 수령은 徒配하며, 10결 이상 수령은 대소를 묻지 않고 充軍시킬 것을 주장했다. 이때 監 官·書員·田主도 동일하게 벌을 받게 하고 新起·災結數도 허실을 밝혀 적발된 수령들은 위와 동일하게 처벌토록 하였다(『是窩遺稿』卷2, 擬上疏 全羅都事時).
170) 京兆와 해당 各司로 하여금 文籍을 상고하여 結數를 기록하고 아울러 한 권의 책 으로 만들어 祖宗朝의 옛 제도를 회복시키도록 지시하고 있다. 또한 경기도에서 田地 측량을 60년이 지나서야 거행하니 相考할 만한 典籍이 없다는 보고가 있다 (『顯宗改修實錄』卷7, 顯宗 3年 8月 甲辰).

1) 久任論

관직에는 대개 일정한 임기가 있어 이 임기가 차면 전근 내지 승진되는데, 이를 '仕滿', '個滿'이라 하였다. 이러한 임기제는 특정 관직에 오래 재임함으로써 생기는 폐해를 막음과 동시에, 일정 기간 한 관직에 근무함으로써 그 사무에 익숙해질 필요가 있었기 때문이다. 특히 지방관의 임기를 엄격히 지키게 한 것은 그들이 민정에 필요한 지식이나 경험이 풍부한 경우가 아니면 일정 기간 임지에서 효율적인 업무 수행이 불가능했기 때문이다. 대체로 久任 또는 久勤은 文武 어느 편에도 통용되는 것이지만, 후기에 이르러서는 일부 하급 관료 내지 武官 임용상의 전용어가 되었다. 문관의 경우 높은 지위로 승진하기 위해 여러 자리의 이력을 거쳐야 했으므로 갖가지 이유를 들어 자리 옮기기를 서둘렀고 따라서 일정한 임기조차 지켜지지 않는 편이었다.171)

守令久任論이 제기된 것은 무엇보다 시기적 상황과 관련되어 '군민의 일이 浩大'하고 관료제 운영상의 효율성 제고를 위해 '업무의 首末을 파악케 하고'172) 아전들의 부정을 방지하며 잦은 교체에 따른 영송의 폐단을 시정하는 데 있었다.

임란이 끝난 직후인 선조 29년 特進官 李齊民은 1년에 다섯 차례씩 邑宰를 교체하는 사례를 들어 그 폐해를 강조하고, 당일의 필요한 계책은 사람을 선택하여 오래 재임시켜 폐단을 끼치지 않는 것임을 단언하기도 했다.173)

"한 해 60~70고을의 수령이 길거리에서 교체되는 폐단이 있는바 장부 회계하는 법을 다소 완화시키고 조그마한 잘못은 용서하여 직책에 오래 있게 하여 능력을 발휘하게 하고, 잘잘못에 따라 승진 여부를 결정하는 것이 백성을 보존하는 길"이라는 점이 강조되기도 했다.174)

久任論의 실시 전거로는 漢 文帝 때 관리가 된 사람의 자손까지 그 일을 시켜 倉庫氏가 있었다는 사실과, 漢 宣帝의 "太守는 관리와 백성의 근

---

171) 『增補文獻備考』 卷196, 選擧考 久任.
172) 『宣祖實錄』 卷105, 宣祖 39年 11月 辛巳.
173) 『宣祖實錄』 卷73, 宣祖 29年 3月 丁亥.
174) 『孝宗實錄』 卷16, 孝宗 7年 3月 丙戌.

본이므로 자주 바뀌면 아랫사람들이 불안해한다"는 민심동요론이 언급되었다.175)

守令久任論과 관련해서는 인조 초기에 대대적인 논의가 전개되었다. 인조 2년 參贊官 李潤雨는 관료제의 폐해로서 "관원이 많고 자주 바뀌어 자기 직책을 제대로 아는 자가 없는" 사실을 지적하고, 崔鳴吉과 知事 徐渻은 "久任하는 법이 없어 자주 바뀌므로 공적을 알 수 없다"면서 국왕의 명으로 위로부터 久任하는 법을 실행하도록 하자는 의견을 제기하고 있다.176) 다시 行副提學 최명길은 "외방의 監司·兵使·水使는 모두 한 고을씩 兼帶하도록 하여 그곳에서의 수입으로 먹고 살게 하고, 文臣判官을 두어 세세한 직무를 규찰하고 방자한 것을 막아야만 久任하면서 성과를 내고 列邑을 침탈하는 폐해가 없어진다"는 견해를 펴며 이를 위한 법제 정비를 위해 편찬한 지 백 년이 지난『經國大典』의 관련 조항을 수정한 사실이 있었다.177)

효종 역시 "政令이 잘 시행되려면 관원이 久任되어야 하는데 근래 守令이 자주 바뀌어 서무가 모두 제대로 시행되지 못하고 있다"고 하면서 守令久任論을 강력히 주장하고 있다.178) 그 연장으로 수령이 자주 교체되는 폐해를 줄이기 위해 비록 侍從臣으로 있다가 나온 자라도 3년 이내에는 바꾸지 못하게 한다는 규정도 주장되었다.179)

수령의 빈번한 교체는 守令制 안정을 방해하고 吏胥의 폐단을 속출시켰다. 광해군 원년 司諫院에서는 曹植의 말을 인용하여 "우리나라는 아전들 때문에 망할 것이다"라고 하면서 난리를 겪은 후 아전들이 이권이 따르는 일에는 모두 모여들어 문서를 조작하는 등 폐해가 크다고 지적하였다.180)

---

175)『孝宗實錄』卷12, 孝宗 5年 6月 庚午.
176)『仁祖實錄』卷7, 仁祖 2年 11月 癸丑.
177)『仁祖實錄』卷8, 仁祖 3年 3月 壬戌.
178)『孝宗實錄』卷10, 孝宗 4年 2月 丙午.
179)『顯宗改修實錄』卷27, 顯宗 14年 12月 18日.
180)『光海君日記』卷20, 光海君 元年 9月 3日 辛巳. "우리나라 관제는 벼슬 옮기는 것이 짧아서 구임이 불가하므로 벼슬아치는 나그네가 되고 아전은 주인이 되니 그 틈을 타서 중요한 권리를 쥐고 억양을 조종하면서 오직 뇌물만을 비교하는데,

또한 수령들이 임지에 보낸 뜻을 헤아리지 못하고 사사로이 민심을 기쁘게 하는 것만 생각하고 토지대장을 下吏에게 위임하는 경우가 많고, 下吏-守令-傍白을 거쳐 6조에 올려진 수납문서는 단지 창고에 들어갈 뿐 전년도 실정을 보여주는 근거자료로서 기능하지 못하는 실태가 보고되었다.181) 이는 중앙 관부내 胥吏의 경우도 마찬가지였다. 인조 4년 司憲府에서는 "郞僚가 자주 바뀌니 관원은 객이고, 아전이 주인이다. 중국의 법처럼 관원을 모두 久任시키고 서리는 輪差하되 그 중 호조와 병조는 더욱 신중히 가려 뽑아야 한다"고 하였고, 吏曹는 이 문제를 시정하기 위해 먼저 久任하는 법을 시행하여 본말을 익히 알도록 한 후 下吏를 윤차시키도록 주장하고 있다.182) 임기를 오래하여 漢나라 宣帝의 사례처럼 발탁·승진하게 하고 그 직무를 밝게 익히게 함으로써 교활한 아전의 농간에 기만당하는 일이 없게 하자는 해결책이 제시되기도 하였다.183)

동일한 주장은 효종 4년 領中樞府使 李敬輿의 上箚에서도 보인다. "六卿으로 말하면 庶政을 나누어 총괄하고 서사의 관원은 각각 天工을 대신합니다. 아침에 제수하였다가 저녁에 바꾸어 마치 여관에 든 것처럼 한다면, 공적이 이루어지기를 어찌 바랄 수 있겠습니까. 六官의 長을 정밀하게 가리고 각각 그 官屬을 천거하게 하되 唐나라 臺省의 제도처럼 久任하여 성적을 요구해야 반드시 그 보람이 있을 것입니다. 祖宗께서는 관리를 구임하고 吏胥를 번갈아 들여 관리가 그 권세를 잡았는데, 지금은 관리를 자주 갈고 吏胥를 元定하여 이서가 그 권세를 빼앗으니, 主客의 久近 형세

관원이 된 자는 그 말만 따르며 그 말이 틀려 관원이 욕심을 이룰 수 없게 하면 유언을 만들어 비방하니 아전에게 망한다는 말이 여기에서 비롯된다"는 지적이 제기되었다(『肅宗實錄』 卷12, 肅宗 7年 11月 戊寅). 송시열도 箚子를 통해 "府의 吏胥들은 나라를 소모시키는 큰 도적이므로 도태시켜 줄여야 한다"고 주장하였다. 또한 이조판서 南九萬에 의해 淘汰者 1백 명의 誣謗이 일어났으나 국가에 오히려 이익이라 하였고, 시정에 '하늘을 혼들고 땅을 움직이는 자'는 吏胥라는 지적이 있었다(『肅宗實錄』 卷14, 肅宗 9年 正月 庚午).

181) 『光海君日記』 卷111, 光海君 9年 正月 12日.
182) 『仁祖實錄』 卷13, 仁祖 4年 6月 癸巳.
183) 『市南集』/『燃藜室記述』 別集 8卷, 官職典故 所收.

는 본디 그러한 것입니다."[184] 관료들의 久任을 통한 업무의 철저한 파악
이야말로 아전들의 폐해를 줄이는 길임을 지적한 것이다.

한편 수령제의 久任과 관련하여 주어진 사안에 따른 임기연장의 사례가
있었다. 전후 중국사신에 대한 접대를 위해 평안·황해 등 直路 出站에 소
재한 수령들은 행차가 끝날 때까지 그대로 머물게 한 것이나,[185] 농민의
재생산과 밀접한 관련이 있는 진휼사업이 시행될 때는 그 임무가 끝날 때
까지 기간에 상관없이 久任케 하는 다수의 사례가 그것이다.[186] 또한 善政
을 이유로 고을 사람들이 중앙 관부에 장문을 올려 수령의 임기가 연장된
사례가 있는데,[187] 일부 탐학한 수령들이 이를 임기연장의 방책으로 삼는
폐단으로 변질되기도 했다.[188]

효종 2년 副司果 閔鼎重은 李珥의 주장을 내세워 다음과 같이 감사의
임기를 연장하고 관하 수령에 대한 黜陟을 강화하자는 개혁론을 제시하였
다. "백리의 땅을 관할하는 수령은 3년 혹은 6년 동안 유임해야 합니다. 천
리의 땅을 관할하는 감사가 어찌 1년 만에 그 재주를 펼 수 있겠습니까?
다스리는 법을 논한 先儒들은 모두 오랫동안 맡겨서 성공을 책임지게 하

184) 『孝宗實錄』 卷13, 孝宗 4年 7月 乙丑.
185) 황해와 평안 一路의 수령 중에 임기가 만료되어 遞差 대상 가운데 잘 다스리는
자는 임기가 만료되었다 하더라도 중국사신이 올 때까지 그대로 재임케 했다(『光
海君日記』 卷27, 光海君 2年 閏 3月 丙午). 또한 칙사의 행차가 임박한 상태인데,
수령 중 임기가 만료되거나 殿最로 체임당한 곳이 17개 읍에 달하여, 直路의 出
站과 各邑의 夫馬 등의 수용 마련이 어렵고 오래 留滯되는 폐단이 많다는 지적이
일었다(『顯宗改修實錄』 卷28, 顯宗 15年 7月 戊辰).
186) 『肅宗實錄』 卷30, 肅宗 22年 6月 戊戌.
187) 備邊司의 啓에 따르면, 백천에 사는 品官 安㻍 등이 縣監 趙璞을 10년 동안 유임
시켜 주면 100석을 헌납하겠다는 의사를 표명하고, 실제로 100석을 가지고 대기하
며 縣監의 善政을 아뢰었다고 한다. 이에 쌀은 本縣의 役事에 사용케 하고 縣監
을 유임시키고 있다(『光海君日記』 卷91, 光海君 7年 6月 乙酉).
188) 『光海君日記』 卷108, 光海君 8年 10月 癸丑, "守令·邊將들의 임기 만료시 그대
로 유임하기 위해 유생·품관·관하 군사의 우두머리와 결탁하여 감사에게 장문
하거나 혹은 비변사·승정원에 상소하는 폐단이 발생한다"고 지적하였다(『光海
君日記』 卷120, 光海君 9年 10月 壬子 ; 『仁祖實錄』 卷38, 仁祖 17年 正月 7日
乙丑).

며, 앞으로 6도의 감사는 兩界처럼 본영을 겸하여 관장하게 하고 兵使도 그와 마찬가지로 시행한다면 영접과 전송의 폐단도 적고 효과가 있을 것입니다."[189] 이에 앞서 선조 40년에 下三道의 감사에 한해 임기를 2년으로 연장하고 留營하면서 일을 처리하도록 한 사례[190]는 그 실례가 된다 하겠다.

인조 16년 特進官 李時白은 趙光祖·李珥의 구임론을 예로 들며 이를 兵使·水使에게까지 확대 실시할 것을 주장하고, 承旨 朴明榑의 경우 중국에서는 관직의 임기가 9년임을 강조하였다.[191] 효종 연간에 들어서도 비변사에서는 監司·兵使·水使에게 모두 州·郡을 겸해 관장하게 하면서 오랫동안 일을 맡겨 공을 이루도록 권장하면 군민의 고혈을 짜내는 병폐를 제거할 수 있다고 건의하였고,[192] 좌의정 李時白은 거듭 "감사에게 임무를 장기간 맡겨야 수령의 善治 여부를 알 수 있고 대동법의 성과 또한 책임지울 수 있다"라고 하여 久任과 국가현안의 달성 여부를 동치시키고 있다.[193]

현종 연간에 들어와 副護軍 李惟泰는 감사와 수령들의 久任 필요성에 대해 다음과 같이 역설하였다. "風道가 아래관리들을 압도할 수 있는 사람은 方伯, 청렴함이 이민을 悅服시킬 수 있는 사람은 임금의 걱정을 나누어 백성을 친히 대하는 수령의 직임을 맡기게 하고, 내외의 대의 관직에 모두

---

189) 監司의 경우 2품 이상으로 방정하고 엄중하여 바르고 곧아 公輔의 명망을 지닌 자를 가려서 先正 臣 李珥가 아뢴 것처럼 그 기한을 늘리고 오랫동안 맡겨 공을 이루도록 책임지우고 관하 守令에 대한 출척을 분명히 하고 고과의 법을 엄중히 하게 하여 수시로 어사를 파견하여 염찰하게 했다(『孝宗實錄』卷6, 孝宗 2年 6月 己巳).

190) 『宣祖實錄』卷208, 宣祖 40年 2月 丁未 ; 『宣祖實錄』卷208, 宣祖 40年 2月 癸丑 ; 『宣祖實錄』卷211, 宣祖 40年 5月 丁卯.

191) 『仁祖實錄』卷37, 仁祖 16年 7月 庚辰.

192) 『孝宗實錄』卷4, 孝宗 元年 7月 甲申.

193) 『孝宗實錄』卷7, 孝宗 2年 11月 戊子. 비변사에서는 제도의 監司를 모두 양계의 예대로 오래 재직시켜 효과를 이루도록 건의하였다. 全羅監司 沈澤은 1년을 재직하는 동안 다스린 효과가 드러나 민심이 흡족히 여겨 떠날 것을 걱정한다 하여, 전주감사의 직책까지 겸임시켜 3년 임기를 마치게 한 사례를 들었다(『孝宗實錄』卷8, 孝宗 3年 3月 己丑).

적임자를 가려 전일하게 맡겨 오래 가게 함으로써 공적의 이룸을 기약하되 세월을 한정시키지 말며, 그 사이 재주가 직위보다 뛰어난 자는 순서를 뛰어넘어 승진시키고, 반대일 경우는 좌천시키며, 재주가 직위와 걸맞는 자는 일생 동안 한 직책을 맡게 해야 합니다."[194]

마지막으로 남인 당색의 반계 유형원은 外職의 임기에 대해 監司·節度使·都事·判官은 6년, 守令·鎭將·察訪 등은 9년으로 할 것을 주장했다. 오래 체류하면서 그 직임에 충실하도록 하고 잦은 교체에 따른 폐단을 줄이기 위해서였다.[195]

이상의 정론가들은 祖宗朝의 사례와 중국 漢·唐의 고사, 역대 先儒들의 주장을 예로 들어 수령 구임의 필요성을 역설하였다. 무엇보다 久任의 효과는 일의 首末을 알게 하여 통치 효과를 높이고, 吏胥들의 부정을 방지할 수 있다는 것이었다. 수령의 임기에 대해서는 장기적으로 6년안과 9년안까지 제시되었다.

2) 인재선발론

17세기 역대 국왕들은 적극적인 守令觀을 표현하였다. 특히 극심한 전란을 치른 국왕 선조는, 민들의 요역과 屯田, 築城의 고난, 중국 장관의 왕래 등의 현안을 해결하기 위해 감사에게 글을 내려 疾苦를 묻고 부세를 덜게 해주자는 李德馨의 건의에 대해 적임 수령의 필요성을 다음과 같이 강조하였다. "이는 방백과 수령을 어느 정도나 얻을 수 있느냐에 달려 있는 바, 이미 삼가서 선택하지도 못하고 또 오래 재임시키지도 못했으니 지금 글로 내린들 무슨 도움이 있겠는가. 옛 시에 한 조각 종이를 돌리는 것일 뿐이다 했으니 실로 그러하다"[196] 또한 "지금 당장 서둘러야 할 일은 賢才를 수용하는 일이다. 그 밖에 다른 방도는 없다"[197]고 단정하였다. 그리고

---

194) 『顯宗改修實錄』 卷2, 顯宗 元年 5月癸亥 ; 『顯宗實錄』 卷16, 顯宗 10年 2月 辛未.
195) 『磻溪隨錄』 卷13, 任官之制.
196) 『宣祖實錄』 卷71, 宣祖 29年 正月 甲戌.

는 전시 상황에서 善治守令이나 재략 있는 자는 물론이고 전력에 하자가 있는 자를 제외하고는 모두 들어 쓰되 가벼이 체직하지 말고 단점이 아닌 장점만을 취하여 수령 자원을 총동원할 것을 명하고 있다.198)

광해군 역시 傳敎를 통해 "수령을 가려서 임명하는 일은 곧 하늘의 일을 사람이 대신하는 것"199)임을 강조하였다. 인조도 "地勢가 人和보다 못하며 軍民의 苦樂은 수령에게 달려 있다"200)고 전제하며 "왕도정치란 愛民에 앞서는 것이 없고 愛民에 대한 책임은 오로지 수령에게만 있는데 오늘날의 수령 임명은 전혀 가리지를 않는다. 백성은 나라의 근본인데, 백성을 편안케 하는 방도는 오직 적임자 수령의 획득 여부에 달려 있다"201)고 하였다. 또한 "어루만지고 안집시키는 책임은 전적으로 수령·감사에게 달려 있으므로 반드시 충직하고 동정심이 많으면서 일을 소신있게 처리하며 백성을 불쌍히 여기는 자애로운 자라야 효과를 볼 것이다. 이전에 치적이 드러났던 자는 연한과 품계, 추감과 견책에 구애되지 말고 일체로 뽑아 파견하여 그가 주청하는 여러 일들을 안에서 막거나 물리치지 말라"202)고 하였다.

이처럼 지방지배의 핵인 수령 선발의 중요성에 대해서는 국왕뿐 아니라 조정의 관료들도 당색에 관계없이 강조하였다. 당시기 정론가들은 정선된

---

197) 『宣祖實錄』卷81, 宣祖 29年 10月 乙丑.
198) 『宣祖實錄』卷46, 宣祖 26年 12月 甲戌 ; 『宣祖實錄』卷71, 宣祖 29年 正月 甲申 ; 『宣祖實錄』卷71, 宣祖 29年 正月 乙酉.
199) 『光海君日記』卷6, 光海君 卽位年 7月 庚寅.
200) 『仁祖實錄』卷8, 仁祖 3年 正月 25日 甲戌. 국왕 인조는 "근일 조정에서 한갓 잡물의 견감만 중요하다고 보고 수령 고르는 일이 백성을 보호하는 근본인지 모르고 있다"고 하여 銓官들에게 주의를 명하고 있다(『仁祖實錄』卷16, 仁祖 5年 5月 戊寅).
201) 『仁祖實錄』卷6, 仁祖 2年 7月 丁巳.
202) 『仁祖實錄』卷5, 仁祖 2年 3月 庚午. 국왕 仁祖는 "나라의 일을 성취시켜 주기를 바라는 자는 卿相, 다스릴 자는 方伯과 梱帥와 守令인데, 수령은 간결로써 자신을 지키고 성심으로 공직을 봉행하며 백성 사랑하기를 어린아이 보호하듯이 하여 경내를 편안하게 할 것이다. 만약 청렴하고 근신한 자가 있다면 큰 상을 주어 公卿으로 뽑아 올리고, 탐학자는 형벌을 베풀어 사형에 처하도록 하라"고 명하고 있다(『仁祖實錄』卷32, 仁祖 14年 6月 乙亥).

수령 자원의 확보를 위해 다양한 선발방안을 강구하였다. 특히 수령 선발
에서 능력보다는 門閥高下를 감안하는 기존 방식에서 탈피하고 政事에 임
박하여 조급하게 시행하는 선발과정을 시정하기 위해, 각 정론가들은 원론
적인 人才精選 방법으로부터 鄕薦論에 이르는 갖가지 개혁안을 제시하였다.

광해군 7년 司憲府 大司憲 李炳 등은 차자를 통해 빠뜨린 인재를 거두
기 위해 鄕擧里選과 賢人을 구하는 안을 건의하였다.[203] 鄕擧里選과 현인
을 구하여 나오도록 하는 법이 전대에는 자세하였으나 지금은 과거와 문
음뿐이어서 문제가 많음을 지적하고, 三代 이래의 전거를 살펴 현인을 맞
이하는 길을 널리 열 것을 강조하였다.

한편 조종조의 전례에 보면 국가가 원근을 막론하고 인재를 등용하여
碩輔名人 대부분이 초야에서 배출되었다면서, 외방의 문사들은 늙도록 經
學을 窮究해 문필에 종사하는데 무식한 고관대작의 자제들에게 밀린다면
賢人을 임용하는 도리에 부합되지 않는다면서 지금 특별히 천거하는 때에
才行이 있고 오래도록 묻혀 있는 外方의 文官들도 함께 찾아내어 사실대
로 계문하게 하여 수용에 대비할 것을 명하고 있다.[204]

인조 연간에는 구체적인 薦擧가 행해졌다. 먼저 인조 5년에 적임 수령을
얻기 위해 2품 이상의 실직을 지낸 자와 三司의 長官 및 政院으로 하여금
인원의 다소에 상관없이 진실한 인재를 찾아 천거하게 하였다.[205] 인조 25
년에는 大司諫 兪橄과 司諫 閔光勳이 첫째, 都目政事시 수령을 신중히 간
택하였던 周代의 규례에 대한 본의를 체득하고 둘째, 祖宗朝의 臟汚法을
분명히 밝혀 私情에 따라 구차히 채우지 않도록 하며 셋째, 擬望한 인사
담당관을 적발하여 誤擧律을 적용하게 했다.[206] 인재 천거시 周代와 祖宗

---

203) 『光海君日記』卷97, 光海君 7年 11月 辛巳.
204) 『孝宗實錄』卷4, 孝宗 元年 5月 辛未. 이때 승정원에서는 경상감사가 올린 鄕薦
    單子 내용 중 수령 1인이 8인을 추천하고 70세에 가까운 자가 무예로 천거된 사
    례를 모순으로 지적하기도 했다.
205) 『仁祖實錄』卷16, 仁祖 5年 4月 壬辰.
206) 『仁祖實錄』卷48, 仁祖 25年 4月 庚申 ;『仁祖實錄』卷48, 仁祖 25年 10月 己巳.
    鄕薦에서 薦擧를 보증하는 법에서 三南 3인 五道 2인으로 제한하고, 式年마다 道
    臣이 자세히 써서 계문하고 혹 명실이 일치하지 않거나 나이를 함부로 기록했다

朝의 사례를 따르게 한 것이다.

숙종 원년 윤휴는 生員·進士 30세, 幼學 40세 入仕 규정에 대해 사람의 재주는 나이에 상관이 없음을 내세워 입사하는 길의 나이 제한 철폐를 말하였다. 같은 남인의 당색을 지닌 許積은 幼學만 35세로 제한하되 재주가 뛰어난 자는 啓稟후 쓰도록 건의하고 국왕의 허락을 받고 있다.[207] 윤휴는 특히 선비를 뽑을 때 오로지 과거에만 매달리는 데에는 한계가 있음을 지적하고, 三公·六卿 및 臺閣·侍從·方伯·府州縣의 수령을 시켜 行誼·智慮·拳勇·技藝를 갖춘 자 한 사람씩을 천거하여 마땅한 사람을 얻으면 爵賞으로 은총을 내리고, 마땅한 사람이 아니면 罰俸·奪秩하는 법을 시행할 것을 강력히 주장하였다.[208]

숙종 연간 信川의 幼學 李惟濟가 漢나라의 貢擧法을 활용하여 八道 각 고을의 대소에 따라 1~2인씩을 추천하되 귀천과 문벌에 상관없이 한결같이 재능과 덕망 있는 자를 圈點케 하고, 이후 수령이 監封하여 방백에게 알리고 방백은 조정에 알려 조정에서 그를 경사에 불러 재능을 시험하여 어진 점이 발견되면 기용할 것을 건의하였다.[209] 우의정 申琓도 외방의 인재를 얻을 때 문벌의 고하를 참작하는 데 대한 문제점을 지적하였다.[210]

이와 같이 17세기 정부는 수령 자원을 확보하기 위해 周代 古法制 및 祖宗朝의 사례를 들어 과거제와 문벌을 통한 기존의 선발방식에서 탈피하여 鄕薦論(貢擧法)을 비롯한 다양한 방법을 강구하고 실천하였다. 戰後 인재확보는 무엇보다 긴요한 국가적 사업이었기 때문이다.

3) 外官重視論(內外官循環論)

정론가들이 내세운 수령제 정비방안은 外任重視에만 머무르지 않고 궁

가 발각될 경우에는 보증한 자는 무겁게 죄를 적용하고 수령과 감사는 파직시키도록 건의하고 있다(『顯宗改修實錄』 卷7, 顯宗 3年 7月 丁亥).
207) 『肅宗實錄』 卷3, 肅宗 元年 3月 丁丑.
208) 『肅宗實錄』 卷2, 肅宗 元年 正月 壬午.
209) 『肅宗實錄』 卷31, 肅宗 23年 5月 丁酉.
210) 『肅宗實錄』 卷37, 肅宗 28年 8月 庚寅.

극적으로는 京官으로의 임용 또는 內外職循環論까지 확대되었다.

효종 2년 지방제도개혁론을 폭넓게 제시한 副司果 閔鼎重은 "外任을 가리는 것이야말로 백성을 사랑하는 근본"임을 강조했다. 그는 입론의 확보를 위해 중국의 故事와 조선의 현실을 나누어 설명했다. 그에 따르면, 三代의 태평성대 당시 순임금은 국정을 十二牧에게 물었고 周나라는 六卿이 나누어 다스려 治化가 융성·원만하였으며, 漢代 文帝와 宣帝 역시 循吏를 썼기 때문에 원활한 지배가 이루어졌다. 그때에는 공경대부라 할지라도 나가서는 고을의 刺史가 되고 들어오면 輔相이 되었기 때문에 조정은 민생의 고통을 알고 고을은 조정의 정령을 알아 나라 다스리기가 쉽고 교화와 은택이 빨리 미쳐 마침내 국력이 풍부해지는 공을 이루었다. 즉 內外官의 순환을 통해 지방관의 근무의욕과 책임의식을 증진시키고 정사참여의 폭을 넓힐 수 있었던 것이다. 반면 조선의 경우 수령 자리를 하찮게 여기고 蔭官이나 武夫 또는 文士 중 명망이 없는 자들이 처음 벼슬길에 들어서면서부터 달수를 세어가면서 다른 자리로 옮겨 승진할 날만을 손꼽아 기다리고, 자급이 오르자마자 동분서주하며 요직만을 구하려 한다. 그 사이 名流로서 수령이 된 자가 있다면 "잠시 한가한 고을에 부임하여 바람을 쏘이겠다"고 하여 탐오를 저지르고 며칠새 흥미가 없어지면 스스로 벼슬을 버리고 돌아가며 말하기를 "안팎으로 미관호작은 내 마음대로 가질 수 있으니 몇 년 간 벼슬이 없더라도 무슨 문제가 되겠나" 한다. 자질이 부족한 수령의 존재와 수령직의 경시풍조를 지적한 것이다.

민정중은 그 대책으로 수령 선출의 엄격성과 內外官循環論을 하나의 방법으로 제시하였다. 첫째, 무사 출신으로 처음 6품으로 승진한 자와 무사나 蔭官으로 재주와 명망이 있는 자 모두를 縣의 수령으로 제수하여 선정을 펴게 하고 둘째, 천성이 강인하고 확실한 자는 臺諫·侍從으로 뽑아들이고 교육과 훈도를 잘하는 자는 성균관 직책으로 발탁 제수하며 셋째, 수령으로서 백성을 잘 다스리고 강령을 잘 아는 자는 차츰 州·府로 올리고 재차 州·府에서 올려 監司로 삼고 다시 감사에서 조정으로 들여와 卿相으로 삼는다. 만약 고을은 잘 다스리지 못하더라도 文才·氣節·儒學이 있는 자는 각기 그 소장에 따라 임용하도록 조치한다. 단 뽑는 방법은 반드시 먼저 백성을 다스리는 것으로 실험한 다음 재주를 헤아려 수용하여 침체된 자를 소용시키고 흐린 길을 맑게 하는 재주로 삼도록 한다. 이상의 안이 실천된다면 10년이 되기 전에 군읍에 제수되는 것을 세상 사람들이 중시하게 되게 그 직임 또한 모두 스스로 힘써 노력할 것이며, 경연과 대각의 직에 있는 신하들도 모두 지방관을 역임하여 민생을 잘 알아 위로는 임금의 자문에 도움이 되고 아래로는 국정을 다스리는 데 힘이 있을 것이라고 주징했다. 민정중은 外官强化論이야말로 나라를 다스리는 道에서 가장 중요한 문제임을 역설했다.211)

다음으로 효종 4년 領中樞副使 李敬興는 "가난한 자에게 은혜를 베푸는 정사는 위에 달려 있지만 이를 실질적으로 봉행하는 책임은 백성을 기르는 수령에게 있다"고 지적하였다. 이경여 역시 중국의 漢 宣帝가 二千石과 다스리고 당 태종이 令長의 이름을 병풍에 써 두고 늘 보았던 사례를 들어 外官의 중요성을 강조하였다. 그는 大邑·大都는 나라를 보호하는 것이라는 藩邦論을 언급하며, 호남의 전주·나주·영암·남원, 호서의 충주·청주·공주·홍주, 영남의 경주·상주·진주·안동 및 기타 諸路에 있는 각각 煩擾한 곳은 마땅한 사람이 아니면 백성에게 폐해를 끼치게 될 뿐만 아니라 불행히 변을 당할 경우 의지할 곳이 없다고 하였다. 따라서 외관을 신중히 선임하되, 명성과 공적을 드러내어 꼿꼿하고 才局 있는 선비를 가려서 반드시 擬義하게 하고 해조에게 가려서 차임하게 하며, 또 마땅한 사람을 얻은 후에는 그 인재를 양육하는 것이 반드시 필요하다고 지적하였다.

아울러 이경여는 漢代에 縣에서 치적이 가장 뛰어난 자는 군수에 超拜되고 군수가 성적이 있으면 九卿에 入排되었으므로 격려가 될 뿐 아니라 인재도 얻을 수 있었다는 사례를 들어 인재선발과 내관으로의 임용을 강조했다.212)

---

211) 『孝宗實錄』 卷6, 孝宗 2年 6月 己巳.
212) 『孝宗實錄』 卷11, 孝宗 4年 7月 乙丑.

효종 5년 弘文館 上箚에서는 지방수령의 경우 교대로 바꿔가며 차임하지 않고 잠시 시행하다가 없애는 것이 문제로, 내직과 외직을 번갈아 임명하는 일은 곧 나고 들어 수고로움을 균등히 하였던 옛 제도를 대략이나마 모방하는 것이라고 하였다. 또한 내외관순환론과 동일한 논리로서 邊邑의 수령으로 늘 武夫만 보냈으나 간간이 문관으로 보내야 그 이웃 고을까지 제압하여 누적된 폐단을 제거할 수 있을 것이라고 하였다.213) 효종 연간에 강구되었던 이러한 내외관순환론에 대해, 차후 숙종 9년 宋時烈은 본받아야 할 방안으로 지적하였다.214)

內職과 外職의 순환론에서 문제가 되는 것은, 내직에서 외직으로 차임되는 경우는 있으나 외직에서 내직으로 불러오는 경우가 없다는 사실, 즉 변통이 필요하다는 점이었다.215) 내외관순환론을 확실하게 시행하기 위해서는 三司나 侍從 반열에 있는 卿相들이 반드시 지방의 목민관을 거치게 하자고 했다.216) 목민관의 경험이 열읍을 제압하는 측면에도 도움을 주고 백성의 일을 익숙히 알게 하여 文學과 錢穀의 일이 별개가 아님을 알게 된다는 것이다.217)

실제 고을 현장에서 명망있는 內官을 수령으로 요구한 사례를 볼 수 있다. 선조 25년 임천에서 5개월과 6개월 만에 군수 任孟吉과 李久泂이 파면되는 일이 발생하자 吳希文은 다음과 같이 臺諫·侍從臣을 고을수령으로 待望하고 있다. "세력이 없는 음관이 길가의 관장을 수행하는데 公私의 접대로 인해 官穀이 바닥나고, 심지어 관청에서 하루 소용되는 양이 5斗인데 그리 오래 보존할 수 없을 것 같다. 이 고을이 여러 번 마땅하지 못한 사람을 거치면서 장차 버리는 고을이 될 것이니, 뒤에 오는 자가 만일 臺諫이나 侍從의 신하로서 몸가짐이 검약하고 강한 사람을 두려워하지 않고 백성을 사랑하고 비용을 아끼는 인물로서 오래 책임을 지게 하지 않으면, 장

213)『孝宗實錄』卷12, 孝宗 5年 6月 庚午.
214)『肅宗實錄』卷14, 肅宗 9年 正月 辛卯.
215)『仁祖實錄』卷14, 仁祖 4年 11月 辛卯.
216)『仁祖實錄』卷20, 仁祖 7年 2月 己酉.
217)『顯宗實錄』卷7, 顯宗 4年 11月 丁卯.

차 수습할 수 없을 것이다."218) 인조 4년 檢討官 李景奭은『經國大典』상
의 기록에서 "문관으로 6품이 된 자는 수령을 지내지 않으면 품계의 승진
을 얻지 못한다"는 조종조 이백년의 법을 준행하지 않는 것이 문제라고 지
적하고 있다.219)

유형원은 "오늘날 外職을 크게 경시하여 명망있는 문신의 자제는 일체
수령에 임명되지 않을 뿐만 아니라, 문신 중에서 여론에 버림을 받은 자만
이 수령직에 임명되고 있다. 이런 자들은 백성을 착취하여 자신의 몸을 살
찌우고 있다. 감사를 임명하는 경우도 마찬가지다. 그러므로 臺諫이나 侍
從臣의 반열에 있는 문관을 윤번으로 외직에 임명하여, 그들의 현부를 따
진 후 내직으로 발탁하는 것이 효과적이다"라고 하여 내외관순환론의 필
요성을 역설하였다. 또한 수령의 경우 치적이 현저하지 못하면 정3품관에
승진하지 못하게 하자는 주장을 펴고 있다.220)

이상의 여러 정론가들은 단지 外官重視論에 머문 것이 아니라 외관의
승진과 내외관 순환을 통해 列邑을 제압하고 백성의 일을 알며 학문과 행
정능력을 일체화시킬 수 있다는 견해를 표명하고 있다. 三司·侍從臣과
지방 목민관 사이의 교류, 문관 6품으로 수령을 지낸 장에게 품계 승진을
허용함으로써 관료제 운영상의 효율성을 극대화시킨다는 방안이었다.

4. 결론

극심한 전란 이후 조선왕조가 사회·경제·재정적 측면에서 시행한 여
러 개혁안은 체제붕괴의 현실을 타개한다는 위기의식에서 발로되었다. 특
히 조선왕조가 노력을 기울인 사업은 농민들의 流離를 방지하고 향촌에
귀속시키는 것이었다. 이 점은 통치의 근간이 되는 담세자·군역담당 농민
층의 안정적 확보라는 측면과도 긴밀히 관계되었기 때문이다.

218)『瑣尾錄』卷3, 甲午 12月 24日.
219)『仁祖實錄』卷14, 仁祖 4年 11月 辛卯.
220)『磻溪隨錄』卷13, 任官之制.

그런데 정부가 주도하는 체제 유지 내지 보완의 정책은 구체적으로는 郡縣의 과제로 주어지는 것이었다. 따라서 향촌지배정책의 한 축은 군현제 정비와 수령제 대책에 두어졌다. 17세기 군현제와 수령제는 조직체계와 운영에서 이전과 크게 달라진 것은 없으나 전후 인적자원의 확보, 물적토대의 구축, 국가재정의 확보라는 국가의 시급한 과제를 해결해야 하는 근간 조직으로서 새삼 주목되지 않을 수 없었다. 따라서 정부에서는 군현과 하부조직을 정비하기에 앞서 전통적인 수령제의 운영을 강화하여 현실의 어려움을 극복하려 했다.

17세기 정부는 수령권의 행사를 활성화시키고 통치단위로서 군현제의 효율적인 정비를 통해 중앙집권체제의 기반을 확립하고, 재지사족들을 통치기구 내에 영입시키거나 지방행정의 사역인으로 격하시키는 등 재지세력을 분산화, 약화시킨다는 입장을 고수하였다. 직접적인 군현의 지배자로서 군현민의 재생산을 보증하는 수령의 기능 자체는 기존 시기와 비교하여 본질적으로 달라진 것은 아니나, 17세기의 국가재조 내지 체제보완이라는 과제와 관련하여 그 기능이 보다 중시되었다. 따라서 17세기 수령제개혁론은 여타 시기에서 지적되었던 행정체계상의 문란 부패상의 시정에 머무르지 않고, 조선왕조의 지배체제를 재건·보완하는 측면이 강했고 이 같은 점에서 전 체제적인 개혁론과 밀접히 연계되었다. 정부의 입장은 크게 제도정비론(監司·御使制의 강화 및 통치단위의 조정)과 법적제재론(任命·解由 절차의 정비 및 考課制의 강화)으로 나뉘어 볼 수 있는데, 이는 수령제에 대한 정부의 통제라는 측면보다는 재지세력에 대한 제어와 집권체제 구축을 위한 활성화 방향이며, 제도 운영의 효율성을 도모하는 방안이었다.

다음으로 조선사회의 당면한 위기상황을 해결하기 위해 다양한 영역에 걸쳐 개혁안을 제시한 정론가(관인·유자)들은 鄕政論의 하나로서 수령제 개혁론을 제시하였다. 당색과 향촌 현실에 대한 인식에 따라 다소 차이는 있으나 업무의 연속성을 보장하기 위한 守令久任論, 궁극적으로 賢能한 수령을 선발하기 위한 다양한 수령 자원의 확보방안으로서의 인재선발론,

그리고 外官重視論과 그 연장으로서 內外官(京外官)循環論이 제기되었다. 17세기 조선왕조는 이 같은 수령제의 정비와 개혁론을 적극 수용하여 집권관료체제의 구축을 모색하였다.

특히 西人집권층은 향촌제도의 전면적 개혁보다는, 단기적이고 가시화된 성과의 도출을 희망하여 전통적인 향촌지배정책인 수령제 대책에 초점을 맞추고자 하였다.

그러나 일부 적극적인 개혁론자들은 이러한 대책에 대해 어디까지나 지배층의 원망을 반영한 구래제도의 반복에 지나지 않는다 하여 커다란 무게를 실지 않았다. 즉 17세기 향촌사회는 당시기의 객관적·총체적 변동에 기인하여 변화하였고, 그 점에서 향촌지배체제의 확립 과정에서 개개인의 賢能을 전제로 하는 수령제의 법제적 강화란 쉽게 그 한계를 예견할 수 있는 것으로서 하부구조의 변동을 구조적으로 반영한 제도의 정비가 필요하다는 것이다. 전란의 어려움이 어느 정도 극복되어 간 효종·현종·숙종 연간 조선왕조는 생산현장이자 통치의 객체인 향촌사회와 민에 대한 통치조직을 정비하고 운영직임을 확정하는 데 노력을 기울이고 있다. 공적 사회제도로서 면리제·오가통제를 수립하고, 향촌에 대한 체계적이고 지속적인 지배를 도모한 것이다.

[附篇]

조선후기 지방관청 재정과 殖利活動

1. 서론

조선왕조는 각급 지방관청과 향촌사회의 자치기구를 통해 농민지배를 이루어 나갈 수 있었다. 군현에 대한 봉건권력의 상징체였던 지방관청은 중앙정부와 유사한 통치체계(관료제·군사력·봉건적 법체계)를 유지하면서 각종 부세의 징수·상납 업무를 관장하고, 조선왕조 전 시기를 통해 재정의 중앙집중이라는 원칙 하에서도 독립적 재정체계를 보유하고 있었다.[1]

조선후기에 들면 사회경제체제의 여러 부분에 걸쳐 대대적인 변동이 야기되고 기존의 신분제·지주제가 변화·재편성되었다. 이러한 기저의 사회변동에 조응하여 제반 재정체계도 일정하게 변용되고 있었다. 당시 지방관청은 담세자 농민의 경제적 상황이 열악해지고 중앙상납분의 증가, 자체 재정수요의 확대라는 재정요인이 부가됨에 따라 재정운영에 많은 어려움을 겪고 있었다.

이에 대해 조선왕조는 大同法과 같은 부세제도를 실시하여 중앙과 지방의 재정부족 현상을 동시에 해소시키고자 하였다. 반면 지방관청은 기존 수세체계를 정비·강화함으로써 재정수입을 증대시키는 한편 중앙정부의

1) 조선시기 지방재정의 체계와 수입 내역에 관한 고찰에는 다음 연구가 참조된다. 金容燮, 『增補版 韓國近代農業史研究(上)』, 一朝閣, 1984 ; 金玉根, 『朝鮮王朝財政史研究』, 一朝閣, 1984 ;『朝鮮王朝財政史研究Ⅱ』, 一朝閣, 1987 ;『朝鮮王朝財政史研究Ⅲ』, 一朝閣, 1988 ; 水田直昌, 『李朝時代の財政』, 1968 ; 田川孝三, 『李朝貢納制の研究』, 1964 ;「李朝後半期における地域社會の諸問題」,『李朝における地方自治組織と農村社會經濟語彙の研究』, 1979.

간섭이 미치지 않는 독자적인 대체 수입원을 적극 모색하였다. 18세기 이후 지방관청에서는 補正的 수요를 위해 화폐를 매개로 한 殖利活動, 補弊穀 명목의 환곡뿐만 아니라 갖가지 형태의 지방세·잡세 명목의 수입원을 집중적으로 출현시켰다.

본고에서는 조선 봉건국가의 재정 운영원리와 통치구조의 속성을 파악하기 위한 연구의 하나로 지방재정, 그 가운데에서도 18~19세기 지방관청에서 지역단위로 실시한 殖利錢의 운영 실태와 성격에 대해 규명하고자 한다. 이를 위해 지방관청의 재정체계와 함께 殖利錢의 시행을 둘러싸고 나타난 여러 대항관계를 살펴보고자 한다. 즉 借金者 및 중간담당자에 대한 계층분석, 운영방법(분급형태·관리장치·이자율 구조)의 문제, 일반 부세 및 私債와의 차이점, 토지자본으로의 전화문제와 중앙정부의 대책 등을 검토하게 것이다.[2]

官廳殖利錢의 문제를 설명하기 위해서는 우선 두 가지 측면에 대한 서술이 이루어져야 한다. 하나는 조선후기 지방관청의 조직체계와 재정구조에 관한 파악 문제이다. 이는 官廳殖利가 지방관청의 준재정활동이었고 직접 재정자금으로 운용되었다는 점에서 주요한 고찰대상이다. 다른 하나는 관청식리가 귀속되는 전기적자본으로서의 고리대 일반에 대한 성격규정의 문제이다. 이 두 문제는 전적으로 입론을 달리하지만 당시 향촌사회의 경제상황과 상품화폐경제의 발달 정도에 따라 그 형태가 규정된다는 점에서 상호 관련되고 있었다. 그러나 본고에서는 재정사적 시각에서 전자

---

2) 조선후기 고리대자본의 일반적 기능과 성격을 해명한 연구로서 다음 논문을 들 수 있다. 四方博,「朝鮮における近代資本主義の成立過程」,『朝鮮社會經濟史研究』, 1933 ; 宮原兎一,「朝鮮における債務支配の一考察 - 公私蔡債に關して -」,『朝鮮學報』6, 1954 ; 崔虎鎭,『近代韓國經濟史研究』, 東國文化社, 1956 ; 鄭德基,「李朝末期의 農漁村高利貸付資本研究」,『省谷論叢』2, 1971 ; 徐吉洙,『開港後 利子附資本에 관한 史的考察』, 1978. 그런데 지금까지의 연구는 고리대자본이 전기적 자본으로서 지니는 제반 속성으로 인해 야기된 폐단만을 강조함으로써 조선후기 사회상을 정체적으로 묘사하거나, 法制史的 측면에서 法典類나 관찬사료에 나타난 徵債規定 또는 法定利子率의 분석을 중심으로 서술하고 있어, 당시기 사회상황을 구조적으로 파악하는 데는 일정한 한계가 있었다.

에 대한 서술을 중심으로 하고, 후자에 대한 본격적인 고찰은 다음 기회로 미루고자 한다.

2. 지방관청의 재정구조와 官廳殖利

1) 조선후기 지방관청의 재정구조

조선왕조에서 국가적 기능(방대한 관료·군사조직, 봉건적 법체계의 운영)을 수행하기 위한 재정은 田政·軍政·還穀을 중심으로 한 봉건적 제 수취를 통해 마련되었다.

군현제 하에 편재된 각급 지방관청에는 六房官屬이 소속된 政廳機關 외에도 각종 수세와 통치업무를 행하는 제 기관(庫·廳)이 설치되어 있었다. 제 기관은 각각 독립된 재정체계를 보유했는데 일정한 회계원칙에 의해 수지가 이루어지고 있었다. 지방관청은 개별 회계단위가 되는 각 기관에 대해 「各庫錢穀都錄」·「放下置簿冊」·「分給置簿冊」 등을 기록하게 하고, 三鄕所·三公兄과 해당 監色으로 하여금 매월 朔望마다 회계하도록 하였다.3)

지방관청의 재정내역은 상납분과 자체경비분(各官捧用分)으로 구분되는데 전자는 다시 京司各衙門과 監·兵營에 대한 상납분으로 구별된다.4) 본절에서는 이 가운데 「本官捧用條」에 해당하는 부분을 검토하고자 한다. 당시 재정이 현물재정이었던 관계로 수세되는 비목은 종류가 다양하였고 現物·貨幣·勞役 등 다기한 형태를 띠고 있었다. 참고로 정조 18년(1794)

---

3) 「治郡要訣」謹守公穀條, 「牧民大房」節財用條.
4) 당시에는 지방재정의 1년 세입을 3분하여 그 중 1분을 자체 재정으로 활용하는 것이 절도있는 운영으로 지적되었다. 『順庵叢書』臨官政要 用財章, "前日守令無定祿 而有耗穀 故栗谷送趙汝式憲廳 有三分耗穀 爲之節度之說 一分以供衙屬 一分爲以供使客及應親舊之需 一分留爲贏餘 今行大同法 守令皆有月廩 而耗穀所用 亦三之一 一分戶曹 一分上巡營故也 亦依右法 月捧三分 一爲衙眷所養 一爲使客支供及親賓所用 一爲凡百應費而耗穀恒留 以待不時之用 可也".

에 成冊된『賦役實摠』을 통해 경기도 安城郡과 경상도 仁同府의 자체 세입내역을 살펴보면 다음과 같다.

<표 1> 安城郡의 세입내역(1794년)

土地收入 (結役)	大同米移給 官需米 100石, 衙祿米 16石 官屯稅 各穀 11石, 木麥 8石 租 383石 4斗 4升 4合, 粘米 11石, 綠豆 3石 10斗
戶役	戶籍紙寫價 218石 5斗, 雇馬價 30石 杻炬 80柄, 編飛乃 120浮, 氷丁 1,500張
身役	除番軍官米 44石 6斗 鄕廳募入錢 11兩, 鄕廳假鄕錢 20兩
雜稅	場稅錢 720兩, 匠人錢 46兩 8錢, 巫稅 16兩, 軍器假監錢 37兩 5錢, 常壯紙 60束, 常紙 120束, 皮紙 120束, 柳器 60部, 馬鐵 60部, 沙瓶 120個, 沙缸 120坐

<표 2> 仁同府의 세입내역(1794년)

土地收入 (結役)	大同米移給 需米 280石, 使客支供米 45石 　　　　衙祿位米 18石 3斗 4升 6合, 太 7石 11斗 6升 4合 屯稅租 23石 7斗, 木花 225斤, 火稅錢 109兩 2錢 1分 補民租 553石 7斗, 牟 276石 1斗
戶役	雉鷄 294首, 柴木 4,405束, 炭 29石 5斗 5升 5合, 藁草 4,405斤
身役	軍官除番租 32石 7斗 5升, 藥保錢 240兩 官匠保錢 26兩, 紙保錢 160兩
雜稅	巫稅 眞絲 12兩, 場稅 59兩 4錢, 軍器修繕軍錢 161兩 馬鐵 24部, 食鼎 2坐, 鑿子 2坐, 各色沙器 100坐

<표 1>과 <표 2>에서 살펴본 바와 같이 각 지방관청의 세입내역은 크게 土地收入, 戶役收入, 身役收入, 雜稅收入과 還耗收入으로 구분할 수 있다. 이하 각 항목에 대하여 개략적으로 검토하고자 한다.

첫째, 대동미의 移給分(地方留置分)에 관한 항목이다. 17세기에 들어오면서 전국적으로 실시된 대동법은 貢物을 포함한 농민의 제반 요역을 田稅化한 것이었다. 대동미는 貢價, 進上價 등 중앙재정에 충당되는 上納米와 지방재정에 사용되는 留置米로 구별되었다. 지방유치미의 구체적인 용도는 食糧·鹽·醬·油·淸 등 관청소요품의 구입, 지방관의 廩錢, 그 밖에 使客支供米, 刷馬價, 公事地價米, 각종 祭祀費·軍器措備價 등이 해

당된다.

대동미는 官需의 비목일 경우 營·鎭 및 郡邑의 大小差(田結保有量)에 따라 정액이 지급되고, 나머지는 依例會減과 隨時會減으로 구분되어 지출되었다.5)

둘째, 지방관청에서 보유한 官屯田과 廩田인 衙祿·公須田에서의 수입을 들 수 있다. 『續大典』에 따르면 府·大都護府·牧은 각 20결, 都護府·郡은 각 16결, 縣·驛은 각 12결의 관둔전이 지급되었다.6) 관둔전은 대동법 시행 이후 그대로 존속하였는데 지방관청에서는 고율의 賭租收入을 도모하여 지주제로 운영하는 경우가 많았다. 廩田은 조선전기 이래 府·大都護府·牧에 衙祿 50결, 公須 15결이 지급되었고, 都護府에 衙祿 50결, 郡縣에 衙祿 40결이 분급되었다. 지방관의 祿俸·使客支供費는 이를 통해 변출되었다. 그런데 대동법 시행 이후 동 비목의 재정자금은 지방유치미로써 대부분 획급되었다. 따라서 廩田은 종전과 달리 免稅出賦地가 되고,7) 조세수입도 結當 4~6斗로 줄어들었다.

火田은 정기적으로 경작과 휴경을 반복하는 경우 田案에 기록하여 火田稅를 부과하지만, 부정기적으로 경작하는 경우 전안에 등재시키지 않고 해당 지방관청으로 하여금 隨起收稅하도록 하였다. 화전이 많이 분포되어 있는 지역에서는 화전세에 의한 수입이 여타 結役수입에 상응하는 규모를 차지하고 있었다. 蘆田에서의 수세방법도 대체로 화전세와 유사하였다.

그 밖에 지방관청내 제 기관(庫·廳)이 지속적인 재정수입을 도모하여 개별적으로 보유하고 있었던 廳田畓(鄕吏田)8)이나 鄕校와 賜額書院에 분

---

5) 「忠淸道大同事目」, "各官官需米 及油淸價米 以大中小殘分爲四等 磨鍊題給 五千結以上爲大邑 三千結以上爲中邑 二千結以上爲小邑 未滿二千結爲殘邑是白齊".
6) 『續大典』 戶典 諸田條.
7) 『續大典』 戶典 諸田條, "大同行後 旣定營·官需 而衙祿·公須位 仍舊免稅 只收大同".
8) 지방관청내 제 기관의 재정수입 내역은 소관 업무에 따라 다양하게 나타난다. 그런데 廳畓은 개별 기관의 수입원에 불과했기 때문에 지방관청의 정규수입에는 명확히 계상되지 않은 경우가 많았다. 19세기말 咸鏡道 定平府 같은 곳은 식리전 대신 425결의 人吏復을 설정하여 매결 5냥씩 2,215냥의 수입을 도모한 사례가 나

406 朝鮮後期 鄉村支配政策 研究

급된 學田에서의 수입을 들 수 있다. 당시 州府鄉校에는 7결, 郡縣鄉校에는 5결, 賜額書院에는 3결의 토지가 지급되었는데 이는 원칙적으로 면세전에 해당되었다.9)

셋째, 戶役 형태로 징수되는 항목을 들 수 있다. 대동법이 시행된 이후 매년 정기적으로 상납되는 常貢은 폐지되었으나 왕실에서 소용되는 물품의 진상이나 別貢은 존속되었다. 또한 지방관청 내에서도 현물로 수봉하였던 鄉貢은 계속되었다. 앞서 살펴본 것처럼 호역인 향공은 雉鷄, 柴, 炭, 小木, 穀草 등 현물이 주종을 이루지만 점차 화폐납도 병행되어 갔다.

넷째, 身役과 관련된 수입으로 給價雇立制에 따른 軍保 또는 保人의 身役價와 노비를 비롯한 직역부담자의 身貢을 들 수 있다. 그런데 각 지방관청에서는 良役에 속하는 軍保의 身役價 수입만이 아니라 規外 재정수입을 전제로 "今各邑自有民數矣 各邑有鄉校生 書院院生 軍官廳所屬 將官廳鄉廳作廳所屬 而皆掩匿閒丁 以爲免役之計"10)라는 것처럼 개별기관에 따라 額外의 保人을 私募하고 있었다. 농민들은 避役의 방편으로 規外私募屬이 되고자 하였고11) 지방관청에서도 規外保人의 丁錢收入을 재정자금으로 적극 활용하고 있었다.

타난다(『關北咸興邑誌』附事例 結戶排斂秩). 그러나 대부분의 경우 토지규모는 적었던 것으로 보인다. 참고로 任實縣의 사례를 보면 다음과 같다(『任實郡事例定錄』에서 작성).

機關名	所有內譯	機關名	所有內譯
束伍廳	畓38斗落	訓練廳	畓6斗落
馬廏廳	畓12斗落(田3斗落)	通引廳	畓7斗落
郡 司	畓4斗落	鎖 匠	畓4斗7升落
刑 廳	畓2斗落	使令廳	
將 廳	畓12斗落	役只廳	畓3石 12斗落

9) 뒤에 다시 검토하겠지만 당시 賜額書院·鄉校의 경우, 토지수입 외에 별도의 현물수입이 있었다. 그러나 春秋祭享時 비용이나 講學 자금은 지방관청에서 보조하는 사례가 많았다.

10) 『備邊司謄錄』 78冊, 英祖 元年 12月 12日.

11) 당시 농민들은 避役의 방법으로서 "官屬之稷防與私募 校院之冒錄與投托 勳裔之僞稱鄉帖之假名"(『備邊司謄錄』 249冊, 哲宗 13年 6月 27日) 등을 적극 이용하고 있었다.

다섯째, 환곡의 이자수입이 재정자금으로 크게 운용되는 상황을 볼 수 있다. 환곡은 소농경제를 기반으로 하는 사회에서 반드시 존속되어야 했던 제도로서 본래는 賑貸라는 형식의 사회정책적인 측면이 강조되었던 것이다. 이와 함께 耗穀會錄에 의한 取耗補用이라는 수입조달의 기능도 일부 지니고 있었다.

그런데 18세기 중엽 이후 환곡은 전술한 양 기능의 한계를 넘어 농민을 대상으로 勒配·强徵되는 일종의 부세와 같이 시행되고 있었다.[12] 환곡의 부세적 기능이 강화되었던 것은 당시 戶曹나 宣惠廳 같은 중앙아문과 지방관청의 재정수요가 급증한 데에 원인의 일단이 있었다. 각급 지방관청에서는 자체 환곡이나 京司 및 軍門 會付穀의 고리대적 운영을 통해서 필요한 재정자금을 마련하고 있었다.

특기할 만한 사실은 18세기 이후 화폐유통경제의 진전에 조응된 현상으로서 錢還이 광범하게 실시되었다는 점이다. 지방관청에서는 봄에 화폐를 대여하고 가을에 이자를 첨부한 미곡을 징수하여 막대한 이윤을 남기고 있었다. 미곡가격의 계절변동차를 이용한 일종의 殖利였던 셈이다.

여섯째, 雜稅에 관한 항목이다. 잡세는 民庫稅를 중심으로 한 각종 지방세와 중앙정부로부터 용인된 일부 交付稅를 일컫는데 지방마다 종류나 징수방법이 다기하고 수세 내역도 戶斂·結斂·現物納·貨幣納 등 다양한 형태로 나타난다. 민고세는 전 지방민을 대상으로 시행되었기 때문에 이를 전담하는 기구(民庫)가 별도로 설치되어 있었다. 그 밖에 場稅·海稅十日條·蔘稅·場稅·店稅 등은 개별기관이 징수하여 재정자금으로 삼고 있었다.[13]

---

12) 조선후기 지방관청에서 환곡을 통해 재정수입을 도모하고 있었던 사정은 다음 연구에서 살필 수 있다. 麻生武龜,『社還米制度』, 1933 ; 宋贊植,「李朝時代 還上取耗補用考」,『歷史學報』27, 1965 ; 金玉根, 앞의 책, 1984 ; 오일주,「朝鮮後期 國家財政과 還穀의 賦稅的機能의 强化」, 연세대학교 석사학위논문, 1984.

13) 商稅의 하나였던 場稅수입은 각 기관의 개별 수입에 해당되었다. 가령 울산 향청의 경우 "錢一百四兩四錢 大峴南倉兩場稅收捧 排朔添用於饌價雜費事"(『嶺南蔚山邑誌』附事例)라든가 靈山의 경우 "邑內場稅錢 自八月二月至五錢 自三月七月至 三錢式 恒定官用 而兩下則 減給三明日例減 乾川場稅錢例付鄕廳 上浦場

이상에서 언급된 항목들은 중앙정부 및 상급관청에서 용인된 것이거나 법정화된 수입에 해당된다. 그런데 18세기 이후 지방관청에서는 기존의 수취체계를 정비 강화시켜 나가는 한편 계속해서 새로운 조세원을 창출하였다. 재정보완을 위한 대체수입원은 항목이 다양하였는데 환곡의 개설과 식리활동을 그 대표적인 것으로 들 수 있다.

당시 지방재정의 취약은 지방관 및 관속에 의한 중간수탈의 증대라는 현상적인 요인만으로 설명되는 것이 아니다. 보다 근본적으로는 사회경제적 변동에 따른 담세자 농민의 열악화, 향촌의 변동상황을 수렴하지 못한 부세제도의 경직된 운영과 이로 인한 모순관계・대항관계가 그 기저를 이루고 있었다. 이 밖에 조직규모의 증가로 인한 지방재정체계의 확대, 대동법의 재정 보완적인 기능정비, 중앙재정의 부족에 따른 상납분의 증가 같은 재정적인 요인이 첨증되어 있었다. 각 상황을 좀더 부연 설명하면 다음과 같다.

첫째, 대동법의 시행과 관련되는 문제이다. 임진란 이후 조선왕조는 당면한 재정적 위기를 대동법의 실시를 통해 해결하려 하였다. 대동법의 규정(事目)에 따르면, 稅率을 결당 평균 12斗로 책정하는 대신 結・戶役을 막론하고 모든 형태의 비정규적인 지방세・잡세는 철폐하고자 하였다. 실시 초기에 대동미의 30~40%에 달하는 많은 양을 지방유치미로 분급해 준 것은 이에 따른 조치였다. 그러나 18세기 이후 중앙 상납분의 비율은 점차 증가하는 데 비해 지방유치분의 양은 상대적으로 감소하는 경향을 볼 수 있다.14) 이에 따라 유치미에 의해 충당된 비목의 변출에는 어려운 상황이

税錢例付鄉校 釜谷場稅錢付之驛館"(『嶺南蔚山邑誌』 附事例)한 사례가 그것이다. 또한 潭陽府의 경우도 場稅收入으로 官奴廳・工庫・屠販(1년 62냥)의 재정자금을 충당한 사례가 있다(『湖南潭陽邑誌』 附事例).

14) 英祖 46년 下三道의 예를 들면 中央上納分에 대한 지방유치분의 비율이 경상도 81.8% : 18.9%, 전라도 76.6% : 23.4%, 충청도 76.5% : 23.5%로 나타난다(『增補文獻備考』 卷153, 田賦考 大同條에 의거. 安達義博, 「18~19世紀前半の大同米・木・布・錢の徵收・支出と國家財政」, 『朝鮮史研究會論文集』 13, 1976, 105쪽 재인용). 수치만으로 볼 때 지방재정에서 유치분이 차지한 재정보완적 기능은 크게 감소되었을 것으로 여겨진다.

야기되고 있었다. 대부분의 지방관청에서는 대동미의 수세와 함께 다른 대체수입원을 적극 모색하였다.

당시 지방관청에서 관장했던 업무 가운데 대규모의 경비가 소요되었던 항목에는 다음과 같은 것들이 있다. 먼저 살펴볼 것은 新·舊官의 交替時 소용되는 迎送費와 夫·刷馬價에 대한 변출 문제이다. 지방관(수령)의 임기는 法典上 1,800일로 규정되어 있었지만 조선후기에 들어오면 대체로 2년을 넘기기 힘들 정도로 단기에 그치고 있었다. 심지어 1년에 세 차례에 걸쳐 교체가 이루어진 사례도 보인다. 신·구관 迎送시 해당 지방의 吏民이 재력을 염출하여 극진히 수행하는 것은 일반화된 관례였다. 각 지방관청에서는 이로 인해 '庫儲枯竭邑樣凋弊'를 호소하는 경우가 많았다.[15]

夫刷馬價는 監司의 巡問이나 중앙정부와 연계되는 업무 수행시 소용되는 비목이다. 원래 刷馬價는 "凡刷馬之規 限日計程 劃給儲置米 不徵民間 其來久矣"[16]라는 것처럼 대동미에 의한 획급이 규정되었던 것이다. 그러나 실질적인 경비 변출에서 농민에게 추가부담으로 전가시키는 사례가 많았다. 대개 별도로 雇馬庫·民庫를 설치한 후 지방민에게 結斂·戶斂하거나 식리를 시행하고 있었다.[17]

이 밖에 對淸·對日 외교비 명목의 경비 변출문제를 들 수 있다. 京城에서 義州에 이르는 24개 지방에 집중 부과되었던 支勅費와 東萊府에서 관장하였던 倭供·倭料 명목의 비용이 대표적인 것이다. 또한 慶源·鏡城·

---

15) 『備邊司謄錄』 246冊, 哲宗 10年 2月 10日, "近來外邑雜支之弊 有二 守令之用度 無節也 守令之替易太頻也 …… 且迎送之費 皆出吏民 近來外邑 或有一年 而三數易者 庫儲不無枯竭 邑樣不無凋弊".

16) 『備邊司謄錄』 101冊, 英祖 13年 4月 12日.

17) 『備邊司謄錄』 235冊, 憲宗 14年 1月 7日, "牧官來往之際 下隷路需及留京之費 收斂於牧民戶結中 一年兩次至爲三四百金 新延時雇馬 則定例三匹外 延添三匹 價亦從結夫中出 殘民無以支活 牧場下隷之雜費結斂 新延雇馬之數外加把 害歸牧民"; 『備邊司謄錄』 176冊, 正祖 14年 2月 17日, "平安道郭山幼學金尙鳴上言 則 …… 自移邑之後 不過二十三年 官長之經遞 將至十九等 則迎送所費六百餘兩 皆出民庫 而民庫蕩渴 加下殆近二千餘兩 竟至收斂 害及民間"; 『備邊司謄錄』 181冊, 正祖 17年 4月 20日, "(茂山府)雇馬庫設施之日 收斂民間 以穀貰馬 又報營門 請得大同穀添補 合爲五百石 以爲一年支用".

穩城 지방의 差需廳(庫)에서 관장했던 淸人에 대한 接濟資金, 灣商을 통할했던 義州 管稅廳의 소요경비 등을 들 수 있다. 당시 중앙정부는 각각의 비목에 대하여 일정한 재원을 지원하였지만 실질적인 需用에는 크게 미흡하였다. 이에 따라 해당 지방에서는 지방민에 대한 結·戶斂이나 별도의 식리를 통해 경비를 마련하고 있었다.

결국 각 지방에서는 대동세 명목으로 결당 12두의 수세가 이루어지는 가운데 科外雜稅 또한 갖가지 형태로 과징되고 있었던 세이다. 대동법의 실시를 통해 모든 지방 잡세를 정비하고자 했던 중앙정부의 의도는 관철되지 못했다.

둘째, 조선후기 지방재정은 명목적인 경비의 팽창만이 아니라 실질적으로 재정규모가 증대되고 있었다. 이는 기본적으로 18세기 이후 집약적인 상품화폐경제의 발달, 점차적인 물가상승에 기인한 것이었다. 또한 현상적인 요인으로서 지방관청내 각 기관의 조직규모가 증대하고 분화되었던 사실을 들 수 있다. 특히 전국적인 부세제도(대동법·균역법)의 실시, 軍制의 변화에 대응된 새로운 기구가 신설되고 있었다. 참고로 이 같은 상황이 반영된 19세기 求禮縣內 제 기구를 살펴보면 다음과 같다.[18] 기본적인 政廳 기관으로 戶長 이하 六房이 있었고, 承發·民庫色·官廳色·大同色·田稅色·都書員·紙所色·戶籍色·倉色·砲保色·傳關色·束五色·八面書員이 편제되어 각종 조세의 수취와 수송·상납 업무에 대처하였다. 독립된 廳舍로는 縣司 외에 作廳·書員廳·戶籍廳·藥房·通引廳이 있었고 다수의 각 倉·庫(각 色吏 1인 관장)가 설비되어 있었다. 이들 제 기관은 독립적인 회계단위로서 재정을 운용하고 있었다. 한편 기구가 분화되고 증대됨에 따라 구성원인 관속(이서)들의 액이 현저하게 증가하였고, 이들에게 지급된 朔料·役價의 규모도 적지 않았다.[19] 당시 청사 설치에 따른 제

---

18) 『湖南求禮邑誌』 附事例, 이들 각 기관은 개별적인 재정을 보유하고 있었는데 그 내역은 廳田畓에서의 수입, 대동유치미의 移給, 춘추에 걸쳐 지방민에게 戶·結 斂하는 雜役 수입, 관청 및 기관에서 교부된 자금, 私募屬들의 丁錢 수입과 殖利 수입 등이었다.

19) 조선후기 이서층들의 기구분화와 증액 현상에 대한 연구로는 金弼東의 「朝鮮後

반 경비는 해당 지방관청에서 자체적으로 변출되고 있었다.[20]

셋째, 부세제도의 운영과정에서 수취기관의 편의성만이 강조되었던 면을 볼 수 있다. 중앙정부가 강조하는 조세수취의 원칙은 명목의 虛實·新舊相混·數爻의 多寡·年月의 久近을 분별하고 실제적인 戶口·田結數에 의거하는 것이었다. 그러나 실제적으로 담세자 농민의 열악해진 상황이나 향촌사회의 변동양상이 수렴되지 못하였고, 변화된 호구·전결 수에 따

期 地方吏胥集團의 組織構造 - 社會史的 接近 - 」(서울대학교 사회학과 석사학위 논문, 1982)과 張東杓의 「18·19세기 吏胥增加의 현상에 관한 研究」(『釜大史學』 9, 1985)의 논문이 참조된다. 이서의 증가 현상은 16세기 이래 거듭 문제로 지적되고 있었는데, 18세기 이후 더욱 두드러지고 있었다. 참고로 경상도 각 지방의 이서의 증가 실태에 대해 『與地圖書』(1759년)와 『慶尙道邑誌』(1832년)의 67개 읍 가운데 상호 비교가 가능한 예를 살펴보면 다음과 같다.

<慶尙道 各邑의 吏胥增額>

	人吏		知印		使令	
	合(49읍)	평균	合(47읍)	평균	合(44읍)	평균
1759	2,051	42	897	19	811	18
1832	2,737	56	969	21	948	22
증액	686	14	90	3	137	4

조선왕조 전 시기를 통해 중앙정부는 吏額의 증대를 곧 중간수탈기구의 비대화로 보고 수시로 吏額減定令을 내리고 定額에 따를 것을 명하였다. 그러나 조직분화에 따른 이액의 증가문제는 전적으로 지방의 개별적인 사정에 기인한 것이었기 때문에 중앙정부에서도 일률적으로 규제를 가하기는 어려웠던 것 같다. 관속들에게 지급된 朔料 및 役價는 그 규모가 적지 않았다. 지급 형태는 현물과 화폐가 혼재되어 있었기 때문에 정확한 규모를 추출해서 계상하는 데에는 어려움이 많다. 다음 사례는 19세기 말(1894) 安邊府내 각 기관의 廩料 지급내역으로서 조선후기의 일반적인 상황으로는 설정할 수 없으나 화폐로 계상되어 있어 참조가 된다. 이에 따르면 향청에는 座首(1인)·鄕所(2인)·隨率(3인)·廳直(1인)에 대해 연 1,221냥의 삭료가 지급되었다. 그 밖에 大同庫(380냥), 武各廳(1,522냥), 作廳(5,446 냥), 通引廳(792냥), 官奴廳(2,108냥), 使令廳(2,464냥), 砲庫廳(1,954냥)에 각각 朔料 및 役價가 지급되고 있다(『北關安邊邑誌』附事例).

20) 기구의 확장에 따라 신설된 廳舍의 건립경비는 대체로 대규모였고 지방관청에서 자체적으로 변출하고 있었던 것 같다. 純祖 11년 眞寶縣의 경우 館廂 및 公廨를 건립하는 데 5,000냥이 소요되었는데 현감이 500냥, 교원 및 향토인이 1,000냥을 마련하고 부족한 경비는 감영에서 3년을 기한으로 公貨를 대부받아 충당한 사례가 보인다(『備邊司謄錄』 201冊, 純祖 11年 11月 22日).

른 신축성 있는 수취가 이루어지지 못하고 있었다. 또한 행정 통제능력의 결여로 인해 중앙정부·지방관청·중간담당기구·담세자 농민에 이르는 방만한 수세기구를 적절하게 관리·규제할 수 없었다.[21]

다음의 사례에서 總額制의 실시를 둘러싸고 나타나는 문제점을 살펴볼 수 있다.

> 三嘉縣監盧三邦曰 保寧多有弊端 而其最甚者 民戶一千九百餘戶 而兩班幾至千餘戶 民戶不過四五百戶 良丁軍役則一千八百四十餘名 民戶少而良役多 以此良役難堪矣[22]

> 淸南諸邑中 火田收稅處 卽中和等十三邑 而辛丑以後民戶流亡 陳廢居多 比摠白徵 爲民情切寃[23]

전자의 사례는 영조 연간 경상도 三嘉縣에서 군역세 수납시 향촌사회의 변동이나 호구수의 변화에 대한 배려 없이 적은 民戶에게 과다한 軍役이 부과된 경우를 보여주고 있다. 또한 후자의 사례는 순조 연간 평안도지방의 火田稅 수납과정에서 발생된 문제로서, 수세대상 火田의 陳廢에 따른 減摠·蠲稅 조치없이 元摠에 따라 수세가 계속되는 폐단을 지적한 것이다. 당시 부세제도의 경직된 운영의 측면을 엿볼 수 있게 한다.

해당 지방에서는 이러한 모순의 시정과 재정의 어려움을 호소하였지만 근본적인 개선책이 강구되지 않았다. 중앙정부로서도 해마다 일정 규모의 재정확보를 염두에 두고 있었기 때문에 이해관계가 상치될 수밖에 없었던 것이다. 한편 지방관은 수세결과가 자신의 考課에 크게 영향을 미쳤기 때문에 갖가지 수단을 동원하여 부족분을 해결하고자 하였다. 가령 부세의 공동납 강화, 빈번한 재징, 중간담당자에 대한 책임사항의 명문화 등은 이

---

21) 조세수취를 둘러싼 관속들의 중간수탈 문제는 흔히 지적되고 있다. 당시 조세의 상납과정에서 발생하는 각종 부가세(가령 加升米·人情米·二價米·作紙米·落庭米·浮價米·乞卜米) 문제도 이 같은 추가수탈에 해당한다.

22) 『備邊司謄錄』 79冊, 英祖 2年 2月 2日.

23) 『備邊司謄錄』 210冊, 純祖 22年 11月 2日.

를 단적으로 설명해 준다.

조선후기 각급 지방관청은 이상의 제 요인에 따라 補正的 수요에 소용되는 자금 변출을 적극 모색하고 있었다. 지방관청에서 독자적인 수입원으로 채택한 항목들은 향촌사회의 상황과 유통경제의 발전 정도와 밀접히 관련되는 것이지만 또한 방만한 수취기구의 중층적 구조 속에 온존되어 있는 부분도 있었다. 한 가지 공통적인 점은 중앙정부나 상급관청으로부터 간섭이 미치지 않는 독자적인 항목이었다는 점이다.

우선 지방관청에 의한 '賣鄕賣任' 현상이 두드러졌던 점을 볼 수 있다. 이는 축적된 경제력에 바탕을 둔 평민들의 신분상승 의지와 결부되어 나타났다. 조선왕조는 班常간의 명분문제, 軍政의 폐단을 이유로 반대하였지만 각급 관청에서는 私募屬의 丁錢收入과 함께 주요 재정원으로 이를 활용하고 있었다. 즉 각 기관별로 饒戶·富民을 대상으로 賣鄕 내지 賣校하거나 新差된 鄕任·將校 및 校院生들로부터 新入禮錢을 받아 정규수입으로 삼고 있었다.[24]

다음으로 개별기관에서 적극적으로 설정하였던 契防村을 들 수 있다. 계방촌으로 설정된 里(戶)는 일정액의 契防錢만 납부하면 환곡의 勒配라든가 民庫의 각종 잡세를 면제받을 수 있었다. 대개 부촌·부호만이 계방

---

24) 지방관청에서 富民을 상대로 매향하였던 사례는 대단히 많다. 다음의 기사에서도 같은 사실을 살펴볼 수 있다. 『備邊司謄錄』176冊, 正祖 14年 4月10日, "定州前牧使吳大益 …… 稱以鄕案募民 富戶四百餘人許錄鄕案脅捧禮錢 人各五六百 未知其數至何". 또한 淸河縣의 경우 作隊色의 재정자금을 마련하는 데 鄕廳과 將廳에서 賣鄕賣校하여 각각 200, 100냥씩을 변출한 사례를 볼 수 있다(『嶺南淸河邑誌』附事例). 이와 같이 차입된 향임·장교들의 예전이나 교생·원생들의 新入禮錢도 해당기관의 수입이 되고 있었다. 光陽縣의 사례를 보면 다음과 같다(『光陽縣各所事例冊』에서 작성).

機關名	收入內譯
鄕校	校生新入禮木代錢 4兩씩 依例奉用
書院	院生新入禮木代錢 4兩씩 依例奉用
鄕廳	禮房別監, 各倉都監 新差時 元鄕 15兩, 新鄕 30兩의 鄕債錢을 公事別監이 責捧하여 該廳各項公用으로 사용
將官廳	新差將官例納錢 20兩을 方中中月 및 水陸操鍊시 雜費로 사용

이 되었고 이렇게 해서 발생된 요역의 감소분은 다른 里·戶의 추가부담
이 되었다.25) 계방은 지방민과의 이해관계에 의해 설정되었고 개별기관의
수입원이 되고 있었다.26) 또한 관속들의 개별 수입원으로 養戶·防結의
방법이 활용되는 예가 많았다.

이 밖에 다양한 항목들이 고유의 관행이나 불법적인 징봉기구에 의해서
부세와 같이 농민에게 부과되고 있었다. 이 같은 현상은 지방재정이 자율
적인 경제단위로서 전개되었음을 보여주는 것이다. 그러나 한편으로 대체
수입원의 규모와 종류가 증대 일로에 있었다는 것은 당시 일반 재정으로
해결할 수 없는 補正的 수요가 그만큼 많았음을 의미한다. 18세기 이후 지
방관청에서 활발히 전개시킨 식리사업(일종의 관청고리대)27)도 주요한 대
체수입원이었다.

2) 官廳殖利

조선후기에 이르러 화폐유통이 일반화됨에 따라 여러 계층 간에 화폐를

---

25) 다음 기사에서 富民·富村에 대한 契房 설정 사실을 살펴볼 수 있다.『備邊司謄
錄』159冊, 正祖 2年 6月 4日, "所謂契房之弊 則鄉中富民 締結官吏 出物和同 名
曰契房 以爲圖免軍役之妙方 貧民則不與此中 故凡干徭役 專使此輩當之";『備
邊司謄錄』210冊, 純祖 22年 11月 2月, "外邑契房 …… 一邑之內 饒實之村 悉爲
契房 歲以收賂 使免賦斂". 이 시기 계방의 운영실태에 대해서는『牧民心書』卷6,
戶典 平賦條 기사가 참조된다.

26) 豊基郁의 作廳에서 契房錢을 징수하여 재정으로 삼고 있었던 사실을 볼 수 있다.
『湖南豊基邑誌』附事例, "(戶長掌) 契房洞東村面雨陰 錢四十兩春秋分捧 (吏房
掌) 契房洞上里白石錢二十一兩 邱斗錢三十兩 陳沙錢十兩 每年九月捧上 以補
廳用事".

27) 官廳高利貸는 전기적 자본인 고리대자본의 속성과 전적으로 조응한다. 즉 자본이
대여된 후 일정 기간이 지나서 부가가치인 이자가 수반되어 회수되는 성격을 지
닌 것이다. 고리대자본이 존재하기 위해서는 우선 상품화폐경제가 전개되어 그 부
가 자연경제적 형태에서 화폐경제적 형태로 轉形될 수 있어야 하며, 시장관계 및
신용제도의 미성숙이 전제되어야 한다. 고리대자본은 현존의 생산양식과는 상관
없이 별도로 존재했다는 점에서 무매개적인 自己增殖運動이 가능했었고 우연적
·비법칙적으로 고리의 이자를 작출하고 있었다. 관청고리대는 이와 같은 고리대
일반의 속성 외에 準財政活動으로서의 공공성을 동시에 체현하고 있는 존재였다.

매개로 한 식리가 활발하게 전개되었다. 이 같은 식리는 사채인 민간고리 대와 官債·公債로 불리는 관청고리대로 구분되는데 각각의 운영형태는 당시 향촌사회의 변화·발전 정도에 의해 규정되고 있었다. 관청 식리의 범주에는 京各司衙門과 監營 이하 군현단위의 지방관청 및 兵營·水營의 軍門에서 시행한 식리활동이 포함된다. 본고에서는 이 가운데 지방관청이 관주도 하에 시행한 식리만을 서술대상으로 삼고자 한다.

지방관청에서 운영되는 식리는 크게 두 가지 형태로 나누어 볼 수 있다. 하나는 지방경비를 보충하기 위해 별도로 향촌내 특정계층(부민·상인)을 대상으로 고리로써 화폐를 대여하는 형태가 있고, 다른 하나는 본래 농민 의 부담인 잡역을 식리로 전환시킨 것으로서 전 향촌민을 대상으로 실시 되는 것이었다. 후자는 용도에 따라 독립된 각 기관의 실질경비(官屬의 朔 料·役價, 柴·炭 등 需用品) 마련을 위한 支放條의 명목과 농민의 잡역 부분 중에서 戶斂·結斂의 수세방법이 문제가 되자 변출방식을 식리로 전환시킨 抹弊條名目으로 다시 구분해 볼 수 있다.

차금자에게 대여되는 관청식리의 立本錢은 官備나 募民納錢의 형태를 지니고 있었다. 官備란 해당 관청내 留庫資金이나 軍門과 상급관청에서 대여받은 자금에 해당된다. 경우에 따라서는 납부기간의 시차를 이용하여 미리 거둔 조세를 대여하고 있다.[28]

조선후기 民庫는 지방관청내 기구의 하나로서 농민의 잡역을 변출하고 官需品을 제공하는 역할을 맡고 있었다. 따라서 민고에서 자산증식을 위 해 시행했던 식리도 관청식리 활동의 일환이었다.[29] 또한 향촌내 자치기구

---

28) 19세기말 醴泉郡에서 補役錢 7,087냥 5전 7분을 마련하는 데 있어서 "移施春納大同本錢 仍置民間 待秋幷什四利捧上"하였던 사례가 있다. 이는 납부기간의 시차를 이용하여 조세를 입본전으로 삼고 있는 경우다(『嶺南醴泉邑誌』附事例).

29) 조선후기 民庫의 기능에 대해서는 金容燮의 「朝鮮後期의 民庫와 民庫田」(『東方學志』 23·24合集, 1980)가 참조된다. 이 시기 민고는 각 지방마다 명칭이나 용도는 다소 상이하게 나타났으나 대개 '便宜防役之計'로서 성립한 것이다. 또한 "各邑 民庫用下에 官用이 혼입되어 弊가 된다"(『備邊司謄錄』 256冊, 高宗 12年 2月 27日)는 지적이 있듯이 官庫와는 그 성격이 분리되는 것이었다. 민고의 설치는 지방관이 자금을 대여해 주는 방법도 있었지만 대개는 해당 지방민에게 鳩聚되는

인 동계조직에서 관주도 하에 농민의 잡역부담·관청재정의 보충 명목으로 시행한 식리 역시 관청식리의 범주에 포함시킬 수 있다.[30] 이 밖에 환곡을 통한 식리도 주목된다. 종래 연구에서는 공채와 환곡을 동일시하고 있으나[31] 본래 환곡과 식리는 엄밀히 구별되는 것이다.[32] 환곡은 화폐가 아닌 순수 현물의 대여이고 진휼적 측면이 강했다는 점에서 관청식리와는 성격을 달리한다. 그런데 관청의 재정을 마련하는 데 있어서 錢還이 적극 이용되었고 錢·穀 간 相換取利의 경우가 많았다. 또한 식리로 인한 재정 파탄시 환곡의 給代를 통해 해결했던 사례를 흔히 볼 수 있다. 이와 같이 환곡의 운영과 식리는 상호 밀접히 연계되었기 때문에 관청의 재정보충책으로 환곡이 이용되는 측면에서는 병행 서술하고자 한다.

관청식리는 고리대 일반에서와 같이 일정 기간 대여한 후 이자가 첨부된 수봉과정에서 무매개적인 자기증식=고율의 이자획득이 가능하였다. 그러나 대여된 화폐가 운동과정에서 소멸되는 현상(指徵無處)이 쉽게 나타났다. 따라서 관청식리는 '官民兩利之計'의 용도로 시작되었지만 종국에는 官民의 散蕩을 야기시킨다는 지적이 많았다.[33] 이는 취약한 관청의 재정

자금이 동원되었다. 그러나 민고는 지방관청 내에 일 기구로서 편성되어 있었고 그 운영은 戶·結斂, 民庫田의 경작과 함께 官權에 의한 식리의 방법이 병행되고 있었다.

30) 이 시기 洞契의 성격과 기능에 관해서는 金仁杰의 「朝鮮後期 鄉村社會統制策의 위기 - 洞契의 성격변화를 중심으로 - 」(『震檀學報』 31, 1984)가 참조된다.
31) 宮原兎一, 앞의 논문, 1954.
32) 순조 24년 기사에서 환곡과 고리대가 혼입된 경우, 고리대가 指徵無處가 되면 환곡도 따라서 결축되는 폐단을 지적하고 구별을 엄히 할 것을 명하고 있다.
33) 『備邊司謄錄』 190冊, 正祖 24年 5月 2日, "兵曹參判李益運所啓 各道營邑放債殖利之弊 大關民隱 稱以補民 防役名色百千 而雖以生殖言之 或以什三 或以什五 低仰惟意 重歇無常 不出十年間 一境吏民都歸債藪 甚至於徵隣徵族 始也捄弊之方 終爲厲民之階 尾大難掉 莫可捄藥 臣意則 令廟堂行會諸道 凡係放債之規 一幷革罷 其中如或有關係軍民 不得不仍置者 則守令報于道臣 道臣報于廟堂 許令存其名色 而勿以錢分 幷爲作穀生殖之規 一依還分取耗 俾除小民切骨之弊恐好 故敢此仰達矣";『備邊司謄錄』 244冊, 哲宗 8年 12月 8日, "江原道暗行御史李昱鎬別單則 其一各邑殖利錢卽固民之痼瘼 今道臣收聚殖利節目 量其可否 隨宜存革 自今殖利 永革定式 諸道各邑之殖利捄弊 究其初則出於不得已也 而末流則欲

구조에 원인이 있었지만 관청식리 자체가 지니는 속성에서도 기인한 것이었다. 즉 관청식리의 운영과정에는 전기적자본인 고리대 일반이 속성으로 지니고 있는 폐단뿐 아니라 일반 부세의 수세과정에서 나타나는 폐해가 부가되어 있었던 것이다. 또한 사채는 자금대출자와 차금자 사이의 개별적인 규제에 의해 이자징수가 강제되는 데 비해, 관청식리는 준재정으로서의 공공성이 부가되어 봉건적 공권력에 의한 이자수탈이 철저히 수행되었던 면을 볼 수 있다. 더구나 富民·商人의 경우가 아닌 일반 차금자인 경우 勒給·勒奪의 소지가 다분히 개재되어 있었다.

당시 지방관청의 재정규모와 식리에 의해 마련되는 자금의 규모를 단일 척도재로 추출하는 데에는 다소 어려움이 있다.[34]

후대의 사례로서 「定平府新事例釐正冊」을 보면 1년 應捧條의 내역이 화폐로 계량되어 있어서 참조된다. 이에 따르면 元捧合錢 31,709兩 4錢 3分 가운데 結役收入 22,008兩, 身役收入 440兩 3錢 2分, 戶役收入 6,681兩 6錢, 雜役收入 236兩 4錢으로 이루어져 있고 식리수입이 2,293兩 1錢 1分에 해당된다. 식리의 立本錢은 永惠錢 명목 2,800兩을 포함하여 11,157兩

<표3> 지방관청의 殖利錢 운용규모

	地方官廳名	機關名	年度	總應捧(A)	殖利收入(B)	(B/A)%
①	江界府	瞻用庫	1804	288兩	160兩	55.6
②	全羅監營	均役庫	1855	7,642兩3錢3分	2,000兩	26.2
③	咸鏡監營	雇馬庫	1842	1,536兩1錢5分	1,236兩1錢5分	80.5
④	慈山府	勒庫	1870	1,018兩3錢	600兩	58.9
⑤	平安監營	大同庫	1788	5,675兩6分	5,352兩5錢4分	94.3
⑥	安州府	雇馬庫	1788	1,220兩	1,000兩	82.0
		大同庫	1788	3,466兩6錢5分	1,041兩2錢1分	30.0

* ①「瞻用庫節目」,『江州漫錄』②『完營各庫事例』③『咸營事例』④『慈山府邑事例』⑤·⑥「平安道民庫定例節目」에 의거하여 작성.

破不能 駿駿有流散蕩不得已也".
34) 각 지방사례에 나오는 1년 應捧條의 내역을 보면, 당시기 재정이 현물재정이었던 관계로 각종 재화와 노역의 형태로 흡수되고 있다. 따라서 총 재정 규모를 화폐로써 계량하는 데에는 다소 무리가 따른다. 또한 사례에 기록된 수치의 가신성 여부가 문제 되기 때문에 우선 경향성·운영형태를 살펴보는 데 적합한 것으로 보인다.

9錢 8分에 달하며 이자율은 年2割이었다.[35] 이 밖에 식리수입이 명시되어 있는 몇 기관의 사례를 추출해 보면 <표 3>과 같다.

이상에서 규정한 몇 가지 문제점을 염두에 두고 18세기 각 지방의 재정상황과 식리전의 운영실태를 검토하고자 한다.

3. 18~19세기 지방관청의 殖利活動

1) 18세기 지방관청의 재정상황과 殖利의 전개

고리대 일반은 고대 삼국시대 이후 조선전기에 이르기까지 다양한 貸借關係를 형성하면서 전개되어 왔다.[36] 전통사상에서도 식리는 이자제한의 원칙이 지켜지는 한 '富는 貧의 母'라는 관점에서 허용되고 있었다. 이에 따라 민간고리대인 私債는 물론 관청이나 봉건지배층의 殖利조차 성행했던 것으로 보인다.

숙종 4년(1678) 常平通寶가 법정화폐로서 통용되기 시작한 이래 조선후기 향촌사회는 화폐경제의 비율이 점차 증가되고 있었다. 반면 화폐보급을 둘러싸고 새로운 문제들이 제기되었다. 가령 조세의 貨幣納[37] 과정에서 국가에 의한 作錢規定과 실질적인 곡물가격 구조가 상치된다거나 일원화된 折價式이 형성되지 못한 데 따른 모순이 드러나고 있었다. 특히 향촌에서는 '富者藏置'라 일컬어지는 것처럼 화폐가 일부 계층에게만 편재됨에 따라 화폐유통량이 크게 부족되는 錢荒현상이 심각하였다. 부민·상인들은 화폐집적을 통해 화폐가치의 상승을 도모하고 화폐적 수요가 발생한

---

35) 『北關定平邑誌』附事例.
36) 白南雲, 『朝鮮封建社會經濟史(上)』, 1937, 795~808쪽 ; 宮原兎一, 앞의 논문, 1954 ; 徐吉洙, 앞의 책, 1978.
37) 상품화폐경제의 발달에 따라 화폐유통이 확대되고 국가에 납부하는 租稅(軍布·大同)도 화폐납으로 전환되고 있었다. 17~18세기 금납조세에 관한 연구로는 방기중의 「17·18세기 前半 金納租稅의 성립과 전개」(『東方學志』 45, 1984)가 참조된다.

농민들에게 대여함으로써 막대한 이윤을 남기고자 하였다. 조선왕조에서
는 鑄錢사업을 거듭 실시하여 전황현상을 해결하고자 했으나 유통에 필요
한 화폐의 수요량에는 크게 미흡하였다. 더구나 미숙한 신용제도의 영향과
취약한 교통사정과 시장사정으로 인해 원활한 화폐보급이 이루어질 수 없
었다. 당시 "用錢之權 不在於國而在於富者 故操縱貴賤於富者之手"[38]라
는 표현은 조선왕조의 어려운 입장을 잘 보여주고 있다.

전황이 만연된 상황 하에서 곡가의 季節變動差·地域差 價格構造의 차
이를 이용한 식리가 크게 성행하고 있었다. 여기에는 錢穀간 相換取利하
는 방법과 還分例에 따라 화폐를 분급한 후 원급과 이자를 미곡으로 수봉
하는 錢還의 방법이 있었다. 향촌에서 성행하였던 '立本取殖'은 다음과 같
았다.

私家生殖 無有限節 或有月捧其殖 歲末周而至倍者 至於穀貴之時 以穀
折錢 以錢給利 如一斗米折錢一兩 春貸之 至秋捧二兩 而以米計之 殆
過四五倍[39]

今日錢債隨豊歉而加減 多者償十餘倍 少者猶三四五六倍 盖欽歲春貸一
兩 僅貿米一二斗食之 秋價二兩則用米十餘斗 此固十倍也[40]

춘궁기의 곡가 상승시 화폐를 出貸하였다가 추수기에 곡가가 하락하였
을 때 원금과 이자에 해당되는 미곡을 징수하는 것이다. 지역에 따라 곡가
의 차이는 있었지만 원금과 이자에 비해 거의 4~5배가 넘는 償還이 이루
어지고 있었던 셈이다. 따라서 순수히 화폐를 분급하고 해당 이자만을 수
봉하는 給債보다 훨씬 많은 이익을 누릴 수 있었다. 이 같은 取殖행위는
향촌내 토호나 부민들의 사적인 대차관계에서 주로 볼 수 있으나, 그 밖에
수령과 관속들도 재정자금을 마련하기 위해서 시행하고 있었다.

---

38) 『備邊司謄錄』88冊, 英祖 6年 12月 12日.
39) 『備邊司謄錄』71冊, 肅宗 44年 9月 16日.
40) 『備邊司謄錄』96冊, 英祖 10年 8月 23日.

守宰者 俵散錢穀於民間 以殖利取贏爲能事 方春穀貴之時 以穀計錢而
給民 秋成穀賤之後 以錢計穀而輸官[41]

한편 지방관청의 給債는 留庫錢·穀을 대여하거나 賑貸라는 형식을 빌
어 실시되고 있었다. 지방관청에서는 給代 및 補賑의 명목으로 대여받은
자금의 일부를 支放이나 賑恤 용도에 사용하고, 남은 자금은 상환을 목적
으로 甲利·長利의 고리대를 개설하는 경우가 많았다. 상급관청에서 대여
받은 자금은 일정 기간 내에 準捧하도록 규정되었기 때문이다.[42] 18세기
이래 京司各衙門이나 軍門에서 시행한 식리 사례는 대단히 많다.[43] 이 부
분에 대한 검토는 다음 기회로 미루고, 본고에서는 18세기 지방관청의 사
례를 중심으로 재정상황과 식리의 운영실태를 결부시켜 서술하고자 한다.
서술 대상지역은 留守가 파견되었던 開城府, 三道水軍統制使의 軍營인
統營과 東來都護府 및 慶尙監營·黃海監營이다.

(1) 開城府

四留守府의 하나로서 官長인 留守는 세종 20년에 임명되었고 예종대에
京官職으로 편입되었다. 종2품의 유수 2인 가운데 1인은 京畿觀察使가 겸
임하였다. 정조 6년(1782)에 成冊된『松都誌』에 따르면, 개성부에는 각 政
廳機關이 소속되어 있는 管理營과 東將官廳·西執事廳이 소속된 廳候堂,

---

41)『備邊司謄錄』71冊, 肅宗 44年 12月 16日.
42) 숙종 45년 長興府에서 대여받은 자금의 절반을 補賑하고 나머지는 민간에 분급하
    여 장리로 취식하였는데, 몇 년 사이에 1냥의 식리전이 8냥으로 늘어나 큰 문제로
    대두한 사례가 있다(『備邊司謄錄』72冊, 肅宗 45年 10月 15日). 또한 경종 4년의
    기사에서는 보진 명목으로 대여받은 자금의 상환을 목적으로 지방관청에서 利上
    加利의 식리를 전개시키고 있는 상황을 지적하고 있다(『備邊司謄錄』75冊, 景宗
    4年 2月).
43) 당시 중앙관청과 軍門에서는 鑄錢事業이나 자체 환곡의 증설, 對淸使節에 대한
    銀貨 대여 등의 방법으로 별도의 재정자금을 마련하고 있었다. 또한 식리도 적극
    활용하고 있는데 다음의 기사는 議政府와 中樞府의 식리운영에 관한 것이다.『肅
    宗實錄』卷57, 肅宗 42年 1月 甲寅條, "近來各衙門 或有貸出銀貨 殖利補用之例 至於
    政府·樞府體貌尊重 而因循襲 實涉苟且 請自今申飭 大段公用外一倂防塞".

각종 齋儀를 주관하는 分奉常寺(有司 1인·書吏 2인) 및 使客支供億之需
를 담당하는 大同庫(有司 2인)가 있어서 제반 행정실무를 관장하고 있었
다. 이 밖에 司倉, 田籍廳, 平市廳, 典守廳, 需米廳, 惠民廳, 軍需廳, 勅需
廳, 武庫, 工房庫, 泰安倉, 粘店屯, 訓練院, 禁盜廳, 巡廳 등이 설치되어
통치사무를 보조하였다. 관속들의 직역은 營屬 堂上軍官 50인, 營軍官
150인, 禁盜軍官 20인(軍士 14인), 補城軍官 100인, 書吏 40인(分六房, 保
率 240인), 廳直 25인(保率 75인), 各廳都房子 90인 등으로 나타나고 있다.
　영조 2년 개성부의 總應捧額은 白金(銀) 1만 2천~3천 兩, 田稅大米
300石, 太 450石, 軍布錢 9천여 兩에 이르렀다.[44] 그런데 壬辰改量시 기준
으로 田 1,740結, 畓 1,008結 13負 44束에서 수세되는 각종 토지수입과 商
稅·蔘稅 등의 정규수입으로는 京司에 대한 상납비용을 제외한 자체경비
의 변출에 많은 어려움을 겪었던 것으로 나타난다. 지출항목 가운데 큰 비
중을 차지하는 것은 각 관청의 경비나 장교 군병들의 支放費였는데 그 외
부정기적인 대규모 勅需 마련에 많은 자금이 소요되었다. 이에 따라 개성
부에서는 다음과 같이 자체적으로 식리를 운영하여 田結 및 賦稅收入만으
로는 부족한 부분을 보충하고 있었다.

　本府 元無賦稅所入 專以錢貨 給債取邊 以作經費[45]

　本營放債之規 大異於他道他營 壯士之支放 日用之成樣 專靠於殖利[46]

　개성부의 식리는 주로 市民(특히 부민·상인)을 대상으로 운영되었는데
유통경제의 중심지였던 지역적 특성과도 밀접히 관련되어 있었다.[47]
　18세기 전반 개성부의 고리대는 이자율 年2割로써 운영되고 있었다. 그

44) 『備邊司謄錄』 79冊, 英祖 2年 3月 20日.
45) 『備邊司謄錄』 135冊, 英祖 34年 10月 6日.
46) 「松營放債節目」.
47) 『備邊司謄錄』 79冊, 英祖 2年 6月 18日, "松都 自前收斂銀貨於市民 存本取殖 以
　　應公用者 其來旣久".

런데 영조 4년 조선왕조는 개성부에 대해 公債의 법정이자율(年1割)을 준수하도록 하였다. 개성부는 冬至謝恩使나 勅使에 소요되는 제반 勅需와 春秋間 中江開市 資送之銀, 軍兵·將校의 給料 등 자금변출에서 半減된 이자수입으로 인한 어려운 상황을 보고하였다.[48] 영조 5년 7월 12일 유수의 狀啓를 보면, 당시 개성부의 재정규모와 식리전의 운용내역을 파악할 수 있다. 이에 의하면 개성부의 1년 예산은 1만 7천 냥인데 종전에는 立本錢 9만 냥에 대한 年2割의 이자수입으로 충당했다고 한다. 그러나 이자율 변경조치에 따라 年1割의 이자를 수봉하면 수입이 9천 냥에 그치기 때문에 정상적인 재정운영이 힘들다는 것이다. 따라서 이자율을 환원시켜줄 것을 건의하고 개성부의 식리는 일정수의 商賈를 대상으로 실시하는 것이기 때문에 일반 농민에게는 별 피해가 없다는 점을 강조하고 있다.[49]

개성부는 이자율 제한에 따른 이식 감소와 支勅費를 비롯한 재정수요의 확대에 따라 점차 재정압박에 직면하였고, 이후 19세기 중반에 이르기까지 중앙정부로부터 계속적으로 탕감조치와 함께 일정량의 재원을 給代받았다.[50] 정조 11年(1787)의 「松營一年捧下文書」를 통해 당시 개성부에 취해 졌던 蕩減·給代조치를 살펴보면 다음과 같다.[51] 당해 연도 개성부의 1년 應入錢은 19,680냥인 데 비해 應下錢은 무려 36,650냥에 달하고 있다. 개성부에서는 부족한 차액 16,970냥을 보충하기 위해 다음과 같은 네 가지 방안을 강구하였다. ① 蕩債시 식리전의 本錢은 상쇄하고 이자 5,140냥은 수봉한다. ② 不緊名色의 비용을 절감하여 3,230냥을 마련한다. ③ 중앙정

---

48) 『備邊司謄錄』 84冊, 英祖 4年 10月 1日.

49) 『備邊司謄錄』 86冊, 英祖 5年 7月 12日, "松都物力 無他歲入 只以本銀九萬兩捧二分之利 一年之息 爲一萬八千兩 而什二邊爲什一之後 只捧九千兩 以一年用度計 …… 合爲一萬七千兩 …… 松都異於他道 從前什二給債 此非遍及於民 只抄置略干商賈 以時斂散 故已成規例 如前徵捧 旣無厲民之害 減利收入 亦無及民之惠".

50) 開城府에 대한 급대내역을 보면 英祖 34년의 경우 摠廳籌役의 위임, 平安監營錢·海西詳定米의 대여가 있었고(『備邊司謄錄』 135冊, 英祖 34年 10月 6日) 純祖 23년의 경우 還耗會錄條中 6만 석을 지급받고 있다(『備邊司謄錄』 211冊, 純祖 23年 6月 18日).

51) 『備邊司謄錄』 171冊, 正祖 11年 12月 16日.

부로부터 급대받은 鑄錢餘利 2,000냥은 田結에 分給하여 식리하고, 關西小米 1만 석의 1年耗米는 농민에게 분급한 후 그 耗米를 作錢하여 5,000냥을 마련한다. ④ 나머지 부분은 舊債를 量宜收捧하거나 商稅를 받아서 마련한다.

개성부의 재정내역 가운데 田結·戶役·商稅 수입 외에 殖利錢에 의한 이자수입이 큰 비중을 차지하고 있던 상황을 거듭 확인할 수 있다. 개성부에서 운영하는 식리는 各庫原錢을 立本錢으로 하여 기관별로 다양하게 시행되었고[52] 주요 차금대상으로는 앞서 서술한 대로 부민이나 상고들이 등장하고 있다.[53] 이 같은 사실은 정조 18년(1794)의 「松營放債節目」에 의해서도 살필 수 있다. 동 절목에는 무신년(1788)의 蕩債조치 이후 다시 指徵無處가 된 부분을 제외하고 重記 내에 기록된 각종 未收條에 將吏·軍卒·京外懸保之債를 수봉한 3만 928냥의 분급방법이 규정되어 있다. 債錢의 분급방법은 종전처럼 「富人成冊」에 의해 차금자인 富民들을 상·중·하로 3등분하여 각각 1,000·500·300냥을 분급하고 나머지는 平均分給하게 하였다. 이는 부민들의 상환능력을 고려한 배분방법이었다고 여겨진다. 운영방법은 원금은 그대로 두고 일정기간 내에 이자만을 수봉하도록 하였는데, 별도로 담당자인 監色에 대한 책임사항을 명문화시키고 受債富民과 懸保와의 관계를 분명히 하여 혼재되는 사례가 발생하지 않도록 하였다. 주목되는 사실은 중간담당자로서 馴僧을 두어 수시로 受債富民들의 상황을 파악하게 한 점과 成冊 중 存拔 여부를 공론에 따라 결정하였다는 점이다. 바로 2중3중의 안전장치를 통해 식리전의 中間見失을 막으려는 방

---

52) 다소 후대인 순조 21년의 기사로서 당시 開城留守 吳翰源의 疏에 따르면, "百道需用俱無出處 自前彌縫之方 專靠於殖債一路 所謂殖債者 各庫原錢 斂散取利者也"라고 하여 司倉·軍需庫·勅庫·典守庫·營庫·別應庫 등의 기관이 식리에 의해 재정자금 변출이 이루어지고 있음을 지적하고 있다(『純祖實錄』卷24, 純祖 21年 11月 丙子條).

53) 開城府에서 운영하는 식리전의 주요 給債者는 富民과 各廛 상인(『長房完論』書廳 기사 참조)이었는데, 그 밖에 長湍府·礪峴鎭 및 京城內 사대부도 등장하고 있다(「松營放債節目」;『備邊司謄錄』86冊, 英祖 5年 7月 12日;『備邊司謄錄』212冊, 純祖 24年 3月 1日 기사 참조).

책이었다. 개성부에서는「富民成冊」의 예를 관주도 식리의 전형적인 시행
방법으로 삼아 다른 기관에도 이에 따르도록 하였고, 各庫의 1年 所給之
債數와 借金者의 姓名을 구체적으로 기재하도록 하였다.

18세기 전 시기에 걸쳐 개성부의 재정상황은 제한된 수입에 비해 과다
한 應下가 문제가 되어 정상적인 재정운영이 힘들었던 것으로 나타난다.
지출내역 중 과다한 勅需·將卒의 給料 및 제반 邑中所用分의 경비변출
에 많은 자금이 소요되었다. 개성부에서는 그 부족분을 해결하기 위해 田
結·戶役·商稅 수입 등 기존 수입원의 증내를 도모하면서 한편으로는 당
시 성행하였던 식리를 적극 이용하였다. 식리전의 운영방법을 보면, 중간
담당자(監色·駔僧)를 두고 차금자로서는 확실한 상환이 보장되는 부민·
상인이 등장하고 있다. 그러나 식리에 투여된 자금이 운동 과정에서 중간
소멸되는 경우가 많았고 실질적인 재정수요가 증대됨에 따라 중앙정부로
부터 거듭 蕩減·給代를 받고 있었다.

(2) 統營

三道水軍統制營은 선조 26년(1593) 閑山島 내에 설치되었는데, 당시 全
羅左水使 李舜臣을 統制使로 임명하여 경상·전라·충청 3도의 수군을
관장하도록 하였다. 임란 직후인 선조 37년(1604)에 固城縣 頭龍浦로 위치
를 옮겼고 종2품 통제사로 하여금 慶尚右水使를 겸임하도록 하였다.

統營은 '邊防之重地', '募民之處'라는 표현처럼 조선 수군의 근거지로서
대규모 병력이 편재되어 있었고, 소용되는 재원의 대부분은 타 지역으로부
터의 수납으로 마련되고 있었다. 통영은 자체적으로 보유한 軍餉(會付米
·會外米·別餉米·船價米·帖價米 등)[54]을 삼남의 각 邑鎭에 散在시켜

---

54) 英祖 35년(1759)에 成冊된『輿地圖書』에서 統營의 軍餉條를 정리하면 다음과 같다.
   ◦ 八戰船別餉米(3,793석 9두 8승 5합), 軍糧米(142석), 味倉(15석), 蒸米(26석)
   ◦ 補餉米(6,638석 10두 8승 8석), 租(42,109석 14두 4승 5합 9석), 船價米(47석 12
     두 5승 3합)
   ◦ 各邑鎭所在別餉米(29,553석 8두 3승 3합), 各鎭所在船價及帖價米(991석 13두
     6승 4합 9석), 租(551석 3두 8승 3합 2석)

還分例로 取耗하거나 作錢후 運納하게 했다. 정조 22년의 "統營壯士支放
之需二萬餘石專靠於三道耗條"[55]라는 기사내용은 還耗의 수입이 주요 재
정원이었음을 보여준다. 이 밖에 屯租 및 현물인 鄕貢 수입이 있었다. 그
런데 통영에서는 부족된 재정자금을 보충하기 위해 별도로 各廳내 留儲된
자금으로 轅門 외 11개 洞에 量宜分屬시켜 식리를 운영하고 있었다. 가령
79개에 달하는 各庫·廳에서 개별적으로 재정자금을 변출하기 위해 다음
과 같이 殖利를 운영하고 있었다.

　　統營各廳留儲名色甚多 專以存本取利 以爲資用[56]

　　本營近甚凋弊 一年公下 無路排用 以本營留庫錢 散債民間 取其殖利
　　以委添浦之資 以一營公用之需 籍民間取利之物[57]

　이와 함께 統營便分錢(統營立本錢)이라는 명목으로 各營邑鎭을 대상으
로 한 식리를 시행하였다. 영조 연간에 시작된 동 식리전은 헌종 11년 貸
下記簿錢이 10만 7,100냥에 달하였고 이자율은 年2割로 운영되었다.[58]
　통영에서 재정부족을 이유로 加下의 식리활동을 계속함에 따라 중앙정
부는 별도의 재원을 給代한 사례가 많았다. 예를 들어 영조 29년에 "欲除
軍民一分之弊 罷本營便分之事 而充補於殖利公用之數"[59]를 위해 1만 냥
을 計給해 주었고 영조 39년에는 三南各邑에 散在된 耗米 중 매년 2,000
석을 均廳에 移納하고 그 대신 均廳에서 관장하는 영남지방의 稅錢 중 1
만 냥을 획급하여 應下之數에 補用하게 하였다.[60]
　주목되는 사실은 통영에서 "以錢分給於春間 以穀收捧於秋後"[61]하는

　　。會付米(32,213석), 皮雜穀(3,829석 5두), 會外米(95,023석 1두), 皮雜粹(27,563석)
55) 『備邊司謄錄』187冊, 正祖 22年 4月 29日.
56) 『備邊司謄錄』126冊, 英祖 29年 12月 9日.
57) 『備邊司謄錄』144冊, 英祖 39年 9月 28日.
58) 『備邊司謄錄』232冊, 憲宗 11年 2月 6日.
59) 주 56과 동일.
60) 주 57과 동일.

錢還을 통해 많은 이윤을 누리고 있었다는 점이다. 이 과정에서 춘·추 간
의 계절변동차, 영·호남 간의 곡물가격 차이를 적절히 이용하고 있었다.
정조 2년 漢城判尹 蔡濟恭이 "嶺沿貿穀 盖出於湖南穀船運之代 湖南作
錢 則必以高價爲捧嶺沿還穀 則反以廉直作還 以所以爲利於統營 而貽弊
於沿民也"62)라는 지적한 것처럼 耗條를 수봉하는 과정에서 호남지방에서
는 運納의 폐해를 내세워 고가로 執錢하고 영남 연해의 읍에서 낮은 가격
으로 換穀하였다. 통영은 貿米立本時 생긴 차액을 재정자금으로 삼고 있
었다. 당시 統營各穀의 수납과 統營便分錢의 過徵을 둘러싸고 많은 문제
점이 나타나고 있는데, 이는 후대인 1862년 삼남농민항쟁에서 이정되어야
할 폐단으로 지적되었다.63)

통영은 將卒의 支放費를 비롯한 재정의 대부분이 삼남 각 지방에서 운
납된다는 재정구조상의 특성을 지니고 있었다. 그리고 자금 변출과정에서
식리전의 운영, 還耗의 납부방법(本色上納·作錢)을 둘러싸고 제 문제가
발생되어 항상 중앙정부의 관심을 집중시키고 있었다.

(3) 東萊府

이곳은 지리적 위치로 인하여 일찍부터 일본에 대한 외교·무역의 중심
지로 가능하고 있었다. 이에 따라 동래부의 재정내역 가운데 '給倭米太木
雜物捧用秩'이 별도로 설정되어 있었고 경상도 71개 지역에 걸쳐 魚價米·
倭料米(太)·位太作米·公作米·公木 명목으로 재원을 염출하고 있었다.

광해군 원년(1609)의 己酉條約을 통해 왜와의 국교가 재개되었다. 조선
정부는 德川幕府에 정식으로 통신사를 파견하였으나 실질적인 양국 간의

---

61) 『備邊司謄錄』 159冊, 正祖 2年 10月 12日.
62) 주 61과 동일.
63) 당시 호남지방은 高價執錢의 폐해를 제기하였고, 嶺南의 尙州·善山·星州지방
은 統營穀의 本色上納과 詳定價上納에 따른 이해관계를 둘러싸고 문제를 제기하
였다(「鍾山集抄」, 『壬戌錄』 231쪽). 이후 중앙정부가 반포한 三政釐整策에서 統
營에 대한 급대는 특별히 恒留穀價에 따라 매석 5냥씩 결정 중에서 지급해 주고,
湖南山郡과 湖西各邑은 本色으로 수송할 것을 규정하고 있다(「釐整廳謄錄」 還
政條, 『壬戌錄』 339쪽).

외교무역은 對馬藩과 동래부를 통해 이루어졌다. 對馬藩에서는 조선정부에 대해 1년에 여덟 차례에 걸쳐 정례사신인 八送使와 差倭(參便使)를 파견하였고 조선정부에서는 1603년부터 問慰行이라 일컬어지는 사신을 파견하였다.

양국 간의 무역은 草梁倭館을 중심으로 전개되었는데, 형태에 따라 官營貿易과 私貿易으로 구분되었다. 조선정부에 대한 封進과 公貿易은 품목과 액수가 고정된 定量貿易이었던 반면 開市大廳에서 조선상인과 對馬島 상인 사이에 이루어진 사무역에는 이 같은 제한이 없었다. 주요 거래품목은 조선의 인삼과 중국산 생사(백사) 견직물이었고 일본에서는 그 대금으로 은(丁銀)을 지급하였다.[64] 동래는 중국과 일본의 교역을 중개하는 역할도 담당했던 셈이다.

사무역이 번성하였던 17세기 후반에서 18세기 초반에는 人蔘對倭銀의 거래량이 급증하여 한때 30만~40만 냥에 달하기도 하였다. 이에 따라 동래부에서는 被執蔘에 부과된 10분의 1세 수입이 증가하였다.

倭館開市之初 萊府商賈 專以蔘貨 換貿倭銀 基利甚厚 故從其被執什一納稅[65]

日本不與中國相通 所用燕貨 皆自我國萊府專買入去 故一年倭銀之出來者 殆近三四萬兩 本府收稅十分一 而又三分其稅 二納戶曹 本府用一 故能支用矣[66]

동래부에서는 蔘稅收入 중 3분의 1은 자체 경비로 전용하였는데 그 규모가 적지 않았기 때문에 중앙정부의 給代 없이 支用이 가능했던 것으로 보인다.

그러나 18세기 중엽부터 일본은 長崎島에서 중국과 직접 거래하는 入貿

64) 田代和生, 『近世日朝通交貿易史の研究』, 1981, 167~196쪽.
65) 『萬機要覽』財用篇5 單蔘條.
66) 『備邊司謄錄』134冊, 英祖 34年 1月 5日.

易을 강화시키고 종전 인삼수입을 위해 주조했던 高純度의 人蔘對 往古
銀의 사용을 제한시키면서 은의 유출을 방지하고자 했다. 이에 따라 왜관
을 중심으로 전개되었던 인삼무역은 중요성이 감소되고 이후 양국은 銅을
비롯한 소량의 물품거래에 그치게 되었다.[67]

동래부에서는 본래 結役수입과 還耗수입, 海稅十一條·巫稅·開市稅
등의 잡세 수입으로 年例公用 및 官用으로 삼고 있었다.[68] 그러나 왜관무
역이 위축되면서 수세량이 감소되고 經用이 어려워져 대체수입원을 적극
모색하게 되었다. 그 가운데 하나로 동래부는 각 기관내 留庫된 錢 12,800
여 냥의 식리전을 年2割의 이자율로 東萊府民에게 분급하였다.[69] 이곳 동
래부내 각 기관에서 捄弊 및 支放名目으로 운영한 식리전의 실태는 다음
절에서 19세기 사례를 중심으로 검토하고자 한다.

(4) 慶尙監營

경상감영에서는 南倉錢으로 대표되는 식리가 운영되고 있었다. 정조 4
년 암행어사 李時秀의 다음 別單에 따르면, 감영내 각 기관의 재정보충을
위해 식리가 전개되고 있음을 알 수 있다.

> 此南倉本錢 以前後道臣之別備 …… 其放債殖利 不過爲營各庫需用之
> 資矣[70]

정조 5년 경상감사 李文源의 狀啓를 보면, 30여 년 전에 시작된 동 식리
전은 규모가 16만 냥에 이르고 年2割의 이자율로 운영되고 있었다. 식리전
의 용도는 "進上駄價 江都添餉 防民役 城役軍器修補" 명목에 해당하며
부채자는 大邱境內에 거의 1,000여 명에 달하였다.[71] 정조 5년 6월 중앙정

---

67) 田代和生,「對馬藩と倭館貿易」,『朝鮮通信使』, 東湖書館, 1982, 97～117쪽.
68)『賦役實總』6冊, 東萊 本官捧用條.
69)『備邊司謄錄』134冊, 英祖 34年 4月 9日.
70)『備邊司謄錄』161冊, 正祖 4年 12月 27日.
71)『備邊司謄錄』162冊, 正祖 5年 4月 15日.

부에서는 督徵과 隣徵의 폐해가 속출하자 식리를 중지시키고 각 기관의 需用을 위해 19,800냥의 給代를 시행하였다.[72]

(5) 黃海監營

영조 50년 감사 李宅鎭의 狀啓에 따르면, 황해감영에서 재정자금 1만 4,400여 냥을 마련하기 위해 各庫錢 72,000냥을 立本錢으로 삼아 식리를 시행하였다.

> 營本州每年應下 爲一萬四千四白兩 而他無拮据之道 以各庫錢七萬二千兩散給民間 收捧利錢一萬四千餘兩 以爲繼用之地 故貧殘民卒積困於公債 擧有漁散之心[73]

당시 감영식리의 이자율은 年2割이 적용되고 있었다. 그런데 앞선 甲申年(영조 40)에도 중앙정부로부터 債錢을 탕감받은 사례가 있어서 식리전의 운영이 계속되었던 상황을 가늠할 수 있다. 후대인 순조 13년(1813) 황해감영에서는 還逋 13,700석, 債錢難捧 12,500냥이 발생하자 收捧이 가능한 식리전 7,500냥과 補民庫·戶庫錢 10,000냥으로 作穀하여 "春以貿米例分給 秋以詳定價收捧"하는 방법으로 결축된 재정을 복구하고자 하였다.[74] 봄에는 2兩 5錢으로 각 읍에 분급하고 가을에는 이자까지 합한 3兩 8錢을 收捧함으로써 거의 年5割의 이자율을 적용시키고 있었던 것이다.[75] 또한 순조 22년 감영내 巡牢·撥馬·軍需 3庫에서 營校의 관장 하에 年4割의 이자로 식리를 전개하여 군수를 마련한 사례가 보인다.[76]

(6) 支勅의 經費辨出

72) 『備邊司謄錄』 162冊, 正祖 5年 6月 10日.
73) 『備邊司謄錄』 156冊, 英祖 50年 8月 25日.
74) 『備邊司謄錄』 203冊, 純祖 13年 2月 25日.
75) 『備邊司謄錄』 205冊, 純祖 16年 4月 8日.
76) 『備邊司謄錄』 210冊, 純祖 22年 11月 3日.

朝貢制度는 중국을 중심으로 구축된 동아시아의 질서체계를 상징하는 것으로서 존속되어 왔다. 조선정부는 중국에 대해 연 2회의 정기적인 使行 (冬至使·謝恩使)과 別使를 파견하였다. 그 중 對淸使行의 수효는 淸入關 후인 인조 23년(1645)부터 고종 30년(1893)에 이르기까지 모두 700여 회에 이른다.[77] 대청사행의 규모와 조직은 숙종 27년(1701)에 정례화되었다. 이에 따르면, 정원이 正使·副使·書狀官 각 1명과 大通官 3명, 押物官 24 명이었다. 그러나 각종 직책을 가진 인원이 함께 수행하였기 때문에 대체로 300명의 인원과 馬匹 200필 정도의 규모였다.

청왕조에 대한 歲幣와 더불어 대규모 사행이 北京을 왕래하면서 소요되는 비용은 막대한 것이었다. 당시 중국은 은본위제가 확립되었기 때문에 사행들의 白金지참은 필수적인 사항이었다. 대체로 正官 30명이 평균 6만 냥에서 7만 냥 정도의 은을 소지하였던 것으로 기록되어 있다. 이 시기 戶曹·兵曹의 각 아문, 平安監營·開城府·義州府와 같은 제 기관에서 사행에 대한 白金의 대여사례가 대단히 많았다.[78] 사행들은 대여받은 은으로 燕貨를 買入하거나 官帽貿易을 행하기도 하였다.[79] 사행의 衣資와 路需는 원칙적으로 戶曹 및 宣惠廳에서 지급되는 것이었다.

그러나 실질적으로 국내에서의 支供分은 沿路의 각 지방이 부담하도록 하였다. 이에 따라 燕行이 시행될 때마다 경성에서 의주에 이르는 24개 지방관청에 공문을 발송하여 沿路收捧을 행하고 있었다.

---

77) 全海宗, 『韓中關係史硏究』, 1970, 65쪽.
78) 부족한 路費를 보충하기 위해 人蔘 8包를 소지하게 함과 동시에 직접 은을 대여해 주는 경우가 많았다. 『備邊司謄錄』73冊, 景宗 1年 7月 8日, "近日各軍門各衙門銀貨 每行許貸 未及收拾" ; 『備邊司謄錄』73冊, 景宗 1年 7月 19日, "訃使行中 …… 本曹[戶曹 : 인용자]銀子 元無應捧之規 不過每年使行時 貸給譯官等處 捧其邊利 以爲需之地".
79) 『備邊司謄錄』130冊, 英祖 32年 3月 24日, "官銀八千兩內 六千四百兩 分給員譯中 稍實者 使之買取燕貨 至京買賣 料理取息 以滿八千之數 還償於箕營 而其料理取息 …… 以二周年定限". 官帽貿易도 買取燕貨의 방법과 유사하게 대여받은 은으로 燕京에서 모자를 구입해다 조선내 상인들에게 판매해서 이윤을 남기는 것이었다. 한편 중앙 각 기관에서는 2년을 기한으로 원금과 함께 많은 이자(帽子 每隻當 은 18냥)를 수봉하여 재원으로 확보하였다.

한편 勅使의 支待費(勅需)를 살펴보면 다음과 같다. 칙사는 인조 14년(1636)부터 고종 17년(1880)까지 247차례에 걸쳐 파견되었다. 그 가운데 78회는 조선의 연행사절에 順付되어 실시되었다.[80] 여기에서는 沿路 각 읍의 재정상황과 관련하여 勅需의 변출문제를 서술하고자 한다.

對淸使行과 같이 勅使의 迎接·接待·餞送에 소용되는 재정의 일부도 연로에 위치한 지방에서 마련되고 있었다. 그러나 地方留置米의 용도에는 勅使·山陵과 같은 부정기적인 사안에 대한 지급규정이 없었다. 따라서 정규적인 勅需 명목의 세원이 없는 상황에서 支勅이 빈번하게 실시되고 있었던 셈이다. 해당 관청은 "西路巨役 莫加於支勅一款 而不能預爲備"[81]라고 표현할 만큼 이를 커다란 부담으로 여기고 있었다. 당시 개성부를 비롯한 兩西(關西·海西)의 많은 관청에서는 별도로 기구(勅庫·勅需庫)를 설치하고 식리와 미곡의 取耗수입을 통해 자금을 마련하였다.[82] 또한 사행이 실시될 때마다 향촌내 부민들을 상대로 募民納錢하기도 했다. 勅需庫의 운영을 담당하는 勅庫監·支勅都監에는 재정능력을 보유한 부민들이 差任되었다.[83]

연로의 지방에서 勅需 명목으로 시행한 식리 사례를 살펴보면 다음과 같다. 개성부의 경우 숙종 46년(1720)부터 영조 1년에 걸쳐 12회의 支勅을 치르는 동안 45,000냥의 자금이 소용되었다. 이의 보충을 위해 대여받은 北路還穀 1만 석의 耗穀수입을 도모하고 유치된 자금으로 對民間 식리를 개

---

80) 全海宗, 앞의 책, 1970, 75쪽.
81) 『備邊司謄錄』 80冊, 英祖 2年 7月 7日.
82) 후대인 1870년(高宗 7) 慈山府 勅庫의 재정 내역을 보면 다음과 같다. 도합 1,018냥 3전의 수입 내역은 식리수입 650냥(立本錢 3,000냥 매삭 2분리), 小米 900석의 耗米作錢價 270냥과 屯米 45석 12두 5승의 作錢價 137냥 5전, 巡錢穀 3석 9斗價 10냥 8전으로 구성되어 있다. 이 밖에 약간의 會外收入이 있는데 이 중 매년 500냥씩을 營門에 수납하였다(『慈山府邑事例』 勅庫).
83) 『備邊司謄錄』 170冊, 正祖 11年 4月 18日, "支勅時 抄出富民 勒差都監 擔當責應 而一經勅監 傾家破産 徵隣徵族 無以奠居". 이들 都監이 勅需를 위해 고리대 운영을 담당하는 경우가 많았다. 19세기 사례로서 定州牧의 勅監 李時得이라는 자가 勅需를 마련하기 위해 시행한 400냥의 給債가 잘못되어 관으로부터 白徵당하고 파산하게 된 사정을 상서를 통해 호소하고 있다(『箕牒』 V.2).

설하고 있었다.84) 정조 12년 황해감영의 경우 당해 연도 勅需 7,530냥이
부족하자 勅需留錢 중 19,000냥(이자율 年2割)을 식리전으로 분급하였다.
당시 勅需 명목 자금으로 47,460냥이 할당되어 있었으나 일정하지 않은 支
勅의 규모 때문에 합리적인 예산운영은 어려웠다고 한다. 따라서 1勅이 끝
난 후 부족된 부분은 殖利條에 첨록시켜 결국 농민의 추가부담이 되도록
했다.85)

　18세기 전 시기를 통해 중앙정부는 沿路 관청으로 하여금 支勅에 대비
한 자금비축을 명하고 있다.86) 이와 함께 일부 재원을 분급해 주었다. 즉
약간의 勅需米를 분할하고 立本取剩시키거나 별도의 勅需復을 설정해 주
었던 것이다. 영조 34년 海西지방에 대해 大邑 20결, 中邑 15결, 小殘邑 10
결을 분급해 주고 수세액 전부를 勅需庫에 會錄시켰던 사례를 볼 수 있
다.87) 또한 정조 11년 勅需를 정례화시킨 「京畿支勅定例」·「海西支勅定
例」·「關西支勅定例」·「灣府支勅定例」가 제정되었다. 이 가운데 「關西
支勅定例」를 보면, 평양 등 관서 41개 지방에 給債·還分取耗가 가능한
錢文 및 留庫穀의 수량을 규정하여 합리적인 운영을 유도하고자 했다. 그
러나 정례적인 법조문의 개정이나 한정된 재원의 給代에 의해 勅需 변출
의 부담이 감소될 수 없었다. 19세기 이후에도 연로의 給代에 의해 勅需
마련에 진력하였던 상황이 거듭 확인된다.88)

---

84) 『備邊司謄錄』 79冊, 英祖 2年 3月 20日.
85) 『備邊司謄錄』 172冊, 正祖 12年 5月 5日.
86) 『備邊司謄錄』 166冊, 正祖 8年 2月 13日, "參贊官洪仁浩所啓 …… 此外列邑 俱
　有逐年斂散之勅需 其所出入 難保無弊 …… 申飭兩西道臣 勿論錢穀 凡係支勅
　需 多般董預爲收聚 俾免臨時窘急之患似好". 또한 중앙정부에서도 "給債朝禁本
　嚴 如勅需等 不得已者外 更加一切嚴飭宜矣"(『備邊司謄錄』 154冊, 英祖 46年 7
　月 16日)와 같이 식리 가운데 칙수변출을 위한 것은 허여할 수밖에 없다는 입장
　이었다.
87) 『備邊司謄錄』 134冊, 英祖 34年 4月 8日.
88) 純祖 2년 경기도의 경우 勅需를 담당하는 雇馬廳에 대해 撥揮錢 10,000냥을 대여
　하고 있고(『備邊司謄錄』 193冊, 純祖 2年 12月 15日), 다시 哲宗 1년에는 惠廳米
　2,000석 錢 7,000냥을 지급해 주었다(『備邊司謄錄』 236冊, 哲宗 1年 9月 20日). 義
　州府의 경우 使行公用을 帽稅로 충당하였는데 거듭된 使行으로 인해 재정이 어

(7) 18세기 관청식리의 운영방법

18세기 전 시기에 걸쳐 각급 지방관청은 준재정적인 수입으로서의 식리를 적극 채택하고 있었다. 개성부의 營錢, 경상감영의 南倉錢, 통영의 便分錢 등이 防役·抹弊支勅 명목으로 운영되었고, 동래부의 倭料·倭供, 兩西地方의 勅需名目의 식리도 전개되고 있었다. 이 같은 제 식리의 운영형태는 해당 관청의 재정체계와 밀접히 관련되고 있었고, 各庫·廳의 자금을 대여하는 형식도 많았다. 정조 연간 관서지방에서 식리전의 운영을 둘러싸고 다음과 같은 문제가 야기되었다. 이곳에서는 勅庫債·民庫債·防役之債를 분급할 때 '五家統之法'을 활용하고자 했다. 식리전을 結分하면 방법상 편리하지만 착실한 受債之民 외에 완전한 수봉이 힘들어져 '積成臥債·難於拔本'하게 되는 경우가 많았다. 이로 인해 '五家作統法'이나 향촌내 자치기구에 의거하여 인정된 給債處를 물색한 후 戶分하는 방법을 채택하였던 것이다.[89] 당시 지방관청은 식리전의 용도에 따라 일반 농민에 대해 平均分給을 실시하는 한편 우선적으로 富·饒民, 商人을 주요 借金者로 선택하였다. 또한 운영을 관장하는 중간담당자들에 대한 책임사항도 명문화시키고 있었다.[90] 이는 식리수입이 지방 관청의 독자적 수입이었고 안정된 상환이 보장되어야만 했던 점에서 강구된 사항이었다.

2) 19세기 官廳殖利의 운용실태와 그 전용

19세기에 접어들면서 조선사회는 중세봉건체제의 해체현상으로 규정할만한 자체 변동이 더욱 명백하게 진행되었다. 이는 앞선 시기부터 계속된

려워지자 관서지방의 제 영읍에서 자금을 대여받았다(『備邊司謄錄』192冊, 純祖 元年 10月 12日 ;『備邊司謄錄』209冊, 純祖 20年 10月 7日 ;『備邊司謄錄』219 冊, 純祖 31年 11月 2日).

89) 『備邊司謄錄』182冊, 正祖 18年 7月 23日.

90) 『備邊司謄錄』154冊, 英祖 46年 7月 16日, "給債 監色輩擅自謀利 富饒願受者 不以分給 貧殘無依之輩 或千兩 或七八百兩 或三四百兩 締結成記 私自分用"과 같은 부정에 의해 정액이 수봉되지 않을 때 중간담당자들에게 징수할 것을 규정하고 있다.

농업생산력의 발달, 유통경제의 발전에 기인된 것이었다. 한편 향촌에서는 사회·경제적 이해관계를 둘러싼 계급대립이 심화되어 갔고, 광범한 농민층의 항쟁으로 귀결되고 있었다. 당시 제반 봉건적 지배장치는 사회·경제적 변화의 측면을 적절히 수렴하지 못해 갈등만 조장시키고 있는 상황이었다.

본 절에서는 19세기 지방관청의 재정 운영상황에 대한 파악을 위해 준재정활동이었던 관청식리의 운용실태를 서술하고자 한다.

(1) 운영사례 분석

본 항에서는 19세기 중반의 지방사례를 통해 각 기관에서 관장하였던 식리전의 운영방법과 재정자금으로 운용된 규모에 대해 검토하고자 한다. 이 문제는 각급 지방관청의 고유한 지방문제와 재정체계와도 밀접히 관련되어 있다. 여기에서 검토대상이 되는 지역은 동래부와 전라도의 潭陽府·光陽縣 그리고 해서 영남 일부 지방의 郡縣鄕校·賜額書院 등이다.

① 東萊府

동래부는 지리적 위치로 인해 일찍부터 국방상의 요지로 인식되고 있었으며 왜관을 통해 對馬藩과의 무역외교가 전개되었던 곳이다. 그러나 전술한 바와 같이 18세기 초 이후 왜관을 통해 시행된 양국 간의 교역량이 점차 감소되는 추세였고, 이는 동래부의 재정수입에도 간접적인 영향을 미쳤다. 이에 따라 동래부는 대동미 移給分의 증액·戶曹收稅權의 交付를 중앙정부에 요청하는 한편, 留庫된 錢·穀으로 자체적인 식리를 운영하였다. 헌종 10년(1844)에 성책된 『東萊府事例』에 따르면, 당시 동래부에는 作廳을 비롯하여 30여 개의 기관이 분속되어 있었다.[91] 제 기관은 통치 보

---

91) 이를 열거하면 다음과 같다. 戶長·吏房·戶房·禮房·兵房·刑房·工房·鄕廳·軍官廳·承發·通引房·官奴房·軍器所·會計所·紙倉·戶籍色·都書員·山城倉色·守城倉色·大同色·防役色·朔膳色·醫生·官廳色·貿易色·書契色·釜倉色·日供色·支待色·雇馬色.

조업무와 함께 관속들의 朔料·雇價 등 支放條와 잡역 및 京司衙門·監營·兵營에 상납되는 각종 부세의 수취를 담당하고 있었다. 이들 기관은 일정한 회계원리 하에 재정을 운영하고, 각각의 수취항목에 대비되는 재원 변출체계를 지니고 있었다. <표 4>는 동래부내 각 기관의 재정내역 가운데 식리수입 부분을 정리한 것이다.

<표 4>의 사례는 19세기 초·중엽에 걸친 동래부의 재정상황을 보여주는 것인데, 식리전의 용도는 주로 支放條에 속한 것이다. 특히 19세기에 들어와 잡역의 수취방식이 종전 현물의 戶斂에서 식리로 전환되는 경향이 두드러졌다. 가령 柴炭의 마련시 1813년부터 民會의 합의를 통해 현물의 戶斂方式에서 300냥의 식리전 분급으로 전환되었던 사실은 그 일례다. 이는 당시 조세수취 영역에 이르기까지 화폐납이 보편화·정착되었음을 보여준다.

동래부는 일본과의 무역외교의 중심지로서 기능하고 있었다. 이 때문에 여타 지방의 재정체계에는 없는 '倭米太木雜物捧用條'가 설정되어 있었다. 그 내역은 공무역시 일본에 대해 지불해 주는 公木·公作米의 수납과 왜관에서 소용되는 각종 倭供·倭料의 수취에 관한 것이다. 동 비목은 경상도 전 지역에 걸쳐 수봉되고 있었다. 그런데 왜료왜공은 "盖其倭料倭供之加入多寡 雖無以預量 亦係不得不應下者"[92]라는 것처럼 수시로 지출되는 비목이었고 규모 또한 날로 증가하고 있었다. 이 때문에 동래부는 재정운영의 어려움을 중앙정부에 보고하는 한편[93] 禦倭名目만으로 급대를 요구하기도 하였다. 가령 순조 원년 '東西倭館修理費' 명목으로 경상도 소재의 米穀과 錢木의 급대를 요청하였고[94] 헌종 10년(1830) 倭料·倭供 兩名色의 支用이 점차 증가하자 영남소재 元會付穀 중 甲辰別儲穀 5만~6만 석

---

92) 『備邊司謄錄』 231冊, 憲宗 10年 11月 10日.
93) 정조 원년 당시 동래부는 田結이 2,400여 결에 불과한데 9衙門 軍糧 및 各穀分糶가 30,000석이 넘고 차제에 식리도 제한되어 재정이 극도로 악화된 점이 지적되고 있다. 이에 따라 統營便分錢의 납부는 물론 왜공 마련에 어려움이 있음을 설명하고 있다(『備邊司謄錄』 158冊, 正祖 元年 11月 30日).
94) 『備邊司謄錄』 192冊, 純祖 元年 10月 15日.

<표 4> 東萊府의 관청식리 운영

機關名	殖利錢	利子率	運營方法	用途	施行年度
戶 長	300兩		分給民夫(錢給・穀納)	柴炭마련	1813년부터
	200兩	年3割5分	分給 各面大同	正朝戶長上京時 官屬路資	1820년
	冊匠拱弊錢 (377兩1錢8分)	年3割		逐朔支料	1845년 蕩減
	官奴拱弊錢 (1,000兩)	年3割	매년 5월 수봉	圓徒漢等 拱弊出 給, 官奴房 屯畓 買給(38斗落只)	
	水汲婢拱弊錢 (399兩9錢7分)		매년 8월 수봉	婢子等 拱弊出給	
刑 房	定配罪人供饋 錢(300兩)		분급 읍내 19개 洞契	刑所柴油配給	
軍器所	150兩	年3割		兵水營納 竹價	1844년
釜倉色	1,000兩	年3割	出給防役庫	宴享時藝手料・ 倭館修理費	
支待色	魚價利錢 (4,000兩)	年2割	分給沿海各邑, 매월 10일 수납	宴倭需雜物	1809년
	海弊錢(200兩)	年3割	釜山・沙下・南村・ 東下 海四面에 분급	八送使倭條	1811년
雇馬色	草價錢(400兩)	每朔3分	分給馬稧	馬夫眼養價 出給	1801년, 1839년 탕감
守城廳	35兩	年3割		軍餉醬鹽之資	1806년
軍官廳	僧付料米代錢 (48兩)	年3割	分給各寺, 準10朔支放	將士料	1800년
	鍊士錢 (1,000兩)	年3割	分給各廳	試賞之資	1769년
	別賞造弓錢 (300兩)	每朔 1分5里		試賞之資	1824년
	歲饌錢(150兩)	年3割	分給各廳各寺		1808년
紙 所	884兩	年3割	分給 梁山郡	左水營年例納紙	

* 『東萊府事例』 甲辰條(1844), 戊辰條(1868), 『嶺南東萊邑誌』 附事例 同治 10年 (1871)에서 작성.

을 획급받아 盡分取耗한 사실이 있다.[95] 그러나 대체로는 경상도 각 지방 에서 왜공 명목으로 수세되는 세입과 함께 식리의 운영이나 買土收稅(買

95) 『備邊司謄錄』 231冊, 憲宗 10年 11月 10日.

屯作錢)를 통해 부가적인 재정을 마련하고 있었다. <표 4>에서 支待庫·日供庫·釜倉의 관장 하에 倭館修理費·宴倭需雜物·八送使倭條·漂倭漁夫供條로 운영된 식리는 그 예가 된다.

국방상 요지였던 동래부에는 水營과 釜山鎭이 인접해 있었다. 이에 따라 다수의 소속 군관이나 병졸들에게 지급될 支放之資와 軍餉의 비축문제는 중요 사안이었다. 다음 <표 5>는 兵房의 관장 하에 군비의 일종인 羅隷料가 마련되는 내역을 살펴본 것이다.

<표 5> 東萊府 兵房의 羅隷料 마련 내역

연 도	마련내역
1764(英祖40)	270兩을 武作廳에 出給·收捧
1811(純祖11)	八送使倭享宴魚價利錢 600兩을 請得하여 買土收稅
1824(純祖24)	屯土를 還買하고 同價錢 830兩을 年3割로 商賈에게 取殖
1838(憲宗 4)	別備錢 1,000兩과 殖利錢 2,000兩을 수봉하여 買土(387斗 5刀地)稅收, 元料는 武作廳勾管處에서 每石 3兩씩 分授捧納
1840(憲宗 6)	別備錢 550兩과 漂倭魚供錢 1,732兩을 수봉하여 매토한 후, 前屯과 합한 畓 619斗落에서 每兩 頭 1斗씩 收稅
1859(哲宗10)	同畓 582斗落을 發賣한 4,928兩5錢 중 해당 朔料를 지급한 후 3,971兩 2錢8分으로 留米立本
1868(高宗 5)	4,400兩을 年2割로 各所에 分給取殖

* <표 4>와 동일 자료에 의거하여 작성.

<표 5>를 통해 영조에서 고종 연간에 걸친 100여 년 동안 나예료의 변출방법을 경향적으로 파악할 수 있다. 그 형태는 춘추간 곡물가격의 변동차를 이용하여 還分例로 미곡을 분급·수봉하는 방법이 있었고, 商都賈와 지방민을 대상으로 한 식리 운영을 들 수 있다. 그 밖에 보다 안정된 수입을 위해 일정한 자금이 축적되면 設屯하여 고율의 지대수입을 모색하기도 했다. 새로운 변출방법이 시행될 때마다 府使가 부족된 자금을 別備하고 있었다. 여기에서 볼 수 있는 환분례에 의한 耗條收入·殖利·買土收稅의 방법은 당시 지방관청에서 대체수입원을 확보하고자 할 때 흔히 채택하고 있었다.

② 潭陽府

19세기 담양부에는 육방조직 외에 雇馬廳・戶籍色・都書員・紙所・大同色・禁衛色・束伍色・兵曹色・砲保色・水軍色・陪持色・牙兵色・官廳・醫生・工庫・結錢色・傳關色・倉色 등의 기관이 설치되어 제반 통치업무를 보조하고 있었다. 이들 각 기관은 다양한 방법으로 자체 재정을 확보하였는데 그 내역은 보유 廳畓에서의 수입, 대동유치미의 이급, 지방민에게 戶・結斂하는 잡세수입, 관청 및 타청에서 교부된 자금, 私募屬들의 丁錢收入과 식리수입 능이 해당된다. 앞의 <표 6>은 19세기 중엽(1857)의 사례를 통해 각 기간의 식리수입 부분을 정리한 것이다.

<표 6> 潭陽府의 관청식리 운영(1)

機關名	殖利錢	利子率	運營方法	用途
雇馬廳	1,000兩	年5割	各面面約에 분급	奴令等의 出使路粮, 果實庫貿易, 雇馬添料
	1,127兩	年3割	各面에 분급	新延時 結斂之駄價 660兩, 戶斂之舊官刷馬價531兩 지급
刑房廳・通引廳	200兩	年4割	東西面約에 분급	遠近 出使時 路粮
書 廳	100兩	年5割	各面書員에게 분급・담당	新延時 各廳官屬의 吏曹 堂參錢
鄕 廳	250兩	年4割	各面面約에 분급	該廳 諸般公用
將廳・訓練廳	600兩	朔5分	場市各廛饒實人에게 분급, 每月終利錢30兩씩 수봉	兩廳供役之資
醫 生	300兩	年2割		私製藥價 民庫供役之資
實役廳	300兩	年5割	場市勤實之廛人, 每月終利條 15兩씩 수봉	實役吏遠近出使시 路粮

＊「秋城三政古錄」丁巳年(1857)에서 작성.

각 기관은 관에서 획부된 자금으로 입본전을 삼았고, 식리의 용도는 관속들의 朔料・役價 및 防民役에 관한 부분이 많았다. 특별히 將廳・訓練廳 및 實役廳의 식리전은 시장 상인들에게 분급되고 있는데, 이는 매삭 5分의 높은 이자를 원활히 수봉하기 위해 설정된 분급처로 볼 수 있다. 주목되는 사실은 분급처의 대부분이 面約으로 지칭되고 있는 점이다. 당시

面稧(洞稧)는 향촌의 자치적 경제활동의 일환으로 전개되는 한편, 봉건국가의 제반 수취에 대응되는 하부기구로서 위치되고 있었다. 따라서 관청에서 面稧조직을 이용하여 식리전을 분급하고 이자 수봉을 강제하는 것은 쉽게 이루어질 수 있었다.

이 같은 사실은 19세기 후반(1895)의 사례인 <표 7>에서도 확인된다.

<표 7> 潭陽府의 관청식리 운영⑵

機關名	殖利錢	利子率	運營方法	用途
戶 房	200兩		各面面約에 분급	濟州出來歲貢牛 牽軍價
禮 房	650兩 4錢		各面에 분급	宗廟·孝文殿에 대한 封進 竹筆價
刑 房	266兩 8錢5分	每朔4分	各面에 분급, 春秋收捧	刑物價
雇馬廳	2,627兩 4錢	每朔4分5里	各面 面約에 분급	각종 雇馬料
戶籍色	308兩	年4割	各面에 분급	式年收算시 用下
紙 所	1,502兩	年5割	各面에 분급	
醫 生	558兩	每朔4分	民間에 분급, 春秋收捧	
傳關色	1,792兩 1錢9分		民間에 분급	京主人米, 傳關路價, 承發料, 別監料

* 『湖南潭陽邑誌』附事例(奎12181)에서 작성.

식리전의 운영방법은 19세기 중엽의 사례와 양상이 유사하지만 종전 지방민의 잡역에 해당되는 부분이 대체로 식리로 전화된 것을 볼 수 있다.

당시 관청식리의 입본전은 유고된 자금이나 지방관의 別備錢이 주를 이루었지만 별도로 암행어사가 변출하거나 募民納錢의 방법도 강구되었다.

담양부의 경우를 보면, 雇馬廳 殖利錢 2,627兩 4錢 가운데 賑餘租 作錢分 440냥을 제외한 대부분이 역대 관장을 마련하여 가입시킨 것이다. 반면 戶籍色이 관장했던 식리전은 무오년(1858)에 암행어사가 別備한 것으로 나타나고 있다. 이곳에서도 다른 곳과 마찬가지로 화폐 외에 다양한 현물 형태로 수취가 이루어지고 있다. 따라서 총 재정 규모 가운데 식리수입이 차지하는 비율을 계량하는 데에는 약간의 무리가 따른다. 이 가운데 紙所의 경우는 1년 예산 900냥 가운데 식리수입이 600냥이고 매년 정월에 수봉하는 자금은 300냥에 달하였다.

③ 光陽縣

철종 원년(1850) 『光陽縣各所事例冊』에 의하면, 광양현 내에는 鄕廳·作廳·將官廳 등 42개 기관이 설치되어 있었다. 이들 제 기관은 京司各衙門이나 상급관청에 상납할 正貢賦稅 및 각종 잡역의 수세와 함께 자체 지방조 명목의 경비를 수취하고 있었다. 또한 수취 전 항목에 걸쳐 다양한 형태의 재원 변출체계가 각각 형성되어 있었다. 이 중 각 기관이 支放條와 防民役 명목으로 운영한 식리에 대해 살펴보면 <표 8>과 같다.

<표 8> 光陽縣의 관청식리 운영

機關名	殖利錢	利子率	運營方法	用途
鄕廳	陸戶本錢 (271兩9錢5分)	年5割	限3年取殖	式年陸戶資粮·京營門 情錢 및 領去監色路資
	汁物錢(100兩)	年5割	船倉監官에게 出給	戰船汁物差備
通引廳	144兩	年4割	城內各人에게 出給, 每月收捧	遠近行次路資
縣司	柴炬本錢 (1,420兩5錢5分)	年3割	春秋兩等收捧	貿木排朔上下
	300兩	年5割	春秋兩等收捧	貿炭排朔上下
	官衙針貫(170兩)	年5割		上下針婢
承發房	200兩	年5割	各面에 분급	卜馬例에 따라 上下
工房	50兩	年5割	玉龍·於內·沙谷 3面에 출급	內外衙舍修理
戶籍色	籍費錢(660兩)	年3割	常年則 10月에 各面에 殖播, 式年則 8월에 收捧	式年籍費
外倉	200兩			統營穀耗條 補缺縮
兵船色	掘浦本錢(45兩)	年3割	津下面 15兩, 津上面·玉谷面·月浦面 각 10兩씩 出給	
	30兩	年5割		春秋兩次 雇人掘浦
紙所	紙本錢(970兩)	年5割	各面에 분급, 春秋 正月 收捧, 秋等11月 수봉	
書院	保直錢 (12兩2錢5分)	年5割	有實人處에 분급	春秋院享시 補用

* 『光陽縣各所事例冊』 庚戌年(1850), 『光陽縣各房都重記』 己巳年(1869)에 의거하여 작성.

광양현내 각 기관에서 관장하는 식리는 年3割(136%)에서 年5割(160%)
의 이자율이 적용되고 있었다. 또한 식리전은 특정 面을 선택하여 면단위
로 분급·수봉되었다. 광양현의 경우 잡역 변출방법에서 현물의 戶·結當
수취방식이 식리로 전환되고 있는 상황을 거듭 살펴볼 수 있다. 종전 縣司
에서 관장하는 柴炬役은 戶摠에 의거하여 매호 木 1冊, 炬 1柄式 戶斂한
후 鄕廳·作廳·軍官廳·軍器廳·訓導廳·官廳·刑房廳·官奴廳·鄕校
·書院·校院 등 독립된 청사를 가진 제 기관에 每朔 분급해 주고 있었다.
그런데 을축년(1829)부터 변출방법이 現物戶斂에서 殖利貿木의 방법으
로 전환되고 있음을 볼 수 있다. 또한 호적색에서 담당하는 式年 民戶成籍
時 소용 잡비는 각면 里正이 매호 租 1두, 米 1승, 錢 1分씩 收斂하였는데
계묘년(1843)부터 식리를 통해 식년마다 600냥의 자금을 마련하고 있다.
당시 잡역 수취방식에서 식리가 채택된 데에는 다음과 같은 요인이 작용
한 것으로 보인다. 첫째 화폐경제체제로 전환됨에 따라 부세 영역에 이르
기까지 화폐납이 일반화되었다는 점, 둘째 향촌사회에서 화폐를 매개로 한
고리대 일반(사채)이 성행·관행화되었다는 점, 셋째 수취기관의 입장에서
번잡한 현물보다는 화폐에 의한 운영이 보다 편리한 측면이 있었다는 점
이다.
재정 변출방법으로서 식리를 적극 이용한 기관은 '爲民防役之所'인 民
庫였다. 민고는 직접 농민의 잡역 마련에 관련되는 기구였고 제반 公私策

應을 담당하였기 때문에 다른 기관보다 운영자금의 규모가 방대한 편이었
다. 종래 민고에서는 傳關租·使客租·支供租의 명목으로 매년 春·夏·
秋 세 차례에 걸쳐 도합 669석 13두의 租穀을 實民戶에게서 수렴하고 있
었다. 그러나 해마다 풍흉에 따른 곡가의 변동이 심하였고 타청에 대한 上
下자금에도 크게 부족되는 현상이 야기되었다. 이후 계해년(1830) 鄕會에
서 大小民의 결의에 따라 이를 혁파하고 대신 각면 소재 補民錢 중 3,610
냥 1전 4분을 立本錢으로 삼아 연5할로 取殖責用하도록 했다. 다시 무술
년(1838)부터는 연3할의 이자율로 식리를 운영하여 雇馬價·관속들의 役

價 및 다른 기관(庫·廳)에 대한 대여자금으로 사용하고 있다. 『光陽縣各房都重記』에 따르면, 고종 8년(1869)의 경우 민고의 식리전은 午藏面에 623냥 2전 3분이 분급된 것을 비롯하여 12개 면에 도합 5,024냥 9전 5분에 이르고 있다. 당해 연도 민고의 총수입은 1,899냥 8전 4분인데 그 중 이자수입이 1,263냥 5전 4분에 달하였고 그 밖에 京營錢利條 250냥, 四朔保錢 150냥, 稅鹽錢 130냥이 있었다.[96] 재정운영에서 식리에의 의존도가 대단히 높았던 사실을 확인할 수 있다.

④ 郡縣鄕校 및 賜額書院의 殖利運營

사액서원이나 군현향교는 지방관청의 단위기구는 아니었다. 그러나 校宮의 경우 文廟·學校가 설치되어 '敎化之源 風俗之本'의 역할을 하였고,[97] 경내 士族의 交遊地로서 향론을 주도하는 곳이었다. 이들 기관은 『續大典』의 규정에 따라 州府鄕校 7결, 郡縣鄕校 5결, 賜額書院이 3결의 토지를 지급받았고,[98] 춘추제향시 모입전을 수봉하거나 필요한 현물을 호렴하고 있었다.[99] 그런데 기본 재원으로 운영하기 힘든 곳에 대해서는 해당 지방관이 일부 재원을 분급해 주었다. 가령 매년 2·8월의 첫 번째 丁日에 실시되는 釋奠祭(文廟大祭)의 비용이나 每朔 講學資金을 보조해 주는 경우를 들 수 있다.[100] 각종 절목을 살펴보면 해당 校宮·書院에서는 買土收稅를 통한 방안을 이상적인 것으로 여기고 있었다. 이에 따라 일정한 자금이 비축될 때까지 校村이나 邑面을 대상으로 식리를 운영하는 사례가 많았다.

<표 9>, <표 10>, <표 11>은 嶺南·海西 일부 지방과 담양부내 校宮·

---

96) 『光陽縣各房都重記』 1869年.
97) 「治郡要訣」, 『朝鮮民政資料』, 19쪽.
98) 『續大典』 戶典 諸田條.
99) 『賦役實總』 第1冊, 安城郡 本邑收捧秩 참조.
100) 高宗 5년 2월 慶尙監司 李參鉉이 "…… 每邑錢五十兩式劃給 使之殖利 以作春秋講會日諸儒一日飯供之資 半百之錢 雖甚略些 統計七十一邑 則亦爲三千五百兩也"라고 하고 있는데, 관내 71개 향교에 대해 자금을 보조해 준 사실을 알 수 있다(「鍾山集抄」, 『壬戌錄』 所收).

<표 9> 海西地方 賜額書院·校宮의 식리운영

校宮·書院名	殖利錢	利子率	運營方法	用途
海州校宮	100兩	年2割	養士庫에 付하여 邑民에게 식리 縣保	春秋享時費用
淸聖廟	50兩	年2割	규정, 齊任이 관장, 매년11월에 수봉	
紹賢書院	50兩	年2割		
延安校宮	100兩	年2割	限 10년으로 校村에 분급	
谷山校宮	1,000兩		23개읍에 분급	春秋居接之資
豊川校宮	100兩	年3割		校宮修補之資
金川校宮	20兩		付民庫하여 逐年殖利	諸般需用
白川校宮	200兩	年3割	資學庫를 別置하여 禮吏가 담당 境內 稍實里에 분급	儒生居接之資

* 『海西摠釐』에서 작성.

<표 10> 潭陽 各書院·校宮의 식리운영

書院·校宮名	殖利錢	利子率	運營方法	用途
大谷面梨亭書齋	100兩	年4割	面內饒實人에게 분급	講學之資
養士齋	150兩	年4割	各面 面約에 분급	齋儒春秋居接之資
旋面竹山書齋	20兩	年4割		講學之資
右面再津里書齋	30兩	年3割		講學之資
貞石下面重㓝書齋	100兩	年4割	下面 7里 40統에서 輪回取殖	募立學資 및 齋粟資錢
鄕校	20兩	年5割	每朔 수봉	朔望焚香齋任馬貰
鄕校書齋錢	167兩6錢7分	年3割		書齋原額55人의 應役
觀魚堂	100兩	年5割	場市饒壼人에게 분급, 首校가 담당	鄕中老人約會之需亭直·亭下兩村의 亭役補助
五學宮	100兩	年5割	院底村 饒實人 每學宮 각20兩씩 출급	春秋供祀時 費用

* 「秋城三政古錄」에서 작성.

<표 11> 嶺南地方 校宮의 식리운영

校宮名	殖利錢	利子率	運營方法	用途
咸陽校宮	200兩	年4割	稍實19洞에 분급, 각면내 稍饒者에게 취식	春秋享費用
三嘉校宮	150兩	朔4分	柏山 등 20개면 儒戶에 분급	春秋享祀·居接時費用
慶山校宮	100兩	年4割	校中 有司1인 擇差	講學·居接時 費用
高靈校宮	100兩	年5割	校中 有司1인 擇差	春秋享禮時 費用

* 「嶺營各抹弊節目」己丑年(1889)에서 작성.

賜額書院에서 경비마련을 위해 운영한 식리를 살펴본 것이다.

이상의 사례들은 지방관이 대여해준 자금을 입본전으로 삼아 운영된 식리다. 주목되는 것은 稍實洞·稍實者(商人·儒戶) 같은 분급처를 구체적으로 지적하고 있고 懸保 및 중간담당자(有司·校任)에 대한 책임사항을 명문화시킨 점이다. 이는 원활한 이자수봉을 위한 일종의 관리장치였다. 또한 관에서 분급된 자금으로 식리가 개설될 경우 관속인 禮吏(白川校宮)나 校任(三嘉校宮)이 파견되어 식리전의 수봉 과정을 관장하기도 했다.

(2) 운영형태

관청식리전은 당시 향촌의 경제상황 및 부세의 수취방식과 밀접한 관련 속에서 전개되었고 운영형태 또한 규제되고 있었다. 본 절에서는 앞서 살펴 본 사례를 중심으로 관청식리전의 운영방법과 관리장치, 受債대상(借金者), 이자율의 구조에 관한 문제를 항목별로 검토해 보고자 한다.101)

① 운영방법과 관리장치

지방관청에서 운영하는 식리전의 용도는 朔料·役價·柴炭費 등 각 기관의 실질적인 경비 마련을 위한 「支放條」와 농민에게 부과된 각종 잡역을 마련하기 위한 「捄弊條」의 명목으로 크게 나눌 수 있다. 또한 운영형태에 따라 捄弊·支放條를 막론하고 잡역의 수취방식을 戶·結斂의 현물납에서 식리로 전환시켜 전 농민을 대상으로 실시한 경우와, 자체경비의 변출을 위해 특정인(부민·상인)이나 특정 面里를 선별하여 운영한 식리로 구분해 볼 수 있다. 전자가 관청 대 일반 농민의 대차관계라면, 후자는 관

---

101) 당시 각급 지방관청에서 운영한 殖利는 지역·시기·용도별로 다기하게 전개되고 있었다. 또한 지방사례를 검토해 보면 식리에 의한 수입항목이 독립적으로 설정된 경우는 드물고, 여러 자금의 상하관계 속에서 몇 부분의 자금 변출방법으로 나타나고 있다. 따라서 식리전의 운영방법을 구체적으로 서술하고 정형화시키는 데에는 많은 문제가 제기된다. 여기에서는 다만 관청식리가 운영 형태에서 민간고리대인 사채와 준별되는 측면과 향촌사회의 경제상황 및 일반 부세의 운영방식과 관련되는 측면에 대해 살펴보고자 한다.

청 대 특정인 사이의 대차관계로 규정지을 수 있다. 잡역을 위한 식리의 경우 관에서 일정 자금을 면리(해당 농민)에 분급하고 이자징수를 통해 종래 경비분을 마련하는 것이었다. 따라서 스스로 願受했던 부민·상인을 제외한 일반 차금자의 경우 거의 부세화되어 관에 의한 勒給·勒奪의 소지가 다분히 내포되어 있었다.

한편 잡역의 수취방식이 식리로 전환되었지만 戶·結數에 의거한 운영 원칙에는 변화가 없었다. 따라서 면리단위로 배정된 식리전은 전·결당 분급되거나[102] 計戶하여 戶當 분급되기도 하였다.[103] 이는 당시 일반 부세의 화폐납·정액화의 실시, 기저적인 향촌사회의 변동을 주요인으로 하는 부득이한 수세방법이기도 했다. 즉 향촌에서는 적절한 量田이 시행되지 못하고 담세자 농민의 경제적 상황이 열악해지고 수적인 감소현상이 두드러졌다. 이에 따라 결·호수에 의거한 세수 확보에 많은 어려움이 야기되었던 것이다. 준재정활동인 관청식리전의 운영과정에서도 호당분급에 따른 문제점이 제기되고 있었다. 일례로 관동지방의 경우 貢蔘價를 마련하기 위해 6,000냥의 식리가 시행되었는데 "昔之二千餘戶所辦納者 今以千餘戶應之"[104]라 하여 호수감소에 따른 어려움을 호소하고 있다. 19세기 사례를 보면 대부분의 기관에서 관청 대 개별농민의 대차관계보다는 면리단위의 운영방식을 채택하였던 것을 볼 수 있다.[105]

---

102) 가령 江界府의 경우에서 "本府添還與發賣之弊 皆由於民庫穀 故丁亥李等時 論報營門 本穀作錢 分給於田結而名曰結利錢 以什二殖 每年捧利條來付民庫"와 같이 식리전이 전결에 분급되는 예를 볼 수 있다(『江界府事例釐整記』).

103) 戶當分給의 예로서, 河東府의 경우 "本邑竹價錢 …… 査徵錢四百四十五兩一錢一分 境內元戶三千八百九十八戶良中 每戶一錢一分四里一毫式分給什三取殖 ……"(「河東府矯弊節目」)라든가, 成州府의 경우 "錢壹千貳拾參兩 二十六坊計戶分給 三年取殖 以其利條每式年籍費減給"(『成州府重記』)하고 있었다.

104) 『備邊司謄錄』 170冊, 正祖 11年 5月 13日.

105) 전술한 지방 사례에서 이미 확인하였지만 다음 사례를 통해서도 알 수 있다. 正祖 연간 雲峰縣 將官廳은 軍兵料資(67석)를 700석에 대한 還耗收入으로 마련하고 있었다(『備邊司謄錄』 175冊, 正祖 13年 12月 11日). 이후 19세기 들어 식리로 전환되었는데 將官廳에서는 연 4할의 이자율로 7개 면에 각각 7냥씩을 분급하고, 동·서 양면은 7량 5전을 배분하였다. 이때 각 면의 執綱·面任·面有司로 하여

식리전은 해당 지역의 稧조직과 밀접한 관련을 지니고 있었다. 우선 관청에 대한 재정보충, 잡역 마련이라는 용도 면에서 유사한 점이 많았다. 이때 관에서 대여한 자금으로 새로운 계를 조직하기도 했지만, 대부분의 경우 기존의 洞稧(面稧)조직을 이용하여 식리하는 형태였다. 전자의 예로서 林川郡의 경우 刷馬價를 충당하기 위해 관이 마련한 1,000냥을 각 50냥씩 분급한 후 면내 부민을 대상으로 設稧殖利하였고,106) 密陽의 경우 12개 면에 300냥씩 분급된 자금으로 保民稧를 조직한 후 연4할의 이자율로 取殖하였다.107) 이와 달리 관청식리전이 향촌 내 하부 수세기구로서 기능하였던 稧조직에 직접 분급되는 예를 흔히 볼 수 있다. 19세기 말 靈巖郡의 경우 執綱이 관장하는 面稧組織에 結役色·兵房色·陞戶色·差役色 등 제 기관의 식리전이 분급되고 있다.108)

19세기 鄕會는 사족만의 기구로 그치지 않고 향촌민 전체(大·小民)를 포괄하는 取會로서의 성격을 지니고 있었다. 향회에서는 각종 부세의 수납이나 공유재산의 처분과 같은 제반 지방사와 함께109) 관에서 일률적으로 배분된 식리전의 구체적인 운영방법이 논의되었다. 향회를 통해 비로소 식리절목 내에 주요 차금자로 등장되는 '多卜有實者,' '根着實人'에 대한 선별과 2차 분급이 실시되었을 것이다.

앞서 살펴본 바와 같이 관청식리는 민간에서 私相徵捧하는 私債와 달리 면리단위의 분급처가 설정되는 경우가 많았다. 이에 따라 확실한 징봉을

금 수취를 담당하게 했다(「將廳料資錢播給民間節目」). 19세기 후반 順天府의 경우 修理廳에서 관장하는 식리전 1,000냥을 三日浦面 등 12개 면에 일률적으로 분급하여 이자 500냥을 징수하였다(『順天郡各掌重記』).

106)『立馬大同稧案』, "本錢一千兩分送各面爲乎矣 以五十兩式每面分表 使面內多卜有實民人 作爲面內小稧某條料理 而每年春秋再次取殖 限辛酉十一月 以二百兩來納則買置位畓後 所餘則存本取利 而加數立馬加數買畓隨便責應".

107)「密陽保民稧節目」.

108)『湖南靈巖邑誌』附事例.

109) 조세수취에서 鄕會의 역할을 살펴보는 데에는 다음의 연구가 참조된다. 安秉旭,「朝鮮後期 自治와 抵抗組織으로서의 鄕會」,『聖心女大論文集』18, 1986 ; 김선경,「조선후기의 조세수취와 面里운영」, 연세대학교 석사학위논문, 1984, 56~57쪽.

위한 관리장치로서 별도의 중간담당자가 등장되고 있다. 절목에 따르면 중간담당자에는 해당 식리전을 관장하는 기관의 이서층 외에 향촌에서 말단 수세업무를 담당한 향임층 즉 執綱·尊位·面任·里正이 나타나고 있다. 이 밖에 하급 이서인 面主人·邑主人이 있었고 군현 향교의 경우 齋任이 관장하였다. 각 절목에는 이들에 대한 책임사항이 명문화되어 있다. 가령 수봉시기의 준수·차금자의 상황에 대한 파악·闕額에 대한 변납의무와 같은 조항이 해당된다.

차금자에 대한 규정을 세분화시킨 절목의 경우 사채처럼 富民懸保를 설정하거나 家舍·田畓의 물건저당이 명시되기도 했다. 康翎의「勅債利劃給節目」에는 "同錢所負人中 若有日後欠逋之類 責納於懸保人處是遣 勿爲橫侵於族人之處"라는 것처럼 별도의 보증인이 설정되어 있다. 이는 차후 완전한 징봉이 이루어지지 않았을 때 官威로써 族徵·隣徵하는 폐단을 막기 위한 조치이기도 했다. 1890년 경상감영은 付料軍官의 朔錢을 마련하기 위해 1,593냥 3전의 식리전(이자율 每朔 2분 6리)을 운영하고 있었다. 동 식리전은 金閏瑞(西上新洞 거주 100냥) 등 17명의 장시상인에게 분급되었다. 그런데 식리전의 분급시 典執家卷하여 차후 憑考로 삼고 있었다.[110] 이와 같이 富民懸保·家舍之卷의 典執과 같은 조치는 원활한 식리운영에 필요한 관리장치였던 셈이다.

② 受債對象

본 항에서는 고리대 일반의 차금자 계층에 대한 분석과 구체적인 出債 요인에 대해 살펴보고자 한다. 18세기 이후 상품화폐경제가 밀도있게 진행됨에 따라 향촌내 제 계층은 화폐형태의 재산을 획득하고자 했다. 예를 들어 봉건적 권력자인 양반이나 지주층은 현물적 지대수입과 증대되는 화폐적 지출 간의 차이에서 오는 부족을 느끼고 있었고, 상인들은 자본으로서의 화폐축적을 필요로 했다. 생산자 농민들도 일부의 지대 및 각종 부세의 화폐납으로 인해 화폐가 절실하였다. 이와 같이 유통계에서 필요로 하는

110)「付料軍官矯抹節目」,「嶺營各抹弊節目」.

화폐의 수요는 급증하였지만 미숙한 신용제도나 시장관계로 인해 화폐 획
득은 용이하지 않았다. 당시 경제적으로 열악한 상태에 놓여 있던 농민들
은 가계를 유지하기 위해 식리전의 貸付, 환곡의 受食, 또는 傭作에 의지
하였다.111) 이 가운데 생활자금을 식리에 의존하는 경향이 두드러진다.

> 貧人出債者 非不知其難堪 而緣於目前之急 不得不用 …… 今若禁民給
> 債取殖 則貧民之當婚喪者 更無籍入需辨之路112)

> 民生困悴 全由於債弊 貧民之凡係時急之需 無處措手 不計生殖之多 惟
> 債是用113)

이는 식리 자체가 빈민들에게 식량해결을 위한 소비자금이거나 생활의
방편이 되고, 婚喪의 비용을 마련하는 데 있어 우선적으로 이용할 수밖에
없었던 상황을 보여준다. 당시 중앙정부는 京外를 불문하고 식리가 성행했
던 상황에 대해 다음과 같이 대처하고자 하였다.

> 京外民生之賴 以爲資業者 專是公私債路 而公債之十一殖 私錢之十二
> 殖 係是法典之收裁 …… 內而刑漢衙門 外而各道營邑 凡公私債推徵之
> 訟 一切恪遵法典114)

당시 京外民이 공사채를 생활의 資業으로 삼고 있는 상황을 인정하고
債訟과 이자율만이라도 법전 조항에 따라 시행할 것을 명하였던 것이다.
이와 같이 제반 고리대는 향촌의 경제상황에 관련된 급채 요인에 따라 활
발히 전개되었다.

관청식리는 면리단위로 운용될 경우 개별적인 차금자를 정확히 추출할

---

111) 18세기 영조 연간의 사례로서『備邊司謄錄』91冊, 英祖 8年 3月 4日조 기사가 참
조된다.
112)『備邊司謄錄』79冊, 英祖 2年 6月 1日.
113)『備邊司謄錄』153冊, 英祖 45年 5月 9日.
114)『備邊司謄錄』240冊, 哲宗 4年 11月 10日.

수 없다. 그러나 특정 비목을 위해 실시된 식리전의 경우, '관청 대 개별차
금자(장시상인·부민)' 간의 대여관계가 구체적으로 명시되어 있다. 또한
면리단위로 분급되어 향촌내 자치기구에 운용이 일임되었던 식리전도 '富
饒民,' '多卜饒實民'에게 집중적으로 분급되었다. 즉 관청식리의 주요 차금
자로서 향촌 내의 富民·饒戶 계층이 등장하였던 것이다. 본고와 관련하
여 당시 관청식리를 포함한 지방관청의 재정활동 과정에서 향촌내 부민·
요호계층의 역할에 주목할 필요가 있다.[115] 전술한 바와 같이 조선후기 각
종 부세의 징수방식은 총액제로서, 납부될 부세량이 미리 할당되어 있었고
지방관으로 하여금 이를 責納하도록 하였다. 수세과정에서 발생된 부세의
欠額分은 담세능력을 상실한 일반 농민(빈농)이 아닌 소수 부민·요호 계
층에게 집중 부과되어 변출되었다. 또한 경사 各衙門 - 地方官廳 - 향촌내
수취기구 - 담세자 농민에 이르는 방만한 수세체계로 인해 발생되는 세액
의 증가분도 부민에게 전가되는 경우가 많았다. 각종 사례를 보면 支勅都
監·民庫都監·庖子監官[116]과 같은 직임에는 으레 재력을 갖춘 부민이
차임되었다. 이러한 직임을 맡은 부민은 운영과정에서 발생되는 欠額을 自
辦하였고, 관으로부터 白徵당하기도 하였다. 그 밖에 향촌에 부과된 세공
을 마련하기 위해 부민들을 대상으로 직접 斂錢殖利하거나[117] 수세과정에

---

115) 富民·饒戶계층은 지주제적 토지소유가 지배적이었던 당시 생산관계 하에서 자
   영적 소지주층 이상의 위치를 차지하고 있었다. 이 계층은 향촌사회의 변동과정에
   서 적극적인 농업경영으로 富를 축적한 계층이거나, 상업활동을 통하여 성장한
   商人層이 중핵을 구성한 것으로 예상할 수 있다. 더불어 이들은 경제적으로 부를
   소유하였지만 중세적인 정치권력에는 본격적으로 접근하지 못한 계층이었다고 여
   겨진다. 이 점에서 향촌 내의 士族(世族), 관료적 지주와는 준별되는 계층으로 볼
   수 있다.
116) 東萊府의 사례로서 "東萊庖子監官 境內富民 輪回差定 而一年所需肉價 以百石
   米劃府 使之進排黃肉 而用肉無節 無以支當 僅當一年輒皆破家"(『備邊司謄錄』
   173冊, 正祖 12年 8月 18日)에서 보듯이 庖子監官에는 富民이 輪差 동원되고 있
   었다.
117) 가령 渭源·江界府에서 帑銀의 貿納에 경내 富民들이 동원되어 마련한 사례가
   있고(『備邊司謄錄』237冊, 哲宗 元年 9月 30日;『江界府事例釐整記』), 通川地方
   에서는 海夫應役 자금을 마련하기 위해 부요민들로부터 1,700냥을 거두어 식리의
   立本錢으로 삼은 사례가 보인다(『備邊司謄錄』190冊, 正祖 24年 4月 16日).

서 담당 이서들에 의한 勒奪 사례도 흔히 나타난다.118) 한편 지방관청에서
시행하는 진휼사업에도 부민들을 적극 가담시키고 있었다. 이때 勸分을 빙
자한 수령들의 富民・勒奪의 폐단이 계속 지적되었다.119)

　지방재정의 운영에서 부민동원의 문제는 지방관청의 재정상황과 지방관
의 자의성이 결부되어 나타난 것이었다. 철종 13년 경상우도 암행어사 李
寅命은 농민항쟁의 원인으로 부세제도의 문제와 함께 '視富民如奇貨'라는
지방관청에 의한 富民勒奪의 문제를 지적하였다.120)

---

118) 『承政院日記』 125冊, 哲宗 9年 10月 2日, "近聞外道富饒之民 蕩敗相續 此由於
　　貪官汚吏之 或托公費而稱貸 或因私費而勒奪".
119) 『備邊司謄錄』 90冊, 英祖 7年 12月 9日, "凶歲權分之政 …… 守令之稱以賑資 奪
　　穀於富民者 非一痼弊 …… 憑藉權分之令 恣行掠奪 貽弊民間者 隨現論罪" ; 『備
　　邊司謄錄』 227冊, 憲宗 5年 1月 12日, "權分補賑 貽弊於鄕民不少云 …… 此專由
　　於守令及吏鄕輩 憑藉賑恤 侵及饒民之計 權分本意 豈有加之理".
120) 「慶尙右道 暗行御史 李寅命 別單」, 『壬戌錄』 51쪽, "今番亂民起鬧之端 諸邑景
　　狀 大同小異 大抵某端有二 諸邑守宰之臣 職在分憂 不思牧民之道 擧有貪虐之
　　志 視富民如奇貨 强差鄕任 勒索高價 不計其免與不免 其若一呑而止 則稍富之
　　民 豈欲雜散乎 年一次官視應列之例 民有恒年之費 移此接彼 到處有痺……". 재
　　정마련에서 부민늑탈이 관례화되어 반복되는 상황을 지적한 것이다. 이처럼 부민
　　・요호 계층은 지방재정의 운영과정에서 집중적으로 수탈을 당하고 있었고, 차후
　　민란 과정에 적극 가담하고 있다. 그러나 이들의 존재형태를 단선적으로 규정할
　　수는 없다. 당시 수취기구를 포함한 총체적인 봉건국가의 향촌지배구조 속에서 이
　　들은 자신들의 계층적 이익을 보장받을 수 있는 위치를 점하고 있었다. 특히 재정
　　문제로만 한정시켜 볼 때, 봉건국가에서는 부민들의 재정변출에 상응한 대가를 지
　　불하고 있었던 것으로 보인다. 다시 말해 조선후기 향촌사회 내에서 국가권력과
　　부민층은 재정문제를 매개로 相互補償關係에 있었음을 보여주는 측면이 있다. 가
　　령 富民私賑에 대해 중앙정부에서는 "以歲飢設賑 嘉善・通正・同知・僉知・判
　　官・別座・察訪・主簿僉使・萬戶・護軍・司直及 僧人嘉善・通正等 空名帖二
　　萬張 公送八路許賣"(『肅宗實錄』 卷22, 肅宗 16年 11月 丁酉條)와 같이 공명첩을
　　발행하여 所納錢穀의 수효나 班常에 따라, 향촌 내에서 실질적인 혜택을 보장해
　　준 察訪을 비롯한 각종 散階에 제수시키고 있었다. 또한 향촌사회 내에서 부민들
　　이 사경제를 유지하고 그들의 계층적 이익을 실현할 수 있도록 봉건국가의 공권
　　력으로 뒷받침해 준 측면을 볼 수 있다. 첫째, 향촌 내의 생산・유통관계를 총체
　　적으로 관장한 국가의 공공적 기능을 통해 이들이 공동체적 규제 하에 있던 각종
　　用益(관개수리시설・공동이용지) 등을 쉽게 장악할 수 있게 하였다. 둘째, 부정적
　　인 측면으로서 국가에 의한 給復措置나 조세감면조치를 통해 토지소유자인 이들

　이상에서 지방재정의 운영을 둘러싸고 '지방관청 대 향촌내 부민' 사이의 대항관계를 살펴볼 수 있다. 이렇게 볼 때 지방관청의 준재정활동인 식리에서 차금대상으로 부민이 등장한 이유는 다소 분명해진다. 다음의 절목을 통해 관청식리전의 분급처를 좀더 소상히 살펴볼 수 있다.

　本錢八百兩 自民庫以什二生殖 每年正初分債於富民及巨商是如[121]

　每當給債之時 受債富人修成冊報乎備局是遣 每年終通一年給債數爻及受債富人姓名 亦爲各各區別修成冊報乎備局事 對式擧行爲齊[122]

　劃錢六百兩付之將廳訓鍊廳 派給於場市各廛饒實人處 五邊取殖 每月終一朔移錢三十兩捧入 以補兩廳供役之資是如[123]

　十月內抄出邑外村饒富民 隨力給錢 作之殖利[124]

　使令等處錢貳百兩 自營損給使之取殖補用是矣 典守之方難保其永久逢授於旅閣及各廛人處 每年利條陸拾兩分兩等收捧[125]

　此錢二千兩 放債於荒貨布木雜物等廛市人處 歲取十二利四百兩 以補隨毀修葺之役[126]

이 혜택을 누릴 수 있었다. 부민·부호에 대한 稅防의 설정도 지방관청과의 합일에 의해 이루어지고 있었다. 셋째, 富民·班民들의 私設刑杖·刑具·刑獄이 존재하였다(『備邊司謄錄』 249冊, 哲宗 13年 6月 27日 참조). 이는 각종 債錢이나 地代를 원활하게 확보하기 위한 일종의 폭력장치로, 공권력의 묵인 또는 공권력과의 합일 하에 소작인·차금자를 억압하고 고율의 소작료·이자지불을 강제하였던 것으로 보인다. 결국 당시 지방재정을 둘러싸고, 집중적 수탈로 인해 야기된 국가권력 대 부민·요호 간의 갈등관계와 함께, 국가권력의 비호를 받는 일부 부민·요호층에 대한 일반 농민의 대항관계가 복합적으로 설정되어 있었다.

121)「贍用庫節目」, 『江州謾錄』.
122)「松營放債節目」.
123)「秋城三政古錄」.
124)「補民廳錢殖利節目」.
125)「使令廳節目」,「華營新定式節目」.
126)「咸興府大同抹弊節目」.

給債之法 必擇貢市人中有實者分給 而亦以有根着富饒人 懸保出給周年
當限則並本利捧上[127]

　이상의 절목에서 볼 때 식리전의 분급대상에는 향촌내 부민·요호 외에
商人·旅閣主人·貢市人 등이 등장하고 있다. 이들 계층은 지방재정의 운
영에 밀접한 관계를 맺고 있었고, 일정한 한계를 지니지만 각자 유통 재생
산이 가능한 사경제를 보유하고 있었다. 이 같은 점으로 보아 일반 농민에
대한 식리전의 대부가 '소비적 지불수단'의 용도를 지닌다면 이들 계층에
게는 '영리적 수단'이나 상업자본으로서의 화폐대부였음을 볼 수 있다.[128]
한편 지방관청으로서는 식리수입이 독자적인 재정자금이었다는 점에서 상
환이 확실한 이들 계층을 차금자로 채택한 것이었다.

　③ 이자율의 구조

　관청고리대는 보통 周債·臥債로 일컫는 것과 같이 元金을 장기간 분급
하고 매년 그 이자만을 징봉하여 필요한 비목에 충당하는 형태를 지니고
있다.[129] 이러한 장기급채 외에 式年마다 필요한 자금을 마련하기 위해 단
기간의 상환연도를 규정하는 有期給債도 아울러 실시되었다. 이자의 수봉
은 용도에 따라 每朔·三仲朔·四仲朔마다 이루어지고 있었으나, 많은 경
우 해당 기관의 회계기간과 일치되는 十二朔의 기간에 준하여 發令收捧되
고 있었다.

　그런데 장기급채에 따른 모순이 거듭 드러나고 있었다. 무엇보다 분급된
식리전이 운동과정에서 쉽게 소멸되어 버리는 현상, 즉 '指徵無處'의 상황

---

127)「都城來脉補土所節目」,『備邊司謄錄』167冊, 正祖 8年 11月 17日.
128) 일례로 해당 식리전을 廛人에게 분급하여 그들로 하여금 취식케 하고 이자를 납
　　부한 사실을 볼 수 있다.「聽直聽捄弊節目」,「華營新定式節目」, "錢壹百兩自營
　　門特爲別下 …… 出給府底各廛人使之取殖 每年以利條參拾兩式酌定歲入 遠近
　　出站時馬貰也 路需也 計其程道及日字量宜上下".
129) 이와 같은 관청식리전의 일반적인 이자 징수형태는 다음 사례에서도 확인된다.
　　「慶山縣五面節目」,「嶺嶺各捄弊節目」, "錢每面一百兩式 隨其大小洞分排 臥置
　　於元戶 每於春 戶布磨鍊時 收合利條添補".

이 초래되고 있었다. 그 요인으로는 차금자의 상환능력 결여나 운영을 담당하는 이서들의 작간 등 현상적 요인을 들 수 있다. 그러나 보다 기본적으로는 고리의 수취를 둘러싸고 야기되는 지방관청 대 차금자 사이의 심각한 대항관계에서 비롯되고 있었다. 이 같은 대항관계의 측면을 몇 가지로 구분하여 보면 다음과 같다.

첫째로 고리이자율의 문제다. 원래 전기적자본인 고리대는 이자율의 우연성을 이용하여 고리를 취하는 것이다. 그런데 상품화폐경제의 발전에 조응하여 시장권이 형성되고 화폐의 공급도 풍부해지면서, 전국적으로 우연적인 순수형 고리에 대립하여 시장이자율·일반이자율이 형성되고 高利子가 평균화되어 가는 경향을 띠게 된다. 18세기 이후 조선사회 내부에서도 자연경제의 골격 위에 상품화폐경제가 흡입되어 발전을 이루어 간다. 그러나 이는 아직까지 한정된 영역을 장악하는 데 불과하였다. 19세기에 들어서도 화폐는 유통 내부에 기능하는 상인들에게 집적되었고 이들에 의해 식리가 주도되는 현상이 계속되었다. 한편 두드러진 高利子의 평균화 현상으로는 규정할 수 없으나, 지역단위로 점차 고정된 이자율이 형성 실시되고 있었다.

조선후기 전 시기 동안 법전상에 명시된 公債의 법정이자율은 舊來 什一稅의 전통에 따라 연1할 규정이 고수되고 있었다. 그러나 이러한 조항은 법전상의 명문에 그치고, 향촌사회에서 실질적으로 시행된 이자율에 대해서는 별다른 규제를 가할 수 없었다. 관청식리전의 이자율은 사채의 長利·甲利 관행에 따르거나 지방장시의 시장이자율에 의해 결정되었다. 당시 지방 사례를 보면, 그 비율은 대체로 연3할(136%)에서 연5할(160%)의 고율이었다.

그런데 식리전의 이자율은 순수 경제적인 요인이 아니라 이를 관장하는 기관의 재정수요에 따라 변동되기도 했다. 즉 해당 기관의 자의성에 따라 이자율이 조정되는 '量出爲入'의 예가 많았던 것이다. 이 같은 재정적 요인으로 인해 대개의 경우 重賦·高利로 기울고 있었다. 헌종 연간 高山縣에서는 民庫錢 3,200냥을 연3할 利로써 민간에 分給·取殖하고 있었다. 그러나 정월에 수봉하는 이자 960냥이 1년 소용비에 부족되었기 때문에 정미년(1849)부터 연4할로 이자율을 높이는 사례가 보인다.130) 또한 順天府의 修理廳에서는 매삭 3분 利로써 1,000냥의 식리전을 운영하였는데 수용에 크게 부족되자 이자율을 일방적으로 5분으로 올려 시행한 경우도 보인다.131) 차금자 농민의 입장에서는 불법적으로 이자 수탈을 강요당했던 것이다.

둘째로 '利上加利'라는 표현으로 알 수 있듯이 이자율의 復利計算法이 적용된 예가 많았다. 또한 사금의 증식이 필요한 경우 매년 원금과 당해 연도의 이자를 합하여 '作本錢'한 후 식리를 전개하였다. 예를 들어 江界府 內 民庫의 운영에서 "二千兩本錢 兩年取殖則當爲二千八百餘兩 以二千八百兩 仍作本錢取殖"한 것이나132) 雲峰縣의 將廳에서 "殖利段 …… 每年十月初一日 幷本利照數來納於官庭後 幷與本利錢 而仍作本錢 還爲播給於執綱面任有司等處爲乎矣"133)한 사례가 그것이다. 즉 농민의 부담을 고려하지 않은 채 殖利本錢의 증액만을 도모하는 측면이 보인다.

셋째로 지방관청에서 식리전을 분급할 때 당해 연도 이자를 先除하는 경우가 많았다. 예를 들어 전라감영의 償債廳에서 "錢文七百兩 …… 先除什二條 分俵各邑主人 每年利條 五月收捧 營奴補役次節矣"한 것이나134) 海西 延安府의 作廳에서 500냥(이자율 연2할)의 식리전 분급시 1년분 이자 110냥을 선제하고 390냥만 지급해 준 사례가 그것이다.135) 이 점은 당시 중앙정부에서도 시정되어야 할 폐단으로 지적하였다. 보다 문제가 많았던 것은 식리전 자체를 白給한 후 이자만 수봉하는 경우였다. 예컨대 황해 감영에서는 勅需 변출시 甕津·載寧 등 營下 각 지방관청에 대해 邑勢에 따라 300냥에서 1,000냥까지 식리전 명목으로 백급한 후 해당 이자분(연2

130) 『湖南高山邑誌』 附事例.
131) 『順天郡各掌重記』.
132) 「民庫別費節目」, 『江州漫錄』.
133) 「將廳料資錢播給民間節目」.
134) 『完營各庫事例』.
135) 『海西總釐』.

할)의 白徵을 행하였다.136)

이상에서 살펴본 바와 같이 지방관청에서는 차금자 농민의 높은 부담을 외면한 채 자의적으로 이자율을 조정하면서 자체 재정의 확보에만 몰두하였다. 고율의 이자 수취를 둘러싸고 중세 봉건권력의 수탈성이 여실히 드러나고 있었던 것이다.

(3) 관청식리의 전용과 邸債의 전개

① 관청식리의 전용

19세기 중엽 이후 한말에 이르기까지 각 기관의 식리는 전체적인 지방관청의 재정체계와 밀접하게 관련되어 운영되고 있었다. 그러나 전기적자본이 지니는 속성에 따라 식리의 모순이 거듭 드러나고 재정체계의 파탄·指徵無處의 상황이 쉽게 나타나고 있었다. 지방관청은 이에 대한 대책으로서 식리전의 운영방법을 변화시키거나 새로운 운영형태로 전화시키고자 하였다. 이 같은 모색의 하나가 기존 식리전에 대해 분급·수봉체계를 정비·강화시켜 나간 것이었다. 예를 들어 면리단위로 식리전을 분급하는 과정에서 향촌사정(辦出能力·役의 多寡)에 따라 분급액과 이자율을 차등적으로 시행하였다.137) 지방관청의 입장에서는 식리전의 중간견실을 방지하기 위한 대책이기도 했다.

---

136) 海西監營에서 營下勅債錢이 결축되자 이를 영하 각 읍에 300~1,000냥까지 배당하고 우선 各邑耗作錢 중에서 해당액을 수거해 갔다. 수거액의 마련은 각 지방에서 자체적으로 연 2할로 식리하여 충당하게 했다. 각 지방에서는 鄕會를 개최하여 이의 변출을 위한 급채방법·懸保 문제·先除이자의 충당방법 등을 논의하였다. 이때 감영으로부터 임의로 할당되어 각 지방에서 강제로 징봉된 勅庫債錢은 다음과 같았다. 白川(300냥)·載寧(500냥)·甕津(1,000냥)·兎山(500냥)·康翎(200냥)·金川(500냥)·延安(500냥)·谷山(1,000냥)(『海西總釐』「白川勅債利捄弊節目」등 8개 절목에서 작성).

137) 民役과 관련된 식리전의 배급시 관청에서는 지역적 특성과 부담역의 다과 여부를 감안하여 분급액수와 이자율을 차등적으로 실시하였다. 漆谷府의 경우 散米色이 관장하는 公床錢(이자율 연 5할)의 분급시 校村 30냥·邑內 40냥으로 차등 배분하고, 鎭兵色이 관장하는 補城錢의 경우 鎭 5개 읍에 각 300냥씩 분급하여 屬 4개 읍은 2할, 本邑은 3할의 차등 이자율을 규정하였다(『嶺南漆谷邑誌』附事例).

이와 달리 안정된 재정원을 확보하기 위해 식리에 의해 일정 자금이 축적되면 買土하여 賭地收入을 획득하는 방법으로 전환하고자 하였다. 이같은 현상은 당시 각종 屯土·驛土·官房土 및 民庫田의 운영방식이 지주경영으로 적극 전환되고 있었던 추세와 무관하지 않다. 公州지방의 鍮役廳의 경우 戶籍紙寫價를 마련하기 위해 다음과 같은 방법을 강구하였다.

> 公家殖利之法 以錢以穀 俱有弊端 行之未久舉歸虛簿 而惟是買復一事 聚爲長策 …… 本府各樣復戶中 所謂面主人復戶尤爲着實云故 今春依其願給價五百兩 買取一百結 至秋成作夫後 以米從市直執錢 以爲存本取利之地爲齊[138]

종래 식리의 운영에는 虛簿가 되는 등 방법상 문제가 많았음을 지적하고 재정원의 형태를 전환시키고자 하였다. 이에 따라 500냥의 자금으로 面主人復戶畓 100결을 매입한 후 지주경영을 통한 賭地收入을 모색하였던 것이다. 그런데 이 기관에서는 逐年買復을 원칙으로 하면서도 가을에 시가에 따라 지대를 作錢한 후 겨울 동안 이자율 매삭 5분의 고리대를 운영하고 있었다. 당시 지방관청의 사례 가운데 고율의 지대수입과 이자수입 즉 양 자본의 상호보완적 기능을 활용하여 자금 확대를 모색한 예는 흔히 나타나고 있다.

식리에 의한 재정수입 방안에서 買土收稅 방법으로 전환하는 경향은 군현향교나 서원의 경우 더욱 두드러졌다. 경상도 三嘉縣 향교의 경우 관에서 마련한 150냥으로 식리를 운영하였는데 절목에 따르면 "年久殖利非儒宮正道 而亦非典實之規 五年後買土收穀 從時價作錢 以爲補用事"라고 규정하고 있다.[139] 즉 儒宮의 입장에서 식리는 정도가 아니라는 점을 내세워 자금만 축적되면 5년 후 買土收稅의 방법으로 전환할 것을 나타낸 것

---

138) 『湖西公州邑誌』 附事例.
139) 「三嘉縣鄕校捄弊節目成冊」, 「嶺營各捄弊節目」. 같은 자료 내 「校廳矯捄節目」에도 "永久固本之冊 莫若年年買土 取其稅補其資 甚合經遠是如"라 하여 買土收稅의 유효함을 지적하고 있다.

이다. 海州의 養士庫의 경우도 식리는 이서의 作奸이 개재되거나 虛簿가 생기는 등 운영상 많은 문제가 발생된다고 하여 1,000냥의 자금으로 ‘東西 郊田十一半畊’을 매입하였다. 차후 收賂作錢한 130냥을 講學資金으로 충당하고자 하였다.140)

또한 잡역을 변출하기 위한 용도의 식리에서도 토지수입으로 전환된 사례가 나타나고 있다. 成川府의 경우 호방의 관장 하에 780냥을 26坊에 각 30냥씩 분급하여 取殖한 후 118냥이 되었을 때 買田하게 하였다. 이후 여기에서 나오는 賭地로써 ‘防給戶役’ 비용을 충당하였다.141) 또한 1877년 順天府의 경우 書廳의 관장 하에 18개 면에 100냥씩을 출급하여 각각 6石 1斗 4升落의 토지를 매입시켜 官惠畓으로 명명하고, 1889년에도 8석 17두 8승락의 토지를 매입시키고 지대로써 각 면의 경비를 보충하도록 하였다.142)

지방관청의 재정원 가운데 식리전의 이자수입이 지대수입으로 전화되어 간 상황에 대해서는 몇 가지 설명을 덧붙일 수 있다. 우선 고리대가 운영과정에서 指徵無處가 될 위험부담이 높고 차금처도 어느 정도 한정된다는 점에 원인의 일단이 있었다. 또한 지역에 따라서는 고리대에 의한 이자수입보다 지주경영에 의한 지대 수입(시가에 따라 作錢)이 높은 수익률을 보장하였을 것이다. 아울러 19세기 후반기에 들어와 토지가격이 상승되었다는 점도 부가적 요소로 들 수 있다.

② 邸債의 전개

19세기 중엽 이후 삼남지방을 비롯한 전국 각지에서 농민항쟁이 집중적으로 야기되었다. 이는 조선 봉건사회에 내포되었던 구조적 모순에 대한 항거로서 나타난 것이었다. 각 농민항쟁의 사례를 검토해 보면 생산관계에 규정되는 地主·佃戶 간의 대항관계를 기저에 두면서도, 봉건국가의 對농

140) 「養士庫田賭地錢抹弊節目」, 『海西總釐』, “養士庫用下之餘 幸有留貯千有餘兩 然若一任吏手 無別般區處之方 則必爲欠逋之藪 意無補益之道 而如欲債取殖 亦恐年久後 從爲虛簿 故求買本邑東西郊田十一半畊 而酌定賭地”.
141) 『成川府重記』.
142) 『順天郡各掌重記』.

민지배관계의 경제적 표현이었던 부세문제에 농민층의 관심이 집중되고 있다. 부세문제에는 일면 제도 자체가 지니는 결함도 있었지만 주로 운영 과정에서 발생되는 폐단이 많았다. 즉 향촌의 실정을 수렴하지 못한 제도의 경직된 운영, 중간담당자의 착취, 공동납 과정에서 나타나는 특정계층 (富民・饒戶)에 대한 집중적 수탈, 부과대상자 선정에 대한 향촌내 大・小 民 간의 이해관계의 차이와 같은 문제가 있었다.

18~19세기 지방관청에서 운영한 식리전은 농민의 입장에서는 단지 부세의 일종으로 인식되고 있있다. 농민항쟁에서 所志(民瘼十條, 十條仰陳)를 통해 제기된 문제들은 田結稅・軍役稅・還穀과 기타 잡역에 관한 것이었다. 당시 농민들은 현물 대신 이자납부라는 변출방식에 차이가 있을 뿐 식리를 잡역의 하나로서 여기고 있었다. 농민항쟁에서 관청식리의 문제를 지적한 사례로서 咸平농민항쟁의 '十條仰陳'을 들 수 있다. 함평농민항쟁은 철종 13년(1862) 4월 16일부터 5월 10일에 걸쳐 京商接長인 鄭翰淳이 주도하여 발생한 것이다. '十條仰陳'에서는 邸債 3만 2천여 냥을 民結에서 取斂한 것과 邸債未收條 및 이서가 暗出한 營還錢 7,400냥을 還簿에 기록한 사실에 대해 시정을 요구하고 있다. 이에 앞서 함평현에서는 현감 權命奎가 중심이 되어 저채의 상환을 위해 내역을 알지 못하는 향촌민에게 強徵하였고, 저채 미수분과 이서들이 逋欠한 부분을 還簿에 기록하여 농민들의 추가 부담으로 전가시키고 있었다.143)

또한 진주농민항쟁에서는 용도가 불분명한 邸債가 준봉되어야 할 비목으로 명명되어 향촌민에게 추가 징수된 문제가 지적되고 있다. 당시 右兵營邸吏 文永鎭, 晉州京邸吏 李昌植・白命圭・梁在洙 등이 京債를 빙자하거나 京司에 대한 상납물 마련이라는 명목으로 2만 석 이상의 錢穀을 진주민에게 부담시킨 사실이 드러났던 것이다.144)

농민항쟁의 사례에서 식리 문제는 관속들의 포흠이라는 현상적인 면과 결부되어 지적되고 있다. 가령 邸債의 경우 상환 과정에 지방관이 관여하

---

143)「營奇」,『龍湖閒錄』3, 73~74쪽 ;『日省錄』哲宗 13年 6月 9日.
144)「慶尙右道暗行御史李寅命別單」,『壬戌錄』55쪽.

거나 邸吏들의 전행을 묵인해 줌으로써 향촌민에게 일반적인 희생을 강요
하고 있었다. 당시 저채의 폐해는 관청식리전이 지닌 폐단의 일부가 표면
에 드러난 것에 불과하였다. 여기에서는 당시 저리가 운영하였던 저채의
성격과 지방관청의 재정체계에 관련되는 측면에 대해 살펴보고자 한다.

조선시대 京主人(京邸吏)・營主人(營邸吏)으로 호칭되는 이서들은 京
城과 監・兵營에 각각 京邸・營邸를 경영하면서 해당 지방과 관련된 각
종 稅貢의 납부, 문서연락 등의 업무를 맡고 있었다.145) "邸人이 없으면 百
地公失이다"146)라는 표현에서 보듯이 임무가 중대하였기 때문에 朝令에
의해 신분을 보호받고 상당량의 역가를 지급받고 있었다. 이들은 자체적으
로 예하된 貢價라든가 미리 거둔 조세를 立本錢으로 삼아 민간을 대상으
로 고리대를 운영하였고 지방수령과 관속을 대상으로 대차관계를 맺기도
하였다. 철종 13년 호남좌도 암행어사 金元性別單에 "邸債之邊 以十二施
行 至翌年幷本利 更爲本錢之弊"147)라고 되어 있듯이 전라도의 저채 이자
율은 연2할이었음을 알 수 있다. 그런데 저채일 경우에도 '利上加利'의 문
제나 甲利와 같은 고이자율의 적용문제가 마찬가지로 제기되고 있었다.

먼저 저리가 개별적으로 민간을 대상으로 운영한 식리 사례를 살펴보겠
다. 헌종 14년 寶城郡의 경우 營主人이 錢還例로써 1냥을 민간에 분급하
고 가을에 미곡으로 수봉하여 취식한 사례를 볼 수 있다.148) 철종 8년 晉
州牧의 京邸吏 梁在洙는 관으로부터 획급받은 자금으로 입본전을 삼아
민간에게 분급하고 있다. 당시 양재수는 漕船沙工 등을 京司에 상납할 때
소용되는 비용을 저채로 선급해 주고 차후 관으로부터 지급받은 24,000냥
중 1,000냥을 右漕倉屬邑에 분급하여 취식하였던 것이다.149)

邸債는 邸吏의 업무시 소용되는 비용을 의미하기도 한다. 가령 관속의

---

145) 安秉珆, 「中間階層의 存在形態」, 『朝鮮近代經濟史研究』, 1975 참조.
146) 『備邊司謄錄』 202冊, 純祖 12年 11月 25日.
147) 『備邊司謄錄』 249冊, 哲宗 13年 7月 12日.
148) 『備邊司謄錄』 235冊, 憲宗 14年 1月 7日. 이에 앞서 정조 22년의 사례로서 營主
人이 邸債의 일부를 전라도 각 읍에 분급하고 錢還을 실시한 "營主人錢還"이 지
적되고 있다(『備邊司謄錄』 187冊, 正祖 22年 1月 11日).
149) 「査逋狀啓」, 『壬戌錄』 10쪽.

京邸(營邸)에의 留宿費, 上京 및 他道出使路資, 京司上納物의 납부에 사용된 자금이 포함된다. 저리들은 차후 해당 지방관청에서 선급된 자금을 변제받을 수 있었다. 한편 저채라는 명목 하에 지방 관청 내의 각 기관에 대해 재정자금으로 대여되기도 했다. 예컨대 황해도 鳳山郡의 경우 京邸 吏 金錫鉉이 鄕廳·作廳 등 각 기관에 10년 동안 대여해 준 저채 21,919냥 9전 5분의 상환을 요구하며 문제를 제기한 것을 들 수 있다. 당시 저채를 재정자금으로 대여받은 기관은 鄕廳(6,105兩 9分), 作廳(8,308兩 5錢 5分), 將官廳(232兩 9錢), 使令廳(3,292兩 8錢 2分), 官奴廳(3,175兩 5錢), 雇馬廳(774兩), 作直廳(30兩 8錢) 등이었다.150) 저채가 관속들에게 대여되었던 사실은 다음 기사에서도 확인된다.

> 邸債之殖利 與他債有異 計朔計年 爲幾百幾千 而三班之屬 例無節約 不念辨報之難 惟知得用之行 年滋歲長 殆無限節 而爲邸人者 夤緣督捧 等 計十倍於子母 程督倍於公納151)

官屬(三班之屬)들이 상환의 어려움을 염려하지 않은 채 邸債를 빌려 쓰고 있었고 邸吏들은 朔·年 단위로 高利로써 督捧하고 있었던 상황을 알 수 있다.

지방재정의 운영과정에서 지방관속(각 기관)에 대한 저채 대여는 거듭되고 있었다. 문제는 이 저채의 상환을 둘러싸고 야기되었다. 邸債의 환보 시 지방관이 환곡이나 軍錢과 같은 '民捧之公錢'을 우선 사용한 후 농민에게 추가로 징수하거나 변제 능력이 없는 吏奴名下에 分錄시키는 경우가 많았던 것이다. 이는 환곡의 逋欠이나 軍錢의 미납, 京司에 대한 상납 지체의 이유가 되고, 上司에서 이를 독촉하면 자연 농민에게 勒貸·再徵하였던 것이다.152) 바로 吏逋가 民逋로 뒤바뀌는 결과가 초래되었다. 이처럼

---

150) 「鳳山京邸吏金錫鉉蕩債節目」, 『海西總釐』.
151) 「鍾山集抄」 別單, 『壬戌錄』 231~232쪽.
152) 『備邊司謄錄』 246冊, 哲宗 10年 4月 18日, "近聞外邑中 或有邸債之利上加利 年久難捧者 則以還錢或軍錢 先爲劃給後 本錢分錄於負邸債之吏奴名下 仍爲還穀

저채의 상환과정을 통해, 公錢으로 선급해 주거나 作還하는 등 철저히 官 위주의 재정운영 과정에서 발생된 闕額 부분이 전 농민의 부담으로 전가 되고 있음을 볼 수 있다. 철종 13년 삼남에 파견된 암행어사들이 올린 別 單에 보면 특히 이러한 邸債의 폐해가 많이 거론되고 있다. 別單 가운데 "邸債鄕將吏奴等 官屬外 村民推責 切勿聽理事也"[153]라는 내용은 邸債의 상환문제가 해당 관속 외에 일반 농민과는 무관한 사실이라는 것을 지적 한 것이다.

이렇듯 지방관청의 재정보충을 목적으로 운영되었던 관청고리대는 갑오 개혁에 의한 지방제도의 정비, 지방재정의 일원화 조치에 따라 법제적으로 점차 규제를 받게 된다. 당시 재정제도의 개혁 내용 가운데 지방관이나 관 속들의 보수를 전국의 지방관리에 일률적으로 적용하는 月俸制度로써 해 결하고자 한 조치가 바로 그것이다. 1895년 이후 각 지방에서는 殖利錢이 蕩減·拔本·停捧되자 당장 재정적 어려움을 겪은 사례가 나타난다. 順天 府의 경우 종래 각 기관별로 연5할의 식리가 운영되었던 곳인데, 각종 식 리전이 '入於植本錢勿施'가 되자 공용비용을 마련하기 위해 제 방안을 강 구하였다. 가령 使令聽廳에서는 雇馬 5필·雇馬田畓을 本價로 放買하였 고, 民庫에서도 畓 11석 6두 5승락·田 6두 8승락을 시가로 방매하여 부족 한 재정을 보충하였다. 또한 書廳에서는 각 면에 劃下하여 邑用으로 삼게 한 2,200냥을 1897년에 다시 收刷하여 관청의 재정자금으로 충당하고 있다.[154]

그러나 지방관청에서 크게 성행한 식리가 그리 간단히 소멸될 수 있는 것은 아니었다. 중앙정부가 지방재정에 대해 점차 통제를 가하고 있던 光 武年間에도 지방에 따라 식리는 여전히 계속되고 있었다.[155]

逋欠及軍錢未納云";『備邊司謄錄』248冊, 哲宗 12年 7月 10日, "湖南京司各上 納 …… 近聞各邑中 或因邸債及私債之補償事 先以民捧之公錢中劃給 而上納則 愆期不納 若有上司催督 則或勒貸或再徵".
153)『備邊司謄錄』249冊, 哲宗 13年 8月 23日.
154)『順天郡各掌重記』.
155) 한말의 지방관청 사례인「咸鏡北道 各郡驛屯賭殖利錢收捧成冊」에 따르면 各郡 의 식리전은 光武 11년(1907)경까지도 전개되고 있었다.

4. 중앙정부의 지방재정에 대한 대책

앞 장에서 지방관청의 재정상황과 관련하여 발생한 관청식리가 다양한
대차관계를 형성하면서 전개된 실태를 살펴보았다. 지방관청에서 운영되
는 식리의 용도는 대부분 '本官捧用條'(자체 경비분)의 보충이다. 이 같은
加下의 식리행위는 재정적 이유를 내세운 지방관청에 의해 적극 조장되어
갔고, 농민에게는 점차 부세로 인식되었다.

그런데 경우에 따라서는 식리전의 운용 규모가 일반회계나 총 재성 규
모에 육박할 만큼 거대화되기도 했다. 이는 일반재정의 제 요인들을 보완
하려는 보정적 수요가 그만큼 컸음을 의미하기도 한다. 그렇지만 식리전의
양적 비대화와 운영규모의 증가는 결국 차금자 농민의 경제적 상황을 악
화시키고 연쇄적으로 지방관청의 재정규모를 취약하게 만들었다. 또한 군
현단위의 총체적인 경제운영에까지 심각한 영향을 미치고 있었다. 흔히 볼
수 있는 사례로서 지방관청에서 재정부족을 이유로 일단 식리를 전개시키
면 해당 부분의 재정파탄이 야기될 때까지 중단하지 않았다.

이처럼 "上而使國計枵然 下而使民情嗷嗷"[156]하게 되는 지방관청의 식
리에 대응하여 중앙정부는 일정한 대책을 강구하고자 했는데, 우선은 식리
전이 난립되는 소지를 줄이고, 운영상의 무질서에 대한 견제기능을 확립하
는 일이 시급하였다. 중앙정부의 대책 가운데 직접적인 조치는 재정파탄이
야기된 지방관청의 요청에 따라 봉건왕조의 공권력으로 해당 식리전을 탕
감시켜 주고, 후속조치로서 京司各衙門 및 軍門의 관장 하에 있는 재원을
급대해 주는 것이었다.[157]

이와 함께 관청식리전의 운영과정상 나타나는 제반 폐단을 막기 위해
徵債條項·法定利子率의 규정과 같은 법제적 조치를 강구하였다. 또한 각

---

156) 李參鉉, 「鍾山集」, 『壬戌錄』 266쪽.
157) 『萬機要覽』 財用編3 給代條에 따르면 "凡有蠲免 輒許統"한다고 되어 있는데, 각
    아문의 세입이 부족하거나 종전보다 수입이 감소하는 사정이 발생하면 거기에 상
    응한 급대가 뒤따르게 된다는 것이다. 획급 방법에는 京廳上下와 外方直劃의 형
    태가 있었다.

종 절목을 제정·반포하여 지방재정의 합리적인 예산운영을 강조함으로써 加下의 식리행위를 규제하고자 하였다.

이러한 대책은 중앙재정의 원활한 확보를 위해서는 지방재정이 견실해야 한다는 현실적 필요성과, 담세자인 개별농민을 보호하고자 하는 국가적 입장이 고려된 것이었다.

1) 給代措置를 통한 財源交付

중앙정부는 재정파탄이 야기된 지방관청에 대해 봉건왕조의 공권력으로 焚券蕩債를 명하여 위기를 수습하고자 했다.[158] 이와 함께 해당 지방관의 요청에 따라 급대를 시행하였다. 원칙적으로 급대는 해당 지방관청이 재정수요를 파악한 후 종전의 식리수입에 상응할 정도의 재원을 분급해 주는 것이었다. 영조 34년 동래부에 취해진 급대조치에서 이 같은 원칙을 살필 수 있다.

> 萊府以邊上重地 給債革罷之後 無以支過 則朝家當軫念 區劃給代 …… 量其需用 定數劃給則似好矣 開城留守 金致仁曰 …… 萊府邊上重地也 自朝家深念民弊 革罷債路 則其所給代 必須相當然後 可以永久遵行……[159]

중앙정부에서 관장하는 각종 재원은 급대조치를 통해 여러 형태로 분급된다. 다음에는 18~19세기의 급대조치 사례를 통해 분급된 재원에 관해 살펴보고자 한다.

정조 5년 경상감영은 南倉殖利錢을 停罷하고 종래의 이자수입에 상응

---

158) 가령 慶尙監營에서는 정조 15년 "嶺南所謂 南倉債錢 卽令道伯 召集父老民人 父老民人所見處 焚其券湯其債"할 것을 명하여 탕채시키고 있고(『備邊司謄錄』178冊, 正祖 15年 6月 9日), 開城府의 경우 순조 24년 債錢 24만 2,275냥 중 未捧米 13만 4,988냥을 慶尙監營 및 義州府의 예에 따라 탕감하고 있다(『備邊司謄錄』212冊, 純祖 24年 3月 1日).

159) 『備邊司謄錄』134冊, 英祖 34年 6月 8日.

하는 19,280냥의 급대를 요청하였다. 이때 경상감영은 均廳會錄米 2,100석
과 華山城役租 42,000석의 획급을 요구했으나 事目이 이미 규정되었거나
添餉이 우려된다는 이유로 인해 채택되지 않았다. 결국 別備條 記外條와
華山租耗條作錢, 射軍奴木代米 및 南倉錢 半留條를 일부 분급받아 재정
자금을 마련하게 되었다.160) 개성부의 경우 영조 2년 北關穀 중 영남지방
의 진휼조로 이전한 1만 석을 획급받고161) 순조 23년 탕채후 매년 應下條
로 3만 냥이 부족하자 商稅·田賦·戶役 수입을 증가시키는 한편 各道還耗
壬午會錄條 가운데 6만 석을 松營捄弊穀으로 획급받아 耗米作錢하였다.162)

또한 경기감영의 軍需·雇馬庫의 경우 순조 26년에 兩庫의 식리본전
22,000냥 가운데 指徵無處 6,860냥을 탕감받았고, 이와 함께 取殖支放不足
條 1,852냥은 당해 연도 賑餘穀折米 4,467석으로 획급받았다.163) 황해감영
에서도 영조 50년 14,400냥의 식리가 금지되면서 支放條 4,400냥을 마련하
기 위해 상평곡 3만 석을 획급받아 取耗補用하고 있다.164)

이상에서 보는 바와 같이 급대에는 환곡이 대여되는 경우가 많았다. 그
밖에 대동미의 移給·戶曹收稅權을 이관해 준 사례도 있다. 영조 34년 동
래부의 경우 12,800냥의 식리전을 탕감받은 후 급대조치에 의해 대동미 會
錄分 900석을 作錢補用하게 되었다. 그러나 다시 5,300냥의 재정자금이 부
족하자 추가로 호조의 被執人蔘收稅權을 이관받고자 하였다. 이 부분은
차후 『續大典』 규정대로 복구되어 "一年被執中 限四斤 劃給萊不事定
式"165)하게 되었다. 또한 영조 34년 개성부의 경우 경비변출을 위해 平安
監營錢 10,000냥 海西詳定米 15,000석과 함께 摠廳의 주전사업을 위임받
아 이윤을 도모하고자 하였다.166)

한편 중앙정부는 각 지방의 設屯收稅 요청에 대해서는 기존 경작농민의

160) 『備邊司謄錄』 162冊, 正祖 5年 6月 10日.
161) 『備邊司謄錄』 79冊, 英祖 2年 3月 20日.
162) 『備邊司謄錄』 211冊, 純祖 23年 6月 18日.
163) 『備邊司謄錄』 214冊, 純祖 26年 12月 20日.
164) 『備邊司謄錄』 156冊, 英祖 50年 8月 25日.
165) 『備邊司謄錄』 134冊, 英祖 34年 6月 8日.
166) 『備邊司謄錄』 135冊, 英祖 34年 10月 6日.

폐해와 호조수입의 감소를 이유로 반대입장을 분명히 하였다.[167] 이상에서 살펴볼 때 중앙정부에서 획급한 재원은 환곡(軍餉穀)·大同儲置米와 같은 미곡 형태가 많았다. 다시 말해 還分例에 의한 재정 변출방법을 가장 안정된 것으로 간주하고 식리나 設屯收稅보다는 加分이 되더라도 取耗作錢의 방안으로 전환시키고자 하였다.

급대조치가 취해질 때 반포되는 절목에는 각종 시행세칙이 규정되어 있다. 이에 의하면 분급된 재원은 무상이 아니라 대부분 準捧기한(5·10년)이 명시되어 있었다. 분급된 재원이 軍餉이나 戶曹穀과 같은 事目·용도가 규정된 것이기 때문이다.

한편 탕감·급대 조치를 받게 되는 해당 지방관청에서는 절목에 의해 식리본전을 상쇄시키며, 수봉 가능한 식리전은 차금자로부터 거두어들이고 있다. 후속조치로서 법전의 징채규정에 따라 다액부채자에 대해 처벌을 가하기도 하였다.[168]

감영 및 도호부와 같은 상급관청에서는 급대된 각종 재원을 자체 각 기관이나 예하 지방관청에 수급하여 수용으로 삼게 하였다. 감영에서의 재원 분급 사례를 살펴보면 다음과 같다. 정조 5년 함경감영의 경우 放債收息之規에 따라 30,900냥의 식리전을 운영하여 軍需庫를 비롯한 제 기관에 분급해 주었다. 정조 15년에는 운영 과정상의 폐단으로 재정 형편이 어려워지자 還穀留庫 가운데 加分耗折米 3,000석을 획급받았다.[169] 19세기 이후에도 함경감영에서는 營下 각 기관에 대해 蕩債조치와 함께 給代錢을 마련해 준 사례가 계속 나타난다. 이곳의 탕채·급대전의 捧下內譯은 헌종 8·14년, 고종 1·18·19년 등 5개 년조를 통해서 살펴볼 수 있는데, 이 중 헌종 14년(戊申)조를 정리하면 <표 12>와 같다.[170]

---

167) 이 같은 중앙정부의 입장은 영조 5년 경상감영의 남창전에 대한 탕채사례(『備邊司謄錄』162冊, 正祖 5年 4月 15日)와 순조 23년 개성부에 대한 급대사례(『備邊司謄錄』211冊, 純祖 23年 7月 1日)에서 잘 표명되고 있다.

168) 순조 24년 개성부의 경우 "債券中最多數者 特貸其命遠惡島 限己身爲奴 其下各人等並令本府嚴刑照律 分等勘處"시키는 등 법전상의 징채규정에 따르고 있다(『備邊司謄錄』212冊, 純祖 24年 3月 1日).

169) 『備邊司謄錄』178冊, 正祖 15年 3月 7日.

<표 12> 咸鏡監營營府各庫蕩債給代錢 戊申條捧下內譯

* 給代錢 마련

内 譯	額 數
駄價淸供米 會寧營賑折米 660石 相換	1,260兩
南差需庫米 淸市邑營賑折米 550石 相換	1,100兩
甲辰月課條折 600米石 作錢	1,800兩
南關營賑耗折米 4,746石 3斗 作錢	14,238兩 6錢
도 합	18,398兩 6錢

* 給代內譯

機 關 名	給 代 額	機 關 名	給 代 額
軍需庫	2,552兩 8錢1分	啓書廳	40兩
雇馬庫	1,236兩 1錢5分	會計廳	29兩 6錢
軍器庫	570兩 3錢8分	中營訓導所	100兩
差需庫	1,568兩 5錢2分	執事廳	100兩
萬歲庫	1,826兩 3錢1分	出身廳	200兩
城機庫	1,895兩 5錢6分	紙 庫	200兩
養士廳	60兩	(咸興府)	5,000兩
養武廳	210兩 3錢		

이 밖에 정조 13년 평안감영에서 平山府의 補役庫 給債取殖錢 3,000냥을 탕감하고 營下留庫穀 중 3,000석을 분급하여 取穀耗用하도록 한 사례가 있고[171] 헌종 11년 전라감영에서 탕채 후 甲辰(1844년) 餘穀耗作錢分으로 급대해 준 사례를 볼 수 있다.[172] 또한 순조 34년 충청감영에서 保民庫·補馬庫·給量庫·營庫의 식리전 10,967兩 84錢 4分에 대한 탕감·급대 조치를 취한 사례도 나타나고 있다.[173] 중앙정부에 의한 탕감·급대 조치는 형식상으로나마 파탄된 재정체계를 재정비할 수 있는 계기가 되었다.

한편 중앙정부는 지방관청의 재정 상황에 대해 일정하게 이해를 같이하고 재정을 지원하였지만, 상황에 따라 시행되는 탕감조치의 효용성에 대해

---

170) 『咸營事例』憲宗 8年(1842) ; 「咸鏡監營營府各庫蕩債給代錢戊申(甲子·辛巳·壬午)條 捧下成冊」.
171) 『備邊司謄錄』174冊, 正祖 13年 6月 28日.
172) 『完營各庫事例』.
173) 『錦營事例』.

서는 그 한계를 인식하고 있었다. 다음에는 탕감·급대 조치를 위요한 중앙정부와 지방관청, 일반 농민 사이의 대항관계를 살펴보고자 한다.

첫째로 중앙정부의 取殖償債策이었던 '加分取耗條' 자체가 시행과정에서 많은 문제점을 드러내고 있었다. 정조 15년 蔡濟恭의 주장에 따르면,[174] 지방관청에서 할당받은 「加分取耗條」의 미곡을 내역도 알지 못하는 농민에게 일방적으로 가급하였다. 따라서 탕감후 차금자는 除弊되더라도 受還之民은 또 다른 폐해를 입게 된다. 즉 화폐 대신 미곡으로 바뀌었을 뿐 농민에 대한 斂散은 줄어들지 않았다는 것이다.[175] 더구나 각 지방관청에서는 급대액의 상환을 위해 분급된 미곡을 작전하여 재차 식리를 개설하는 경우가 많았다.[176]

둘째로 일반 농민이 탕감·급대 조치를 통해 실질적인 혜택을 누릴 수 없었다는 문제가 지적되었다. 가령 吏胥의 逋欠이나 富商大賈의 公貨대출에서 비롯된 積逋의 경우, 탕감조치는 이들에게만 유리한 것이었다.[177] 또한 관청식리가 반드시 公貨만으로 시행된 것이 아니었고, 향촌내 私自需用者들이 隣族侵徵을 빙자하여 탕감받는 모순도 있었다.[178] 따라서 거듭되는 탕감조치에도 불구하고 특정 계층을 제외한 일반 窮民들은 이익을 누릴 수 없었다.

셋째로 일정한 규정 없이 탕감·급대 조치가 거듭됨에 따라 '國中儲蓄

174) 『備邊司謄錄』198冊, 正祖 15年 3月 1日, "……債錢之人 雖或除弊 受還之民 獨不生弊乎 且挽近以來 京外之欲除民弊者 輒以加給耗給代爲言 臣則或慮其除一弊 而又生一弊".
175) 『備邊司謄錄』162冊, 正祖 5年 6月 10日, "蕩債充代之道 無非加分取耗之政 而又若以錢換穀斂散不已".
176) 『備邊司謄錄』144冊, 英祖 39年 9月 28日.
177) 『備邊司謄錄』73冊, 景宗 1年 8月 7日, "朝家 又以耗穀劃給之資 而國有所失 民無實惠 以歸於中間花消";『備邊司謄錄』78冊, 英祖 1年 9月 9日, "禮曹判書 沈宅賢曰 …… 蕩減未捧 元非實惠之及民者也 不過爲吏邑倅之幸 而小民則不得蒙實惠矣 所謂逋欠皆在吏胥 不在民間 今雖蕩減實惠則民不得蒙矣";『備邊司謄錄』99冊, 英祖 12年 1月 10日, "禮曹判書 金京弼曰 京外儲蓄之蕩殘 多由旬給債未捧 商譯輩 多出公貨 殖利花消 仍成積逋……".
178) 『備邊司謄錄』162冊, 正祖 5年 6月 10日.

之難繼,'179) '公儲先竭'180)로 표현되는 바와 같이 중앙재정이 어려워지는 상황이 초래되고 있었다. 일례로 지방관의 요청에 따라 계속 급대해 주면 다른 지방에서도 다투어 이를 모방하였다. 또한 급대액의 상환기간이 되어도 재정궁핍을 이유로 限年退捧措置를 요구하기도 하였다. 심지어 당해 연도 지방관이 교체되면 상환규정조차 준수하지 않는 예가 많았다.181) 이에 따른 부담은 대여기관이 감수해야 했다.

이상에서 볼 때 중앙정부에서는 "取殖償債之云者 雖爲目前立至之效 必成日後莫救之弊"182)라는 것처럼 償債之計가 長策인지의 여부에 대해 근본적인 의문을 제기하고 있었다. 그러나 중앙정부는 통치의 기반이자 재정의 기반인 지방관청의 탕감·급대 요청을 일방적으로 거부할 수는 없었다. 순조 24년 개성부 殖利未捧條 13만 4,988냥에 대한 탕감조치에 "債가 적을 때는 약간의 결축에도 餘力尙支하나 債가 많으면 수합하기 힘들다. 비유컨대 종기 치료시 惡肉을 도려내지 못하면 새 살이 돋지 못하는 것과 같다. 京·外 축적물이 적어 어려운 상황이지만 받지도 못할 債權은 도리어 없는 것이 낫다"183)라고 언급하고 있다. 이는 탕감조치에 대한 중앙정부의 입장을 표명한 것으로 여겨진다.

당시 지방관청의 취약한 재정구조로 인해 식리의 폐단은 곧바로 전체 재정체계에 심각한 영향을 주고 있었다. 지방관청은 재정의 어려움이 나타나면 이를 자율적으로 해결하지 못하고 왕권에 의한 탕감조치나 중앙정부의 급대조치로 해결하려는 한계성을 보이고 있다. 18~19세기 지방사례를 살펴보면, 누년에 걸쳐 탕감·급대 조치가 거듭 시행되고 있다. 이렇게 볼 때 중앙정부의 조치는 지방 재정체계의 근본적인 변화가 없는 한 단편적인 대처에 불과했던 것으로 보인다.

---

179) 『備邊司謄錄』 161冊, 正祖 4年 2月 5日.
180) 『備邊司謄錄』 203冊, 純祖 13年 2月 15日.
181) 이 같은 폐단을 막기 위해 정조 15년 전국적으로 「公貨散貸各邑修成冊」을 작성하여 비변사에 보고하도록 했다(『備邊司謄錄』 178冊, 正祖 15年 6月 9日).
182) 『備邊司謄錄』 203冊, 純祖 13年 2月 15日.
183) 『備邊司謄錄』 212冊, 純祖 24年 3月 1日.

2) 利殖制限令과 지방재정의 개선책

중앙정부는 직접적인 재원을 교부해 주는 급대조치 외에 지방재정을 충실히 하기 위한 방편으로 몇 가지 법제적 조치를 강구하였다. 우선 법전 상의 식리조항을 통해 식리전 운영과정에서 나타나는 폐단을 방지하고 지방재정의 운용을 규제하고자 했다.

먼저 연대를 달리하여 반포되는 法典·敎旨上에 나타난 것으로 利殖制限을 목적으로 한 법정이자율과 징채 조항을 살펴보자.

<표 13> 법정이자율

연 대	公 債	私 債	비 고
1728(肅宗44)	年1割	銀錢 年2割, 米穀 年5割	『新補受敎輯錄』, 『秋官志』, 『備騰』 肅宗44년9월16일조
1727(英祖 3)	年1割	銀錢 年5割, 米穀 年5割	「守令邊將甲利禁止」(『新補受敎輯錄』), 『備騰』 英祖3년8월13일
1769(英祖45)	年1割	年2割	『備騰』 英祖 45년5월9일조
1858(哲宗 4)	年1割	年2割	『備騰』 哲宗 4년11월10일조

<徵債條項>

* 京中은 法司에서 감독하고 外方은 감사나 어사로 하여금 위반하는 수령이나 土豪를 규찰하도록 할 것.
  公債什一生殖 私債 錢什二生殖 규정을 어기는 관리는 制書有違之律로 논하고 私家는 杖一百之律로 시행할 것.[184]
* 公私債를 불문하고 親父子 외에는 侵徵을 금하며 본인이 사망하면 邊利를 수봉하지 말 것.[185]
* 守令邊將 중 甲利로 取殖하는 자는 拿問하여 각별히 重究할 것.[186]
* 공채 15년 사채 20년을 기한으로 하여 당사자 현존인이 아니면 탕감할 것.[187]
* 債訟은 10년 이전 1,000냥 이상된 것은 聽理하지 말고 공채의 경우에도

---

184) 『備邊司謄錄』 71冊, 肅宗 44年 9月 16日.
185) 『續大典』 卷2, 戶典 徵債條 ; 『備邊司謄錄』 78冊, 英祖 1年 7月 27日.
186) 『備邊司謄錄』 82冊, 英祖 3年 11月 15日.
187) 『備邊司謄錄』 99冊, 英祖 12年 1月 10日.

族徵은 금할 것.[188]

전술한 바와 같이 중앙정부는 법정이자율(官債什一, 私債什二)의 규정을 통해 무한정한 이식을 제한하고자 했다. 그러나 향촌 내에서 일반적으로 시행된 이자율의 구조에는 별다른 영향을 줄 수 없었다.[189] 혹자는 朝令으로 사채 연2할의 이자율을 고집한다면 부민들은 이를 어기고 적은 이자수입을 이유로 화폐대여를 중지하게 된다고 주장하였다. 결국 빈민이 어려워질 수밖에 없다는 것이다. 따라서 오히려 사세를 참작하여 장리를 정식으로 하자고 건의하기도 하였다.[190] 이 같은 견해는 당시 고리대가 일반 농민들의 資業이 되었고, 일정한 식리의 전개가 화폐유통에도 필요하다는 현실적인 인식에 바탕을 둔 것으로 여겨진다.

한편 징채조항에서 보면 수령 및 지방관청에서 운영하는 公債에 대해서는 특별히 규제를 강화시키고 있었다.[191] 그러나 식리를 통해 재정자금을 마련하고 있는 현실적 상황을 감안하여 "各邑皆有存本取利 以補公用者 …… 只禁過重之利息爲得矣,"[192] "存本取利之不可猝罷 但令從其最輕之例收息"[193]이라 한 것처럼 全禁은 불가능하고 단지 經邊으로 실시할 것을 강조하고 있다. 중앙정부의 입장은 '薄施而厚斂'하는 폐단만 막고자 했던 것이다.

---

188) 『備邊司謄錄』 246冊, 哲宗 10年 5月 17日 ; 『備邊司謄錄』 247冊, 哲宗 11年 1月 15日.
189) 『備邊司謄錄』 85冊, 英祖 5年 1月 6日, "錢債生殖之規 官債什一 私債什二 而事竟不行 蓋給債之規猶存 只改利益分數 勢固難行矣".
190) 『備邊司謄錄』 82冊, 英祖 3年 8月 3日.
191) 수령과 관속들의 식리에 대해서는 철저히 교구하여 重律로 논죄할 것을 엄명하고 있다. 『備邊司謄錄』 71冊, 肅宗 44年 12月 6日, "自今以後 守令毋得給債 取利於民 而收債踪其定式者 監司巡歷及灾傷敬差官都事覆審之時 聽民自訴 卽爲摘發 監色 繩以重律 守令亦爲論罪" ; 『備邊司謄錄』 71冊, 肅宗 44年 12月 6日, "守令殖利 實爲小民難支之弊 …… 外方如有犯科之守令 則道臣摘發論罪" ; 『備邊司謄錄』 79冊, 英祖 2年 6月 1日, "上曰 小民之私相給債者 何以禁也 至於公家之放錢殖利 果爲非矣 三代必無此事者 京外公債給債取剩之類 更加申飭禁斷可也".
192) 『備邊司謄錄』 79冊, 英祖 2年 6月 1日.
193) 『備邊司謄錄』 212冊, 純祖 24年 2月 27日.

한편 중앙정부는 지방재정의 합리적인 운영을 유도하고자 했다. 이를 위해 지방관청 내의 방만한 조직을 정비하고 일원화된 재정체계를 수립하고자 하였다. 지방관청의 各庫·廳은 대개 해당 지방민의 편의를 도모하고 원활한 통치를 위한 보조기구로서 설립한 것이다. 그런데 각 기구는 정규적인 세입처가 있거나 농민에게 취할 수 있으면 설치되는 경우가 대부분이다. 따라서 정규수입이 없는 기구는 식리를 비롯한 規外 수입원을 모색하였다. 정부는 규정적인 세입처가 있는 기구는 식리운영을 금지하도록 조치하고, 세입처가 없는 기구는 폐지시켜 정비하도록 하였다.[194] 또한 지방관청의 식리가 ‘防民役’을 목적으로 한 경우 이를 폐지하는 대신 본래 민역을 부과시키자는 ‘民役復舊論’을 제기하기도 하였다.[195] 이와 함께 교지를 통해 중앙정부나 감영의 관할 하에 지방재정의 전반적인 운용체계를 규제시키고자 했고, 각 지방예산은 ‘節用愛民之訓’과 ‘量入爲出之論’에 따라 수령과 해당 監色이 철저히 관리할 것을 명하고 있다.[196]

조선후기 전 시기에 걸쳐 중앙정부가 법조문의 정기적인 개정을 통해 지방재정을 장악하려는 시도는 수차 반복되었다. 그러나 향촌사회의 구조와 밀접히 연관되어 운영되었던 재정체계에 대해서는 큰 제약을 가하기 어려웠다. 중앙정부는 지방관청의 식리사업에 대해서는 원칙적으로 반대입장을 분명히 하였지만, 그것이 재정보완의 한 방안이고 향촌사정상 쉽게 혁파될 성질의 것이 아니라는 점을 인식하고 있었기 때문이다. 따라서 그 대책은 폐단의 확대만을 방지하려는 법전조항의 제정이나 운영상의 모순만을 제거하려는 방안과 같이 소극적인 성격을 띨 수밖에 없었다.

5. 결론

이상 18~19세기 지방관청의 재정체계를 일별하는 과정에서 官廳殖利

194)『備邊司謄錄』79冊, 英祖 2年 6月 1日.
195)『備邊司謄錄』162冊, 正祖 5年 4月 15日.
196)『備邊司謄錄』170冊, 正祖 11年 4月 17日 ;『備邊司謄錄』251冊, 高宗 3年 3月 23日.

錢의 운영실태를 살펴보았다. 이 시기 관청식리전은 각종 부세 및 사채의 운영형태, 상품 화폐경제의 발달정도와 밀접히 관련되어 전개되었던 면을 확인할 수 있었다.

본고는 원래 조선왕조의 재정운영 원리와 통치의 속성이 관청의 식리활동에서 여하히 관철되어 가는지의 문제를 파악하고자 한 것이었다. 이하 본문 가운데 검토된 내용을 요약하여 결론에 대신하고자 한다.

조선시대 지방관청의 재정은 재정의 중앙집중이라는 일원화된 체계 속에서도 독립된 경제단위로서 존속되었고, 정연한 회계원리 하에 운영되고 있었다. 지방관청의 재정내역은 크게 京司各衙門 및 監·兵營에 대한 상납분과 자체 경비분(各官捧用分)으로 구분된다. 이 가운데 지방자체 봉용분은 토지수입(大同未移給, 官屯田, 衙錄, 公須田, 蘆田, 廳田畓 등), 戶役수입(雉鷄, 柴炭 등 현물), 身役수입(軍官錢, 保人의 丁錢), 還耗수입 및 잡세수입으로 이루어져 있다.

그런데 18세기 이후 지방재정은 사회·경제적 변동에 따른 담세자 농민의 열악화, 행정통치능력의 결여에 의한 중간수탈, 향촌의 변동상황을 수렴하지 못한 부세제도의 경직된 운영, 자체 조직의 증설에 따른 재정규모의 확대, 그리고 대동법의 재정 보완적인 기능 미비 등의 제 요인으로 인해 많은 어려움을 겪고 있었다. 이에 따라 지방관청에서는 보정적 수요를 위한 수입원으로서 지방세·집세 명목의 稅源을 증설하고 이와 함께 식리전을 운영하였다. 지방관청의 식리운영은 화폐사용이 일반화되고 민간고리대가 성행한 당시의 여건에 의해 가능하였다.

18세기 초 관청식리의 특징의 하나는 '立本取殖'의 형태로 나타나고 있었다. 이는 봄에 留庫된 화폐를 분급해 주고 곡가가 하락한 가을에 미곡으로 수봉함으로써 막대한 이윤을 남기는 것으로, 향촌사회 내에 만연된 錢荒현상과 지역간·계절간의 극심한 가격변동 상황을 적절히 이용한 것이었다. 18세기 각급 지방관청의 식리는 各庫錢의 자금을 입본전으로 하여 支放·捄弊條 명목으로 전개되었다. 그러나 주된 용도는 지역에 따라 상이했다. 가령 沿路에 위치한 開城府와 兩西지방은 支勅費, 東萊府는 倭供·

倭料의 변출을 위해 식리를 적극 이용하고 있었다. 그 밖에 統營의 便分錢은 三南 각 營鎭에 분급되었는데 연2할의 이자수입은 將卒들의 支放에 소용되었다.

19세기에 들면 운영방법이 훨씬 다기해진다. 특히 잡역 징수방식의 경우 結·戶數에 의거한 現物收捧에서 대부분 식리로 전환되고 있었다. 먼저 식리전의 분급방법을 보면 일반 부세와 같이 면리단위로 시행하는 형태를 전형으로 삼고 있었다. 따라서 용도가 유사한 향촌내 자치기구인 稧조직이 이용되기도 했다. 관청에서 배분된 식리전은 향회를 통해 구체적인 운영방법이나 최종 차금자(가령 多卜有實人·根着實人)가 선정되었다. 또한 식리전의 원활한 수봉을 위한 일종의 관리장치로서 해당 기관의 이서들이나 執綱·面有司 같은 향임층을 중간담당지로 설정하고 富民縣保라든가 家舍·田畓과 같은 물건저당을 요구하였다.

관청식리전의 차금자로는 화폐 수요가 발생된 향촌 내의 여러 계층이 등장한다. 그 중 일반 농민에 대한 분급이 식량해결이나 婚喪의 경비와 같이 소비적 지불수단의 성격을 띤다면, 殖利節目에 나타나는 富民·商人·貢市人·旅閣主人 등에 대한 대부는 영리적 수단의 성격을 지닌 것으로 볼 수 있다. 후자는 유통·재생산이 가능한 사경제를 각자 보유할 수 있었기 때문에 재정보상을 전제로 지방재정의 운영과정에 밀접히 연계되고 있었다.

조선왕조 전 시기를 통해 공채의 법정이자율은 연1할로 규정되어 있다. 그러나 이는 법전상의 명문에 그치고, 실제로는 연3할(136%)에서 연5할(160%)의 고율이 적용되고 있었다. 이와 함께 이자징수를 강제하는 과정에서 갖가지 폐단이 나타나고 있었다. 즉 재정수요에 따라 자의적으로 이자율을 변경·적용시킨다거나 '利上加利'로 표현되는 복리계산법이 시행되었다. 또한 식리전의 분급시 이자를 先除하고 立本錢의 白給 사례도 있었다.

19세기 중엽에 이르러서는 식리전의 운영방법이 전화되는 양상을 볼 수 있다. 우선 식리전 분급시 향촌 사정(변출 능력·부담역의 다과)을 고려하여 분급액과 이자율을 차등적으로 실시한 점을 들 수 있다. 한편 식리에 의해 자금이 축적되면 買土하여 賭地收入을 도모하였다. 이는 식리가 운동과정에서 指徵無處가 될 위험부담률이 높고 변제능력을 보유한 차금처도 한정된다는 점 때문에 대두된 방법이었다.

철종 13년 전국농민항쟁에서 관청의 식리문제가 폐단으로 지적되었다. 咸平농민항쟁의 十條仰陳 속에 보이는 京債라든가 晋州농민항쟁에서 제기된 邸債 문제가 그 예가 된다. 당시 농민들은 지방관이나 관속들이 邸債·京債를 상환할 때 공진으로 先給하거나 作還시켜 자신들의 추가부담으로 만든 데 대해 항의하였다.

관청식리전은 支放·補民·防役의 명목에서 '官民兩利之計'를 도모하는 방편으로 시작되었으나 점차 운용규모가 비대화되면서 결국 차금자 농민을 억압하고 관청의 재정구조를 취약하게 만들고 있었다. 이는 전기적자본인 고리대 일반의 속성에서 기인한 것이기도 했다. 중앙정부는 재정파탄이 야기된 지방관청에 대해 해당 식리전을 탕감시켜 주고 종래 식리수입에 상응하는 재원을 급대해 주었다. 한편 중앙정부는 지방관청의 식리가 재정사정상 쉽게 혁파될 성질의 것이 아님을 주지하고 있었다. 따라서 그 대책이란 운영상의 폐단만을 줄이기 위해 徵債條項·法定利子率을 제정하거나 지방재정의 합리적 운영을 강조하는 節目을 반포하는 등의 소극적인 성격을 띨 수밖에 없었다.

관청의 식리는 갑오개혁시 지방제도 정비와 재정의 일원화 조치에 따라 점차 법제적으로 규제되었으나 함경도·강원도 일부 지방에서는 한말(1907년경)까지 잔존하였다.

대체로 대동세·전결세·군역세와 같은 惟正之稅는 국가권력에 의해 강제 징수되는 公經濟的인 수입인 데 비해, 지방관청의 식리전은 개별기관의 私經濟的인 수입이었다. 관청식리의 운영과정에는 고리대 일반이 지니는 자본대출자와 차금자 사이의 개별적인 규제 외에도 준재정으로서의 公供性이 부가되어 있었고, 국가권력에 의한 이자수탈이 가혹하게 수행되었다. 결국 당시 일반 농민들은 국가권력에 의한 일반 부세의 지배뿐만 아

니라 마찬가지의 강제력을 지닌 補正的 부세(殖利·還穀·雜役)의 수탈
을 더불어 받고 있었다.

[附篇]
19세기 사회변동과 五家作統制의 전개

1. 서론

　조선사회에서 19세기는 봉건해체기의 마지막 단계이자 근대사회로의 이
행기로 설정된다. 조선후기 전 시기를 통해 제기된 생산력의 발달, 상품화
폐경제의 발전에 따라 계급구성의 재편이 이루어지고 있었고 무엇보다 체
제적 모순의 담지자인 농민들의 반봉건투쟁이 격화되고 있었다. 이 과정에
서 국가권력 또는 재지세력의 사적 지배기구에 대한 민들의 이탈이 급속
히 전개되었다.
　17~18세기 조선왕조는 對民·對鄕村 統制策의 하나로서 五家作統制
를 시행하고 있었다. 임란 이후 오가작통제는 향촌 내의 私的 권력을 배제
하고 국가권력의 對民 침투를 용이하게 하며 궁극적으로 국가 對 민의 직
접 지배관계를 확립하고자 하는 國家再造의 일 방향에서 성립되었다. 본
래 향촌 통치조직은 당해 단계의 객관적·총체적 제 조건에 의해 규정될
뿐 아니라 하부구조의 변화에 대응한 국가 입장의 정책에 따라 끊임없이
변화될 수 있었다. 당시의 농민들은 농민경영의 발달 및 사회의식의 고양
으로 인해 재지사족의 사적 지배에서 점차 벗어나고 있었으며 조선왕조는
자립한 농민을 五家統 조직에 의해 토지에 긴박시키는 작업을 수행하고자
했다. 따라서 조선왕조는 일방적인 節目의 반포와 제도의 시행을 강조하는
데 머무르지 않고 오가통제를 사회제도로서의 郡縣制·面里制 및 鄕約·
作夫制와 같은 기초 사회조직·사회단위와 유기적으로 연결시키는 작업을
견인해 내고자 하였다. 이와 함께 조선왕조는 행정적 목적 외에 향촌의 공

동체적 질서를 인정하고 그 위에 소농민의 재생산관계까지 보장해 주려는 제 조항을 절목을 반포하여 시행하고자 했다. 그런데 일정한 호수단위에 따라 향촌을 임의로 편성하고자 한 제도 자체의 취약성과 향촌 현실의 괴리로 인해 오가통제의 시행과정에는 많은 어려움이 있었다.[1]

조선왕조는 19세기 향촌사회 변동과정에서 오가작통제를 향촌에 대한 통제책으로 거듭 채택하고 이를 적극 실시하였다. 본고는 西學과 東學의 발호, 1862년 농민항쟁 및 1894년 농민전쟁, 그리고 1880년대 이후 극렬히 전개된 明火賊·活貧黨·英學黨운동 등 제반 사회변동에 대한 조선왕조의 대응책이 무엇이었고, 이 가운데 오가작통제는 어떠한 위치를 점하였는지에 대해 검토하고자 한다. 또한 19세기 오가작통제의 기능과 성격은 17~18세기와 어떠한 상이점이 있는지를 비교하고 마지막으로 淳昌郡의 사례를 통해 五家統의 구조와 시행과정을 구체적으로 살펴봄으로써 지방제도 하부구조의 운영실태를 밝히려 한다.

2. 19세기 사회변동과 오가작통제의 추이

1) 천주교·동학의 발호와 오가작통제

19세기의 조선사회는 봉건해체기의 제 모순이 전면화되는 가운데 사상계에서도 커다란 동요가 있었다. 그 주요한 변수의 하나로 사학의 전파와 천주교 신앙의 유포를 지적할 수 있다. 이는 西勢東漸의 결과라는 외부적 요인에만 기인한 것이 아니라 사회변혁을 희구하던 조선사회의 내재적 요청에 의한 것이기도 하였다. 즉 사회경제적 변동이 격심해지고 유교가 사회 지도이념으로의 기능을 원활히 발휘하지 못하게 되면서 현실의 모순을 해결하고자 하는 지식인과 민에 의해 反朱子的 성격을 가진 서학이 수용

---

1) 五家作統制에 대한 개략적인 연구로는 이남구, 「조선왕조 후기의 洞里조직에 관한 연구」, 『안동교대논문집』 9, 1973 ; 신정희, 「五家作統法小考」, 『대구사학』 12·13합집, 1977이 참조된다. 17~18세기 五家作統制의 구체적 기능과 역할에 대해서는 본서 4장 참조.

된 것이다. 특히 서학이 천주교라는 종교의 형태로 민에게 전파되는 과정에서 전통적인 유교 교리와의 상이점으로 인해 많은 문제가 대두되었다. 천주교 교리 중 人倫의 부정, 가부장권적 가족제의 부정, 계급주의의 부정, 그리고 세속의 부정에 따른 현실 국가로서의 조선을 부정하는 이른바 典禮의 문제가 적출되었다.[2]

조선왕조는 천주교를 "無父無君의 종교이고 誣天亂倫의 雜風"[3]이라 규정하였다. 또한 천주교로 인해 國敎正學인 유교의 사회규범이 크게 위협받을 뿐 아니라 그대로 방치한다면 유교이념에 기반을 둔 봉건국가의 통치체제 자체가 존립의 근거를 잃게 된다는 위기의식에 휩싸이게 되었다.

이에 따라 조선왕조는 천주교로 야기된 사상적 위기를 국가적 위기로 포장하고 향촌내 제 조직을 통해 교화와 풍속교정에 전력을 기울여 민심의 이반을 막고자 하였다. 동시에 천주교를 邪敎로 규정하고 신도들에 대해 대대적인 처벌을 가하기 시작하였다. 순조 원년의 辛酉邪獄은 이 같은 상황의 반영이었다.

조선왕조는 민의 단속과 천주교도의 체포를 위해 전통적인 인보조직인 오가통제가 유일한 대안임을 강조하였다.[4] 이에 따라 1801년 1월에 각 수령에 대해 첫째 五家統法을 修明하고, 둘째 경내에 邪學의 무리가 있으면 관에 고발하도록 하며, 셋째 관에서 철저히 懲治할 것을 명령하였다.[5] 더나아가 지방에 실시된 五家統規에 매달 말 의무적으로 '邪學有無'에 대해 보고케 하는 규정을 두었다.[6]

차제에 조선왕조는 체제유지에서 가장 예민한 부분인 민의 사상통제를 위해 항구적인 방안을 강구하고자 여러 가지 노력을 경주하였다. 이 경우 천주교도들에 대한 강력한 처벌은 일시적인 미봉책에 불과하다고 보고 향촌내 각종 사회조직을 통해 향촌민 스스로 천주교를 배척하도록 만들고자

---

2) 石井壽夫, 「理學至上主義 李朝への天主敎の挑戰」, 『歷史學硏究』 12-6, 1942.
3) 『純祖實錄』 卷2, 純祖 元年 正月 丁亥條.
4) 『純祖實錄』 卷2, 純祖 元年 2月 申解條.
5) 『純祖實錄』 卷2, 純祖 元年 正月 丁亥條.
6) 『純祖實錄』 卷3, 純祖 元年 11月 辛巳條.

하였다. 특히 유교 이데올로기를 강력하게 주입하기 위해 향약의 여러 조목과 오가통제를 혼용시켜 對民統制의 효용성을 제고하기 위한 節目을 작성하였다.

이에 따라 각 군현에서는 정월 초10일 비변사의 지시에 따라 자체적으로 시행 절목을 작성하였는데「赤城坊鄕約禁邪學節目」은 그 한 예다. 절목에 나타난 五家統의 조직체계는 다음과 같다. 절목의 시행목적은 인보조직으로서의 기능을 활용하여 통수로 하여금 지역내 천주교도를 추출 신고케 하고, 관에서는 이를 단속하도록 하는 데 있었다. 그리하여 "古法인 오가작통의 조목을 엄격히 세워 操束한다면 비록 시작은 혼미하더라도 마침내는 깨닫게 되는 효과가 있을 것"이라고 하였다. 조직체계를 보면 面 - 里 - 統에 都訓長·副訓長·統首를 두고 있는데, 절목의 명칭에서도 보듯이 면리제 하부기구인 오가통제의 統首와 面里내 교화를 담당한 향임계통의 訓長과의 결합이라는 면을 보여준다. 이 같은 조직을 통해 향약을 강력히 실시하여 향촌을 '鏞俗正風'하고 민을 덕으로써 化育시킬 것을 의도했다.

각 단위 직임자들의 임무에 대해서도 다음과 같이 규정하였다. 統首에게는 5가를 통찰하되 邪學에 물든 家戶에 대해 彝倫으로 설득하고 司憲으로 징계하여 스스로 깨닫도록 하는 사상계도의 임무가 부여되었다. 이와 동시에 통수는 統內 출입자와 행적이 불분명한 자, 說服하지 않고 끝내 천주교를 신봉하는 자에 대해서는 里訓長을 거쳐 반드시 관에 알리도록 했다. 이때 천주교 신봉자를 인지하고도 보고하지 않는 통수에 대해서는 천주교도와 동일한 죄로 처벌한다고 규정하였다. 다음으로 里訓長은 예하 統首가 그 임무를 소홀히 할 때 범법자와 더불어 都訓長에게 알리고 관에 전보시키는 역할을 수행하였다. 또한 都訓長은 諸里의 訓長을 總令하고 各戶 統首를 兼察하도록 했다.

이처럼 각 직임자의 역할을 확실히 규정한 다음 統은 里에서, 里는 面에서 面은 官에서 관할하고 원거리라 하여도 상호 수시로 회동하여 邪敎의 침투를 막는 대책을 강구하게 했다. 특별히 里단위로 訓長과 統首가 빈번히 約合하여 '鏞開歸正'의 길을 논의하도록 했다.[7]

이상에서 보듯이 관은 최하 민을 관장하기 위해 통수로부터 都訓長에 이르는 직임자들의 책임규정을 명문화하고 상호 전령체계를 확고히 다져 이른바 '歸正의 俗'을 조성하는 계획을 수립하였다. 따라서 이 시기 오가통제는 西學에 대한 禁制만을 위해 새롭게 조직된 것이 아니라 기존 오가통제의 인보기능을 강화시켜 천주교인들의 횡적 연대를 차단한다는 의도를 앞세운 것이었다.

그런데 사목에서도 지적되듯이 신앙 차원에서 統內 일반인뿐 아니라 심지어 통수조차 西學에 빠진 경우가 많았고, 리단위로 직임자의 約會를 강화하여 유교 이데올로기의 강력한 주입을 시도한다는 방법론 자체가 농민을 化育의 대상으로만 보는 지배층의 시각이 담겨 있는 것이어서 그 효과 면에서 다소 회의적이지 않을 수 없었다.

헌종 5년 己亥邪獄이 일어났다. 조선왕조는 3월 5일자로 京外五家作統을 지시하면서 辛酉邪獄의 예에 따라 시행하도록 하였다.[8] 8월과 9월 조선왕조는 邪學을 경계하기 위해 五家統의 필요성을 강조함과 동시에 강도 높은 斥邪綸音을 반포하였다.[9] 이때 각 지방에 파견된 암행어사들은 향촌 내 천주교가 만연된 사실을 확인하고 別單을 통해 五家統法의 확립과 幷坐律의 엄격한 적용을 건의하였다.[10]

이후 조선왕조는 체제 수호를 위해 강력한 對西學政策을 반포하고 향촌의 동요를 방지하기 위해 거듭 오가작통제를 정비하고 있다. 철종 12년 (1861) 2월 邪敎禁止傳敎를 통해 "邪敎를 엄금한 후 오가통법을 修明하고 해당 지역내 邪學을 신봉하는 무리가 있으면 통수가 관에 알려 懲治할 것"을 시달하였다.[11]

서구세력의 접근이 보다 노골화되었던 고종 3년(1866) 8월 1일 한성부내 5部, 8道 列邑, 4都護府 경내에 「禁邪作統申飭」이 하달되었다. 이에 따르

---

7) 「赤城坊鄕約禁邪學節目」 純祖 元年(1801).

8) 『憲宗實錄』 卷6, 憲宗 5年 3月 辛丑條.

9) 『憲宗實錄』 卷6, 憲宗 5年 9月 30日條.

10) 『憲宗實錄』 卷6, 憲宗 5年 7月 丙午條의 忠淸右道暗行御史 趙徽林 別單 참조.

11) 『龍湖閒錄』 1冊, 1861年 2月 10日.

면 천주교를 '異類眠習邪術'로 규정하고 "이에 和應하는 것도 곧 洋夷의
침입을 유인하는 것과 같다"고 하였다. 이에 전국의 각 지역에 대해 오가
작통제를 신명하고 統에는 統首를 두어 서로 규찰하여 동향과 행적이 수
상한 자를 보고케 했다. 만약 譏詗日에 隣比가 천주교 무리를 숨겨 주다가
발각되면 接主와 犯者는 同律로 처벌하고 통수 또한 무겁게 처단한다고
규정했으며 捉納者는 크게 施賞한다고 했다. 본 절목에서는 작성된 作統
成冊을 매월 말에 납부하고 이사로 인해 변동된 家戶는 반드시 한성부(外
坊은 官)에 알려 일일이 成冊을 改修토록 하였다.12)

유교이념에 정면으로 배치되는 서학사상의 흐름은 결과적으로 해체기에
직면한 조선 봉건사회의 분해를 더욱 가속화시키는 일 요인이 되었다. 그
런데 서학과는 또 다른 계열의 사상이 등장하여 유교이념에 대응하고 있
었다. 바로 1860년대 들어 발흥한 東學이었다. 崔濟愚가 창시한 동학은 '侍
天主 事人如天'이라는 만민평등 사상과 개벽사상을 통해 미래 구원을 예
언하는 종교로서 등장되었다. 동학은 농민들로 하여금 현실적인 모순을 직
시하게 하고 궁극적으로 조선왕조의 사회체제를 부정하는 성향을 띠고 있
었다. 조선왕조는 이 같은 동학이 향촌민 사이에 번져나가 결국 위기를 초
래할 수 있다는 다급한 생각에 서학과 동일한 대응책을 강구하지 않을 수
없었다. 그래서 조선왕조는 五家統制·鄕約을 거듭 강조하고 인보조직으
로서의 기능을 강화시키고 있었다.

고종 1년(1864) 3월 20일 熙政堂 筵說에서 영의정 金左根이 行護軍 李
源祚의 疏批에 의거하여 오가작통과 향회를 각 도에서 시행할 것을 건의
하였다. 이에 趙大妃는 "봄철 농삿일이 분주하므로 8도와 4도호부에 걸쳐
시행하기는 곤란하고 이원조가 거주하는 고을부터 먼저 시행하여 그 효과
가 있으면 차차 다른 곳도 행함이 마땅하다"는 견해를 밝혔다. 이때 좌의
정 趙斗淳은 "금번 동학의 문제가 있었는데 동학은 경주에서 발생했읍니
다. 이원조가 거주하는 곳은 星州인데 두 곳의 거리가 상당합니다. 따라서
경상도내 전역에 걸쳐 실시해야 됩니다"라고 말하였다. 결국 조대비가 이

12) 『隨錄』 1(古 5120-160).

를 허락함으로써 동학의 발호에 대비해 경주를 포함한 경상도 전 지역에서 오가통법이 실시되었다.[13]

조선왕조는 서구세력의 東漸에 따른 사상적 동요를 임란 이후 국가재조의 절박함에 버금 가는 체제적 위기상황으로 규정하고, 오가통 조직을 재강화하여 그 국면을 벗어나고자 하였다. 따라서 이때의 오가통의 기능은 철저히 사상통제와 官令전달을 위한 官의 자의적 원칙이 가미된 것이며, 鄕風敎化에 적극 이용되는 향약의 조직기능이 혼용되었던 것이다.

2) 명화적의 활동과 오가작통제

19세기에 들어와 明火賊은 주로 秋冬간 畿湖지방을 중심으로 일시적·국지적으로 전개되었으나 1862년 무렵부터 그 활동규모와 범위가 커지고 장기화되었다. 주요 구성원은 行商, 僧侶, 行乞, 農民, 고용노동에 종사한 자들로서 대부분 流民化한 빈농이었다.[14] 약탈대상은 주로 봉건지주, 관료, 여각, 객주 등이었는데 1880년대 후반에 들어와 부호가와 명문 양반가의 선산을 堀塚하거나 지방관아를 습격하기도 했다. 당시 명화적의 발호에 대해 1885년 3월 副護軍 金敎煥은 疏陳을 통해 "근일 火賊이 없는 곳이 없지만 호남이 특히 심합니다. 무리를 불러모아 집을 부수고 살인을 저지르며 협력을 강요하며 재화를 모으고 묘를 파헤치며 사람들과 부녀자를 납치하여 도로가 이어질 지경입니다"[15]라고 하였다. 또한 명화적으로 인해 "場市가 空廢된다"[16]거나 빈번한 지방관아의 습격으로 인해 "수령이 난을 만날 것을 두려워하는 지경"에 이르렀다고 언급되었다.[17]

이처럼 명화적의 활동이 극렬해짐에 따라 조선왕조에서도 그 대처방안을 모색하였다. 우선 매년 秋冬간에 「捕盜申飭」을 항례적으로 반포하고

---

13) 『龍湖閒錄』 15冊, 1864年 3月 20日 次對筵說.
14) 배항섭, 「임술민란 전후 明火賊의 활동과 그 성격」, 『한국사연구』 60, 1988, 204쪽.
15) 『日省錄』 高宗 22年 3月 9日條.
16) 『備邊司謄錄』 259冊, 高宗 15年 6月 15日條.
17) 『日省錄』 高宗 22年 3月 6日條.

砲軍의 선발을 통해 명화적에 대응하고자 했다. 그러나 보다 근본적인 방안은 명화적의 근거지가 되는 향촌을 통제하고 旅客・場市에서 수상한 자를 사전에 감시・적발해 내는 일이었다. 이때 조선왕조가 채택할 수 있는 방책은 오가통 조직의 강화였다.

고종 20년(1883) 1월 25일에 내린 捕盜申飭에서는, 수령이 邑治에서 가장 힘써야 할 급무는 오가작통이며 이를 통한 '過失相規・患難相救'의 실현이라고 하였다. 우선 도적과 외환을 막기 위한 방책으로 오가작통 조직을 근간으로 한 銃砲社의 실치를 세기하였다. 이는 宋代 弓箭社의 遺制에 따른 것으로, 統마다 銃을 비치하고 호마다 문앞에 돌을 쌓아 평상시에 쏘고 던지는 연습을 하도록 했다.[18]

이의 후속조치로서 고종 21년(1884) 內務府에서 「五家作統節目」이 작성되었다. 절목 내에는 사안이 발생했을 때 신속히 대비하기 위해 한성부의 경우 統－洞－部－京兆(漢城府)의 보고체계를, 지방은 面里－官－巡營－內務府－京兆의 보고체계를 설정하였다. 특히 賊患이 있을 때 統끼리 연계를 통한 향촌의 방어 등에 관해 규정하였다.[19] 이어 고종 22년(1885) 11월에도 統理軍國事務衙門 甘結을 통해 賊變에 대한 대비책으로서 「五家統節目」을 반포하여 이를 한성부에서 먼저 실시하고 점차 전국에 확대 실시토록 하였다.[20]

한편 중앙의 지시에 따라 각 지방에서도 수령에 의해 五家統 조직을 정비・강화하기에 이른다. 그 예를 1888년 慶尙道 慈仁, 1889년 咸安, 1892년 密陽, 1893년 固城지역에서 확인할 수 있다. 특히 慈仁・咸安・固城 지역은 吳宖默이 현감으로 재임시 중앙과 巡營의 甘結에 의거, 명화적에 대비하기 위한 오가통 조직을 실시한 곳이다.

먼저 자인현에서는 竊盜행위를 금지하고 명화적에 대비하기 위해 8面 63洞의 洞任들에게 전령을 내려 오가통을 조직하고 동임의 책임 하에 洞丁을 동원하여 사태에 대응하도록 했다. 자인현과 인접한 함안에서도 10面

---

18) 『備邊司謄錄』 264冊, 高宗 20年 1月 25日條.
19) 『增補文獻備考』 卷161, 戶口考1 892쪽.
20) 『日省錄』 高宗 22年 12月 16日條.

72洞에 걸쳐 오가작통제를 시행하게 하고, 고성에서도 외래의 낯선 사람이 고을에 머무르면 해당 동임과 통수가 그 거주지와 성명을 상세히 採證하도록 하였다.21) 한편 밀양의 경우 수상한 자를 감시하고 도적에 대비하기 위해 戶·丁에 따라 오가작통을 실시하며 방어력으로 무기(竹槍)를 완비하고 때때로 이를 點考하도록 규정하였다.22)

고종 21년(1884) 內府에서 반포한 「五家作統節目」은 전국적으로 극에 달한 명화적의 활동에 대한 중앙정부 차원의 방비책이었다. 그 형식은 한성부와 지방을 분류하여 별도의 條規를 설정한 것이다. 먼저 오가통의 편제원칙은 법전 규정처럼 班戶와 民戶의 구분 없이 家座次第에 따라 작통하고 통에는 통수를 두도록 했다. 또한 상부의 洞長은 여러 개의 통을 관장하고 일이 있으면 즉시 해당 部에 보고하고 평상시에는 6개월마다 啓稟하도록 했다. 그리고 향촌내 새롭게 이주한 가호에 대해 감시조항을 설정하였다. 즉 班常戶, 奴僕, 雇傭과 根着 여부를 상세히 살핀 후 호적에의 가입을 허용하되 여타의 경우는 반드시 보증을 확인한 후 居接을 허락하도록 했다.

한편 각 직임자의 기능과 의무조항을 규정하였다. 통수는 5가를 규찰하되 혹시 수상한 가호가 있으면 샅샅이 살펴서 洞尊位에게 보고하고 居接을 금지시켰다. 이때 고의로 은닉한 혐의가 드러난 경우 해당 통수의 형벌을 규정하였다. 존위는 동내 常戶 중 지각이 있는 자를 뽑아서 해당 지역의 巡捕·詗察을 맡도록 했는데 洞의 大小를 헤아려 2인 이내로 정하도록 했다. 이와 함께 15세 이상의 男丁은 號牌를 패용하여 賊類와 구별시키고 통수가 이를 감찰하도록 하였다.

다음으로 賊患이 발생했을 때 통조직을 통한 대응체계를 규정하고 있다. 本統과 他統은 물론하고 문제의 가호와 가장 가까운 집에서 즉시 錚을 울려 告警하고 星火로써 諸統에 위급함을 알리도록 했다. 그리고 洞의 모든 人丁이 要路를 지켜 퇴각하는 적도를 체포하도록 했다. 또한 적도를 만난

21) 『慶尙道慈仁縣日錄』.
22) 『恒齋文集』卷6, 密陽退老洞約.

가호는 즉시 告警를 의무화하고 이에 불응한 자는 해당 律에 의한 처벌을
명시하였다.23)

고종 22년(1885)에 작성된 「오가통절목」도 우선 한성부에서 먼저 실시
하고 점차 전국에 확대실시케 한 것이었다. 많은 내용이 84년의 절목과 유
사하다. 직임자 가운데 尊位는 각 동내에서 秩高하고 명성있는 班戶 가운
데에서 선출하여 통 조직의 관리와 통수, 동장(5통의 담당자)을 擇定하는
임무를 맡게 하였다. 관에서도 坊曲을 직접 돌아다니며 家座를 작성하되
姓名・職名・役名을 일일이 조사 기록케 했다. 이와 함께 旅客主人에게는
'無恒産遊食輩'의 留宿을 금지시켰다.24)

이상에서 살펴본 것처럼 1884~85년 內府 및 비변사의 「오가통절목」은
여타 사례에서 볼 수 없는 巡捕, 詞察을 위한 직임자 선출과 적도를 만났
을 때 처치법에 대해 상세히 규정하는 등 철저히 명화적의 방지에 주목적
을 둔 것이었다. 그러나 민간조직인 오가통에 의해 사전에 '賊徒'를 방지케
한 점이나 상대적으로 소수의 洞丁만으로 보다 강한 무장력을 지닌 '賊徒'
를 진압하는 데에는 다소 무리가 있었다. 특히 관군이 항상적으로 모든 지
역을 장악하지 못한 상황 하에서 설사 孤立無援한 촌락내 洞丁이 연합하
여 일시적으로 '賊徒'를 물리친다 해도 재차 무자비한 보복공격의 가능성
이 항존하였다. 더구나 '賊徒'를 접촉한 가호가 보복의 위협을 무릅쓰고 다
른 지역에 위급함을 알리는 행위란 한층 힘든 일이었다.

1888년 자인현 현감 吳宖默은 명화적의 창궐에 대비키 위해 家座成冊
의 작성을 위한 전령과 함께 오가작통 조직을 지시하는 密旨를 8面 63洞
의 執綱, 洞任에게 보내었다. 이는 앞서 84년 內府와 85년 備邊司에서 각
각 명화적에 대비하기 위한 절목을 반포하여 전국적으로 시행하고자 한
것과 그 궤를 같이한다. 자인현에서 실시된 오가작통의 조직체계는 다음과
같다.25)

첫째, 9월 20일부터 해당 면의 面準, 執綱이 各洞里에 5가로 作統한 후

23) 주 19와 같음.
24) 주 20과 같음.
25) 『慶尙道慈仁縣日錄』 戊子年 9月 20日條.

통수를 두고 各洞의 小名成冊을 곧바로 관에 납부하도록 했다. 통을 조직할 때는 형식적인 예에 따르지 않고 반드시 실제 향촌 상황에 적합하도록 할 것을 강조하였다. 이때 산골짜기의 고립된 독립가호라도 규찰의 대상으로 삼되 이들 가호를 작통에서 빠뜨리는 해당 執綱·洞任의 처벌을 규정하였다.

둘째, 작통후 집강의 책임 하에 동임·통수로 하여금 각 가호의 錢穀·器皿 등속에 대해 출납 연유를 조사하고 贓物 여부를 살피도록 했다. 수상한 흔적을 발견한 후 현장에서의 적발이 어려우면 入邑하여 밀고할 것을 권하고 관에서도 사사로운 원한에 결부되거나 숨기는 사례가 생기지 않도록 관찰하게 했다.

셋째, 일반민과 '賊黨'들을 구별하기 위해 통행인에 대한 감시·감찰이 병행되었다. '無根着者·生疎之人'이라는 표현처럼 해당 고을에 연고가 없는 낯선 사람에 대해 동임·통수가 留接한 가호를 파악하고, 신원을 조사할 것과, 잠시 지나간 사람이라도 수상한 행적이 보이면 해당 洞任이 조치하도록 했다.

넷째, 화적들이 상행위를 가장하고 무리를 지어 다니는 경우가 많았으므로 그들의 근거지가 될 수 있는 路邊의 孤店과 洞內에서의 행상들의 투숙을 감시하도록 했다. 가령 負㼄之物은 店主로 하여금 察檢시키고 수상한 행적이 보이면 洞任으로 하여금 곧바로 관에 알리도록 했다. 이와 함께 동내 다수 壯丁들을 동원하여 이들을 진압하도록 했다.

이상의 네 가지 條規에 대해 각 동에서 본 條規를 謄書하여 철저히 실행하도록 하되 차후 절도의 폐해가 발생하면 해당 洞任·統首·執綱을 엄히 처벌할 것을 강조하였다. 이에 따라 9월 21일부터 23일까지 8面 63洞의 頭民이 傳令에 따라 家座冊을 보고하고 五家作統을 통해 '賊徒'에 대한 禁斷을 지시한 密旨를 洞界에 나와 受領하였다.

이처럼 자인현의 오가통절목은 철저히 화적 방지를 위한 대응책으로 채택된 것이며, 家座冊 작성이 병행되었던 사실은 군현 내의 정확한 호구 파악을 통해 진휼 업무와 군역·요역의 징발업무를 원활히 하는 데 주목적이 있었던 것이다.

조선왕조는 당시의 극렬한 명화적의 활동에 대해 楫盜嚴飭, 禁楫令의
반포, 형벌의 강화, 捕賊者에 대한 포상 등 소극적인 대응책과 함께 砲軍
의 설치, 군대 파견과 같은 적극적·군사적 대응책을 강구하였다. 그러나
이러한 방안은 명화적 발생 이후 행해지는 사후대책에 불과하였다. 따라서
조선왕조는 보다 장기적이고 근본적인 대처방안을 모색하였고, 최하 민들
의 인보조직인 오가작통제를 적극적으로 채택하였던 것이다.

3) 갑오농민전쟁의 수습과 오가작통제

호남지역을 중심으로 한 동학농민군은 1893년 12월의 高阜농민항쟁을
계기로 이듬해 4월 白山에서 기포한 후 4월말 전라감영을 점령하게 된다.
당시 전라감사 金鶴鎭과 농민군 대표 全琫準 사이에 全州和約이 성립되
자 항쟁은 일단 소강상태에 접어들었다. 농민군이 장악한 전라도내 53개
군현에서는 자치기구인 집강소를 통해 통치가 이루어졌기 때문에 기존 조
선왕조의 향촌지배체제는 실질적으로 붕괴된 상태였다. 따라서 조선왕조
는 인접 경상도 지역에서의 민과 향촌의 동태를 예의 주시하고 각 군현에
대한 통제를 가하고자 했다. 역시 조선왕조가 제기한 대응책은 "常時操飭 莫
如作統"[26]이라는 표현처럼 전통적인 오가통 조직을 강화시키는 것이었다.

1894년 4월 吳宏默이 현감으로 있던 경상도 固城에서는 인접한 전라도
여러 지역에서 치열한 항쟁이 전개되자 나름대로 대비책을 수립하고자 했
다. 4월 11일자로 各面 各里에 보내는 전령을 통해 "訛傳에 동요치 말고
각자 본업에 충실히 임할 것이며 各 面·洞 단위로 규모를 정해 要害處를
防守하여 수상한 자를 審察"하도록 했다.[27] 6월 3일 호남지역 농민군의 움
직임이 소강상태에 들어간 가운데 전라감사를 체포하기 위해 중앙에서 禁
府都事가 파견되었고 마침 固城의 作廳에 들어오게 되었다. 이 날짜 巡營
및 兵營의 甘結에는 "匪類가 逃散한 후 반드시 영남지역으로 향할 것인바

---

26) 『慶尙道固城府叢瑣錄』 甲午年 4月 11日字 巡甘.
27) 『慶尙道固城府叢瑣錄』 1894年 4月 11日條.

각 읍은 오가통 조직을 통해 미리 단속하라"는 내용이 수록되었다.28) 이때 감영의 甘結을 통해 각 읍에 지시된 내용은 다음과 같다.

첫째, '조직체계상 5家 1統 내에 統首를 두고 5統에는 頭領, 10統에는 統長, 1洞에는 領首를 두도록 했다. 둘째, 외래인에 대한 감시체계를 지시하였다. 洞中人의 출입과 외부사람의 왕래시 容接者를 각별히 규찰하여 수상한 행적이 있으면 통수가 상세히 살펴 頭領 - 統長 - 領首 - 官 - 營의 체계로 보고하도록 했다. 셋째, 직임자의 처벌규정을 지시하였다. 즉 통수 가운데 보고를 하지 않은 자와 官令을 소홀히 여겨 따르지 않은 자는 징벌을 가하도록 했다. 또한 관은 領首를 그리고 領首는 統長을 관할하는 등 상호 戒飭하고 科條를 엄히 세우도록 하였다.

慶尙兵營의 甘結도 巡營의 그것과 대략 동일하였는데 逃來之類를 체포하여 漏綱이 없도록 하라는 내용이 포함되어 있다.

이어 6월 11일 고성군에서는 각 동의 領首, 面承들을 관정에 모이게 한 후 巡營의 甘結을 설명하고 작통을 분부하였다. 郡守 吳宖默은 "匪類를 엄격히 훈계하고 孝悌忠信, 齊家, 人和가 발휘되도록 온 고을의 모든 사람이 각자 힘쓴다면 怪類邪黨이 어찌 따르겠는가. 이를 잘 듣고 뜻을 헤아린 연후에야 騷訛所移를 면하고 안도할 수 있을 것이다"라고 당부하였다. 즉 호남지역의 소요에 대해 우려를 표명한 후 강력한 유교이데올로기의 주입과 오가작통제의 확립을 통해 당면한 위기를 벗어나려 했던 것이다.

농민전쟁의 대응책으로 오가작통과 향약을 실시한 지역사례는 적지 않다. 鄕儒軍으로 가담했던 黃玹이 주도하여 완주지역에 실시한 향약과 오가통 조직은 그 한 예가 된다.29) 특히 호남지역에서는 농민군의 지배 하에 상대적으로 위축되었던 양반들이 오가통 조직을 통해 봉기에 적극 가담한 농민을 적발 처벌하고 추세에 거스리는 봉건적 기강을 새삼 강조하고 있다.

장성의 경우 1894년 12월 지역내 進士, 各面 約長, 향교의 직임자가 모두 모인 校會에서 군수가 오가통 조약이 명시된 營門節目 15권을 各面 上有司에게 지급하였다. 이 자리에서 군수는 鄕儒들에게 安民策을 물은 다음 반드시 公正 2자로써 책임을 다할 것을 분부하였다. 특히 法意를 봉행하되 조금의 사사로움도 용납할 수 없으며 만약 위반한 자는 匪類와 同罪로 처벌할 것임을 말하였다.[30]

또한 1895년 1월 15일 面 上有司, 約長, 解事員 및 各里連長, 統首에 대한 전령을 통해 匪類의 有無를 탐문하고 3일 내로 재차 확인한 후 約長에게 알리도록 지시하였다.[31] 이처럼 농민군의 패배가 확인된 후 이반한 민심을 진무하고 농민군에 가담·동조한 향촌민을 적출하는 데 오가통 조직을 적극 활용하였던 것이다.

더 나아가 태인 弓峴洞의 경우 동학군 지도자의 한 사람이자 그 지역 출신인 金開男을 洞民이 포획하여 중앙정부로부터 烟戶役을 蠲減받은 사례도 있다. 이에 弓峴洞에서는 戶役의 蠲減 사실을 기리기 위해 '結契洞約'하고 기금을 확보하기 위해 '樹本殖利'하였던 분위기를 엿볼 수 있다.[32]

조선왕조와 지방수령들은 극심했던 농민전쟁이 진압되자 향약과 오가통 조직을 새롭게 정비해서 봉기농민의 체포와 함께 유교 이데올로기의 강력한 주입을 시도하는 한편, 1894년 7월부터 8월에 걸쳐 官主導의 民會를 구성시켜 향촌의 제반 사항을 논의케 하고 있다.[33] 이때의 민회는 종래 재지세력만이 가담했던 향회와 달리 신분차별을 철폐하고 부분적이나마 자유스러운 논의과정을 보장한 것이었다. 주요한 안건으로 농민전쟁에서 농민들이 요구조건으로 내건 조세징수를 둘러싼 제반 폐단을 해결하고자 했다. 특히 군수가 가진 세금징수권을 회수하여 민회에서 뽑은 민선대표에게 넘

30) 『鳳南日記』1984年 12月 28日條.
31) 『鳳南日記』1895年 1月 15日字.
32) 「弓峴洞約契序」乙未 2月.
33) 『慶尙道固城府叢瑣錄』甲午年 7月과 8月 제사례 참조. 당시의 전반적인 제도개혁에 대해서는 다음 연구가 참조된다. 이상찬, 「1906~1910년의 지방행정 제도변화와 지방자치 논의」, 『한국학보』42, 1986.

겼다. 이는 세금액수의 결정에 납세자의 의사가 직접 반영되는 제도는 아니었으나 세금 징수과정에서 발생하는 각종 부정부패를 어느 정도 줄일 수 있었다.

그러나 민회는 제대로 시행되지 못했다. 그 이유는 농민세력을 진압한 후 일제의 주도 하에 실시된 갑오개혁이 본질적으로 한계를 안고 있었고, 민회가 향촌의 사정을 고려하지 않은 채 위로부터 주어진 주민자치의 계기였다는 데 있었다.

당시 많은 수의 儒者들이 농민전쟁의 대책을 논의하는 가운데 방대한 日錄을 남긴 遯軒 林炳瓚도 체험적인 사실을 바탕으로 五家統條規를 포함한 「甲午編戶規例」를 제시하였다. 이는 민들이 집단적으로 봉기에 가담하지 않도록 철저한 규제를 가하는 데 주목적을 둔 것으로, 조선왕조에서 새롭게 시행한 門牌 및 戶籍의 작성방안이 포함된 것이었다.[34]

우선 조직체계로서 5가를 1통으로 하여 통수를 두고 1洞(=5統)에는 洞長, 5統이 넘으면 都統長을 두며 통장 유고시 통수가 그 임무를 대행하도록 했다. 編戶시에 5호 미만은 都統에 붙이는 것을 원칙으로 하되, 孤村獨戶라도 통조직에서 누락되지 않도록 조처하였다. 또한 가호마다 문 앞에 문패를 게시하고 15세 이상의 남자는 출입할 때 호패를 패용하도록 했다.

다음으로 統長의 임무를 강조하였다. 기본적으로 호의 증감과 출산, 사망 여부를 관에 보고하는 임무 외에 봉기세력이 될 개연성이 높은 15세 이상 60세 이하의 男丁의 동태를 예의주시하도록 하였다. 즉 이들은 수시로 點考하고 향촌의 출입시 왕래 기간과 장소 등을 철저히 파악하게 했으며 행방불명된 出行人은 統長이 관에 보고하여 조사하도록 했다. 심지어 약속한 기간이 지나서 入邑한 민에 대해서는 거주지 통장의 照書를 받도록 하고, 他道에 나갈 때에는 지방관이 공문을 보내고 해당 민은 標를 지니게 하였다. 또한 통장이 出行標查檢을 소홀히 하다가 민이 犯過하면 당사자와 함께 同律로써 처벌받고, 지방관도 더불어 징계될 것임을 규정했다.

당시 전국적인 봉기과정에서 빈농 외에 褓負商, 流乞人, 僧徒들이 집단

34) 『遯軒遺稿』 卷6, 甲午編戶規例.

적으로 참여하는 현상이 두드러졌다. 따라서 이들을 관의 장악 하에 두는 것이 무엇보다 절실하였다. 그 대책은 향촌민과 똑같아 商人, 褓負商, 流乞人, 僧徒들에 대해 出行標를 지급하고 이동지역마다 검사케 하였다. 상인은 財主와 接長이, 보부상은 班首와 接長이 연명으로 보증하여 官商標를 출급해 주었다. 流乞人은 해당 지방관이 流乞牌를 주었고 僧徒는 주지승의 立保 後 역시 지방관이 官標를 제작해 주었다.

4) 英學黨 · 活貧黨의 활동과 오가작통제

농민전쟁이 진압된 이후에도 농민들의 봉기는 거듭되었다. 甲午 · 光武정권에 의한 지주층 중심의 생산력 구상과 개혁정책으로 인해 지대가 인상되고 왕실과 봉건지주층에 의한 토지탈취가 강화되는 한편, 제국주의의 경제적 · 군사적 침탈이 급속히 진행되면서 농민들은 개인적 · 집단적 차원에서 반봉건 · 반침략 투쟁을 전개해 나갔다. 전국 각지의 농민항쟁은 투쟁양상이 변화되면서 대략 다음과 같은 형태로 나타났다.

우선 英學黨이나 南學黨 같이 지역농민조직을 중심으로 한 조직적인 무장 농민항쟁과, 종래의 민란과 같이 군현 내에서 국부적으로 전개된 농민봉기, 그리고 토지로부터 완전히 배제된 농민들을 중심으로 한 전국적인 비밀무장 결사조직으로서의 活貧黨의 반봉건 · 반침략투쟁을 들 수 있다.

英學黨運動은 전라도지방의 농민조직인 英學會를 모체로 한 영학당이 중심이 되어 전개된 농민항쟁이었다. 이는 1898년 12월 27일 전라도 흥덕농민항쟁으로 출발하여 이듬해 6월 흥덕, 고부, 무장 등지로 확대되면서 주변의 농민무장집단과 결합하여 무장항쟁으로 발전하였다. 원래 영학당은 농업기술의 전수와 농민계몽을 위해 조직된 상호부조적 성격의 계모임이었다. 봉기 당시 조직체계는 서기, 성찰, 운량관, 접주, 포사, 포사장으로 구성되어 있었으며, 이는 각 지역의 농민조직과 농민전쟁시의 집강소 조직, 을미의병의 잔여세력인 포군 조직이 연합된 것임을 보여준다.[35]

35) 망원한국사연구실, 『한국근대민중운동사』, 1989, 172~175쪽.

한편 南學黨은 1898년 2월 7일 제주도 농민항쟁을 주도하였는데, 원래 농민종교조직으로 동학운동의 탄압을 피해 제주도 광천리 일대에서 화전에 종사한 농민들로 구성되었다.

이 밖에 지역적 차원의 농민봉기도 거듭되었다. 1898년 장연·재령·제주에서, 1899년 안변·원산·성진·함흥·북청에서, 1901년에는 강서·간성·제주에서, 1902년에는 순천·보령·무안 등지에서, 1903년에는 길주·삼척·해주·강릉·의령 등지에서 농민봉기가 일어났다. 이들 농민봉기의 발생원인은 지역에 따라 약간씩 차이가 있으나, 농민전쟁 이후 봉건지배층에 의한 反農民的 농업정책, 봉건권력의 비호를 받는 지주층의 봉건적 고리대적 수탈의 강화, 그리고 이를 조장·이용한 일본 자본주의의 국내 유통권 장악 등으로 끊임없이 분해와 몰락을 강요당해 온 농민들의 생존의 위기에서 비롯된 항쟁이었다. 이처럼 농민봉기는 반봉건투쟁을 주된 내용으로 하면서도 점차 반침략의 성격을 동시에 지니게 되었다.

活貧黨은 1900년을 전후하여 조직된 비밀무장 결사체이자 농민전쟁을 계승한 대표적인 무장농민집단이었다. 이들은 화전을 일구거나 양반부호나 場市·行商人을 습격, 약탈하는 화적집단으로 차후 義賊의 성격을 지니면서 관청을 습격하고 외국인에 대한 약탈·보복도 행하였다. 「대한사민논설 13조목」을 통해서는 자신들의 행위를 반봉건·반침략으로 규정하였다. 활빈당은 1905년 이후 의병활동에 가담하거나 농민무장대로 잔존하였다.[36]

이와 같이 농민들의 반봉건·반침략 항쟁이 전면화되자 조선왕조는 전통적인 농민지배체계를 강화하여 당면한 위기를 극복하고자 하였다. 이에 따라 재차 강조된 것이 향약과 오가작통제의 실시였다. 그런데 향약은 일부 지역에만 실시가 가능할 뿐 모든 지역에 동시적으로 시행되지 못한다는 문제가 있었고, 더구나 재지사족들의 향촌지배관계가 거의 형해화되었던 당시 상황을 감안할 때 국가권력의 對民 침투효과도 크게 기대할 수 없는 형편이었다. 반면 오가통제는 조선왕조가 19세기의 극심한 사회변동에 대한 대응방략으로 끊임없이 제기하고 시행을 강제한 제도였고, 기본조직

---

36) 박찬승, 「활빈당의 활동과 그 성격」, 『한국학보』 35, 1984, 154쪽.

체계도 완비되어 있었다.

　앞선 시기에 명화적이 발호한 때와 마찬가지로 조선왕조는 관의 무력만으로 활빈당을 진압하기는 어렵다는 점을 전제하고 구체적으로 오가통 조직의 강화를 통해 해결하고자 했다. 가령 1898년 3월과 1900년 12월에 의정부를 통해 전국적으로 作統規則을 보다 엄격히 실시하고 士·農·工·商 외의 '無恒産之輩'를 각 통에서 엄중 調察하라는 지시를 내렸다.37)

　특히 남한지역 활빈당의 주 활동무대였던 문경에서 금산에 이르는 경북지역에 대해 조신왕조는 거듭된 訓令과 告示를 통해 "作統察警 合力共捕"할 것을 지시하였다.38) 1898년(光武 2) 12월 성주에서 예하 각 면에 내린 訓令의 내용은 다음과 같다.

　　本郡 지역 내에 절도가 극심하다. 도적들 십수명이 무리를 지어 촌락을 다니며 公錢을 빼앗고 白地에 勒奪하기도 한다. 다수의 捕校·軍卒을 풀어 기한 내에 도적들을 포착하겠거니와 이와 함께 별도의 방략을 강구코자 한다. 각 面洞에 엄히 명하여 오가작통한 후 晝巡夜警을 통해 적도를 발견, 즉시 체포하게 하라. 作統成冊과 統首姓名은 별도로 보고하도록 하라. 도적의 종적을 파악할 경우 극비리에 面里에 알리고, 차례대로 本郡과 本府에 보고하도록 하라.39)

　관의 입장에서 보면 활빈당이 촌락을 휩쓸고 간 후 관이 출동한다 해도 이는 사후처리에 불과하므로 보다 근본적인 대비책이 강구되어야 했고, 이에 오가작통의 인보기능을 이용하여 '賊徒'의 발생을 미리 예방하고자 하였다. 12월 11일 칠곡, 인동, 선산, 상주, 함창, 문경, 금산, 개령, 군위, 비안, 용궁, 의성, 청송, 영천, 경주, 청도, 고령에도 京訓府飭에 의거하여 '盜賊' 禁楫을 위한 오가작통, 晝巡夜警을 지시하는 훈령이 각 統里에 하달되었다. 이 지역은 일찍이 화적이 잠복한 후 극렬하게 활동한 곳으로 보고되었

---

37) 『皇城新聞』 光武 4年 12月 13日字.
38) 『慶尙北道處務冊』 12月 16日 告示.
39) 『慶尙北道處務冊』 12月 11日 訓令 星州.

다.[40) 훈령에서는 里統을 정비하고 인구를 檢攷한 후 統外漏口인 無恒無産者는 出役토록 할 것과 '賊徒'에 대한 퇴치법을 상세히 기록하고 있다.[41)

이 시기 경북지역에 취해진 활빈당에 대한 방략은 12월 16일자 告示에서 보다 세분화된 13개 조목으로 제시되었다.[42)

1. 各面 各洞이 五家作統하고 晝巡夜警하여 賊警을 예방할 일.
2. 統外漏口 無恒産行止殊常者를 일일이 査檢할 일.
3. 面洞統내 賊警이 있는 촌은 大小民人이 전력을 다하여 共捕할 일.
4. 賊警과 적도 체포 여부 등의 상황을 해당 동임이 本府에 즉시 알릴 일.
5. 賊變이 극심하여 일개 面洞의 民力으로 포착이 어려운 촌에서는 즉시 관이나 부근 面洞 各統에 알려 힘을 합쳐 체포할 일.
6. 他面洞統內라도 告警이 있는 촌에는 야밤을 불문하고 즉시 가서 일망타진할 일.
7. 도로 위에서 행인이 도적을 만난 경우는 부근 各面洞 및 點幕에서 壯丁을 發하여 체포할 일.
8. 도적을 만난 행인의 성명과 절도당한 물건 그리고 적도들의 所向處를 관에 알려서 捕卒을 출동하게 할 일.
9. 校卒들의 촌내 작폐를 郡, 府에 알릴 일.
10. 도적의 체포시 공을 세운 자는 面洞任이 즉시 군에 알려 경중에 따라 시상할 일.
11. 적도의 동정을 알고도 알리지 않은 자 및 타인의 위급함을 구하지 않은 자는 적도와 同律로 처벌할 일.
12. 賊黨 窩主로서 확증이 있는 자는 관에 고발할 일.
13. 各面 洞任 統長 가운데 賊警이 있는데도 관에 알리지 않은 자는 重律에 처할 일.

조선왕조는 오가통 조직을 단지 巡察·夜警 조직으로 활용할 뿐 아니라 面里統의 단위별로 무력을 동원하여 활빈당에 대항하도록 강조하였다. 이

---

40) 『備邊司謄錄』 273冊, 高宗 29年 3月 16日.
41) 『慶尙北道處務冊』 12月 11日 告示.
42) 『慶尙北道處務冊』 12月 16日 告示 칠곡·인동·성주·금산·고령·청도.

같은 상황은 전국 여타 지역에서도 대동소이하게 나타났다.

1898년 10월 18일 공주 藥令市에 도적이 많아 行旅가 통행할 수 없을 정도라는 보고가 들어왔다. 이에 대해 중앙정부는 地方隊 兵丁을 파송시켜 巡哨하도록 조처하는 한편 "요즈음 沿江 등지에 賊警이 날로 심해지니 各洞 인민들이 회의하여 오가작통한 후 替直把守하고 밤에 巡檢할 것"을 지시하고 있다.[43]

또한 1900년 2월 6일 新溪郡守 成奭永이 內部에 보고한 바에 따르면 "本部 甫音市에 錢財를 몰수 약탈하고 몰래 방화하여 언속적으로 人家 10호가 타버렸습니다. 이에 각 方里에 勅令을 내려 오가작통한 후 刀槍 등 무기를 모아 賊警이 있으면 일제히 회동하여 진멸할 것을 분부하였읍니다"[44]라고 하였다.

이와 같이 조선왕조는 각 지방에 대해 오가통제의 엄중 실시를 수시로 지시하였고, 일부 지방에서는 효과가 있어 洞民이 합세하여 '賊徒'들을 체포하는 경우도 가끔 있었다. 그러나 향촌민들이 오가작통을 실시하여 '賊黨'에 대항할 경우 곧바로 人家放火 등의 보복조치가 뒤따랐다. 한 예로서 1902년 1월 昌原 新里 洞民이 활빈당원과 접전을 벌여 黨員 1명을 살해하였는데 곧바로 2월에 활빈당의 보복공격을 받아 수십 호의 인가가 소진된 사건이 있었다.[45] 이 같은 보복조치 때문에 대부분의 지방에서는 "賊徒들이 村里를 횡행하여도 동민들이 이를 포착하지 않고 도리어 酒食으로 대접하는" 상황이 전개되었다.[46] 또한 역으로 관에서는 오가통의 조규 내에 반드시 未申告·隱匿罪에 대한 강력한 처벌을 수록하였다.

한편 한성부를 중심으로 오가통이 거듭 실시되고 있었다. 당시 한성부는 饑民·流民에 대한 시책이 가장 활발히 이루어지고 권력가와 富民이 집중적으로 거주하는 곳이었다. 이에 따라 한성부를 포함한 경기 일원에서 활

---

43) 『日新』 1898年 10月 18日字.
44) 『日新』 1900年 2月 6日字.
45) 『司法稟報』 光武 6年 6月 이성오 공초, 광무 9년 4월 정원길 공초(박찬승, 앞의 논문, 1984, 127쪽에서 재인용).
46) 『慶北各道廉問記』 6冊.

빈당의 활동이 크게 위세를 떨쳤다. 1898년 12월 2일자 警務廳 告示와 內府訓令을 통해 戶口調査規則이 반포되었는데 그 내용은 한성부 五署지역의 坊曲 내에 十家作統制를 조직하고 통수가 통 내의 크고 작은 사정을 정찰하여 보고케 한 것이었다. 이때 "統首의 직무는 비록 歇役이라고 하나 관계가 심히 중요하므로 각 坊曲 統首는 명칭만 존재하되 실체는 없다거나 문구 기록에만 머무는 경우가 발생하지 않도록 단단히 임무를 거행할 것"을 지시하였다. 한성부의 作統 절목에 규정된 統首의 임무는 첫째 家舍의 이동, 출생, 사망, 호주명목 變幻 사례의 확인, 둘째 原戶口 외 借居寄口의 숫자 및 賃傭男女의 신상파악, 셋째 客人의 성명, 나이, 거주지, 방문 목적 및 통내 민인의 출입목적, 소재지 파악, 넷째 해당 통내 사정을 상세히 기록하여 交番所에 보고하는 일 등이었다.

또한 1901년 9월 5일자로 內部는 한성부에 훈령을 내려 "근일 五署구역 내 절도가 극심하여 밤이 없을 지경이니 10가가 작통하여 해당 洞民으로 하여금 철야로 巡警케 함으로써 도적을 당하는 일이 없도록 할 것"을 지시하였다. 이후 한성부와 警部가 합동으로 楫盜方略을 각 坊曲에 게시하였는데 그 내용은 10가가 작통하여 철야 순경을 실시하고 해당 巡檢에게 押交하도록 하는 것이었다.[47] 이와 함께 警部에서 각 署長 公議로 도둑이 심한 坊曲을 지정하여 문 앞에 방범등을 설치하는 방안이 채택되었다.[48]

3. 오가작통제의 기능 및 성격

앞에서 19세기의 제반 사회변동에 대응한 오가작통제의 기능에 관해 살펴보았다. 그 내용은 사상통제 및 봉기 방지를 위한 인보조직으로서의 기능, 명화적·활빈도에 대항하기 위한 巡察조직으로서의 기능, 한 걸음 더 나아가 적극적으로 단위 무장력의 단위로서의 기능으로 요약할 수 있다. 이는 17~18세기 오가작통제의 기능과는 다소 다른 측면이다. 그러나 일반

---

47) 『日新』1901年 9月 11日字.
48) 『日新』1901年 9月 9日字.

적인 향촌사회 운영(호적제도, 부세수취 등)에서는 여전히 오가통 조직이
기본 사회조직 단위와 유기적으로 연결되며 面里制의 하부기구로서 기능
하고 있었다. 여기에서는 조선왕조 최후의 시기인 19세기 사례를 중심으로
오가통제의 기능과 성격에 관해 서술하고자 한다.

1) 향촌사회 운영과 오가작통제

조선왕조는 국가운영의 기본 근거기 되는 호직작성과 정확한 호구조사
작업을 계속 추진하고 이와 함께 統조직을 강화하였다. 1890년 고종의 명
에 의거하여 漏脫과 착오의 폐해가 없는 상세한 京外戶籍을 만들기 위해
내무부의 감독 하에 절목이 작성되고 있다. 이후 1894년 한성부에서 5部에
내린 전령을 통해 總理大臣 이하 庶人에 이르기까지 동일하게 木牌를 사
용하게 했다. 패에는 統名, 家主職役, 姓名 등을 써서 문 위에 게시하고 挾
戶·賃居者는 本主名牌 아래 성명을 기록하도록 하였다.[49]

보다 구체적인 호구조사와 호적작성 작업은 1896년(고종 33) 7월에 이루
어진다. 「全國內 戶口人口編籍作統」의 칙령에 따라 「戶口調査規則」과
「戶口調査細則」이 반포되었다. 이는 전적으로 國勢調査的인 성격을 띠는
것으로, 종래 호적제도가 봉건적인 신분귀속관계를 밝히고 요역 과징대상
의 파악을 목적으로 하였던 점과 비교된다.

가령 「호구조사규칙」 제1조에 "전국적 호수와 인구를 상세히 編籍하여
인민으로 하여금 국가에서 보호하는 이익을 均霑케 함"과 제4조에 "인민
중 原戶를 은닉하여 漏籍하거나 原籍 내에 인구를 고의로 漏脫하는 자는
인민의 권리를 허용하지 않을 뿐 아니라 법률에 따라 징벌함"이라는 기록
을 통해 인민의 권리 보호와 이익의 시혜라는 측면을 구호적으로나마 명
시하고 있다. 또한 3년마다 式年에 의해 실시되던 호구조사가 신제도에 의
하면 매년 1월에 戶籍과 統標를 한성부 五署와 各府牧郡에서 수취 및 수
정하고 內部에서 5월 내로 이를 편집하게 했다. 또한 「戶口調査細則」의

---

49) 『增補文獻備考』 卷161, 戶口考1.

제 5·6·7·15조에 따르면, 分籍·改籍을 수시로 행하여 비교적 정확한 호수와 인구의 파악이 가능하게 하였다. 그리고 호주 및 가구원에 대한 신분표시가 없고 직역 대신 직업으로 대체되어 있다. 또한 기존 호적대장과 달리 동거인 란에는 노비는 물론 고용인도 기재하지 못하게 하였다.

이 戶籍案의 기재양식에서 작통제와 관련있는 사항을 살펴보면 다음과 같다. 統別 표시에서 10호를 1통으로 작통하고 零戶가 있어 5호에 차지 않으면 本里 某統 중에 부속하고 5호 이상은 통이 되지 않아도 가장 가까운 통의 통수에 의해 지휘를 받게 하였다. 또한 통 내에서 文算이 있고 행위가 단정한 자를 統首로 삼아 통내 민인을 영솔케 하였다. 統標의 수정이나 改籍시에는 지방의 경우 통수가 里 尊位 - 面 執綱 - 各該府牧郡廳 - 諸道 觀察府 - 內部의 체계를 통해 보고하도록 했다.[50]

이처럼 거듭된 호적 작성작업과 병행하여 오가통제가 조직되고, 오가통제는 역으로 형해화된 호적제도를 유지시키는 기능을 수행하였다.

다음으로 오가통제가 부세 수취단위와 賑恤穀의 분급단위로 기능하였던 사례와 統首의 기능에 관해 살펴보겠다. 1888년 12월 咸安에서 飢民에 대한 賑恤이 실시되었다. 당시 현감 吳宖默은 88년 9월에 도임한 이후 家座成冊을 통해 각 가호의 家勢를 파악하고 다시 10월에는 10개 면 72개 동에 걸쳐 오가작통을 완료하였다. 이는 賑恤시 饑民 선발의 근거로 삼고 도적에 대한 감시, 호적의 虛實隱瞞 등의 일을 살펴보기 위해 작성한 것이었다. 함안현에서 가좌성책과 오가작통에 의거하여 파악한 饑民의 수는 4,000여 구에 달하였다. 그런데 關辭에 의거하여 各面 飢口都監과 各洞 有司를 지정하고 사목에 따라 조사한 숫자가 무려 7,000여 구에 달하고 다시 전령하여 통보받은 숫자가 5,000여 구에 이르렀다. 이후 관에서 직접 4명의 吏胥를 파견하여 해당 가호를 자세히 살피게 한 후 최종적으로 확정한 饑民의 숫자가 3,865구였고 이는 72개 동에서 작통했을 때 抄出된 수와 대략 비슷한 것이었다. 그런데 각 통에서 조사된 饑民의 수가 많은 데 비해 原

<hr />

50) 『全羅道智島郡叢瑣錄』 1896年 10月 29日字 府甘 ; 『增補文獻備考』 卷161, 戶口考1 893쪽.

定 飢口는 721구에 불과했다. 함안에서는 「賑資錢事目」에 따라 비축된 賑
恤穀을 분급해준 후 나머지는 마을내 饒戶・富民을 동원하여 勸分을 실
시하였다. 이에 따라 관에서 各 洞內 1, 2등에 해당하는 稍饒者를 선발하
여 富力에 따라 作統하여 饑民의 保活을 담당하도록 했다. 이때의 통조직
은 순전히 饑民만을 구성원으로 조직하였고 숫자도 상급조직은 50구에서
10구, 하급조직은 9구에서 3구에 이르기까지 다양하였다.51) 이처럼 수령은
정확한 호구와 饑民에 대한 실태파악을 위해 가좌성책과 오가작통제를 그
근거자료로 채택하고 있있다.

한편 통수의 책임 아래 통단위로 結錢의 징수가 이루어진 사실이 확인
된다. 고종 32년 장성에서 各里의 結錢은 통수가 鄕廳稅務所에 납부하고
印尺을 수령하였는데 11월 3일은 제1 통수가 8일은 제2 통수, 14일은 제3
통수가 각각 結錢을 납부하였다. 이와 함께 統首는 窮民이 미납한 三排錢
을 督刷하는 역할도 수행하고 있다. 또한 10월 28일자 關辭에 따르면 다음
해 結作米의 경우 결마다 25냥씩으로 정하고 連長과 함께 통수가 이를 督
納하도록 했다.52) 이처럼 통수는 최하부 단위의 結價 수납의 책임자로 기
능하였다.

다음으로 환곡의 운영과정에서 분급과 징수의 기본단위가 되었다. 「契
約章程」의 社倉法條에는 10가로 1통을 만들고 統主에게 환곡을 催促하는
임무를 부과하였다. 이때 통은 원활한 환곡제도의 운영을 위해 갖가지 추
가조항을 혼융시켜 만든 임의의 조직이었다. 통의 운영과정을 보면 統主
자신의 家와 統내 5家가 환곡을 납부하면 統主의 임무를 교체해 주고 미
납인을 統主로 삼아 催促의 임무를 맡기도록 했다. 그리고 11월이 경과할
때까지 미납한 자는 上罰로, 해당 統主는 中罰로 논하도록 하고, 12월이
지나면 해당 농민을 黜契시키고 統主는 上罰로 논하게 하였다.53)

또한 이 시기의 오가통제는 요역징발의 조직으로 운영되는 사례를 볼
수 있다. 1899년 7월 한성부에 소재한 황궁 경비를 위해 거주민을 중심으

51) 『慶尙道咸安縣叢瑣錄』.
52) 『鳳南日記』1906年 10月 28日字, 11月 3日 8・14日字.
53) 「契約章程」 社倉法條.

로 皇宮保護契가 창설되었다. 그 가운데 경운궁의 경우 부근 민호 700여
호를 10家로 작통하고 統首의 책임 하에 집마다 1丁씩 差發하여 밤마다
궁담 밖을 輪次 巡行하여 不虞에 대비토록 하였다. 상부 직임자로서 執綱
을 두어 10통내 요역징발을 감시하도록 했다. 이와 함께 契中에 患亂이 있
으면 相互 救恤하도록 했다.[54]

　다음으로 향촌내 사상통제를 위한 향약조직에 오가통 조직이 하부단위
로 결합되어 있는 경우가 있었다. 「京約所鄕約章程」의 향약범례에 의하면
5家에는 1년 임기의 伍長을 두어 '善惡의 행실·疾病·患亂·吉凶' 등의
일을 直月에게 알리도록 했으며 約中에 喪이 있으면 伍長이 관사에 알리
고 洞約人이 쌀 1되씩 갹출하도록 했다.[55] 「契約章程」의 社倉契約例에
따르면, 5家마다 長을 두어 善惡·吉凶의 일을 살피게 하고[56] 「提川鄕約
節目」의 범례에 따르면 面約長 아래 오가작통 조직과 통수를 두고 5가 단
위로 나이·이름을 기록한 책자를 작성하였다.[57] 1893년 「南原府鄕約節次
成冊」에 따르면 "鄕曲의 異說이 횡행하여 斥邪衛正과 化民成俗이 필요하
며 이를 위해 기강을 세워야 한다" 하고 邑面에는 約長을 두고 里에는 25
가 단위로 別檢을 두도록 했다.[58] 향약은 본래 향촌내 사적 지배체제의 존
재를 보여주는 것이지만 궁극적으로 피지배층에 대한 지배원리를 관철한
다는 점에서 오가통제와 유사점을 지니고 있다. 특히 수령 주도의 향촌대
책의 경우 향약의 구조 속에 最下民人을 5가단위로 조직화한 오가통제와
의 단순결합을 보여주는 사례가 많다.

2) 19세기 오가작통제의 성격

　조선후기의 사회변동은 19세기에 들어와 절정에 달하게 된다. 끊임없이

---

54) 『日新』 1899年 7月 5日字.
55) 「京約所鄕約章程」.
56) 「契約章程」 社倉契約例.
57) 「提川鄕約節目」.
58) 「南原府鄕約節次成冊」.

봉건사회해체기의 여러 양상이 드러나는 가운데 1862년에 들어와 계급착
취와 체제적 모순의 극명한 표현이었던 농민항쟁이 전국 70여 개 군현에
서 대대적으로 발생하였다. 각 지역에서는 봉기 지도자들과 향촌내 하부조
직이 집단적으로 결합되어 관청을 습격하는 등의 적극적인 운동양태가 나
타났다. 심지어 전라도 함평에서는 面·里任, 訓長들이 예하 민을 동원하
여 等訴運動과 전면 봉기과정에 참여하는 현상이 벌어졌다. 봉기지역에서
흔히 나타난 邑權 掌握은 농민들의 정치적 지향을 보여주는 측면임과 동
시에 조선왕조의 전통적인 행정·군사석 지배체계를 일거에 무너뜨리는
면모를 지닌 것이었다. 특히 최하부 말단 직임자들의 건재를 전제로 하는
오가작통제나 재지사족의 자율적인 지배권이 확실히 유지될 때 실시 가능
했던 향약과 같은 대응책은 시행할 수조차 없었던 것이다.

　1862년 5월에는 농민항쟁의 열기가 경상도, 전라도지역을 거쳐 충청도
지역으로 번져나갔고 봉기 주도자를 체포하고 관청을 공격한 농민들을 해
산시키기 위한 각 鎭營의 校卒조차 제대로 활용되지 못하는 상황이 전개
되었다. 극도의 위기감에 빠진 조선왕조는 농민항쟁에 대해 낱낱이 절차에
따라 대응하기가 불가능하다고 보고, 보다 강력한 대책을 세우고자 하였
다. 우선 봉기에 가담한 농민들에 대해, 3·4월 초기단계에 보여주었던 영
호남 농민항쟁에 대한 온건한 '赤子觀'에서 '化外必誅之賊'이라는 격렬한
용어를 써서 비난하였다. 이에 따라 봉기가 발생하면 수령과 감사의 자체
처리에 따라 監·兵營에서 주도자를 즉시 효수하고 차후 보고케 하는 '先
斬後啓' 원칙을 정하여 각 감영에 시달하였다.[59)]

　이와 함께 전래의 대책으로서 당시 충청도 회덕의 사례처럼 봉기주모자
를 체포하기 위해 수령의 책임 하에 전통적인 오가통제의 인보기능을 적
극 활용하고자 했다. 즉 수령에게 경내의 密探과 봉기주모자의 체포를 위
해 오가통제의 재정비를 명하고 이를 통해 궁극적으로 향촌질서의 확립을
모색하고자 했다.[60)]

---

　59)『承政院日記』哲宗 13年 5月 15日.
　60)『龍湖閒錄』13冊, 備邊司 草記 ;『壬戌錄』6月 初2日 76~77쪽.

개항과 더불어 조선사회는 체제내적 모순 외에도 민족모순이 부가되어 문제의 해결을 어렵게 하고 있었다. 한말의 전 시기에 있어서 서학·동학의 발호와 함께 명화적·활빈당의 활동과 농민전쟁이 발발하고 英學黨의 운동이 두드러지는 등 해체기의 제 모순이 나타나고 있었다. 조선왕조는 내무부와 의정부를 통해 거듭 五家統節目을 반포하여 기존 조직을 확대 재정비하여 향촌사회를 장악하고자 했다. 한말 변혁기에 조선왕조의 향촌 통치체제에 대한 기본적인 사유구조는, 여전히 개항 이전의 봉건적 사회질서의 회복과 『周禮』적 지방제도의 실현에 머무르고 있었던 것이다.

우리가 주목하는 오가통제는 국가권력의 재편 강화라는 위로부터의 계기에 의해 성립된 것이었다. 따라서 향촌 내의 민에 대해 공권력을 침투시기기 위해서는 재지사족의 사적 지배 및 종가적·혈연적 질서체계를 배제시키는 것이 급선무였다. 그러나 향촌의 내재적 질서는 그대로 존속되므로 오가통 조직은 기존 사회조직 단위와 상호 혼재되는 형태로 나타나게 된다. 즉 오가통제의 기능으로서 勸農·賦稅收取·賦役差發과 같은 공동체의 재생산을 보장하는 부분이 상호 맞물려 있었고, 이 기능은 조선후기 전 시기를 통해 거듭 수행되었다.

1862년 전국적인 농민항쟁이 발발하여 기존의 향촌통치체제가 전면 붕괴된 이후 전통적인 오가통제의 기능과 조직은 다소 변질된다. 우선 19세기 중엽 이전의 오가통제는 효율적인 호적제도의 유지와 안정적인 人丁의 확보라는 국가의 행정적 목적 외에, 향촌의 자율적 질서를 인정한 위에 심지어 소농민의 재생산관계까지 보장해 주는 등 제반 사회생산관계를 혼융시킨 것이었다. 따라서 조선왕조는 일방적인 절목의 반포와 제도 시행을 강제하는 데 머무르지 않고, 사회제도로서의 군현제·면리제 및 향약·작부제와 같은 기초 사회조직·사회단위와 유기적으로 연결시키는 작업을 견인해 내고자 하였다. 즉 오가통제의 조직원리는 단순히 호적제도를 보완하는 기능 외에도 인보조직의 기능, 군역·요역 징발조직, 각종 부세수납기구, 향품교화를 위한 향약의 하부조직에 이르기까지 향촌 운영에서 기초단위로서 기능하였다.

이에 비해 19세기 중엽 이후 채택되는 오가통제는 거듭 전개되는 농민들의 저항에 대한 대응책으로서 향촌을 봉건적 질서 아래 통제시키는 데 초점을 두었다. 다시 말해 향촌 내의 능동적인 질서를 인정하고 소농민의 재생산관계를 보완하는 제도의 기능보다는, 민심의 이반을 막고 체제에 반하는 세력을 제거하는 데 활용하고자 했던 것이다. 따라서 오가통제의 인보조직으로서의 기능을 새삼 강화하고 이를 통해 저항세력과 일반민의 결합을 차단시키려 했던 것이다. 심지어 오가통제를 단위 무장력으로 삼아 저항농민에 대한 물리직 대항을 모색하고자 했다. 19세기 후반에 이르러 명화적·활빈당·영학당 운동 등 농민들의 저항이 치열해짐에 따라 의정부·내무부 및 각급 지방관청 단위로 오가통제의 실시 빈도수는 무척 많아지고, 농민항쟁에 대한 주요한 대응책으로 거듭 강구되었다.

그러나 조선왕조의 전통적인 향촌통치조직인 오가통제는 농민과 직임자들의 소극적인 동조로 인해 제대로 기능하지 못하였다. 이는 일정 호수단위로 향촌을 임의로 편성하고자 한 제도 자체가 갖는 문제점과 대민 지배구조를 법제화시킨 지방제도의 운영과정상의 취약성에서 비롯되었다. 그러나 보다 근본적으로는 끊임없는 농민들의 사회의식의 성장과 향촌사회의 자율성이 점차 제고된 데에서 기인하였다. 그럼에도 불구하고 조선왕조는 한말기에 이르기까지 국가의 최하 민인에 대한 직접지배의 의지를 끝내 관철하고자 했던 것이다.

4. 오가작통제의 시행사례 - 淳昌郡의 사례를 중심으로

1) 실시경위 및 배경

전라도 淳昌郡과 그 인근 지역은 1862년 농민항쟁과 1894년 농민전쟁, 그리고 1898년 영학당운동 및 활빈당운동이 전개되고 있었다. 특히 1900년대에 들어와 활빈당이 영광·부안·고창 등지의 부호가·상인들을 습격하는 사례가 보고되었고, 1903년(光武 7) 5월에는 인근 진산·익산·고산 지

역에 출몰한 사실이 있었다.61) 또한 영학당운동이 활발한 곳으로 그 사항
이 각 면의 첩보를 통해 보고되었다.62) 순창군에서는 중앙정부의 지시에
따라 사안이 발생할 때마다 오가작통제를 비롯한 전통적인 향촌 진무책을
실시하여 위기를 벗어나고자 하였다.

여기에서 검토하는 사례는 활빈당과 영학당운동에 대한 대응책으로서
1903년(光武 7년) 5월에 순창군내 18개 면에 실시된 오가작통제에 관한 것
이다.

당시 오가작통제의 실시 취지는 군수가 중앙정부의 지시에 의거하여 各
面 執綱 및 各里 統長에게 내린 5월 2일자 傳令에 나타나 있다.

　　本郡에 五家作統 條規가 있다고 들었는데, 面里作統이 어찌 헛된 것이
겠느냐. 이는 불의의 사태를 대비하는 데 의의가 있는 것이다. 근래 무뢰
난류가 곳곳에서 무리를 짓고 谷城과 玉果에서는 기포하였으며 또한 竊盜
가 극에 달하였다고 한다. 이에 사람들이 두려움에 떤다. 지금은 農節이니
統民을 모아 죽창을 點考하는 일에 노력이 들지 않을 수 없다. 그러나 防
徵의 방법은 이외에는 없다. 미리 예상하여 방비하지 않았다가 급함을 告
하면 비록 校卒을 파견하여 체포한다 하여도 여유로움이 없으며 煩費가
늘어날 뿐이다. 따라서 訓令을 발한 다음 執綱이 各里를 돌아다니며 한가
한 날이나 밤을 이용하여 軍號를 발동하고 軍物을 呼名 點考할 것이다. 혹
執闕이 있으면 해당자나 통수는 都統長 및 尊頭民이 지명하여 보고함으로
써 징계함이 좋을 듯하다.63)

이어 5월 9일자 훈령에서도 오가작통제의 실시를 강조하였다.

　　호남 각 읍에 기근이 있어 읍촌마다 삭막·황량하니 개탄할 일이다. 또한
절도를 당하는 환란이 隣境마다 벌어지고 있다. 目前의 愚를 범하면 장래
구하기 어려운 환이 아니겠는가. 오가통제는 일찍이 전래되는 條規로서 내

61)『皇城新聞』光武 7年 5月 29日字.
62)『淳昌民狀置簿冊』乙巳年 2月 9日 下面 都統長.
63)『訓令總謄』1903年 5月 2日字 傳令 各面執綱及各里統長.

가 勅勵한 지 여러 차례다.[64]

이상에서 보았듯이, 당시 순창군에서는 곡성·옥과 등지에서 영학당이 기포하고 인근지역에서 활빈당이 출몰하여 지주·상인을 습격하고 국가기구에 대해 저항하자 그 대응책을 강구하고 있었다. 그 대응책은 무엇보다 전통적인 오가통제를 채택하여 향촌민의 동태를 파악하고 출입을 통제하며 守城節目을 반포하여 죽창과 같은 軍物을 지니고 수시로 군호를 통해 이를 점고하는 등 자체방위력을 지니게 하는 것이었다. 관의 입장에서 볼 때 교졸의 파견은 단순히 수습책에 불과한 것이었다. 따라서 오가통제의 추진을 통해 일차적으로 향촌 내에서 저항의 열기를 진화시키고자 의도하였다.

2) 실시내역

순창군 내의 18개 면이 관장하고 있는 里와 소속 人戶의 숫자는 다음과 같다.[65]

左部(9리, 715호) 右部(11리, 320호) 虎溪(15리, 316호) 仍火伐(6리, 150호) 阿東谷(7리, 286호) 赤城(15리, 400호) 柳等(11리, 404호) 鰲山(9리, 251리) 品谷(12리, 333호) 金洞(11리, 342호) 木果洞(8리, 287호) 德進(12리, 244호) 八等(6리, 278호) 茂林(14리, 449호) 耳巖(18리, 370호) 福興(17리, 543호) 上置等(15리, 456호) 下置等(18리, 550호)

앞서 살펴본 것처럼 순창군에서는 세 차례에 걸친 훈령을 통해 오가작통절목의 작성, 軍物의 聚合 點考, 洞內 出入民成冊의 작성 보고를 각 면의 執綱에게 지시하였다. 당시의 상황과 관련하여 농민들의 동태파악이 무엇보다 중요하였기 때문에 민 출입시 固有規式을 통해 各里統 民人의 출

---

64) 『訓令總謄』 1903年 閏5月 9日字 訓令.
65) 『全羅道 邑誌』 7冊(1895年).

타를 반드시 統首에게 보고하게 하고, 統首-都統長 契長-執綱의 체계를 통해 매달 말 집강이 「一面都成冊」을 작성하여 예에 따라 관에 보고하도록 했다.[66] 오가통제가 지니는 전형적인 인보기능을 활용한 것이다. 다음으로 7월 17일자 훈령에서는 內部의 지시에 따라 門戶 懸牌를 작성하게 했다. 懸牌에는 所居人戶의 面名 統首와 統戶主 姓名과 職業을 기재하게 하였다. 관에서는 현패야말로 '正明之居趣'라 하여 이를 제대로 시행하지 않는 戶는 潛伏 隱戶者로 규정하고, 漏籍과 同律로 처벌하고자 하였으며 칙령을 제대로 전하지 않은 執綱·都統長도 엄히 벌하고자 하였다. 실행 과정에서 집강·도통장이 몸소 各里를 다니면서 각 통수에게 이 규칙을 분명히 지휘하고 통내 4호를 별도로 단속하도록 했다. 각 통단위로 현패를 一新한 후 洞別로 成冊을 만들고 곧바로 집강·도통장을 통해 24일 내로 관에 보고하도록 했다.[67] 이는 앞서 조직한 오가작통제를 보다 공고히 하는 작업이었다.

거듭된 관의 지시에 대해 柳面·左面·八面·獒面·金面·木面·虎面·赤面·農面·茂面(5월 26일), 阿面(5월 29일), 下面·福面(閏5월1일)의 집강들이 각각 「五家作統 點考節目」을 향촌민에게 輪示하여 알렸음을 보고하였다.[68] 또한 윤5월 13일에는 17명의 집강이 各面里統內 민인 출입 여부를 보고하고 있다. 이와 동시에 各里 「五家作統 統首成冊」을 통해 統首와 都統長의 互選과 임명상황을 알리고 있다.

순창군에서 시행된 오가작통제의 기본 조직은 다른 지역의 사례와 차이가 없으나, 주목되는 것은 직장체계상의 都統長의 존재다. 이때에는 이미 面任이 혁파되고 一面의 長으로서 집강이 있었으며 별도로 各里洞에서 선출되는 都統長이 존재하고 있었다. 이들의 하부조직으로는 右面의 예에서 적시되는 것처럼 東·西·南·北 統長이 존재하고 최하 통수가 있었다. 도통장의 직임에 대해 관에서는 "一面 各統을 영솔할 책임을 지니며 患이 있으면 반드시 구하고 부름이 있으면 응해야 한다. 경솔하게 差任하

---

66) 『訓令總謄』 1903年 閏5月 8日字 訓令.
67) 『訓令總謄』 7月 17日字 訓令.
68) 『淳昌訴訟案』 5月 26日字, 5月 29日字, 閏5月 1日字.

는 일이 없도록 하고 風力德望人으로 택하여 보고하라"[69]고 하였다. 또한 "面置都統長者 臨急視務則 基任不輕,"[70] "此任不可一日曠闕 卽爲望報事"[71]라고 하여 그 임무의 중대성을 지적하고 있다. 그리고 "民之名下都統長 移出本面執綱事"라 하여 관에서 뽑는 집강과는 달리 민들에 의한 선출이 이루어졌음을 확인할 수 있다.[72] 이와 함께 統長에 대해서도 "約任講長은 겸임 가능하나 統長은 專任이 아니면 일을 책임질 수 없다"[73]고 하며 "統長任責非輕伊重而擧重"[74]하다는 지적이 보인다. 이상에서 도통장은 집강과 달리 전적으로 面내 各里洞의 오가작통을 통솔하는 책임자였으며 통장과 함께 해당 里洞에서 민들에 의해 선출되었다는 사실을 알 수 있다.

都統長은 統規에 따라 예하 민을 처벌할 수 있는 법률집행권을 부여받고 있었다. 下面 田夜里에서 金喜道 형제가 柴草 20負를 투절한 사건이 발생하자 먼저 都統所(都統長)에서 笞20度로 징치한 다음 柴草에 대한 사실을 조사하여 추급한 후 관에 보고한 사례가 있다.[75] 또한 下面에서 영학당 300여 명이 평민을 침해하는 사건이 보고되었는데, 관에서는 "英學民도 우리 백성이므로 죄가 있으면 처벌하되 만약 부과할 벌이 적으면 統 내에서 징치하고 큰 죄를 범한 경우에만 관에 보고하라"고 하고 있다.[76] 이처럼 관에서는 사태가 나면 1차적으로 통 내에서 해결되기를 희망하였고 都統長 책임 하에 범법자에 대한 처벌을 행하도록 조치하였다.

그런데 각 통내 사무를 관할하며 政令을 수행하는 都統長의 임무가 과중했기 때문에 민들은 이에 差任되는 것을 기피하였다. 따라서 관은 도통장에 대해 '蠲戶·除役'과 같은 유인책을 모색하였다. 이는 당시의 정세가

---

69) 『淳昌訴訟案』 6月 2日字.
70) 『訓令總謄』 11月 4日字 訓令.
71) 『訴訟案』 10月 6日字.
72) 『訴訟案』 6月 2日字.
73) 『訴訟案』 6月 2日字.
74) 『訴訟案』 閏5月 24日字.
75) 『淳昌民狀置簿冊』 乙巳年 2月 9日 下面 都統長.
76) 『淳昌 民狀置簿冊』 3月 1日 上面坊 都統長 보고.

村間과 거리에서 賊警騷擾가 있고 民과 商旅가 두려움에 떨고 있다는 보고가 거듭되어 오가작통을 담당할 직임자가 반드시 존재해야 한다는 절급함에서 기인된 것이었다. 이와 관련하여 가장 먼저 내려간 訓飭은 도통장에 대한 施勞의 資로서 戶布를 면제해 주는 것이었다. 도통장이 소속된 里의 1호 호포를 減給하고 부족분은 他里의 잉여 호에서 채우도록 지시하였다.[77] 이 같은 방침이 전달되자 해당호들이 크게 반발하였다. 따라서 종전처럼 도통장의 호포는 정상적으로 거두고 즉시 관에서 新結의 결세 수납분 가운데 1호분을 지급하도록 했다.[78] 결국 戶錢 1兩 5錢이 都統長戶 官布 명목으로 지급되었고, 도통장은 집강에게 그 사실을 보고하게 하였다.[79]

이처럼 관에서는 향촌내 절도사건이 발생하거나 활빈당·영학당에 의한 농민접촉이 야기되었을 때 통조직의 인보기능을 통해 수습을 도모할 뿐이었다. 효율적인 기능 수행을 위한 조처로서 훈령을 제대로 지키지 않는 통수·도통장에 대한 처벌을 거듭 공지하였고, 통조직을 총괄하는 도통장에 대해서는 戶布減給이라는 형태로 배상이 이루어졌다.

다음으로 순창에서 시행된 오가작통제의 기능에 대해 살펴보면 다음과 같다. 첫째, 활빈당·영학당의 발호에 대응하기 위한 향촌 방어조직이다. 이 점은 오가작통의 취지에 잘 나타나 있다.

무뢰난류가 곳곳에 무리를 지어 곡성과 옥과 등지에서 기포하고 절도가 극에 달하니 사람들이 두려워한다.[80]

生民安業은 正明에 관계되는바 匪類가 있어 村閭 店幕 간에 오가며 응징해 있다가 作梗하면 難保之弊가 된다.[81]

오늘날 村閭 街路之間을 보면 賊警騷擾 때문에 民 商旅가 두려움에 떤

77) 『訓令總謄』 8月 13日字 訓令.
78) 『訓令總謄』 10月 2日字 訓令.
79) 『訓令總謄』 11月 4日字 訓令.
80) 『訓令總謄』 1903年 5月 2日字 傳令 各面執綱及各里統長.
81) 『訓令總謄』 閏5月 8日字 訓令.

다고 한다.82)

당시 극렬하게 활동한 활빈당과 영학당 농민군을 관의 물리력만으로는
진압할 수 없었기 때문에 오가통제를 중심으로 향촌 방어조직을 구성하고
자 했던 것이다. 심지어 里뿐 아니라 읍단위 통조직을 구성하여 읍촌 간에
급박한 사태가 나면 邑統에서 里統을 제어하도록 함으로써 表裏相守하고
守望相助할 수 있다고 하였다. 이와 함께 항상적인 물리력으로서 頭領과
閑丁 30명을 선발하고 頭領에게는 활동근거지인 거처를 마련해 주도록 했
다. 이들의 廩料에 대해서는, 一鄕의 民이 상호 협의한다면 公民의 財를
해치지 않고도 마련할 수 있을 것이라고 했다. 당시 군수와 향촌내 老約들
은 이를 '養兵於農之意'라고 하여 병농일치의 의미를 부여하였다.83) 6월 6
일자 전령에서 이러한 관의 의지를 담은 守城節目의 輪示가 각 면리에서
이루어졌다.

둘째로 절도방지를 위한 기능이 부과되었다. 各面 執綱 各里 洞任 統首
에게 내린 훈령에는 절도방지를 위한 조치가 다음과 같이 기록되어 있다.

흉년에 기근으로 인해 민심이 흉흉한데 남녀를 불문하고 草賊이 횡행하
여 논벼와 밭작물을 몰래 거두어 가므로 분실한 田主가 통곡한다. 금월(7
월) 25일 내로 洞입구에 結幕한 후 밤에는 각 통별로 分番守直하고 낮에
는 각 리별로 이들 무리를 척후하여 붙잡으면 治盜의 律로 처벌하라. 洞任
·統首들이 제대로 操飭하지 아니하여 실효가 없으면 처벌한다.84)

즉 기근시 농작물 투절행위에 대해 五家作統制의 전통적인 인보기능을
활용하여 해결하고자 한 측면을 보여준다. 이와 유사한 사례로서 "낮에 술
집에 유인하여 사귄 후 황혼에 유숙을 빙자하여 장물을 강도하는 행위"가
빈번하게 발생하자 이에 대해 도통장이 재차 各里 通規를 勅勵하고 수상

82) 『訓令總謄』 8月 13日字 訓令.
83) 『訓令總謄』 5月 9日字 訓令.
84) 『訓令總謄』 7月 21日字 訓令.

한 자는 統別로 보고하고 엄한 징벌을 가하도록 했다.[85]

셋째, 부세 납부조직으로 활용된 경우다. 3월 29일의 훈령에 의하면 加結錢의 납부기간을 맞이하여 작년 미수 結稅錢과 금년 봄 미납 戶布錢의 일부를 담당 직임자가 착복한 사건이 발생하였다. 상부의 독촉이 가해지자 순창군에서는 大小民의 公論에 따라 각 리의 통장으로 하여금 分督하게 하였다. 이때 1개 리의 가호가 10호 내외면 1인, 20에서 50호 내외면 2인, 50호 이상은 3인의 통장을 임명하되 향촌민 가운데 부유하고 착실한 사람을 택하도록 하였다.[86] 담세자의 최하부 단위인 통을 통해 반드시 필요한 부세를 확보하였던 것이다.

넷째, 오가통제가 권농과 부역차발에 관계되는 측면을 볼 수 있다. 순창군에서는 모내기철을 맞이하여 殘民들이 필요로 하는 借牛·代傭·貸糧에 대해 오가작통 조직 내에서 각 統首와 尊頭民이 협력하여 상의한 다음 도와줄 것을 지시한 사례가 있었다.[87] 또한 농민의 주요 생산수단이자 공동체적 용익에 해당하는 堤堰·堤防의 보수에 필요한 노동력 差發을 오가작통의 조직에 의거하여 시행하였다. 左面 卞斤峙 堤堰이 임신년(1873) 開鑿 이후 30여 년 동안 土石이 쌓여 제대로 기능하지 못하자 九里民들이 가호별로 장정을 선발하여 하루 부역으로 이를 개착하였다. 이때 부역민들은 오가작통 成冊에 의거하여 선발하고 療飢를 위해 1인당 3전씩이 지급되었다.[88] 德面 玉井里의 경우 川邊의 堤防이 파괴되어 농경지가 침수당하자 통장의 인솔 하에 부근 洞의 장정을 동원하여 助役하도록 했다.[89]

3) 오가작통제 실시 이후의 추이 및 향촌민의 대응

순창군에서 내린 훈령에 대해 향촌민과 직임자들의 대응은 어떠했는가.

85) 『訓令總謄』 7月 29日字 訓令.
86) 『訓令總謄』 3月 25日字 및 3月 29日字 訓令.
87) 『訓令總謄』 5月 24日字 및 閏5月 8日字 訓令.
88) 『訓令總謄』 9月 20日字 告示 左面九里 契長.
89) 『訴訟案』 7月 6日字.

현상적으로 面·里·統의 執綱·都統長·統首들은 칙령에서 요구하는 제
반 사실들을 관례에 따라 충실하게 보고하였다. 5월 26일에서 윤5월 1일에
걸쳐 면의 집강들은 오가작통 點考節目을 各里에 輪示했음을 보고하였고
윤5월 13일에는 17명의 집강이 各里統내 민인의 출입 여부를 成冊하여 보
고하였다. 또한 6월 15일을 통해 官의 訓飭에 따라 各里 작통 여부와 各里
竹槍에 대한 일제 점고 사실을 알렸다. 이후 各面에서는 草賊禁斷을 위해
洞 입구에 結幕을 지시한 일과 門戶懸牌에 대한 현황을 관에 보고하였다.
그리고 8월 이후에는 各面 都統長의 稟料로서 1호 戶布에 상응하는 부분
을 新結稅 징수분에서 감급했음을 알리고 있다.

그런데 5월 26일자 일제보고에서 阿, 下, 福面의 집강은 바쁜 農務를 핑
계삼아 3일 정도 늦게 보고하고 龜面의 경우 한 달이 다 되도록 보고하지
않은 일이 발생하였다.[90] 관은 활빈당에 대항하여 향촌과 민을 통제해야
한다는 절박함으로 인해 오가작통과 軍物 點考를 신속히 실시하고자 했으
며 집강들의 적극적인 협조를 강요했던 것이다. 그러나 윤5월 3일 阿面 집
강이 '번잡한 農務로 인해 연일 산야로 다니느라' 보고가 지체되었다고 핑
계를 대자 군수는 "一面의 長이 이 같은 일을 어찌 감당하지 못했는가"라
는 정도의 견책에 그치고 있다. 또한 윤5월 13일 下面 執綱이 3차 발령 이
후 비로소 보고를 완료한 사실에 대해 지극히 한심한 일이라고 지적하면
서도 단지 집강의 猛省만을 촉구하고 있다. 사실 관에서는 기존 오가작통
제의 운영 실태와 당시의 급변하는 시세를 염두에 둘 때 거듭된 勅令의 내
용이 향촌 내에서 기계적으로 실시될 수 없다는 것을 간파하고 있었다. 이
에 따라 보고의 미비에 대해 "統規를 만든 것은 민을 위한 일이거늘 보고
만 신속히 하고 실제 거행은 지체한다면 點考시 실효가 있겠느냐"면서 형
식적인 보고보다는 완벽한 시행이 중요한 점을 짐짓 강조하고 있다.

그 후로도 번잡한 관의 지시에 대해 各面 집강들이 제때에 실시 결과를
보고하지 않자 6월 13일자로 13개 면의 집강에게 捉致한 후 징벌을 가하
겠다는 것과 매달 말 規例에 따라 보고할 것을 지시하는 훈령을 보냈다.

---

90) 『訴訟案』 閏5月 2日字.

관에 대한 보고가 늦은 표면적인 이유는 面의 책임자인 집강들의 태만에 있겠지만 일방적인 관의 지시에 순응하지 않은 민들의 동향과도 밀접하게 관련되어 있었다. 특히 집강 이하 직임자들은 말단 행정직임자로서 사명을 다함과 함께 전래의 향촌공동체의 장으로서의 역할도 결코 포기하지 않았다. 따라서 국가권력이 지극히 약화된 상황에서 이들 직임자들의 민과의 결합도는 강화될 수 있었던 것이다. 관에 의한 지시는 민들에 대한 철저한 통제에 다름이 아니기 때문에 집강들은 생산관계상의 주요한 農務에 우선적으로 충실할 수밖에 없음을 호소하고 적극 대응하지 않았던 것이다.

이와 함께 오가작통을 실시하는 과정에서 많은 문제가 나타났다. 우선 조직상의 문제로서 赤面의 경우 5가로 작통하지 않고 10가로 작통하는 사례가 있었다. 이에 대해 관은 정식에 크게 위배된다고 지적하고 各里에 訓飭하여 5가로 1통을 만든 후 면단위로 「五家作統都成冊」을 제출하게 했다.[91] 또한 都統長이라는 새로운 직임을 운영하는 과정에서 여러 폐단이 있었다. 龜面에서 金山洞 서군집이라는 민이 苗種을 분실했는데 이것이 도통장의 索錢에 의한 것이라는 訴狀이 官에 제시되었다. 이에 대해 관에서는 "作統의 뜻은 민에 대한 보호 유지에서 시작한 것인데 어찌 작통에 따른 폐해가 있으면 되겠느냐. 一境의 統을 통솔하는 데 있어서 책임이 있으면 신측해야 할 것이다"[92]라고 하였다. 또한 茂面의 경우 도통장 柳民이 민으로부터 150냥을 징색한 사실이 드러났고, 10월 6일 木面에 보낸 훈령을 통해 도통장 호포를 빙자한 잡세 징수행위의 근절을 지시하였다.[93]

지금까지 살펴본 것처럼 한말기에 이르기까지 순창군의 각 면리에서는 오가작통 조직이 제 기능을 발휘하고 있었다. 그러나 통조직의 인보기능을 강화하여 이를 단위무장력으로 삼음으로써 활빈당·영학당 세력에 대항하고자 한 의도는 제대로 시행될 수 없었다. 무엇보다 향촌의 민은 물론 직임자들조차 이에 형식적으로 동조하는 데 그치거나 소극적인 자세로 일관하고 있다. 당시 사회변동에 대한 민의 동향을 엿볼 수 있게 한다.

91) 『訓令總謄』 閏5月 8日字 訓令 赤面執綱.
92) 『訴訟案』 6月 24日字.
93) 『訴訟案』 10月 6日字.

5. 결론

이상 19세기 사회변동 과정에서 시행된 오가작통제의 조직구성 및 그 기능에 대해 개략적으로 일별하였다. 농민들의 반봉건·반침략 항쟁이 전면화되자 조선왕조는 전통적인 향촌통치체제를 강화하여 당면한 위기를 극복하고자 했다. 이에 따라 재차 강조된 것은 향약과 오가작통제의 실시였다. 그런데 향약은 제한적인 지역 내에서만 실시가 가능할 뿐 모든 지역에의 동시 실시가 힘들다는 문제점을 안고 있었고 더구나 재지사족들의 향촌지배관계가 거의 形骸化되었던 당시 상황을 감안할 때, 국가권력의 對民 침투효과 또한 기대할 수 없는 형편이었다. 한편 오가통제는 조선후기 들어 역대 국왕에 의해 거듭 祖宗朝의 良法임이 강조되고 향촌통치와 對民團束의 방법으로 거듭 채택되고 있었다. 이는 무엇보다 그 정치이념이 유교의 이상적인 사유체인『周禮』·『管子』에서 비롯되었고 조선전기 이래 수백 년간 시행되어 온 토착의 제도였다는 사실에 기인한 것이었다. 이에 따라 조선왕조는 면리제의 하부조직으로서 기본 조직체계가 완비되어 있던 오가작통제를 19세기의 극심한 사회변동에 대한 대응방략으로서 끊임없이 제기하고 시행을 강제했던 것이다.

본래 오가작통제는 국가의 행정적 목적을 위해 성립된 위로부터의 계기, 즉 정책적인 의도 하에 시행이 강제되었을 뿐 아니라 농민의 재생산 보장을 위한 향촌 본래의 내재적 질서를 담지하는 사회조직으로서의 이중성을 체현하는 존재였다. 그런데 19세기 중엽을 계기로 전통적인 오가작통의 기능과 조직은 다소 변질된다. 우선 19세기 중엽 이전의 오가통제는 효율적인 호적제도의 유지와 안정적인 人丁의 확보라는 국가의 행정적 목적 외에 향촌의 자율적 질서를 인정하고 그 위에 심지어 소농민의 재생산관계까지 보장해 주는 등 제반 사회생산관계를 혼용시킨 모습을 지닌다. 이에 비해 19세기 중엽 이후 채택되는 오가통제는 거듭 전개되는 농민들의 저항에 대한 대응책으로서 향촌을 봉건적 질서 아래 통제시키는 데 초점이 있었다. 이 시기에는 농민항쟁 과정에서 조선왕조의 전통적인 행정·군사적 지배체계가 일거에 붕괴되는 사례들이 흔히 나타났고, 따라서 정부는 오가통제를 무엇보다 민심의 이반을 막고 체제에 반하는 세력을 제거하는 데 활용하고자 하였다. 여기에서 오가통제의 인보조직으로서의 기능이 새삼 강조되었던 것이다. 그런데 19세기 후반에 이르러서도 조선왕조의 향촌통치체제에 대한 사유구조는 여전히 개항 이전의 봉건적 사회질서의 회복과 『周禮』적 지방제도의 실현에 머물고 있었다. 따라서 전통적인 통조직의 강화를 통해 저항세력과 일반 민과의 결합을 차단시키고 나아가 무장력을 갖춘 방어조직의 기능을 수행케 하려 하였다. 이에 19세기 후반 명화적·활빈당·영학당 운동 등 농민들의 저항이 치열해짐에 따라 의정부·내무부 및 각급 지방관청 단위로 오가통제의 실시 빈도수는 무척 많아진다.

그러나 순창군을 비롯한 19세기 후반의 제 사례에서 보듯 조선왕조의 전통적인 향촌통치조직은 농민과 직임자들의 소극적인 동조로 인해 제대로 기능하지 못하는 사실을 볼 수 있다. 이는 일정 호수단위로 향촌을 임의로 편성하고자 했던 제도 자체의 문제점과 對民 지배구조를 법제화시킨 지방제도의 운영과정상의 취약성에서 비롯되었다. 그러나 보다 근본적으로는 끊임없는 농민들의 사회의식 성장과 향촌사회의 자율성이 점차 제고된 데에서 기인한 것이었다. 그럼에도 불구하고 조선왕조는 한말기에 이르기까지 국가의 최하 민인에 대한 직접 지배의 의지를 오가통제를 통해 끝내 관철시키고자 하였다.

참고문헌

Ⅰ. 資料

1. 年代記類

『朝鮮王朝實錄』　　　　『備邊司謄錄』　　　　『承政院日記』
『日省錄』

2. 法典類 및 中央官衙 文書

『經國大典』　　　　　　『續大典』　　　　　　『大典續錄』
『大典後續錄』　　　　　『受敎輯錄』　　　　　『新補受敎輯錄』
『續大典』　　　　　　　『大典通編』　　　　　『大典會通』
『戶口總數』　　　　　　『戶籍謄關冊』　　　　『增補文獻備考』

3. 文集類

『白湖全書』(尹鑴)　　　『南坡集』(洪宇遠)　　　『北渚集』(金瑬)
『訒齋集』(崔晛)　　　　『浦渚集』(趙翼)　　　　『梧陰遺稿』(尹斗壽)
『一松集』(沈喜壽)　　　『鵝溪集』(李山海)　　　『草廬全集』(李惟泰)
『靜觀齊集』(李端相)　　『息巖集』(金錫胄)　　　『愚伏集』(鄭經世)
『文谷集』(金壽恒)　　　『退憂堂集』(金壽興)　　『菊潭集』(朴壽春)
『孤山遺稿』(尹善道)　　『存齋全書』(魏伯珪)　　『臺山文集』(金邁淳)
『是窩遺稿』(韓泰東)　　『西坡集』(吳道一)　　　『葛庵先生文集』(李玄逸)
『旅軒先生文集』(張顯光)『百弗庵集』(崔興遠)　　『天默遺稿』(李尙馨)
『栗谷全書』(李珥)　　　『磻溪隨錄』(柳馨遠)　　『畏齋集』(李端夏)
『晚覺齋先生文集』(李東波)『眉巖日記草』(柳希春)『與猶堂全書』(丁若鏞)
『龍蛇日記』(李魯)　　　『懲毖錄』(柳成龍)
『耳溪洪良浩全書』(洪良浩)『順庵安鼎福全集』(安鼎福)

4. 地誌類

「晉陽誌」　　　　　　　　「龍城誌」　　　　　　　　「松都志」
「永嘉志」　　　　　　　　「華城志」　　　　　　　　「咸州誌」
『慶尙道邑誌』(1832년)　　『關西邑誌』　　　　　　『瓮津府邑誌』
『新增東國輿地勝覽』　　　『輿地圖書』

5. 地方官衙文書・民政資料類・其他

「商山錄」　　　　　　　　「江州節目」　　　　　　　「江州文蹟」
「江界府事例」　　　　　　「南原縣牒報移文成冊」　　「延州報牒」
「烏山文牒」　　　　　　　「玉山文牒抄」　　　　　　「義興縣公事」
「亦用」　　　　　　　　　「管城錄」　　　　　　　　「岐陽文簿」
「隨錄」　　　　　　　　　「秋城三政古錄」　　　　　「光陽縣各所事例冊」
「光陽縣各房都重記」
「慶尙道丹城縣戊午式年戶籍大帳」(韓國精神文化硏究院 影印, 1980)
「政要」　　　　　　　　　「先覺」　　　　　　　　　「先覺追錄」
「用中錄」　　　　　　　　「居官大要」　　　　　　　「牧綱」
「牧民攷」　　　　　　　　「百里境」　　　　　　　　「治郡要法」
「治郡要訣」　　　　　　　「摩事摠要」　　　　　　　「牧民要術」
『牧民心書』　　　　　　　『經世遺表』　　　　　　　『龍湖閒錄』
『壬戌錄』　　　　　　　　「戊申別謄錄」　　　　　　「密州徵信錄」
「一善鄕約節目」　　　　　「鄕憲」　　　　　　　　　『增補文獻備考』
『周禮』　　　　　　　　　『春秋』　　　　　　　　　『宋史』
『慶北地方古文書集成』(영남대학교 민족문화연구소, 1981)
『嶺南鄕約資料集成』(영남대학교 민족문화연구소, 1986)

Ⅱ. 參考論著

1. 著書

姜萬吉, 『朝鮮後期 商業資本의 發達』, 高麗大出版部, 1973.
姜周鎭, 『李朝黨爭史硏究』, 서울대학교출판부, 1971.
高東煥, 『朝鮮後期 서울商業發達史硏究』, 지식산업사, 1998.
고석규, 『19세기 조선의 향촌사회연구』, 서울대학교출판부, 1998.
近代史硏究會 編, 『韓國中世社會解體期의 諸問題』, 한울사, 1987.

金德珍,『朝鮮後期 地方財政과 雜役稅』, 國學資料院, 1999.

金東哲,『朝鮮後期 貢人研究』, 한국연구원, 1993.

金玉根,『朝鮮王朝財政史研究 1』, 一潮閣, 1984.

金龍德,『鄕廳研究』, 韓國研究院, 1978.

金龍德,『韓國制度史研究』, 一潮閣, 1983.

金容燮,『朝鮮後期農業史研究 I』, 一潮閣, 1970.

金容燮,『增補版 韓國近代農業史研究(上)』, 一潮閣, 1990.

金容燮,『增補版 韓國近代農業史研究(下)』, 一潮閣, 1990.

金容燮,『朝鮮後期農學史研究』, 一潮閣, 1988.

金容燮,『增補版 朝鮮後期農業史研究 II』, 一潮閣, 1990.

金容燮,『韓國近代農業史研究 III』, 지식산업사, 2001.

김인걸·한상권 외,『조선후기 사회사 연구법』, 한국정신문화연구원, 1994.

金弼東,『韓國社會組織史研究』, 一潮閣, 1992.

金炫榮,『朝鮮時代의 兩班과 鄕村社會』, 集文堂, 1999.

閔斗基,『中國近代史研究』, 一潮閣, 1973.

白承鍾,『韓國社會史研究 - 15~19세기 全羅道 泰仁縣 古顯內面을 중심으로-』,
　　　　一潮閣, 1996.

白承哲,『朝鮮後期 商業史研究』, 혜안, 2000.

徐台源,『朝鮮後期 地方軍制研究 - 營將制를 중심으로-』, 혜안, 1999.

宋俊浩,『韓國社會史研究』, 一潮閣, 1987.

申採湜,『宋代官僚制研究』, 三英社, 1981.

吳金成,『中國近世社會經濟史研究』, 一潮閣, 1986.

吳永敎,『原州의 同族마을과 古文書』 원주문화원, 혜안, 1998.

吳永敎,『韓山李氏 同族마을과 '松窩雜記'』, 위트넷, 2000.

元裕漢,『朝鮮後期 貨幣史研究』, 韓國研究院, 1975.

윤용출,『조선후기의 요역제와 고용노동』, 서울대학교출판부, 1998.

尹熙勉,『朝鮮後期鄕校研究』, 一潮閣, 1991.

李樹健,『朝鮮時代 地方行政史』, 民音社, 1986.

李榮薰,『朝鮮後期社會經濟史』, 한길사, 1988.

李存熙,『朝鮮時代地方行政制度研究』, 三英社, 1990.

李俊九,『朝鮮後期 身分職役變動研究』, 一潮閣, 1992.

李泰鎭,『韓國社會史研究 - 農業技術發達과 社會變動』, 知識産業社, 1986.

이해준,『조선시기 촌락사회사』, 민족문화사, 1996.

李勛相,『朝鮮後期의 鄕吏』, 一潮閣, 1989.

張東杓,『朝鮮後期 地方財政研究』, 國學資料院, 1999.

정구복・박병호・이해준・이영훈・김현영,『호남지방 고문서 기초연구』, 한국정신
    문화연구원, 1999.
鄭萬祚,『朝鮮時代 書院硏究』, 集文堂, 1997.
정진영,『조선시대 향촌사회사』, 한길사, 1998.
車文燮,『朝鮮時代軍制研究』, 단국대학교출판부, 1973.
한국역사연구회 조선시기 사회사연구반 편,『조선은 지방을 어떻게 지배했는가』,
    아카넷, 2000.
鄕村社會史硏究會,『朝鮮後期 鄕約硏究』, 民音社, 1990.

宮崎市定,『アジア史研究』, 同明舍, 1978.
松本善海,『中國村落制度の史的研究』, 岩波書店, 1977.
栗林宣夫,『里甲制の研究』, 文理書院, 1971.
伊藤道治,『中國古代國家の支配構造－西周封建制度と金文』, 中央公論社, 1987.
田花爲雄,「朝鮮鄕約敎化史の研究』, 鳴鳳社, 1972.
淸水盛光,『中國鄕村社會論』, 岩波書店, 1951.
平木實,『朝鮮後期 奴婢制研究』, 知識産業社, 1982.
和田淸,『中國地方自治發達史』, 汲古書院, 1939.

  2. 論文

高錫珪,「16, 17世紀 貢納制 改革의 方向」,『韓國史論』12, 1985.
金武鎭,「磻溪 柳馨遠의 郡縣制論」,『韓國史研究』49, 1985.
金武鎭,「朝鮮中期 士族層의 動向과 鄕約의 性格」,『韓國史研究』55, 1986.
金武鎭,『朝鮮初期 鄕村支配體制研究』, 연세대학교 박사학위논문, 1991.
金仙卿,「朝鮮後期의 租稅收取와 面里運營」, 연세대학교 석사학위논문, 1984.
金仙卿,「'民狀置簿冊'을 통해서 본 朝鮮時代의 裁判研究」,『역사연구』창간호, 1992.
金錫禧・朴容淑,「18世紀 農村의 社會構造」,『釜大史學』3, 1979.
金 燁,「商鞅의 什伍連坐制研究」,『大邱史學』9, 1975.
金仁杰,「朝鮮後期 鄕案의 性格變化와 在地士族」,『金哲埈博士還甲紀念 史學論叢』,
    1983.
金仁杰,「朝鮮後期 村落組織의 변모와 1862년 農民抗爭의 組織基盤」,『震檀學
    報』67, 1989.
金仁杰,『朝鮮後期 鄕村社會變動에 관한 研究－18, 19世紀 '鄕權'擔當層의 變化
    를 中心으로－』, 서울대학교 박사학위논문, 1991.
金鍾洙,「17世紀 軍役制의 推移와 改革論」,『韓國史論』22, 1990.

金駿錫, 「畏齋 李端夏의 時國觀과 社倉論」, 『韓南大論文集』 16, 1986.

金駿錫, 『朝鮮後期 國家再造論의 坮頭와 그 展開』, 연세대학교 박사학위논문, 1991.

金駿錫, 「柳馨遠의 變法觀과 實理論」, 『東方學志』 75, 1992.

金駿錫, 「柳馨遠의 公田制 理念과 流通經濟 育成論」, 『인문과학』 74, 연세대학교, 1996.

金駿錫, 「兩亂期의 國家再造 문제」, 『韓國史硏究』 101, 1998.

金俊亨, 「朝鮮後期 面里制의 性格」, 서울대학교 석사학위논문, 1982.

金俊亨, 「18世紀 里定法의 展開 - 村落의 機能强化와 관련하여 - 」, 『震檀學報』 58, 1984.

金俊亨, 「朝鮮後期 蔚山지역의 鄕吏層變動」, 『韓國史硏究』 56, 1987.

金恒洙, 「16世紀 士林의 性理學 理解」, 「韓國史論』 7, 1981.

金弼東, 「朝鮮後期 地方吏胥集團의 組織構造」(上·下), 『韓國學報』 28·29, 1983.

金鎬逸, 「朝鮮後期의 外官制 - 觀察使의 법제적 측면을 중심으로」, 『國史館論叢』 8, 1991.

朴景夏, 「壬亂直後의 鄕約에 대한 연구 - 高坪洞 洞契를 중심으로 - 」, 『中央史論』 5, 1987.

朴景夏, 『朝鮮後期 鄕約硏究』, 중앙대학교 박사학위논문, 1993.

朴 淳, 「朝鮮後期 作廳의 一形態 - 同福縣 椽房謄錄의 事例硏究」, 『又仁金龍德博士停年記念史學論叢』, 1988.

朴鎭愚, 「朝鮮前期 面里制와 村落支配의 强化」, 『韓國史論』 20, 1988.

朴贊勝, 「活貧黨의 활동과 그 성격」, 『韓國學報』 35, 1984.

方基中, 「17·18세기 前半 金納租稅의 成立과 展開」, 『東方學志』 45, 1984.

方基中, 「朝鮮後期 軍役稅에 있어서 金納租稅의 展開」, 『東方學志』 50, 1986.

裵垣達·李南久, 「農村自治組織에 관한 一硏究」, 『安東敎大論文集』 6, 1973.

宋讚燮, 『19세기 還穀制 改革의 推移』, 서울대학교 박사학위논문, 1992.

申榮祐, 「甲午農民戰爭當時 嶺南保守勢力의 對應」, 연세대학교 박사학위논문, 1991.

申正熙, 「五家作統法小考」, 『大邱史學』 12·13, 1977.

申正熙, 「鄕案硏究」, 『大邱史學』 26, 1984.

申正熙, 「朝鮮時代 契의 조직과 그 성격변화에 대한 小考 - 16·17世紀 親睦契·族契·洞契를 중심으로」, 『역사교육논집』 13·14, 경북대 역사교육과, 1990.

安秉旭, 「19世紀 壬戌民亂에 있어서의 '鄕會'와 '饒戶'」, 『韓國史論』 14, 1986.

安秉旭, 「朝鮮後期 自治와 抵抗組織으로서의 鄕會」, 『誠心女大論文集』 18, 1986.

梁晉碩, 「18, 19世紀 還穀에 관한 硏究」, 『韓國史論』 21, 1989.

吳永敎, 「朝鮮後期 地方官廳 財政과 殖利活動」, 『學林』 8, 1986.

吳永敎, 「1862年 農民抗爭硏究 - 全羅道 地域의 事例를 中心으로 - 」, 『孫寶基博

　　　　士停年紀念 韓國史學論叢』, 1988.

吳永敎, 「磻溪 柳馨遠의 地方制度 改革論 연구」, 『國史館論叢』 57, 1994.

吳永敎, 「17世紀 國家再造문제와 향촌지배정책」, 『金容燮敎授停年紀念韓國史學
　　　　論叢』 2, 1997.

吳永敎, 「18世紀 原州牧의 행정체계와 향촌조직의 운영」, 『韓國史研究』 104, 1999.

吳永敎, 「조선후기 문중의 여성교육과 任允摯堂」, 『구천원유한교수정년기념 한국
　　　　사학논총』, 2000.

吳永敎, 「朝鮮後期 橫城 草溪鄭氏 同族마을의 구조와 운영」, 『東方學志』 114, 2001.

尹貞愛, 「韓末(1894~1905)地方制度改革의 研究」, 『歷史學報』 105, 1984.

李景植, 「17世紀의 土地開墾과 地主制의 展開」, 『韓國史研究』 9, 1973.

李景植, 「16世紀 屯田經營의 變動」, 『韓國史研究』 24, 1979.

李景植, 「17世紀 土地折受制와 職田復舊論」, 『東方學志』 54·55·56합집, 1987.

李光麟, 「戶牌考 - 그 實施 變遷을 中心으로 - 」, 『白樂濬博士華甲紀念 國學論叢』,
　　　　1955.

李揆大, 「17世紀 江陵地方의 士族과 鄕約組織」, 『嶺東文化』 3, 1988.

李南久, 「朝鮮王朝後期의 洞里組織에 관한 研究」, 『安東敎大論文集』 9, 1976.

李相燦, 「1906~1910年의 地方行政制度變化와 地方自治論議」, 『韓國學報』 42, 1986.

李相燦, 「1894~5년 地方制度 改革의 方向 - 鄕會의 法制化 시도를 중심으로 - 」,
　　　　『震檀學報』 67, 1989.

李樹煥, 「嶺南地方 書院의 經濟的 基盤 - 紹修·屛山·陶山書院을 중심으로」,
　　　　『民族文化論叢』 2·3, 영남대학교 민족문화연구소, 1982.

李潤甲, 「19세기 후반 慶尙道 星州地方의 농민운동」, 『孫寶基博士停年紀念 韓國
　　　　史學論叢』, 1998.

李載龒, 「朝鮮初期의 土官에 對하여」, 『震檀學報』 29·30, 1966.

李鍾範, 「1728年 戊申亂의 性格」, 『朝鮮時代 政治史의 再照明』, 1985.

李春植, 「郡縣制 發生에 관한 一考察 - 法術思想을 中心으로」, 『史叢』 10, 1965.

李海濬, 「存齋 魏伯珪의 社會改善論 - 18世紀末 鄕村의 自律性 摸索을 中心으로
　　　　 - 」, 『韓國史論』 5, 1979.

李海濬, 「17世紀初 晉州地方의 里坊再編과 士族」, 『奎章閣』 6, 1982.

李海濬, 「朝鮮後期 洞契·洞約組織과 村落共同體組織의 性格」, 『朝鮮後期 鄕約
　　　　研究』, 1990.

全炯澤, 「17世紀 潭陽의 鄕會와 鄕所」, 『韓國史研究』 64, 1988.

鄭求福, 「磻溪 柳馨遠의 社會經濟思想」, 『歷史學報』 45, 1970.

鄭萬祚, 「肅宗朝의 良役論議」, 『國史館論叢』, 1990.

鄭勝謨, 「書院, 祠宇 및 鄕校組織과 地域社會體系」, 『泰東古典研究』 3·5, 1984.

鄭震英,「朝鮮前期 安東府 在地士族의 鄕村支配」,『大邱史學』27, 1985.

鄭震英,「壬亂前後 尙州地方 士族의 動向」,『民族文化論叢』8, 1987.

鄭震英,「18, 19世紀 士族의 村落支配와 그 解體過程 - 大邱 夫仁洞 洞約의 紛爭을 中心으로 - 」,『朝鮮後期 鄕約硏究』, 1990.

鄭昌烈,「朝鮮後期의 屯田에 대하여」,『李海南博士華甲紀念史學論叢』, 1970.

鄭昌烈,「韓末變革運動의 정치사회적 지향」,『韓國民族主義論』, 1984.

鄭亨愚,「大同法에 대한 一 硏究」,『史學硏究』2, 1958.

鄭豪薰,『17세기 北人系 南人學者의 政治思想』, 연세대학교 박사학위논문, 2001.

鄭弘俊,「壬辰倭亂 直後 統治體制의 整備過程 - 性理學的 秩序의 强化를 中心으로 - 」,『奎章閣』11, 1988.

趙 珖,「朝鮮時代 鄕村支配構造의 理解 - 戶長先生案・上疏文先生案・講武堂先生安」,『震檀學報』50, 1980.

趙誠乙,『丁若鏞의 政治經濟 改革思想에 관한 硏究』, 연세대학교 박사학위논문, 1992.

池斗煥,「朝鮮後期 戶布制의 論議」,『韓國史論』19, 1988.

池斗煥,『朝鮮前期 國家儀禮硏究 - 朱子學 受容過程과 關聯하여』, 서울대학교 박사학위논문, 1990.

千寬宇,「磻溪 柳馨遠 硏究」,『歷史學報』2・3, 1952・1953.

崔承熙,「朝鮮後期 '幼學'・'學生'의 身分史的 意味」,『國史館論叢』1, 1991.

崔潤晤,『朝鮮後期 土地所有權의 發達과 地主制』, 연세대학교 박사학위논문, 2001.

韓相權,「16, 17世紀 鄕約의 機構와 性格」,『震檀學報』58, 1984.

韓相權,「順庵安鼎福의 社會思想 - 민에 대한 인식을 중심으로」,『韓國史論』17, 1988.

韓榮國,「湖西에 실시된 大同法」(上・下),『歷史學報』13・14, 1960・1961.

韓榮國,「湖南에 실시된 大同法」(1~4),『歷史學報』15・20・21・24, 1961~1964.

韓沽劤,「白湖 尹鑴硏究 - 특히 經世論을 中心으로」(一・二・三),『歷史學報』15・16・19, 1961・1962.

古谷暢子,「中宗代鄕約實施運動の再檢討」,『朝鮮史硏究會論文集』26, 1989.

管野修一,「李朝後期の鄕所について - 郡縣制的國家支配と地方支配層」,『朝鮮史硏究會論文集』18, 1981.

管野修一,「李朝後期における鄕所の軍事力掌握について - 反亂の事例を中心に」,『人文論叢』9, 大阪市立大, 1981.

宮嶋博史,「朝鮮社會と儒敎 - 朝鮮儒敎思想史の一解釋 - 」,『思想』75, 1986.

吉田光男,「十五世紀朝鮮の土官制」,『朝鮮史硏究會論文集』18, 1981.

大內武次,「李朝末期の農村」,『朝鮮社會經濟史硏究』6, 1933.

馬淵貞利,「李朝後期の戶口動態」,『東京學藝大學紀要』30, 1979.

友枝龍太郎, 「朱子の治民策 – 南宋村落の階層分裂と國家權力の問題」, 『東方學』
　　　17, 1958.
煎本增夫, 「寬永期における五人組制の確立」, 『幕藩制國家成立過程の硏究』, 1978.
煎本增夫, 「十人組の成立」, 『近世支配體制と社會構造』, 1983.
田川孝三, 「鄕案について」, 『山本博士還曆紀念 東洋史論叢』, 1973.
田川孝三, 「鄕憲と憲目」, 『鈴本先生古稀紀念 東洋史論叢』, 1975.
田川孝三, 「李朝の鄕規」(1・2・3), 『朝鮮學報』 76, 78, 81, 1975～1976.
田川孝三, 「李朝後半期における地域社會の諸問題」, 『李朝における地方自治組織
　　　幷びに農村社會經濟語彙の硏究』, 1980.
井上和枝, 「李朝後期慶尙道丹城縣の社會變動 – 學習院大學臟丹城縣戶籍臺帳硏
　　　究」, 『學習院史學』 23, 1985.
周藤吉之, 「鮮初における京在所に就いて」, 『加藤博士還曆紀念東洋史論叢』, 1941.

찾아보기

지은이 오영교는 연세대학교 사학과와 동대학원 사학과를 졸업하였다(문학석사·문학박사). 현재 연세대학교 문리대학 사학과 부교수로 있다.
주요 논저로 「17세기 國家再造문제와 향촌지배정책」, 「반계 유형원의 지방제도 개혁론 연구」, 「18세기 원주목의 행정체계와 향촌조직의 운영」, 「조선후기 초계정씨 동족마을의 구조와 운영」, 『원주의 동족마을과 고문서』등이 있다.

朝鮮後期 鄕村支配政策 研究

오영교 지음

2001년 11월 7일 초판 1쇄 인쇄
2001년 11월 10일 초판 1쇄 발행

펴낸이·오일주
펴낸곳·도서출판 혜안
등록번호·제22-471호
등록일자·1993년 7월 30일

⍟ 121-836 서울시 마포구 서교동 326-26번지 102호
전화·3141-3711~2 / 팩시밀리·3141-3710
E-Mail hyeanpub@hanmail.net

ISBN 89 - 8494 - 144 - 1 93910
값 25,000 원